CB075134

VIDA

VIDA

Keith Richards

com James Fox

Tradução: Maria Silvia Mourão,
Mário Fernandes e Renato Rezende

EDITORA GLOBO

VI

Keith Richards

VIDA

com James Fox

Copyright© 2010 by Editora Globo S.A. para a presente edição
Copyright© 2010 by Mindless Records, LLC

Tradução publicada conforme contrato com Little, Brown and Company, uma divisão de Hachette Book Group, Inc.

Todos os direitos reservados. Nenhuma parte desta edição pode ser utilizada ou reproduzida – em qualquer meio ou forma, seja mecânico ou eletrônico, por fotocópia, gravação etc. – nem apropriada ou estocada em sistemas de bancos de dados sem a expressa autorização da editora.

Texto fixado conforme as regras do Novo Acordo Ortográfico da Língua Portuguesa (Decreto Legislativo nº 54, de 1995).

Título original: Life
Preparação de texto: Ronald Polito
Revisão: Daniela Duarte e Maria A. Medeiros
Consultoria: Ana Tereza Clemente e Claudia Abeling
Indexação: Cristiane Akemi
Paginação: epizzo
Projeto gráfico: Fearn Cutler de Vicq
Capa: Mario J. Pulice

1ª edição, 2010
2ª reimpressão, 2010

Dados Internacionais de Catalogação na Publicação (CIP)
(Câmara Brasileira do Livro, SP, Brasil)

Richards, Keith
Vida / Keith Richards, com James Fox ; tradução Maria Silvia Mourão, Mário Fernandes e Renato Rezende. -- São Paulo : Globo, 2010.

Título original: Life.
ISBN 978-85-250-4931-5

1. Grupos de rock - Inglaterra - Século 20 - História 2. Músicos de rock - Biografia 3. Richards, Keith 4. Rolling Stones (Grupo de rock) I. Fox, James. II. Título.

10-11866 CDD-782.42166092

Índices para catálogo sistemático:
1. Músicos de rock : Biografia e obra 782.42166092

Direitos da edição em língua portuguesa
adquiridos por Editora Globo S.A.
Av. Jaguaré, 1485 – 05346-902 – São Paulo – SP
www.globolivros.com.br

Para Patricia

Fotografias

VIDA

Capítulo Um

No qual sou parado por policiais em Arkansas, durante a nossa turnê de 1975 pelos Estados Unidos, e surge um impasse.

Por que fomos parar no 4-Dice Restaurant, em Fordyce, Arkansas, para almoçar no final de semana do Dia da Independência? Aliás, qualquer que fosse o dia? Mesmo com tudo que eu já sabia depois de dez anos percorrendo de carro o Cinturão da Bíblia. A cidadezinha de Fordyce. Rolling Stones no cardápio da polícia, em todo o território dos Estados Unidos. Todos os tiras querendo prender a gente, fosse de que jeito fosse, para se promoverem, serem promovidos e patrioticamente livrar a América dessas "bichinhas" inglesas. Estávamos em 1975, tempos de brutalidade e confronto. A temporada de caça aos Stones foi declarada aberta desde nossa última turnê, a de 1972, chamada STP. O Departamento de Estado tinha registrado tumultos nas ruas (verdade), desobediência civil (novamente verdade), sexo ilícito (seja lá o que isso quer dizer) e violência em vários locais dos Estados Unidos. Tudo por nossa culpa, meros menestréis. Tínhamos incitado os jovens a se rebelar, estávamos corrompendo a América, e eles decretaram que nós nunca mais entraríamos nos Estados Unidos de novo. No governo de Nixon isso havia se tornado uma questão política séria. Ele tinha pessoalmente lançado mão de truques muito baixos e atiçado seus cães contra John Lennon que, no seu entendimento, poderia custar-lhe a eleição. Quanto a nós, disseram oficialmente ao nosso advogado, formávamos a banda de rock and roll mais perigosa do mundo.

No ano anterior, e sozinho, o nosso fantástico advogado, Bill Carter, nos livrou de grandes confrontos programados e insuflados pelas forças policiais de Memphis e San Antonio. E agora Fordyce, uma cidadezinha de 4.237 habitantes, cujo emblema nos uniformes escolares era um estranho inseto vermelho, talvez tivesse a honra de conquistar o prêmio. Carter nos alertou para não cruzarmos o Arkansas de carro em hipótese nenhuma, e certamente jamais sair da rodovia interestadual. Ele salientou que o estado de Arkansas havia recentemente tentado aprovar uma lei para tornar o rock and roll ilegal. (Adoro ler os termos do estatuto: "Quando houver quatro batidas fortes, altas e insistentes no compasso…".) E ali estávamos nós, dirigindo por estradas vicinais num Chevrolet Impala amarelo, novinho em folha. Em todo o território dos Estados Unidos talvez não houvesse lugar mais idiota para estacionar um carro lotado de drogas do que ali, naquela comunidade sulista, conservadora, interiorana, sem a menor simpatia por forasteiros de aparência estranha.

No carro, éramos Ronnie Wood, Freddie Sessler, um personagem incrível, meu amigo, quase um pai para mim e que aparecerá em muitos momentos desta história, e Jim Callaghan, chefe da nossa segurança há muitos anos. Estávamos percorrendo o trajeto de mais ou menos 650 quilômetros entre Memphis e Dallas, onde, no dia seguinte, faríamos nosso próximo show no Cotton Bowl. Jim Dickinson, o carinha do Sul que tocava o piano em "Wild horses", tinha dito que as paisagens da região de Texarkana valiam a pena uma viagem de carro. E estávamos com medo de voar. O voo de Washington a Memphis havia sido assustador, de repente o avião despencou muitos mil pés, todo mundo começou a chorar e gritar, a fotógrafa Annie Leibovitz bateu a cabeça no teto e os passageiros beijaram o chão da pista assim que aterrissamos. E viram quando fui para o fundo do avião e comecei a consumir drogas com mais empenho do que de costume, enquanto a gente chacoalhava no ar; eu não estava disposto a desperdiçar nada. Viagem ruim essa, no velho avião de Bobby Sherman, o *Starship*.

Por tudo isso, resolvemos ir de carro, e Ronnie e eu nos comportamos como dois absolutos idiotas. Paramos nessa lanchonete de beira de estrada chamada 4-Dice, onde nos sentamos, fizemos nossos pedidos, e então Ronnie e eu fomos ao banheiro. Sabe como é, só pra fazer a cabeça. Ficamos muito doidos. Os outros clientes não nos importavam nem um pouco, não fazíamos a menor questão da comida, então continuamos ali no banheiro, rindo e mandando ver. Acho que ficamos ali dentro bem uns quarenta minutos. E isso não se faz, não num lugar daqueles. E não naqueles tempos. Foi o que causou e piorou toda a situação. Os funcionários chamaram os tiras. Quando saímos com o carro, tinha um veículo preto estacionado ao lado, sem placa, e assim que partimos dali, menos de vinte metros rua abaixo, ouvimos as sirenes e as luzinhas piscando e de repente eles estavam em cima da gente, com espingardas espetando a nossa cara.

Eu estava com um chapéu de brim com vários bolsinhos cheios de drogas até a boca. Tinha drogas para todo lado. Nas portas do carro só precisava levantar os painéis para encontrar um monte de saquinhos plásticos com pó, fumo, peiote, mescalina. Oh, meu Deus, como é que a gente vai sair dessa? Era o pior momento para nos prenderem. Tinha sido um verdadeiro milagre nos deixarem entrar nos Estados Unidos para fazer essa turnê. Nossos vistos dependiam de um monte de condições, tal como era do conhecimento da força policial de todas as maiores cidades, condições estipuladas pelo próprio Bill Carter, após negociações bastante trabalhosas, ao telefone, com o Departamento de Estado e o Serviço de Imigração, ao longo de um processo que se estendera por dois anos. Obviamente, a cláusula número um era que não fôssemos presos por posse de narcóticos, e Carter era responsável por garantir isso.

Naquela época eu não estava usando nada muito pesado e tinha me desintoxicado para fazer a turnê. Eu poderia muito bem ter enfiado todas aquelas drogas no avião. Até hoje não consigo entender por que me dei ao trabalho de andar com tudo em cima e correr o risco.

As pessoas tinham me dado aquilo de presente em Memphis e eu não estava nem um pouco a fim de abrir mão daqueles mimos, mas mesmo assim podia ter deixado tudo no avião e dirigido sem nada. Por que foi que enchi o carro, como se fosse um aprendiz de traficante? Talvez tivesse acordado tarde e perdido a hora do avião. O que sei é que passei um tempão abrindo os painéis do carro e escondendo as drogas lá dentro. Ainda por cima, peiote não me faz a cabeça.

Nos bolsinhos do chapéu eu tinha haxixe, alguns comprimidos de Tuinal, um pouco de pó. Com uma mesura, tiro o chapéu para cumprimentar os policiais e nesse movimento consigo jogar os comprimidos e o haxixe longe, no mato. "Olá, policial" (floreio com o chapéu). "Oh! Será que desobedeci alguma lei local? Por favor, me perdoe. Sou inglês. Estava dirigindo do lado errado da pista?" E aí eles já estavam muito desconfiados. Das drogas já tinha me livrado, mas só de uma parte. Viram uma faca de caça no banco e vieram dizer que aquilo era prova de "arma escondida", aqueles mentirosos desgraçados. E, então, nos obrigaram a ir atrás deles até um estacionamento não sei onde, perto da prefeitura. Enquanto dirigíamos, e eles certamente nos observavam, continuávamos nos livrando das drogas, jogando mais saquinhos na rua.

Quando chegamos à garagem, não começaram a busca imediatamente. Disseram para o Ronnie: "Ok, entrem no carro e tirem as drogas". Ronnie tinha uma bolsa pequena ou algo assim no carro, mas no mesmo instante derrubou tudo o que tinha numa caixa de lenço de papel. Quando saiu do carro me disse: "Debaixo do banco do motorista". Quando entrei no carro, não havia mais nada para pegar, eu só precisava fingir que tinha alguma coisa e então dar um jeito na caixa. Mas como eu não tinha a menor ideia do que fazer com a maldita caixa, basicamente fucei dentro dela fazendo um pouco de barulho e depois soquei-a debaixo do banco traseiro. Então, vim andando e disse: "Bom, eu não tenho nada". Até hoje não consigo entender o fato de eles não terem arrebentado o carro buscando as drogas.

Nessa altura, eles sabiam muito bem quem haviam apanhado. ("Ooooora, veja só, estamos com os caras ao vivo.") E de repente parecia que não sabiam o que fazer com aqueles astros internacionais que tinham sob custódia. Agora, precisavam de reforços de todas as partes do estado. Não pareciam sequer saber do que nos acusar. E também sabiam que estávamos tentando achar Bill Carter, o que talvez os tenha intimidado, porque ali era a própria sala de estar do Bill. Ele havia crescido na cidade vizinha, Rector, e conhecia cada policial e cada autoridade do sistema judiciário, todos os delegados e procuradores, além de todos os líderes políticos. Talvez já começassem a lamentar a dica que deram aos jornalistas e repórteres sobre quem haviam apanhado. Os meios de comunicação de massa da rede nacional já se amontoavam diante do tribunal — uma emissora de TV de Dallas tinha alugado um Learjet para fazer aquela cobertura em primeira mão. Era um sábado à tarde e os tiras ficavam telefonando para Little Rock a fim de pedir conselho às autoridades estaduais. Então, em vez de nos prender numa cela e deixar que essa imagem fosse transmitida para o mundo todo, nos deixaram soltos, mas em "custódia de proteção", na sala do delegado, o que significava que podíamos andar um pouco por ali. Onde estava Carter? O escritório estava fechado porque era feriado, e, na época, não havia celular para atender. Estava demorando para achar Bill.

Enquanto isso, tentávamos nos livrar de toda a carga. Tínhamos de tudo. Nos anos 70, eu só vivia "viajando". Cheirava a coca pura da Merck, aquele pó soltinho e farmacêutico. Quando Freddie Sessler e eu fomos ao banheiro, não fomos nem escoltados. "*Jesuschrist*" — uma expressão que Freddie usava antes de dizer qualquer coisa —, "estou com tudo em cima." Tinha vários frascos de Tuinal. Aí ele ficou tão nervoso quando foi jogar tudo na privada e dar a descarga que deixou os frascos caírem e todas aquelas malditas pílulas vermelhas e cor de turquesa começaram a rolar para todo lado, enquanto ele continuava tentando jogar o pó na privada e dar a descarga. Soquei o haxixe na água da bacia, o fumo também, dei a descarga, aquela porcaria não queria descer, tem maconha demais, fico dando a descarga sem parar e aí, de repente, aqueles comprimidos voltam rolando para dentro do cubículo. Aí tento apanhar todos eles e pôr de volta dentro do frasco, mas não consigo porque tem um cubículo entre aquele onde estou e o de Freddie, de modo que devem ter pelo menos umas cinquenta pílulas espalhadas pelo chão da cabine do meio. "*Jesuschrist*, Keith." "Fica frio, Freddie, eu peguei todas que caíram do meu, você pegou todas que caíram do seu?" "Acho que sim, acho que sim." "Tá, então vamos para a do meio e jogamos fora tudo de uma vez." Parecia mais uma chuva daquela merda. Mal dava para acreditar. Em cada bolso, para onde quer que se olhasse... Nunca achei que tinha tanto pó na minha vida!

O problema era a mala de Freddie, ainda no porta-malas do carro que até agora ninguém havia mandado abrir, e nós sabíamos que ele tinha cocaína guardada lá. Era impossível que os tiras não achassem aquilo. Freddie e eu decidimos negar que nos conhecíamos e dizer que, naquela tarde, ele estava de carona, mas que ficávamos felizes em poder ajudar e oferecer os serviços do nosso advogado também, se fosse o caso, quando ele enfim chegasse.

Onde estava Carter? Custou um tempo até nosso esforço dar resultado, enquanto isso a população de Fordyce aumentava tanto ali na frente que já parecia um motim. Tinha gente vindo do Mississippi, do Texas, do Tennessee — todo mundo chegando para assistir àquele espetáculo. Não ia acontecer nada enquanto Carter não fosse localizado, e como ele estava na turnê, não podia estar longe, só havia tirado um merecido dia de descanso. De modo que havia tempo para pensar em como eu tinha baixado a guarda e esquecido as regras. Não desobedeça à lei e não te deixem parar no acostamento. Tiras de toda parte e, com certeza, os do Sul têm um repertório enorme de truques quase legais para te levar em cana se ficarem a fim. Então, sem mais nem menos, podiam te deixar preso por noventa dias. Por isso é que Carter nos disse para não sairmos da interestadual. O Cinturão da Bíblia era muito mais apertado naqueles tempos.

Andávamos muitos quilômetros de carro nas nossas primeiras turnês. As lanchonetes de beira de estrada eram sempre uma aposta interessante. E era melhor você se preparar e ficar muito ligado. Você tenta parar num posto para caminhões em 1964, 65 ou 66, na região sul do Texas. Era muito mais perigoso do que encarar qualquer situação na cidade. Você sai andando e lá estão os camaradas da velha escola, aos poucos você vai percebendo que ali não fará uma refeição muito agradável, com todos aqueles caminhoneiros de cabelo cortado como recrutas e cobertos de tatuagens. Nervoso, você pede "para viagem". "Oh, vou levar para comer depois, por favor." Eles ficam chamando a gente de "garota" por causa do cabelo comprido. "E aí, garota? Dança comigo?" Cabelo... as pequenas coisas que nem te passam pela cabeça e que mudaram culturas inteiras. A maneira como reagiam à nossa aparência em certas áreas de Londres, no começo, não era muito diferente de como nos trataram no Sul. "Olá, queridinha" e toda aquela merda.

Revendo aquele período, era um confronto atrás do outro, mas não ficávamos pensando nisso. Para começar, eram todas experiências novas e, em geral, a gente não tinha noção dos efeitos que elas podiam causar ou não. A gente estava se acostumando aos poucos. Acabei descobrindo que, nessas situações, se o pessoal via as guitarras e sacava que éramos músicos, então, de repente, tudo ficava perfeitamente OK. Era melhor entrar com a guitarra no restaurante dos caminhoneiros. "Você sabe tocar isso aí, rapaz?" Às vezes, a gente realmente acabava tocando, tirávamos as guitarras do estojo e tocávamos em troca do jantar.

Mas, então, bastava atravessar os trilhos e recebíamos um belo tratamento. Se estivéssemos tocando com músicos negros, eles cuidavam bem da gente... Era: "Ei, querida, que tal transar hoje à noite? Ela vai te adorar. Ela nunca viu ninguém como você antes". A gente era recebido com gosto, te faziam comida, e depois uma bela cama. O lado branco da cidade era um verdadeiro cemitério, mas do lado de lá dos trilhos a coisa fervia. Se você conhecesse os caras, estava tudo certo. Uma escola e tanto, incrível.

Às vezes, fazíamos dois ou três shows num dia. Não eram demorados; eram entradas de vinte ou trinta minutos, três vezes ao dia, esperando o rodízio, porque basicamente eram mostras de bandas, shows de música negra, amadores, sucessos locais dos brancos, enfim, e quanto mais a gente ia para o Sul, eram bandas que não acabavam mais. Cidades e estados iam passando, um lugar depois do outro. Isso tem um nome: febre da linha branca. Você fica acordado, olha para as linhas brancas no meio da estrada, e aí de repente alguém solta "Preciso ir ao banheiro" ou "Estou com fome". Então, a gente ia até esses quiosques de beira de estrada. Eram estradas vicinais que cortavam as Carolinas, o Mississippi, lugares assim. Você desce quase urinando nas calças, vê uma porta "Homens" e aí topa com um negão plantado ao lado que te diz "Só para negros" e então pensa "Mas estão me discriminando!". Chegávamos de carro nesses lugares, com suas pequenas *jukeboxes,* e ouvíamos uma música inacreditável, a fumaça escapando pelas vidraças.

"Ei, vamos parar ali."

"Pode ser perigoso."

"Não, que nada, você está ouvindo aquela merda!"

E aí havia uma banda, um trio tocando, uns tremendos negões, e umas vadias dançando no palco, com notas de dólares presas nos elásticos das tangas. Daí você entra e, por um instante, tudo para e esfria porque você é o primeiro cara branco que eles veem por ali, e eles sabem que a energia está forte demais para um punhado de caras branquelos fazerem alguma diferença. Especialmente porque não parecemos habitantes locais. E eles ficam curiosos, e aí ficamos realmente a fim de dar um tempo por ali. Mas, de repente, precisamos pegar a estrada de novo. Que merda, eu poderia ficar aqui por vários dias. A gente tem de cair na estrada de novo, e aquelas deliciosas damas de ébano apertando a gente em seus peitos imensos. Saímos pra rua e estamos cobertos de suor, de perfume, e todo mundo entra no carro, o cheiro é bom, e a música fica boiando no ar, música de fundo. Pensei que tínhamos morrido e ido pro céu porque um ano atrás estávamos tocando em clubes de Londres, e a coisa estava indo bem, mas aí, no ano seguinte, acabamos parando num lugar onde nunca podíamos imaginar ir: estávamos no Mississippi. Tocávamos a nossa música, tudo acontecia dentro do maior respeito, mas a verdade é que no fundo estávamos farejando a situação. É só querer ser músico de blues, e no minuto seguinte você já é e acaba se enturmando com os caras do blues e quem está parado ao teu lado é Muddy Waters. A coisa toda acontece tão rápido que nem dá para registrar as sensações que vão chegando. Mais tarde é que você para, retoma as situações, pensa um pouco em tudo. Uma coisa é tocar uma música do Muddy Waters. Outra é tocar com o cara.

Finalmente acharam Bill Carter em Little Rock, onde ele estava curtindo um churrasco na casa de um amigo que, por acaso, era juiz, a mais providencial das coincidências. Ele ia alugar um avião e chegaria em duas horinhas, com o juiz a tiracolo. O juiz amigo de Carter conhecia o policial que iria dar busca no carro e lhe disse que a polícia não tinha direito de fazer isso e aconselhou-o a não tomar nenhuma atitude até que ele chegasse. Ficou tudo parado por mais duas horas.

Bill Carter havia crescido trabalhando nas campanhas políticas locais desde quando entrara na faculdade, de modo que conhecia praticamente todo mundo que era importante naquele estado. E as pessoas para quem ele trabalhava em Arkansas agora tinham se tornado parte do grupo dos democratas mais poderosos em Washington. Seu mentor era Wilbur Mills, de Kensett, presidente do Comitê de Meios e Métodos da Câmara, o segundo homem mais poderoso depois do presidente. Carter tinha vindo de uma família pobre, entrara para a Aeronáutica na época da Guerra da Coreia, pagara a Faculdade de Direito com o que havia juntado como soldado até acabar o dinheiro, e então entrou para o Serviço Secreto e acabou sendo guarda-costas de Kennedy. Ele não tinha estado em Dallas naquele dia — estava em treinamento —, mas antes disso acompanhou Kennedy por toda parte, planejou suas viagens e conhecia todas as principais figuras de autoridade em cada um dos estados que Kennedy visitou. Ele estava perto do núcleo do poder. Depois da morte de Kennedy, tornou-se investigador na Comissão Warren e, em seguida, abrira seu próprio escritório de advocacia em Little Rock, onde se transformara numa espécie de advogado popular. Ele tinha muita coragem. Era um apaixonado defensor do cumprimento das leis, do jeito correto de fazer as coisas, da Constituição — e fazia seminários para policiais sobre esses temas. Ele havia entrado no ramo da advocacia civil porque, como disse uma vez, estava de saco cheio de ver os policiais abusarem o tempo todo do poder e distorcerem a lei, o que significava praticamente todos com quem ele topava na turnê dos Rolling Stones, em quase todas as cidades. Carter era o nosso aliado natural.

Seus antigos contatos em Washington tinham sido seus ases na manga quando nos recusaram os vistos para fazer uma turnê nos Estados Unidos em 1973. O que Carter descobriu, na primeira vez que foi a Washington tentar interceder por nós, no final daquele ano, foi que a decisão de Nixon estava valendo e era conhecida de cima a baixo pelos funcionários de todos os escalões da burocracia, inclusive os faxineiros. Carter foi oficialmente informado de que os Stones nunca mais fariam outra turnê nos Estados Unidos. Além de sermos a banda de rock and roll mais perigosa do mundo, provocando tumultos civis, manifestando um crasso desrespeito pela lei, além de condutas impróprias, havia uma reação generalizada de indignação porque Mick tinha subido ao palco vestido como "Tio Sam", usando a bandeira. Só isso já era suficiente para lhe recusar o visto. Era golpe baixo! A gente precisava se proteger de ataques nessa área. Brian Jones tinha ido em cana porque apanhou uma bandeira americana que estava num canto qualquer do palco, em meados dos anos 60, em Syracuse, Nova York — acho que foi nessa época. Daí ele colocou a bandeira nos ombros, mas uma beiradinha dela encostou no chão. Isso foi depois do show, e a gente estava se aprontando para ir embora quando a escolta policial veio com tudo pra cima, nos enfiou numa sala e começou a berrar: "Vocês estão arrastando a bandeira no chão. Vocês estão desrespeitando nosso país, isso é um ato de sedição".

Então teve o meu histórico — e não havia como ficar livre disso. Também era amplamente sabido — sobre o que mais a imprensa escrevia a meu respeito? — que eu era viciado em heroína. Eu tinha acabado de ser condenado no Reino Unido por posse de entorpecentes, em outubro de 1973, e havia sido condenado por posse, na França, em 1972. Watergate estava começando a embalar quando Carter começou sua campanha — alguns capangas de Nixon tinham sido presos e Nixon iria cair logo mais, junto com Haldeman, Mitchell e o resto —, alguns dos quais pessoalmente envolvidos com o FBI na campanha clandestina contra John Lennon.

A privilegiada situação de Carter perante o Departamento de Imigração era devido a ele ser um dos rapazes; ele vinha da turma dos defensores da lei, era respeitado por ter trabalhado com Kennedy. Ele começou com um "Eu sei como é que vocês se sentem, meus amigos" e disse apenas que queria uma audiência porque não achava que estivéssemos sendo tratados de modo justo. Ele foi abrindo caminho ao longo de muitos meses de tratativas desgastantes. Ele prestava uma atenção especial ao pessoal dos escalões inferiores que, como sabia muito bem, eram capazes de obstruir qualquer coisa com base em minúcias técnicas. Passei por exames médicos para comprovar que estava limpo, desintoxicado — exames feitos pelo mesmo profissional de Paris que já me havia dado muitos atestados de saúde em ordem. Então, Nixon renunciou. E aí Carter pediu ao oficial mais graduado na situação que recebesse Mick e julgasse por si mesmo e, naturalmente, Mick foi o mais sedutor que pôde, aparecendo de terno, e só faltou o cara abaixar as calças para ele. Mick realmente é o cara mais versátil que conheço. Por isso eu o adoro. Ele é capaz de manter uma conversa filosófica com Sartre, na língua *dele*. Mick é muito bom com os habitantes locais. Carter me disse que solicitou os vistos não em Nova York ou Washington, mas em Memphis, onde o barulho era bem menor. O resultado foi uma surpreendente reviravolta. Autorizações e vistos foram emitidos com uma condição: que Bill Carter estivesse na turnê com os Stones e se incumbisse pessoalmente de garantir ao governo que não haveria tumultos públicos e também nenhuma atividade ilegal durante toda a turnê. (E exigiram que um médico nos acompanhasse — um personagem quase fictício que vai aparecer mais tarde nesta história e se tornou uma vítima da turnê, recolhendo umas amostras dos remédios e depois dando no pé com uma *groupie*.)

Carter os havia tranquilizado, oferecendo-se para fiscalizar a turnê no melhor estilo do Serviço Secreto, juntamente com a polícia. Seus outros contatos também significavam que ele seria sigilosamente informado se a polícia estivesse planejando uma batida. E foi isso que tirou a corda do nosso pescoço muitas vezes.

As coisas tinham ficado muito mais duras desde a turnê de 1972, com todas as passeatas e demonstrações contra a guerra e o governo de Nixon. Os primeiros indícios disso ocorreram em San Antonio, em 3 de junho. Essa foi a turnê do pau inflável gigante. Ele aparecia no meio do palco quando Mick cantava "Starfucker". Aquele pau era sensacional, embora depois disso a gente pagasse caro pela ideia porque Mick começou a querer esses adereços de palco em todas as turnês, para dar uma disfarçada em sua insegurança. Foi uma tremenda produção tentar colocar elefantes no palco, em Memphis, até que eles começaram a destroçar as rampas, despencar delas e jogar montanhas de fezes pelo palco todo, durante os ensaios, e por isso a ideia acabou sendo abandonada. Nunca tivemos problemas com o pau em nossos shows de abertura no Baton Rouge. Mas o pau era uma isca para os tiras, que tinham desistido de tentar nos pegar no flagra no hotel, ou enquanto estávamos viajando, ou nos camarins. O único lugar onde podiam nos apanhar era no palco. Eles ameaçaram prender Mick se o pau subisse aquela noite, e o impasse ficou enorme. Carter nos advertiu de que a garotada acabaria incendiando o estádio. Ele tinha sondado o clima geral e percebido que o público não iria aturar aquilo. No final, Mick decidiu acatar as autoridades e o pau não subiu em San Antonio. Em Memphis, quando ameaçaram prender Mick por cantar as palavras "Starfucker, starfucker", Carter conseguiu parar os policiais ao apresentar uma lista de músicas tirada de uma estação de rádio local para mostrar que já estavam tocando essa música havia dois anos, sem nenhuma manifestação de protesto. O que Carter percebia e estava decidido a combater sem tréguas era que, toda vez que a polícia se mexia, em todas as cidades, violava a lei, agia de maneira ilegal, tentava nos prender sem mandados, fazia buscas de apreensão sem culpa presumida.

De modo que já existia algum tipo de recurso preparado, no momento em que Carter finalmente chegou a Fordyce, com o juiz a tiracolo. A imprensa em peso já estava instalada na cidade; foram montados bloqueios nas vias de acesso para impedir que entrassem curiosos. A polícia queria abrir o porta-malas, onde era certo que encontrariam drogas. Primeiro, me acusaram de direção perigosa porque meus pneus cantaram e cuspiram cascalho quando saímos do estacionamento do restaurante. Uns vinte metros de direção perigosa. Acusação número dois: eu tinha uma "arma escondida", a faca de caça. Mas, para abrir o porta-malas, eles precisavam de uma "culpa presumida", ou seja, era preciso haver evidências ou uma suspeita razoável de que havia ocorrido um crime. Caso contrário, a busca seria ilegal e, mesmo que encontrassem drogas, o caso seria arquivado. Eles poderiam ter aberto o porta-malas se tivessem visto algum contrabando quando espiaram pelas janelas do carro, mas não tinham visto nada. Essa história da "culpa presumida" era o que estava provocando toda a gritaria que de repente explodia do nada entre os vários policiais, enquanto a tarde ia passando. Antes de qualquer coisa, Carter deixou claro que, no entendimento dele, as acusações ali tinham sido fabricadas. A fim de inventar uma culpa presumida, o tira que me parou disse que havia sentido cheiro de maconha saindo pelas janelas quando deixamos o estacionamento e que esse era o sinal de que precisavam para abrir o porta-malas. Carter disse assim para nós: "Eles devem achar que eu caí de um caminhão de melancias". Os tiras estavam tentando dizer que, durante os sessenta segundos decorridos entre sair do restaurante e dirigir para fora do estacionamento, tinha dado tempo suficiente para acender um baseado e encher o carro com tanta fumaça que o cheiro podia ser sentido a vários metros de distância. Era por isso que nos prenderam, os policiais disseram. Essa alegação sozinha já era suficiente para destruir a credibilidade da evidência policial. Carter bateu boca sobre tudo isso com um delegado já enfurecido, cuja cidade estava sendo sitiada, mas que tinha pleno conhecimento de que podia acabar com o nosso show, com lotação esgotada, na noite seguinte em Dallas, no Cotton Bowl, nos segurando em Fordyce. Na figura do delegado Bill Gober, Carter viu, e nós vimos, o tira caipira arquetípico, a versão "Cinturão da Bíblia" dos meus amigos da delegacia de Chelsea, o tempo todo preparados para distorcer a lei e abusar do poder. Gober era um sujeito pessoalmente indignado com os Rolling Stones — com o que vestiam, com seus cabelos, com o que representavam, com sua música e, principalmente, na visão dele, por desafiarem a autoridade. Desobediência. Até Elvis tinha dito: "Sim, senhor". Aqueles arruaceiros cabeludos, não. Então, Gober tomou uma atitude e abriu o porta-malas, advertido por Carter de que ele o perseguiria sem descanso até a Suprema Corte. E quando o porta-malas foi aberto aconteceu o melhor de tudo. Foi uma gargalhada geral, daquelas de tirar o fôlego.

Quando você cruza o rio, vindo do Tennessee, naquela época um estado onde basicamente era proibida a bebida alcoólica, indo para o oeste de Memphis, que fica em Arkansas, havia lojas de bebidas vendendo o que não passava de aguardente destilada ilegalmente, em garrafas com rótulos de papel de embrulho. Ronnie e eu tínhamos ficado alucinados por causa de uma delas, e então compramos todo tipo de garrafa bizarra de *bourbon* que tivesse um rótulo sensacional como Flying Cock [Galo Voador], Fighting Cock [Galo de Briga], Grey Major [Major Cinza]. Eram umas garrafinhas inacreditáveis, com aqueles rótulos exóticos escritos à mão. Havia sessenta e poucas garrafas dessas no porta-malas. Agora, de repente, éramos suspeitos de contrabandear bebidas ilícitas. "Não, nós compramos tudo isso, pagamos por elas." Então, acho que todo aquele goró acabou confundindo os tiras. Estávamos nos anos 70 e pinguços não são drogados, naqueles tempos as coisas eram separadas. "Pelo menos são homens e bebem uísque." Então, encontraram a mala de Freddie, que estava trancada, e ele disse que tinha esquecido a combinação. Então arrebentaram o fecho e, é claro, ali estavam os dois pequenos frascos de cocaína medicinal. Gober achava que estava com a gente na palma da mão, ou pelo menos Freddie.

Levou algum tempo até achar o juiz, agora já era tarde da noite e, quando ele chegou, depois de ter ficado no clube de golfe o dia inteiro, bebendo, naquela altura do campeonato o cara estava voando baixo.

Então começou a cena de comédia total, o absurdo completo, os Tiras da Idade da Pedra, o juiz tomando assento e os vários advogados e policiais tentando manobrá-lo para que se baseasse na versão da lei adotada na delegacia. O que Gober queria era levar o juiz a decidir que a busca e a apreensão da cocaína tinham sido legais e que todos nós ficaríamos detidos por acusação de crime — ou seja, o cara queria a gente no xadrez. Podia-se dizer que o futuro dos Rolling Stones dependia daquele pequeno aspecto da lei; nos Estados Unidos, pelo menos.

O que aconteceu então é basicamente o que transcrevo a seguir, a partir do que ouvi e do que Bill Carter disse depois. E é a maneira mais rápida de contar o que houve, com as minhas desculpas a Perry Mason.

Elenco:

Bill Gober. Delegado. Vingativo, enfurecido.

Juiz Wynne. Juiz do tribunal de Fordyce. Muito bêbado.

Frank Wynne. Promotor público. Irmão do juiz.

Bill Carter. Famoso e contundente advogado criminalista, representando os Rolling Stones. Natural de Little Rock, Arkansas.

Tommy Mays. Defensor público. Idealista, recém-formado em direito.

Outros participantes: Juiz Fairley. Carter o trouxe para garantir imparcialidade e para ter certeza de que ele mesmo não seria preso.

Fora do tribunal: 2 mil fãs dos Rolling Stones espremidos contra as barricadas do lado de fora da prefeitura, cantando "Free Keith. Free Keith" [Soltem Keith. Soltem Keith].

Dentro do tribunal:

Juiz: Bom, acho que aqui estamos julgando um crime sério. Um crime ssssério, zzzenhores. Ouvirei suas hipótesezzz. Zr. Advogado?

Jovem promotor público: Meritíssimo, o que temos aqui é um problema de evidência.

Juiz: Os senhores precisarão me desculpar. A sessão está suspensa.

[Perplexidade no tribunal. Julgamento suspenso por dez minutos. Juiz retorna. Sua missão consistira em atravessar a rua e comprar uma garrafa de meio litro de *bourbon* antes que a loja fechasse às dez da noite. Agora, o frasco está guardado na meia dele.]

Carter [ao telefone com Frank Wynne, irmão do juiz]: Frank, onde você está? É melhor você dar um pulo aqui. Seu irmão está trincado. É. Ok. Ok.

Juiz: Pode prosseguir, Zzzr.... han, prossiga.

Jovem defensor público: Meritíssimo, acho que legalmente não podemos fazer isso, Meritíssimo. Não temos justificativa para mantê-los presos. Acho que devemos soltá-los.

Chefe de polícia [para o juiz, aos berros]: Mas é claro que não! O senhor vai deixar esses desgraçados livres? Eu vou prender o senhor, juiz, sabe disso não é? Pode ter certeza de que vou mesmo. O senhor está embriagado. Está publicamente bêbado. Não está em condições de presidir a sessão. O senhor está sendo uma vergonha para a nossa comunidade. [Então ele tenta agarrar o juiz.]

Juiz [berrando]**:** Seu maldito filho de uma puta. Zzzzaia já daqui. Você está me ameaçando, e eu vou te foder... [Os dois se pegam aos pescoções.]

Carter [aproximando-se para separar os dois]: Ei, ei, calma aí, rapazes. Chega de pescoção! Vamos continuar falando. Não é o momento para esse arranca-rabo, vamos guardar os canivetes... Tem a TV aí fora, a imprensa do mundo todo está aí na frente. Não vai cair nada bem. Vocês sabem o que o governador vai dizer disso. Vamos continuar com o julgamento. Acho que podemos chegar a algum acordo.

Funcionário do tribunal: Com licença, Juiz. A BBC News está ao vivo, de Londres. Querem falar com o senhor.

Juiz: Oh, claro. Licença, rapazes. Já volto. É um minuto. [Ele dá um golinho rápido na garrafa guardada na meia.]

Chefe de polícia [ainda aos berros]**:** Mas que circo desgraçado isto aqui! Carter, seu maldito, esses moleques cometeram um crime grave. A gente encontrou cocaína na porra do carro deles. O que mais você quer? Eu vou acabar com a raça deles. Eles vão comer na minha mão e eu vou enfiar o dedo na pior ferida. Quanto é que estão te pagando, ô *Hoover boy*? Se este tribunal não decidir que a busca foi legal eu vou prender o juiz por trabalhar embriagado em público.

Juiz [voz indireta com a BBC]**:** Oh, sim, eu passei pela Inglaterra durante a Segunda Guerra Mundial. Piloto de Bombardeiro, 385º Grupamento de Bombas. Estação Great Ashfield. Foi uma época espetacular, o tempo que passei lá... Oh, eu adoro a Inglaterra. Jogava golfe. Alguns dos melhores clubes onde já joguei. Vocês têm lugares excelentes aí. [...] Wennnworth? Sim. Bom, para transmitir uma mensagem para todos vocês, vamos fazer uma coletiva de imprensa com os rapazes e explicar alguns dos nossos procedimentos, como os Rolling Stones acabaram parando na nossa cidade e tudo.

Chefe de polícia: Estou com eles aqui e vou segurá-los eles aqui. Eu quero esses forasteiros, esses fresquinhos. Quem eles acham que são?

Carter: Você quer começar um tumulto nas ruas? Já viu de que jeito tá a coisa lá fora? Se mostrar um par de algemas que seja, vai perder o controle da situação. É o Rolling Stones, pelamordedeus.

Chefe de polícia: E os seus garotinhos vão pra trás das grades.

Juiz [voltando da entrevista]**:** Que que é isso?

Irmão do juiz [levando-o para um lado]**:** Tom, precisamos conversar. Não existe base legal para manter os meninos presos. Vamos engolir o fogo do inferno se não seguirmos a lei direitinho aqui.

Juiz: Eu sei. Sem dúvida. Sim. Sim. Sr. Carrrer. Todos vocês, aproximem-se.

O fogo já tinha baixado geral, exceto para o delegado Gober. A busca não tinha revelado nada que as autoridades pudessem usar. Não tinham nada do que nos acusar. A cocaína era do carona, Freddie, e tinha sido descoberta ilegalmente. Naquela altura, a polícia estadual estava basicamente do lado de Carter. Depois de muitas tratativas e cochichos, Carter e os outros advogados fizeram um acordo com o juiz. Muito simples. O juiz queria ficar com a faca de caça e retirar a queixa contra a posse de arma escondida — até hoje está em exposição na sala do tribunal. Ele ia diminuir a acusação de direção perigosa para contravenção, nada mais do que uma multa por estacionamento contrário às leis, que me custaria US$ 162,50. Com os US$ 50 mil em dinheiro vivo que Carter tinha trazido com ele, pagou uma fiança de

US$ 5 mil por Freddie e o pó, e ficou combinado que Carter entraria com um recurso posterior para arquivar o caso — e com isso Freddie também estava livre. Mas havia uma última condição. Tínhamos de dar uma coletiva de imprensa antes de partir e ser fotografados abraçando o juiz. Ronnie e eu fizemos a coletiva sentados ao lado do juiz, atrás da banca. Eu estava com um capacete de bombeiro naquela hora e me filmaram batendo o martelo e anunciando para os jornalistas: "Caso encerrado". Putz!

Esse tipo de desfecho era clássico para os Stones. Sempre era uma decisão ardilosa para as autoridades que nos prendessem. Vocês preferem colocar os caras atrás das grades ou tirar uma fotografia com eles e oferecer uma escolta até que saiam dos limites da cidade? De todo jeito vai ter gente apoiando. Em Fordyce, por um triz, saímos com a escolta. A polícia estadual teve de nos escoltar para atravessar a multidão e chegar ao aeroporto, lá pelas duas da manhã, onde o nosso avião, bem servido de Jack Daniel's, estava perfeitamente preparado para partir, à nossa espera.

Em 2006, as ambições políticas do governador Huckabee, do Arkansas, prestes a enfrentar as primárias como candidato à indicação do Partido Republicano na corrida presidencial, cresceram a ponto de me oferecer perdão pela contravenção cometida trinta anos antes. O governador Huckabee também acha que é guitarrista. Acho que tem até uma banda. Na realidade, não havia nada a perdoar. Não havia nenhum crime registrado em Fordyce, mas isso não tinha importância. Fui perdoado do mesmo jeito. Mas que fim levou o carro? Acabamos deixando-o naquela garagem, forrado de drogas. Tenho curiosidade de saber o que aconteceu com aquela muamba toda. Talvez eles nunca tenham removido os painéis. Talvez alguém ainda esteja guiando aquele carro, com drogas até a tampa.

Capítulo Dois

Filho único, cresci na região pantanosa de Dartford. Acampamentos de férias em Dorset com meus pais, Bert e Doris. Aventuras com meu avô Gus e com o sr. Thompson Wooft. Gus me ensina meus primeiros arpejos no violão. Aprendo a levar surras na escola e, depois, a derrotar o valentão de Dartford Tech. Doris educa meus ouvidos com Django Reinhardt e eu descubro Elvis via Rádio Luxemburgo. Transformação de coroinha em rebelde da escola, até ser expulso.

DURANTE MUITOS ANOS, dormi em média duas vezes por semana. Isso quer dizer que fiquei acordado pelo menos o equivalente a três vidas. E, antes dessas vidas, houve minha infância que vivi, morando na zona leste de Londres, em Dartford, ao longo do Tâmisa, onde nasci. Dezoito de dezembro de 1943. De acordo com minha mãe, Doris, isso aconteceu durante um ataque aéreo. Não posso discutir. Afinal, todos os quatro lábios estão selados. Mas a primeira lembrança que tenho é de estar deitado na grama, no nosso quintal, apontando para um avião zumbindo no ar acima das nossas cabeças, enquanto Doris dizia: "Spitfire". Naquela altura, a guerra tinha acabado, mas onde eu cresci era só virar uma esquina e enxergar o horizonte, terras incultas, mato, talvez uma ou duas dessas casas estranhas, com aspecto de Hitchcock, que de algum modo milagroso acabaram escapando. Nossa rua quase foi atingida por uma granada, mas não estávamos lá. Doris disse que ela veio quicando pelas pedras do calçamento e que matou todo mundo dos dois lados da nossa casa. Um ou dois tijolos caíram no meu berço. Havia indícios de que Hitler estava atrás de mim. Então, ele acionou o plano B. Depois disso, minha mãe achou que Dartford tinha se tornado perigosa. Ainda bem.

Doris e meu pai, Bert, se mudaram para Morland Avenue, em Dartford, vindos de Walthamstow a fim de ficar perto da minha tia Lil, irmã de Bert, enquanto meu pai lutava na guerra. O marido de Lil era leiteiro e havia sido transferido para aquela região para abastecer um novo roteiro. Então, quando a bomba atingiu aquela ponta da Morland Avenue, nossa casa não foi considerada segura e fomos morar com Lil. Doris me contou que, um dia, ao sairmos do abrigo antiaéreo após um ataque, o telhado da casa de Lil incendiou. Mas foi lá que as nossas famílias acabaram ficando juntas, depois da guerra, em Morland Avenue. A casa em que vivíamos ainda estava lá em minhas primeiras lembranças da rua, mas uma terça parte dela era só uma cratera, com mato e flores. Ali era o parquinho onde brincávamos. Nasci no Hospital Livingstone, ao som de "tudo em ordem" — outra das versões de Doris. A esse respeito tenho de acreditar no que ela disse. Eu não contava muito ainda naquele primeiro dia.

Minha mãe achou que ia para um lugar seguro, saindo de Walthamstow e se mudando para Dartford. Então, ela nos fez ir para Darent Valley. Viela da Bomba! Ali estava o maior depósito dos canhões Vickers-Armstrongs, o que era basicamente o alvo do alvo, e a indústria química Burroughs Wellcome. Como se não bastasse, era na região de Dartford que os pilotos dos bombardeiros alemães ficavam com frio na barriga, despejavam suas bombas e simplesmente davam meia-volta e caíam fora. "Aqui é pesado demais." *BUM*. Um milagre que não nos tivessem atingido. O barulho de uma sirene ainda faz os cabelinhos da minha nuca ficarem todos arrepiados, e isso deve ser por ter ido para abrigos antiaéreos com minha mãe e a família. Quando o apito da sirene dispara, é uma reação instintiva, automática. Assisto a muitos filmes e documentários sobre guerra, então ouço aquele som o tempo todo, mas a minha reação é sempre igual.

Minhas recordações mais antigas são aquelas imagens tradicionais do pós-guerra em Londres. Paisagens de entulho, ruas desaparecidas pela metade. Uma parte continuou desse jeito por mais dez anos. O principal efeito da guerra em mim foi só essa sentença: "Antes da guerra". Porque a gente ouvia os adultos falando disso. "Ah, não era assim, antes da guerra." Fora isso, não fui muito afetado. Acho que não ter açúcar, doces e balas para comer foi uma coisa boa, mas não me deixava feliz na época. Para mim sempre foi uma encrenca afanar coisas. Lower East Side ou a loja de doces em East Wittering, perto de casa, em West Sussex. O mais perto que chego hoje em dia de visitar esse tipo de comércio é a velha doçaria *Candies*. Certo dia, há pouco tempo, fui até lá de carro, eram oito e meia da manhã e eu estava com meu camarada, Alan Clayton, cantor do Dirty Strangers. Tínhamos ficado acordados a noite toda e naquela hora precisávamos muito comer alguma coisa doce. Tivemos de esperar do lado de fora mais meia hora, até que a loja abrisse. Compramos Candy Twirls, Bull's Eyes, Licorice, Blackcurrant. A gente não ia se rebaixar e invadir o supermercado e afanar as coisas, certo?

O fato de eu não poder comprar um pacotinho de balas até 1954 diz muito sobre as reviravoltas e mudanças que duram tanto tempo após uma guerra. Aquela já tinha acabado nove anos antes de eu realmente poder entrar e dizer — caso tivesse o dinheiro — "Vou querer um pacotinho *disso*" — Toffees e Aniseed Twists. Antes, era: "Você trouxe seus tíquetes de racionamento?". O som daqueles tíquetes sendo carimbados. Sua cota era sua cota. Um saquinho de papel de embrulho — pequenininho — *por semana*.

Bert e Doris haviam se conhecido trabalhando na mesma fábrica em Edmonton — Bert ficava nas prensas e Doris no escritório — e começaram a vida juntos indo morar em Walthamstow. Antes da guerra, como namorados, tinham feito vários passeios de bicicleta e acampado bastante. Isso os aproximou. Compraram uma bicicleta para dois e costumavam ir até Essex e acampar com amigos. Então, quando entrei em cena, assim que foi possível eles começaram a me levar nas costas, em sua bicicleta dupla. Deve ter sido muito pouco tempo depois da guerra, ou talvez mesmo durante a guerra. Consigo imaginar os dois pedalando em meio a um ataque aéreo, decididos a ir em frente. Bert na frente, mamãe atrás e eu nas costas, na cadeirinha de bebê, misericordiosamente exposto ao sol, vomitando de insolação. Essa vem sendo a história da minha vida — sempre a estrada.

No início da guerra — antes de eu nascer —, Doris dirigia uma van para a cooperativa dos padeiros, embora ela tivesse dito a eles que não sabia dirigir. Felizmente, naqueles tempos quase não existiam carros na rua. Ela enterrou a van numa parede num dia em que estava usando o carro ilegalmente para visitar uma amiga, e nem assim a despediram. Ela também dirigia uma carroça puxada por um cavalo para fazer entrega de pães perto da cooperativa, e assim economizava combustível no tempo da guerra. Doris era encarregada de distribuir bolos numa grande área. Meia dúzia de bolos para trezentas pessoas. E era ela quem decidia quais seriam os felizardos. "Posso ganhar um bolo na semana que vem?" "Bom, você ganhou na semana passada, não é verdade?" Uma guerra heroica. Bert teve um emprego protegido, fabricando válvulas, até o Dia D. Tinha sido estafeta na Normandia logo após a invasão, e fora ferido gravemente num ataque de morteiros; os companheiros à sua volta haviam morrido. Ele fora o único sobrevivente daquele ataque limitado, que deixou uma marca bem feia, uma cicatriz lívida que riscava sua coxa esquerda até em cima. Sempre quis ter uma, quando crescesse. Eu perguntava: "Pai, o que é isso?" E ele me dizia: "Isso me tirou da guerra, filho". Também deixou-o com pesadelos pelo resto da vida. Meu filho, Marlon, morou bastante tempo com Bert nos Estados Unidos enquanto era criança, e eles costumavam acampar juntos. Marlon diz que Bert acordava no meio da noite, gritando "Cuidado, Charlie, estão atirando. A gente já era! A gente já era! Que puta merda".

Todo mundo de Dartford é ladrão. Está no sangue. Uma antiga quadrinha celebra o caráter imutável desse lugar: "*Sutton for mutton, Kirkby for beef, South Darne for gingerbread, Dartford for a thief*" [Sutton para carneiro, Kirkby para bife, South Darne para pão de gengibre, Dartford para ladrão]. A maior entrada de dinheiro em Dartford geralmente resultava dos assaltos a carruagens que faziam o trajeto entre Dover e Londres, pela antiga estrada romana, Watling Street. East Hill é muito íngreme. Então, de repente, você está no vale do rio Darent. É só um riacho pequeno, mas depois vem a curta High Street e então era preciso subir por West Hill, onde os cavalos perdiam o embalo. De qualquer lado que se viesse, era o ponto perfeito para uma emboscada. Os condutores não paravam para discutir — uma parte dos valores ia para o imposto de Dartford, o que garantia que a viagem seguisse sem transtornos. Eles simplesmente atiravam uma sacola com moedas para os assaltantes. Porque se não pagassem na descida de East Hill, eles davam o aviso lá adiante. Um tiro de carabina — ele não pagou — e então eram parados em West Hill. Com isso, era um duplo assalto. Não havia meio de se livrar. Esse sistema basicamente foi abandonado quando os trens e carros passaram a circular, de modo que, provavelmente, em meados do século XIX, eles foram atrás de alguma outra coisa para fazer, algum outro modo de manter a tradição. E Dartford desenvolveu uma inacreditável rede de criminosos — é só perguntar a alguns parentes mais distantes da minha família. É uma coisa da vida. Sempre tem algo que cai da carroceria de um caminhão ou outro. Ninguém pergunta. Se alguém aparece com um belo par de coisas de diamante, não tem ninguém questionando: "Mas de onde você tirou isso?".

Quando eu estava com nove ou dez anos, durante mais de um ano fui vítima de tocaias, no melhor estilo Dartford, praticamente todos os dias quando saía de casa e ia para a escola. Eu sei o que é ser covarde. Eu *nunca mais* voltarei lá. Por mais fácil que seja dar as costas e sair correndo, eu preferia as surras. Dizia para minha mãe que tinha tomado outro tombo da bicicleta. E aí ela respondia: "Fique longe da sua bicicleta, filho". Cedo ou tarde todo mundo leva uma surra. Melhor cedo. Metade são perdedores, metade são valentões. Isso teve um poderoso efeito sobre mim e me ensinou algumas lições para quando eu tivesse idade e tamanho suficiente para usá-las. Principalmente saber como usar aquela coisa que os desgraçadinhos têm, chamada velocidade. Em geral falam de "dar no pé". Mas aí a gente se enche de fugir. Era a velha emboscada de Dartford. Agora, eles têm o túnel de Dartford com cabines de pedágio, por onde todo o tráfego de Dover para Londres ainda tem de passar. É legal tirar seu dinheiro e os valentões usam uniformes. De um jeito ou de outro, você paga.

Meu quintal eram os charcos de Dartford, uma terra de ninguém que se estende por quase 5 quilômetros dos dois lados do Tâmisa. Um lugar assustador e fascinante ao mesmo tempo, mas desolado. Quando eu era criança, nosso bando de moleques ia até a margem do rio, o que significava uma boa meia hora de bicicleta. O condado de Essex ficava do outro lado do rio, na margem norte, e também podia muito bem ser a França. Dava para ver a fumaça de Dagenham, a fábrica da Ford e, do outro lado, a fábrica de cimento Gravesend [Fim do cemitério]. Não chamavam aquilo de Gravesend à toa. Tudo que ninguém mais quer vem sendo despejado em Dartford desde o final do século XIX — hospitais de isolamento e de portadores de varíola, colônias de leprosos, fábricas de pólvora, hospícios —, uma bela mistura. Dartford era o maior centro para o tratamento da varíola em toda a Inglaterra, desde a grande epidemia da década de 1880. Os hospitais à margem do rio transbordavam de navios ancorados em Long Reach — uma lúgubre visão nas fotos, ou se você estivesse navegando no estuário em direção a Londres. Mas os hospícios eram o que dava fama a Dartford e seu entorno — os vários projetos administrados pelo temido Metropolitan Asylums Board [Comitê Metropolitano de Manicômios] para pessoas mentalmente despreparadas, ou seja lá como se refiram a elas atualmente. Os deficientes mentais. Os manicômios formaram um cinturão em torno da área, como se alguém tivesse decidido: "Muito bem. Aqui é onde vamos colocar todos os lunáticos". Havia um gigantesco manicômio, muito lúgubre, chamado Darenth Park, que era uma espécie de campo de trabalhos forçados para crianças retardadas até bem recentemente. Havia também o Stone House Hospital, cujo nome fora mudado para amenizar sua denominação original — Asilo de Lunáticos da Cidade de Londres, com sua torre e suas colunas góticas e um posto de observação em estilo vitoriano — e onde pelo menos um suspeito de ser Jack, o Estripador, Jacob Levy, tinha sido encarcerado e morrido de sífilis. Alguns desses hospícios eram para casos piores. Quando estávamos com doze, treze anos, Mick Jagger arrumou um emprego de verão no manicômio de Bexley, "Maypole" [Magrelão], como era chamado. Acho que ali os doidos eram de classe mais alta — tinham cadeiras de rodas e coisas assim —, e Mick costumava distribuir as refeições na hora do almoço.

Praticamente uma vez por semana, ouvíamos as sirenes dispararem — outro louco tinha fugido —, e depois eles o encontrariam de manhã, usando a camisolinha comum, tremendo de frio, em algum ponto dos charcos de Dartford. Alguns conseguiam ficar foragidos por mais tempo e a gente podia vê-los se escondendo em meio aos arbustos e ao mato alto. Era uma coisa que fazia parte da minha vida quando eu era criança. A gente achava que ainda estava em guerra porque eles usavam a mesma sirene quando alguém escapava. Ninguém percebia que lugar mais esquisito era aquele onde estávamos crescendo. Quando indicávamos o caminho para alguém, a gente dizia: "Você passa o hospício, mas não o grandão, o pequeno". E então te olhavam como se você mesmo fosse um interno de lá.

A única outra coisa que existia ali era a fábrica Wells de fogos de artifício, que na realidade eram uns barracões isolados no meio do pântano. Uma noite, nos anos 50, explodiu sozinha e alguns sujeitos morreram no acidente. Incrível. Quando olhei pela minha janela, achei que a guerra tinha começado novamente. A única coisa que a fábrica estava produzindo, então, eram rojões de um tiro, pistolões e chuvas de ouro. E bonecos saltadores. Todos que viviam por ali se lembram disso, da explosão que arrebentou as janelas de casas a muitos quilômetros de distância.

Uma coisa que a gente tinha era bicicleta. Eu e meu chapa, Dave Gibbs, que vivia em Temple Hill, decidimos que seria muito legal fixar abas pequenas de papel-cartão na roda de trás, para parecer o barulho de um motor quando os raios do aro raspassem nelas. Daí ouvíamos: "Tirem essa porcaria da roda. Estou tentando dormir, mas que droga", então a gente ia até o charco e o bosque perto do Tâmisa. O bosque era uma área muito perigosa. Lá ficavam uns malandros, homens brigões que gritavam "Cai fora" para nós. Tiramos as aletas de papelão. Aquele era um lugar de malucos, desertores e vagabundos. Muitos daqueles caras eram desertores do Exército britânico, parecidos com aqueles soldados japoneses que achavam que a guerra não tinha acabado. Alguns já estavam morando lá havia cinco ou seis anos. Tinham criado um tipo de abrigo num *trailer* velho, outros construíram uma casa nas árvores. Eram um bando de porcos malvados, muito nojentos. A primeira vez que levei um tiro na vida foi de um daqueles desgraçados — um tiro bem dado, um projétil de uma espingarda de chumbinho, na bunda. Um dos nossos esconderijos era uma velha casamata para metralhadoras; havia muitas delas ao longo do canal. A gente costumava ir lá e pegar as coisas que a gente lia, que sempre eram revistas de mulher pelada, todas dobradas e amarrotadas no canto.

Um dia, achamos um vagabundo morto lá, todo amontoado de um jeito esquisito, coberto de garrafas azuis. Um valentão apagado. (Lamparina sem parafina, rima boa neste caso.) Revistas pornográficas espalhadas por todo lado. Camisinhas usadas. Moscas zumbindo. E aquele valentão que tinha batido as botas. Ele já devia estar ali há dias, semanas talvez. Nunca fomos à polícia para avisar. Corremos mais do que o fodido do rio Nilo.

Lembro que ia da casa de tia Lil para a pré-escola, depois para a escola de West Hill, berrando o mais que podia. "De jeito nenhum, mãe. De jeito nenhum!" Uivando e chutando, me recusando absolutamente, e mesmo assim eu ia. Eles davam um jeito, os adultos. Eu brigava com tudo, mas sabia que aquela era uma luta perdida e que eu ia "dançar" mesmo. Doris sentia pena de mim, mas não muito. "A vida é assim, guri, uma coisa que a gente não consegue derrotar." Lembro do meu primo, filho da tia Lil. Grande garoto. Tinha pelo menos quinze anos, e um charme que não se pode imaginar. Ele era o meu herói. Tinha uma camisa xadrez! E podia sair quando bem entendesse. Acho que se chamava Reg. A prima Kay era filha deles também.

Ela me deixava muito bravo porque tinha pernas muito compridas e sempre conseguia correr mais depressa do que eu. Todas as vezes eu chegava num valente segundo lugar. Mas ela era mais velha também. Eu andei a cavalo pela primeira vez com ela, sem sela nem nada. Uma grande égua branca que mal sabia o que estava acontecendo, que tinham deixado solta para pastar, se é que se pode chamar de pasto aquela área perto de onde morávamos. Eu estava com alguns amigos da prima Kay, subimos na cerca e demos um jeito de subir nas costas daquela égua, e graças a Deus ela era mansa, caso contrário, se tivesse disparado, eu ir dar de cara no chão porque não tinha rédea nenhuma para segurar.

Eu detestava a pré-escola. Detestava todas as escolas. Doris disse que eu ficava tão nervoso que ela se lembrava de ir me buscar e me carregar nas costas até em casa, porque eu não conseguia andar de tanto que tremia. E isso foi antes que as tocaias e as intimidações tivessem começado. A comida que davam era terrível. Eu me lembro de ser obrigado a comer "torta cigana" na pré-escola. Eu simplesmente me recusava. Era uma torta com alguma gosma queimada de recheio, geleia ou caramelo. Todas as crianças daquela escola conheciam a torta e algumas até gostavam dela. Mas isso não era o que eu queria de sobremesa, e eles tentaram me forçar a comer aquilo, ameaçando me colocar de castigo ou cobrar uma multa se eu não comesse. Era a coisa mais dickensiana possível. Tive de escrever "Eu não recusarei comida" trezentas vezes, com a minha letra de criança. Mas, no fim, acabei. "Eu, eu, eu, eu... não, não, não, não...".

Diziam que eu tinha mau gênio. Como se mais ninguém tivesse. Gênio que acordava com aquela torta cigana. Pensando naqueles tempos, o sistema educacional na Grã-Bretanha, saindo dos escombros da guerra, não tinha muito que fazer. O instrutor de educação física, por exemplo, havia acabado de passar um período treinando unidades de combate no Exército e não entendia por que não deveria dispensar o mesmo tratamento aos alunos, embora só tivéssemos cinco ou seis anos. Todos os professores eram ex-soldados. Todos tinham combatido na Segunda Guerra Mundial e alguns inclusive haviam acabado de voltar da Coreia. Assim, estávamos crescendo com esse tipo de autoridade que só sabia berrar.

Eu deveria ganhar uma medalha por ter sobrevivido aos primeiros dentistas do Serviço Nacional de Odontologia. Acho que eram duas consultas por ano — faziam vistorias nas escolas — e minha mãe tinha de me arrastar aos prantos quando chegava o dia. Depois, ela precisava gastar o suado dinheirinho que ganhava para me comprar alguma coisa, pois cada vez que eu ia era um verdadeiro pesadelo. Sem dó nem piedade. "Cala a boca, menino." O avental de borracha vermelha, como em uma história de horror de Edgar Allan Poe. Naqueles tempos, 1949, 1950, usavam umas máquinas toscas, brocas que giravam movidas por correias, tiras de couro de cadeira elétrica para prender a gente na cadeira.

O dentista era um sujeito que havia sido do Exército. Meus dentes ficaram podres por causa disso. Tinha tanto medo de ir ao dentista que, por volta dos anos 70, isso provocou consequências visíveis: uma boca cheia de dentes escuros. Como o gás era caro, davam só um borrifo. E, além disso, os dentistas ganhavam mais arrancando os dentes do que obturando. Então eles queriam tirar tudo. Depois de um mínimo borrifo de gás, eles simplesmente arrancavam seu dente com toda a força, e a gente acordava bem no meio da extração; quando eu via aquele tubo de borracha vermelha, aquela máscara, me sentia como um piloto de bombardeiro, exceto que a gente não tinha o avião. A máscara de borracha vermelha e o homem debruçado em cima de mim, como Laurence Olivier em *Maratona da morte*. Foi a única vez, na minha imaginação, em que vi o demônio. Eu estava sonhando e vi o tridente. O demônio estava rindo enquanto se afastava; eu acordei e lá estava o cara dizendo: "Pare de estrebuchar, menino. Tenho mais vinte para tratar hoje". E a única coisa que eu ganhava em troca era um brinquedo idiota, um revolverzinho de plástico.

Depois de algum tempo, o comitê da prefeitura nos deu um apartamento que ficava na sobreloja de uma quitanda, numa pequena sequência de lojas em Chastilian Road, com dois quartos e uma saleta — e que ainda está lá. Mick vivia a uma rua dali, em Denver Road. Beco do Luxo, a gente costumava chamar o lugar — a diferença entre casas geminadas e separadas. Era um percurso de cinco minutos de bicicleta até a charneca de Dartford e a apenas duas ruas da minha próxima escola, aquela em que Mick e eu estudamos, a Wentworth Primary School.

Voltei a Dartford recentemente, a fim de ver como estava o lugar. Não mudou muita coisa em Chastilian Road. A quitanda agora é uma floricultura chamada The Darling Buds of Kent, e o proprietário veio ao meu encontro com uma foto emoldurada para eu autografar, praticamente no mesmo instante em que pisei na calçada. Ele se comportou como se estivesse esperando por mim, a fotografia pronta, demonstrando tão pouca surpresa quanto se eu aparecesse ali toda semana, em vez de ser trinta e cinco anos depois. Quando entrei em nossa antiga casa, sabia exatamente o número de degraus. Pela primeira vez em cinquenta anos, entrei no quarto que ocupava naquela casa, onde agora mora o dono da floricultura. Quarto minúsculo, exatamente igual, e Bert e Doris no outro quarto mínimo, do outro lado do corredor de um metro de largura. Eu vivi ali de 1949 a 1952, mais ou menos.

Do outro lado da rua ficavam a cooperativa e o açougue — foi onde o cachorro me mordeu. Minha primeira mordida de cachorro. Era um vira-lata malvado, que ficava amarrado do lado de fora. A tabacaria Finlays, na outra esquina. A caixa do correio continuava no mesmo lugar, mas costumava existir um enorme buraco em Ashen Drive, no ponto em que tinha caído uma bomba, que agora está tapado. O sr. Steadman era nosso vizinho de porta. Ele tinha uma televisão e costumava deixar as cortinas abertas para que a molecada pudesse assistir. Mas a minha pior lembrança, a mais dolorida de todas que me ocorreram, de pé no meio do pequeno jardim no quintal, foi o dia dos tomates podres. Já me aconteceram umas coisas bem ruins, mas esse ainda é um dos piores dias da minha vida. O quitandeiro costumava guardar no quintal alguns engradados com frutas velhas, e um amigo e eu descobrimos um caixote de tomates que estavam podres havia bastante tempo. Simplesmente esmigalhamos tudo que tinha no caixote. Começamos com uma guerrinha atirando para todo lado os tomates que se espatifavam, inclusive em cima de mim, do meu amigo, das janelas, das paredes. Estávamos do lado de fora, bombardeando um ao outro. "Toma essa, seu porco!" Tomate podre na cara. Então entrei em casa e minha mãe me deu o maior susto.

"Eu chamei o homem."

"Do que você está falando?"

"Eu chamei o homem. Ele vai te levar embora porque você está descontrolado."

Então, desabei.

"Ele disse que chegava em quinze minutos. A qualquer instante ele vai aparecer pra te levar pro orfanato."

Fiz cocô nas calças. Eu devia ter seis ou sete anos.

"Oh, mãe!" Estou de joelhos, suplicando, implorando.

"Estou até aqui com você. Não quero mais você."

"Não, mãe, por favor..."

"E, tem mais. Vou contar para o seu pai."

"Oh, *mããããe*."

Aquele dia foi cruel. Ela não queria nem saber. Ficou me torturando por mais de uma hora até eu me acabar de chorar e cair no sono e, enfim, perceber que não tinha homem nenhum e que tinha sido só um susto. E eu tinha de entender por quê. Por causa de uns tomates podres? Acho que eu precisava receber uma lição: "Por aqui não se faz isso". Doris nunca foi brava. Era só: "É desse jeito. É assim que vai ser e você vai fazer isso e aquilo". Aquela foi a única vez que Doris me fez sentir medo de Deus.

Não que, em nossa família, sentíssemos medo de Deus. Ninguém na minha família jamais teve ligação com nenhuma forma de religião organizada. Nenhum dos parentes. Um dos meus avós tinha sido socialista de carteirinha, assim como minha avó. E a Igreja, a religião organizada, era uma coisa a ser evitada. Ninguém ligava para o que Cristo tinha dito, mas ninguém dizia que não existia Deus, nem nada disso, só que era para manter distância das organizações. Os padres eram objeto de muita desconfiança. Se você topar com um cara de batina preta, atravesse a rua. Tome cuidado com os católicos, eles são ainda mais ardilosos. Eles não tinham tempo para isso. Graças a Deus, se não fosse assim, os domingos teriam sido ainda mais chatos do que já eram. Nós nunca íamos à igreja, nunca nem soubemos onde ela ficava.

Fui até Dartford com a minha mulher, Patti, que não conhecia a região, e com minha filha Angela, que foi nossa guia, pois nasceu e foi criada ali por Doris, assim como eu. E enquanto andávamos por Chastilian Road, de dentro da loja que era vizinha de porta da nossa antiga casa, um salão de cabeleireiro unissex chamado Hi-Lites, onde só cabiam três clientes, saíram em bando pelo menos umas quinze auxiliares de um tipo e com uma idade que eu conhecia muito bem. Teria sido ótimo se aquele salão existisse quando eu morava lá. Um salão unissex. O que será que o quitandeiro teria dito de uma coisa dessas?

Durante alguns minutos, os diálogos foram os de sempre.

Fã: Você pode dar um autógrafo pra gente, por favor? É para Anne e todas as meninas do Hi-Lites. Pode vir ao salão, você ganha um corte de cabelo. Você vai até Denver Road, agora, onde Mick morava?

KR: É a rua de cima, certo?

Fã: Quero que você assine outro para o meu marido.

KR: Oh, você é casada? Ah, que merda.

Fã: Por que você quer saber? Venha até o salão... eu preciso arrumar um pedaço de papel. Meu marido não vai acreditar nisso.

KR: Eu tinha esquecido como é ser seguido pelas meninas de Dartford.

Fã mais velha: Todas elas são muito meninas para saber o que é isso. Nós nos lembramos de você.

KR: Bom, continuo fazendo as minhas coisas. Seja lá o que vocês estejam escutando agora, esse pessoal não estaria aí se não fosse por mim. Hoje à noite, vou sonhar com este lugar.

Fã: Alguma vez você imaginou que isso ia acontecer, naquele quartinho?

KR: Eu imaginava tudo. Só nunca achei que fosse acontecer.

Havia algo de intrinsecamente Dartford naquelas meninas. Elas se sentem à vontade, andam juntas por toda parte. São quase como meninas do interior — no sentido de que pertencem a um lugar pequeno. Mesmo assim, transmitem aquela sensação de proximidade, de serem amistosas. Nos tempos de Chastilian Road, eu costumava ter algumas amigas, embora tudo fosse platônico então. Sempre me lembro de que uma me deu um beijo. Tínhamos seis, sete anos. "Mas não conte para ninguém", ela disse. Ainda não escrevi essa canção. As garotas sempre estão muito à frente. "Não conte a ninguém!" Essa foi a primeira história de namorada, mas na infância eu tinha muitas amigas meninas. Minha prima Kay e eu fomos amigos por muitos anos. Patti, Angela e eu subimos de carro por Heather Drive, passamos perto da charneca. Heather Drive era realmente de outra categoria. É onde Deborah morava. Eu era obcecado por ela quando estava com onze, doze anos. Muitas vezes, eu ia até lá para ficar parado olhando para a janela do quarto dela, como um ladrão na madrugada.

A charneca ficava apenas a cinco minutos de bicicleta. Dartford não é grande e podíamos sair dali, da cidade, e "viajar", pedalando poucos minutos por aquele setor não urbanizado do distrito de Kent, com seus bosques e matagais, entrando numa região que parecia medieval e onde a gente testava a nossa perícia sobre duas rodas. Os calombos gloriosos. Costumávamos correr com a bicicleta por aqueles morros todos, desabalando pelas ladeiras, passando com as costas de raspão pelos galhos das árvores mais baixas como uma flecha e tomar o maior tombo. Que nome sensacional, calombos gloriosos. Já tive muitos outros, desde aquela época, mas nenhum daquele tamanhão. A gente ficava por ali o fim de semana inteiro.

Em Dartford, naqueles tempos, e talvez ainda hoje, virando para oeste dava para ver a cidade. Mas se a gente virasse para leste ou para o sul, ia mais para o interior. A gente sabia que realmente estava na divisa. Naquela época, Dartford era mesmo um subúrbio na periferia. Também tinha um caráter próprio; ainda tem. Não dava a sensação de que você era de Londres. Não consigo me lembrar de nenhum orgulho cívico próprio de Dartford, quando eu era menino. Ali era um lugar de onde a gente queria sair. Não me senti nem um pouco nostálgico quando voltei lá naquele dia, exceto por uma coisa — o odor da charneca. Aquilo me trouxe mais recordações do que qualquer outra coisa. Amo de paixão o ar de Sussex, onde moro, mas na charneca de Dartford tem uma mistura de aromas, exclusiva dali, mesclando tojo e urzes, que não sinto em nenhum outro lugar. Os calombos gloriosos tinham desaparecido, ou tornaram-se menos salientes, ou não eram tão grandes quanto eu pensava, mas caminhar por aquele trecho de terreno me levou direto pro passado sem escalas.

Para mim, na infância, Londres era cocô de cavalo e fumaça de carvão. Durante cinco ou seis anos depois da guerra, havia em Londres mais tráfego de veículos puxados a cavalo do que depois da Primeira Guerra Mundial. Era um odor pungente do qual realmente sinto falta. Como se fosse aquele cheirinho da sua cama, uma recordação sensorial tipo sachê. Vou tentar vender para os moradores mais idosos. Vocês se lembram? Fedor de Londres.

Londres não mudou tanto assim, exceto pelo cheiro e pelo fato de que agora a gente pode apreciar a beleza de alguns edifícios, como o Museu de História Natural, depois que limparam as partes encardidas e colocaram telhado azul. Antigamente não era assim, de jeito nenhum. A outra coisa é que antes a rua era sua. Mais tarde, me lembrei de ver imagens de Chichester High Street, na década de 1900, e a única coisa que se via nas ruas eram crianças jogando bola e uma carroça com cavalo descendo a ladeira. A gente só precisava dar espaço de vez em quando para um ou outro veículo.

Quando eu era menino, o nevoeiro era intenso quase o inverno inteiro e, se tínhamos de andar quatro ou cinco quilômetros até chegar em casa, eram os cachorros que nos guiavam. De repente, o velho Dodger aparecia do nada com o tapa-olho e a gente então conseguia achar o caminho de casa com a ajuda dele. Havia dias que o nevoeiro era tão denso que não enxergávamos absolutamente nada. E o velho Dodger chegava perto e te acompanhava até te entregar para algum labrador. Os animais estavam na rua, e isso foi uma coisa que desapareceu. Eu teria me perdido e morrido se não fosse pela ajuda dos meus amigos caninos.

Quando eu tinha nove anos, nos deram uma casa em Temple Hill, uma *council house*[1] que ficava num terreno baldio. Eu era muito mais feliz em Chastilian Road, mas Doris achou que tínhamos tido sorte. "Ganhamos uma casa" e toda aquela baboseira. OK, então era uma questão de mudar o traseiro para o outro lado da cidade. Claro que houve uma séria crise habitacional, com alguns anos de duração, após a guerra. Em Dartford, muitas pessoas estavam morando nas casas pré-fabricadas de Princes Road. Charlie Watts morava numa delas, na primeira vez que o vi, em 1962 — havia um segmento inteiro da população instalada naquelas construções de telhado de alumínio e amianto, que eles cuidavam com todo o amor. O governo britânico não podia fazer muita coisa depois da guerra, exceto tentar organizar a bagunça, da qual a gente fazia parte. Claro que os caras aproveitaram a situação para se glorificar. E deram às ruas dessa nova área urbanizada nomes em homenagem a si mesmos e à elite do Partido Trabalhista do passado e do presente — um pouco afobados no caso da última categoria, talvez, dado que só permaneceram no poder por seis anos antes de serem derrotados e saírem novamente de cena. Eles se achavam os heróis da luta da classe trabalhadora — e um desses militantes e partidários fiéis foi meu próprio avô, Ernie Richards, que, com a minha avó, Eliza, tinha praticamente fundado o Partido Trabalhista de Walthamstow.

Aquele conjunto habitacional fora inaugurado em 1947 por Clement Attlee, o primeiro-ministro do pós-guerra, amigo de Ernie, e um dos que tinham virado nome de rua. Seu discurso de inauguração caiu no vazio. "Queremos que as pessoas tenham lugares que amem,

1 *Council house* é um tipo de moradia social ou pública no Reino Unido. As casas são construídas e geridas por conselhos locais para suprir deficiências habitacionais. (N. T.)

lugares em que serão felizes, onde formarão sua comunidade e terão uma vida social e uma vida cívica. [...] Aqui, em Dartford, vocês estão dando o exemplo de como fazer isso."

"Não, não foi bom", Doris diria depois. "Era difícil." E está muito mais difícil agora. Algumas partes de Temple Hill são lugares aonde não se vai; verdadeiros antros de gangues juvenis, que criaram um inferno ali. Ainda estava em construção quando nós nos mudamos para lá. Existia um galpãozinho na esquina, não havia árvores, um verdadeiro exército de ratos. Parecia uma paisagem lunar. E, embora estivesse a apenas dez minutos da Dartford que eu conhecia, a velha Dartford, naquela idade meio que me fazia sentir que eu tinha sido transportado para algum tipo de território alienígena. Durante um ano, mais ou menos, fiquei achando que tinha sido levado para algum outro planeta, antes de conseguir conhecer algum vizinho. Mas minha mãe e meu pai adoravam a casa que a cidade tinha dado. Eu não tinha escolha a não ser calar a boca. Era geminada de um lado apenas, era nova e bem construída, mas não era nossa! Eu achava que a gente merecia mais. E isso me deixava com raiva. Pensava que éramos uma família nobre, no exílio. Pretensioso! E, às vezes, eu desprezava meus pais por aceitarem seu destino. Isso era naqueles tempos. Eu não tinha noção de tudo que eles tinham passado.

Mick e eu só nos conhecemos porque aconteceu de morarmos muito perto, apenas a poucas portas de distância, e também porque estudamos alguns anos na mesma escola. Mas, assim que nos mudamos para o outro lado da cidade e eu não estava mais morando ali perto, me tornei alguém "do outro lado". Não via mais ninguém. Eu não estava lá. Mick tinha mudado de Denver Road para Wilmington, um subúrbio muito bom de Dartford, enquanto eu estava totalmente do outro lado da cidade, do outro lado do trilho. A estrada de ferro vai literalmente em linha reta até o centro da cidade.

Temple Hill — esse nome era um pouco pomposo demais. Nunca vi um templo durante todo o tempo em que fiquei por lá, mas aquele morro era realmente a única atração para uma criança. Era um morro bem íngreme. E é incrível o que uma criança é capaz de fazer num morro, se estiver disposta a perder um braço, uma perna, ou morrer. Lembro de pegar o meu *Buffalo Bill Wild West Annual*, colocar atravessado num carrinho de rolimã, e depois me sentar e deslizar pela encosta de Temple Hill, como um pé de vento. Azar se tivesse alguma coisa no meio do caminho — a gente não tinha freio. E no fim da ladeira tinha uma rua que tínhamos de atravessar, o que significava fazer roleta-russa com os carros, não que fossem muitos carros. Mas não consigo acreditar que a gente fazia essa brincadeira, que hoje me deixa de cabelo em pé. Eu estava sobre uma prancha, a cinco centímetros ou menos do chão, e que Deus ajude a mulher com o carrinho de bebê! Eu costumava gritar: "Cuidado! Sai da frente!". Nunca me pararam por causa disso. Naqueles tempos, a gente fazia essas coisas e não tinha problema.

Desse período trago uma cicatriz bem funda. Os paralelepípedos grandes e pesados estavam em pilhas do lado da rua, soltos, não tinham sido fixados no cimento. E, naturalmente, como eu me achava o Super-Homem, só queria tirar um deles do meio do caminho, com um amigo, porque estava atrapalhando nossa partida de futebol. Memória é ficção, e uma ficção alternativa para aquele evento é a de uma amiga e companheira de traquinagens, Sandra Hull, que consultei todo esse tempo depois. Ela se lembrava de eu ter-me oferecido, muito galantemente, para mudar um paralelepípedo de lugar porque o vão entre eles era grande demais para ela saltar de um para outro. Ela também se lembrava de ter visto muito sangue quando o paralelepípedo escorregou e esmagou meu dedo e eu saí correndo até a pia dentro de casa, onde o sangue não parava de escorrer. Depois tive de levar pontos. Com o passar dos anos, o resultado — não devemos exagerar — pode ter interferido no modo como toco guitarra porque deixou meu dedo achatado para fazer os dedilhados. Também pode ter tido alguma relação com o som que eu tiro. Tem uma força a mais. Além disso, quando faço um dedilhado, esse dedo deixa a mão mais com jeito de uma garra, porque perdi uma parte dele naquele dia. Então, ele é achatado, e também mais pontudo, o que acaba sendo prático, de vez em quando. E a unha nunca mais cresceu direito, ela é meio revirada.

Era longa a distância entre a casa e a escola e, para evitar a subida de Temple Hill, eu dava a volta por trás, bem perto do pé do morro. A gente chamava de caminho das cinzas, e era plano, mas isso implicava ir por trás das fábricas, passando pela Burroughs Wellcome e pela Bowater, que fazia papel, e por um riacho malcheiroso com uma gosma nojenta verde-amarelada que ficava borbulhando. Todas as merdas químicas do mundo tinham sido despejadas naquele riacho, e ele ficava borbulhando, como se fosse uma nascente de água quente sulfurosa. Eu segurava o fôlego e andava mais depressa. Realmente parecia uma visão do inferno. Na frente do prédio, tinha um jardim e um laguinho lindo com cisnes, que deslizavam como se flutuassem, onde a gente ficou sabendo que tinha "mais fachada que a Harrods".

Eu fiz um caderno de músicas e ideias durante nossa última turnê, enquanto pensava nesta autobiografia. Uma anotação diz o seguinte: "Instantâneo de Bert & Doris brincando de pular sela nos anos 30, achei na minha mochila. Lágrimas nos olhos". As imagens mostram de fato os dois fazendo uma espécie de ginástica — Bert praticando parada de mão nas costas de Doris, os dois dando saltos mortais, Bert fazendo uma exibição particular de seu físico. Naquelas primeiras fotos, Bert e Doris pareciam se divertir muito juntos, acampando, indo à praia, rodeados de amigos. Ele era um verdadeiro atleta. Também fora escoteiro do nível Eagle Scout, que é o mais alto que se pode alcançar na hierarquia do escotismo britânico. Era boxeador, um boxeador irlandês. Meu pai era um sujeito muito envolvido com atividades físicas. Nesse sentido, acho que herdei aquela coisa de "Ah, nem vem, qual é essa de dizer que não está se sentindo bem?". O corpo é uma coisa que vai no embalo. Não importa muito o que você faz com ele, ele tem de funcionar, e pronto. Nem pensar em cuidar dele. Temos aquele tipo de constituição que é imperdoável ter problemas. Estou preso a ele. "Ah, é só uma bala, só um corte na carne."

Doris e eu éramos próximos e Bert ficava excluído de certo modo, simplesmente porque não estava em casa metade do tempo. Bert era um sujeito que trabalhava muitíssimo, um cara que se matava como uma besta por vinte e poucas libras por semana, indo até Hammersmith para trabalhar na General Electric, onde era encarregado. Ele sabia muito sobre válvulas — como fazer uma carga com elas e transportá-las. A gente pode falar o que quiser de Bert, mas ele não era um sujeito ambicioso. Acho que porque cresceu durante os anos da Grande Depressão, sua noção de ambição era ter um emprego e se agarrar a ele. Levantava às cinco da manhã, voltava às sete e meia da noite, ia para a cama às dez e meia, o que lhe dava mais ou menos três horas por dia de convivência comigo. Ele tentava tirar o atraso nos fins de semana. Íamos para o tênis clube, ou ele me levava até a charneca, e a gente jogava um pouco de futebol, ou ficávamos trabalhando em nosso jardinzinho. "Faça isso, faça aquilo." "Tudo bem, pai." "Carrinho de mão, cave aqui, arranque o mato dali." Eu gostava de observar como as coisas cresciam e sabia que meu pai sabia o que estava fazendo. "A gente precisa usar a pá, agora." Só as coisas básicas. "Este ano vai dar muito feijão." Ele era bem distante. Não havia tempo para proximidade, mas eu me sentia feliz. Para mim, ele era um ótimo sujeito. Bom, era o meu pai.

Ser filho único força você a inventar o seu próprio mundo. Antes de tudo, você vive numa casa com dois adultos, e por isso em certas fases da sua infância vai passar escutando só conversas de adultos. E ouvindo todos aqueles problemas sobre seguros, aluguel, sem ninguém a quem recorrer. Mas qualquer filho único dirá a mesma coisa. Não tem um irmão ou uma irmã para segurar a onda com você. Você vai pra rua e faz amigos, mas assim que o sol desce no horizonte acaba a hora de brincar. E então, o outro lado disso, sem irmãos ou irmãs e sem primos próximos na mesma área — a minha família é bem grande, mas ninguém mora perto —, a questão era como fazer amigos e de quem ser amigo. Quando a gente está nessa idade, isso se torna uma parte vital da nossa existência.

Desse ponto de vista, as férias eram um período especialmente intenso. A gente ia para Beesands, em Devon, onde tínhamos um chalezinho. Ficava perto de uma pequena cidade chamada Hallsands que tinha caído na água, uma cidadezinha destruída que era muito interessante para um guri ainda pequeno. Era totalmente o clima de *Five go mad in Dorset.* Todas aquelas casas abandonadas, em ruínas, metade das quais a gente podia ver debaixo d'água. Verdadeiras ruínas românticas, praticamente no seu quintal. Beesands era uma antiga aldeia de pescadores, erguida em cima da areia, para onde eram puxados os barcos de pesca. Quando eu era criança, era uma comunidade fantástica porque você acabava conhecendo todo mundo num intervalo de dois ou três dias. Em quatro dias, eu já estava falando com o sotaque carregado de Devon, adorando o pessoal achar que eu era habitante local. Quando algum turista me perguntava: "Como eu chego em Kingbridge?". "Ooh, onde mesmo gostaria de ir?" Usando o inglês clássico da época elizabetana, falávamos uma língua bastante antiga.

Também íamos acampar de barraca e tudo, uma coisa que Bert e Doris sempre tinham feito. Como acender o fogãozinho Primus; como instalar a cobertura da barraca, a lona do piso. Eu ia apenas com minha mãe e meu pai, e, quando chegava lá, dava uma olhada para ver se tinha alguém com quem brincar. E ficava irritado se não tivesse... e às vezes também ficava com inveja quando via uma família com quatro irmãos e duas irmãs. Mas, ao mesmo tempo, isso te faz crescer mais depressa. Porque você está basicamente exposto ao mundo adulto, a menos que crie o seu próprio mundo. Então é que a imaginação entra em cena, além de arrumar coisas que a gente possa fazer sozinho. Como se masturbar. Era muito intenso quando enfim eu fazia amigos. Às vezes, ficava conhecendo um bando de crianças de outra barraca, e sempre ficava desconsolado quando tudo se acabava.

Para os meus pais, a coisa mais incrível eram os sábados e domingos no tênis clube Bexley. Ele era uma extensão do Bexley Cricket Club. Como o Bexley Cricket Club tinha um pavilhão maravilhoso, do século XIX, no tênis clube eu sempre tinha a sensação de que era o primo pobre. Nunca aparecia um convite para o clube de críquete. A menos que estivesse chovendo uma barbaridade, todo fim de semana era para lá que a gente ia direto, o tênis clube. Conheço mais Bexley do que Dartford. Eu ia de trem, depois do almoço, com a minha prima Kay e encontrava os meus pais lá, todos os fins de semana. A maioria das demais pessoas, na época, era sem dúvida de outra classe, de outro estrato social. Eles tinham carros. Nós íamos de bicicleta. Minha tarefa consistia em catar as bolas que iam parar do outro lado da linha do trem, correndo o risco de quase ser eletrocutado.

Para me fazer um pouco de companhia, eu tinha animais de estimação. Tinha um gato e um camundongo. É difícil acreditar que eram esses os bichos que eu tinha — e isso pode talvez explicar um pouco quem sou. Uma ratinha branca, Gladys. Eu a levava para a escola e, quando a aula de francês ficava chata, batia papo com ela. Eu a alimentava com minha comida do jantar e do almoço, e depois voltava para casa com o bolso cheio de cocô de rato. Cocô de rato não dá trabalho, ele sai em pelotinhas duras, que não fedem, não são melequentas, nem nada disso. Basta virar o bolso e saem as pelotinhas todas. Gladys era fiel e confiável. Só raramente ela enfiava a cabeça pela abertura do bolso e se exibia, correndo o risco de uma morte imediata. Mas Doris deu sumiço em Gladys e no meu gato. Ela matou todos os meus animais de estimação quando eu era menino. Ela não gostava de animais, e já havia ameaçado fazer isso; acabou fazendo. Deixei um bilhete na porta do quarto dela, com o desenho de um gato, dizendo: "Assassina". Nunca a perdoei por isso. A reação de Doris foi a de sempre: "Cala a boca. Larga mão de ser tão chorão. Ele fazia xixi em tudo".

O trabalho de Doris quando eu era criança, quase que desde a época em que as máquinas foram inventadas, era de demonstradora de lava-roupas — em particular, ela era especialista na marca Hotpoint — na cooperativa em Dartford High Street. Ela era muito boa nisso, uma verdadeira artista na demonstração de como as lavadoras funcionavam. Doris queria ser atriz, viver no palco, dançar. Era uma coisa de família. Eu ia até lá e ficava no meio da turma que se juntava em volta dela, assistindo à demonstração de como era fantástica a nova Hotpoint. Ela mesma não tinha essa máquina. Levou um tempão enorme até conseguir uma. Mas ela era capaz de dar um verdadeiro show sobre o modo correto de colocar a roupa para lavar no tambor da Hotpoint. Elas não tinham nem água encanada. Era preciso encher e esvaziar a máquina com um balde. Naquele tempo eram uma verdadeira novidade; as pessoas diziam: "Eu adoraria que uma máquina lavasse as minhas roupas, mas, pelo amor de Deus, para mim é grego fazer uma coisa dessas funcionar". E a missão da minha mãe era dizer: "Que nada, não é não. É superfácil". E quando, em outra época, estávamos morando numa espelunca construída com refugos de lata em Edith Grove, antes que os Stones começassem a acontecer, nossas roupas sempre eram limpas porque Doris fazia sua demonstração com elas, depois passava tudo a ferro e as mandava de volta para casa por meio de um seu admirador, Bill, o motorista de táxi. A gente mandava tudo de manhã e recebia de volta à noite. Doris só precisava de peças de roupa suja. É com a gente, *baby*!

Anos e anos depois, Charlie Watts passava vários dias seguidos em Savile Row com seus alfaiates, só sentindo a qualidade dos tecidos, resolvendo os botões que iria usar. Eu não conseguia ir até lá de jeito nenhum. Tinha a ver com a minha mãe, eu acho. Ela estava sempre entrando em lojas de tecidos para cortinas. E eu não podia dizer nada. Ela só me deixava estacionado numa cadeira, num banco, numa prateleira, sei lá, e então eu ficava olhando ela ali. Ela pegava aquilo que queria e os empacotadores começavam a embrulhar e então, oh não! De repente, ela se vira e vê mais alguma coisa que quer, o que leva a paciência do sujeito ao limite. Nas lojas de autoatendimento, quando ela enfiava as notas pelos tubos dos recipientes pequenininhos, eu em geral ficava lá sentado, observando aquilo por horas enquanto minha mãe decidia o que não tinha condições de comprar. Mas o que se pode dizer da primeira mulher da sua vida? Ela era a mamãe. Ela me entendia. Me alimentava. O tempo todo ficava arrumando o meu cabelo e ajeitando as minhas roupas, em público. Humilhação. Mas é a mamãe. Só mais tarde é que me dei conta de que ela também era minha parceira. Ela conseguia me fazer rir. O tempo todo tinha música no ar e eu sinto uma enorme falta dela.

Como minha mãe e meu pai acabaram ficando juntos é um milagre — uma coisa tão aleatória, o acaso dos opostos, tanto nas histórias de vida de cada um como em suas personalidades. A família de Bert era de socialistas rígidos, dogmáticos. O pai dele, meu avô Ernest G.

Richards, localmente conhecido como tio Ernie, não era somente um guardião do Partido Trabalhista. Ernie entrava literalmente na luta pelos trabalhadores e, quando ele começou, não tinha movimento socialista, não tinha Partido Trabalhista. Ernie e minha avó Eliza se casaram em 1902, bem no início do partido, quando ele contava com dois representantes no Parlamento [MPs], em 1900. E ele conquistou aquela parte de Londres para Keir Hardie, o fundador do partido. Ele guardava o forte para Keir, enfrentando o que fosse, dia sim, o outro também, mobilizando e recrutando, após a Primeira Guerra Mundial. Walthamstow então era território fértil para os trabalhistas. Tinha acolhido uma grande leva do êxodo de trabalhadores da parte leste de Londres e toda uma nova população que viajava de trem entre a casa e o trabalho diariamente — a linha de frente política. Ernie era leal, no verdadeiro sentido do termo. Não havia chance de recuar, de se encolher. Walthamstow se tornou a fortaleza do Partido Trabalhista, um assento muito seguro para Clement Attlee, o primeiro-ministro trabalhista pós-guerra, que expulsaria Churchill em 1945 e foi membro do Parlamento por Walthamstow nos anos 50. Quando Ernie morreu, ele enviou uma mensagem na qual o chamava de "o sal da terra". E então eles cantaram "The red flag" [A bandeira vermelha] em seu funeral, uma canção que tinham parado recentemente de cantar nas assembleias do Partido Trabalhista. Eu nunca tinha percebido como a letra era comovente.

Então, levante bem alto o estandarte escarlate,
À sua sombra viveremos e morreremos,
Embora os covardes se encolham e os traidores reneguem,
Aqui, nós manteremos a bandeira vermelha ao vento.[2]

E qual era o trabalho de Ernie? Ele era jardineiro, e trabalhou na mesma firma de produção de alimentos por trinta e cinco anos. Mas

2 Then raise the scarlet standard high,/ Within its shade we'll live and die,/ Though cowards flinch and traitors sneer,/ We'll keep the red flag flying here.

Eliza, minha avó, era, para dizer o mínimo, ainda mais ativista: fora escolhida como membro do Conselho antes mesmo de Ernie e, em 1941, tornou-se prefeita de Walthamstow. Como Ernie, havia galgado posições na hierarquia política. Viera da classe operária de Bermondsey, e mais ou menos tinha criado o serviço de proteção à criança em Walthamstow; ela era uma verdadeira reformista. Devia ter sido uma pessoa muito incomum; tornou-se presidenta do Comitê de Habitação num distrito que contava com um dos maiores programas de expansão de casas providenciadas pelo Conselho em todo o país. Doris sempre se queixou de que Eliza era tão inflexível que não permitiu a ela e a Bert terem uma casa do Conselho assim que se casaram; ela não ia de jeito nenhum colocar o jovem casal na frente, na lista: "Não posso dar uma casa para vocês. Você é minha nora". Ela não era apenas "certinha": era rígida. De modo que sempre me intrigou a improbabilidade de alguém que veio dessa família se juntar a esse bando de libertinos.

Doris e suas seis irmãs — sou descendente de um matriarcado pelos dois lados da família — cresceram em dois quartos, um para elas todas e outro para meus avós, Gus e Emma, em Islington. O que significa bem pouco espaço. Um cômodo na frente da casa, usado somente em dias especiais, uma cozinha e uma saleta, nos fundos. A família toda dividindo esses aposentos e aquela cozinha mínima. Havia outra família morando no andar de cima.

Meu avô Gus — Deus o abençoe — é a quem devo quase todo o amor que sinto pela música. Escrevo muitos bilhetes para ele, que prego num mural. "Obrigado, vovô." Theodore Augustus Dupree, o patriarca dessa família, vivia rodeado por mulheres, perto da Seven Sisters Road, com sete filhas, no número 13 da Crossley Street, N7. E ele vivia dizendo: "Não tenho só sete filhas; com a minha mulher, somam oito". Sua esposa era Emma, minha avó por tanto tempo sofredora, cujo sobrenome de solteira era Turner, e era uma pianista muito bóa. Emma realmente estava um degrau acima de Gus, com um comportamento muito aristocrático, falava francês. Não tenho ideia de como ele conseguiu colocar as mãos nela. Eles se conheceram na roda-gigante, numa feira agrícola em Islington. Gus era atraente e sempre tinha uma piada para contar; ele era capaz de rir o tempo todo. E usava esse humor, esse hábito de rir, para manter as coisas vivas e em andamento na época das vacas magras. Muitos de sua geração eram assim também. Doris certamente herdou esse senso de humor insano, além de sua musicalidade.

A noção geral é que não sabemos de onde Gus veio. Mas, de repente, nenhum de nós sabe de onde veio — do quinto dos infernos, vai saber. Segundo as fofocas da família, aquele nome requintado não era seu nome real. Por algum estranho motivo, nenhum de nós nunca se deu ao trabalho de descobrir a verdade, mas ela ali está, num formulário do censo: Theodore Dupree, nascido em 1892, de uma família grande de Hackney, um dos onze filhos do casal. Seu pai é citado como "pendurador de papel", nascido em Southwark. Dupree é um nome huguenote, e muitos deles tinham originalmente vindo das Ilhas do Canal — refugiados protestantes da França. Gus largou a escola quando estava com treze anos para aprender o ofício de confeiteiro, tendo trabalhado nesse ramo em Islington; também tinha aprendido a tocar violino com um amigo de seu pai, em Camden Passage. Era um músico completo. Nos anos 30, formou um grupo que tocava música para dançar. Na época, ele tocava saxofone, mas disse que sofrera um ataque com gás durante a Primeira Guerra e que, depois disso, não conseguia mais soprar. Mas não sei. São muitas e muitas histórias. Gus conseguia se esconder por trás de teias de aranha e névoas. Bert disse que ele pertencia ao destacamento que distribuía alimento para as tropas — dado seu passado como confeiteiro — e que não tinha ido para a linha de frente. Só tinha ficado no forno, assando pão. E Bert me disse: "Se é que foi atacado com gás, foi do próprio forno". Mas minha tia Marje, que sabe de tudo e está viva atualmente, com seus mais de noventa anos, enquanto este livro está sendo escrito, diz que Gus foi convocado em 1916 e que, na Primeira Guerra Mundial, era atirador de elite. Ela disse que sempre que ele falava da guerra ficava com lágrimas nos olhos. Ele não queria matar ninguém. Fora ferido na perna e no ombro, em Passchendaele ou no Somme. Quando não conseguiu mais tocar saxofone, voltou a tocar violino e violão; seu ferimento agravou a articulação do braço, e um juiz concedeu-lhe dez *shillings* por semana, a título de compensação. Gus era amigo íntimo de Bobby Howes, um famoso astro de musicais da década de 1930. Foram juntos para a guerra e faziam um número duplo que executavam na missa dos oficiais, além de cozinhar para eles. De modo que tinham melhores chances de comer do que os soldados comuns. De acordo com tia Marje.

Na altura dos anos 50, ele tinha um grupo que fazia música para dançar quadrilha, o Gus Dupree and His Boys, e costumava se sair bem nas bases aéreas americanas, tocando esse tipo de canção. Ele trabalhava numa fábrica em Islington durante o dia e tocava à noite, envergando uma camisa de frente branca, conhecida como "dickey" [babador]. Ele tocava em casamentos judeus e eventos maçônicos, e voltava com pedaços de bolo no estojo de seu violino. Todas as minhas tias se lembram disso. Ele realmente não devia ter muito dinheiro — por exemplo, nunca comprava roupas novas; tudo que usava era de segunda mão, roupas e sapatos.

Por que minha avó foi uma sofredora por tanto tempo? Além do fato de se manter em diversos estágios de gravidez, durante vinte e três anos? O maior prazer de Gus era tocar violino enquanto Emma tocava piano. Mas, na guerra, ela flagrou o marido mandando ver numa diretora de um centro de treinamento de fuga de ataques aéreos para civis, durante um blecaute; foi um flagra do que rolava de mais comum naquela época. E sobre o piano. O que foi ainda pior. Ela nunca mais tocou para ele. Foi esse o preço. E ela era muito teimosa. Na realidade, ela era muito diferente de Gus, não estava ligada no temperamento artístico do marido. Então, ele tentou envolver as filhas, "mas nunca mais foi o mesmo, Keith", ele me disse depois. "Nunca mais foi a mesma coisa." Do jeito que ele contava as histórias, até parecia que tia Emma era o próprio Arthur Rubinstein. "Não havia nada como Emma. Ela sabia tocar", ele dizia. Ele transformou aquilo num amor perdido do passado, um anseio irrealizável. Infelizmente, essa não tinha sido sua única infidelidade. Havia muitas bundinhas e muitas passeatas. Gus era um grande namorador e Emma acabou se cansando.

O fato é que Gus e sua família eram uma coisa muito rara naqueles tempos — eram os mais boêmios que podiam ser. Gus estimulava uma espécie de irreverência e de não conformismo, mas isso também estava nos genes. Uma das minhas tias era atriz, lidava com teatro amador. Todos tinham uma veia artística de algum tipo, dependendo das circunstâncias. Para a cultura daqueles tempos, aquela era uma família muito livre, muito não-vitoriana. Gus era o tipo de cara que, quando as filhas estavam se tornando moças e eram visitadas por quatro ou cinco namorados e eles esperavam, sentados no sofá da sala, diante da janela, e as meninas ficavam sentadas do outro lado, na frente deles, ele ia até o banheiro e voltava com um pedaço de barbante com uma camisinha usada amarrada na ponta, e ficava balançando aquilo na frente dos rapazes, mas as filhas não podiam vê-lo. Esse era o tipo de senso de humor dele. E todos os rapazes ficavam vermelhos e rachando de rir, e as moças não tinham a menor ideia do que estava acontecendo. Gus gostava de causar um pouco de agitação. E Doris disse quanto sua mãe, Emma, tinha ficado horrorizada com o escândalo envolvendo duas irmãs de Gus, Henrietta e Felicia, que viviam em Colebrook Row, e — isso ela dizia quase num sussurro — "eram da vida". Nem todas as irmãs de Doris eram como ela — com uma língua tão afiada, podemos dizer. Algumas eram moralistas e corretas, como Emma, mas ninguém negava a condição de Henrietta e Felicia.

Minhas mais antigas lembranças de Gus são dos passeios que dávamos, as escapulidas, principalmente para ele, eu acho, a fim de sair daquela casa de mulheres. Eu servia de desculpa e também o cachorro, chamado sr. Thompson Wooft. Gus nunca tinha tido um menino na casa, fosse filho ou neto, até que eu apareci, e acho que esse foi um grande momento, a grande oportunidade de ele sair para dar uma volta e desaparecer. Quando Emma queria que ele fizesse coisas na casa, invariavelmente respondia: "Eu adoraria, Em, mas estou com gases". Um aceno com a cabeça, uma piscadela e pé na rua para levar o cachorro para dar uma volta. Aí a gente saía andando por vários quilômetros e, às vezes, eu tinha a impressão de que era por dias a fio.

Uma vez, em Primrose Hill, saímos para olhar as estrelas com o sr. Thompson, naturalmente. "Não sei se hoje a gente consegue voltar para casa", Gus disse. Então, dormimos sob uma árvore.

"Vamos levar o cachorro para dar uma volta." (Era esse o código para "vamos cair fora".)

"Tudo bem."

"Traga o casacão."

"Não está chovendo."

"Traga o casacão."

Gus uma vez me perguntou (quando eu devia ter cinco ou seis anos), enquanto estávamos dando uma volta:

"Você trouxe alguma moedinha?"

"Trouxe, Gus."

"Você está vendo aquele menino na esquina?"

"Tô, Gus."

"Vai lá e dá para ele."

"O que, Gus?"

"Anda, ele tá muito mais duro do que você."

Dei a moedinha.

Gus então me deu duas.

Essa lição ficou.

Gus nunca me aborrecia. Na estação de New Cross, tarde da noite no meio de um nevoeiro denso, Gus me deu minha primeira bituca para fumar. "Ninguém vai ver." Uma fala comum em Gus era cumprimentar um amigo dizendo: "Olá, não seja um babaca a vida toda". Um comentário tão belamente categórico, tão completamente familiar. Eu adorava aquele sujeito. Um tapão na orelha. "Você nunca ouviu nada disso." "O que, Gus?"

Ele era capaz de cantarolar sinfonias inteiras enquanto a gente ia andando. Algumas vezes até Primrose Hill, Highgate, ou descendo para Islington passando por Archway, Angel, por toda parte que se possa imaginar.

"A fim de um pedaço de chouriço?"

"Claro, Gus."

"Mas você não pode comer isso. A gente vai até a Lyons Corner House."

"Legal, Gus."

"Não conte pra sua avó."

"Ok, Gus! E o cachorro?"

"Ele conhece o *chef*."

A amorosidade dele, seu afeto, me rodeavam, seu bom humor me deixava dobrado ao meio de tanto rir, a maior parte do dia. Era difícil achar alguma coisa que fosse engraçada em Londres, naqueles tempos. Mas sempre havia Música!

"Só um pulinho rápido, aqui. Preciso de umas cordas."

"Ok, Gus."

Eu não falava muito; ouvia. Ele, com seu boné de pala dura [*cheesecutter*], eu com o casacão. Talvez tenha sido dele que peguei essa sede de viajar. "Se você tem sete filhas e com a tua mulher somam oito, o jeito é dar no pé." Que eu me lembre, ele nunca bebia. Mas deve ter feito alguma coisa. Nunca entramos em *pubs*. Mas ele de repente desaparecia nos fundos de algumas lojas, e isso com bastante frequência. Eu ficava examinando a mercadoria com olhos brilhantes. Ele voltava do mesmo jeito. "Vamos. Está com o cachorro?"

"Estou, Gus."

"Venha, sr. Thompson."

Eu não tinha ideia de onde ia parar. Pequenas lojas por Angel e Islington, onde ele simplesmente desaparecia na parte dos fundos. "Fique aqui só um instante, filho. Cuide do cachorro." Então, ele voltava e dizia "ok", e a gente seguia adiante e acabava chegando no West End, nas oficinas das grandes lojas de música, como Ivor Mairants e HMV. Ele conhecia todos os fabricantes, todos os que faziam consertos. Ele me punha sentado numa prateleira. Ali ficavam os potes de cola e os instrumentos pendurados e encordoados, uns sujeitos usando longos casacos de cor marrom, colando, e também havia sempre alguém, lá no fundo, testando instrumentos; e alguém tocando alguma coisa. E aí surgiam uns homenzinhos afobados, que brotavam do fosso da orquestra e diziam: "Você arrumou o meu violino?". Eu só ficava ali, quieto, com uma caneca de chá na mão, um biscoito, e os potes de cola que faziam *blub blub blub*, como um míni-Yellowstone Park, e ficava simplesmente fascinado. Nunca me aborrecia com aquilo. Violinos e violões pendurados em arames e girando, levados por uma correia transportadora, e todos aqueles sujeitos consertando, construindo e reformando instrumentos. Em retrospecto, aquilo tudo me parece muito alquímico, como *O aprendiz de feiticeiro*, da Disney. Eu simplesmente me apaixonei por aqueles instrumentos.

Gus estava sutilmente me levando a me interessar por tocar, em vez de me enfiar alguma coisa nas mãos e dizer "É desse jeito que se toca". O violão estava completamente fora de alcance. Era uma coisa para se olhar, sobre a qual pensar, mas em que nunca se punha as mãos. Nunca me esquecerei de como o violão ficava sobre o piano de armário dele, todas as vezes que eu ia lá para uma visita, começando talvez quando eu estava com cinco anos. Eu achava que aquilo vivia ali. Achava que sempre estava lá. E só ficava olhando para ele, e ele não dizia nada. Alguns anos mais tarde, eu ainda estava olhando para ele. "Ei, quando você tiver altura suficiente, te deixo experimentar", ele disse. Eu não soube, senão depois de ele ter morrido, que só tinha comprado aquele violão e colocado sobre o piano quando sabia que eu viria para uma visita. De certo modo, eu estava sendo atiçado. Acho que ele me analisou porque me ouviu cantando. Quando o rádio tocava as músicas, começávamos a harmonizar; era isso que a gente fazia. Um monte de cantoria.

Não consigo mais me lembrar do dia em que ele tirou o violão de lá de cima e disse: "Pronto, pega aí". Talvez eu estivesse com nove ou dez anos, de modo que comecei bem tarde. Era um violão espanhol, clássico, com cordas de tripa, um lindo e querido instrumento. Embora eu não tivesse a mais pálida noção do que fazer com ele. O cheiro dele. Até hoje, quando vou abrir o estojo de um violão, quando é um instrumento antigo de madeira, sou capaz de entrar engatinhando ali e fechar a tampa por dentro. Gus mesmo não era muito fã de tocar violão, mas conhecia o básico. Ele me mostrou os primeiros arpejos e acordes, os principais em ré, sol e mi. Ele disse: "Toque 'Malagueña' e você consegue tocar qualquer coisa". No momento em que me disse: "Acho que você está pegando o jeito", fiquei muito feliz.

Minhas seis tias, em nenhuma ordem especial: Marje, Beatrice, Joanna, Elsie, Connie, Patty. É muito incrível que, na fase de redação deste livro, cinco delas ainda estejam vivas. Minha tia favorita era Joanna, que faleceu nos anos 80 de esclerose múltipla. Ela era minha companheira. Era atriz. Uma onda de *glamour* enchia a sala em que Joanna entrasse com seu cabelo preto, usando braceletes, exalando perfume. Especialmente quando tudo mais era tão sem graça, no início dos anos 50, Joanna entrava num lugar e era como se as Ronettes tivessem chegado. Ela costumava interpretar Tchekhov e esse tipo de coisa no Teatro Highbury. Ela também foi a única que não se casou. Sempre tinha namorados. E, como nós, também adorava música. Harmonizávamos juntos. Com qualquer canção que tocasse no rádio a gente dizia: "Vamos tentar essa". Eu me lembro de cantar "When will I be loved", dos Everly Brothers, com ela.

A mudança para Spielman Road, em Temple Hill, do outro lado da linha do trem e bem no meio do nada, foi uma catástrofe para mim, pelo menos durante um ano inteiro, vivendo num ambiente perigoso, morrendo de medo, na época em que eu tinha nove ou dez anos. Eu era um guri muito pequeno naqueles tempos — só com quinze anos, mais ou menos, foi que cheguei a uma altura decente. Se você é um pirralho miúdo como eu, sempre está na defensiva. Além disso, era um ano mais novo do que todo mundo na minha classe, por causa da data do meu aniversário: 18 de dezembro. Nesse sentido, eu era infeliz. Um ano, nessa idade, é muita coisa. Eu adorava jogar futebol, a bem da verdade; era um bom ala esquerda. Era rápido e tentava passar a bola direitinho. Mas eu era o menor dos desgraçados, certo? Um empurrão nas costas e estava de cara na lama, depois de uma bela agarrada de um sujeito um ano mais velho. Se você é tão pequeno assim, e eles são tão altos, você acaba sendo a própria bola do jogo. Sempre vai ser um bostinha. Quer dizer, todo o tempo era: "Oh, olá, Richardzinho". Me chamavam "Monkey"

[Macaco] porque as minhas orelhas eram de abano. Todo mundo tinha algum apelido.

O caminho de Temple Hill até a minha escola era a rua sem alegria. Até os onze anos, eu subia de ônibus e fazia o caminho de volta a pé. Por que não voltava de ônibus também? *Não tinha a porra do dinheiro!* Usava o dinheiro do ônibus e economizava o dinheiro de cortar o cabelo aparando as pontas eu mesmo, do melhor jeito que podia, na frente do espelho. Corta, corta, corta. Então, precisava atravessar toda a cidade, chegar do lado exatamente oposto, uma caminhada de mais ou menos quarenta minutos, e só havia dois caminhos para escolher, ou por Havelock Road ou por Princes Road. Tira na moeda. Mas eu sabia que, no minuto em que pusesse os pés fora da escola, aquele cara estaria esperando por mim. O cara sempre adivinhava o caminho que eu ia pegar. Eu tentava inventar novos caminhos, mas as pessoas me expulsavam de seus jardins. Eu passava o dia inteiro matutando como chegar em casa sem tomar uma sova. Um puta trabalhão. Cinco dias por semana. Às vezes, não tinha a surra, mas então ficava sentado na sala de aula fervendo por dentro. Como é que eu vou fazer para escapar daquele cara? Ele era implacável. Não havia nada que eu pudesse fazer a respeito e eu passava o dia inteiro com medo, o que liquidava com a minha concentração.

Quando apareci com o olho roxo depois de ter sido espancado, cheguei em casa e fui até onde Doris estava. Ela disse: "Como foi que isso aconteceu?" "Ah, tropecei". Se eu não falasse isso, a velha ia ficar transtornada e insistindo: "Quem foi que te fez isso?". Era melhor dizer que eu tinha caído da bicicleta.

Enquanto isso, tiro notas horríveis na escola e Bert me olha duro: "O que está acontecendo?". Não dá para explicar que se passou o dia inteiro na escola aflito, sem saber como é que se vai chegar em casa. Não se pode fazer isso. Só os mariquinhas fazem isso. É uma coisa que você mesmo tem de dar um jeito de resolver. As surras em si não eram o problema. Eu tinha aprendido a tomar uma surra. Não acabava tão machucado assim. Você aprende a manter a guarda alta e a garantir que o outro ache que está fazendo em você um estrago muito maior do que está realmente acontecendo. "Aaaaaah" — e eles pensam "Oh, meu Deus, eu realmente machuquei este merdinha".

Então, fiquei esperto. Queria ter pensado nisso mais cedo. Tinha um carinha muito legal, agora não consigo me lembrar do nome dele, ele era um pouco retardado, não tinha perfil nenhum para a vida acadêmica, vamos dizer assim, e era grandão e vivia no mesmo conjunto habitacional — e estava sempre muito preocupado com seu dever de casa. Eu disse: "Olha só, vou fazer essa merda do seu dever, mas você vai até em casa comigo. Não é tão longe assim para você". Então, pelo preço de fazer sua lição de história e de geografia, de repente eu tinha um guardião. Sempre me lembro da primeira vez, uns dois caras me esperavam, como sempre, e então eles o viram chegando. E a gente deu uma tremenda surra neles. Bastaram umas duas ou três vezes e um pequeno sangramento ritual, e daí a vitória foi nossa.

Não foi senão quando passei para a escola seguinte, Dartford Tech, que as coisas se acertaram, por obra de um grande e feliz acaso. Na época do exame para admissão na escola, Mick já tinha ido para a Dartford Grammar School, que é "Ooh, aqueles dos uniformes vermelhos". E no ano seguinte, enfim, foi a minha vez, e eu tive notas péssimas, mas não tão péssimas que tivesse de ir para o que era chamado então de secundário moderno. Agora está tudo diferente, mas se, no sistema arcaico, alguém fosse para aquele tipo de escola, era um felizardo se, no final, arrumasse um emprego em alguma fábrica. Ali só treinavam a gente para trabalho braçal. Os professores eram terríveis e sua única função era manter a turba na linha. Fui para aquela zona intermediária da escola técnica que, em retrospecto, consiste numa expressão muito nebulosa; quer dizer que a gente não tinha aula de gramática, mas era um curso com valor. Mais tarde, você se dá conta de que está sendo avaliado e filtrado por um sistema totalmente arbitrário, que raramente, ou nunca, leva em consideração a pessoa como um todo, ou nem sequer chega a um juízo como "Sim, ele pode não ser muito bom em sala de aula, mas desenha bem". Eles nunca pensam que de repente você talvez esteja entediado porque já sabe aquilo.

O pátio é o grande juiz. Lá é onde são realmente tomadas as decisões entre os colegas. Chamam de brincadeira o que acontece ali, mas a coisa é mais parecida com um campo de guerra, e pode ser efetivamente brutal, a pressão. Dois marmanjos estão dando chutes num coitadinho e acabando com a raça dele e aí o pessoal diz: "Ah, eles estão só liberando raiva". Naqueles tempos, as coisas às vezes ficavam bastante corporais, mas a maior parte das vezes eram só insultos, xingar de "marica", essas coisas.

Levou um bom tempo até eu descobrir como dar uma sova em alguém em vez de ser nocauteado. Eu já era especialista em tomar surra havia muito tempo. Então, foi um golpe de sorte quando pude atormentar outro carinha, por puro acaso. Foi um daqueles momentos mágicos. Eu estava com doze ou treze anos. Num minuto eu sou o alvo e, só por causa de uma rápida gingada, derrubei com tudo o grandalhão da escola. Ele caiu por cima de uma mureta de pedras e de uma pequena jardineira, escorregou e eu fui pra cima dele. Quando brigo, desce uma cortina vermelha que me tapa os olhos. Não vejo mais nada, mas sei aonde tenho de ir. É como se um véu vermelho cobrisse os meus olhos. Sem a menor piedade, meu chapa, minha bota encheu o cara! Que acabou sendo levantado pelos vigias. Como os poderosos caem! Ainda consigo me lembrar da surpresa retumbante que foi aquele sujeito indo para o chão. Ainda consigo ver a muretinha e as flores em cima das quais ele caiu, e depois disso não deixei que ele ficasse mais em pé.

Assim que ele ficou estirado no chão, mudou completamente o clima no pátio da escola. Uma imensa nuvem parecia que tinha sumido de cima de mim. De repente, depois disso, minha reputação me livrou de toda aquela angústia, de toda a pressão. Eu nunca tinha percebido como era grande aquela nuvem. Foi a única vez que comecei a me sentir bem na escola, principalmente porque consegui devolver alguns favores que outros sujeitos tinham feito para mim. Um carinha feioso chamado Stephen Yarde, a gente costumava chamá-lo "Boots" [Botas] por causa de seus pés enormes, era o alvo favorito dos garotos que só queriam intimidar os outros. O tempo todo Boots era sabotado. E, sabendo o que era ficar esperando pela pancadaria, comecei a defendê-lo. Passei a ser o guardião dele. Eu dizia: "Não é pra zoar o Stephen Yarde". Nunca quis ser grande para bater nos outros; só queria ser grande o bastante para fazer isso parar.

Depois que tirei esse peso da cabeça, meu aproveitamento na Dartford Tech melhorou. Estavam até me elogiando. Doris guardou alguns boletins: *Geografia 59%, bom resultado no exame. História 63%, bom trabalho.* Mas, na frente das matérias de exatas no formulário do boletim, o professor desenhou uma chave só, englobando todas — não havia nenhuma luz ali — e escreveu o desabonador *nenhum progresso* em matemática, física e química. Desenho industrial *ainda está além de sua capacidade.* Aquele boletim com os comentários sobre as matérias de exatas continha a história da grande traição e de como me transformei de um aluno razoavelmente obediente no terrorista da escola e num criminoso, instigado por um ódio intenso e duradouro pelas figuras de autoridade.

Existe uma fotografia do nosso grupo de alunos em pé na frente de um ônibus, sorrindo para a câmera, com um dos professores. Estou na fila da frente usando *short*, aos onze anos. Essa foto foi feita em 1955, em Londres, aonde tínhamos ido para cantar num concerto na igreja de St. Margaret na Abadia de Westminster — era uma competição de coros de escola, realizada na presença da rainha. O coro da nossa escola tinha percorrido um longo trajeto, um bando de caipiras de Dartford, ganhando taças e prêmios pelo coral e em âmbito nacional. Os sopranos eram Terry, Spike e eu — podia-se dizer, as estrelas do show. E nosso professor de coral, fotografado ao lado do ônibus, um gênio que tinha conseguido moldar aquele grupo voador com matéria-prima tão pouco promissora, chamava-se Jake Clare. Era um sujeito misterioso. Somente muitos anos mais tarde foi que fiquei sabendo que ele tinha sido mestre de coral em Oxford, aliás, um dos melhores do país, mas tinha sido expulso ou banido da Inglaterra porque fazia safadezas com os menininhos. Nas colônias, ele teve outra chance. Não pretendo manchar seu nome, e tenho de acrescentar que isso é só o que ouvi dizer. Ele certamente teria melhor material para trabalhar do que nós; o que estava fazendo lá com a gente? De todo modo, perto de nós ele manteve as mãos limpas, embora tivesse fama de se acariciar em público pelo bolso das calças. Ele nos treinou e deixou em forma a ponto de realmente nos tornarmos um dos melhores corais do país. E escolheu os três melhores sopranos com que podia contar. Ganhamos alguns troféus, que ficaram expostos no saguão do anfiteatro na escola. Ainda não me apresentei em nenhum local de maior prestígio do que a Abadia de Westminster. Éramos alvo de zombaria: "Ei, moleque do coro, você mesmo! Bi-chi-nha!!!". Mas isso não me incomodava; o coral era maravilhoso. A gente ia de ônibus para Londres. Ficava livre de física e química, e eu teria feito qualquer coisa para conseguir isso. Foi aí que aprendi um monte sobre cantar, sobre música e sobre trabalhar com músicos. Aprendi a montar uma banda — basicamente é a mesma coisa — e a mantê-la unida. E então a merda foi jogada no ventilador.

A voz da gente, aos treze anos, muda e parece taquara rachada. E Jake Clare deu a nós três, seus sopranos, o bilhete azul. Mas, além disso, fomos rebaixados na escola, nos puseram numa turma atrás de nós um ano. Tivemos de ficar na turma anterior porque não tínhamos tido aula de física e química, nem passado em matemática. "É, mas vocês nos liberaram dessas matérias por causa dos ensaios do coral. A gente suou sangue lá." Foi um agradecimento truculento. A grande depressão aconteceu logo depois disso. De repente, com treze anos, tive de me resignar a entrar na turma um ano atrás da nossa e começar tudo de novo. Fazer outra vez um ano inteiro de escola. Foi um chute no saco, puro e simples. Quando isso aconteceu, Spike, Terry e eu nos tornamos terroristas. Eu estava furioso demais, o desejo de vingança que eu sentia me queimava por dentro. Eu tinha motivos para arrasar este país e tudo aquilo que ele representava.

Passei os três anos seguintes tentando foder com eles. Se você quer criar um rebelde, é só fazer assim. Não cortava mais o cabelo. Dois pares de calças, agarradas na pele, sob as obrigatórias do uniforme, de flanela, que eram tiradas assim que eu saía pelo portão. Tudo que pudesse aborrecer a escola. Isso não me trouxe nenhum benefício, só um monte de olhares atravessados do meu pai, mas nem isso pôde me segurar. Eu realmente não gostei de decepcionar o meu pai, mas... desculpe, pai.

Aquela humilhação ainda me deixa amargurado. Aquele fogo nas minhas entranhas ainda não se apagou. Foi naquele momento que comecei a ver o mundo de outro jeito, não mais do jeito deles. Foi aí que me dei conta de que existem intimidadores maiores do que os que só gostam de te torturar. Existem *elas*, as autoridades. E um fusível de acendimento lento começou a funcionar ali. Eu poderia ter sido facilmente expulso depois disso, por qualquer um entre muitos motivos, mas então precisaria encarar meu pai. E ele teria percebido aquilo na mesma hora, que eu tinha manipulado a situação. Por isso, eu precisava de uma campanha de evolução lenta. Simplesmente perdi todo o interesse pelas autoridades e por tentar agir corretamente nos termos delas. Boletins? Era só me dar um com comentários negativos que eu adulterava. Fiquei muito bom em forjar avaliações. *Ele podia se sair melhor.* De algum jeito eu conseguia a mesma tinta e metia um "não" ali no meio, e produzia um *Ele não poderia se sair melhor.* Meu pai olhava aquilo. "*Ele não poderia se sair melhor.* Por que ele lhe deu B menos?" Forçava um pouco a sorte nessa situação. Mas nunca detectaram as adulterações. Na realidade, eu até esperava que eles percebessem porque então seria expulso sob a acusação de falsificar documentos. Mas parece que era um servicinho muito benfeito, ou então eles resolveram que aquele ali não tinha mais jeito mesmo, cara.

Depois que cantar no coral entrou pelo cano, perdi completamente o interesse pela escola. Desenho técnico, física, matemática, bocejos, porque não importava o quanto eles tentassem me ensinar álgebra, eu simplesmente *não entendia,* nem compreendia por que devia aprender aquilo. Se fosse sob a mira de uma arma, ou passando a pão, água e chicotadas, eu aprenderia. Eu aprenderia álgebra, era capaz de aprender isso, mas dentro de mim tinha uma coisa dizendo que aquilo não ia me servir de nada, e que se eu quisesse mesmo aprender, faria isso sozinho. No começo, depois que mudei de voz e levei o pé na bunda, andei um bom tempo muito colado com os outros caras com quem cantava porque todos estávamos sentindo a mesma mágoa fervendo no peito, depois de termos ganhado todas aquelas medalhas e prêmios dos quais eles se sentiam tão orgulhosos em seu saguão do anfiteatro. Enquanto isso, a gente ficava tirando o pó dos malditos sapatos deles com as nossas bundas, era esse o agradecimento que recebíamos.

O estilo rebelde é algo que você constrói. Em High Street tinha a Leonards, onde eles vendiam calças jeans muito baratas, quando o jeans estava começando a se tornar o jeans. E também vendiam meias fluorescentes, em torno de 1956, 1957 — meias para rock and roll que brilhavam no escuro e assim *ela* sempre saberia onde eu estava, meias com aplicação de notas musicais, cor-de-rosa e verde. Eu tinha um par de cada. O que era ainda mais audacioso, num pé eu punha uma meia cor-de-rosa e, no outro, a verde. Isso realmente era assim *uau*.

Dimashio's era a sorveteria-café. O filho do velho Dimashio estava na mesma escola que a gente, um garoto italiano grandalhão. Mas ele sempre conseguia fazer muitos amigos porque levava a turma até a loja do pai. Ali tinha uma *jukebox* também, era aonde todo mundo ia. Jerry Lee Lewis e Little Richard, além de um monte de porcariada. Era um reduto de "Americana", em Dartford. Era só uma loja pequena, um balcão do lado esquerdo, a *jukebox*, algumas cadeiras e mesas, a máquina de sorvete. Uma vez por semana, pelo menos, eu ia ao cinema, geralmente assistia aos filmes no sábado de manhã, ou no Gem ou no Granada. Como o Capitão Marvel. SHAZAM! Se a gente dissesse direito, podia realmente acontecer. Eu e meus camaradas íamos sentar no meio do campo e gritávamos "SHAZAM! A gente não está falando direito!". Outros carinhas ficavam rindo atrás da gente. "É, vocês não vão mais ficar rindo quando eu gritar direito. SHAZAM!" Flash Gordon e aquelas fumacinhas. O cabelo dele era loiro descolorido. O Capitão Marvel. A gente nunca conseguia se lembrar do enredo, mas sabia que era sobre algum tipo de transformação, sobre um sujeito normal que diz uma palavra só e de repente desaparece. "Eu quero isso também", a gente pensava. "Eu quero cair fora deste lugar."

E quando ficamos maiores e um pouco mais fortes, começamos a exibir um pouco o nosso peso. O lado ridículo da Dartford Tech era sua pretensão de ser uma escola pública (é como chamam as escolas particulares na Inglaterra). Os bedéis tinham pequenas borlas douradas nos gorros; tínhamos a East House e a West House. A escola tentava recuperar um mundo perdido, como se a guerra não tivesse ocorrido, oferecendo críquete, taças e prêmios, a glória dos escolares. Todos os professores eram desqualificados, mas ainda iam em busca de seus ideais como se ali fosse Eton ou Winchester, como se estivéssemos nos anos 20 ou 30, ou mesmo na década de 1890. Em meio a tudo isso, durante os anos em que estudei lá, logo depois da catástrofe, houve um período de anarquia que me pareceu durar muito tempo — um prolongado período de caos. Talvez tenha sido só um semestre em que, por qualquer razão, umas turmas muito enlouquecidas foram para os campos de jogo. Éramos mais ou menos trezentos sujeitos, todo mundo saltando para todo lado como cabritos tresloucados. Pensando naqueles tempos, é muito estranho que ninguém parasse a gente. Talvez fosse um bando grande demais fazendo aquela correria. E ninguém se machucava. Mas abria a porta para certa dose de anarquia, ao ponto de, quando um dia o chefe dos bedéis acabou aparecendo no campo e tentou nos deter, foi contido e linchado. Ele era um daqueles militares perenes, capitão de times esportivos, diretor da escola, o mais brilhante em todas as coisas. Andava balançando o corpanzil e era realmente intrometido com os meninos menores, e nós decidimos que ele ia provar do próprio veneno. Seu nome era Swanton; me lembro dele muito bem. Estava chovendo, um tempo realmente de merda, e a gente o deixou nu em pelo e saímos correndo atrás dele, até ele escalar uma árvore. Nós só deixamos o chapéu com aquelas borlas douradinhas, foi a única peça de vestuário que lhe restou. Swanton desceu da árvore e se qualificou como professor de estudos medievais na Universidade de Exeter; ele também escreveu um trabalho importante, intitulado *English poetry before Chaucer* [A poesia inglesa antes de Chaucer].

De todos os meus professores, o único que era simpático, que não saía latindo ordens, era o professor de religião, o sr. Edgington. Ele costumava usar um terno azul pálido, com manchas de ejaculação na perna. Sr. Edgington, o masturbador. Ensino religioso, quarenta e cinco minutos, "Vamos ler Lucas". E a gente cochichando, ou ele fez xixi nas calças ou acabou de trepar com a sra. Mountjoy, a professora de arte, em algum cantinho dos fundos.

Eu tinha adotado um estilo criminoso de pensar qualquer coisa, desde que fosse para dar muito trabalho para eles. Vencemos o *cross-country* três vezes, mas nunca corremos essa prova. A gente começava, parava para fumar por uma hora, mais ou menos, e depois cortava caminho até a reta de chegada. E, na terceira ou quarta vez, eles sacaram e colocaram monitores ao longo da trilha toda e não nos avistaram nos doze quilômetros seguintes. *Ele manteve baixo padrão de desempenho* foi o resumo em seis palavras que apareceu no meu boletim escolar de 1959, sugerindo corretamente que eu havia dedicado um pequeno esforço àquela empreitada.

Naquela altura, eu estava me ocupando bastante com música, sem realmente perceber. A Inglaterra ficava constantemente mergulhada em nevoeiro, mas também existia um *fog* de palavras que se instalava entre as pessoas. Ninguém demonstrava os próprios sentimentos. Ninguém realmente falava muito disso. A conversa toda girava *em torno* das coisas, com códigos e eufemismos; algumas coisas não podiam ser ditas, nem sequer mencionadas indiretamente. Era um resíduo dos vitorianos, e tudo retratado brilhantemente naqueles filmes em preto e branco do início dos anos 60 — *Saturday night and sunday morning, This sporting life*. E a vida era em preto e branco; o *technicolor* estava começando a dar sinais de vida, mas ainda não era popular em 1959. As pessoas realmente querem tocar umas às outras, sentir junto. Por isso é que você tem a música. Se você não consegue dizer alguma coisa, cante essas palavras. Ouça as canções dessa época. Com letras intensas e românticas, tentando dizer coisas que não se podiam dizer em prosa, nem no papel. O tempo está bom, são 19h30, o vento amainou. P.S.: eu te amo.

Doris era diferente; ela era musical, como Gus. Quando eu estava com três, quatro ou cinco anos, no fim da guerra, ouvia Ella Fitzgerald, Sarah Vaughan, Big Bill Broonzy, Louis Armstrong. Aquilo simplesmente falava comigo, era a música que ouvia todos os dias, porque era o que minha mãe punha para tocar. Meu ouvido teria encontrado esse som, de todo jeito, mas minha mãe tinha treinado minha audição para o lado negro da cidade, sem nem mesmo perceber. Eu não sabia se quem cantava tinha pele branca, preta ou verde, naquela época. Mas, depois de algum tempo, se você tem ouvido musical, acaba captando uma diferença entre a interpretação de Pat Boone para "Ain't that a shame" e a de Fats Domino. Não que a de Pat Boone fosse muito ruim, ele era um bom cantor, mas era uma versão bem mais rasa e fabricada que a de Fats; esta soa muito mais natural. Doris também apreciava o gosto musical de Gus. Ele insistia que ela devia ouvir Stéphane Grappelli, Django Reinhardt's Hot Club — aquela delícia de balanço no violão — e Bix Beiderbecke. Ela gostava do balanço jazzístico. Mais tarde, gostava de ir ver a banda de Charlie Watts tocar no clube de jazz Ronnie Scott's.

Durante muito tempo não tivemos toca-discos e, para nós, a maior parte do que se ouvia vinha pelo rádio, basicamente a BBC, e minha mãe era mestre em girar os botões. Havia alguns excelentes músicos ingleses, algumas orquestras de dança com pessoal da região norte, e todo mundo que estava no ramo de shows de variedade. Grandes instrumentistas. Sem vacilo. Se existia alguma coisa boa tocando, ela achava. De modo que eu cresci com essa coisa de buscar música. Ela mostrava o que era bom ou ruim, ela era musical, musical. Algumas vezes ela escutava alguém e depois decretava: "Gritaria", enquanto todo mundo dizia que se tratava de um grande soprano. Tudo isso foi antes de existir TV. Eu cresci ouvindo música realmente boa, incluindo um pouco de Mozart e Bach de fundo que, naquela época, estava além do que eu alcançava, mas que absorvi mesmo assim. Eu era basicamente uma esponja musical. E simplesmente ficava fascinado assistindo às pessoas fazerem música. Se estavam na rua, eu ficava orbitando em volta delas, um pianista num *pub*, o que fosse. Meus ouvidos captavam nota por nota. Não importa se estava desafinado, havia notas acontecendo, havia ritmos e harmonias, e tudo isso começou a entrar em foco nos meus ouvidos. Era muito parecido com as drogas. A bem da verdade, era uma droga muito mais forte do que heroína. Eu consegui chutar a heroína; mas não consegui me desvencilhar da música. Uma nota leva a outra e você nunca tem exatamente certeza do que vem depois, nem quer saber. É como andar numa corda bamba maravilhosa.

Acho que o primeiro disco que comprei foi o *Long tall Sally* do Little Richard. Um disco fantástico até hoje. Bons discos só melhoram com o tempo. Mas um que realmente me deixou "pirado", como uma explosão, certa noite escutando a Rádio Luxemburgo no meu aparelhinho, quando estavam pensando que eu já devia estar dormindo, foi "Heartbreak Hotel". Aquilo foi um arraso. Eu nunca tinha ouvido um som como aquele, nem nada parecido. Nunca nem tinha ouvido falar em Elvis até então. Era quase como se eu estivesse esperando que aquilo fosse acontecer. Quando acordei no dia seguinte, eu era um cara diferente. De repente, estava sendo tragado: Buddy Holly, Eddie Cochran, Little Richard, Fats. A Rádio Luxemburgo era famosa por ser difícil de sintonizar. Eu tinha uma antena pequena e ficava andando pelo quarto, segurando o rádio colado na orelha, girando a anteninha. E tentando manter o volume baixo, para não acordar minha mãe nem meu pai. Se eu conseguia pegar bem o sinal, podia levar o rádio para baixo das cobertas, ficar deitado e deixar a antena toda esticada, rodando com ela ali mesmo. Eles acham que estou dormindo, pois tenho de ir para a escola de manhã cedo. Muitos anúncios de James Walker, a joalheria "em cada rua principal", e dos páreos irlandeses, um acordo que a Rádio Lux tinha. O sinal vinha perfeito na hora dos anúncios, "e agora temos Fats Domino, em 'Blueberry hill'", e então, merda, o sinal desaparecia.

Então, "Since my baby left me" era só o som. Era a última sensação. Aquele foi o primeiro rock and roll que ouvi. Era uma maneira totalmente diferente de interpretar uma canção, um som totalmente diferente, limpo, despido, sem frescura nenhuma, sem arranjo para violinos e coro feminino e mais toda a baboseira, totalmente diferente. Era um som nu, direto das raízes, que a gente sentia que estavam ali, mas ninguém ainda tinha ouvido. Preciso tirar o chapéu para Elvis por isso. O silêncio é sua tela, sua moldura, é com isso que você trabalha; não tente emudecer isso. Foi isso que "Heartbreak Hotel" fez comigo. Aquela era a primeira vez que eu ouvia uma música tão pura. Então, tive de ver tudo que aquele sujeito fez antes. Felizmente, ouvi o nome dele. O sinal da Rádio Luxemburgo entrou de novo. "Esse foi Elvis Presley, com "Heartbreak Hotel". Cacete!

Por volta de 1959, quando eu estava com quinze anos, Doris me comprou meu primeiro violão. Eu já estava tocando quando consegui o meu, mas a gente só arranha as cordas quando não tem o próprio violão. Era um Rosetti. E custou mil libras. Doris não tinha crédito para comprar a prestações, então arrumou alguém para fazer isso, e ele não fez os pagamentos — um grande alvoroço. Era muito dinheiro para ela e Bert. Mas Gus também deve ter tido algo a ver com o problema. Era um instrumento com cordas de tripa. Eu comecei como todo bom guitarrista deveria começar: no violão acústico, em cordas de tripa. Mais tarde você pode passar para cordas de aço. De todo modo, não tinha como eu comprar um violão elétrico. Mas, para mim, apenas tocar aquele velho violão espanhol, instrumento básico, me deu os alicerces nos quais me basear. Depois, passei para cordas de aço e, finalmente, uau!, eletricidade! Quer dizer, provavelmente, se eu tivesse nascido alguns anos depois, teria ido direto para a guitarra elétrica. Mas, se você quer chegar ao alto, precisa começar de baixo, do mesmo jeito que com tudo o mais. Como gerenciar um puteiro. Eu simplesmente tocava em cada momento livre que me aparecia. As pessoas dizem que, naquele tempo, eu não prestava atenção ao que acontecia à minha volta. Ficava sentado num canto da sala, quando havia uma festa, ou uma reunião de família, e só tocava. Um indício do meu amor pelo meu novo instrumento é tia Marje me dizendo que, quando Doris foi para o hospital e eu passei um tempinho com Gus, nunca me separei do meu violão. Eu o levava para toda parte e ia dormir abraçado com ele.

Tenho ainda meus cadernos de rascunho e de anotações daquele ano. A data é mais ou menos 1959, aquele ano crucial em que eu estava com 15 anos. É um trabalho benfeito, obsessivo, em esferográfica azul. As páginas estão divididas em colunas e títulos, e a página dois (após uma página muito importante sobre escotismo, sobre o que falarei mais, daqui a pouco) é chamada "Lista de discos em 45 rpm". Primeira anotação: "Título: *Peggy Sue got married.* Artista(s): Buddy Holly". Embaixo dessa, numa caligrafia menos caprichada, estão os nomes das moças, dentro de círculos. Mary (duplamente riscado), Jenny (ticado), Janet, Marilyn, Veronica. E assim por diante. "Long-Players" são *The Buddy Holly story*, *A date with Elvis*, *Wilde about Marty* (Marty Wilde, naturalmente, para aqueles que não sabem), *The "chirping" Crickets.* As listas incluem os normais — Ricky Nelson, Eddie Cochran, Everly Brothers, Cliff Richard (*Travellin' light*) —, mas também Johnny Restivo (*The shape I'm in*), que era o número três numa das minhas listas; *The fickle chicken*, do Atmospheres; *Always*, do Sammy Turner — joias esquecidas. Essas eram as listas de discos do Despertar, o nascimento do rock and roll em terras britânicas. Elvis dominava o cenário, naquela altura. Tinha uma seção no caderno só para seu trabalho. O primeiro de todos os álbuns que comprei. *Mystery train*, *Money honey*, *Blue suede shoes*, *I'm left, you're right, she's gone.* O *crème de la crème* de suas peças com a Sun. Devagar, fui comprando outros mais, mas aquele era o preferido. Por mais impressionado que eu ficasse com Elvis, era ainda mais fascinado por Scotty Moore e a banda. Era o mesmo com Ricky Nelson. Nunca comprei um disco do Ricky Nelson, mas comprei um do James Burton. Eram as bandas por trás deles que me impressionavam tanto quanto os cantores. A banda do Little Richard, que era basicamente a mesma do Fats Domino, na realidade era a banda de Dave Bartholomew. Eu sabia disso tudo. E ficava muito impressionado com a história de tocar em grupo — como os caras interagiam uns com os outros, a exuberância natural e o que produziam sem esforço aparente. Existia uma certa irreverência maravilhosa, era o que eu achava. E, naturalmente, isso valia ainda mais para a banda do Chuck Berry. Mas, desde o começo, não era apenas o cantor. O que me impressionava por trás do cantor era a banda.

No entanto, eu tinha outras preocupações. Uma das melhores coisas que me aconteceram naqueles tempos, acredite ou não, foi ter entrado para o escotismo. Seu líder, Baden-Powell, um sujeito genuinamente gente fina, que percebia muito bem o que meninos pequenos gostam de fazer, acreditava de verdade que, sem os escoteiros, o império cairia por terra. É desse lastro que eu venho, como membro da Patrulha do Castor da Sétima Tropa de Escoteiros, embora o império estivesse dando sinais de que cairia por terra, de todo jeito, e por motivos que nada tinham a ver com a formação do caráter e saber dar nós. Acho que minha incursão pelo escotismo deve ter ocorrido logo antes que o violão acontecesse na minha vida — talvez antes mesmo de eu ter um violão — porque quando realmente comecei a tocar, esse se tornou o meu outro mundo.

Era uma coisa separada da música. Eu queria saber como sobreviver e li todos os livros de Baden-Powell. Agora tenho de aprender todas essas habilidades. Quero saber como descobrir onde estou; quero saber como fazer comida debaixo do chão. Por alguma razão, eu precisava contar com habilidades de sobrevivência e achava importante aprender isso. Eu já tinha uma barraca no quintal onde ficava sentado durante horas, comendo batata crua e essas coisas. Como depenar uma ave. Como estripar bichos. Que partes deixar, que partes remover. Se era para manter a pele ou não. Ela serve para alguma coisa? Um bom par de luvas? Era uma espécie de treinamento SAS em miniatura e principalmente uma chance de zanzar por aí com uma faca na cinta. Essa era a maior atração para muitos de nós, e não conseguíamos uma faca antes de alcançar algumas divisas.

A Patrulha do Castor tinha seu próprio abrigo, um telheiro vazio no jardim da casa de um de nós, do qual nos apossamos e onde realizávamos nossas reuniões para decidir o que a patrulha iria fazer. Você é bom nisso, você é bom naquilo. Sentávamos em roda, fazíamos fumaça, e depois partíamos em excursões de campo até Bexleyheath ou Sevenoaks. O líder escoteiro Bass era nosso guia, ele parecia um ancião naquela época, mas provavelmente tinha apenas 20 anos. Era um sujeito que sabia encorajar. Ele dizia: "Muito bem, hoje é a noite dos nós. Nó de catau, nó de laço, nó corrediço". Eu tinha de treinar em casa. Como começar uma fogueira sem fósforos. Como construir um forno, como fazer uma fogueira que não solta fumaça. Eu ficava praticando no quintal a semana toda. Esfregar dois gravetos: nada disso. Não no nosso clima. Talvez desse certo na África ou em outro local sem umidade. Então, era essencialmente com uma lupa e raminhos secos. De repente, depois de apenas três ou quatro meses, estou com quatro divisas e sou promovido a líder de patrulha. Eu tinha divisas por todo lado, inacreditável! Não sei mais onde foi parar minha camisa de escoteiro, mas ela é toda decorada, com listas e barbantes e divisas por todo lado. Parecia até que eu curtia ser amarrado.

Tudo isso serviu para me inspirar autoconfiança num momento crucial, depois de ter sido expulso do coral, especialmente o fato de eu ter sido promovido tão depressa. Acho que foi muito importante todo aquele período no escotismo, mais do que pude me dar conta. Eu tinha uma boa equipe. Conhecia os meus companheiros e éramos um time muito consistente. A disciplina era um pouco relaxada, devo reconhecer, mas quando era a hora de resolver "a tarefa do dia", nós a executávamos. Havia o grande acampamento de verão em Crowborough. Ganhamos a competição de construção de pontes. Naquela noite, bebemos uísque e tivemos uma briga na barraca do sino. Está escuro como breu, não tem luz, todo mundo está apenas cantando, quebrando coisas, nós em especial — o primeiro osso que quebrei na vida foi dando um encontrão no pau da barraca, naquela noite.

A única vez em que fui recriminado foi quando minha carreira de escoteiro chegou ao fim. Eu tinha um novo recruta, e ele era um tamanho cretino, que não conseguia se dar bem com ninguém. E eu disse: "Esta é uma patrulha de elite e eu tenho de aceitar que essa porcaria entre? Não estou aqui para limpar catarro. Por que vocês despejaram essa coisa em cima de mim?" Então, ele fez alguma idiotice e eu lhe dei um belo tapão. Toma, seu babaca. Não demorou nada e estou diante do comitê de disciplina. De pé, num tapete. "Oficiais não dão tapas" e toda aquela baboseira.

Eu estava no meu quarto de hotel em São Petersburgo, em turnê com os Stones, quando me peguei assistindo à cerimônia de comemoração do centésimo aniversário do Movimento Escoteiro. Foi na Ilha de Brownsea, onde Baden-Powell montou seu primeiro acampamento. Sozinho no meu quarto, fiquei perfilado, fiz com os três dedos na testa a saudação oficial dos escoteiros, e disse: "Líder de Patrulha, Patrulha do Castor, Sétima Tropa de Dartford, senhor". Achei que eu devia me apresentar.

Eu tinha empregos de verão para ajudar a passar o tempo, geralmente trabalhando atrás de um balcão em muitas lojas, ou descarregando açúcar. Isso eu não recomendo. Nos fundos de um supermercado. Ele vem em grandes fardos, e o açúcar corta a carne da gente que é uma desgraça e é grudento. Um dia descarregando açúcar, colocando as sacas nas costas, e você começa a sangrar. E, então, você embala. Teria sido suficiente para fazer eu me livrar daquilo, mas isso nunca aconteceu. Antes do açúcar eu cuidava da manteiga. Hoje em dia você entra na loja e olha para aquele pacotinho regular e benfeito, mas antes a manteiga chegava em blocos enormes. A gente repartia em porções menores, embrulhava em papel duplo nos fundos da loja e aprendia a cortar no peso certo e, depois de empacotado, colocar na prateleira, o patrão dizendo: "Não está com boa aparência?". Enquanto isso, ratos correm nos fundos, junto com mais um monte de porcariada.

Tive outro emprego, mais ou menos nessa época, início da adolescência. Eu fazia a rota da entrega de pães da padaria nos fins de semana, o que geralmente servia para abrir os olhos da gente naquela idade, treze, quatorze anos. A gente recolhia o dinheiro. Tinha dois caras e um carrinho elétrico, e aos sábados e domingos éramos eu e eles, tentando receber o dinheiro. E eu saquei que estava lá como um extra, uma espécie de vigia, enquanto eles diziam: "Sra. X, já são duas semanas, agora". Às vezes, eu ficava sentado dentro do caminhão, gelado até os ossos, esperando e então, depois de uns vinte minutos, o padeiro saía, com o rosto afogueado, fechando a braguilha. Lentamente, comecei a perceber como as coisas eram pagas. E havia umas velhinhas que evidentemente levavam uma vida inteiramente sem graça — para elas, o melhor momento da semana era a visita do homem do pão. Elas nos serviam os bolinhos que tinham comprado da gente, com uma bela xícara de chá; era para sentarmos para um papo, e de repente a gente se ligava que estava lá havia pelo menos uma hora e que ia ficar escuro antes que terminássemos a ronda. No inverno, eu esperava por elas, porque me lembrava um pouco *Este mundo é um hospício* [*Arsenic and old lace*], aquelas velhinhas vivendo num mundo totalmente à parte.

Enquanto treinava os nós, eu não percebia — na realidade, não saquei as coisas senão muitos anos depois — algumas pequenas mudanças que Doris estava fazendo. Por volta de 1957, Doris se envolveu com Bill, hoje Richards, meu padrastro. Ele se casou com Doris em 1998, depois de viver com ela desde 1963. Ele estava na casa dos 20 anos, e ela, com 40 e poucos. Eu só me lembro de que Bill sempre estava lá. Ele era motorista de táxi, nos levava para cá e para lá, e tinha disponibilidade de dirigir para onde quer que fosse. Ele inclusive nos levava de carro nas viagens de férias, eu, minha mãe e meu pai. Eu era pequeno demais para entender que tipo de relacionamento era aquele. Bill, para mim, era tipo o tio Bill. Eu não sabia o que Bert achava disso e ainda não sei. Para mim, Bill era amigo de Bert, amigo da família.

Ele simplesmente apareceu por lá e tinha carro. Em parte, foi isso que atraiu Doris, nos idos de 1957. Bill tinha conhecido minha mãe e eu em 1947, quando morava do outro lado da rua, na casa em frente à nossa, em Chastilian Road, e trabalhava na cooperativa. Então, ele entrou para uma empresa de motoristas de táxis e não apareceu mais até Doris um dia sair da estação de Dartford e topar com ele. Ou, nas palavras de Doris: "Eu só sabia que Bill morava na outra calçada, e um dia ele estava ao lado do táxi, e eu saí da estação e disse 'Olá'. E ele veio correndo atrás de mim e disse: 'Eu levo você para casa'. Eu disse: 'Bom, não me importo' porque senão eu teria de esperar o ônibus, e então ele me levou para casa. E daí começou e não consigo acreditar. Eu fui muito descarada".

Bill e Doris tinham de dar um jeito de disfarçar a situação, e sinto pena de Bert, se ele soube de alguma coisa. Uma oportunidade para eles era a paixão de Bert pelo tênis. Isso deixava Doris e Bill livres para se encontrarem. Então, segundo Bill, eles arrumavam um jeito de saber quando Bert saía do tênis clube em sua bicicleta e corriam de volta no táxi de Bill para deixar Doris em casa antes do marido. Doris lembrou: "Quando Keith começou com os Stones, Bill costumava levá-lo para toda parte. Se não fosse por Bill, ele não teria conseguido ir a canto nenhum. Porque Keith vinha e dizia: 'Mick disse que eu preciso ir a tal lugar'. E eu falava: 'Então, como você vai até lá?' e o Bill dizia: 'Eu levo ele'". Esse foi o papel de Bill no nascimento dos Rolling Stones, fato até agora inédito.

Ainda assim, meu pai era o meu pai, e eu ficava morto de medo de aparecer diante dele no dia em que fosse expulso, o que então exigiu que a campanha fosse um processo de longo prazo — não podia ser feito de um golpe só. Eu precisaria construir lentamente uma torre de notas péssimas até que eles percebessem que havia chegado a hora. Eu não tinha medo de uma reação física, só da desaprovação dele, porque então ele me mandaria para Coventry. E de repente eu ficaria por minha conta e risco. Não falar comigo, nem reconhecer que eu estava ali era a maneira dele de me disciplinar. Não haveria nada depois disso; ele não ia me dar umas chibatadas no traseiro, nem nada. Essas coisas nunca fizeram parte da equação. A ideia de desapontar meu pai ainda me faz chorar, hoje em dia. Não corresponder à expectativa dele é uma coisa que acaba comigo.

Depois de ter sido ignorado desse modo, a gente não quer que isso aconteça de novo. Eu me sentia um nada, como se nem existisse. Ele dizia: "Bom, a gente não vai ao campinho amanhã" — nos fins de semana, a gente costumava ir até lá e ficar brincando de futebol. Quando descobri como o pai de Bert tinha tratado o filho, achei que tinha muita sorte, porque Bert nunca me castigou fisicamente. Ele não era um sujeito que expressasse seus sentimentos. E me sinto grato por isso, de certo modo. Algumas vezes em que o deixei furioso, se ele fosse esse tipo de sujeito, eu teria tomado várias surras, como a maioria dos meninos com quem eu andava naqueles tempos. Minha mãe era a única que me dava umas palmadas de vez em quando, atingindo a parte de trás das minhas pernas, e eu merecia sempre. Mas nunca vivi com medo de castigos físicos. Era psicológico. Mesmo depois de um intervalo de vinte anos, sem ter visto Bert durante esse tempo todo, preparando-me para nosso reencontro histórico, ainda sentia medo disso. Ele tinha muito a desaprovar em relação a esses vinte anos. Mas essa é uma história para daqui a pouco.

O ato final que enfim me levou à expulsão foi quando Terry e eu decidimos não ir à assembleia no último dia do ano escolar. A gente já tinha ido a um monte dessas assembleias e queríamos fumar, então simplesmente não fomos. E esse, penso eu, foi o prego derradeiro no caixão da minha expulsão. O que, naturalmente, quase levou meu pai a ter um troço. Mas, naquela altura, ele já me havia considerado um caso completamente perdido para a sociedade. Porque, naquele momento, eu estava tocando violão e Bert não tinha uma veia artística e a única coisa que eu realmente fazia bem tinha a ver com música e arte.

A pessoa a quem devo agradecer nessa altura — que me salvou do ostracismo, de ser um sujeito rejeitado sucessivamente — foi a fabulosa professora de arte, a sra. Mountjoy. Ela falou bem de mim para o diretor. Eles estavam quase me despejando no latão de lixo quando o diretor perguntou: "Mas ele é bom em alguma coisa?". "Bom, ele sabe desenhar." Assim, acabei indo para o Sidcup Art College, turma de 1959. A solução musical.

Bert não gostou muito. "Arrume um emprego de verdade." "Ah, você quer dizer fazer lâmpadas, pai?" Comecei a ser sarcástico com ele. Mas não devia ter sido. "Fazer válvulas e lâmpadas?"

Naquela altura, eu tinha ideias grandiosas, embora não tivesse noção de como colocá-las em prática. Para tanto, seria preciso encontrar algumas outras pessoas, mais à frente. Eu só me achava muito esperto, de um jeito ou de outro, e capaz de me safar dessa rede social e continuar jogando o jogo. Meus pais tinham crescido durante os anos da Depressão, quando, se você tinha alguma estrutura, simplesmente segurava aquilo e não se falava mais no assunto. Bert era o sujeito com menos ambição do mundo. No fundo, eu era um guri que nem sabia o que era ambição. Só sentia as limitações. A sociedade e tudo o mais que me rodeava, enquanto eu ia crescendo, era simplesmente pequena demais para mim. Talvez fosse apenas testosterona de adolescente e a angústia da idade, mas eu sabia que tinha de buscar uma saída.

Capítulo Três

No qual vou para a escola de artes, onde estudo violão. Apresento-me em público pela primeira vez e acabo com uma menina nessa mesma noite. Conheço Mick na estação de trem de Dartford, com seus discos de Chuck Berry. Começamos a tocar — Little Boy Blue and the Blue Boys. Conhecemos Brian Jones no Ealing Club. Consigo a aprovação de Ian Stewart para o Bricklayers Arms, e os Stones se formam em torno dele. Queremos que Charlie Watts venha para a banda, mas não temos como pagar.

NÃO SEI O QUE TERIA ACONTECIDO se eu não tivesse sido expulso de Dartford e ido para o colégio de artes. Em Sidcup, eles ensinavam muito mais música do que arte, mais até do que em qualquer outro colégio de arte da zona sul de Londres que estava produzindo *beatniks* suburbanos, algo que eu estava aprendendo a ser. Na realidade, não existia no Sidcup Art College praticamente nenhuma "arte" para estudar. Depois de um tempinho, a gente percebia para o que estava sendo treinado, e não era para virar Leonardo da Vinci. Montes de malandros desgraçados apareciam um dia por semana, muito arrumadinhos em suas gravatas-borboleta, da J. Walter Thompson ou de alguma outra grande agência de propaganda, para se exibir aos alunos da escola de arte e tentar catar as meninas. Eles ficavam se pavoneando na nossa frente e a gente aprendia como fazer anúncios.

Logo que cheguei na Sidcup experimentei uma grande sensação de liberdade. "Você quer dizer que a gente pode realmente fumar?" Você está lá com um bando de artistas diferentes, mesmo que não sejam artistas de verdade. Atitudes diferentes, isso era realmente importante pra mim. Alguns são excêntricos, alguns se acham muito e são bem menos, mas de todo modo é um pessoal muito interessante e, graças a Deus, de um tipo bastante diferente do que eu estava acostumado. Todos nós chegamos lá vindos de escolas para meninos e de repente estávamos em classes mistas. O cabelo de todo mundo estava ficando comprido, principalmente porque era permitido, era uma coisa daquela idade e, por algum motivo, dava uma sensação boa. E, finalmente, a gente podia se vestir do jeito que quisesse; todo mundo ali tinha vindo dos uniformes. A gente realmente ficava a fim de pegar o trem para Sidcup, de manhã. A gente esperava mesmo por aquele momento. Em Sidcup eu era "Ricky".

Hoje percebo que recebemos o finalzinho dilapidado de alguma nobre tradição de ensino das artes dos tempos de antes da guerra — água-forte, litografia, aulas sobre o espectro da luz —, técnicas que tinham ido todas pelo ralo, para se criar anúncios do gim Gilbey's. Muito interessante e, como eu gostava de desenhar de todo jeito, era ótimo. Eu ia aprendendo algumas coisas. A gente não percebia que, na realidade, estavam nos treinando para nos tornar alguma espécie do que chamam de designer gráfico, provavelmente para trabalhar com Letraset, mas isso veio depois. A tradição artística seguia adiante aos trancos e barrancos sob a orientação de idealistas marginalizados, como o professor de desenho com modelos vivos, o sr. Stone, que tinha estudado na Royal Academy. Toda hora do almoço ele entornava alguns litros de Guinness, no Black Horse, e voltava para a aula muito atrasado e muito irritado, calçando sandálias sem meias, fosse verão ou inverno. Em geral, essas aulas eram de morrer de rir. Alguma adorável velhota gorducha de Sidcup, sem roupas — oooh, tetas legítimas! — e o ar fedendo a bafo de Guinness, um professor balançando e se agarrando na banqueta pra não cair. Como homenagem à mais elevada forma de arte e à vanguarda a qual os professores aspiravam, numa das fotos da escola, criada pelo nosso diretor, ele nos colocou como figuras num jardim geométrico, repetindo a grande cena de *O ano passado em Marienbad*, aquele filme de Alain Resnais que é o auge do existencialismo *cool* e da presunção.

A rotina era muito solta. A gente assistia às aulas, terminava os projetos e ia ao banheiro, onde havia uma espécie de chapelaria. Ali a gente se reunia, se sentava para tocar violão. Foi isso que realmente me deu motivação para tocar, e nessa idade a gente aprende as coisas muito depressa. Tinha muita gente tocando violão lá. As escolas de arte produziram alguns notáveis instrumentistas no dedilhado, naquele período em que o rock and roll britânico estava dando seus primeiros sinais de vida. Era uma espécie de *workshop* de violão, basicamente com toda a música folclórica, as coisas de Jack Elliott. Ninguém reparava se você não estava na faculdade, então a fraternidade musical local usava o lugar como ponto de encontro. Wizz Jones costumava pintar, com um corte de cabelo parecendo Jesus, e barba. Grande músico de canções folclóricas, grande guitarrista, ainda está na ativa — vejo anúncios dos próximos shows dele, que está com a mesma cara, só que sem barba. A gente se encontrou poucas vezes, mas, para mim, Wizz Jones então era, bom... Wizzzz. Quer dizer, o sujeito tocava em clubes, ele acontecia no circuito do folk. Ele recebia cachê! Era um profissional das cordas, enquanto a gente tocava no banheiro. Acho que aprendi "Cocaine" com ele — a música e aqueles solinhos essenciais que eram o auge na época, não o pó em si. Ninguém, ninguém mesmo, tocava naquele estilo da Carolina do Sul. Ele pegou "Cocaine" do Jack Elliott, isso muito tempo antes de todo mundo, e o Jack Elliott tinha aprendido com o reverendo Gary Davis, no Harlem. Wizz Jones era um cara observado, observado por Clapton e Jimmy Page desde aquele tempo, pelo menos é o que eles dizem.

O pessoal do banheiro me conhecia por minha maneira de tocar "I'm left, you're right, she's gone". De vez em quando, a turma pegava no meu pé porque eu ainda gostava de Elvis naquela altura, e de

Buddy Holly, e eles não conseguiam compreender como é que eu conseguia ser aluno de artes e curtir blues e jazz e me ligar nessas coisas. Existia um tipo de "por aí não" em relação ao rock and roll, fotos com acabamento brilhante, ternos idiotas. Para mim, porém, era só música. A coisa era muito hierárquica. Era a fase dos "mods" (os moderninhos) e dos roqueiros. Havia uma linha divisória bem nítida entre os "beats", o pessoal viciado na versão inglesa do Dixieland jazz (conhecido como tradicional), e os que curtiam R&B. Eu cheguei a cruzar a linha por Linda Poitier, uma beleza espetacular que usava um longo suéter preto, meias-calças pretas e uma pesada maquiagem nos olhos, *à la* Juliette Gréco. Eu fui um monte de vezes assistir ao Acker Bilk tocar — *pin-up* da turma do jazz tradicional — só para ver Linda dançar. Também tinha outra Linda, de óculos, magrela, mas linda aos meus olhos, que eu paquerava muito sem jeito. Um beijinho com ternura. Estranho. Às vezes, um beijo te marca muito mais fundo do que várias outras coisas que acontecem depois. Conheci Celia num evento de noite inteira, no Ken Colyer Club. Ela era de Isleworth. Ficamos juntos a noite toda, não fizemos nada, mas, no pouco que durou, aquilo foi amor. Puro e simples. Ela morava numa casa não geminada, muita areia pro meu caminhãozinho.

Às vezes, eu ainda ia visitar Gus. Naquele tempo, como eu já estava tocando havia dois ou três anos, ele me dizia: "Muito bem, toca 'Malagueña' pra mim". Eu tocava e ele dizia: "Você pegou o jeito". Depois eu começava a improvisar, porque essa música é um exercício de violão. Então ele reclamava: "A música não é assim!". E eu: "Não, mas, vovô, *poderia* ser assim". "Você tá ficando bom nisso."

A bem da verdade, no comecinho eu não estava muito interessado em tocar violão. Era só um meio de fazer som. Conforme fui tocando, fui me interessando mais pela coisa de realmente tocar violão e pelas notas em si. Acredito piamente que, se você quer ser guitarrista, é melhor começar tocando violão acústico e depois passar para o elétrico. Não acho que você vai virar outro Townshend ou um Hendrix só porque pode fazer *uíí uíí uah uah*, e todos aqueles efeitos eletrônicos dos guitarreiros. Primeiro, vá conhecer direitinho o instrumento. E vá dormir abraçado com o seu violão. Se não tiver uma gata à mão, você dorme com o violão. Tem o formato certinho.

Tudo que sei aprendi com os discos. Ser imediatamente capaz de repetir uma música com o meu violão, sem todas aquelas terríveis limitações da música escrita, os pentagramas, as malditas cinco linhas. Ser capaz de ouvir música gravada libertou uma enorme quantidade de músicos que não necessariamente teriam condições de pagar para aprender a ler e escrever música, como eu. Antes de 1900, existiam Mozart, Beethoven, Bach, Chopin, o cancã. Com as gravações, veio a emancipação para todas as pessoas. Assim que você, ou alguém por perto, pudesse comprar um toca-discos, podia ouvir música feita por outras pessoas, não orquestras sinfônicas ou montagens sonoras. A gente podia ouvir de verdade o que os caras estavam dizendo, praticamente de improviso. Algumas coisas eram um monte de lixo, mas havia outras muito boas mesmo. Foi a emancipação da música. Fora isso, a gente tinha de frequentar as salas de concerto, e quantas pessoas tinham grana para isso? Seguramente não pode ser coincidência que em poucos anos, assim do nada, o jazz e o blues tenham dominado o mundo no instante em que começaram a aparecer os discos. O blues é universal, razão pela qual continua sendo tocado em toda parte. Por causa dos discos, a gente consegue sentir e expressar o blues. Foi como abrir as cortinas do áudio. Disponível, barato. Não havia mais pessoas isoladas numa comunidade deste lado, e numa outra daquele lado, as duas turmas jamais se encontrando. E, naturalmente, isso produz um tipo totalmente diferente de músico, no intervalo de uma geração. Não preciso de partitura. Vou tocar de ouvido, direto, do coração para a ponta dos dedos. Ninguém precisa ficar virando páginas.

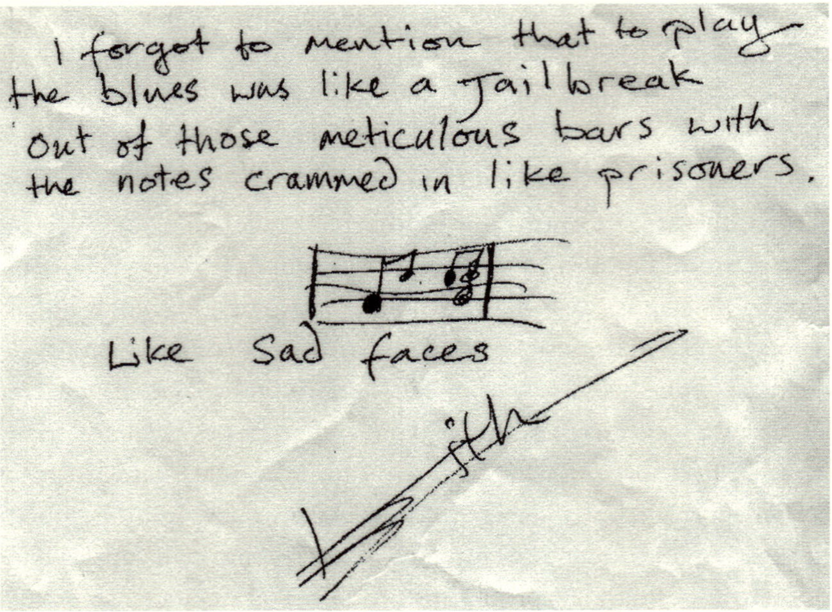
I forgot to mention that to play
the blues was like a jailbreak
out of those meticulous bars with
the notes crammed in like prisoners.
Like sad faces

Esqueci de mencionar que tocar blues era como sair em liberdade da cadeia daquelas linhas meticulosas do pentagrama em que as notas ficam empilhadas como os presos. De cara triste.

Em Sidcup tudo estava disponível; aquela escola refletia uma incrível explosão da música, da música como estilo, do amor por tudo o que se referia à América. Eu varria todas as bibliotecas públicas em busca de livros sobre os Estados Unidos. Tinha os que gostavam de folk music, de jazz moderno, jazz tradicional, as pessoas que curtiam blues, então a gente na verdade estava ouvindo o protótipo do soul. Todas aquelas influências estavam no ar, ali. E havia os sons seminais — as tábuas da lei, inscritas em pedra, coisas que estávamos ouvindo pela primeira vez. Tinha o Muddy. O som do Howlin' Wolf, "Smokestack lightnin", Lightnin' Hopkins. E havia um disco chamado *Rhythm & blues vol. 1*, com Buddy Guy numa faixa fazendo "First time I met the blues"; em outra faixa, um som do Little Walter. Eu só fiquei sabendo que Chuck Berry era negro dois anos depois de ter ouvido o som dele pela primeira vez, e, é óbvio, muito tempo antes de ter ido assistir ao filme que atraiu uma multidão de músicos — *Jazz on a summer's day*

—, no qual ele tocava "Sweet little sixteen". E durou uma eternidade até eu saber que Jerry Lee Lewis era branco. Eles não mostravam as fotos dos que eram os dez mais, nos Estados Unidos. As únicas caras que eu conhecia eram as de Elvis, Buddy Holly e Fats Domino. Mas isso praticamente não importava. O som era o que importava. A primeira vez que ouvi "Heartbreak Hotel" não significou que eu repentinamente sentisse vontade de ser Elvis Presley. Naquela época eu não tinha ideia de quem ele era. Era só o som, o uso de um modo diferente de gravar música. A espécie de gravação, como vim a descobrir, feita pelo visionário Sam Phillips da Sun Records. O uso do eco. Sem acréscimos fabulosos. A gente sentia como se estivesse no estúdio com eles, que ouvia exatamente o que estava acontecendo ali dentro, sem frescura, sem nada, sem enrolação. Isso teve uma imensa influência sobre mim.

Aquele LP do Elvis tinha todas as coisas da Sun, com mais umas faixinhas da RCA também. Era tudo, desde "That's all right", "Blue moon of Kentucky" até "Milk cow blues boogie". Quer dizer, para um violonista, ou um projeto de violonista, era o puro céu. Mas, por outro lado, que merda estava acontecendo? Talvez eu não tivesse sentido vontade de ser Elvis, mas quanto a Scotty Moore já não tinha tanta certeza. Scotty Moore era meu ícone. Ele foi o violonista do Elvis em todos os discos da Sun Records. Ele está em *Mystery train*, em *Baby let's play house*. Hoje eu já conheço o cara, toquei com ele. Conheço a banda. Mas, naqueles tempos, só ser capaz de tocar "I'm left, you're right, she's gone", do começo ao fim, era simplesmente o máximo de uma performance ao violão. E tinha *Mystery train* e *Money honey*. Eu queria morrer e ir para o céu só para tocar daquele jeito. Como é que se fazia aquilo, porra? Aquele som foi a primeira coisa que apresentei no banheiro de Sidcup, tocando numa guitarra Höfner f-hole acústica emprestada. Isso foi antes de a música ter-me levado de volta às raízes de Elvis e Buddy, de volta ao blues.

Até hoje, tem uma sequência do Scotty Moore que não consigo imitar, e o cara não me ensina como faz. Há 49 anos ela me escapa. Ele fala que não consegue saber de qual estou falando. Não é que ele não queira me mostrar; ele diz: "Eu não sei de qual você está falando". É do "I'm left, you're right, she's gone". Acho que está em Mi maior. Ele faz um solo de fechamento do compasso quando chega na quinta corda, o Si indo para Lá, e de Lá para Mi, que lembra um pouco o *yodeling*, uma coisa que eu nunca consegui entender direito. Também está em "Baby let's play house". Quando chega aquela parte que diz "But don't you be nobody's fool/ Now, baby, come back, baby...", bem nessa última parte da letra, a sequência justamente aparece aí. É provável que seja uma coisa fácil de dedilhar, mas é feita muito depressa e, além disso, tem um monte de notas: qual dedo se mexe e qual não? Nunca ouvi mais ninguém repetir isso. Creedence Clearwater gravou uma versão dessa música, mas quando chega nesse compasso, não imita o arranjo original. E Scotty é um carinha muito safo. Conciso. "Ei, moleque, você ainda tem muito tempo para sacar como é". Toda vez que topo com ele é: "E aí, já conseguiu?".

O sujeito mais descolado do Sidcup Art College era Dave Chaston, um cara famoso naquele lugar e naqueles tempos. Até mesmo Charlie Watts conhecia Dave, por causa de alguma história de jazz. Ele era o árbitro do que era ser descolado, o boêmio dos boêmios, tão talentoso que era capaz de acompanhar o toca-discos. A gente podia colocar em 45 rotações para tocar, e tocar de novo, um monte de vezes, quase como se estivesse ligado no automático. Ele teve o primeiro Ray Charles, antes de todo mundo, ele inclusive viu o cara tocar, e a primeira vez que eu ouvi Ray foi num daqueles intervalos de almoço, quando a gente ouvia discos.

Todo mundo naquela época estava ligado na aparência. Ainda não se podia notar isso naquela foto da turma de 1959, o ano da minha iniciação; as coisas então estavam somente começando. Os meninos tinham uma aparência convencional, com seus pulôveres de gola em V, e as garotas se vestiam como senhoras de cinquenta anos, indistinguíveis das poucas mulheres que eram nossas professoras. Na realidade, toda a turma, eles e elas, usava suéteres pretos compridos demais para qualquer um, exceto Brian Boyle, o moderninho arquetípico, que trocava de roupa todas as semanas. A gente ficava pensando onde ele arrumava tanto dinheiro. A jaqueta curta na cintura, o tecido xadrez "Príncipe de Gales", o cabelo bufante, e então ele aparece com uma Lambretta que tinha uma merdinha de um rabo peludo de esquilo na ponta. Brian talvez tenha sido o exclusivo iniciador do movimento "mod", cuja origem estava naquela escola de arte e na zona sul de Londres. Ele foi um dos primeiros a ir para o Lyceum e arranjar os acessórios "mod". Naquela época, ele fazia parte de uma corrida desenfreada para estar na moda. Foi o primeiro a dispensar os casacos drapeados e a passar a usar um modelo mais curto e cintado. Definitivamente, estava à frente no que dizia respeito a sapatos, calçando modelos de bico fino em vez de arredondado, de calcanhar alto e saltos cubanos — uma senhora revolução. Os roqueiros só chegaram aos sapatos de bico bem mais tarde. Ele foi a um sapateiro e fez o cara esticar a biqueira dez centímetros, e isso dificultava ao máximo andar. Era uma coisa intensa, meio desesperada, essa busca interminável pela última moda, muito engraçada de assistir e, além disso, ele era muito divertido.

Eu não podia comprar rabos de esquilo. Tinha sorte de ter um par de calças. O oposto da história de ser fashionista eram os roqueiros e os motoqueiros que curtiam correr. Ninguém conseguia muito me definir. De algum modo, eu dava um jeito de ficar com um pé em cada barco, sem perder as bolas por isso. Tinha o meu próprio uniforme, inverno ou verão: jaqueta Wrangler, camisa púrpura e calças pretas justas [*drainpipes*]. Adquiri a fama de ser impermeável ao frio porque não variava muito o figurino. Quanto às drogas, ainda não estavam em meu horizonte, exceto pelo uso ocasional dos anticoncepcionais de Doris. O que as pessoas estavam começando a consumir naquela época era efedrina, um troço horrível, então não durou muito. Daí, pintaram os inaladores nasais, cheios de Dexedrina e aroma de lavanda. A gente tirava a tampinha, enrolava a lã de algodão e tomava as pequenas pílulas. Dexedrina para gripe!

A pessoa ao lado de quem estou em pé, na foto da escola, é Michael Ross. Não posso mais ouvir certos discos sem me lembrar de Michael Ross. Minha primeira apresentação em público foi com Michael; fizemos uns dois shows juntos na escola. Ele era um sujeito especial, extrovertido, talentoso, sempre pronto a correr riscos e entrar numa aventura. Era um ilustrador verdadeiramente talentoso, que me ensinou muitos truques do trabalho com caneta e tinta. E ele também curtia muito música. Michael e eu gostávamos do mesmo tipo de som, uma coisa que estava à nossa disposição para tocar. Por isso é que orbitávamos em torno de música country e blues, porque podíamos tocar só nós. Um só basta, com dois é melhor ainda. Ele me mostrou Sanford Clark, um cantor country peso-pesado, muito parecido com Johnny Cash, que veio direto das plantações de algodão e da Força Aérea com um sucesso chamado "The fool". A gente tocava o "Son of a gun" dele, em parte porque era a única coisa que os instrumentos suportavam, mas é uma grande canção. Fizemos uma festa da escola, em algum local perto de Bexley, no ginásio, e interpretamos muitas canções country do melhor jeito que pudemos, contando com dois violões e nada mais. O que mais eu lembro dessa nossa primeira canja foi que conquistamos um par de meninas e passamos a noite inteira num parque, sei lá onde, num desses caramanchões com um banco e um teto de nada. Na realidade, não fizemos nada. Eu peguei num peito e olhe lá. A gente ficou só se agarrando e beijando a noite toda, aquele monte de línguas se revirando como enguias. Depois, a gente capotou e dormiu até de manhã, e então eu pensei: "Meu primeiro show e já catei uma menina. Cacete! Acho que tenho futuro nesse negócio".

Ross e eu tocamos mais. A coisa acontecia sem muitas confabulações, e no fim da semana seguinte, quando a gente voltava, o público era maior... E nada como uma plateia para incentivar uma pessoa. Acho que o fascínio vinha desse lance.

Eu tinha passado toda a minha vida escolar achando que ia prestar o serviço militar. Era uma coisa firme na minha cabeça; eu faria a escola de arte e, depois, serviria o Exército. Então, pouco antes de eu fazer dezessete anos, em novembro de 1960, anunciaram que isso estava extinto, acabado para sempre. (Os Rolling Stones logo seriam citados como a única razão pela qual deveriam reverter essa decisão.) Mas, nesse dia inocente, na escola de arte, eu lembro que quase dava para ouvir um suspiro coletivo de alívio, um suspiro de toda a massa de jovens que estava estudando naqueles tempos. Naquele dia não tivemos mais aulas. Eu lembro que todos nós, que tínhamos a mesma idade, ficamos olhando uns para os outros, sacando que não seríamos embarcados em algum destróier despachado para alguma parte, nem iríamos marchar em Aldershot. Bill Wyman tinha servido o Exército, na RAF na Alemanha, e tinha curtido muito. Mas ele é mais velho do que eu.

Ao mesmo tempo, eram "malditos filhos de uma puta!", pois tínhamos passado todos aqueles anos com uma tremenda nuvem pesando em cima de nossas cabeças. Perto do momento de entrar na faculdade, tinha uns caras que começavam a manifestar uns trejeitos propositais a fim de conquistar um diagnóstico de grave distúrbio de personalidade e assim obter dispensa por razões médicas. Era um sistema todo sofisticado, em que as pessoas comparavam anotações sobre artimanhas para se livrar da convocação. "Eu tenho calos terríveis, não posso marchar."

O serviço militar muda o sujeito. Eu via meus primos e meus amigos mais velhos que tinham servido o Exército. Em poucas palavras, os caras saem outra pessoa. Esquerda, direita, esquerda, direita. Aquele exercício todo. Lavagem cerebral. A gente acaba fazendo isso até enquanto está dormindo, porra. Isso às vezes acontecia com os caras. A cabeça deles mudava por completo, assim como sua noção de quem eram, do nível em que viviam. "Me colocaram no meu lugar e agora eu sei onde é isso." "Você é um soldado raso e não pense que vai se dar melhor do que isso na vida porque não vai, não." Eu ficava muito ligado nisso por causa de uns sujeitos que eu conhecia e tinham passado por essa situação. Parecia que haviam tirado deles uma grande parte de sua garra. Eram dois anos de serviço militar e depois disso eles voltavam e ainda eram escolares, embora naquela altura já estivessem com vinte anos.

De repente, a gente começou a sentir que tinha dois anos livres, mas claro que não passava de completa ilusão. Não sabíamos o que fazer com isso. Nem os nossos pais sabiam o que fazer com aqueles dois anos a mais porque estavam esperando que a gente desaparecesse quando fizesse dezoito anos. As coisas aconteceram muito depressa. Minha vida vinha se desenrolando direitinho até eu ficar sabendo que não ia mais ter o serviço militar. Não tinha mais como me safar daquele maldito fim de mundo, a casa "do conselho", aqueles horizontinhos de nada. Claro que se eu tivesse entrado no Exército hoje seria general. Não tem como segurar um primata. Quando entro numa coisa, entro de cabeça. Quando me colocaram nos escoteiros, me tornei líder de patrulha em três meses. Obviamente gosto de dar ordens e fazer o pessoal me obedecer. Se me derem um pelotão, faço um belo trabalho. Se me derem uma companhia, faço melhor ainda. Com uma divisão, produziria maravilhas. Gosto de motivar os caras e foi isso que se mostrou bastante útil com os Stones. Eu realmente faço bem o trabalho de juntar pessoas. Se consegui reunir aquele bando de rastas inúteis e transformar os pestes numa banda, os Winos, uma das bandas mais indisciplinadas que se pode ter, então é porque entendo alguma coisa disso. Não se trata de usar chicotinho, nada disso, é mais uma questão de se envolver muito, de fazer junto, assim a turma sabe que você está ali, liderando porque tomou a dianteira e não porque ficou atrás latindo.

E para mim não importa quem é o maioral, vale o que funciona.

Um pouco antes de este livro entrar em gráfica, veio a público uma carta que escrevi e que minha tia Patty guardou durante mais ou menos cinquenta anos, e nunca tinha sido vista por ninguém fora da minha família. Ela ainda estava viva quando a entregou para mim, em 2009. Nela, descrevo a ocasião em que conheci Mick Jagger na estação de trem em Dartford, em 1961. Essa carta foi escrita em abril de 1962, apenas quatro meses depois, quando já estávamos andando juntos e tentando aprender a fazer isso.

6 Spielman Rd
Dartford
Kent

Querida Pat,

Sinto muito não ter escrito antes (pura loucura minha) – voz de mosca varejeira. Saída pela direita, sob aplausos ensurdecedores.

Realmente espero que você esteja bem.

Sobrevivemos a mais um glorioso inverno inglês. Você sabe em que dia começa o verão deste ano?

Mas, minha querida, eu fiquei ocupado demaaaaaais desde o Natal, além das coisas na escola. Você sabe quanto eu gosto de Chuck Berry e pensei que fosse o único fã dele num raio de muitos quilômetros, mas um dia de manhã, na est. de Dartford (preguiça de escrever uma palavra tão comprida quanto estação), eu estava segurando uns discos do Chuck quando um carinha que eu já conhecia do primário (dos 7 aos 11) veio falar comigo. Ele tinha todos os discos que o Chuck Berry havia gravado até então, e a turma dele também tinha os discos, são todos fãs de rhythm and blues, *quer dizer do* R&B *de verdade (não essas porcarias de Dinah Shore ou Brook Benton), Jimmy Reed, Muddy Waters, Chuck, Howlin' Wolf, John Lee Hooker, todos os blueseiros de Chicago com aquele som maravilhoso, contido, real. Bo Diddley, outro músico genial.*

Enfim, esse cara na estação se chama Mick Jagger e as garotas e os caras se reúnem todos os sábados de manhã no "Carousel", um boteco com uma jukebox. Bom, um dia de janeiro, de manhã, eu estava passando perto dali e resolvi procurar por ele. De repente tá todo mundo em cima de mim, me convidando pra mais ou menos umas dez festas. Além disso, Mick é o maior cantor de R&B *deste lado do Atlântico, e não estou dizendo talvez. Eu toco violão (elétrico) no estilo do Chuck e a gente arrumou um baixista e um violão de acompanhamento e ensaiamos duas ou três noites por semana. O* MAIOR BALANÇO.

Naturalmente todos eles nadam em dinheiro e moram em casas enormes, não geminadas, é uma loucura, tem um que tem até mordomo. Fui até lá com o Mick (claro que no carro de Mick, no meu é que não, óbvio). OH, MEU DEUS, INGLÊS É IMPOSSÍVEL.

"Posso servir-lhe uma bebida, senhor?"

"Vodca e suco de limão, por favor."

"Certamente, senhor."

Eu realmente me senti um lorde, quase perguntei onde estava minha coroa, quando saí.

Aqui vai tudo muito bem.

Só não consigo deixar Chuck Berry de lado, acabei de comprar um LP *dele, direto da Chess Records Chicago, que me custou menos do que um disco inglês. Claro que a gente ainda tem os atrasadões daqui, assim, Cliff Richard, Adam Faith e mais dois novatos que estão bombando, Shane Fenton e John Leyton,* MAS UMA MERDA COMO AINDA NÃO SE OUVIU NA VIDA. *Exceto pelo velhote do Sinatra, ha ha ha ha ha ha ha.*

O bom é que não fico mais entediado. Neste sábado vou a uma festa que vai durar a noite toda.

"Olhei para o meu relógio
Eram 4 ou 5
Cara eu não sabia
Se estava vivo ou morto"[1]

Tirado de Chuck Berry
Reelin' and rockin'

Doze galões de cerveja Barrel of Cyder, três garrafas de vinho de uísque. A mãe e o pai dela foram passar o fim de semana fora. Vou beber até cair (fico muito feliz por dizer isso).

1 *I looked at my watch/ It was four-o-five/ Man I didn't know/ If I was dead or alive.*

No sábado depois disso, Mick e eu vamos com duas meninas ao nosso clube predileto de rhythm & blues, que fica em Ealing, Middlesex.

Lá eles têm um sujeito que toca gaita elétrica, Cyril Davies, sensacional, sempre meio bêbado, de barba por fazer, que toca como um possesso, maravilhoso.

Bom, agora não consigo mais me lembrar de nada pra te cansar a paciência, então me despeço com um boa-noite para todos os fãs.

Sorrisão procê

Amor

Keith xxxxx

(Quem mais poderia escrever tanta bobagem junta...)

Se a gente se deu bem? Você entra num vagão com um cara que está com *Rockin' at the hops* do Chuck Berry pela Chess Records, e *The best of Muddy Waters* também debaixo do braço: é claro que a gente se deu bem. Ele tem o tesouro de Henry Morgan. É do bom. Eu não tinha ideia de como pôr a mão naquilo. Agora eu percebia que já tinha encontrado com ele uma vez, perto da prefeitura de Dartford, quando ele vendia sorvete, era um emprego de verão. Naquele tempo, ele devia estar com quinze anos, por aí, um pouco antes de largar a escola, mais ou menos uns três anos antes de realmente começarmos os Stones, porque ele por acaso falou que de vez em quando fazia um número ali, imitando o som de Buddy Holly e Eddie Cochran. Aquilo de repente pipocou na minha cabeça aquele dia. Comprei um picolé de chocolate. Sei lá, talvez tenha sido um *cornetto*. Invoco o estatuto das limitações. E daí eu não o vi mais até aquele dia no trem.

E ele carregando aquelas preciosidades. "Onde foi que você descolou isso?" Era sempre a história dos discos. Desde os meus onze, doze anos, eu chegava perto de quem tinha discos. Eram as coisas mais preciosas. Eu tinha sorte de arranjar um ou dois singles a cada seis meses, por aí. E o cara disse: "Olha, tenho o endereço". Ele já estava mandando cartas para Chicago e, o que era ainda mais incrível, para Marshall Chess, que tinha um trampo de verão com o pai na loja dos correios ali, e depois se tornou o presidente da Rolling Stones Records. Era um tipo de encomenda por carta, como na Sears, Roebuck. Ele tinha visto o catálogo, uma coisa que eu desconhecia. E a gente simplesmente começou a conversar. Ele ainda estava cantando numa bandinha, com um repertório de Buddy Holly, aparentemente. Eu nunca tinha ouvido falar de nada daquilo. Então eu disse: "Bom, eu toco um pouco". E também: "Então, venha comigo; vamos tocar um pouco outras coisas". Quase me esqueci de saltar em Sidcup, porque ainda estava copiando o número da matriz dos discos do Chuck Berry e do Muddy Waters que ele trazia naquele dia. *Rockin' at the hops*: Chess Records CHD-9259.

Mick tinha visto Buddy Holly tocar no Woolwich Granada. Esse foi um dos motivos de eu ter colado nele, e porque ele tinha muito mais contatos do que eu e porque aquele cara sabia das coisas! Eu estava muito por fora, naquela época. De certo modo, eu não passava de um caipirão comparado com Mick. Ele era muito enturmado com a coisa toda de Londres... estudava na London School of Economics, conhecia um grupo muito mais variado de gente. Eu não tinha grana. Não tinha as conexões. Eu só tinha o hábito de ler revistas como *New Musical Express*: "Eddie Cochran no palco com Buddy Holly". Uau, quando eu crescer vou arranjar um ingresso. Claro que todos bateram as botas antes disso.

Quase que imediatamente depois de termos nos conhecido, começamos a sentar por aí e então ele cantava e eu tocava, e a gente dizia: "Ó, não tá ruim, não". E também não era difícil. Não tinha mais ninguém pra impressionar além de nós dois, e a gente não pensava em se impressionar. Eu também estava aprendendo. No começo, Mick e eu conseguíamos, sei lá, um disco novo do Jimmy Reed; eu tirava a música no violão e ele pegava a letra e anotava num caderno, e depois a gente dissecava aquela canção o máximo que duas pessoas conseguiam. "É assim que ele faz?" "É, é assim mesmo, bicho!" E a gente curtia muito fazer aquilo. Acho que nós dois sabíamos que estávamos aprendendo, e aquilo era uma coisa que a gente queria saber, e era dez vezes melhor do que na escola. O que eu acho é que, naquela época, tinha muito a ver com o mistério de como aquilo era feito, de como era possível tirar um som daqueles. Esse desejo incrível de tirar um som tão limpo e maneiro. E daí você sem querer conhece outros caras que também sentem a mesma coisa. E, por causa deles, você conhece outros instrumentistas e mais gente ainda, e de repente começa a achar que aquilo pode mesmo ser feito.

Mick e eu devemos ter levado um ano caçando discos, enquanto os Stones estavam se formando, e até antes disso. Tinha outros músicos como nós, zanzando pelos lugares todos, e a gente se encontrava e se conhecia nas lojas de discos. Se alguém não tinha grana, só ficava por ali, olhando as coisas, puxando papo. Mas Mick tinha uns contatos com o pessoal do blues. Ele conhecia uns colecionadores de discos, e esses sujeitos de algum modo tinham um canal nos Estados Unidos, antes de todo mundo. Tinha o Dave Golding, de Bexleyheath, que tinha um canal com a Sue Records, e com isso a gente acabava escutando o trabalho de artistas como Charlie e Inez Foxx, que tocavam um soul muito consistente e fizeram um grande sucesso com "Mockingbird", logo depois disso. Golding tinha fama de possuir a maior coleção de discos de soul e blues no sudeste de Londres e mais longe ainda, e Mick tinha conhecido o sujeito, de modo que a gente ia bastante lá. Ele não gravava nem afanava os discos, não existiam cassetes nem gravadores, mas às vezes aconteciam uns pequenos acordos com alguém que te fazia uma cópia direto do Grundig, de um rolo para outro, de um som ou outro. E era o pessoal mais esquisito. Os aficionados em blues dos anos 60 eram um espetáculo à parte. Eles se reuniam em grupinhos pequenos, como se fossem os primeiros cristãos, só que nas salas da frente de alguns locais na região sudeste de Londres. Eles não tinham necessariamente mais nada em comum; eram das idades mais variadas e trabalhavam em todas as espécies de profissão. Era muito engraçado entrar num lugar em que nada mais importava exceto que o cara estivesse tocando o novo trabalho do Slim Harpo, e isso era suficiente para juntar todo mundo que estava ali.

A gente falava muito sobre números de matrizes. Falávamos em voz baixa, será que tem mesmo aquele tequinho de goma-laca da prensagem original da companhia fonográfica original? Mais pra frente, todo mundo começou a falar disso. Mick e eu, um em cada canto da sala, ficávamos trocando sorrisinhos porque só estávamos ali a fim de saber mais sobre uma nova coleção de discos que tinha acabado de chegar e que a gente tinha ouvido falar. O verdadeiro ímã era "Bicho, como eu gostaria de tocar desse jeito". Mas as pessoas que a gente tem de cruzar para chegar ao último disco de Little Milton! Os verdadeiros puristas do blues eram uns caras muito rígidos, muito conservadores, cheios de desaprovação, uns nerds de óculos que achavam que eram eles que decidiam o que era realmente blues e o que não era. Quer dizer, esses sujeitos sabem alguma coisa? Eles ficam sentados no meio de Bexleyheath, em Londres, num dia frio e chuvoso, *Diggin' my potatoes*... Metade das músicas que escutam, eles nem sabem a que a letra se refere e, se soubessem, iam se borrar nas calças. Eles têm uma ideia do que é o blues, que esse som só pode ser feito por negros que vieram da lavoura. Por bem ou por mal, essa era a paixão deles.

E seguramente era a minha também. Mas eu não estava preparado para debater sobre isso. Eu não discutia nada. Só dizia: "Posso arrumar um disco? Eu sei como eles estão tocando isso, mas preciso conferir". Basicamente, a gente vivia pra isso. Era altamente improvável que alguma menina, naquela altura dos acontecimentos, desse um jeito de ouvir o novo trabalho do B. B. King ou do Muddy Waters.

De vez em quando, Mick podia usar o Triumph Herald de seus pais, no fim de semana, e eu me lembro de que íamos a Manchester para assistir a algum grande show de blues, e tinha Sonny Terry, Brownie McGhee, John Lee Hooker, Muddy Waters. O Muddy era quem a gente mais queria ver, mas também queríamos assistir ao John Lee. Havia outros, como o Memphis Slim. Era uma turnê com vários deles, que estava percorrendo toda a Europa. E Muddy veio com seu violão acústico, um som do Delta do Mississippi, e tocou uma meia hora espetacular. Depois teve um intervalo e ele voltou com uma banda eletrificada. E a turma praticamente queria tirar o cara do palco de tanta vaia. Mas ele ficou firme e seguiu em frente, como um tanque de guerra, como Dylan faria mais ou menos um ano depois, no Manchester Free Trade Hall. Mas o clima ficou hostil e foi aí que eu saquei que as pessoas não estavam mesmo ouvindo a música, elas só estavam ali porque queriam participar daquele reduto musical de entendidos. Muddy e a banda estavam tocando demais. Era uma arraso de banda. Ele tinha Junior Wells tocando com ele; acho que Hubert Sumlin também estava no palco. Mas, para aquele público, blues só era blues se o músico estivesse ali num velho par de calças de brim, cantando que sua amada tinha ido embora. Nenhum desses puristas do blues era capaz de tocar nada. Mas os negros deles tinham de estar em macacões de trabalho, falando como no século XIX. E a verdade nua e crua é que aqueles caras são totalmente urbanos e tão melancólicos que nem podem ser de verdade. O que é que instrumentos elétricos tinham a ver com aquilo? Um roqueiro era capaz de tocar a mesma coisa. Só um pouco mais alto e um pouco mais forte. Mas, não, era "Isso é rock and roll. Vão à merda". Os puristas queriam uma imagem congelada, sem saber que aquilo que estavam ouvindo era só uma parte do processo; algum som tinha rolado antes e ia continuar mudando, na sequência.

Aquela era uma época de paixões muito intensas. Não eram só moderninhos contra motoqueiros, ou o desprezo dos jazzistas tradicionais por nós, roqueiros. Havia umas briguinhas de nada, difíceis de imaginar hoje em dia. A BBC fez a cobertura ao vivo do Beaulieu Jazz Festival, em 1961, e eles realmente tiveram de interromper a transmissão quando os fãs do jazz tradicional e os do jazz moderno começaram a se estapear, na maior sede de sangue, e aí o público todo ficou descontrolado. Os puristas achavam que o blues fazia parte do jazz, de modo que se sentiram traídos quando viram violões elétricos — toda uma nova subcultura boêmia ameaçada pela turba em trajes de couro. Certamente havia um componente político latente em tudo isso. Alan Lomax e Ewan MacColl — que eram cantores e famosos colecionadores de música folclórica, verdadeiros patriarcas, ou ideólogos, da explosão da música folk — adotaram uma postura marxista segundo a qual essa música pertencia ao povo e devia ser protegida da corrupção do capitalismo. Por isso é que o termo "comercial" era tão sujo naqueles tempos. De fato, as brigas usando o jargão da mídia musical pareciam verdadeiros pega-pegas políticos; frases como "vendedores de lixo", "assassinato legalizado", "vendidos". Essas discussões sobre autenticidade eram ridículas. Apesar disso, o fato é que realmente existia público para os artistas de blues na Inglaterra. Nos Estados Unidos, a maioria desses músicos tinha se habituado a tocar números de cabaré, que eles rapidamente perceberam que no Reino Unido não funcionavam. Aqui, o cara podia tocar blues. Big Bill Broonzy sacou que podia levantar uma bela grana se parasse de tocar o blues de Chicago e se apresentasse como um bluseiro com levada folk para as plateias europeias. Metade daqueles negros nunca mais voltou para os Estados Unidos porque perceberam que, em casa, eram tratados como uns merdas enquanto por aqui umas lindinhas dinamarquesas se acotovelavam para lhes dar boas-vindas. Voltar pra quê? Depois da Segunda Guerra Mundial, viram que eram bem tratados na Europa, seguramente em Paris, a exemplo de Josephine Baker, Champion Jack Dupree e Memphis Slim. Foi por isso que a Dinamarca se tornou o melhor refúgio para todos aqueles jazzistas, nos anos 50.

Mick e eu tínhamos um gosto musical totalmente idêntico. Nunca precisamos fazer perguntas nem dar explicações. Nada era dito. A gente ouvia alguma coisa e na mesma hora um olhava para o outro. Tudo tinha a ver com o som. Depois de ouvir um disco, um dizia: "Tá errado. Isso é fajuto. Isso é de verdade". O tempo todo era "isso tem a ver", "isso não tem a ver", fosse qual fosse o tipo de música que a gente estivesse comentando. Eu realmente gostava de música pop, se tivesse a ver. Mas era muito clara a divisão entre o que tinha a ver e o que não tinha a ver. Era uma distinção muito rigorosa. Antes de tudo, acho que, tanto para Mick como para mim, era claro que tínhamos de aprender mais, mais sons rolando por aí, porque então a gente derivou um pouco pelo rhythm and blues. E a gente adorava os discos pop. Podiam ser The Ronettes, The Crystals. Eu podia ficar ouvindo aqueles discos a noite toda. Mas no minuto em que a gente tentava fazer uma daquelas canções no palco, era: "Cara, suma daqui!".

Eu estava em busca da essência daquilo, da expressão. Não existiria o jazz sem o blues nascido da escravidão, aquela versão mais recente e especial da escravidão, não a nossa, pobre de nós, celtas, por exemplo, sob o jugo dos romanos. Obrigaram aquelas pessoas a viver numa condição de miséria, e não só nos Estados Unidos. Mas existe uma coisa que os sobreviventes produziram e é muito fundamental. Não se absorve isso pela cabeça, é algo que te pega nas entranhas. Estou falando de algo que vai além da questão da musicalidade, sempre muito variável e flexível. Existe uma tonelada de tipos de blues. Tem um tipo muito leve e tem um que é como um pântano, e é nesse tipo que eu me encontro, essencialmente. Por exemplo, John Lee Hooker. Ele toca de uma maneira muito arcaica. A maior parte do tempo ele ignora as mudanças de acorde. Os acordes são sugeridos, não executados. Se ele está tocando com alguém, o acorde desse músico muda, mas o dele fica onde está, ele não se mexe. E é uma coisa implacável. E a outra coisa, a mais importante, fora a voz maravilhosa e o violão implacável, é a marcação com o pé, como uma serpente que vem rastejando. Ele sempre traz o seu próprio bloco de madeira 2 × 4 para amplificar as batidas com o pé. Bo Diddley também era outro que adorava tocar um só acorde fundamental, tudo ficava num único acorde, e a única coisa que mudava era o vocal e o modo de tocar aquele acorde. Eu realmente só aprendi a fazer isso bem mais tarde. E aí tinha o poder da voz de algumas pessoas, como Muddy, John Lee, Bo Diddley. Não era necessariamente que eles cantassem alto, era mais que a voz vinha de muito fundo dentro deles. O corpo todo participava da produção dessa voz. Eles não estavam apenas cantando com sentimento, eles cantavam como se sua voz saísse das entranhas. Isso sempre me impressionou. E é por isso que é tão grande a diferença entre cantores de blues que não tocam nenhum instrumento e os que tocam, seja piano ou violão, porque eles tiveram de achar o seu próprio jeito de chamar e responder. Você vai cantar uma coisa e aí tem de tocar algo que responda ou que faça outra pergunta, e então você resolve. Com isso, o fraseado musical e as palavras entram em níveis diferentes. Se você é um cantor solo, tende a se concentrar no canto, e a maioria das vezes espera que seja a melhor maneira de fazer aquela canção, mas às vezes isso se divorcia da melodia, em certo sentido.

Certo dia, pouquíssimo tempo depois que nos reencontramos, Mick e eu fomos até a praia e tocamos num *pub*, durante uma viagem de fim de semana a Devon com minha mãe e meu pai. O fantasma de Doris precisa ser convocado para rememorar essa estranha ocasião porque eu mesmo me lembro muito pouco sobre ela. Mas acho que devemos ter tido muita sorte de aquilo ter acontecido do jeito que foi.

> **Doris:** Levamos Keith e Mick até Beesands, em Devon, para passar o fim de semana, num certo verão, quando eles estavam com dezesseis, dezessete anos. Tinha uma linha de ônibus que fazia aquele trajeto, saindo de Dartford. Keith estava com o violão. E Mick estava entediado de doer. "Cadê as meninas?", ele dizia. "Não estou vendo as meninas." Não tinha mais ninguém por lá. O lugar era lindo. Alugamos um chalé na praia. Os mais velhos saíam para pescar cavalinhas bem diante da nossa porta. Vendiam por seis *pence* cada. Não havia muita coisa para eles fazerem. Nadar... Eles foram ao *pub* de lá porque Keith tinha levado o violão. Ficaram muito surpresos quando souberam que podiam tocar. Nós os levamos para casa de carro. Eram oito, dez horas, normalmente, no Vauxhall. Então, a bateria pifou, como não? Ficamos sem farol. Lembro de ter parado na frente da casa da sra. Jagger, em Close. "Onde vocês estiveram? Por que demoraram tanto?!" Que tenebrosa foi aquela viagem de volta.

Mick estava andando bastante com Dick Taylor, seu colega do primário que também estava em Sidcup. Eu me juntei a eles no final de 1961. Também tinha Bob Beckwith, um cara que tocava guitarra e tinha amplificador, o que o tornava realmente importante. Muitas vezes, naqueles primeiros tempos, era um ampli só e três guitarras plugadas nele. Nós nos chamávamos Little Boy Blue and the Blue

Boys. Meu violão, desta vez uma Höfner f-hole com cordas de aço, era o Blue Boy — essas palavras estavam gravadas no tampo — e por causa disso eu era o Boy Blue. Esse foi o meu primeiro violão de cordas de aço. A gente só encontra fotos dele em shows de clubes antes que a gente decolasse. Eu o comprei de segunda mão em Ivor Mairants, uma travessa de Oxford Street. Dava para perceber que já tinha sido usado por causa das manchas e das marcas de suor no braço, perto dos trastes. Ou ele tocava nas cordas por cima, como um violinista, ou gostava de solar. É como um mapa, ou um sismógrafo. E eu o esqueci um dia, no trem da linha de Victoria ou de Bakerloo, no metrô de Londres. Mas onde melhor enterrar aquele violão do que na linha de Bakerloo? Deixou marcas.

A gente se reunia na sala da frente da casa de Bob Beckwith, em Bexleyheath. Uma ou duas vezes Dick Taylor usou a casa dele. Naquela época, Dick era muito estudioso, a gente podia dizer que tinha uma veia purista, o que não o impediu de se tornar um dos integrantes da banda Pretty Thing daí a uns dois anos. Ele era um músico de verdade, bom instrumentista; tinha o toque certo. Mas era muito acadêmico a respeito do blues que tocava, o que no fundo foi uma coisa boa porque todos nós estávamos voando um pouco sem rumo. A gente começava com "Not fade away" ou "That'll be the day" ou "C'mon everybody", ou ia direto para "I just want to make love to you". Para nós, todas eram o mesmo tipo de música. Bob Beckwith tinha um Grundig, e foi nele que a gente gravou a nossa primeira fita como banda, nossa primeira tentativa de gravar alguma coisa. Mick me deu uma cópia — ele a comprou de volta num leilão. Uma fita de rolo, gravada de outra fita de rolo, e a qualidade do som está terrível. Nosso primeiro repertório incluía "Around and around" e "Reelin' and Rockin'", de Chuck Berry, "Bright lights, big city" de Jimmy Reed, e a cobertura do bolo, "La bamba", na voz de Mick cantando em falso espanhol.

Rhythm and blues era a porta. Cyril Davies e Alexis Korner tinham uma brecha, uma noite toda semana no Ealing Jazz Club, onde os fanáticos por rhythm and blues podiam se amontoar. Sem eles, talvez não tivesse existido nada. Lá era onde toda a tropa do blues podia pintar, todos os colecionadores de Bexleyheath. As pessoas que viram o anúncio vieram de Manchester e até da Escócia só para conhecer os fiéis e ouvir o Blues Incorporated do Alexis Korner, que também trazia o jovem Charlie Watts na bateria e às vezes Ian Stewart ao piano. Foi ali que eu me apaixonei pelos caras! Quase ninguém estava agendando esse tipo de música nos clubes, naquela época. Lá era onde todos nos encontrávamos para trocar ideias, discos e papear. Rhythm and blues era uma distinção muito importante nos anos 60. Ou o sujeito era do blues e do jazz, ou do rock and roll, mas o rock and roll tinha morrido e virado pop: não tinha sobrado nada. A gente batia na tecla da expressão "rhythm and blues" porque realmente significava as poderosas bandas de blues de Chicago. Barreiras foram ultrapassadas. A gente costumava amenizar os golpes para os puristas que gostavam da nossa música, mas não a aprovavam, dizendo que não era rock and roll, era rhythm and blues. Essa espécie de categoria era totalmente sem sentido, já que o som era essencialmente o mesmo — só depende de quanto você marca a batida nos compassos pares ou então acelera e toca mais rápido.

Alexis Korner era o pai da cena londrina do blues; ele mesmo não era um grande instrumentista, mas era um sujeito generoso e realmente um promotor de talento. Uma espécie de intelectual no mundo da música. Ele dava aulas de jazz e blues em lugares como o Instituto de Arte Contemporânea. Antes, tinha trabalhado na BBC como DJ e entrevistando músicos, o que queria dizer que estava em contato direto com Deus. Ele entendia do riscado de trás pra frente; conhecia todos os músicos que valiam a pena. Tinha um pouco de sangue austríaco e de sangue grego também e foi criado no norte da África. Tinha um rosto que realmente parecia de cigano, usava longas costeletas, mas falava um inglês muito preciso com sua voz grave, cheia — "Isso eu digo, meu chapa".

A banda do Alexis era muito boa mesmo. Cyril Davies era um puta harpista, um dos melhores que já se ouviu. Cyril era chapeiro de Wembley, e seus modos e sua forma de chegar numa situação eram exatamente o que se podia esperar de um chapeiro de Wembley, com uma sede gigantesca de *bourbon*. Ele tinha toda essa aura porque realmente tinha ido a Chicago e visto Muddy e Little Walter, de modo que voltou com um halo à sua volta. Cyril não gostava de ninguém. Ele não gostava de nós porque percebia ventos de mudança soprando e não queria nada disso. Morreu pouco tempo depois, em 1964, mas já tinha saído da banda do Alexis em 1963 para formar a R&B All-Stars, que fazia um show semanal no Marquee, isso em 1962, quando começamos a tocar lá.

O Ealing Club era um lugar de jazz tradicional que os Blues Incorporated invadiam aos sábados à noite. Era uma sala subterrânea, e às vezes a umidade enchia o piso até os calcanhares da gente. Ficava embaixo da estação Ealing do metrô, e a parte do teto sobre o palco era feita daqueles vidros grossos que são o piso da calçada. Então, tem aquele bando de gente sempre passando em cima da tua cabeça. E, de vez em quando, vinha o Alexis dizendo: "Você quer que eu suba e toque?". E você está com um violão elétrico na mão, até os calcanhares na água, e só resta torcer para que todos os cabos estejam aterrados do jeito certo porque senão vai sair faísca para todo lado. Meu equipamento sempre ficava no fio da navalha. Quando eu enfim comprei cordas de aço, elas custavam caro. Se uma delas quebrasse, a gente tinha de ter uma de reserva, então amarrava uma na ponta da outra, esticava bem e enfiava no violão de novo, e não é que funcionava? Se a corda chegasse pelo menos a cobrir toda a extensão do braço, era só amarrar acima da porca e então esticar para cobrir as cravelhas. Sem dúvida interferia na afinação! Meia corda aqui e meia corda lá. Agradeço a Deus pelo escotismo e toda a sabedoria dos nós.

Eu tinha uma coisa, uma pickup DeArmond. Uma peça única. Era só plugar acima da caixa de som e ela deslizava para cima e para baixo ao longo de um fuso. Não existia uma pickup para agudos ou para graves. Se a gente queria um som mais suave, empurrava aquela geringonça para cima no fuso e daí saía um som mais grave. E, se era para sair mais agudo, deslizava pelo fuso para baixo. E, é claro, isso causava uma desgraça nos cabos da "afinação". Eu sempre andava com um kit de solda para emergências porque ficava empurrando aquela coisa para cima e para baixo e era um troço muito fácil de quebrar. Eu estava sempre soldando e refazendo o cabeamento atrás do ampli — um ampli Little Giant do tamanho de um rádio. Fui um dos primeiros a conseguir um ampli. Antes disso, todo mundo usava gravadores de fita. Dick Taylor costumava plugar o toca-discos Bush de sua irmã. Meu primeiro ampli foi um rádio; eu simplesmente desmontei aquilo e minha mãe ficou muito irritada. O rádio não estava funcionando porque eu desmontei e estava usando para plugar, zzzz, só para tirar um som. Nesse sentido, foi um bom treino para mais tarde, afinar o som, equilibrar as guitarras com os amplis. Começamos do zero, com tubos e válvulas. Às vezes, se a gente tirava uma válvula, conseguia um som realmente raspado, sujo, porque está forçando a máquina e ela está trabalhando mais tempo do que aguenta. Quando a gente punha de volta a válvula A dupla, então o som saía mais redondo. Foi assim que fui eletrocutado tantas vezes. Toda hora esquecia de desplugar aquela merda antes de começar a fuçar dentro dela.

A primeira vez que falamos com Brian Jones foi no Ealing Jazz Club. Ele gostava de se apresentar como Elmo Lewis. Queria ser Elmore James naqueles tempos. "Cara, você vai precisar pegar um bronze e crescer mais alguns centímetros." Mas tocar *slide guitar* era uma verdadeira novidade na Inglaterra e Brian tocou daquele jeito, naquela noite. Ele fez "Dust my broom" e foi eletrizante. Tocou maravilhosamente. Ficamos impressionados com Brian. Acho que Mick foi o primeiro a subir no palco e falar com ele, e descobriu que ele tinha sua própria banda, mas a maioria dos músicos acabou deixando Brian na mão em poucas semanas.

Mick e eu já tínhamos nos apresentado juntos no clube, tocando alguma coisa de Chuck Berry, para o grande aborrecimento de Cyril Davies, que achava que era rock and roll e ele também não conseguia tocar aquilo. Quando você começa a tocar em público e está se apresentando com caras que já fizeram isso antes, você está embaixo na hierarquia, e está sempre sendo testado. Você tem de estar lá pontualmente, seu equipamento tem de estar funcionando, o que raramente era o meu caso. Você tem de mostrar que está à altura, que encara. De repente, está junto com os grandes, não está mais só fazendo merda em ginásios de escola. Putz, isso aqui é profissa. Semiprofissa pelo menos. É que não rola cachê.

Saí da escola de arte mais ou menos nessa altura. No final, o professor disse: "Hum, acho que isso ficou muito bom", então te despacham para a J. Walter Thompson e você tem uma entrevista e, nessa hora, de alguma maneira saca o que vem pela frente — uns três ou quatro metidos a besta, de terno e com a inevitável gravata borboleta. "Keith, é esse o nome? Muito prazer. Mostre o que você sabe fazer." E você abre o folder na frente deles. "Hmmmm. Vejamos. Demos uma boa olhada nisto, Keith, e sem dúvida é promissor. A propósito, você sabe fazer chá direitinho?" Eu disse que sim, mas não para vocês. Saí com o meu portfolio, verde, se bem me lembro, e atirei na primeira lixeira que vi no pé da escada. Essa foi a minha última tentativa de participar da sociedade nos termos dela. O segundo bilhete azul. Eu não tinha nem a paciência, nem a facilidade para ser um picareta numa agência de propaganda. Eu acabaria sendo o menino do chá. Durante a entrevista não fui muito legal com eles. Basicamente, eu queria uma desculpa para me mandarem cuidar da minha vida do jeito que eu achasse melhor, o que me levaria de volta para a música. Eu pensei, OK, tenho dois anos livres, sem serviço militar pra prestar. Vou tocar blues.

Fui ao Bricklayers Arms, um *pub* caidaço no Soho, pela primeira vez para o primeiro ensaio do que acabou se transformando nos Stones. Acho que foi em maio de 1962, e era uma noite de verão deliciosa. Logo depois de dobrar a esquina da Wardour Street. Strip Alley. Chego lá com o meu violão. E, ao me aproximar, vejo que o *pub* acabou de abrir. A típica atendente de balcão, loira, velha e calejada, poucos fregueses, cerveja choca. Ela vê o violão e diz: "Andar de cima". Então, ouço um piano fazendo *boogie-woogie*, um som incrível de Meade Lux Lewis e Albert Ammons. De repente, me sinto meio transportado. Me sinto um músico e nem cheguei lá ainda! Eu podia estar no meio de Chicago, no meio do Mississippi. Preciso subir até lá e conhecer o cara que está tocando isso, e eu tenho de tocar com ele. E se eu não der conta do recado, fim de linha. Era isso que eu realmente estava sentindo enquanto subia um degrau depois do outro, *criik, criik, criik*... De certo modo, vou subindo aquela escada e caindo em mim como outra pessoa.

Ian Stewart era o único cara naquela sala, num sofá de crina de cavalo rasgado e com o enchimento que saía pela brecha. Ele usa um par de short tirolês de couro. E está tocando num piano de armário, de costas para mim, porque está olhando pela janela, vigiando sua bicicleta, que deixou com a corrente presa num parquímetro, cuidando para que não levem a magrela embora. Ao mesmo tempo, está de olho em todas as *strippers* que vão de um clube para outro, de peruca, levando suas pequenas caixas redondas de chapéu. "Putz, dá uma olhada naquilo." Enquanto isso, o som do Leroy Carr sai rolando em cascatas dos seus dedos. E eu entrando com aquele estojo de violão de plástico. Então fico ali, paradão. Era como se estivesse na sala do diretor. A única coisa que me ocorria era esperar que meu ampli funcionasse.

Stu tinha pintado no Ealing Club porque viu um anúncio que o Brian Jones colocou no *Jazz News* na primavera de 62, buscando músicos que estivessem interessados em formar uma banda de R&B. Brian e Stu tinham começado a ensaiar com um monte de músicos diferentes; todo mundo contribuía com dois paus por uma sala no andar de cima de um *pub*. Ele tinha visto Mick e eu no Ealing Club fazendo uns números, e nos convidou para vir também. A bem da verdade, para fazer justiça com Mick, Stu se lembrava de que Mick já estava vindo aos seus ensaios e que tinha dito: "Não vou fazer se o Keith não fizer". "Ah, você veio, não é?" E eu comecei com ele, e ele falando: "Mas você não vai tocar aquela porcaria de rock and roll, vai?" Stu tinha imensas reservas e desconfiava total do rock and roll. E eu: "Tá", e então comecei a tocar um pouco de Chuck Berry. E ele: "Ah, você conhece Johnnie Johnson?", que era o piano do Chuck, e então começamos com aquele som todo picado de boogie-woogie. Foi só isso. E então os outros caras começaram lentamente a pintar. Não eram só Mick e Brian. Geoff Bradford, um cara que fazia uma delícia de *slide guitar* de blues, e costumava tocar com Cyril Davies. Brian Knight, fã de blues cujo número mais incrível era "Walk on, walk on". Ele sabia fazer aquilo superbem, e só. Então Stu podia ter tocado com todos os outros caras, e na realidade a gente era a terceira opção de banda para ele. Mick e eu entramos como tentativas, como "vamovênoquedá". Aqueles caras tocavam em clubes com Alexis Korner; eles sabiam das coisas. Nesse sentido, a gente era só café com leite. E eu saquei que Stu tinha de tomar uma decisão a respeito de montar ou não uma banda com aqueles músicos que faziam o verdadeiro blues tradicional. Porque, naquela altura, eu já tinha tocado um bocado de boogie-woogie bem quente e umas coisas do Chuck Berry. Meu equipamento tinha funcionado. E, no final da noite, eu sabia que ali tinha uma banda começando a se formar. Ninguém falou abertamente sobre isso, mas eu sabia que tinha chamado a atenção de Stu. Geoff Bradford e Brian Knight foram uma banda de blues de muito sucesso, depois dos Stones, a Blues by Six. Mas eles eram basicamente músicos tradicionais que não tinham intenção de tocar mais nada, só o que já sabiam: Sonny Terry e Brownie McGhee, Big Bill Broonzy. Acho que, naquele dia, depois de eu ter cantado "Sweet little sixteen" e "Little queenie", e de ele ter me acompanhado, Stu sacou que tinha rolado algum tipo de entendimento, mesmo que não se tivesse falado expressamente sobre isso. A gente simplesmente entrou em sintonia. "Então, eu volto, certo?" "Te vejo quinta que vem."

Ian Stewart. Ainda estou trabalhando para ele. Para mim, o Rolling Stones é a banda dele. Sem seu conhecimento e sua organização, sem o salto que ele deu em relação a suas origens para correr o risco de tocar com um bando de moleques, a gente não teria ido a parte alguma. Não sei que espécie de ligação rolou entre Stu e eu. Mas ele foi certamente o principal impulso por trás de tudo que aconteceu em seguida. Para mim, Stu era um sujeito muito mais velho — na realidade, era só uma questão de três ou quatro anos, mas naquele tempo era a minha impressão. E ele conhecia as pessoas. Eu não sabia de nada. Era um verdadeiro bicho do mato.

Acho que ele começou a curtir ficar com a gente. Ele percebia que ali rolava um tipo de energia. Então, meio naturalmente, aqueles músicos de blues foram caindo fora e daí sobraram Brian, Mick, Stu e eu, e Dick Taylor no baixo. No princípio, era esse o esqueleto e estávamos caçando um batera. Chegamos a dizer: "Cara, seria perfeito ter o Charlie Watts, se a gente conseguisse bancar o custo", porque todos achávamos que ele era um baterista enviado à terra por Deus, e Stu acionou as antenas para saber se havia alguma chance. E Charlie disse que adoraria tocar todas as vezes que fosse possível, mas que precisava de grana para não ter de transportar toda aquela pilha de tambores no metrô. Ele disse que, se a gente voltasse com umas duas apresentações contratadas de verdade por semana, ele entrava.

Stu era consistente, com uma aparência formidável, um queixo grande e projetado para a frente, embora tivesse uma bela fisionomia. Tenho certeza de que boa parte de seu caráter era influenciada por sua aparência, pela maneira como as pessoas reagiam ao seu visual, isso desde que ainda era guri. Ele era independente, muito seco, objetivo, cheio de frases incongruentes. Dirigir em alta velocidade, por exemplo, ele dizia que era "andar a uma alta taxa de nós". Sua autoridade natural sobre nós, que nunca mudou, se expressava como "Vamos, meus anjinhos de gaveta", "minhas maravilhazinhas de três acordes" ou "minhas chuvinhas de merda". Ele detestava as coisas de rock and roll que eu tocava. Ele odiou Jerry Lee Lewis durante anos: "Ah, isso não passa de histeria". Depois, com o tempo, ele maneirou com Jerry; afinal, teve de dar o braço a torcer e admitir que Jerry Lee tinha uma das melhores mãos esquerdas que ele já tinha ouvido. Exuberância e exibicionismo não faziam parte da equação de Stu. A gente tocava em clubes, não tinha nada a ver com se exibir.

De dia, Ian trabalhava de terno e gravata na Imperial Chemical Industries, perto do Victoria Embankment, e foi isso que ajudou a financiar o custo de nossa sala de ensaios posteriormente. Ele colocou seu dinheiro onde acreditava, pelo menos onde estava seu coração, porque não falava muito disso. A única fantasia que Stu teve na vida foi sua insistência em dizer que era o legítimo herdeiro de Pittenweem, uma aldeia de pescadores do outro lado do clube de golfe St. Andrews. Ele sempre se sentiu lesado, usurpado, por causa de alguma estranha ascendência escocesa. Com um sujeito desses a gente nem discute. Por que o piano não estava alto como devia? Veja bem, você está falando com o senhor de Pittenweem. Em outras palavras, não vale a pena bater boca, percebe? Uma vez eu perguntei: "Qual é o xadrez do clã Stewart, então?". E ele disse: "Ooh, xadrez preto e branco, com várias cores". Stu era muito seco. Ele via o lado divertido das coisas. E foi ele que teve de recolher toda a merda depois do desastre. Havia montes de gente tecnicamente melhor, mas sua sensibilidade com a mão esquerda não deixava que ninguém chegasse onde ele estava. Ele pode ter sido o senhor de Pittenweem, mas sua mão esquerda tinha vindo direto do Congo.

Nessa altura, Brian já tem três bebês com três mulheres diferentes e está morando em Londres com a última, Pat, e o filho, tendo finalmente saído de Cheltenham com tiros de espingarda quase nos calcanhares. Estavam vivendo num porão úmido em Powis Square, com fungos brotando das paredes. E foi ali que ouvi Robert Johnson pela primeira vez, e me tornei pupilo de Brian, mergulhando no blues com ele. Fiquei assombrado com o que ouvi. Tocar violão, escrever canções, executar, tudo foi elevado a um nível totalmente diferente. E, ao mesmo tempo, aquilo nos confundia porque não era música de banda, era coisa para um cara só. Agora, como é que se pode fazer isso? Então a gente entendeu que os caras que estavam tocando, como Muddy Waters, também tinham crescido ouvindo Robert Johnson e traduzido aquele som para um formato de banda. Em outras palavras, era só uma progressão. Robert Johnson, sozinho, era uma orquestra inteira. Algumas de suas melhores composições são construções quase bachianas. Infelizmente, ele se meteu com muitas mulheres e teve uma vida curta. Mas foi uma fonte brilhante de inspiração. Ele nos deu uma plataforma a partir da qual trabalhar, da mesma forma como sem dúvida fez com Muddy e os outros músicos que a gente ouvia. O que eu descobri sobre o blues e a música, refazendo o percurso até as origens, foi que nada caía do céu. Por mais que fosse sensacional, não era obra de um gênio isolado. Aquele sujeito tinha ouvido outro compositor e tinha apresentado sua variação sobre o tema. Daí, você de repente entende que aqui todo mundo está interligado. Isso não quer dizer que só ele é genial e os outros são lixo. Todos estão interligados. E quanto mais você volta no tempo e pesquisa a música que vem vindo, e no caso do blues tem de ir até a década de 1920, uma vez que a gente está basicamente falando de música gravada, você acaba agradecendo a Deus por existirem discos. É a melhor coisa que nos aconteceu, depois da invenção da escrita.

Mas a vida real às vezes entra em cena e, neste caso, Mick tinha voltado bêbado uma noite, depois de ter ido visitar Brian, saber que ele não estava em casa, e trepar com a mulher do cara. Isso provocou um abalo sísmico, aborreceu Brian profundamente e acabou com Pat se separando dele. Brian também acabou sendo despejado do apartamento. Mick se sentiu um pouco responsável, então encontrou um quarto e sala num bangalô meio caído, em Beckenham, numa rua suburbana, e todos nós fomos morar lá. Foi para lá que fui, em 1962, quando saí de casa. Essa partida foi acontecendo aos poucos. Uma noite de vez em quando, depois virou para sempre. Não houve uma cena final de despedida, alguém fechando o portão de vime às minhas costas.

A esse respeito, Doris tinha a seguinte história para contar:

> **Doris:** Desde os dezoito até os vinte anos, quando saiu de casa, Keith entrava e saía de empregos, nada certo, por isso o pai pegava tanto no pé dele. Vá cortar o cabelo e arrumar um emprego. Esperei até Keith sair, antes de me mudar. Eu não queria ir enquanto ele ainda estivesse morando em casa. Eu não podia deixá-lo, podia? Iria acabar com ele. Então, no dia em que fui embora, Bert foi para o trabalho. Keith não estava mais comigo. Eu estava com a conta de luz na mão, saí, e coloquei-a de novo no correio! Assim, Bert poderia pagá-la. Um belo gesto, você

não acha? Bill comprou um apartamentinho no térreo porque eu disse pra ele que tinha de ir embora. Estavam acabando de construir esses novos flats, ele foi, fez negócio com a construtora e então fomos morar lá. Bill tinha um pouco de dinheiro guardado. Comprou à vista. O primeiro telefone que tive foi quando Bill comprou aquele flat. Liguei para o Keith uma noite. Ele atendeu: "Sim?". Eu disse: "Keith, a gente se mudou para um apartamento". Então, eu disse: "Agora tenho telefone, não é ótimo?". Ele não gostou muito.

Foi ali, em Beckenham, que misteriosamente começamos a reunir um pequeno grupo de primeiras fãs, incluindo Haleema Mohamed, meu primeiro amor. Há pouco tempo, alguém me vendeu de volta um diário que escrevi em 1963 — acho que foi o único diário que escrevi na vida, e era mais um livro de anotações sobre a evolução dos Stones, naqueles primeiros e árduos tempos. Devo ter deixado aquele diário em algum dos apartamentos que estávamos sempre desocupando, e alguém guardou aquilo durante todo esse tempo. Nas costas, tinha uma pequena foto de Lee, como a gente a chamava. Ela era linda, com um rosto de traços levemente indianos. Sempre fui atraído pelos olhos e o sorriso dela, e esses dois aspectos aparecem bem nessa foto, do jeito que me lembro dela. Ela era pelo menos dois ou três anos mais nova do que eu, devia ter quinze, no máximo dezesseis anos, e sua mãe era inglesa. Nunca vi o pai dela, mas me lembro de ter conhecido o restante da família. Lembro-me de ter ido buscá-la em casa e de cumprimentar todos eles, em Holborn.

Eu estava apaixonado por Lee. Nosso relacionamento era de uma inocência tocante. Talvez, em parte, porque se quiséssemos mais intimidade teríamos de dividir o espaço num quarto com mais gente, como Mick ou Brian. E ela era muito jovem, morava com os pais em Holborn, era filha única, como eu. Ela deve ter tido de aguentar muita coisa, por mais que gostasse de mim. E está claro que pelo menos uma vez a gente terminou e depois voltou. "Novamente juntos", é a amarga anotação no diário.

Ela fazia parte de um grupo de meninas que costumava pintar sempre, em 1962. Nunca descobrimos de onde elas vinham, embora meu diário mostre que ao menos uma vez nos encontramos no Ken Colyer Club. Naqueles tempos não existiam fã-clubes. Esse foi um período antes do fã-clube; eu nem sei se a gente já fazia shows ou não. A gente só ficava em roda, ensaiando, aprendendo. E, de algum modo, nosso grupo foi invadido por um bando de cinco ou seis meninas "cockney" de Holborn e Bermondsey. Elas costumavam falar na gíria cockney; eram umas garotas muito novinhas, mas resolveram que iam cuidar de nós. Elas pintavam e então lavavam a roupa da gente, faziam comida pra nós, capotavam por ali mesmo à noite, e faziam tudo o mais. Não era nada grave, na verdade. Naqueles tempos, o sexo era uma coisa meio assim, tá fazendo muito frio, vamos deitar abraçadinhos, o gás foi desligado e ninguém tem grana para nada. Eu fui apaixonado por Lee durante bastante tempo. Ela era realmente muito legal comigo. Não era uma coisa de grande tesão, a gente foi só gostando mais um do outro, conforme o tempo ia passando. Uma vez ou outra a gente brigava, mas até servia para nos aproximar mais. Sempre que a gente se encontrava, ficávamos olhando um para o outro, sabendo que existia uma ligação entre nós, aquela sensação de você consegue chegar deste lado? E, depois de algum tempo, isso acontece. E, a julgar pelo diário, ela voltou uma segunda vez.

Ela deve ter estado lá quando a gente se apresentou pela primeira vez como "os Rollin' Stones", nome para a banda que Stu não aprovava de jeito nenhum. Já o Brian, depois de se informar sobre quanto isso ia custar, telefonou para a *Jazz News*, que era um tipo de boletim sobre "quem está tocando onde" e disse: "A gente vai fazer um show no...". "E qual é o nome da banda?" Aí todo mundo ficou olhando um para o outro. Apatetados. "It?" Depois "Thing?" A ligação estava custando. Muddy Waters, socorro! A primeira faixa do disco intitulado *The best of Muddy Waters* é "Rollin' Stone". A capa estava no chão. Desesperados, Brian, Mick e eu corremos o risco. "Os Rolling Stones". Uau!! Acabamos de economizar *sixpence*.

Um show! A banda do Alexis Korner tinha fechado uma data para fazer um programa da BBC ao vivo, no dia 12 de julho de 1962, e ele perguntou se a gente podia ir tocar no lugar dele, no Marquee. O baterista, naquela noite, foi Mick Avory — e não Tony Chapman, como misteriosamente entrou para a história depois —, com Dick Taylor no baixo. Mick, Brian e eu, o núcleo dos Stones, tocamos nosso repertório básico: "Dust my broom", "Baby what's wrong?", "Doing the crawdaddy", "Confessin' the blues" e "Got my mojo working". A gente se sentou lá, começou a tocar e de repente estamos todos sorrindo: "*Ooh, yeah*!". Essa sensação vale mais do que qualquer coisa no mundo. Tem um momento em que você realmente sente que saiu do planeta por um instante e que ninguém consegue te alcançar. Você se sente elevado porque está com aqueles caras que querem fazer a mesma coisa que você. E quando isso dá certo, rapaz, a gente sente que criou asas. E sabe que foi até um lugar que a maioria das pessoas nunca vai saber onde é, um lugar especial. Daí, você quer ficar voltando para lá, mas aterrissa de novo, e quando cai de volta, entra em cana. Mas a gente sempre quer voltar lá, é como voar sem precisar de brevê.

Dezo Hoffmann / Rex USA

Capítulo Quatro

Mick, Brian e eu em Edith Grove, verão de 1962. Aprendendo o blues de Chicago. Marquee, Ealing Club, Crawdaddy Club. Bate-bocas com jazzistas tradicionais. Bill Wyman aparece com seu Vox. *Wongin' the pogs*[1] no Station Hotel. Conseguimos Charlie para a banda. Andrew Loog Oldham assina nosso contrato com a Decca. Primeira turnê pelo Reino Unido com os Everly Brothers, Bo Diddley e Little Richard; nossa música afogada em tumultos. Os Beatles nos dão uma canção. Andrew tranca Mick e eu numa cozinha e escrevemos a nossa primeira música.

Os Rolling Stones passaram seu primeiro ano de vida indo de um lugar a outro, afanando comida e ensaiando. Estávamos pagando para ser os Rolling Stones. O lugar onde morávamos — Mick, Brian e eu —, no 102 da Edith Grove, em Fulham, era realmente nojento. Para a gente era quase uma questão profissional deixar aquilo horrível, uma vez que tínhamos poucos meios para viver em outras condições. Mudamos para lá no verão de 1962 e ficamos por um ano, aturando o inverno mais frio desde 1740, e as moedinhas que usáva-

1 Jogo de *pogs*: o termo *pog* se refere aos discos usados em um jogo em que se atiram rodelas em um cilindro. Esse nome deriva de POG, uma marca de suco feito de *passionfruit* (maracujá), *orange* (laranja) e *guava* (goiaba); o uso das tampas das garrafinhas de POG para criar um jogo é anterior à sua comercialização. No texto, é uma forma coloquial de descrever a reação do público durante as apresentações da banda, a partir de certo momento. (N. T.)

mos para ligar o aquecedor, ter eletricidade e gás não eram fáceis de arrumar. Tínhamos colchões e zero mobília, só um tapete velho. Não havia um rodízio oficial para usar as duas camas e os poucos colchões. Mas isso não tinha muita importância, pois em geral nós três acordávamos no chão mesmo, onde a gente tinha um radiograma enorme, que Brian trouxera com ele, um aparelho fantástico, dos anos 50.

A gente ia para o Wetherby Arms, em King's Road, Chelsea, se acomodava num canto e ficava trabalhando as músicas. Geralmente, eu dava a volta pelos fundos, catava as garrafas vazias e vendia de novo para eles. Cada garrafa de cerveja rendia alguns trocados. Nada de mais, naqueles tempos. A gente também passava a mão nas garrafas vazias das festas às quais íamos. Um de nós entrava na festa e depois os outros "invadiam", como uma gangue.

Edith Grove era uma casa engraçada. Três meninas, no térreo, eram professoras em escolas de Sheffield; no andar acima do nosso, duas bichas de Buxton. Ficávamos no piso intermediário. Que merda a gente fazia ali, morando no meio desse pessoal do Norte? Era um belo exemplo de "Bem-vindo a Londres", já que ninguém era de lá.

Provavelmente, aquelas moças que lecionavam para crianças são diretoras de escola nesta altura. Mas, naquela época, eram bem bagunceiras. E nós não tínhamos muito tempo para isso. A gente entrava e saía o tempo todo. Mick e Brian foram até lá, mas eu nunca me envolvi com elas. Não ia muito com a cara delas, mas acho que foram bem úteis. Acabavam ajudando a gente com a roupa suja ou a minha mãe mandava roupa limpa pelo Bill, depois de suas demonstrações com a máquina de lavar. Os dois projetos de bichas ficavam pelos *pubs* de Earls Court com umas bichas da Austrália, que naquele tempo eram várias. Earls Court era basicamente a Austrália. E um monte deles eram bem desmunhecados porque podiam desbundar mais em Londres do que em Melbourne, Sydney ou Brisbane. Os caras que moravam acima de nós ficavam falando com sotaque australiano quando voltavam das baladas em Earls Court.

O cara que repartia o flat com a gente se chamava James Phelge, e serviu de inspiração para metade do nosso primeiro nome artístico como compositores, Nanker Phelge. "Nanker" é um tipo de careta — o rosto é esticado formando contorções terríveis obtidas com os dedos enfiados em todos os orifícios possíveis —, uma grande especialidade do Brian. A gente anunciou ao microfone, no Ealing Club, uma vaga para alguém repartir o aluguel conosco, e Phelge deve ter percebido onde estava se metendo. Ele acabou se revelando talvez a única pessoa no planeta que poderia ter vivido com a gente naquele lugar horrível — e inclusive ter-nos ultrapassado em termos de condutas repugnantes e inaceitáveis. De todo modo, ele parecia ser o único disposto a viver com aquele bando de doidos fazendo música alta a noite inteira, aprendendo a tocar direito, batalhando para arrumar um lugar pra tocar. A gente apenas fazia as idiotices todos juntos. Naquela fase ainda éramos adolescentes, apesar de nos últimos anos dessa faixa etária. Um desafiava o outro: quem ali conseguia ser o mais nojento de todos? Você acha que consegue me deixar com nojo? Eu te mostro. Às vezes, ao voltar de uma apresentação, lá estava Phelge, plantado no alto da escada, dizendo "Bem-vindos ao lar", nu em pelo, com a cueca toda suja enfiada na cabeça, urinando em cima da gente ou escarrando na nossa cara. Phelge era um caso sério como escarrador. Era capaz de puxar muco de qualquer lugar que quisesse. E adorava entrar na sala com um tremendo catarro pendurado no nariz, escorrendo pelo queixo, mas, fora isso, era uma pessoa perfeitamente adorável. "Olá, tudo bem? Esta é Andrea, e esta é Jennifer..." A gente dava nomes para todos os diferentes tipos de ranho: Green Gilberts, Scarlet Jenkins. Tinha o Gabardine Helmsman, aquele que a vítima não percebe que está vestindo: acha que assoou o nariz, mas a meleca gruda na lapela como uma medalha. Esse ranho era o melhor. Yellow Humphrey era da mesma turma. The Flying V era o que sempre errava o lenço. Naquela época, todo mundo pegava muita gripe. Sempre tinha coisa escorrendo do nariz e os caras não sabiam mais o que fazer com aquilo. E não podia ter sido por causa de cocaína; ainda era um pouco cedo pra isso. Acho mais que eram os difíceis invernos ingleses.

Como não tínhamos tanta coisa assim para fazer, eram só poucos shows, ficávamos estudando as pessoas. A gente afanava coisas dos outros apartamentos o tempo todo. Quando as moças saíam, descíamos para o apartamento delas para uma tremenda geral nas gavetas, e sempre tinha umas moedinhas. Um gravador ficava plugado na privada. Quando alguém usava o banheiro, a gente ligava, especialmente se era uma das meninas do andar de baixo que dizia "Posso usar o seu banheiro?", quando o delas estava ocupado. "Claro que sim." "Rápido! Liga aí!" Daí, após cada "performance", quando a corrente era puxada, o som parecia aplausos frenéticos. Mais tarde, a gente ouvia a gravação. Depois de cada visita ao banheiro, parecia a plateia de domingo à noite no London Palladium.

O pior horror, certamente para todos que vinham nos visitar em Edith Grove, era a torre de louça suja na "cozinha", com substâncias brotando entre as peças de cerâmica, panelas engorduradas, geladas, empilhadas em pirâmides repugnantes parecendo uma lixeira, que ninguém nem tinha coragem de encostar a mão. Mas a verdade é que, um dia, Phelge e eu olhamos para aquela nojeira e achamos que não havia mais nada a fazer senão talvez dar um jeito e limpar aquilo tudo. Uma vez que Phelge era uma das pessoas mais porcas do mundo, essa foi sem dúvida uma decisão histórica. Mas, naquele dia, quase derrotados pela montoeira de coisas sujas, descemos e afanamos um frasco de detergente das meninas.

Naquele tempo, a pobreza era uma coisa constante, que pairava sobre nós. Atravessar aquele inverno de 62 foi complicado. Fez muito frio. Então, Brian teve a fantástica ideia de trazer seu amigo Dick, que tinha um bônus do Exército Territorial, e Brian não o perdoou. A gente não ligava, pois já estávamos à beira do precipício. Isso porque ninguém tinha duas moedinhas para esfregar uma na outra na porra do bolso. Dick Hattrell era o seu nome, e ele era de Tewkesbury. E Brian quase matou o homem. Ele obrigava o sujeito a andar atrás dele e a pagar por tudo. Cruel, cruel, cruel. Ele fazia o cara ficar do lado de fora enquanto a gente comia o que ele iria pagar. Até Mick e eu ficamos chocados, e olha que a gente realmente tem sangue-frio. Às vezes, deixávamos o cara entrar na hora da sobremesa. Realmente Brian tinha uma ponta de crueldade. Dick Hattrell era um velho amigo de escola de Brian e ficava correndo atrás dele, arfando como se fosse um cachorrinho. Teve uma vez que Brian deixou aquele desgraçado do lado de fora, sem roupa, estava nevando, o cara implorando e Brian rindo. Como é que um homem pode se sujeitar a esse tipo de coisa? Brian roubou todas as roupas dele e depois mandou o cara pra fora só de cueca. Debaixo de uma nevasca. "Como assim, estou te devendo 23 libras? Vai te catar." Ele tinha pago todas as contas da gente a noite inteira; esbanjamos como reis. Uma coisa terrível, realmente terrível. Eu disse: "Brian, isso é sangue-frio demais, bicho". Brian, que desgraçado de sangue-frio, cruel, malvado. Às vezes fico pensando no que terá acontecido com Hattrell. Se ele sobreviveu naquele dia, é capaz de sobreviver a qualquer coisa.

Éramos cínicos, sarcásticos e grosseiros quando necessário. A gente costumava ir a um café nas redondezas, que chamávamos de "Ernie" porque todo mundo lá tinha esse nome, ou pelo menos era o que parecia. "Ernie" se tornou todo mundo. "Mas que foda, Ernie, pelamordedeus." Todo mundo que insistia em fazer o que ele fazia, mas que não estivesse te fazendo um favor, era a porra de um Ernie. Ernie era o PPTO, o pau-pra-toda-obra. Com uma coisa só na cabeça: descolar mais um troco.

Se eu pudesse escolher qual diário encontrar com anotações de qualquer período de três meses da história dos Stones, gostaria de achar este, sobre essa época em que a banda estava sendo chocada. E não é que de fato eu achei esse diário, cobrindo de janeiro a março de 1963? A maior surpresa foi que eu realmente mantive um registro daquela época crucial, que cobria desde o momento em que Bill Wyman apareceu, ou, o que foi ainda mais importante, o momento em que apareceu o amplificador Vox e Bill veio com ele, até a chegada de Charlie Watts. Cheguei inclusive a anotar quanto a gente ganhava nas nossas apresentações, em libras, *shillings* e *pence*. Muitas vezes, eu só anotava "0", quando tínhamos tocado em troca da bebida — cerveja — em alguma festinha escolar de fim de semestre. Mas as anotações também mostram coisas como: 21 de janeiro, Ealing Club: 0; 22 de janeiro, Flamingo: 0; 1º de fevereiro, Red Lion: £1 10s. Pelo menos fecharam uma data conosco. Desde que a gente tenha uma data fechada, a vida é maravilhosa. Alguém telefonou e nos contratou! Uau! Alguma coisa devemos estar fazendo direito. Fora isso, a gente se dedicava a afanar coisas nas lojas, catar garrafas de cerveja e passar fome. Juntávamos o dinheiro de todos para comprar cordas pras guitarras, consertar os amplis, comprar válvulas. Só pra manter o que já tínhamos era uma tremenda despesa.

Dentro da capa do diário de bolso há umas palavras escritas a tinta, com letras bem grossas: "Chuck," "Reed," "Diddley". É isso. A gente não escutava nenhum outro tipo de som naquela época. Só blues dos americanos, ou rhythm & blues, ou country blues. O tempo todo que estávamos acordados, todos os dias, pássavamos na frente dos alto-falantes, tentando descobrir como aqueles músicos faziam aqueles blues. Capotávamos no chão mesmo, agarrados com a guitarra. E não fazíamos mais nada. Nunca se acaba de aprender a tocar um instrumento, mas naqueles primeiros tempos estávamos basicamente em busca. A gente precisava tirar som do instrumento, se queria tocar guitarra. Estávamos atrás do som do blues de Chicago, querendo imitá-lo o mais de perto que podíamos: dois violões, um baixo, bateria e piano, e ficávamos sentados, ouvindo todos os discos que a Chess tivesse gravado. O blues de Chicago nos pegava de um jeito absoluto. Tínhamos crescido ouvindo as mesmas coisas que todo mundo, rock and roll, mas terminamos focados no blues. E, enquanto ficávamos juntos, podíamos fingir que éramos negros. A gente se deixava encharcar por aquela música, mas ela não mudava a cor da nossa pele. Teve quem ficasse mais branco ainda. Brian Jones era um Elmore James loiro, de Cheltenham. E por que não? Você pode vir de qualquer lugar, ter qualquer cor de pele. Isso descobrimos mais tarde. Cheltenham, bom, vamos reconhecer que é um pouco além da conta. Músicos de blues vindos de Cheltenham não são tantos assim. E a gente não queria ganhar dinheiro. Desprezávamos dinheiro, desprezávamos limpeza, só queríamos ser negros, e nada mais. Felizmente, nos tiraram dessa. Mas foi a nossa escola e foi ali que a banda nasceu.

Então, os primeiros tempos da arte mágica de tocar com a guitarra começaram. Você saca o que é capaz de fazer quando toca guitarra junto com outro músico, e o que os dois podem fazer é elevado à décima potência, e então você traz mais gente. Tem uma coisa que é linda, amistosa e elevada quando um bando de músicos se junta pra fazer um som. Esse mundo, pequeno e maravilhoso, que é inexpugnável. É realmente um trabalho de equipe, um dando força para o outro, e todos em busca de um único objetivo, e por algum tempo não surge nenhuma nuvem no horizonte. E ninguém está conduzindo o processo. Depende totalmente de você. É jazz de verdade: eis o grande segredo. Rock and roll é somente jazz com forte acentuação na cabeça do tempo.

Jimmy Reed era um supermodelo para nós. Aquilo sempre era um som para dois violões. Quase que um estudo em monotonia, em certo sentido, a menos que você estivesse tocando. Mas aí o Jimmy Reed tinha aproximadamente vinte hits no topo das paradas basicamente com a mesma canção. Ele tinha dois tempos. Mas entendia a magia da repetição, da monotonia, se transformando para se tornar aquela espécie de coisa hipnótica, como um transe. Éramos fascinados por aquilo, Brian e eu. A gente usava todo momento livre para tentar repetir aquele som da guitarra de Jimmy Reed.

Jimmy Reed vivia descontrolado. Houve uma famosa ocasião em que ele já estava, assim, uma hora e quarenta e cinco minutos atrasado para começar o show e, quando finalmente conseguiram colocar o cara no palco, ele pega o microfone e diz: "Esta canção se chama 'Baby what you want me to do?'". E daí vomita de um jeito que pega as duas primeiras fileiras. Provavelmente isso aconteceu um monte de vezes. Ele sempre estava com a esposa, que cochichava a letra para ele. Até nos discos a gente pode ouvir isso, uma vez ou outra: "Going up... going down", mas funcionava. Ele era o indiscutível preferido dos negros do Sul, e de vez em quando do mundo todo. Ele daria um fascinante estudo sobre autocontrole.

O minimalismo tem seus encantos. Podem dizer que é um pouco monótono, mas na hora que acaba você queria que durasse um pouco mais. Não tem nada de ruim com a monotonia; todo mundo tem de viver com isso. Grandes títulos: "Take out some insurance" (Jimmy Read). Esse não é o título da sua canção de toda hora. E, no fundo, a coisa sempre era ele e sua velha batendo boca ou coisa assim. "Bright lights, big city", "Baby what you want me to do?", "String to your heart", músicas pesadas. Uma das coisas que Jimmy vivia repetindo era: "Don't pull no subway, I rather see you pull a train" (Não vá de metrô. Prefiro te ver levando o trem). O que quer dizer: não entre nas injetáveis, não desça pro submundo, prefiro te ver travado de bebida ou pó. Levei anos e anos até decifrar o que ele queria dizer com isso.

E eu curtia muitíssimo o guitarrista do Muddy Waters, Jimmy Rogers, e os músicos que faziam a cozinha do Little Walter, os irmãos Myers. Falando de uma forma ancestral de tocar, eles foram os mestres. Metade da banda era o conjunto do Muddy Waters, que também incluía Little Walter. Mas, enquanto ele estava fazendo esses discos, tinha outro time, com Louis Myers e seu irmão David, fundadores do Aces. Dois grandes guitarristas. Pat Hare costumava tocar com Muddy Waters e, além disso, fez algumas faixas com Chuck Berry. Um dos números que não entraram no disco se chamava "I'm gonna murder my baby", desenterrado dos cofres da Sun depois de Pat ter feito exatamente isso (assassinar a namorada) e de ainda ter matado o policial enviado para investigar. Foi condenado à prisão perpétua no início dos anos 60 e morreu numa prisão de Minnesota. Aí havia Matt Murphy e Hubert Sumlin. Eram todos bluseiros de Chicago, alguns mais solistas do que os outros. Mas em termos de times, só pra ficarmos nisso, os irmãos Myers definitivamente vão pro primeiro lugar da lista. Jimmy Rogers com Muddy Waters, uma incrível dupla de *weavers*. Chuck Berry é fantástico, mas ele só tocava com ele mesmo. Ele fazia grandes interpretações da guitarra de acompanhamento com a sua própria porque era pão-duro demais para contratar outro músico, a maior parte das vezes. Mas isso só nos discos, porque ao vivo não tem como tocar as duas linhas ao mesmo tempo. Seu "Memphis, Tennessee", porém, é provavelmente uma das peças mais incríveis que já ouvi na vida de montagem de duas linhas de guitarra numa só. Para nem dizer o quanto essa música era deliciosa. Jamais poderei expressar toda a importância que ele teve no meu desenvolvimento. Ainda fico fascinado quando penso como um único sujeito foi capaz de compor tantas músicas e executá-las com tanta beleza e elegância.

Então, nós ficavávamos em casa, sentados e tentando dissecar as faixas do disco enquanto durassem as moedinhas no aquecedor. Um novo trabalho do Bo Diddley passa pelo nosso bisturi. "Você pegou aquele *wah-wah*? O que o batera estava fazendo? Com que força eles estavam tocando... e as maracas, o que faziam?" A gente tinha de tirar tudo em separado e depois juntar novamente, do nosso ponto de vista. Precisamos de reverberação. Agora estávamos realmente naquela merda. Precisamos de um amplificador. Bo Diddley era *high tech*. Jimmy Reed era mais fácil, direto e reto. Mas, para dissecar como tocava... meu Deus. Levei anos e anos até descobrir como ele realmente tocava a quinta corda na clave de mi, o acorde em si, o último dos três antes de voltar para o começo, aquele que resolve o blues de doze compassos — o dominante, como se diz. Quando chega nela, Jimmy Reed cria um refrão insistente, uma melancolia dissonante. Até mesmo para quem não toca guitarra, vale a pena descrever o que ele faz. Na quinta corda, em vez de fazer o acorde convencional no traste, si sétima, que exige pouco esforço da mão esquerda, ele não se incomodava com isso nem um pouco. Ele deixava aberto o lá soando e então só deslizava um dedo até a corda ré, para fazer a sétima. E aí está a nota insistente, soando em contraste com a lá aberta. Então, você não está usando notas básicas, mas deixando que recaia num acorde de sétima. Pode crer quando eu digo que (a) é, de todas, a coisa mais preguiçosa, mais marretada que se pode fazer nessa situação, e (b) uma das invenções musicais mais brilhantes de todos os tempos. Mas foi desse jeito que Jimmy Reed conseguiu tocar a mesma música durante trinta anos e se dar bem, mesmo assim. Aprendi a fazer isso com um cara branco, Bobby Goldsboro, que, nos anos 60, tinha emplacado umas duas canções de sucesso. Ele trabalhava de vez em quando com Jimmy Reed e disse que um dia ia me mostrar qual era o lance. Eu conhecia todas as outras passagens, mas nunca soube daquele acorde na quinta corda até ele me mostrar, dentro de um ônibus a caminho de algum lugar em

Ohio, em meados dos anos 60. Ele disse: "Passei anos na estrada com Jimmy Reed. Ele faz a quinta corda assim". "Cacete! Só isso?" "É isso aí, seu putão. Viva e aprenda." De repente, assim do nada, pumba! Você saca como é. Aquela nota insistente, o bordão. O mais absoluto desrespeito por todas as regras musicais existentes. Além de um absoluto desrespeito pelo público ou por quem quer que fosse. "É desse jeito." De certo modo, nós admirávamos Jimmy mais por isso do que pela maneira como tocava. Era sua atitude. E também aquelas músicas que entravam na gente. Talvez elas se baseassem numa estrutura aparentemente simplista, mas vá tentar "Little rain".

Uma das primeiras coisas que aprendi sobre como tocar guitarra foi que nenhum desses caras estava de fato tocando acordes diretos. Tem alguma coisa que jogaram no meio dele, um toquinho a mais. Nunca nada era só um acorde maior e pronto. Sempre um amálgama, uma coisa que vinha com a notinha de contrabando, um tequinho de som, mínimo apêndice. Não tem nada "como deve ser", tem só o que você sente, como você acha que é. Tem de descobrir a sua forma no meio daquilo tudo. Basicamente, um mundo bem sujo. Tocando meus instrumentos, o que eu descobri, principalmente, foi que, na verdade, quero tocar alguma coisa que deveria estar sendo tocada por outro instrumento. Eu me percebo tentando tocar na guitarra as frases do sopro, o tempo todo. Quando eu estava aprendendo a fazer essas músicas, percebi que geralmente existe uma nota só fazendo alguma coisa e que a coisa toda funciona por causa dela. Em geral, é um acorde suspenso. Não é um acorde cheio, é uma mistura de acordes que adoro usar até hoje. Se você está fazendo um acorde tradicional, qualquer coisa que aconteça em seguida tem de vir com um extra qualquer. Se for um acorde em lá, pode ser uma pitada de ré. Ou, se é uma música com um clima diferente, se for um acorde em lá, uma pitada de sol deve entrar em algum momento, o que cria uma sétima e esta então pode te mostrar por onde ir em seguida. Os leitores que preferirem podem pular essa parte do Keef's Guitar Workshop, mas mesmo assim estou revelando estes segredos, que criaram os *riffs* com acordes abertos algum tempo depois, aquelas progressões que estão em "Jack Flash" e "Gimme shelter".

Tem quem goste de tocar guitarra. Há outros em busca de fazer um som. Eu estava atrás de um som quando Brian e eu ensaiávamos em Edith Grove. Uma coisa que era fácil de fazer por três ou quatro carinhas, e ninguém sentia falta de instrumentos, nem de algum som. Era uma parede inteira disso, bem na nossa cara. Era só seguir os mestres. Um monte dos blueseiros de meados dos anos 50, Albert King e B. B. King, eram músicos que tocavam nota por nota. T-Bone Walker foi um dos primeiros a usar aquilo da corda dupla, usar duas cordas em vez de uma só, e Chuck tirou muita coisa de T-Bone. Musicalmente impossível, mas funciona. As notas dão trombada, são dissonantes entre si. Você está puxando duas cordas ao mesmo tempo e com isso elas ficam numa posição em que realmente parece que encavalaram no braço. Sempre tem alguma coisa soando contra a nota ou a harmonia. O som do Chuck Berry é todo feito desse tipo de cordas duplas. Raramente ele toca notas isoladas. A razão pela qual os blueseiros começaram a tocar desse jeito, T-Bone e gangue, foi econômica: eliminar a necessidade de uma seção de sopros. Com uma guitarra, é possível tocar duas notas da harmonia e assim dá basicamente pra economizar o dinheiro dos dois saxofones e do trompete. E o fato de eu tocar cordas duplas assim foi o motivo, lá nos meus primeiros tempos em Sidcup, de o pessoal achar que eu era meio um roqueiro doido, não um músico sério de blues. Todo mundo estava tocando apenas uma corda por vez. Mas aquilo funcionava para mim porque eu tocava muito tempo sozinho, então fazer duas cordas era melhor do que uma só. E ela trazia a possibilidade de uma dissonância e dessa coisa do ritmo que se mantinha, o que não é possível fazer quando se toca numa corda só. Tem a ver com descobrir as posições. Achar os acordes. Os acordes são uma coisa que a gente tem de ir atrás. Eles sempre parecem o Acorde Perdido. Que ninguém ainda encontrou.

Brian e eu decidimos decifrar o som de Jimmy Reed. Quando ficávamos realmente mergulhados naquilo e trabalhando, só trabalhando, claro que Mick se sentia um pouco por fora. Além disso, pra começo de conversa, ele ficava longe, na London School of Economics, a maior parte do dia. E não conseguia tocar nada. Foi por isso que ele pegou a gaita e as maracas. Brian tinha aprendido a tocar a gaita muito depressa, no começo, e acho que Mick não queria ficar pra trás. Não me surpreenderia se, no início, não fosse só por pura competição com o Brian. Ele também queria participar musicalmente da banda. E Mick acabou se revelando o mais incrível gaitista. Eu o colocaria no mesmo nível dos melhores do mundo, numa boa noite. Além de tudo que a gente sabe de que ele é capaz — Mick é um showman fantástico —, mas como músico o cara é um ótimo gaitista. Seus fraseados na gaita são incríveis. Muito Louis Armstrong, Little Walter. E isso já é dizer alguma coisa. Little Walter Jacobs era um dos melhores cantores de blues, e um gaitista de blues *par excellence*. Acho difícil ouvir o que ele faz e não ficar de boca aberta. A banda dele, os Jukes, era muito descolada e simpática. O jeito como ele cantava ficava em segundo plano perto de sua gaita fenomenal, baseada em muitas figuras musicais do sopro (cornetim) de Louis Armstrong. Little Walter iria sorrir do fundo da cova se visse o jeito como Mick toca. Mick e Brian tocavam em estilos totalmente diferentes; Mick chupava, como Little Walter, e Brian soprava, como Jimmy Reed, e os dois curvavam as notas. Quando o músico toca desse modo, no estilo de Jimmy Reed, dizemos que é "elevado e solitário", e quando a gente escuta um som desses, ele toca direto no coração. Mick é um dos melhores talentos natos para a gaita que já ouvi. O jeito como ele toca gaita simplesmente cria um espaço onde não existe nada calculado. Eu perguntei: "Por que você não canta desse jeito?". Ele disse que são coisas totalmente diferentes. Mas não são. As duas são soprar o ar para fora do peito.

Nossa banda era muito frágil; ninguém estava dando uma força para decolarmos. Quer dizer, nós éramos antipop, antimúsica para salão de baile, a única coisa que queríamos era ser a melhor banda de blues em Londres e mostrar para todos os malditos como é que se faz esse som para valer porque tínhamos certeza de que podíamos fazer isso. Aí começou a pintar um pessoal esquisito que vinha para dar apoio ao nosso trabalho. Nós não tínhamos noção de onde essas pessoas vinham, nem por que vinham, nem de como tinham descoberto onde ficávamos. Naquela época realmente não achávamos que algum dia fôssemos conseguir mais do que levar mais gente pra curtir Muddy Waters e Bo Diddley e Jimmy Reed. Nossa única intenção era sermos nós mesmos. A ideia de gravar um disco parecia inteiramente fora de cogitação. Naquela altura, nosso trabalho era idealista. Éramos os divulgadores gratuitos do blues de Chicago. Era intensamente a coisa de cavaleiros e seus escudos brilhantes e tudo mais. E, pelo menos pra mim, um estudo intenso e monástico. Tudo, desde a hora de acordar até a hora de ir dormir, era dedicado a aprender, escutar música e tentar descolar algum dinheiro, uma divisão do trabalho. O ideal era, "Tá legal, a gente tem o suficiente para sobreviver, uma reservinha pro caso de alguma emergência, e, ainda por cima, sensacional, essas meninas que pintam em casa, três ou quatro, Lee Mohamed e as amiguinhas, e deixam tudo limpo para nós, fazem comida e depois dão um tempo por aqui". O que elas simplesmente enxergavam na gente naquela época eu nem desconfio.

Não tínhamos praticamente outros interesses na vida além de manter a eletricidade ligada e conseguir afanar algumas coisinhas do supermercado a fim de comer. As mulheres eram a prioridade número três da lista. Eletricidade, rango e depois, cara, você se deu bem. Precisávamos trabalhar juntos, precisávamos ensaiar juntos, precisávamos ouvir música, precisávamos fazer as coisas que queríamos. Era uma mania. Os beneditinos não podiam nos acusar de nada. Qualquer um que saísse do ninho pra transar, ou pra tentar transar, era um traidor. O trato era que passássemos todas as horas possíveis estudando Jimmy Reed, Muddy Waters, Little Walter, Howlin' Wolf, Robert Johnson. Era isso que a gente curtia. Qualquer momento que fosse gasto de algum outro modo era um pecado. Era nesse tipo de clima, com esse tipo de atitude, que a gente vivia. As mulheres que orbitavam por ali eram realmente periféricas. Era incrível a ligação na banda, unindo Mick, Brian e eu. O estudo era incessante. Não no sentido realmente acadêmico, era entrar nessa onda, nessa atmosfera. E acho que nos demos conta, como qualquer outro bando de jovens teria percebido também, que o blues não se aprende num monastério. É preciso entrar na vida e ficar de coração partido e depois voltar, para então poder cantar o blues. De preferência, várias vezes. Naquele tempo, estávamos nos dedicando num nível puramente musical, esquecendo que aqueles caras estavam cantando a respeito de coisas que tinham acontecido. Primeiro, você tem de viver a coisa, se arrebentar. Depois, você dá a volta por cima e canta essa história. Eu achei que amava minha mãe e a deixei. Ela ainda lavava a minha roupa. E eu fiquei de coração partido, mas isso não aconteceu logo em seguida. Meus olhos ainda estavam só em Lee Mohamed.

Os locais citados no diário eram o Flamingo Club, na Wardour Street, onde tocava a banda de Alexis Korner, a Blues Incorporated; o Ealing Club, já citado; em Richmond era o Crawdaddy Club, no Station Hotel, onde realmente começamos; o Marquee, que então ficava na Oxford Street, onde a banda de Cyril Davies, R&B All-Stars, se apresentava depois que ele saiu da banda do Korner; o Red Lion, que ficava em Sutton, no sul de Londres; e Manor House, um *pub* no norte de Londres. Os cachês eram valores irrisórios pagos por termos tocado com toda nossa alma, mas já começavam a melhorar.

Sinceramente não acho que os Stones teriam *coagulado* sem o que Ian Stewart fez por nós. Foi ele quem alugou os primeiros lugares para ensaiarmos, quem dizia para as pessoas chegarem lá numa certa hora, e se não fosse assim tudo ficava muito nebuloso. A gente não tinha a menor noção de nada. Era a visão dele da banda, e foi ele quem basicamente escolheu quem ia entrar. Muito mais do que qualquer outra pessoa pode perceber de fato, ele foi a faísca, a energia e a organização que efetivamente segurou a onda naqueles primeiros tempos, manteve tudo funcionando, porque o dinheiro era bem curto, mas existia aquela esperança idealista de que "podemos trazer o blues para a Inglaterra". "Nós fomos escolhidos!" E coisas idiotas desse tipo. E, quanto ao blues, Stu tinha um entusiasmo incrível mesmo. Ele tinha dado no pé, se afastado das pessoas com quem costumava tocar. Conosco ele estava dando um salto no escuro, essa é a verdade. Era contra o mais elementar bom senso. Aquilo o excluía do conforto de seu mundinho dos clubes, que ele tão bem conhecia. Sem Stu, simplesmente nós estaríamos perdidos. Ele já circulava nos clubes havia muito tempo; a gente não passava de um bando de guris muito novatos.

Uma de suas primeiras estratégias foi declarar guerra contra os jazzistas tradicionais. Essa foi uma grande e amarga mudança cultural. As bandas de jazz tradicional, conhecidas pelo nome de Dixieland, uns semibeatniks, estavam se dando muito, muito bem mesmo. "Midnight in Moscow", Acker Bilk, aquele bando todo de desgraçados inundando o mercado. Instrumentistas muito bons, gente do calibre de Chris Barber e toda a tropa. Eles mandavam e desmandavam. Mas não conseguiam entender que as coisas estavam mudando e que deviam incorporar alguma outra coisa em sua música. Como conseguiríamos desalojar aquela máfia Dixieland? Não parecia haver nenhuma brecha naquelas armaduras. Foi ideia do Stu a gente tocar no intervalo dos shows no Marquee, enquanto Acker estivesse tomando sua cerveja. Não era por cachê, mas aquele intervalo era a beiradinha da cunha. Stu sacou essa estratégia. Ele só foi até lá e disse: "Tudo bem, não precisa pagar, mas tocamos no intervalo do Marquee, e também em Manor House". De repente, o intervalo começou a ficar mais interessante do que a atração principal. Colocaram uma banda no intervalo e esses carinhas ficam tocando Jimmy Reed. Por quinze minutos. E foi realmente rápido; em poucos meses, o monopólio do jazz tradicional tinha sido desmanchado. Odiavam a gente sem meias palavras. "Não gosto da música que vocês fazem. Por que vocês não vão tocar em salão de baile?" "Vão vocês! A gente vai ficar." Mas naqueles tempos não tínhamos noção de o quanto as coisas mudariam. Não éramos nada arrogantes. Só estávamos muito contentes por ter um lugar onde dar uma canja.

Existe uma parábola no *Jazz on a summer's day*, um filme sobre a troca de poder entre o jazz e o rock and roll, uma produção imensamente importante para os aspirantes a músicos de rock daquela época, principalmente porque mostrava Chuck Berry no Newport Jazz

Festival, em 1958, tocando "Sweet little sixteen". No filme estavam Jimmy Giuffre, Louis Armstrong, Thelonious Monk, mas Mick e eu fomos lá para ver *o cara*. Aquele casaco preto. Alguém o trouxe ao palco — num gesto bem audacioso dessa pessoa — com Jo Jones na bateria, um dos grandes do jazz. Jo Jones era, entre outros, o baterista de Count Basie. Acho que foi o momento de maior orgulho pro Chuck aquela hora em que ele foi até lá. Não foi uma versão especialmente ótima de "Sweet little sixteen", mas era a atitude dos músicos atrás dele, todos sólidos contrastando com sua aparência e com seu jeito de se movimentar. Os caras estavam rindo dele. Estavam tentando derrubar seu show. Jo Jones levantava as baquetas depois de cada sequência de batidas, e arreganhava os dentes como se estivesse numa escola de música. Chuck sabia que estava enfrentando uma frente unida de oposição. E não estava se saindo muito bem, ouvindo o que ele tocava, mas mesmo assim encarou e foi em frente. Ele estava com uma banda ali, atrás dele, querendo arrancar seu couro, e mesmo assim ganhou o dia. Jo Jones estragou o que pôde, bem na cara de todo mundo. Em vez de uma faca nas costas, ele podia ter dado todo tipo de trabalho para ele, mas Chuck ficou firme, do começo ao fim.

Uma descrição dos primeiros tempos de datas marcadas e da minha surpresa e excitação por estarmos mesmo começando a ser uma banda que funcionava está numa outra carta para a minha tia Patty — foi espantoso descobrir —, que apareceu na minha frente enquanto eu escrevia este livro.

Quarta-feira, 19 de dezembro
Keith Richards
Spielman Rd, 6
Dartford

Querida Patty,

Obrigado pelo cartão de aniversário. Chegou no dia certo, 18, nota dez.

Espero que vocês estejam indo bem e tudo mais, sorrisos, sorrisos.

Aqui estou me divertindo demais. Moro com meus amigos num apartamento em Chelsea, quase o tempo todo, e estamos começando a ter certo lucro com esse negócio de música. A última moda em música por aqui é rhythm & blues, e estão nos procurando bastante. Esta semana, fechamos um acordo para tocar regularmente na boate Flamingo, na Wardour Street, começando no mês que vem. Na segunda-feira, estávamos falando com um produtor que acha que temos um som muito comercial, e se tudo der certo e ele não for outro nó cego, a gente pode começar a ganhar de £ 60 a £ 70 por semana, daqui a pouco tempo, e, além disso, tem uma gravadora começando a nos mandar cartas a respeito de uma sessão de gravação daqui a poucos meses. Direto para a casa das centenas.

Apesar de tudo, chega de me exibir. Todo mundo está se recuperando de alguma coisa, exceto a minha lepra que vira e mexe volta de novo, e o pai que está com Parkinson, e a mãe, que não sai da cama, pegou a doença do sono.

Acho que não tenho mais nada na cabeça pra te contar, então me despeço e desejo um megalindo Natal.

Com amor, Keef X

Essa é a primeira vez que meu apelido "Keef" aparece, o que mostra que não se originou dos fãs. Meus parentes me chamavam de "Primo Bife" ["Cousin Beef"], o que naturalmente virou "Keef".

O breve período coberto pelo diário termina no exato momento em que nosso futuro se viu garantido — quando arranjamos uma apresentação regular no Crawdaddy Club, em Richmond, de onde tudo mais brotou. Fama em seis semanas. Para mim, Charlie Watts foi a essência secreta da coisa toda. E isso ainda ia mais atrás, chegando até Ian Stewart — "A gente tem de ter Charlie Watts" — e toda aquela maquinação que rolou até conseguir o Charlie. Deixamos de comer para poder pagar o cara! Literalmente. A gente roubava para poder ter Charlie Watts. Diminuíamos as porções de tudo de tanto que queríamos o cara, entendeu? E agora estamos com ele!

No começo, não tínhamos nem Bill nem Charlie, embora Bill seja mencionado na segunda anotação do diário:

Quarta-feira, 2 de janeiro de 1963

Novo baixista fazendo teste com Tony. Um dos melhores ensaios de todos. O baixo agrega mais potência aos sons. Além disso, garantimos com esse baixista um amplificador Vox de 100 gns. Decidido o repertório para tocar no Marquee. Tem de ser o máximo pra gente garantir mais datas.

Bill tinha um amplificador! Bill veio todo equipado. O cara era um pacote completo. Antes a gente tocava com um sujeito chamado Tony Chapman, que era só um quebra-galho, e não sei se foi Stu ou Tony, para seu próprio azar, quem disse: "Ó, eu conheço outro músico", que acabou sendo Bill, que chegou com esse amplificador, pode acreditar se quiser, protegido como um Meccano, com uma coisa verde nos parafusos. Era um Vox AC30, muito além das nossas posses, fabricado pela Jennings, em Dartford. A gente adorava aquilo. Ficávamos olhando para ele, de joelhos. Ter um amplificador era crucial. Logo de cara, minha primeira vontade foi separar Bill do ampli dele, mas isso foi antes de ele começar a tocar com Charlie.

Quinta-feira, 3

Marquee com Cyril

Entradas de 1 ou de 2½ horas £ 10–£ 12

Muito bom o repertório. "Bo Diddley" recebeu muitos aplausos. 612 pessoas presentes ao show. 1ª entrada aqueceu legal. 2ª entrada rolou ótima. Impressionamos alguns figurões. Recebemos £ 2. Paul Pond: "Arrasou".

Harold Pendleton pediu para ser apresentado a nós. (Ele era o dono do Marquee! Tentei matar o cara duas vezes, girando a guitarra na direção da cabeça dele. Ele detestava rock and roll e estava o tempo todo zoando com a gente.)

Sexta-feira, 4

Anúncio do Flamingo: "Original Chicago R&B sound starring the Rollin' Stones" (O som original do R&B de Chicago com os Rollin' Stones) (E a gente que nunca tinha ido além de Watford!)

Tocamos no Red Lion. Sutton. Pickup veio sem estar soldada.

Red Lion: a banda tocou mal, mesmo assim o público teve uma reação delirante, especialmente em "Bo Diddley" & "Sweet little 16". Tony estava possuído. Falamos sobre a apresentação no Flamingo.

Comentário bom no MM. (Melody Maker)

Vim à tarde. Perdi carteira com 30 libras.

Deviam devolver.

E um primeiro indício de gravação, o primeiro de algum tipo:

Sábado, 5

Recuperei a carteira.

Richmond

Uma zona. Minha pickup travou completamente. Brian foi de gaita e eu usei a guitarra dele. "Confessin' the blues", "Diddley-Daddy" & "Jerome" e "Bo Diddley" foram bem. Puta bate-boca com o promotor por causa de grana. Recusamos tocar lá de novo. Falamos sobre um novo disco demo. Para gravar esta semana, com sorte. "Diddley-Daddy" pareceu bem. Com Cleo e amigas nos vocais. A banda ganhou £ 37 nesta semana.

Trinta e sete libras para quatro caras!

Segunda-feira, 7

Flamingo

Precisamos caprichar Stu, Tony & Gorgonzola.

Minha guitarra voltou em perfeita ordem, pronta para funcionar. Flamingo, de cara, não foi aquela maravilha. Mas Johnny Gunnell ficou mais do que satisfeito. Tony tem de ir. Isso significa Bill e Vox. "Confessin' the blues" saiu legal. Lee pintou. Deixei minha marca.

Parece que visto o manto de diretor musical. Eram os irmãos Gunnell, Johnny e Ricky, que mandavam no Flamingo. E Bill e seu Vox estão segurados. Dia histórico. Aquela última frase é do Muddy Waters: "I've got my brand on you" (Deixei minha marca em você). Eu estava mesmo muito a fim de Lee.

Terça-feira, 8

£30:10!!!

Ealing.

A banda tocou superbem. "Bo Diddley" foi um completo arraso. Se conseguirmos a mesma performance no Marquee, é só partir para o abraço.

Começamos no Ealing no sábado; "Look what you've done" razoável 6 libras!!!! 50% a mais do que na semana passada.

Quinta-feira, 10

£12. Tony Meehan elogiou a banda (ele era o baterista do Shadows).

Marquee. Primeira entrada, 8h30 ou 9 h, musicalmente muito bom, mas não foi aquela ligação. Segunda entrada, 9h45-10h15, rolou muito melhor. Brian e eu bem apagados por falta de volume suficiente em função de problemas com a carga elétrica da casa. "Bo Diddley", como sempre tremendo sucesso. Lee e as meninas pintaram. Falei com Charlie sobre trabalhar regularmente.

A gente já estava no meio da entrada quando caiu a força na casa. Fodeu! Estávamos mandando muito bem! Então, só ligaram metade da nossa aparelhagem, e isso por causa de uma ação do sindicato dos eletricitários. E aí ficamos olhando uns para os outros, para os nossos amplis, para o céu, para o teto.

Sexta-feira, 11

Bill concorda em continuar, mesmo que a gente se livre de Tony.

Segunda-feira, 14

Tony está fora!!
Flamingo
Surpresa!!! Rick & Carlo tocaram. Sem sombra de dúvida, os Rollin' Stones foram o grupo mais fantástico em ação no país hoje à noite. Rick & Carlo são dois dos melhores. Era outra plateia em relação à semana passada, o que é o principal. O dinheiro não foi grande coisa. £ 8. Mesmo assim, deve trazer melhoras agora.

Rick e Carlo! Carlo Little era um açougueiro, um baterista que detonava as peles, muita energia. E Ricky Fenson no baixo, músico sensacional. Os dois tinham descolorido o cabelo até ficar louro-palha para aquele show. E para quem os dois trabalhavam mesmo? Para o desgraçado Screaming Lorde Sutch. De vez em quando, eles tocavam com a gente — isto é, quando Charlie ainda não estava na banda, e foi por isso que ele resolveu entrar, porque ouviu que tínhamos uma cozinha muito quente mesmo. Ricky e Carlo, quando resolviam fazer um solo, disparavam numa *turbomax* pauleira. O lugar decolava. Quase que expulsavam a gente do palco de tão bons que eram aqueles caras. Os dois juntos. Quando Carlo pegava nas baquetas e mandava ver naqueles tambores, é disso que estou falando. Aquilo era rock and roll! Quando a gente era moleque, era o máximo tocar com aqueles caras, que só eram dois ou três anos mais velhos que nós, mas já fazia muito tempo que estavam na estrada. "Ok, é assim que se faz" — e de repente tinha aquela cozinha segurando a onda pra mim e foi uauu!! Aquela foi a primeira vez que me vi um metro acima do chão, suspenso no ar, indo direto para a estratosfera. Mas isso foi antes de eu trabalhar com Charlie, Bill, e tudo mais.

E desde o comecinho eu me sentia ótimo no palco. Antes de pisar no palco, e encarar aquele bando de gente na plateia, a gente se sente nervoso, mas para mim era mais a sensação de deixar o tigre sair da jaula. Talvez essa seja só outra versão do velho e emocionante nó no estômago. Pode ser. Mas sempre me senti muito confortável no palco, mesmo quando fazia merda e tudo. Sempre me dava a sensação de ser aquele cachorro — "Este é o meu território" — mijando nos cantos para demarcar a área. Enquanto estou por aqui, nada mais acontece. O pior que posso fazer é estragar tudo. Fora isso, curtir tudo.

O dia seguinte é a primeira menção de que Charlie está tocando com a gente:

Terça-feira, 15

Toda a grana do grupo, pelo menos durante duas semanas, vai só para comprar amplis e microfones.

Ealing — Charlie

Pode ser porque eu estivesse com gripe, mas o som para mim pareceu estranho, mas de repente Mick & Brian & eu ainda estávamos muito grogues de febre e calafrios!!!

Charlie atacou bem, mas ainda não tirou o som certo. Corrigir isso amanhã.

Coitado do público. Zero grana, a gente tem de cair fora, tirar um dia de folga. Rick & Carlo tocam sáb. & dom.

Então Charlie estava entrando. A gente ia tentar arrumar um jeito de separar Bill do amplificador e ainda assim sair ganhando. Mas, ao mesmo tempo, Bill e Charlie estavam começando a tocar juntos, e tinha alguma coisa acontecendo ali. Bill é um baixista incrível, quanto a isso não há dúvida. Percebi isso aos poucos. Todo mundo estava aprendendo. Ninguém tinha ideias muito definidas do que queria fazer, e todos tinham históricos muito diferentes na música. Charlie era jazzista. Bill tinha sido da Real Força Aérea; pelo menos tinha estado no exterior.

Charlie Watts sempre foi a cama na qual deito musicalmente, e encontrar aquela anotação sobre "corrigir" o som dele me parece uma coisa extraordinária. Mas, assim como Stu, Charlie tinha chegado no rhythm & blues por causa da ligação desse som com o jazz. Alguns dias depois escrevi: *Charlie tem um puta balanço, mas não para o rock. Mas é um cara sensacional...* Naquela altura, ele ainda não tinha sacado qual era a do rock and roll. Eu queria que ele batesse com mais força... Para mim ele ainda era muito do jazz. A gente sabia que ele era um grande batera, mas, pra tocar com os Stones, Charlie foi e estudou Jimmy Reed e Earl Phillips, que era o baterista do Jimmy Reed, só para pegar o jeito da coisa. Aquela coisa do toque esparso, minimalizado. E ele sempre soube conservar isso. Charlie era o baterista que queríamos, mas, antes de qualquer coisa, será que a gente podia bancar o preço dele e, em segundo lugar, será que ele desistiria um pouco do seu jeito de tocar jazz para ficar conosco?

Terça-feira, 22

£ 0

Ealing — Charlie

Zona nº 2. Às dez para as nove só havia duas pessoas na plateia, então a gente voltou pra casa. Mesmo assim, fizemos uns dois números com maracas, tamborim e uma guitarra chorada, enquanto Charlie tocava um ritmo um pouco selvagem (o que serve justamente pra mostrar que ele é capaz disso). Os tiras pararam a gente a caminho do apartamento. Fomos revistados. Desgraçados resmungões. Mais trabalho só no sáb.

O grande ritmo selvagem era a levada do Bo Diddley — "Barba e cabelo, dois paus" é como chamamos essa levada, e é o som que ela faz.

"Bo Diddley, Bo Diddley, have you heard?/ My pretty baby said she was a bird" (Bo Diddley, Bo Diddley, você ouviu?/ Meu amor disse que era um passarinho).

Quanto à "geral" que a gente tomou, quando li, a primeira coisa que pensei foi: "Já naquela época?". Não tínhamos nada. Nem dinheiro. Não é nenhuma surpresa que mais tarde, quando me revistaram em busca do que realmente estava comigo, eu já soubesse o que ia rolar. Fomos revistados sem o menor motivo. E a minha reação ainda é a mesma. Malditos desgraçados resmungões. Eles sempre ficam resmungando. O cara não seria um tira se não resmungasse. "Anda aí, fica na posição." Naquela época não tinha nada para eles acharem. Fui revistado mais de cem vezes antes de nem sequer pensar: "Puta merda, sujou".

Quinta-feira, 24

Nada no Marquee

Cyril está com medo do sucesso que temos por causa de Carlo & Rick. Dispensados por um mês. Se não pintar mais nada nesse intervalo, voltamos. Passamos o dia ensaiando. Espero que tenha valido a pena! Devo insistir no estilo de tocar. Sinto que teremos grandes oportunidades. Malditos dedos. Não consigo controlá-los. Parecem uma aranha sangrando.

Sábado, 26

£ 16

Ealing — Rick & Carlo

Banda um pouco enferrujada. Mas bem boa, apesar... Público maior. Suado e lotado. Líndio!!!

£ 2

Lee estava lá.

Engraçado, parecia que eu não conseguia encaixar na música todas as frases rápidas que tinha ensaiado. Não relaxei o suficiente. Ultimamente o pessoal anda meio cínico.

Segunda-feira, 28

A irmã da Toss disse que Lee estava louquinha por mim, mas que não queria se fazer de boba e que eu devia dar uma força. Acho que agi direitinho, no duro.

Lee e eu tínhamos terminado, e essa era a reaproximação — de comum acordo. "Toss" era o apelido de Tosca, uma amiga dela.

Sábado, 2

£ 16
Ealing
Charlie & Bill
Noite sensacional, com grande público. O som voltava com um bang. Charlie fabuloso.

Em dois de fevereiro, naquela noite, estávamos tocando com a última formação e a cozinha, Charlie e Bill. The Stones!

Se não fosse por Charlie, eu nunca teria sido capaz de expandir e evoluir. O principal é que Charlie tem uma percepção espetacular. Essa sensibilidade já estava lá, desde o princípio. Existe uma tremenda personalidade e sutileza em sua forma de tocar. Se você der uma espiada no tamanho da bateria dele é uma coisa ridícula, comparando com o que tem a maioria dos bateristas hoje em dia. Os caras ficam atrás de um verdadeiro forte. Uma espantosa barricada de tambores. Charlie, com apenas aquele conjunto clássico, era capaz de tocar maravilhas. Sem a menor pretensão, e quando a gente escuta ele tocar nem a metade soa como uma pancada. Ele também toca com bom humor. Adoro olhar para os pés dele através do Perspex. Mesmo que eu não consiga ouvi-lo, posso acompanhá-lo só de observá-lo. A outra coisa é um truque do Charlie, que ele pegou, eu acho, do Jim Keltner ou do Al Jackson. Nos pratos, a maioria dos caras podia tocar as quatro notas, mas na dois e na quatro, onde cai a acentuação [*backbeat*], e é uma coisa muito importante no rock and roll, Charlie não toca, ele suspende as baquetas. Ele faz que toca e recua. Isso deixa perceptível todo o som da caixa, em vez de ter aquela interferência por trás. Se você olhar com atenção, vai fazer seu coração falhar. Ele faz um movimento extra, totalmente desnecessário. O tempo atrasa porque ele tem de fazer um pequeno esforço extra. Com isso, uma parte da sensação lânguida do jeito de Charlie tocar é resultado desse movimento desnecessário entre cada duas notas. É muito difícil fazer isso: interromper a nota somente por um tempo e depois continuar. E isso também tem alguma coisa a ver com a estrutura dos membros de Charlie, onde ele sente o tempo. Cada baterista tem um estilo próprio, uma assinatura, na qual os pratos estão um pouquinho adiante da caixa. Charlie toca as notas muito antes da caixa e junto com os pratos. E o jeito como ele estende o tempo e o que a gente faz em cima disso é um segredo do som dos Stones. Essencialmente, Charlie é um baterista de jazz, o que significa que o resto da banda é, de certo modo, uma banda de jazz. Ele está no mesmo nível dos melhores, Elvin Jones, Philly Joe Jones. Ele tem a percepção, a sensibilidade solta do jazz, e é um batera muito econômico. Charlie antes tocava em casamentos e *bar mitzvá*, de modo que também conhece as baboseiras. Isso vem de ter começado cedo, tocando em clubes quando ele era muito jovenzinho mesmo. Um pouco de exibicionismo, sem que ele mesmo fosse o showman. *Bah-BAM*. E eu me acostumei a tocar com um sujeito como ele. Depois de quarenta anos de estrada, Charlie e eu somos mais próximos do que podemos falar ou sequer percebemos. Quer dizer, a gente chega até o ponto de arriscar tentar atrapalhar a vida um do outro, em pleno palco.

Naqueles tempos, eu costumava bater muita boca com Stu e Charlie por causa de jazz. A gente devia se concentrar em tocar blues do melhor jeito possível e de vez em quando eu flagrava os dois escondidos, ouvindo jazz. "Pode parar com essa merda!" Eu só estava tentando quebrar um hábito, tentando unir a banda, pelamordedeus. "Vocês precisam ouvir blues. Vocês precisam ouvir a porra do Muddy." Eu não deixava os caras nem ouvirem o Armstrong, e eu adoro o Armstrong.

Bill sempre se sentiu depreciado, principalmente porque seu verdadeiro sobrenome era Perks. E ele estava preso a um emprego de merda, na zona sul de Londres. E era casado. Brian era um cara com muita consciência de classe, entende. Para ele, "Bill Perks" era um tipo de ralé. "Gostaria de termos outro baixista, este aqui não passa de um Ernie de merda, ele e esse cabelo gordurento", Phelge se lembra de Brian ter dito uma vez. Bill ainda era um boyzinho naquela época, com topete e tudo. Mas aquilo era tudo muito superficial. Enquanto isso, Brian era o rato alfa da gangue toda.

Em fevereiro, estávamos conseguindo quitar o aluguel dos instrumentos. Em apenas um mês consegui comprar duas guitarras:

25 de jan.

Folga

Comprar nova guitarra, Harmony ou Hawk?

Harmony está com bom preço, mas será que dão garantia? A Hawk tem e, além disso, vem com estojo.

Os dois modelos, £ 84.

Arrumei 2 palhetas — comprei a Harmony com duas P.U., acabamento do estojo em dois tons, £ 74.

Quarta-feira, 13 (fevereiro)

Ensaio

Peguei uma nova guita do Ivor! Um instrumento espetacular!! Que som!!! Novos números, "Who do you love?" & "Route 66". Genial! Crawdaddy revisado, sensacional (tudo ideia do Brian). (Pelo menos, dou-lhe o crédito.)

E começaram a chover mais convites para tocar.

Sábado, 9

18h
Vencem prestações do ampli
Ealing
Collyers', noite inteira? (riscado)
Deve ter sido perto do disco, superquente e lotadaço
A banda agitou muito. Arrumei umas menininhas lá, fãs.
£ 2
Parei no apartamento
Paguei £ 6 para o Bill pelo Vox

Segunda-feira, 11

Folga. Morto de tédio.

Essas duas últimas anotações são a chave para acompanhar o que começou a acontecer, de uma hora para outra. Estávamos para gravar um disco e quase acertando para tocar em Richmond.

Quinta-feira, 14

Manor House
Muito bom. Público pequeno. Blues com seis espantou o pessoal.
Preciso de mais um tempinho pra me acostumar com a nova "guita". Novos números. Deu certo.
Stu disse que Glyn Johns vai gravar a gente na segunda ou na terça da semana que vem, pra tentar vender pra Decca.
£ 1

Sexta-feira, 15

Red Lion
Deste lugar não consigo tirar som nenhum.

Caí fora durante a sessão.

Oferta para tocar no Richmond Station Hotel todo domingo, começando no próximo. Ganhamos na loteria.

Do lado de dentro da capa desse diário está escrita a frase "*Wongin' the pog*". Ao lado, debaixo das informações pessoais, "No caso de acidente por favor avisar", eu tinha escrito "Minha mãe". Sem mais detalhes.

"*Wongin' the pog*" era o que a gente via quando ficava olhando todas aquelas pessoas dançando e girando, dependuradas das vigas e traves, enlouquecidas. "O que elas estão fazendo?" "Estão *wongin' the pog*, não estão?" "Pelo menos a gente consegue que elas *wongin' the pog*." Isso queria dizer que íamos ser pagos. Os shows iam ficando lotados e agitados. Estávamos causando furor em Londres. Quando você acaba com gente formando três filas que davam volta num quarteirão inteiro, esperando para entrar num show, pode dizer que tem alguma coisa acontecendo ali. Aquilo já não era mais só a gente implorando. Agora, só precisávamos cultivar aquela coisa.

Os lugares eram pequenos, o que era bem conveniente. E quem mais se beneficiava disso era o Mick. O talento artístico de Mick se mostrava nesses locais pequenos, onde mal se tinha espaço para girar um gato pelo rabo, mais talvez do que em qualquer outra fase futura. Acho que a movimentação cênica do Mick surgiu em grande parte do fato de tocarmos tanto nesses palcos superpequenos. Depois de colocar todo o nosso equipamento no palco, às vezes o espaço viável que tínhamos para trabalhar não era maior do que uma mesa ocuparia. A banda estava sessenta centímetros atrás do Mick, que ficava bem no meio dela, não tínhamos efeito de *delay* nem separação e, como Mick estava tocando gaita, ele era parte da banda. Não consigo me lembrar de nenhum outro cantor na Inglaterra, naquele tempo, que tocasse gaita e fosse o cantor solo. Porque a gaita era e ainda pode ser uma parte muito importante do som, especialmente quando você está fazendo blues.

Se você der a Mick Jagger um palco do tamanho de uma mesa, ninguém trabalha ali melhor do que ele, exceto talvez James Brown.

Contorções e giros, e as maracas agitando — *c'mon, baby*. A gente se instalava numas banquetas e saía tocando, e ele trabalhava à nossa volta porque não havia espaço pra se mexer. Se balançasse a guitarra, batia na cara de alguém. Ele costumava tocar quatro maracas enquanto cantava. Faz muito tempo desde a última vez em que falei com ele sobre as maracas. Ele era brilhante. Já naquela idade, eu ficava maravilhado ao ver como ele era capaz de usar um espaço tão pequeno pra fazer tanta coisa. Era como assistir a um dançarino espanhol.

Foi em Richmond que a gente aprendeu o que era fazer um show. Foi lá que sacamos que tínhamos mesmo uma bela banda, e que podíamos deixar as pessoas soltas por algumas horas e experimentar aquela troca entre palco e plateia. Porque não é uma encenação, apesar do que Mick Jagger possa pensar.

Revendo o passado, meu lugar favorito foi o Station Hotel, em Richmond, só porque foi lá que tudo realmente começou. O Ricky Tick Club, em Windsor, foi um lugar bom pra caramba para se tocar. Eel Pie foi fantástico porque, basicamente, era a mesma velha plateia de antes — eles apenas se deslocavam e iam atrás da gente, onde quer que fôssemos tocar. Giorgio Gomelsky: esse é outro nome que vem desse mesmo período. Giorgio, que realmente nos organizou e descolou os shows para nós no Marquee e no Station Hotel, uma pessoa muito importante em toda a situação. Russo emigrado, um urso de pessoa, com um pique incrível e todo o entusiasmo possível. Brian deixou que Giorgio acreditasse que ele era o gerente *de fato* de uma coisa que a gente não achava que precisasse ser gerenciada. Ele fez coisas notáveis, como nos reunir, arrumar lugares pra tocarmos, mas não havia nada mais para prometer naqueles tempos. Era só, "A gente precisa de *gigs*, a gente precisa de mais *gigs*. Divulgue". E Giorgio foi muito prestativo nesse sentido, lá bem no começo. Ele recebeu o pé na bunda de Brian no momento em que Brian viu que coisas maiores estavam pintando no horizonte. Inacreditável como Brian era um manipulador, capaz de pensar nesse tipo de coisa. A gente tinha a sensação de que Brian havia feito para as pessoas promessas que mais ninguém fizera. Assim, quando essas promessas não eram concretizadas, todos nós nos tornávamos um bando de filhos da puta. Brian se permitia uma relativa liberdade quanto a fazer promessas. Giorgio depois se tornou o produtor do Yardbirds, incluindo Eric Clapton, que já estavam pegando nossos lugares. Daí Eric saiu do Yardbirds e sumiu durante um período sabático de seis meses e aí voltou como Deus, uma coisa da qual ele ainda está tentando se livrar.

Mick mudou tremendamente. Só quando penso nesses primeiros tempos dos Stones é que me lembro, com pena, como Mick e eu éramos completamente unha e carne dentro do grupo. Antes de mais nada, nunca tínhamos de discutir a finalidade da banda. Não tínhamos a menor dúvida de onde queríamos ir, de qual devia ser o som, por isso não precisávamos falar disso, só descobrir um jeito de fazer aquela música. Não precisávamos falar de qual era nosso alvo, a gente sabia qual era. Era basicamente só ser capaz de gravar discos. Os alvos vão aumentando conforme as coisas vão acontecendo. Nosso primeiro objetivo como Rolling Stones era ser a melhor banda de rhythm & blues de Londres, com shows regulares, toda semana. Mas a meta principal era dar um jeito de gravar discos. Conseguir realmente atravessar o portal, o mais sagrado de todos os sagrados portais: o estúdio de gravação. Como você pode aprender se não consegue ficar na frente de um microfone e de um gravador num estúdio? A gente via as coisas crescendo, e qual seria o próximo passo? Fazer discos, de um jeito ou de outro. John Lee Hooker, Muddy Waters, Howlin' Wolf, eles eram quem eram, sem concessões. Só queriam gravar seus discos, assim como eu, essa é uma das minhas ligações com todos eles. Faço qualquer coisa para gravar um disco. De certo modo, era uma coisa realmente narcisista. A gente só queria ter uma ideia de como era o nosso som. Queríamos o *playback*. O pagamento não era muito necessário, mas o *playback* a gente queria muito. De certo modo, naqueles tempos, conseguir entrar num estúdio e sair com um acetato era uma coisa que legitimava o trabalho. "Agora você é um oficial contratado", em vez de recruta. Tocar ao vivo era a coisa mais importante do mundo, mas fazer discos era a chancela final. Assinado, selado e entregue.

Stu era o único sujeito que conhecia alguém que poderia de fato abrir a porta de um estúdio tarde da noite e conseguir reservar um horário para gravação. Naquela época, era como afinal entrar no palácio de Buckingham ou obter acesso ao almirantado. Era praticamente impossível entrar num estúdio de gravação. É muito bizarro como hoje em dia qualquer um pode fazer um disco, em qualquer lugar, e vender pela internet. Antigamente, era como saltar sobre a Lua. Não passava de um sonho. O primeiro estúdio em que entrei de verdade foi o IBC em Portland Place, do outro lado da rua da BBC, mas claro que não havia ligação entre os dois. Com Glyn Johns, que por acaso era engenheiro lá e só deu um jeito de nos encaixar num horário. Mas aquilo foi uma sessão única.

Daí chegou o dia em que Andrew Loog Oldham veio nos assistir em Richmond e, a partir de então, as coisas começaram a acontecer numa velocidade alucinante. No intervalo de meras duas semanas, tínhamos um contrato de gravação. Andrew tinha trabalhado com Brian Epstein e foi um dos responsáveis pela criação da imagem dos Beatles. Epstein despediu Andrew por causa de uma discussão pesada. Andrew então deu um belo passo, saída pela esquerda, e decidiu trabalhar por conta própria: "Muito bem, vou te mostrar uma coisa". Nós éramos o instrumento para ele se vingar de Epstein. Éramos a dinamite, e Andy Oldham, o detonador. A ironia é que Oldham, no começo, o grande arquiteto da imagem pública dos Stones, achou que para nós seria uma desvantagem sermos vistos como uma banda de cabeludos sujos e sem educação. Naquela época ele mesmo era um rapaz bem prístino. Toda a ideia dos Beatles e dos uniformes, mantendo tudo muito homogêneo, ainda fazia sentido para Andrew. Para nós, não. Ele nos colocou em uniformes. Usamos aquelas terríveis jaquetas em xadrez lilás, em *Thank your lucky stars*, mas a gente dispensou aquelas coisas imediatamente, ficando só com as jaquetas cintadas de couro que ele havia comprado em Charing Cross Road. "Onde está a tua jaqueta?" "Sei lá. Minha namorada está usando." E bem depressa ele se tocou de que teria de se acostumar com aquilo. O que se pode fazer? Os Beatles estão para todo lado, como um maldito saco de pulgas, certo? E você tem outra banda que é boa. A coisa a fazer é não tentar regurgitar os Beatles. De modo que seremos os antiBeatles. Não seremos o Fab Four (Fabuloso Quarteto), todos vestindo a mesma roupinha de merda. Então Andrew começou a bater naquela tecla à exaustão. Todos muito bonitinhos, usando seus uniformes, e tudo pelo showbiz. E de fato foi Andrew que desintegrou o modo de nos apresentar — façam tudo errado, pelo menos do ponto de vista da imprensa do showbiz.

Claro que a gente não tinha noção de nada. "Nós somos bons demais para essa merda toda, cara. Somos músicos de blues, entende, do alto dos nossos dezoito anos de idade. Já cruzamos o Mississipi, atravessamos Chicago." Como a gente se engana. Mas, a bem da verdade, as coisas estavam todas acontecendo. E claro que o momento não podia ser mais oportuno. Você tem os Beatles, mamães e papais amam os caras, mas você deixaria sua filha se casar com uma coisa *daquelas?* E isso foi, assim, um belo golpe de gênio. Não acho que Andrew nem nenhum de nós fôssemos gênios, foi mais um golpe certeiro no alvo, e assim que a gente acertou essa na mosca, tudo estava certo, agora a gente pode entrar na ciranda do show business e ainda assim ser quem somos. Não preciso ter o mesmo corte de cabelo de mais ninguém. Sempre considerei Andrew o RP absoluto, por excelência. Para mim, ele era a navalha afiada. Eu gostava muito dele, neurótico como era e sexualmente desorientado daquele jeito. Ele tinha estudado numa escola pública chamada Wellingborough e, na escola, tal como eu, em geral ele não tinha se dado bem. Especialmente naquela época, Andrew era sempre um pouco assustadiço, frágil como cristal, mas era um sujeito muito, muito seguro de si mesmo e do que devíamos fazer, o tempo todo abrigando uma relativa fragilidade em seu íntimo. Mas ele sem dúvida apresentava uma fachada e tanto. Eu gostava de como ele pensava; gostava da cabeça dele. E depois de ter frequentado a escola de artes e de ter estudado um pouco de publicidade, eu via imediatamente a razão do que ele estava tentando fazer.

Assinamos um contrato com a Decca. E alguns dias depois — sendo pagos para fazer isso! — estávamos gravando no Olympic Studios.

Mas a maior parte das nossas primeiras músicas foi gravada no Regent Sounds Studio. Era uma sala pequena forrada de caixas de ovos, com um gravador Grundig de fita e, para dar uma cara de estúdio ao lugar, o gravador ficava pendurado na parede, em vez de instalado sobre uma mesa. Se ficasse em cima da mesa, não era profissa. Mas, na realidade, o que faziam ali eram *jingles* de anúncios — "*Murray mints, Murray mints, the too-good-to-hurry mints*". Era só um estudiozinho de *jingles*, muito básico, muito simples, e isso me facilitou aprender o bê-á-bá de gravar um disco. Um dos motivos que nos levaram a escolher aquele estúdio foi que era mono, assim o que você ouve é aquilo mesmo. O gravador era só de dois canais. Aprendi como mixar com aquele aparelho, usando uma técnica que eles chamavam de pingue-pongue, porque você coloca a faixa que acabou de ser gravada sobre outra e então mixa em cima. Mas, naturalmente, fazendo isso a perda de som é enorme. Você está fazendo a coisa passar mais uma vez pelo processo e o que descobrimos foi que essa não era uma ideia tão ruim assim. Assim, o primeiro álbum e uma boa parte do segundo, mais "Not fade away", que foi nossa primeira faixa a escalar o ranking de execuções e chegar a número três nas paradas, em fevereiro de 1964, e "Tell me", foram gravados numa ilha rodeada de caixas de ovos por todos os lados. Esses primeiros álbuns foram feitos em vários estúdios com a participação de pessoas incríveis como Phil Spector, que fez o baixo em "Play with fire", Jack Nitzsche tocando espineta. Spector e Bo Diddley pintaram, e Gene Pitney, que gravou uma das primeiras músicas que escrevi com Mick, "That girl belongs to yesterday".

Mas o contrato com a Decca significava que Stu tinha de ser desligado da banda. Seis é muita gente, e o óbvio músico a mais é o pianista. Essa é a brutalidade do negócio. Foi uma tarefa para o Brian, já que ele se intitulava o líder da banda, dar a notícia para o Stu. Foi uma coisa muito difícil. Ele não se mostrou surpreso, e acho que até já tinha resolvido o que iria fazer se a coisa realmente acontecesse. Ele entendia a situação completamente. A gente tinha pensado que Stu diria algo como "Vão se foder. Muito obrigado". Aquele foi um momento em que a grandeza do coração de Stu realmente se mostrou. Daquele momento em diante foi, "Ok, eu levo vocês para os lugares". Ele sempre estava nas gravações; a única coisa que lhe interessava era a música.

Para nós, ele nunca foi mandado embora. E ele entendia totalmente a situação. "Eu não pareço com vocês, pareço?" Meu chapa, Stu tinha o maior coração do mundo. Ele foi indispensável para nos agrupar e não estava disposto a deixar que nos dividíssemos porque tinha sido colocado em segundo plano.

O primeiro single saiu rapidamente após a assinatura do contrato — tudo andou numa questão de dias, não foi nem de semanas. Foi uma escolha deliberadamente comercial: "Come on", do Chuck Berry. Não acho que foi a melhor coisa que podíamos ter feito, mas eu tinha certeza de que era algo que deixaria sua marca. Como gravação, é provavelmente melhor do que me pareceu, naquela época. Mas minha sensação é que a gente pensava que essa era a única bala na agulha que tínhamos então. Não era uma música para tocarmos nos clubes. Não tinha nada a ver com o que estávamos fazendo. Naquele tempo, havia um elemento purista inspirando a banda, do qual, obviamente, eu não participava ativamente. Eu adorava o meu blues, mas enxergava o potencial de outras coisas. E eu também adorava pop music. Bem friamente, para mim aquela música era só um jeito de "pôr um pé lá dentro". Entrar no estúdio e produzir uma coisa bem comercial. É muito diferente da versão de Chuck Berry; na verdade, ficou muito no clima "Beatles". Para se gravar na Inglaterra, não era possível ficar criando muito caso; era ir, fazer e pronto. Acho que todos acabaram julgando que tinha ficado bom. A própria banda ficava assim: "A gente tá gravando um disco, dá para acreditar?". Existia também uma sensação de fatalidade. "Oh, meu Deus, se esse single emplaca, a gente se aguenta dois anos e pronto. Daí, o que vamos fazer?" Porque ninguém dura. A vida útil de um artista naqueles tempos, e hoje em dia ainda, era basicamente uns dois anos e meio. E, fora Elvis, mais ninguém tinha provado o contrário até então.

O mais estranho foi que, quando saiu aquele primeiro disco, ainda éramos basicamente uma banda de clubes. Não acho que estivéssemos tocando em nenhum lugar mais quente do que o Marquee. O disco foi ganhando fôlego e chegou entre os primeiros vinte da parada, e daí, de repente, no intervalo de uma semana, mais ou menos, tínhamos nos transformado em pop stars. Isso é muito difícil para um bando de moleques que é muito mais "para com isso", entende, "cai fora". Então, do nada, estão se empetecando de cima a baixo em uns ternos de cor lilás e temos de entrar na correnteza. Só que foi mais como um tsunami. Uma hora, "Olha, a gente gostaria muito de gravar um disco", e, mas que cacete, chega entre as vinte mais tocadas, e agora tem de fazer *Thank your lucky stars*. TV era uma coisa que nunca ninguém nem tinha pensado; fomos, assim, arremessados no show business. Como éramos muito antishowbiz, a gente ignorou solenemente, agora basta. Mas, então, caiu a ficha de que era preciso fazer umas concessões.

Agora, precisávamos descobrir como dar conta daquilo. Os paletós não duraram quase nada. Talvez tivesse sido uma boa jogada pro primeiro disco, mas no segundo já não tinha nada disso. O público que lotava o Crawdaddy Club tinha aumentado a tal ponto que Gomelsky mudou a casa de endereço para o Athletic Ground, em Richmond. Julho de 1963: literalmente nos mudamos de Londres para tocar, pela primeira vez na história da banda, e fomos para Middlesbrough, Yorkshire, onde passamos pela primeira experiência da loucura do rock. De lá até 1966, durante três anos, tocamos praticamente todas as noites, ou todos os dias, às vezes com dois shows no dia. Fizemos muito mais de mil apresentações, quase que uma em seguida da outra. Praticamente não tivemos intervalo e, naquele período todo, acho que paramos no máximo uns dez dias.

Talvez, se continuássemos usando nossos terninhos de cor lilás e tivéssemos cultivado uma aparência embonecada, não teríamos enfurecido os machos da plateia da Wisbech Corn Exchange, em Cambridgeshire, em julho de 1963. Éramos rapazes urbanos e essa era a música que estava rolando na cidade. Mas vá tentar tocar em Wisbech, em 1963, com Mick Jagger. A reação será totalmente diferente. Todos aqueles caipiras literalmente mascando palha. A Wisbech Corn Exchange, no meio daquela desgraça de região pantanosa. E começou uma agitação porque os matutos, os rapazes locais, não suportaram ver que todas as suas garotas estavam histéricas e se oferecendo e se atirando para cima daquele bando, na opinião deles, de veados de Londres. "Enfia o dedo..." Foi um tumulto muito legal, do qual tivemos sorte de escapar. Pelo maior dos contrastes entre plateias conhecidas do "to rock and roll", na noite anterior tínhamos nos apresentado num baile de debutantes nas cavernas de Hastings, para alguém que se chama Lady Lampson, tudo produzido por Andrew Oldham, um show superincrível, chique para os chiques que queriam curtir uma festa imitando a miséria nas cavernas de Hastings, que aliás eram enormes. E nós éramos apenas parte do entretenimento. Quando não estávamos tocando, era para ficarmos na área do *catering*. Aquilo segurou a onda da nossa fome, e a gente estava levando tudo na boa até que um dos convidados se aproximou de Ian Stewart e disse: "Olha só, ô do piano, você sabe tocar 'Moon river'?" Bill voou para fazer uma barricada em torno de Ian, ou conseguiu arrancá-lo de lá de algum jeito. Lorde Lampson, ou alguma outra pessoa naquela hora, disse: "Quem era aquele homenzinho horrível?". Vocês podem tocar nas nossas festas, mas vamos tratar vocês como se fossem negros. Por mim, ótimo, eu me sentiria orgulhoso, quer dizer, adoro ser tratado como negro. Mas tinha sido Stu o escolhido para levar na cara aquele primeiro "Olha só, ô do piano, você...".

No começo, as mulheres eram maioria no nosso público, até por volta do final dos anos 60, quando a proporção entre homens e mulheres ficou equilibrada. Aqueles pelotões de garotas selvagens, decididas a nos agarrar, começaram a se formar em números crescentes mais ou menos na metade de nossa primeira turnê pelo Reino Unido, no outono de 1963. O elenco era incrível: os Everly Brothers, Bo Diddley, Little Richard, Mickie Most. A gente se sentia como se estivesse na Disneylândia, ou no melhor parque temático que alguém pudesse imaginar. E, ao mesmo tempo, tínhamos aquela oportunidade única de ver de perto os melhores músicos. A gente costumava se dependurar nas vigas no Gaumonts e no Odeon para assistir a Little Richard, Bo Diddley e os Everly atuando. Foi uma turnê de cinco semanas. Fomos para todos os lugares: Bradford, Cleethorpes, Albert Hall, Finsbury Park. Shows grandes, shows pequenos. Havia aquela sensação inacreditável de, uau, estou mesmo repartindo camarim com Little Richard. Uma parte em mim era o fã, "Oh, meu Deus", e a outra parte era: "Você tá aqui com o cara, então é melhor se comportar como gente grande". Na primeira vez em que pisamos no primeiro palco, no New Victoria Theatre, em Londres, o visual ia até o horizonte. A sensação de espaço, o tamanho do público, a escala da coisa toda, foi de tirar o fôlego. A gente se sentiu muito ralé ali. Evidentemente não éramos tão ruins. Mas todos olhamos uns pros outros, em estado de choque. Aí as cortinas se abriram e aaaaghh. Tocar no Coliseum. Mas a gente logo se acostuma, a gente aprende. Naquela primeira noite, porém, me senti uma miniatura. E, é óbvio, nosso som não sai do mesmo jeito que quando tocamos num espaço pequeno. De repente, estamos fazendo barulho de soldados de chumbo. Tinha mesmo muuuuuitas coisas pra se aprender, depressa, bem depressa. Esse foi o mais fundo de todos os buracos, de verdade. Provavelmente, fomos um desastre horroroso em alguns desses shows, mas nessa altura o público já estava falando bem de nós. A plateia fazia mais barulho do que nós, o que sem dúvida ajudava. Um sensacional vocal de garotas berrando lá da plateia. Assim, de certo modo, acabamos aprendendo pela barricada do berreiro.

O palco para a apresentação de Little Richard era uma barbaridade, magistral. Nunca se sabia de que lado ele ia entrar. Ele fazia a banda ficar repetindo os primeiros compassos de "Lucille" por mais ou menos dez minutos, o que é muito tempo para segurar esse refrão com pique. Tudo preto, o ambiente inteiro, nada para se ver exceto os sinais de saída. Então, ele emerge do fundo do teatro. Outras vezes, ele entrava correndo no palco e depois desaparecia e entrava de novo. Quase sempre ele tinha uma maneira diferente de entrar. O que a gente entendeu foi que Richard tinha checado com o pessoal do teatro e da iluminação para saber de onde podia entrar no palco, se tinha alguma passagem até lá, e ficava bolando a entrada mais eficiente possível. Fosse para chegar de sopetão, direto, ou deixando a banda nos compassos iniciais por cinco minutos e então descer do mezanino. De repente, a gente não estava só tocando num clube, onde a apresentação não tem a menor importância, nem existe espaço para se mexer, e o sujeito não tem como fazer nada. De repente, ver aquele trabalho de palco acontecendo, com Bo Diddley também, foi demais para cabeça, dava a sensação de que eu estava sendo içado no ar, sei lá, algum tipo de milagre, e tinha recebido a graça de conversar com os deuses. "Lucille" seguia no ar, as batidas e os compassos sendo repetidos incansavelmente, até que você começava a pensar, "Será que ele vem tocar mesmo?". Daí, subitamente, pinta um canhão de luz mirando um balcão, e lá está o reverendo, vivo! Reverendo Penniman. E segue o *riff*. Foi assim que aprendemos a técnica de nos exibir no palco. E, afinal, Little Richard foi um dos melhores mestres que podiam ter-nos mostrado o caminho das pedras.

Usei esse truque um monte de vezes com os X-Pensive Winos. Deixávamos o palco todo no escuro e a banda formava um círculo, fumando seu baseado, tomando uma biritinha. As pessoas não sabiam que estávamos lá. Daí as luzes se acendiam e a gente atacava. Isso veio do Little Richard.

Os Everly Brothers entram no palco e a iluminação é suave; a banda toca sem alarido e suas vozes fazem aquele refrão lindo, lindo — quase místico. "*Dream, dream, dream*...", deslizando, subindo, descendo, ora juntas, ora com a harmonia. Muito blues de raiz no som daquele pessoal. A melhor guitarra de acompanhamento que já ouvi era a de Don Everly. Ninguém nunca pensa nisso, mas o jeito como eles colocam a guitarra de base é perfeito. E entra lindamente nos arranjos com o vocal. Sempre se comportavam com muita educação, sempre muito distantes. Eu conhecia melhor a banda deles: Joey Page era o baixista; Don Peake, na guitarra; e na bateria estava Jimmy Gordon, que tinha saído do colegial para fazer isso. Ele também fazia a bateria para Delaney & Bonnie e para Derek and the Dominos. No fim, matou a mãe durante um surto de fúria esquizofrênica e foi condenado a prisão perpétua na Califórnia. Mas essa é outra história. Mais tarde, fiquei sabendo que os irmãos Everly estavam tendo problemas, e que sempre tiveram. Existia alguma coisa um pouco análoga a Mick e eu naquela fraternidade. Depois de ter comido o pão que o diabo amassou, a coisa começa a ir bem, a crescer, e você tem tempo e espaço para descobrir do que é que não gosta um no outro. Bom, quanto a isso, falo depois.

Houve uma inesquecível cena de camarim durante aquela turnê. Eu gosto de Tom Jones. Eu o vi pela primeira vez naquela turnê com o Little Richard. Já estava na estrada com Little Richard havia três ou quatro semanas, e o Richard não era um sujeito difícil de se conviver, como não é, ainda hoje, e a gente costumava rir muito, os dois. Mas em Cardiff, pessoas como Tom Jones e a banda dele, The Squires, ainda estavam vivendo cinco anos atrás. Todos eles entram em formação no camarim do Little Richard, todos com paletós em padrão pele de leopardo e gola de veludo, um monte de babados no peito, uma verdadeira procissão de coroinhas, todos fazendo as mais caricatas mesuras para cumprimentar Little Richard. E o Tom Jones literalmente diante dele, como se fosse o papa. E, naturalmente, Richard se comporta exatamente como reza o *script* e solta: "Meus meninos!". Eles não sacam que Richard é uma bicha desvairada. De modo que não sabem como reagir. "Bom, bom, queriiido, que pêssego da Geórgia que você é." Um choque total de culturas, mas eles estavam tão fascinados por estarem na presença de Richard que adorariam qualquer coisa que ele lhes dissesse. E ele me dá uma piscada e mexe a cabeça com satisfação, enquanto diz: "Eu adoro os meus fãs! Adoro os meus fãs! Ohh, *baby*!". O reverendo Richard Penniman. Nunca se esqueça de que ele veio do gospel, da igreja, como quase todos eles, aliás. Uma hora ou outra, todos nós cantamos "Aleluia!". Al Green, Little Richard, Solomon Burke, foram todos ordenados reverendos. Pregar é livre de impostos. Muito pouco a ver com Deus, tudo a ver com dinheiro.

Jerome Green era quem tocava maracas para Bo Diddley. Ele tinha acompanhado Jerome em todos os discos e era um bêbado inveterado, o mais gente fina dos filhos da puta que alguém pode conhecer. Ele nem ensaiava para despencar em cima de você. Era quase o parceiro de vida de Bo. Tinham passado juntos por todas as espécies de coisas. Rolava muito aquele tipo de provocação entre amigos de trincheira: "Ei, cara, a tua mulher é tão feia, mas tão feia, que eu dava um couro nela com um pau bem torto". Jerome deve ter sido uma parte importante da vida de Bo para que segurasse o figura ao seu lado tanto tempo. Mas as maracas eram fantásticas. Ele ia com quatro em cada mão, tocava oito de uma vez, africano total. E o som era incrível, mamado ou não. E ele repetia: "Cara, não vai dar pra tocar mais, não estou bêbado".

Por alguma razão, acabou sobrando para mim ser o *roadie* do Jerome. A gente gostava muito um do outro, ele era muito engraçado. Era um homem grande, parecia bastante o Chuck Berry. De repente, um alvoroço na coxia, "Alguém sabe onde está o Jerome?". Eu dizia: "Aposto que sei onde ele está". Ele vai estar no boteco mais perto da coxia que puder encontrar. Naqueles tempos, eu não era tão famoso. As pessoas não me reconheciam. Eu ia que nem uma bala até o bar mais próximo e lá estava Jerome, belo e formoso, no maior papo com os habitantes locais. E o pessoal pagando rodada em cima de rodada pra ele porque não era sempre que topavam com um negão de quase dois metros diretamente de Chicago. Eu era o Grilo Falante dele: "Jerome, você já vai entrar. Bo tá te procurando". "Putz, já volto, pessoal."

No final da turnê, ele se sentiu muito mal. Foi aí que aprendi a chamar os médicos e colocar ordem na situação. Ele foi morar comigo no meu apartamento. "Agora, basta dessa comida inglesa, cara. Onde é que eu posso arrumar uma droga de um rango dos Estados Unidos por aqui, meu chapa? Quero um hambúrguer." Então, eu dava um pulo na Wimpy's e comprava para ele. "Você chama isto aqui de hambúrguer?" "Desculpe, Jerome." Por um lado, eu fazia isso porque ele era sempre tão engraçado e também porque realmente era muito gente fina. Não importa que ele também me custasse uma graninha. Mas me dava a sensação de que, se eu não estivesse lá, ele ia acabar debaixo de algum ônibus, ou entrar pelo cano de descarga da privada, se isso fosse possível. Ele saiu da banda do Bo logo depois disso.

Aquela primeira turnê foi uma coisa muito bizarra. Eu nunca senti muita confiança no meu jeito de tocar, sabia que podíamos fazer coisas entre nós e que tinha algo acontecendo. A gente começou primeiro abrindo o show, e depois fomos para fechar antes do intervalo e, depois ainda, para abrir a segunda parte. Daí a umas seis semanas, os Everly Brothers estavam realmente dizendo: "Ei, vocês, é melhor entrarem na parada de vez". No intervalo de seis semanas. Alguma coisa aconteceu enquanto tocamos por toda a Inglaterra. As meninas começaram a gritar. Aquela histeria de adolescentes! Para nós, que nos achávamos blueseiros, isso estava mais com cara de fim de feira. A gente não quer ser nenhuma merda de sub-Beatles. Porra, estamos ralando o couro pra ser uma banda de blues boa pra caramba. Mas dinheiro é melhor; então, de repente, com o tamanho do público se tornando cada vez maior, querendo ou não, você não é mais só uma banda de blues, agora você é o que começam a chamar de banda pop, uma coisa que todos desprezávamos.

Em questão de poucas semanas, fomos do nada absoluto para um sucesso triunfal em Londres. Os Beatles não conseguiam mais ocupar todas as posições nas paradas de sucesso. Durante o nosso primeiro ano, por aí, nós é que ocupávamos todas as posições. Pode ser culpa do tema de Bob Dylan, *The times they are a-changin'*. A gente percebia, dava para sentir o cheiro de novidade no ar. E as coisas estavam indo depressa pra cacete. Os Everly Brothers, quer dizer, eu gostava muito deles, mas eles também farejaram a mesma coisa no ar. Eles sabiam que tinha alguma coisa rolando e, embora fossem ótimos, o que é que os Everly Brothers podiam fazer quando de repente uma multidão de 3 mil pessoas faz, numa cantoria só, "*We want the Stones. We want the Stones*"? Foi muito rápido e Andrew Loog Oldham foi o cara que soube captar o momento; ele estava justamente com as rédeas daquilo nas mãos. A gente sabia que tinha posto fogo em alguma coisa, que ainda não consigo controlar, pra dizer bem a verdade.

A única coisa que sabíamos era que estávamos tocando todos os dias da semana. Talvez um dia aqui, outro ali, para chegar de um lugar ao outro. Mas a gente já sacava, pelo jeito da rua, por toda a Inglaterra e a Escócia, até o País de Gales. Com seis semanas de antecedência, a gente era capaz de farejar aquilo vindo. Fomos ficando cada vez maiores, cada vez mais loucos, até que basicamente a única coisa em que pensávamos era como entrar num show e como sair. O tempo real que levávamos tocando era provavelmente de cinco a dez minutos, no máximo. Durante dezoito meses, na Inglaterra, posso dizer que não terminamos um único show. A única dúvida era como a coisa ia acabar, com um quebra-quebra, com os tiras invadindo tudo, com um monte de gente indo para o pronto-socorro, e como conseguir cair fora daquele pandemônio. A maior parte do dia nós passávamos planejando como chegar e como ir embora do palco. O show em si acabávamos nem combinando direito. Era tudo uma alucinação, uma loucura. A gente ia lá pra ouvir o público! Nada como um bom coro de dez, quinze minutos de garotas adolescentes berrando histericamente pra encobrir os sons errados que fazíamos. Ou como 3 mil meninas se atirando em cima de você. Ou sendo retiradas do estádio em macas. Todos os penteados bufantes murchos, as saias enroladas até a cintura, as meninas suando, vermelhas, os olhos revirados. É isso aí, mulherada. É desse jeito que a gente gosta delas. No repertório, mas sem a menor garantia, tinha "Not fade away", "Walking the dog", "Around and around", "I'm a king bee".

Às vezes, os delegados de polícia bolavam uns planos ridículos. Lembro-me de uma vez, em Chester, depois de um show que tinha terminado numa tremenda quebradeira, quando segui o delegado da polícia local pelos telhados da cidade como se estivéssemos em algum filme idiota de Walt Disney, com o resto da banda atrás de mim, e ele todo uniformizado com um tira ao lado. Daí não é que o desgraçado se perde e lá estamos todos nós, encarapitados nos telhados de Chester, enquanto o fantástico plano de "Fuga de Colditz" se desfaz em pedacinhos. Mas, então, começa a chover. Uma coisa totalmente *Mary Poppins*. O uniforme com o bastão, figurino completo, e esse era o *master plan* dele. Naqueles tempos, na minha idade, a gente achava que os tiras sabiam enfrentar todo tipo de situação; era o que todos devíamos acreditar. Mas logo percebemos que aqueles sujeitos nunca tinham lidado com nada parecido com aquilo. Era tudo uma novidade de tão grande para eles como era para nós. Todos uma bela tropa de perdidos na noite suja.

Algumas noites, a banda costumava tocar "Popeye the sailor man", e o público não percebia nada diferente porque não podia nos ouvir. Portanto, a reação dele não era à música. Ao ritmo, talvez, porque a bateria todo mundo sempre escuta, mas só o ritmo, porque o resto dos músicos, não, eles não ouviam a nossa voz, não ouviam as guitarras, isso era totalmente fora de questão. O público reagia ao fato de estar no mesmo espaço fechado conosco, com essa ilusão, eu, Mick e Brian. A música podia servir de gatilho, mas a bala ninguém sabia qual era. Em geral era uma experiência inócua para eles, embora nem sempre fosse inócua para nós. Entre os muitos milhares de fãs, alguns acabaram se machucando e alguns morreram. Uma menina, que estava numa cadeira do balcão simples, lá no terceiro andar, se atirou na plateia e machucou seriamente a pessoa em cima da qual aterrissou; ela acabou com o pescoço quebrado e morreu. De vez em quando acontecia uma merda grossa desse tipo. Mas as meninas moles, desmaiadas, se desmanchando à nossa volta depois de uns dez minutos de show, isso rolava toda santa noite. Ou então, às vezes, a produção só empilhava as caídas ao lado do palco porque eram demais pra atender. Era meio como o fronte ocidental. E, no interior, a coisa ficava ainda pior, era território novo pra nós. Hamilton, na Escócia, logo depois de Glasgow. Na frente do palco, estenderam arame de galinheiro por causa das garrafas de cerveja e das coisas afiadas que atiravam no palco — os mocinhos dali não gostavam muito que suas mocinhas ficassem histéricas por nossa causa. Ficavam desfilando seus cães dentro do cercado. Em certas regiões, especialmente perto de Glasgow, naquela época, cercas de arame eram muito comuns, mas não eram nada de novo. Podíamos ver a mesma coisa acontecendo nos clubes do Sul, do Meio-Oeste. No cenário, de Wilson Pickett, *Midnight hour* tinha uma pilha de espingardas de um lado do palco e uma pilha de espingardas do outro lado do palco. E as espingardas não estavam lá de enfeite. Estavam carregadas, provavelmente com sal grosso, não com balas. Mas só de olhar para elas já era suficiente para fazer a galera desistir de atirar coisas no palco ou dar uma de louco. Era só como medida de controle.

Certa noite, em algum local no norte do país, talvez fosse York, mas poderia ter sido em outra parte, nossa estratégia era ficar atrás do teatro por algumas horas e jantar ali mesmo, só esperando até todo mundo ir pra cama e então a gente poderia sair. E eu me lembro de ter voltado ao palco, depois do show, e a turma da limpeza tava lá, recolhendo todas as calcinhas e tudo mais, e tinha um velho faxineiro, guarda noturno, e ele disse: "Muito bom o seu show. Nenhuma poltrona seca na casa".

Talvez tenha acontecido com Frank Sinatra, com Elvis Presley. Mas não acho que alguma vez tenha chegado aos extremos que se viram na época dos Beatles e dos Stones, pelo menos na Inglaterra. Era como se alguém tivesse enfiado alguma coisa na tomada, em algum lugar. As mocinhas dos anos 50 todas sendo criadas muito bem comportadinhas, muito caseiras, e então, em algum lugar, teve um momento em que elas apenas resolveram que iam se libertar. Apareceu a oportunidade para fazerem isso e quem ia conseguir segurá-las? Tudo pingava de tesão, embora elas não soubessem o que fazer com ele. Mas, de repente, você aparece na outra ponta. É um desvario. E quando a coisa se solta tem uma força incrível. Num rio cheio de piranhas acho que você tem mais chance de escapar. Elas eram além do que queriam ser. Tinham se perdido. Aquelas garotas iam aos shows e saíam sangrando, cortadas, com as roupas rasgadas, as calcinhas molhadas, e a gente já sabia que isso ia acontecer todas as noites. Esse era o show. Honestamente, podia ter rolado com qualquer um. Elas pouco se lixavam que eu estivesse tentando ser um músico de blues.

Quando alguém como Bill Perks se vê diante dessa situação, é inacreditável. A gente flagrou Bill em cima de uma pilha de carvão com uma menina, em algum buraco em Sheffield ou Nottingham. Os dois pareciam ter saído de *Oliver Twist*. "Bill, a gente tem de ir." Foi Stu quem encontrou Bill. O que resta pra você fazer numa idade em que a maioria da população adolescente de todos os lugares decidiu que você é o cara? A oferta era incrível. Seis meses antes eu não achava ninguém para transar; tinha de pagar, se quisesse muito.

Uma hora não existe mulher nenhuma para mim no mundo. Não tem jeito, elas só ficam "*la la la la la*". No instante seguinte, ficam rodeando você sem parar. E aí você fica, uau! Quando troquei o desodorante, as coisas definitivamente melhoraram. Então é isso que elas querem? Fama? Dinheiro? Ou é pra valer? E, claro, como você nunca teve muita chance com as mulheres bonitas, começa a ficar desconfiado.

Fui salvo mais vezes por mulheres do que por homens. Às vezes, só um leve abraço e um beijinho, sem mais nada. Só me mantenha aquecido por esta noite, só um segurando a onda do outro enquanto as coisas estão difíceis, quando está tudo uma dureza. E eu digo: "Porra, por que você está se importando comigo quando sabe muito bem que sou um filho da puta e amanhã vou dar no pé?". "Não sei. Acho que você vale a pena." "Bom, não vou ficar discutindo." A primeira vez que isso rolou foi com uma turma de mocinhas inglesas em algum lugar no Norte, naquela nossa primeira turnê. Depois do show, você vai para um bar, ou um *pub*, e do nada acaba no quarto do hotel com uma garota muito, muito legal, que está indo fazer faculdade em Sheffield, estudar sociologia e sei lá o que, e que decidiu ser especialmente legal com você. "Achei que você fosse uma moça esperta. Eu sou guitarrista. Só estou de passagem." "É, só que eu gosto de você." Gostar às vezes é melhor do que amar.

No final dos anos 50, os adolescentes eram o novo mercado visado pela publicidade. *Teenager* é um termo inventado pela publicidade. Uma expressão bem calculista. Ao chamá-los de *teenagers* foi criado todo um movimento entre os adolescentes, uma espécie de autoconsciência, que originou um mercado não só para roupas e cosméticos, mas também para música e literatura e tudo mais; essa faixa etária acabou sendo etiquetada à parte. E houve uma verdadeira explosão, um lote inteiro de púberes quebrando a casca do ovo e brotando naquela época. Beatlemania e stonemania. Aquelas eram justamente as meninas que estavam morrendo de vontade de viver alguma outra coisa. Quatro ou cinco sujeitos magrelos ofereceram a válvula de escape, mas elas a teriam encontrado em qualquer outro lugar.

Nunca me esqueço do poder das adolescentes de treze, catorze, quinze anos, quando estão em bando. Elas quase me mataram. Nunca senti tanto medo de perder a vida como quando me vi cercado pelas adolescentes. Elas me esganaram, me rasgaram as roupas e a carne, e quando o bando entra nesse nível de frenesi, é difícil descrever, expressar, o quanto pode ser aterrorizante. É preferível estar numa trincheira, combatendo inimigos, do que ficar diante dessa onda assassina de tesão e desejo, impossível de deter, ou seja lá o que for — pois nem elas sabem do que se trata. Os policiais fugindo apavorados, e aí resta só você diante da carnificina que essas emoções descontroladas são capazes de causar.

Acho que foi em Middlesbrough. Eu não conseguia entrar no carro. Era um Austin Princess, e eu tentava entrar no carro e aquelas malditas me arrancavam pedaços. O problema é que quando conseguem pôr as mãos em você, não sabem o que fazer. Quase me estrangularam com um colar, uma ficou agarrada nele de um lado , outra puxando o colar de outro, dizendo "Keith, Keith", e enquanto isso me esganavam. Consegui pegar a maçaneta do carro e a merda saiu na minha mão, e o carro partiu em disparada, e eu ali, parado, com a porra da maçaneta na mão. Naquele dia me largaram na boca do leão. O motorista entrou em pânico. O resto dos caras já tinha entrado no carro e ele simplesmente não estava mais a fim de continuar esperando. E assim fiquei eu ali, sozinho no meio daquela alcateia de hienas desvairadas. A próxima coisa que me lembro é que acordei no beco perto da porta de acesso ao palco, porque evidentemente os policiais tinham retirado todas as pessoas. Eu tinha desmaiado por sufocação, elas estavam todas em cima de mim. "O que vocês querem comigo, agora que me pegaram?"

Lembro-me de uma cena de contato real com essas meninas, um momento completamente inesperado, uma vinheta.

O céu está carregado, dia DE FOLGA! Subitamente, despenca o mundo, a tempestade cai com tudo! Do lado de fora, vejo três fãs das mais fanáticas. O penteado bufante delas está sucumbindo sob a força das águas, mas elas não saem de lá! O que o pobre do músico pode fazer?

"Entrem aqui, meninas." Meu cubículo está agora entupido com três garotinhas encharcadas. Elas soltam vapor, tremem. Ensopam meu quarto. O penteado das três, um desastre. Elas estão tremendo por causa da tempestade e porque estão no quarto do seu ídolo. Reina a confusão. Elas não sabem se devem se acocorar ou perder a visão. Eu estou igualmente confuso. Uma coisa é tocar do palco para elas, outra é ficar cara a cara. Toalhas se tornam uma coisa importante, assim como o banheiro. Elas fazem uma precária tentativa de se ressuscitar. Todos nervosos, tremenda tensão. Eu lhes ofereço café temperado com um pouco de *bourbon*, mas não há nem vestígio de sexo no ar. Ficamos sentados, conversando e rindo, até o céu limpar. Eu chamo um táxi para elas. Despedimo-nos como amigos.

Setembro de 1963. Sem músicas, pelo menos nenhuma que nos parecesse ter condições de entrar nas paradas de sucesso. Nada, naquele fundo de baú de temas de R&B, cada vez mais vazio, tinha cara de algum som que valesse a pena. Estávamos ensaiando no Studio 51, perto do Soho. Andrew tinha sumido para dar uma volta e se livrar um pouco desse desalento, quando topou com John e Paul, descendo de um táxi na Charing Cross Road. Foram tomar alguma coisa e perceberam a agonia do Andrew. Ele disse para os dois: faltam músicas. Voltaram para o estúdio com ele e nos deram uma canção que iria para seu próximo álbum, "I wanna be your man". Eles tocaram a canção com a gente, do começo ao fim. Brian fez um belo arranjo de *slide guitar*; e transformamos aquela música num som claramente Stones, em vez de algo dos Beatles. Ficou óbvio que tínhamos um sucesso quase antes de sairmos do estúdio.

Eles tinham deliberadamente pensado em nós com aquela canção. Eles são compositores, ficam tentando encontrar destinatários para suas canções, é o velho Tin Pan Alley[2], e acharam que aquela música seria boa para nós. Além disso, formávamos uma sociedade de admiração mútua. Mick e eu admirávamos as harmonias deles e seu talento como composi-

2 Grupo de compositores muito populares nos EUA. (N.T.)

tores; e eles invejavam nossa liberdade de movimento e nossa imagem. E queriam tocar com a gente. A verdade é que, entre os Beatles e nós, havia uma grande amizade. Tudo também era orquestrado com muita estratégia, porque, naqueles tempos, os singles saíam a cada seis, oito semanas. E nós todos tentávamos ajustar o tempo de modo a não dar trombada uns nos outros. Eu me lembro de uma vez em que John Lennon me telefonou e disse: "Bom, ainda não terminamos de mixar". "Aqui a gente tem uma pronta para o forno." "Ok, a de vocês antes, então."

Quando começamos a acontecer, estávamos ocupados demais tocando, pegando a estrada o tempo todo, para pensar em compor. Além disso, pensávamos que não fazia parte do nosso trabalho. Compor nem tinha nos ocorrido. Mick e eu pensávamos que compor era um trabalho à parte, que alguém fazia. Eu montava no cavalo, mas alguém tinha posto as ferraduras. Nossos primeiros discos eram todos *covers*, *Come on*, *Poison ivy*, *Not fade away*. Simplesmente, tocávamos música americana para um público inglês, e éramos capazes de fazer isso bem pra caramba, e tinha até gente nos Estados Unidos que nos ouvia. Já estávamos surpresos e atordoados de ver onde tínhamos chegado, e nos sentíamos muito felizes como intérpretes da música que adorávamos. Pensávamos que não havia motivo para sair daquele trilho. Mas Andrew era persistente. Nada mais do que a pressão do negócio. Vocês estão fazendo uma coisa incrível, mas sem mais material, de preferência coisas novas, acabou. Vocês precisam descobrir se podem fazer isso, e se não podem, precisam encontrar quem faça. Porque vocês não podem só ficar fazendo *cover*. Esse foi o salto quântico, produzir o nosso próprio material, que levou alguns meses, mas que no fim achei muito mais fácil do que tinha pensado.

O dia famoso em que Andrew nos trancou numa cozinha em Willesden e disse "Escrevam uma canção" — realmente aconteceu. Por que Andrew colocou Mick e eu juntos como compositores, e não Mick e Brian, ou eu e Brian, eu não sei. Depois a gente soube que Brian não era capaz de compor, mas Andrew não sabia disso naquela hora. Acho que foi porque Mick e eu andávamos bastante juntos naquela fase. Andrew fala assim: "Eu me baseei no fato de que se Mick podia escrever cartões-postais pra Chrissie Shrimpton, e Keith era capaz de tocar guitarra, então podiam compor músicas". Ficamos a noite inteira naquela porra de cozinha e, quer dizer, éramos os Rolling Stones, tipo, os reis do blues, e tínhamos um pouco de comida e urinar pela janela ou na pia não era nada demais. E eu disse: "Se a gente quiser sair daqui, Mick, é melhor criar alguma coisa."

Então ficamos naquela cozinha e eu comecei a testar uns acordes. "*It is the evening of the day.*" Eu podia ter escrito isso. "*I sit and watch the children play*", mas isso sem dúvida eu não teria encontrado. Tínhamos duas frases e uma sequência interessante de acordes. E então alguma coisa se intrometeu e se impôs, em algum momento do processo. Não quero dizer que tenha sido uma coisa mística, mas não consigo dizer exatamente o que foi. Assim que pinta a ideia, o resto vem que vem. É como se você tivesse plantado uma semente e depois de dar-lhe água e esperar, ela de repente fura o chão e se exibe, ei, olha só, estou aqui. O clima aparece em algum momento da canção. Remorso, amor perdido. Talvez um de nós tivesse terminado com a namorada. A gente encontra o gatilho que dispara a ideia, o resto é fácil. É só acender a primeira faísca. De onde isso vem, só Deus sabe.

Com "As tears go by" não estávamos tentando escrever uma canção comercial. Foi só o que nos ocorreu. Eu sabia o que Andrew queria: não me venham com um blues, não quero saber de paródia nem de imitação, apresentem alguma coisa própria. Uma boa música pop não é tão fácil assim de compor. Foi um choque, esse novo mundo da composição do nosso próprio material, essa descoberta de que eu tinha um dom que nem sabia que existia. Foi um momento Blake, como uma revelação, uma epifania.

"As tears go by" foi primeiramente gravado e transformado em sucesso por Marianne Faithfull. Isso aconteceu em poucas semanas. Depois disso, compusemos montanhas de canções bobinhas e aéreas de amor, para mocinhas românticas, e coisas que não tiveram sucesso. A gente entregava para o Andrew e, o que nos espantava, ele conseguia que a maioria delas fosse gravada por outros artistas. Mick e eu nos recusávamos a incluir essas porcarias que escrevíamos no repertório dos Stones. Teriam rido tanto da nossa cara que seríamos obrigados a sair da sala. Andrew estava esperando que criássemos “The last time”.

O tempo para compor teve de ser espremido no meio de tudo. Às vezes, a única hora disponível para isso era depois de um show. Era impossível enquanto estávamos na estrada. Stu levava a gente de carro e o cara era implacável. A gente se amontoava nos bancos de trás do Volkswagen dele, trancados, só uma janela no fundo do carro, sentados em cima do motor. O mais importante era o equipamento, os amplificadores, os tripés dos microfones e as guitarras, e, depois que estava tudo carregado, ele dizia: “Agora vocês se enfiem onde tiver espaço”. Após algumas contorções, se quisesse parar para fazer xixi, podia esquecer. Ele apenas fingia que não tinha ouvido nada. E ele tinha um enorme estéreo, um equipamento móvel quarenta anos na frente do que os caras têm hoje. Dois imensos JBLs do lado das orelhas dele, na cabine do motorista. Uma prisão móvel.

The Ronettes era o grupo feminino mais incrível do mundo, e no início de 1963 as garotas tinham acabado de lançar uma das maiores canções já gravadas, “Be my baby”, produzida por Phil Spector. Saímos com as Ronettes em nossa segunda turnê pelo Reino Unido, e eu me apaixonei por Ronnie Bennett, que era a cantora principal. Ela estava com vinte anos, e era uma criatura extraordinária de se ouvir, ver, estar perto. Me apaixonei por ela em silêncio e ela se apaixonou por mim. Éramos os dois muito tímidos, por isso não havia muita comunicação, mas sem dúvida havia amor. Tudo tinha de ser mantido em segredo porque Phil Spector era e continuou sendo um homem muito famoso por seu prodigioso ciúme. Ela precisava estar no seu quarto o tempo todo para o caso de Phil telefonar. E acho que ele rapidamente sacou que Ronnie e eu estávamos tendo alguma coisa, então ele falava para as pessoas que impedissem Ronnie de se encontrar com alguém depois do show. Mick tinha se enroscado com

Estelle, a irmã dela, que não era tão vigiada. Eram de uma família numerosa. A mãe delas, que tinha seis irmãs e sete irmãos, morava no Harlem espanhol, e na primeira vez que Ronnie pisou no palco do Apollo estava com catorze anos. Ela me contou um tempo depois que Phil estava muito ciente de que sua careca vinha aumentando e ele não conseguia suportar a minha cabeleira. Essa insegurança era tão crônica que ele inventava as coisas mais absurdas para diminuir seus receios, a ponto de, inclusive, após ter-se casado com Ronnie em 1968, tê-la feito prisioneira em sua mansão na Califórnia, mal permitindo que ela saísse de casa e impedindo-a de cantar, gravar discos ou fazer turnês. Em seu livro, ela descreve como Phil a levava até o porão e mostrava para ela um caixão de ouro com tampo de vidro, advertindo-a que ali seria o local onde ficaria exposta, se desobedecesse às regras que ele lhe impunha rigorosamente. Ronnie tinha muita coragem, mesmo tão jovem, mas não o bastante para livrá-la do cerco de Phil. Eu me lembro de assistir a uma sessão de Ronnie fazendo um vocal no Gold Star Studios: "Cala a boca, Phil. Eu sei como tem de ficar!".

Ronnie se lembrou de como éramos naquela turnê que fizemos juntos:

> **Ronnie Spector:** Keith e eu sempre dávamos um jeito de ficar juntos. Eu me lembro de que naquela turnê, na Inglaterra, o nevoeiro estava muito forte, tanto que o ônibus teve inclusive de parar. E Keith e eu saímos e fomos para um chalezinho onde uma senhorinha nos atendeu à porta, meio redondinha e muito doce, e eu disse, "Olá, eu sou a Ronnie das Ronettes", e Keith disse, "Eu sou o Keith Richards dos Rolling Stones e não podemos seguir no nosso ônibus porque não enxergamos mais do que nossas mãos neste *fog*..." Aí, ela disse, "Oh! Entrem meninos, vou servir alguma coisa para vocês!", e nos deu docinhos, chá e mais biscoitinhos para levarmos para o ônibus. Aqueles foram os dias mais felizes de toda a minha carreira.

Tínhamos vinte anos e estávamos apaixonados. O que você faz quando ouve um disco como "Be my baby" e se dá conta de que aquilo é para você? Mas é a mesma velha história de sempre, ninguém mais pode saber. Assim, também era uma coisa terrível. Mas, no fundo, eram só hormônios. E empatia. Mesmo sem pensar muito sobre isso, nos demos conta de que estávamos mergulhados num mar de súbito sucesso e que os outros queriam dar as cartas em nossas vidas e não gostamos nada disso. Só que não se podia fazer muito a respeito. Não na estrada. Mas, então, nunca teríamos nos conhecido se não fosse aquela turnê esquisita. Ronnie só queria o melhor para as pessoas. Já ela própria nunca ficou mesmo com o melhor. Seu coração funcionava do jeito certo. Um dia, de manhã bem cedo, fui ao Strand Palace Hotel e procurei por ela. "Só queria dar um alô." A turnê estava quase saindo para Manchester ou sei lá, todos tínhamos de entrar no ônibus, e imaginei que podia vê-la antes. Não aconteceu nada daquela vez. Eu só ajudei na arrumação de suas malas. Mas, para mim, foi um gesto audacioso porque eu nunca tinha me declarado para nenhuma garota antes. Voltamos a nos ver em Nova York pouco depois disso, como já vou contar. E sempre mantive contato com Ronnie. No dia 11 de setembro, estávamos gravando juntos uma canção intitulada "Love affair", em Connecticut. É mesmo uma obra em andamento.

Na arrogância da juventude, a ideia de ser uma estrela do rock ou da música pop era um passo abaixo de ser um bluesman e tocar em casas noturnas. Para nós, enfiar os pés na jaca do comercialismo, em 1962 ou 1963, foi muito desagradável, por algum tempo. Quando os Rolling Stones começaram, o limite de sua ambição era só ser a melhor porra de banda de Londres. Desdenhávamos o interior; a cabeça da gente estava em Londres. Mas assim que o mundo acenou para nós, não demorou muito para que os véus caíssem dos meus olhos. De repente, o mundo todo se abrira e os Beatles estavam provando isso. Não é nada fácil ser famoso. Você não quer isso. Mas, ao mesmo tempo, tem de ser para poder fazer o que está fazendo. E então você saca que já entrou nesse acordo na hora da encruzilhada. Ninguém disse que esse seria o acordo. Mas, no intervalo de algumas semanas, de alguns meses, você percebe que fez o acordo. E que agora você está num caminho que, esteticamente, não é o ideal. Estúpidos idealismos adolescentes, purismos insustentáveis, tudo merda. Agora você definiu o caminho, junto com todo o pessoal que queria seguir, afinal de contas, gente como Muddy Waters, Robert Johnson. Você já fez o acordo. E agora tem de cumprir essa merda à risca, do mesmo jeito que todos os irmãos e irmãs e ancestrais. Agora, você está com o pé na estrada.

Michael, Cooper / Raj Prem Collection

Capítulo Cinco

A primeira turnê dos Stones nos EUA. Encontro com Bobby Keys na Feira Estadual de San Antonio. Chess Records, Chicago. Encontro com a futura Ronnie Spector e vou ao Apollo, no Harlem. A imprensa (e Andrew Oldham) proveem nossa nova imagem popular: cabeluda, ofensiva e suja. Mick e eu escrevemos uma música que podemos dar aos Stones. Vamos a LA e gravamos com Jack Nitzsche na RCA. Escrevo "Satisfaction" enquanto durmo e temos nosso primeiro *hit*. Allen Klein se torna nosso empresário. Linda Keith parte meu coração. Compro minha casa de campo, Redlands. Brian começa a evaporar — e encontra Anita Pallenberg.

A primeira vez que os Stones foram para a América, achamos que havíamos morrido e ido para o céu. Era o verão de 1964. Todos tinham suas preferências nos EUA. Charlie ia ao Metropole quando ainda estava na moda, e encontrava Eddie Condon. A primeira coisa que fiz foi visitar a Colony Records e comprar todos os álbuns de Lenny Bruce que encontrei. Fiquei abismado como Nova York parecia antiquada e europeia — muito diferente do que imaginava. Mensageiros e *maîtres*, todo esse tipo de coisa. Coisas supérfluas e bastante inesperadas. Era como se alguém tivesse dito em 1920, "Estas são as regras", e nada tinha mudado desde então. Ao mesmo tempo era o lugar mais acelerado e moderno em que você poderia estar.

E o rádio! Comparado com o da Inglaterra, não dava para acreditar. Estar lá em um momento de verdadeira explosão musical, sentado em um carro com o rádio ligado era o paraíso. Mudavam-se os canais e encontrávamos dez estações country, cinco estações negras, e se estivesse viajando pelo país e elas não pegassem, bastava girar o botão novamente e lá estava outra canção incrível. A música negra explodia. Era uma casa de força. Na Motown, eles tinham uma fábrica, mas sem produzir autômatos. Nós respirávamos Motown na estrada, apenas esperando pela próxima Four Tops ou o próximo Temptations. Motown era nosso alimento, na estrada e fora dela. Escutando o rádio do carro por milhares de quilômetros até o próximo show. Esta era a beleza da América. Sonhávamos com ela antes de chegar.

Eu sabia que Lenny Bruce não deveria ser o comediante preferido de todos os americanos, mas achei que dali eu conseguiria um fio da meada para desvendar os segredos dessa cultura. Ele foi minha *entrée* na sátira americana. Lenny era o cara. *The sick humor of Lenny Bruce*; eu o havia incorporado muito antes de chegar à América. Assim eu estava bem preparado quando no *The Ed Sullivan Show* não permitiram que Mick cantasse "Let's spend the night together", e tivemos de cantar "Let's spend *some time* together". Falando em sombras e nuanças... O que isso significa, especialmente para a CBS? Uma noite não é permitido. Inacreditável. Costumávamos rir disso. Era puro Lenny Bruce — "Peitos" é uma palavra suja? O que é sujo? A palavra ou o peito?

Andrew e eu entramos no Brill Building, um Tin Pan Alley da música americana, para tentar encontrar o grande Jerry Leiber, mas Jerry Leiber não nos recebia. Alguém nos reconheceu e nos fez entrar e tocaram para nós todas aquelas músicas, e saímos com "Down home girl", de Leiber e Butler, uma incrível canção funk que gravamos em novembro de 1964. Procurando pelos escritórios da Decca em Nova York em uma de nossas aventuras, acabamos em um motel na 26th Street com a 10th junto com um bêbado irlandês chamado Walt McGuire, um cara certinho que parecia ter recém-saído da marinha americana. Era o dirigente do escritório americano da Decca. E de repente nos demos conta de que a grande gravadora Decca ficava na verdade em um armazém qualquer em Nova York. Era um truque de cartão de visita. "Oh, sim, temos grandes escritórios em Nova York." E ficava nas docas da West Side Highway.

Ouvíamos música do estilo que as meninas gostam, *doo-wop*, *uptown soul*: as Marvelettes, as Crystals, as Chiffons, as Chantels, todas essas coisas entrando em nossos ouvidos e nós adorando. E as Ronettes, o grupo feminino mais quente que havia. "Will you love me tomorrow" pelas Shirelles. Shirley Owens, sua cantora, tinha uma voz quase não trabalhada, maravilhosamente equilibrada com uma fragilidade e simplicidade, quase como se não fosse uma cantora. Todas essas coisas você ouvia — sem dúvida os Beatles tiveram seu efeito —, "Please Mr. Postman", e "Twist and shout" pelos Isley Brothers. Se tivéssemos tentado tocar qualquer coisa parecida com isso no Richmond Station Hotel a reação teria sido "*O quê?* Enlouqueceram". Pois queriam ouvir música do estilo pesado Chicago blues que nenhuma outra banda tocava tão bem quanto nós. Os Beatles certamente jamais teriam tocado assim. No Richmond, era nosso dever de profissionais talentosos não desviar do caminho.

O primeiro show que fizemos na América foi no Swing Auditorium em San Bernardino, Califórnia. Bobby Goldsboro, que me ensinou o *lick* de Jimmy Reed, estava no show, e as Chiffons. Porém mais cedo, tivemos a experiência de sermos apresentados por Dean Martin na gravação do show de TV *Hollywood Palace*. Naquela época, na América, se você usasse cabelos longos era tanto um veado quanto um esquisitão. As pessoas gritavam do outro lado da rua: "Ei, suas bichinhas!". Dean Martin nos apresentou com algo no gênero: "Essas maravilhas cabeludas da Inglaterra, os Rolling Stones... Eles estão nos bastidores catando as pulgas uns dos outros". Muito sarcasmo e olho revirado. Então ele disse: "Não me deixem sozinho com *isto*", e faz um gesto, com horror, em nossa direção. Esse era Dino, o rebelde Rat Packer, que mandou o mundo do entretenimento se foder fingindo estar bêbado o tempo todo. Ficamos bastante chocados. Apresentadores e tipos ingleses do showbiz podem ter sido hostis, mas não o tratavam como se você fosse uma atração apatetada de circo. Antes de iniciarmos, ele apresentou as King Sisters com seus imensos coques no cabelo e elefantes performáticos de pé nas patas traseiras. Eu amo o velho Dino. Ele era um cara bastante divertido, embora não estivesse pronto para a troca da guarda.

Seguimos em direção ao Texas e a mais apresentações esquisitas, em uma das vezes, com uma piscina com focas performáticas entre nós e a audiência em San Antonio na Feira Estadual do Texas. Foi onde encontrei Bobby Keys pela primeira vez, o grande saxofonista, meu amigo mais próximo (nascemos com poucas horas de diferença). Uma alma do rock and roll, um homem sólido, e também um maníaco depravado. O outro cara nessa apresentação era George Jones. Eles avançavam com um *tumbleweed*[1], seguindo-os como se fosse seu bicho de estimação. Poeira por toda parte, um bando de vaqueiros. Mas quando George se levantou, ficamos surpresos — tem um mestre ali em cima.

Você precisa perguntar a Bobby Keys o tamanho do Texas. Levei trinta anos para convencê-lo de que o Texas na verdade era apenas uma imensa terra invadida por Sam Houston e Stephen Austin. "De jeito nenhum. Como ousa!" Seu rosto todo vermelho. Então emprestei uns livros a ele sobre o que tinha de fato acontecido entre o Texas e o México, e seis meses mais tarde ele diz: "Seu argumento parece ter alguma substância". Sei como se sente, Bob. Eu acreditava que a Scotland Yard era irrepreensível.

Mas Bobby Keys deve contar ele mesmo a história do nosso primeiro encontro, já que é uma história texana. Ele me bajula, mas nesse caso eu permiti.

Bobby Keys: Encontrei Keith Richards fisicamente em San Antonio, Texas. Eu tinha muito preconceito contra ele antes de conhecê-lo. Eles gravaram uma canção, "Not fade away", de um cara chamado Buddy Holly, nascido em Lubbock, Texas, como eu. Eu disse: "Hei, essa canção era do Buddy. Quem são esses ca-

1 Bola de gravetos e galhos que se forma com o vento. (N.T.)

ras branquelos, de fala engraçada, de perna fina para virem aqui e faturarem em cima da canção do Buddy? Vou dar porrada neles!". Os Beatles não me interessavam muito. Secretamente eu meio que gostava deles, mas eu testemunhava diante dos meus olhos a morte do saxofone. Nenhum desses tinha sax em suas bandas, cara! Vou tocar música de merda estilo Tijuana Brass pelo resto da minha vida. Eu não pensava, "Ótimo, vamos estar no mesmo show". Eu tocava com um cara chamado Bobby Vee, que tinha um sucesso na época chamado "Rubber ball" ("I keep bouncing back to you"), e éramos a atração principal do show até que eles chegaram, e então se tornaram a atração principal. E ali era o Texas, cara. Ali era o meu lugar.

Estávamos todos hospedados no mesmo hotel em San Antonio, e eles estavam na varanda, Brian e Keith, e acho que Mick. Fui para fora e os escutei, e tinha ali de fato um rock and roll acontecendo, na minha humilde opinião. E claro que eu conhecia tudo sobre aquilo já que havia sido inventado no Texas e eu presenciei seu nascimento. E a banda era muito, muito boa, e tocaram "Not fade away" de fato melhor do que Buddy jamais fizera. Eu nunca disse isso para eles ou para qualquer pessoa. Pensei que talvez tivesse feito um julgamento desses caras um pouco duro demais. No dia seguinte, deveríamos tocar três shows com eles. Era a terceira vez que eu estava no camarim com eles, que falavam sobre as apresentações americanas e como todos mudavam de roupa antes de entrar no palco. O que fazíamos. Nós íamos com nossos ternos pretos de *mohair*, e camisas brancas e gravatas, o que era uma estupidez, porque fazia 900 graus do lado de fora, era verão em San Antonio. Eles estavam dizendo: "Por que nunca mudamos de roupa?". E diziam: "É, essa é uma boa ideia". Fiquei esperando que sacassem de repente alguns ternos e algumas gravatas, mas eles apenas trocaram de roupa uns com os outros. Eu achei o máximo.

É preciso compreender que a visão, a imagem, segundo os padrões americanos do rock and roll em 1964, era terno de *mo-*

hair e gravata, e estilo arrumadinho, do bom vizinho ao lado. De repente, chega esse monte de moscas-varejeiras inglesas, intrusos, cantando uma canção de Buddy Holly! Maldição! Eu não podia realmente ouvir muito bem, com os amplificadores e PAS sendo como eram, mas cara, eu sentia. Eu sentia a porra, e me fazia sorrir e dançar. Eles não se vestiam iguais, não faziam conjuntos, eles simplesmente quebravam todas as porras das regras, e faziam funcionar, e isso foi o que me encantou pra cacete. Então, inspirado por isso, no dia seguinte tirei o terno de *mohair* e a gravata, vesti as calças, e as unhas do meu pé rasgaram a costura da frente até embaixo e eu não tinha outra coisa para vestir. Então vesti minha camisa e gravata, coloquei bermudas e botas de vaqueiro. Não fui despedido. Recebi um "O que você... Como ousa... Que merda está acontecendo, cara?". Isso redefiniu muita coisa para mim. A cena da música americana, todo o conjunto de ídolos adolescentes e os garotinhos certinhos com suas musiquinhas bonitinhas, mas tudo isso foi pra puta que pariu quando esses caras apareceram! Junto com a imprensa, "você deixaria a sua filha", todas essas coisas, fruto proibido.

Enfim, de alguma maneira repararam no que fiz, e eu reparei no que eles fizeram, e nós meio que nos encontramos ali, realmente apenas roçamos nossos caminhos. Cruzei de novo com eles em LA quando faziam o show T.A.M.I. Descobri que Keith e eu fazíamos aniversário no mesmo dia, ambos nascidos em 18 de dezembro de 1943. Ele me disse: "Bobby, sabe o que isso significa? Somos metade homem, metade cavalo, e temos licença para cagar nas ruas". Bem, essa foi uma das melhores informações que já recebi na vida!

O coração e a alma desta banda são Keith e Charlie. Isso é óbvio para qualquer um que esteja respirando, ou que tenha alguma veia musical em seu corpo. É aí que está o lugar do motor. Não sou um músico acadêmico, não sei ler música, nunca tive um treinamento profissional. Mas eu sinto as coisas, e quando o ouvi tocar sua guitarra, me lembrou tanto a energia que ouvia sair de Buddy e de Elvis. Havia algo ali que era para valer, embora estivesse tocando Chuck Berry. Era a coisa verdadeira, sabe como é? E eu já tinha ouvido muitos bons guitarristas originários de Lubbock. Orbison veio de Vernon, a algumas horas de distância, eu costumava ouvi-lo, e Buddy no rinque de patinação, e Scotty Moore e Elvis Presley visitavam a cidade, então já tinha ouvido guitarristas muito bons. E havia algo em Keith que imediatamente me lembrou Holly. Tinham aproximadamente o mesmo tamanho; Buddy era um cara magro, com dentes feios. Keith era um emporcalhado. Mas eles têm simplesmente um brilho no olhar, e ele parecia perigoso, e isso é verdade.

Ali estava a descoberta completa sobre a América — era civilizada nas bordas, mas a cinquenta milhas para o interior de qualquer grande cidade americana, quer fosse Nova York, Chicago, LA ou Washington, você de fato entrava em outro mundo. Em Nebraska e lugares assim, ouvíamos habitualmente: "Ei, meninas". Apenas ignorávamos. Ao mesmo tempo, eles sentiam-se ameaçados por nós, porque suas mulheres nos olhavam e comentavam: "Interessante". Não era o que tinham todo santo dia, não era um cara caipira e ignorante cheirando a cerveja. Tudo o que diziam era ofensivo, mas a motivação subjacente era defesa. Nós queríamos apenas entrar, comer uma panqueca ou tomar um café com presunto e ovos, mas tínhamos de estar preparados para encarar algum insulto. Tudo o que fazíamos era tocar, mas o que percebíamos era que estávamos atravessando dilemas e choques sociais bem interessantes. E montes de inseguranças, me parecia. Os americanos supostamente eram atrevidos e autoconfiantes. Besteira. Isso era só fachada. Principalmente os homens, principalmente naquela época, não entendiam bem o que estava acontecendo. As coisas aconteciam rápido. Não me surpreende que alguns caras simplesmente não sacassem as sutilezas.

A única hostilidade que relembro numa base consistente era a dos brancos. Os irmãos e os músicos negros no mínimo achavam que éramos uns alternativos interessantes. Podíamos conversar. Era muito mais difícil atingir os brancos. Tinha-se sempre a impressão de ser uma ameaça definitiva. E tudo o que você tinha feito era perguntar: "Posso usar o banheiro?". "Você é um menino ou menina?" O que você ia fazer? Puxar o pau para fora?

Na Inglaterra tínhamos um álbum no topo das paradas, mas no meio da América ninguém nos conhecia. Estavam mais ligados em Dave Clark Five e Swinging Blue Jeans. Em algumas cidades nos deparamos com verdadeira hostilidade, olhares realmente assassinos em nossa direção. Algumas vezes tínhamos a sensação de que uma lição exemplar nos seria ensinada bem ali. Tínhamos de escapar rápido em nossa leal camionete com Bob Bonis, nosso gerente de turnês, um ótimo sujeito. Ele já estivera na estrada com anões, macacos performáticos, com algumas das melhores atrações de todos os tempos. Ele nos levava despreocupados pela América, dirigindo oitocentos quilômetros por dia.

Muitos dos nossos shows em 1964 e 1965 eram acoplados nessas outras turnês que já estavam arranjadas. Por duas semanas estávamos com Patti LaBelle e as Bluebelles, Vibrations e um contorcionista chamado Amazing Rubber Man. E, então, mudávamos para um outro circuito. A primeira vez que vi alguém dublar no palco foi com os Shangri-Las, "Remember" *(walkin' in the sand)*. Três garotas de Nova York eram lindas e tudo mais, de repente você percebe que não há banda, elas estão de fato cantando com um gravador. E tinha os Green Men, também em Ohio, eu acho. Eles realmente se pintavam de verde para fazer sua apresentação. Qualquer que fosse o astral da semana ou do mês. Alguns eram excelentes instrumentistas, em especial no Centro-Oeste e Sudoeste. Aquelas pequenas bandas tocando uma noite ou outra, em bares, nunca fadados ao sucesso, e sem nem mesmo desejar, essa é a beleza da coisa. E alguns deles eram danados de bons na palheta. Há uma riqueza de talentos por aí. Caras que podiam tocar muito melhor do que eu. Algumas vezes éramos as estrelas, nem sempre, mas em geral. E com Patti LaBelle e as Bluebelles havia a jovem Sarah Dash, que tinha uma mulher que a acompanhava, vestida em sua roupa de igreja de domingo. Se você sorrisse, ganhava um olhar feroz. Costumavam chamá-la de "Polegada". Ela era doce e baixa. Vinte anos depois, ela volta a fazer parte da minha história.

E claro, no início de 1965, começo a ficar chapado — um hábito de vida inteira —, o que também intensificava minhas impressões sobre o que se passava. Na época, estava apenas fumando maconha. Os sujeitos que eu encontrava na estrada eram, na ocasião, homens mais velhos de trinta, alguns de quarenta anos, bandas negras com as quais tocávamos. E ficávamos acordados a noite toda, íamos para a apresentação e encontrávamos aqueles irmãos em seus ternos feitos de tecido *sharkskin*, com corrente, colete, cabelo com gel, todos bem barbeados e bem escovados, em tão boa forma e doces — e nós apenas nos arrastávamos. Um dia, eu me senti tão maltrapilho indo para o show, e aqueles irmãos estavam tão inteiros, cumpriam a mesma programação que nós. Então eu disse a um deles, um tocador de trompa: "Jesus, como você parece estar tão bem todos os dias?". Ele puxou o paletó para trás e colocou a mão no bolso do colete e disse: "Você toma uma dessas e fuma um desses". Melhor conselho. Ele me deu uma pequena pílula branca, uma cruz branca, e um baseado. "É assim que fazemos: você toma uma dessas e fuma um desses."

"Mas deixe tudo escondido!" Foi com essa frase que saí da sala. "Agora que contamos para você, esconde." E eu senti como se tivesse acabado de ser aceito em uma sociedade secreta. "Está bem eu contar para os outros rapazes?" "Sim, mas mantenham entre vocês." Nos bastidores, isso vinha acontecendo desde tempos imemoriais. O baseado realmente chamou minha atenção. O baseado chamou tanto minha atenção que esqueci de tomar a Benzedrina. Faziam boas drogas estimulantes naqueles dias. Oh, sim, era pura. Você conseguia estimulantes em qualquer parada de caminhão; os caminhoneiros dependiam disso. "Pare aqui, encoste numa parada de caminhão e pergunte por Dave." *Gimme a pigfoot and a bottle of beer*[2].

O número 2120 da avenida South Michigan era o solo sagrado — a sede da Chess Records em Chicago. Chegamos lá em um arranjo de última hora feito por Andrew Oldham, em um momento no qual a primeira metade da nossa primeira turnê nos EUA parecia

2 Música de Wesley Wilson. (N.T.)

um semidesastre. Ali no estúdio de som perfeito, na sala onde tudo o que ouvíamos tinha sido gravado, talvez por alívio, ou pelo fato de que pessoas como Buddy Guy, Chuck Berry e Willie Dixon entravam e saíam, nós gravamos catorze faixas em dois dias. Uma delas foi "It's all over now", de Bobby Womack, nosso primeiro sucesso. Algumas pessoas, Marshall Chess inclusive, juram que inventei isso, mas Bill Wyman pode confirmar. Entramos nos estúdios da Chess, e tinha um sujeito de macacão preto pintando o teto. Era Muddy Waters, e ele tinha uma mancha de tinta branca escorrendo pelo rosto, e estava no alto de uma escada. Marshall Chess diz: "Oh, ele nunca pintou". Mas Marshall era um menino na época; ele trabalhava no porão. E Bill Wyman me contou que ele realmente lembra de Muddy Waters levando nossos amplificadores do carro para o estúdio. Quer estivesse sendo um sujeito simpático ou não estivesse vendendo discos na época, sei muito bem como são os irmãos Chess — se quer continuar na folha de pagamento, trabalhe. A coisa mais esquisita de encontrar seus heróis, seus ídolos, é que a maioria deles é tão humilde, e muito encorajadora. "Toque esse *lick* de novo", e você se dá conta de que está sentado com Muddy Waters. E claro que mais tarde eu o conheci. Por muitos anos me hospedei frequentemente em sua casa. Naquelas primeiras viagens creio que fiquei na casa de Howlin' Wolf uma noite, mas Muddy estava lá. Sentado na zona sul de Chicago com aqueles dois gigantes. E a vida familiar, montes de crianças e parentes entrando e saindo. Willie Dixon está lá...

Na América, pessoas como Bobby Womack costumavam dizer: "A primeira vez em que ouvimos vocês pensávamos que fossem negros. De onde vêm esses filhos da mãe?". Não consigo entender por que Mick e eu tirávamos aquele som naquela maldita cidade — exceto que se você se banha naquilo em uma casa de cômodos úmida em Londres o dia todo com a intensidade que fazíamos, não seria muito diferente fazer o mesmo em Chicago. Aquilo era só o que tocávamos, até que nos tornamos aquilo. Nós não soávamos ingleses. E acho que isso nos surpreendia também.

Cada vez que tocávamos — e ainda faço isso algumas vezes — eu me virava e dizia: "Esse barulho está vindo apenas dele ali, e de mim?". É quase como se você estivesse montando um cavalo selvagem. Com relação a isso, tivemos uma sorte danada de trabalhar com Charlie Watts. Ele tocava muito parecido com os percussionistas negros tocando com Sam e Dave e os tipos de música da Motown, ou os percussionistas do soul. Ele tinha aquele toque. A maior parte das vezes muito correto, com as baquetas entre os dedos, que é como a maior parte dos percussionistas toca hoje. Se você ficar doido demais, está fora. É como surfar, é bom quando você está de pé. E por causa desse estilo de Charlie, eu era capaz de tocar do mesmo jeito. Uma coisa leva à outra em uma banda; tudo tem que fundir. Basicamente é tudo líquido.

A parte mais bizarra de toda a história é que, tendo feito na época o que pretendíamos em nossos cérebros adolescentes, puristas e estreitos, que era interessar as pessoas pelo blues, o que de fato aconteceu foi que levamos os americanos negros de volta para sua própria música. E essa é provavelmente nossa maior contribuição para a música. Reviramos os cérebros e ouvidos brancos da América. E não diria que fomos os únicos — sem os Beatles provavelmente ninguém teria arrombado a porta. E eles certamente não eram homens do blues.

A música negra americana seguia como um trem expresso. Depois que morreram Buddy Holly e Eddie Cochran, e Elvis estava ficando esquisito no Exército, a música branca americana eram os Beach Boys e Bobby Vee. Eles estavam ainda presos ao passado. O passado eram seis meses atrás; não era há muito tempo. Mas a merda mudou. Os Beatles eram o marco. E ficaram presos em sua própria jaula. "The Fab Four." (Os Quatro Fabulosos). Por isso, mais tarde, tivemos os Monkees, toda essa merda falsificada. Mas acho que houve um vácuo em algum lugar na música branca americana na época.

Quando chegamos pela primeira vez na América e em LA, tocava muito Beach Boys no rádio, o que era divertido para nós — era anterior a *Pet sounds* —, eram canções *hot rod* e canções de surfe, muito mal tocadas, *licks* familiares de Chuck Berry acontecendo. "Round, round get around / I get around", eu achava isso brilhante. Foi mais tarde, ouvindo *Pet sounds*, bem, é tudo um pouco superproduzido para mim, mas Brian Wilson tinha algo. "In my room", "Don't worry baby". Eu estava mais interessado em seus lados B, aquelas que ele tinha colocado por baixo dos panos. Não havia nenhuma correlação em particular com o que estávamos fazendo, assim eu podia ouvir em outro nível. Eu pensava, essas são canções bem construídas. Eu curtia o estilo da música pop. Eu sempre ouvia tudo e a América expunha tudo — ouvíamos gravações lá que eram sucessos regionais. Conhecíamos rótulos e atuações locais, e foi assim que encontramos "Time is on my side", em LA, cantado por Irma Thomas. Era o lado B de uma gravação da Imperial Records, uma gravadora que conhecíamos porque era independente e bem-sucedida e baseada na Sunset Strip.

Tenho conversado com caras como Joe Walsh, dos Eagles, e muitos outros músicos brancos sobre o que ouviam na juventude, e era tudo muito provinciano, estreito e dependente da estação de rádio local FM, em geral branca. Bobby Keys acha que pode dizer de onde é uma pessoa pelo seu gosto musical. Joe Walsh nos ouviu tocar quando estava na escola secundária, e me contou que isso teve nele um efeito enorme simplesmente porque ninguém que ele conhecesse jamais ouvira nada parecido, porque não havia. Ele ouvia *doo-wop* e era tudo. Ele nunca ouvira Muddy Waters. Surpreendentemente, sua primeira exposição ao blues, ele disse, foi ao nos ouvir. Ele decidiu também ali que a vida de menestrel era para ele, e agora você não vai a qualquer restaurante barato sem ouvi-lo tocando "Hotel California" com sua guitarra.

Jim Dickinson, o menino sulista que tocou piano em "Wild horses", foi exposto à música negra pela poderosa e única estação de rádio negra, WDIA, durante a juventude em Memphis; então, quando foi para a universidade no Texas, tinha uma educação musical que excedia a daqueles que encontrou lá. Mas ele nunca viu um músico negro, embora morasse em Memphis, exceto uma vez quando assistiu a Memphis Jug Band com Will Shade e Good Kid no seu *washboard*, em que tocavam na rua quando ele tinha nove anos. Mas as barreiras racistas eram tão severas que esses tipos de músicos eram inacessíveis para ele. Então, Furry Lewis — em cujo funeral Jim tocou —, Bukka White e outros foram trazidos para tocar por meio do movimento de revitalização da música folk. Eu realmente acho que talvez os Stones tenham tido muito a ver com que as pessoas alargassem seus limites.

Quando lançamos "Little red rooster", um blues de raiz de Willie Dixon com uma guitarra *slide* e tudo o mais, foi um passo ousado na época, novembro de 1964. Estávamos recebendo negativas da gravadora, empresário, de todos. Mas sentíamos que estávamos na crista de uma onda e podíamos forçar. Era quase uma rebelião contra a música pop. Em nossa arrogância, queríamos fazer uma afirmação. "I am the little red rooster / Too lazy to crow for day." (Eu sou um pequeno galo vermelho, muito preguiçoso para cantar para o dia.) Veja se consegue colocar no topo da lista, filho da mãe. Canção sobre uma galinha. Mick e eu nos levantamos e dissemos: "Vamos, vamos forçar". É disso que estamos tratando. E as comportas explodiram depois disso, de repente, Muddy e Howlin' Wolf e Buddy Guy estão tendo apresentações e trabalhando. Foi um rompimento. E o disco foi para o número um. Tenho certeza de que o que estávamos fazendo tornou Berry Gordy na Motown capaz de levar suas coisas para outra parte, e isso certamente rejuvenesceu o Chicago blues também.

Eu tenho um caderno onde anoto esquetes e ideias para canções, e ele contém o seguinte:

> *Boteco de jukebox... Alabama? Georgia?*
> *Finalmente estou no meu elemento! Uma banda incrível está gemendo em um palco decorado com tinta fosforescente. Todos na pista de dança estão se mexendo como uma pessoa só, junto com o cheiro de suor e o cheiro das costelas assando na churrasqueira atrás da casa. A única coisa que faz com que eu sobressaia é ser branco! Maravilha, ninguém repara nessa aberração. Sou aceito, sinto-me tão aconchegado. Estou no céu!*

A maioria das cidades, como a branca Nashville, por exemplo, às dez da noite, eram cidades fantasma. Estávamos trabalhando com os caras negros, os Vibrations, Don Bradley, acho que era seu nome.

Uma apresentação impressionante, eles podiam fazer qualquer coisa. Davam saltos mortais enquanto tocavam. "O que vão fazer depois do show?" Isto já era um convite. Assim, entramos no táxi e cruzamos os trilhos e começou a acontecer. Há comida, todos dançando rock, se divertindo, e era um contraste tão grande com a parte branca da cidade que ficou para sempre na minha memória. Você podia ficar por ali, com costeletas, bebida, cigarro. E *big mamas*, por alguma razão sempre nos olham como pessoas magras, frágeis. Então começam a nos tratar como mães, o que pra mim estava bem. Puxado para o meio de dois enormes seios... "Precisa de uma massagem, garoto?" "Ok, o que você disser, mama." Apenas as coisas boas. Você acorda em uma casa cheia de pessoas negras que estão sendo incrivelmente gentis com você, não dá para acreditar. Quer dizer, merda, queria que isso acontecesse em casa. E isso acontecia em cada cidade. Você acorda, onde estou? E tem ali uma *big mama*, e você está deitado com a filha dela, mas ganha café na cama.

A primeira vez que encarei um cano de revólver foi no banheiro masculino do Civic Auditorium (eu acho) em Omaha, Nebraska. Estava na mão de um enorme policial grisalho. Eu estava com Brian nos bastidores para a passagem de som. Nós bebíamos Scotch e Coca na época. Enfim, levamos nossos copos de papel conosco e satisfizemos o chamado da natureza, copo na mão. Felizes, nós borrifamos. Ouvi a porta abrir atrás de nós. "Ok, virem-se lentamente", uma voz ofegante. "Foda-se", disse Brian. "Agora", disse a voz ofegante. Sacudindo os pingos, olhamos em volta. Um enorme policial com um grande revólver em sua imensa mão nos fixava um olhar ameaçador. O silêncio imperava e Brian e eu encarávamos o buraco negro. "Este é um prédio público. Bebidas alcoólicas não são permitidas! Vocês vão jogar o conteúdo dos seus copos na privada. Agora! Sem movimento brusco. Façam." Brian e eu tivemos um ataque de riso, mas fizemos o que nos foi dito. Ele estava com a vantagem. Brian disse alguma coisa sobre reação violenta exagerada, o que apenas enfureceu o velho chato a ponto de fazer a arma começar a tremer. Então nós começamos a falar sobre desconhecermos os costumes da cidade, mas ele gritou alguma coisa sobre a ignorância não ser defesa aos olhos da lei. Eu já ia perguntar como ele sabia que estávamos tomando bebida alcoólica, mas achei melhor não. Tínhamos outra garrafa no camarim.

Foi logo depois disso que arranjei uma Smith & Wesson .38 especial. Era o Oeste Selvagem e ainda é! Eu a descolei em uma parada de caminhão por vinte e cinco dólares. E assim começou minha relação ilícita com essa venerável empresa. Não estou em seus livros! Muitos dos sujeitos com quem viajávamos levavam armas. Os carinhas com quem eu trabalhava eram durões pra cacete. Eu me lembro deste outro lado. Poças de sangue escorrendo de camarins e você percebendo que uma surra está acontecendo e que não quer se envolver. Mas o horror maior era ver os policiais aparecerem. Especialmente nos bastidores. Você devia ter visto algumas das bandas fugindo, *baby*. Muitos dos carinhas em turnê estavam fugindo por uma razão ou outra. Talvez por delitos leves, como não pagar pensão ou roubo de carro. Não estávamos trabalhando com santos aqui. Eram bons músicos e podiam arrumar um show e desaparecer entre os menestréis. Eram uns malandros de rua filhos da mãe. Nos bastidores, um esquadrão policial poderia chegar com um mandado de prisão para alguém que estava tocando guitarra em alguma banda. Era como se a gangue da imprensa tivesse chegado. Ai, meu Deus! O pânico... E você via o pianista de Ike Turner voando escada abaixo.

No final dessa primeira turnê americana, achávamos que tínhamos nos ferrado na América. Estávamos carimbados com o status dos estranhos do circo de cabelo comprido. Quando chegamos ao Carnegie Hall em Nova York, estávamos de volta à Inglaterra com as fãs adolescentes gritando. A América estava voltando a si. Nós percebemos que era só o começo.

Mick e eu não fizemos todo o caminho até Nova York em 1964 para não ir ao Apollo. Encontrei de novo com Ronnie Bennett. Fomos ao Jones Beach com todas as Ronettes em um Cadillac vermelho. A portaria ligou: "Tem uma mulher aqui embaixo". "Vamos, vamos lá."

E era a semana de James Brown no Apollo. Talvez Ronnie devesse descrever que simpáticos rapazes ingleses nós éramos — contrariamente à crença popular:

> **Ronnie Spector:** A primeira vez que Keith e Mick vieram aos Estados Unidos, não eram um sucesso, dormiam no chão da sala da casa da minha mãe no Harlem espanhol. Não tinham dinheiro, e minha mãe se levantava de manhã e fazia ovos com bacon para eles, e Keith sempre dizia: "Obrigado, sra. Bennett". E então os levei para ver James Brown no Apollo, e foi isso que os fez tão determinados. Esses caras voltaram para casa e retornaram grandes estrelas. Porque eu lhes mostrei o que eu fazia, como cresci, e como tinha ido ao Teatro Apollo aos onze anos. Eu os levei aos bastidores e eles encontraram todas aquelas estrelas do rhythm and blues. Eu me lembro de Mick de pé ali tremendo quando passamos pelo camarim de James Brown.

A primeira vez que fui aos céus foi quando acordei com Ronnie (mais tarde Spector!) Bennett adormecida com um sorriso no rosto. Éramos crianças. Melhor impossível. Apenas mais refinado. O que posso dizer? Ela me levou para a casa dos seus pais, me levou para seu quarto. Várias vezes, mas aquela era a primeira. E sou apenas um guitarrista. Está entendendo?

James Brown ficou toda a semana no Apollo. Vá ao Apollo e veja James Brown, com toda certeza. Isto é, quem iria recusar isso? Ele era uma figura e tanto. E pensávamos que *nós* éramos uma banda rigorosa! A disciplina na banda me impressionou mais que tudo. No palco, James estalava os dedos se achasse que alguém tinha perdido o ritmo ou dado uma nota errada, e dava pra ver o rosto do músico entristecer. Ele assinalava com os dedos a multa que tinha imposto. Aqueles caras ficavam olhando seus dedos. Eu vi até mesmo Maceo Parker, o saxofonista que era o arquiteto da banda de James Brown — com quem finalmente trabalhei no Winos — receber uma multa de umas cinquenta pratas aquela noite. Foi um show fantástico. Mick observava seus passos de dança. Ele aprendeu muito mais naquele dia do que eu — o cantor, dançando, manda ver.

Nos bastidores aquela noite, James quis se mostrar para aqueles sujeitos ingleses. Ele tem a Famous Flames, manda alguém buscar um hambúrguer, ordena a outro que limpe seus sapatos, e está humilhando a própria banda. Para mim, era a Famous Flames, e James Brown seu cantor principal. Mas a maneira como ele mandava nos seus servos, sua equipe e sua própria banda, era fascinante para Mick.

Quando retornamos à Inglaterra, a grande diferença foi ver velhos amigos, a maioria músicos, que já estavam impressionados com o fato de que éramos os Rolling Stones, e agora: "Vocês estiveram nos States, cara". Você se dava conta de repente de que estava distanciado pelo simples fato de ter ido à América. Isso realmente irritava os fãs ingleses. Aconteceu com os fãs dos Beatles também. Você não era mais "deles". Havia um ressentimento. Não mais do que em Blackpool. Lá, no Empress Ballroom, alguns dias depois do nosso retorno, encaramos a multidão novamente, mas desta vez um exército ralé de escoceses bêbados uivando por sangue. Eles tinham o que chamavam de semana inglesa. Todas as fábricas em Glasgow fechavam e quase todo mundo ia para Blackpool, um balneário. Começamos a apresentação, e estava lotado, muita gente, muitos estavam muito, muito zangados, todos vestidos com sua melhor roupa de domingo. E, de repente, enquanto estou tocando, esse ruivinho filho da puta cospe em mim. Eu então me movo para o lado, e ele me segue, me cospe novamente e bate no meu rosto. Eu fico de pé diante dele e ele cospe em mim novamente. Com o palco, a sua cabeça estava na altura do meu sapato, como um chute de pênalti no futebol. Eu simplesmente fui *bang* e soquei a merda da cabeça dele, com a graça de Beckham. Ele nunca mais andou igual. E depois disso, o tumulto estourou. Eles quebraram tudo, inclusive o piano. Não encontramos nenhum pedaço de equipamento que fosse maior do que cinco centímetros quadrados com fios pendurados. Foi por pouco que conseguimos escapar.

Nos dias posteriores ao nosso retorno dos EUA nos apresentamos para o *Juke box jury,* um formato criado há muito tempo dirigido por um profissional da TV chamado David Jacobs, em que as celebridades do "júri" discutiam as gravações que Jacobs colocava para tocar e votavam nelas como vencedoras ou perdedoras. Este foi um dos marcos que, enquanto acontecia, nos escapou completamente. Mais tarde, foi entendido na mídia como uma declaração de guerra entre gerações, causa de ultraje, medo e aversão. No mesmo dia gravamos um show chamado *Top of the pops* para promover nosso single de Bobby Womack, "It's all over now". Eu já tinha me acostumado com a dublagem sem me envergonhar; era assim que se fazia. Muito poucos shows eram ao vivo. Estávamos ficando um tanto cínicos com relação ao mercado fuleiro. Você se dava conta de que estava realmente em um dos negócios mais sórdidos que existia, sem ser de fato um gângster. Era um negócio no qual a única vez em que as pessoas riam era quando ferravam alguém. Eu acho que já naquele momento, a gente meio que percebia o tipo de papel para o qual nos haviam selecionado, e não tinha como lutar contra isso. De qualquer modo, ninguém havia desempenhado esse papel antes, e seria divertido. Não estávamos nem aí. Andrew Oldham descreve nossa apresentação no *Juke box jury* em seu livro *Stoned.*

> **Andrew Oldham:** Sem nenhuma incitação minha, eles foram em frente se comportando como totais e completos adolescentes ofensivos e em 25 minutos conseguiram confirmar de uma vez por todas a pior opinião que a nação tinha deles. Eles resmungavam, riam entre eles, eram cruéis em relação à bobagem que era tocada e hostis em relação ao impassível sr. Jacobs. Aquela não tinha sido uma armação para a imprensa. Brian e Bill se esforçaram para serem educados, mas Mick, Keith e Charlie não queriam nem saber.

Ninguém era especialmente espirituoso ou algo assim. Nós apenas detonávamos cada disco que tocavam. Enquanto tocava, nossa atitude era: "Não estou apto a comentar sobre isso", "Você não pode estar escutando essa coisa. Fala sério". E lá estava David Jacobs tentando encobrir a sujeira. Jacobs era falso, mas era na verdade um cara bacana. Tinha sido tão fácil até então: Helen Shapiro e Alma Cogan, os tipos de pessoa confiáveis do Variety Club — todos aqueles grupinhos do *showbiz* nos quais todo mundo era pressionado a participar, e então nós surgimos do nada. Eu não tenho dúvida de que David pensava: "Muito obrigado, BBC, eu quero um aumento depois de trabalhar com esse grupo". Não vai ficar melhor do que isso. Espera só pelos Sex Pistols, amigo.

Na época, o Variety Club era o grupo seletivo no *showbiz*. Você não conseguia saber se era maçonaria ou uma caridade; era um grupinho que basicamente dirigia o *show business*. Estranhamente arcaico, a máfia inglesa do *showbiz*. Éramos jogados em tudo isso para causar rupturas. Eles ainda estavam confortáveis. Billy Cotton. Alma Cogan. Mas você percebia que todas aquelas celebridades, e realmente muito poucas eram talentosas, sabiam de tudo o que acontecia. Quem conseguia tocar onde, quem fechava as portas pra você e quem as abria. E felizmente os Beatles já tinham mostrado pra todos o que era o quê. Já não tinha mais volta; então, quando tinham de lidar conosco, eles não sabiam bem o que dizer.

A única razão pela qual conseguimos um contrato de gravação com a Decca foi porque Dick Rowe recusara os Beatles. A EMI fechou com eles e ele não podia se dar ao luxo de cometer o mesmo erro duas vezes. A Decca estava desesperada — eu fico surpreso de o cara ainda ter o emprego. Naquela época, como qualquer outra coisa no "entretenimento popular", eles achavam: "É apenas uma moda, é só uma questão de uns cortes de cabelo e nós os domesticamos afinal". Mas basicamente só conseguimos um contrato de gravação porque eles não podiam se dar ao luxo de pisar na bola duas vezes. Senão, não teriam se envolvido conosco. Só por preconceito. Aquela estrutura toda era Variety Club, um aceno e uma piscadela aqui e ali. Tinha seu propósito naquela época, sem dúvida, mas de repente perceberam, *bang*, bem-vindo ao século XXI, e já estamos em 1964.

As coisas aconteceram incrivelmente rápido a partir do momento em que Andrew apareceu. Para mim, pelo menos, havia certo sentimento de que as coisas estavam fora de controle. Mas você percebe também que acabou de ser fisgado, querido, e não tem saída. No início eu estava meio de pé atrás, pra começar, mas Andrew sabe que eu não demoro muito. Nós tínhamos uma mente parecida — vamos descobrir como usar a imprensa. Isso foi provocado em parte por um incidente em uma sessão de fotos que fizemos, quando um dos fotógrafos disse para Andrew: "Eles estão tão sujos". Andrew tinha pavio curto, e decidiu que dali em diante ele lhes daria o que eles queriam. Ele subitamente viu a beleza dos opostos. Ele já tinha feito a coisa dos Beatles com Epstein, então estava mais adiante do que eu. Mas encontrou um parceiro interessado em mim, devo dizer. Mesmo naquela idade havia uma química entre nós. Mais tarde nos tornamos grandes amigos, mas, naquela época, eu olhava para Andrew da mesma forma que ele olhava para nós — "Posso usar esses bastardos".

A mídia era tão fácil de manipular, podíamos fazer tudo que queríamos. Éramos expulsos de hotéis, urinamos na entrada de uma garagem. Na verdade isso foi um total acidente. Quando Bill quer urinar, dura uma meia hora. Jesus, onde esse carinha guarda isso tudo? Fomos ao Grande Hotel, em Bristol, deliberadamente para sermos expulsos. Andrew ligou para a imprensa para dizer que se quisessem ver os Stones serem expulsos do Grand Hotel, estivessem lá a tal e tal hora — porque estávamos vestidos de forma inapropriada. A maneira como Andrew podia enganá-los, eles estariam ansiando por nada. E claro que provocou coisas do seguinte tipo: "Você deixaria sua filha se casar com um deles?". Não sei se Andrew plantou a ideia em alguém ou se foi apenas uma dessas ideias de jornalistas pouco confiáveis.

Éramos detestáveis. Mas aquelas pessoas eram tão complacentes. Elas não tinham noção do que lhes havia atingido. Era uma guerra-relâmpago, sério, um ataque a todo o plano de RP. E, de repente, você percebe que tem aquele cenário lá fora, aquelas pessoas que precisam ser ordenadas sobre o que fazer.

Enquanto fazíamos todas aquelas loucuras, Andrew circulava em um Chevrolet Impala dirigido por Reg, seu motorista gay, musculoso, de Stepney. Reg era uma figura realmente asquerosa. Naqueles dias, era um milagre conseguir quatro linhas de um jornalista de rock no *New Musical Express*, mas era importante porque tinha pouco rádio e não muita TV. Tinha um escritor no *Record Mirror* chamado Richard Green que usou esse espaço precioso para escrever sobre minha pele. Eu nem sofria das manchas que ele descreveu. Mas essa foi a gota d'agua para Andrew. Ele pegou o Reg e invadiram o escritório do escritor. E com Reg segurando as mãos dele sob uma janela aberta, ele disse para Richard — eu cito novamente as memórias de Andrew:

> **Andrew Oldham:** Richard, recebi um telefonema hoje de manhã de uma sra. Richards muito magoada e chateada. Você não a conhece, mas ela é a mãe de Keith Richards. Ela disse: "Sr. Oldham, você pode fazer alguma coisa para impedir esse homem de dizer essas coisas sobre a acne do meu filho? Eu sei que não pode parar essa bobagem sobre como eles não tomam banho. Mas Keith é um menino sensível, mesmo se ele não expressa isso. Por favor, sr. Oldham, pode fazer alguma coisa?". Então, Richard, essa é a história. Se você escrever mais alguma coisa sobre Keith que seja estranha, que magoe sua mãe, porque sou responsável pela mãe de Keith, suas mãos estarão onde estão agora, mas com uma grande diferença. Reg aqui irá fazer descer com força essa maldita janela em suas mãos feias, e você não vai poder escrever, seu bosta malicioso, por um longo tempo, e você não vai ditar também, porque seu maxilar vai estar costurado no lugar em que Reg o quebrou.

E com isso, eles se despediram e saíram. Eu não tinha percebido até ler seu livro que Andrew ainda vivia com sua mãe enquanto se arriscava e se dava bem. Talvez isso tenha algo a ver com aquilo. Ele era mais esperto e inteligente do que os idiotas que dirigiam a mídia, ou do que as pessoas que dirigiam as gravadoras, que estavam totalmente desconectadas do que estava acontecendo. Você podia simplesmente entrar e roubar o banco todo. Era um pouco *Laranja Mecânica*. Não havia um grande dito universal "Queremos mudar a sociedade"; nós apenas sabíamos que as coisas estavam mudando e que podiam ser mudadas. Estavam confortáveis demais. E pensávamos: "Como podemos nos descontrolar?".

É claro que todos nós batemos de frente com o *establishment*. Havia um *impetus* que não podia ser interrompido. Era como quando alguém diz uma coisa e você tem a resposta mais fantástica. Você sabe que não deve dizê-la, mas precisa ser dita, embora você saiba que isso vai meter você numa roubada. Mas é bom demais para não dizer. Você acharia que amarelou diante de você mesmo se não dissesse.

Oldham se inspirava até certo ponto em seu ídolo Phil Spector como produtor e empresário, mas, diferente de Spector, ele não tinha o dom no estúdio. Duvido que Andrew me chamasse de mentiroso quando digo que ele não era muito musical. Ele sabia do que ele e outras pessoas gostavam, mas se você dissesse E7th para ele, poderia dizer igualmente, "Qual o sentido da vida?". Para mim um produtor é alguém que no final do dia deixa todo mundo feliz. O *input* musical de Andrew era mínimo e normalmente reduzido aos *backup* vocais. Lá, lá, lá. Ok, vamos ser legais. Ele nunca se metia na maneira como fazíamos as coisas, quer concordasse ou não. Mas como um produtor maduro, com conhecimento de gravação e de música, ele estava em um terreno mais frágil. Ele tinha bom gosto para o mercado, principalmente quando fomos para América. No momento em que chegamos à América, sua visão sobre o que éramos foi ampliada, e cada vez mais ele nos deixou ir adiante. E basicamente isso foi o genial, o método de produção de Andrew nos deixar fazer os discos. Além de prover muita energia e entusiasmo. Quando você chega à trigésima tomada e começa a perder o pique, precisa desse encorajamento, "Só mais uma tomada, vamos lá", um entusiasmo perseverante. "Conseguimos, estamos quase lá..."

Quando estava crescendo, a ideia de deixar a Inglaterra era muito remota. Meu pai fez isso uma vez, mas foi no Exército, para ir à Normandia e explodir a sua perna. A ideia era totalmente impossível. Você apenas lê sobre outros países, e os vê na TV, e na *National Geographic*, as garotas negras com os peitos pendurados e seus longos pescoços. Mas você nunca acha que irá ver isso. Nem raspando o fundo do tacho o dinheiro daria para sair da Inglaterra.

Um dos primeiros lugares de que me lembro de termos ido, depois dos EUA, foi a Bélgica, e mesmo isso foi uma aventura. Foi como ir ao Tibete. E ao Olympia em Paris. De repente, você está na Austrália, e está de verdade vendo o mundo, e estão lhe pagando! Mas, meu Deus, há alguns buracos negros.

Dunedin, por exemplo, quase a cidade mais ao sul do mundo, na Nova Zelândia. Parecia com Tombstone e dava essa sensação também. Ainda tem as armações de amarrar cavalos. Era um domingo, um úmido e escuro domingo em Dunedin, em 1965. Acho que você não encontraria nada mais deprimente em lugar nenhum. O dia mais longo da minha vida, parecia durar uma eternidade. A gente costumava ser muito bom em nos entreter, mas Dunedin fazia Aberdeen parecer Las Vegas. Era raro todo mundo ficar deprimido ao mesmo tempo; normalmente havia um para apoiar os outros. Mas em Dunedin todo mundo estava deprimido. Sem chance de qualquer redenção ou riso. Mesmo o álcool não deixava você bêbado. No domingo, haviam leves batidas na porta: "Er, igreja em dez minutos...". Era um daqueles miseráveis dias cinzas, que me transportou para minha infância, um dia que não vai nunca terminar, o desânimo, e nada no horizonte. O tédio é uma doença para mim, e eu não sofro disso, mas aquele momento era o pior. "Acho que vou ficar de cabeça para baixo, tentar e reciclar as drogas."

Roy Orbison! Era só porque estávamos com Roy Orbison que estávamos ali. Ele era, sem dúvida, o melhor daquela noite. Uma luz no desânimo do sul mais extremo. O incrível Roy Orbison. Ele era um desses texanos que podem surfar em qualquer onda, inclusive em sua vida trágica. Seus filhos morreram em um incêndio, sua mulher morreu em um acidente de carro, nada na vida privada deu certo para o grande O, mas não consigo imaginar homem mais gentil ou uma personalidade mais estoica. Aquele talento incrível de crescer de 1,60 metro para 1,90 metro que ele parecia ser capaz de fazer no palco. Era incrível de se ver. Ele tinha tomado sol, parecia uma lagosta, de short. E estávamos apenas sentados por ali, tocando guitarra, batendo papo, fumando e bebendo. "Bem, começo em cinco minutos." Observamos o número de abertura. E sai dali essa coisa totalmente transformada que parecia ter crescido pelo menos trinta centímetros em presença e comando sobre a multidão. "Ele estava de short agora há pouco; como ele fez isso?" Isto é uma dessas coisas estarrecedoras sobre o trabalho em teatro. Nos bastidores podem ser um bando de mendigos. E, "Senhoras e senhores" ou "Eu os apresento", e você é outra pessoa.

Mick e eu passamos meses e meses tentando escrever antes de termos alguma coisa para gravar para os Stones. Escrevemos algumas canções horríveis cujos títulos incluíam "We were falling in love" e "So much in love", para não mencionar "(Walkin' thru the) Sleepy city" (uma versão inferior de "He's a rebel"). Alguns eram mesmo sucessos medianos — Gene Pitney, por exemplo, cantando, "That girl belongs to yesterday", embora tenha aprimorado a letra e nosso título original que era "My only girl". Escrevi uma joia esquecida chamada "All I want is my baby", que foi gravada pelo camareiro de P. J. Proby, Bobby Jameson; escrevi "Surprise, surprise", gravado por Lulu. Detonamos com todos os hits de Cliff Richard quando ele gravou nosso "Blue turns to grey" — foi uma das raras vezes em que um de seus discos foi para os trinta primeiros em vez dos dez primeiros. E quando os Searchers gravaram "Take it or leave it", foram torpedeados do mesmo jeito. Nossas composições tinham essa outra função de limitar a concorrência enquanto éramos pagos por isso. Teve um efeito oposto em Marianne Faithfull. Transformou-a em uma estrela com "As tears go by" — o título alterado por Andrew Oldham da canção "As time goes by", de *Casablanca* — escrito para guitarra de doze cordas. Nós pensamos, "Que boa porcaria". Nós a tocamos para Andrew, e ele disse: "É um sucesso". De fato vendemos aquilo e valeu um dinheiro. Mick e eu pensamos: "Esse é um dinheiro fácil!".

Mick e eu sabíamos àquela altura que realmente nosso trabalho era escrever canções para os Stones. Levamos oito, nove meses até "The last time", que foi a primeira que sentimos que poderíamos dar para o resto dos rapazes sem sermos expulsos da sala. Se eu tivesse chegado para os Rolling Stones com "As tears go by", a reação teria sido, "Suma daqui e não volte mais". Mick e eu estávamos tentando afiá-la. A gente ficava criando aquelas baladas, nada a ver com o que estávamos fazendo. E finalmente criamos "The last time" e olhamos um para o outro dizendo, "Vamos tentar essa com os rapazes". A canção tem o primeiro riff ou uma guitarra reconhecidamente Stones nela; o coro é da versão das Staple Singers, "This may be the last time". Dava para trabalhar naquele gancho; agora precisávamos achar o verso. Tinha uma virada Stones nela, uma que talvez não pudesse ter sido escrita antes — uma canção sobre cair na estrada e abandonar uma garota. "You don't try very hard to please me" (Você não se esforça muito para me agradar). Não a serenata usual para o inalcançável objeto de desejo. Foi aí que se deu realmente o estalo, com essa canção, quando Mick e eu nos sentimos confiantes o bastante para realmente apresentá-la para Brian e Charlie e Ian Stewart, em especial, o árbitro dos eventos. Com aquelas canções iniciais teríamos sido varridos para fora da sala. Mas esta canção de algum modo nos definia, e foi sucesso número um na Grã-Bretanha.

Andrew criou uma coisa incrível em minha vida. Eu nunca tinha pensado antes em compor. Ele me fez aprender o ofício, e ao mesmo tempo eu percebi "Sim, sou bom nisso". E lentamente todo esse mundo se abre, porque agora você não é apenas um músico, ou não está tentando tocar como outra pessoa. Não é apenas a expressão de outra pessoa. Eu posso começar a expressar a mim mesmo, eu posso escrever minha própria música. É quase como ser atingido por um raio.

"The last time" foi gravada durante um período mágico no RCA Studios em Hollywood. Nós gravamos ali em períodos intermitentes ao longo de dois anos, entre junho de 1964 e agosto de 1966, que resultou no álbum *Aftermath*, no qual todas as canções foram escritas por Mick e eu, os Glimmer Twins, como mais tarde nos denominamos. Era uma época em que tudo — composição musical, gravação, atuação — entrava em novo patamar, e o momento em que Brian começou a sair dos trilhos.

O trabalho era sempre muito intenso. A apresentação nunca terminava só porque você havia saído do palco. Precisávamos voltar para o hotel e começar a refinar aquelas canções. Deixávamos a estrada e tínhamos quatro dias para editar as faixas para um álbum, uma semana no máximo. Uma faixa demorava de trinta a quarenta minutos para ser finalizada. Não era tão difícil; por estarmos na estrada, a banda estava bem azeitada. E tínhamos dez, quinze músicas. Mas era um trabalho ininterrupto, alta pressão, o que provavelmente era bom para nós. Quando gravamos "The last time", em janeiro de 1965, tínhamos chegado da estrada e todos estavam exaustos. Fomos para gravar apenas o single. Depois que terminamos "The last time", os únicos Stones que restavam de pé eram Mick e eu. Phil Spector estava lá — Andrew lhe pedira para vir e ouvir a faixa — e estava também Jack Nitzsche. Um faxineiro veio limpar, aquele varrer silencioso em um canto daquele enorme estúdio, enquanto outro grupo pegava os instrumentos. Spector pegou o baixo de Bill, Nitzsche foi para o cravo, e o lado B, "Play with fire", foi editado com metade dos Rolling Stones e aquele arranjo inédito.

Quando chegamos a Los Angeles naquela segunda turnê, Sonny Bono foi o enviado para nos buscar de carro no aeroporto, pois era o relações-públicas de Phil Spector na ocasião. Um ano mais tarde, Sonny e Cher estavam sendo recebidos em Dorchester, apresentados ao mundo por Ahmet Ertegun. Mas, na época, quando soube que procurávamos um estúdio, Sonny nos colocou em contato com Jack Nitzsche, e a RCA foi o primeiro lugar que ele sugeriu. Fomos meio que direto para lá, para o mundo da limusine e piscina, depois de uma turnê de três dias na Irlanda — um contraste quase surreal de culturas. Jack entrava e saía do estúdio, mais para dar um tempo de Phil Spector e do imenso trabalho necessário para fazer a "parede de som" do que qualquer coisa. Jack era o Gênio, não Phil. Sem dúvida, Phil assumiu a persona excêntrica de Jack e sugou suas tripas. Mas Jack Nitzsche era um talento quase silencioso — e não remunerado por razões ainda desconhecidas, exceto a de fazer para se divertir — como arranjador, músico, com grande capacidade de reunir talentos, um homem de grande importância para nós no período. Ele vinha relaxar em nossas sessões e lançar umas ideias. Tocava quando tinha vontade. Ele toca em "Let's spend the night together", quando assumiu minha parte no piano enquanto eu assumia o baixo. Esse é apenas um exemplo de sua contribuição. Eu adorava o homem.

De algum modo ainda não tínhamos dinheiro mesmo nos idos de 1964. Nosso primeiro álbum, *The Rolling Stones*, foi para o topo das paradas e vendeu 100 mil cópias, o que foi mais do que os Beatles venderam inicialmente. Então, onde estava o dinheiro? Na verdade, a gente simplesmente achava que batendo despesa com receita estávamos bem. Mas também sabíamos que não estávamos tocando o imenso mercado que havíamos aberto. O sistema era que não se recebia o dinheiro das vendas inglesas até um ano depois do lançamento do disco, e dezoito meses depois se fosse venda no exterior. Não havia dinheiro em nenhuma das turnês americanas. Todos dormiam nas casas uns dos outros. Oldham costumava dormir no sofá de Phil Spector. Fizemos o show T.A.M.I. na América, no final de 1964 — o show no qual entramos depois de James Brown —, para poder voltar pra casa. Ganhamos 25 mil dólares. Assim como Gerry & The Pacemakers, e Billy J. Kramer e as Dakotas. Isto é bastante, não é?

O primeiro dinheiro de verdade que eu vi veio da venda de "As tears go by". Eu certamente me lembro da primeira vez que recebi. Eu olhei para ele! E contei, e olhei novamente. E então senti e toquei. Eu não fiz *nada* com ele. Eu apenas o guardava em minha caixa, dizendo, "Eu tenho tanto dinheiro!". Droga! Não havia nada que eu quisesse comprar especialmente, nem gastá-lo todo. Pela primeira vez na minha vida eu tinha dinheiro... Talvez eu compre uma nova camisa, cordas para a guitarra. Mas basicamente era: "Não acredito nessa merda!". Tinha o rosto da rainha em toda parte, e era assinado pelo cara certo, e você tem nas mãos mais do que jamais teve, e mais do que seu pai ganha em um ano, fazendo das tripas coração e trabalhando igual a um cão. Isto é, o que fazer com isso é outra história, porque eu tenho outra apresentação para fazer, e estou trabalhando. Mas devo dizer, o primeiro gosto de algumas centenas de notas novas estalando não era mau. O que fazer com aquilo demorou um pouco. Mas foi a primeira sensação de estar na frente do jogo. E tudo que fiz foi escrever umas canções e eles me deram o dinheiro.

Um grande contratempo que tivemos foi não sermos pagos por Robert Stigwood por uma turnê que fizemos com uma de suas apresentações. Se tivéssemos feito o dever de casa saberíamos que esse era seu *modus operandi* — pagar mais tarde se transformava em pagamento nenhum e tínhamos de ir até a Suprema Corte. Mas antes disso, *ai dele*, uma noite em um clube chamado Scotch of St. James, ele cometeu o grande engano de descer as escadas ao mesmo tempo em que Andrew e eu subíamos. Nós bloqueamos a escada de maneira a conseguir extrair nosso pagamento. Não se pode usar bota em uma escada circular, então ele recebeu uma joelhada, uma para cada mil que nos devia — dezesseis delas. Mesmo ali ele nunca se desculpou. Talvez eu não o tenha chutado forte o bastante.

E quando ganhei mais dinheiro cuidei de minha mãe. Doris e Bert se separaram um ano depois que saí de casa. Pai é pai, mas comprei uma casa para minha mãe. Eu mantinha contato com Doris. Mas isso significava que não podia estar em contato com Bert, porque tinham se separado. Era como se eu não pudesse tomar partido. E também não tinha muito tempo para isso, porque a vida estava ficando realmente excitante. Estou em toda parte, entrando e saindo; tenho outras coisas para fazer. O que mãe e pai faziam não era prioridade na minha cabeça.

Então veio "Satisfaction", a faixa que nos lançou à fama global. Eu estava em transição de namoradas na época, em meu apartamento em Carlton Hill, St. John's Wood. Talvez por isso o tom da música. Escrevi "Satisfaction" durante o sono. Eu não tinha ideia de que a tinha escrito, agradeço a Deus pelo pequeno gravador Philips. O milagre foi que olhei o gravador naquela manhã e sabia que tinha colocado uma fita virgem na noite anterior, e vi que estava no final. Então, apertei o botão de retrocesso e lá estava "Satisfaction". Era apenas um esboço. Havia apenas o esqueleto da música, e não tinha aquele ruído, é claro, porque era acústico. Eram quarenta minutos de "mim" roncando. Mas o esqueleto é tudo o que se precisa. Eu fiquei com aquela fita por um tempo e gostaria de tê-la guardado.

Mick escreveu a letra na piscina em Clearwater, Florida, quatro dias antes de entrarmos no estúdio e gravá-la — primeiro no Chess em Chicago, uma versão acústica, e mais tarde com o *fuzz tone* na RCA em Hollywood. Eu não estava exagerando quando escrevi para casa de Clearwater um postal que dizia: "Ei, mãe. Trabalhando feito cão, o mesmo de sempre. Amor, Keith".

Era para usar a caixa de um pedal, a Gibson *fuzz*, uma pequena caixa que tinham lançado na época. Eu só tinha usado pedais duas vezes — a outra vez foi para *Some girls* no fim de 1970 quando usei uma caixa XR com um *slap-echo* montanhês agradável da Sun Records. Mas efeitos não são minha onda. Eu busco qualidade de som. Eu quero isso afiado, cortante, forte ou quero quente, uma coisa "Beast of burden" macia? Basicamente a escolha é: Fender ou Gibson?

Em "Satisfaction" eu estava imaginando trompas, tentando imitar seus sons para colocar mais tarde na faixa quando gravássemos. Eu já tinha ouvido o *riff* na minha cabeça do jeito que Otis Redding fez depois, pensando: "Isso vai ser a linha da trompa". Mas não tínhamos nenhuma trompa, e eu ia apenas dublar. O tom *fuzz* veio a calhar para que eu pudesse dar uma forma ao que as trompas deveriam fazer. Mas o tom *fuzz* nunca tinha sido ouvido antes em lugar nenhum, e foi esse o som que atraiu a imaginação de todo mundo. Quando me dei conta, estávamos ouvindo a nós mesmos no rádio em Minnesota, "Sucesso da Semana", e nem sabíamos que Andrew tinha mostrado aquela droga! De início fiquei mortificado. No que me dizia respeito, aquilo era apenas a dublagem. Dez dias na estrada e era o número um nacionalmente! O disco do verão de 1965. Então não discuto. E aprendi essa lição — algumas vezes você pode exceder no trabalho. Nem tudo está designado para o seu gosto e apenas o seu.

"Satisfaction" foi uma colaboração típica entre Mick e eu na época. De maneira geral, posso dizer, eu criava a música e a ideia básica e Mick fazia o trabalho duro de preenchê-la e torná-la interessante. Eu sugeria "I can't get no satisfaction... I can't get no satisfaction... I tried and I tried and I tried and I tried, but I can't get no satisfaction" (Não consigo me satisfazer... não consigo me satisfazer... Eu tento e tento e tento e tento e tento, mas não consigo me satisfazer), e então nos reuníamos e Mick voltava e dizia: "Hey, when I'm riding in my car... same cigarettes as me" (Ei, quando estou dirigindo meu carro... os mesmos cigarros que eu), e então a gente remendava em torno daquilo. Naquela época, esse era basicamente o cenário. "Hey you, get off of my cloud, hey you" (Ei você, saia da minha nuvem) seria minha contribuição. "Paint it black" — escrevi a melodia, ele a letra. Não temos como dizer em uma única frase ele escreveu isso, fez aquilo. Mas o *riff* musical vem principalmente de mim. Eu sou o mestre do *riff*. O único que não fiz, e Mick Jagger ganhou, foi "Brown sugar", e tiro meu chapéu. Ali ele me pegou. Isto é, eu arrumei um pouco, mas era dele, letra e música.

Uma peculiaridade de "Satisfaction" é que é uma canção danada para se cantar no palco. Por anos e anos nunca a tocávamos, ou muito raramente, até talvez dez, quinze anos atrás. Não conseguíamos acertar o som, não parecia certo, soava fraco. A banda demorou muito tempo para entender como tocar "Satisfaction" no palco. O que nos fez gostar disso foi quando Otis Redding fez a reportagem. Com isso, e a versão de Aretha Franklin, que Jerry Wexler produziu, ouvimos o que havíamos tentado escrever inicialmente. Nós gostamos e começamos a tocá-la porque a melhor da música soul estava cantando nossa música.

Em 1965, Oldham esbarrou em Allen Klein, o empresário fumante de cachimbo, de fala mansa. E ainda penso que nos colocar junto dele foi a melhor jogada de Oldham. Andrew adorava a ideia que Klein dera, de que nenhum contrato vale o papel onde está escrito, o que mais tarde descobrimos ser dolorosamente verdade em nossas relações com o próprio Allen Klein. Minha atitude na ocasião era que Eric Easton, o parceiro de Andrew e nosso agente, estava muito cansado. Na verdade, estava doente. Em estado avançado. Independentemente do que aconteceu mais tarde com Allen Klein, ele era brilhante para gerar dinheiro. E era também espetacular no começo em explodir com gravadoras e empresários de turnês que superfaturavam e estavam desatentos aos negócios.

Uma das primeiras coisas que Klein fez foi renegociar o contrato entre os Rolling Stones e a Decca Records. Um dia, entramos nos escritórios da Decca. Uma atuação de teatro orquestrada por Klein, o truque grosseiro mais óbvio. Recebemos nossas instruções: "Nós iremos à Decca hoje e vamos dar duro em cima desses filhos da mãe. Faremos um acordo e sairemos com o melhor contrato de gravação desde sempre. Usem óculos escuros e não digam uma palavra", disse Klein. "Apenas marchem sala adentro e fiquem de pé no fundo da sala e olhem para esses velhos senis que peidam. Não falem. Eu falo".

Nós estávamos ali apenas como intimidação. E funcionou. Sir Edward Lewis, o presidente da Decca, estava sentado atrás da escrivaninha e sir Edward estava de fato babando! Isto é, não sobre nós, ele estava apenas babando. E vinha então alguém e o limpava com um lenço. Ele estava no fim da linha, sejamos honestos. Nós apenas ficamos de pé ali com óculos escuros. Era realmente a velha e a nova guarda. Eles desmoronaram e saímos de lá com um contrato maior que o dos Beatles. E é aí que você tem de tirar o chapéu para Allen. Estes cinco desordeiros voltaram com Allen para o Hilton e entornaram champanhe e se congratularam por seu desempenho. E sir Edward Lewis podia babar e tal, mas não era bobo. Ele ganhou muito dinheiro com aquele acordo. Foi um acordo muito bem-sucedido para ambas as partes. O que um acordo deveria ser. Eu ainda recebo dele; é chamado de *Decca balloon*.

Conosco, Klein agia do mesmo modo que Colonel Tom Parker com Elvis. "Ei, eu faço os acordos, o que você quiser, apenas peça e você terá" — nobre em seus acordos conosco e com dinheiro. Você sempre conseguia algum com ele. Se você quisesse um Cadillac dourado, ele lhe dava um. Quando telefonei e pedi 80 mil libras para comprar uma casa em Chelsea Embankment, perto da do Mick, para que pudéssemos caminhar para cima e para baixo e escrever canções, o dinheiro chegou no dia seguinte. Você não sabe nem a metade. Era uma forma paternalista de gerenciar que obviamente não se faz mais hoje em dia, mas ainda acontecia na época. Era um estado mental diferente do de agora, onde cada bosta de palheta é paga e contabilizada. Era rock and roll.

Klein foi maravilhoso, no início, nos States. A turnê seguinte sob sua gerência foi cheia das excentricidades. Um avião particular para nos transportar, enormes anúncios no Sunset Boulevard. Agora sim.

Um sucesso demanda outro, bem rápido, ou logo você começa a perder altitude. Na ocasião, esperava-se que você os produzisse em quantidades em detrimento da qualidade. "Satisfaction" é a número um em todo o mundo, e Mick e eu nos olhamos dizendo: "Isso é bom". Então, *bang bang bang* na porta: "E a continuidade onde está? Precisamos dela em quatro semanas". E estávamos na estrada fazendo dois shows por dia. Era preciso um novo single a cada dois meses; você precisava ter outra pronta para rodar. E você precisava de um novo som. Se aparecesse com outro *fuzz riff* depois de "Satisfaction", estaríamos estagnados, repetindo a lei dos rendimentos decrescentes. Muitas bandas cometeram esse engano e foram a pique nessa rocha. "Get off of my cloud" foi uma reação às demandas das gravadoras por mais — me deixa em paz — e era um ataque vindo de outra direção.

Assim, somos uma fábrica de canções. Começamos a pensar como compositores de música, e uma vez adquirido esse hábito, ele fica com você a vida toda. Ganha vida própria em seu subconsciente, na maneira como escuta. As letras de nossas canções estavam ficando mais críticas. Ou pelo menos começavam a soar como a imagem projetada em nós. Cínica, detestável, cética, rude. Parecíamos estar à frente sob esse aspecto na época. Havia confusão na América; todos aqueles jovens americanos estavam sendo convocados para o Vietnã. Por isso "Satisfaction" está em *Apocalypse Now*. Porque os loucos nos levaram com eles. As letras e o tom das canções encaixavam com o desencantamento dos meninos em relação ao mundo adulto dos Estados Unidos, e por um período parecíamos ser os únicos provedores, a trilha sonora para o troar da rebelião, tocando nesses nervos sociais. Eu não diria que fomos os primeiros, mas muito daquele tom tinha um idioma britânico, por meio de nossas canções, apesar de serem altamente influenciadas pela América. Estávamos levando a coisa na velha tradição inglesa.

Essa onda de gravação e composição culminou no álbum *Aftermath*, e muitas das canções que escrevemos naquela ocasião tinham o que se poderia chamar de letras antigarotas — e títulos antigarotas também. "Stupid girl", "Under my thumb", "Out of time", "That girl belongs to yesterday", e "Yesterday's papers".

Quem quer a garota de ontem?
Ninguém no mundo.[3]

Talvez as estivéssemos enrolando. E talvez algumas das canções abrissem seus corações um pouco, ou suas mentes, para a noção de que "somos mulheres, somos fortes". Mas eu acho que os Beatles e os Stones, em especial, liberaram as garotas do fato "sou só uma garotinha." Não era intencional nem nada. Ficava apenas óbvio quando tocávamos para elas. Quando você tem 3 mil gatas na sua frente que estão rasgando suas calcinhas e jogando-as em você, se dá conta do tremendo poder que liberou. Tudo o que foram criadas para não fazer, podiam fazer em um show de rock and roll.

Essas canções vieram também de muita frustração do nosso ponto de vista. Você está na estrada por um mês, você volta, e ela tá com outro. Olha essa garota estúpida. Era uma rua de mão dupla. Eu sei, também, que eu fazia comparações desfavoráveis entre as garotas em casa que nos enlouqueciam e as garotas com quem ficávamos nas turnês que pareciam tão menos exigentes. Com as garotas inglesas era como se você estivesse colocando uma marca nela ou ela em você,

3 *Who wants yesterday's girl?/ Nobody in the world.*

sim ou não. Minha experiência era que com as garotas negras isso não era o principal. Era apenas confortável, e se desse merda depois, OK. Era apenas parte da vida. Elas eram fantásticas porque eram garotas, mas eram muito mais como homens do que as garotas inglesas. Não incomodava que ficassem por ali depois de um evento. Eu me lembro de estar no Ambassador Hotel com essa garota negra chamada Flo, que era meu pedaço na época. Ela se importava comigo. Amor, não. Respeito, sim. Eu sempre lembro porque ríamos quando ouvíamos as Supremes cantando, "Flo, she doesn't know", deitados na cama. E sempre nos fazia dar risada. Você guarda um pouco dessa experiência, e então uma semana depois está na estrada.

Havia certamente esse elemento consciente naqueles dias da RCA, do final de 1965 ao verão de 1966, de tentar inovar de uma maneira mais leve. Havia "Paint it black", por exemplo, gravado em março de 1966, nosso sexto número um britânico. Brian Jones, transformado agora em um multi-instrumentista, tendo "desistido de tocar guitarra", tocava cítara. Era um estilo completamente diferente de tudo o que eu tinha feito antes. Talvez fosse o judeu em mim. *Hava nagila* ou um *lick* cigano, é mais parecido comigo. Talvez eu tenha herdado do meu avô. É definitivamente uma curva diferente de todo o resto. Eu viajei bastante pelo mundo. Eu já não era estritamente um cara do Chicago blues, precisava abrir as asas um pouco, para criar melodias e ideias, embora não possa dizer que tenhamos tocado em Tel Aviv ou na Romênia. Mas você começa a se abrir para coisas diferentes. Como compor, é uma experiência constante. Eu nunca o fiz conscientemente, como se dissesse, preciso explorar isso e aquilo. Estávamos aprendendo a fazer do álbum o centro das atenções — a forma para a música em vez de apenas singles. Fazer um LP consistia normalmente em ter dois ou três singles de sucesso e seus lados B, e então o recheio. Tudo dava dois minutos e vinte e nove segundos para um single, ou você não seria tocado no rádio. Conversei com Paul McCartney sobre isso recentemente. Nós mudamos isso: cada faixa era um single em potencial; não tinha recheio. E se houvese, era um experimento. Nós usávamos o tempo extra que tínhamos em um álbum apenas mais para fazer uma declaração.

Se LPs não existissem, talvez os Beatles e nós não tívessemos durado mais de dois anos e meio. Você precisava continuar condensando, reduzindo o que queria dizer, para agradar ao distribuidor. Ou as rádios não tocariam. A música "Visions of Johanna" de Dylan foi a ruptura. "Goin' home" durava onze minutos — "Não será um single. Dá para estender e expandir o produto? Pode ser feito?". E este era o principal experimento. Dissemos: "Você não pode editar essa merda, ou sai assim ou acabou". Não tenho dúvida de que Dylan sentia o mesmo a respeito de "Sad-eyed lady of the lowlands" ou "Visions of Johanna". O disco ficou maior — e será que alguém conseguia ouvir tanta coisa? Ultrapassou três minutos. Dá para prender a atenção das pessoas? Dá para manter sua audiência? Mas funcionou. Os Beatles e nós provavelmente tornamos o álbum *o* veículo de gravação e apressamos a extinção do single. Não desapareceu completamente; você sempre precisava de um sucesso single.

E porque eu tocava todos os dias, às vezes dois ou três shows por dia, as ideias estavam fluindo. Uma coisa alimenta a outra. Você podia estar nadando ou trepando com a sua mulher, mas em algum lugar fundo da mente está pensando numa sequência de acordes ou em algo relacionado a uma canção. Não importa o que está acontecendo. Você pode estar levando um tiro, e ainda vai estar "Oh! That's the bridge!". Não há nada a fazer; você não se dá conta de que está acontecendo. É completamente subconsciente, inconsciente, o que for. O radar está ligado, quer você saiba disso ou não. Você não pode desligá-lo. Você ouve esse pedaço de conversa do outro lado da sala, "I just can't stand you anymore" (Eu só não suporto mais você)... Isto é uma canção. Ela apenas flui. E também, outra coisa sobre ser um compositor, é que quando você percebe que é um, começa a se tornar um observador, começa a se distanciar. Você está constantemente alerta. Essa habilidade se desenvolve ao longo dos anos, observar as pessoas, como reagem umas às outras. O que, de certa forma, o distancia de maneira esquisita. Você não devia realmente estar fazendo isso. É um pouco como Peeping Tom ser um compositor. Você começa a olhar em volta, e tudo é tema para uma canção. A frase banal, que é aquela que serve. E você diz: "Não acredito que ninguém se ligou nessa antes!". Felizmente existem mais frases do que compositores, *aproximadamente*.

Linda Keith foi a primeira a partir meu coração. Foi minha culpa. Eu pedi por isso e recebi. O primeiro olhar foi o mais profundo, observando-a, com todos os seus trejeitos e movimentos, destemidamente, do outro lado da sala, e sentindo bater aquele anseio, e pensando que ela era areia demais para o meu caminhão. Eu ficava algumas vezes cheio de admiração pelas mulheres com quem eu estava no início, porque eram o *crème de la crème*, e eu viera da sarjeta, no meu entendimento. Eu não acreditava que aquelas mulheres maravilhosas quisessem dizer olá, muito menos dormir comigo! Linda e eu nos encontramos em uma festa dada por Andrew Oldham, uma festa para algum esquecido single escrito por Jagger-Richards. Foi a festa onde Mick encontrou Marianne Faithfull pela primeira vez. Linda tinha dezessete anos, lindíssima, cabelo muito escuro, a imagem perfeita dos anos 60: uma viseira, muito autoconfiante em seus jeans e camisa branca. Ela saía nas revistas, era modelo. David Bailey a fotografava. Não que ela estivesse muito interessada. A menina queria apenas alguma coisa para fazer, para tirá-la de casa.

Quando encontrei Linda pela primeira vez, fiquei simplesmente pasmo de que quisesse vir comigo. Mais uma vez a garota me escolhe. Foi ela que me levou para a cama, não eu. Ela estava decidida a me pegar. E eu fiquei total e absolutamente apaixonado. Nos apaixonamos. E a outra surpresa foi que eu era o primeiro amor de Linda, o primeiro menino por quem se apaixonou. Ela era sistematicamente perseguida por todo tipo de gente que ela rejeitava. Até hoje eu não compreendo. Linda era a melhor amiga da então quase mulher de Andrew Oldham, Sheila Klein. Essas lindas meninas judias eram uma força cultural na boêmia de West Hampstead, que se tornou meu local preferido, e também o de Mick por uns dois anos. Centrava-se em torno de Broadhurst Gardens, West Hampstead, perto do local da Decca Records, e alguns lugares por ali onde tocávamos. O pai de Linda era

Alan Keith, que por 44 anos apresentou um programa na rádio BBC chamado *Your hundred best tunes*. Linda foi criada de maneira bem livre. Ela adorava música, jazz, blues — uma purista do blues, na verdade, que não aprovava realmente os Rolling Stones. Nunca aprovou. Ela possivelmente não sabe disso. Ela circulava quando era bem jovem em um lugar chamado Roaring Twenties, um clube negro, quando perambulava por Londres descalça.

Os Stones tocavam todas as noites, estávamos na estrada o tempo todo, mas ainda assim de alguma maneira, por um tempo, Linda e eu conseguimos manter um caso amoroso. Moramos primeiro em Mapesbury Road, depois em Holly Hill com Mick e sua namorada Chrissie Shrimpton, e finalmente só nós dois em Carlton Hill, o apartamento que eu tinha em St. John's Wood. Os cômodos ali nunca chegaram a ser decorados: tudo ficava empilhado encostado nas paredes, colchões no chão, muitas guitarras, e um piano de armário. Apesar de tudo isso, nós vivíamos quase como casados. Nós pegávamos o metrô antes de eu comprar para Linda um Jaguar Mark II, que tinha um letterbox 45 player no qual podia escutar os Stones. Em Chelsea, íamos ao Casserole, ao Meridiana, a Baghdad House. O restaurante que frequentávamos em Hampstead ainda está lá — Le Cellier du Midi — e provavelmente ainda tem o mesmo cardápio de quarenta anos atrás. Do lado de fora com certeza parece idêntico.

Mas as coisas estavam fadadas a desandar com as longas ausências — por confusão mais do que qualquer coisa, a confusão de estar subitamente vivendo uma vida que ninguém, ou certamente ninguém que conhecíamos, tinha um mapa para ela. Todos nós éramos muito jovens e estávamos tentando inventar essa coisa ao caminhar. "Vou para a América por três meses, amo você, querida." E ao mesmo tempo estamos todos mudando. Por exemplo, encontrei Ronnie Bennett, e passei mais tempo com ela na estrada do que com Linda. Nós nos distanciamos lentamente. Demorou uns dois anos. Nós ainda nos curtíamos, mas naqueles anos a banda teve um total de dez dias livres em um período de três anos. Linda e eu conseguimos ter um feriado breve no sul da França, embora Linda se lembre disso como uma escapada que deu de Londres, uma fugida, um trabalho como garçonete em Saint-Tropez, e eu seguindo-a e hospedando-a em um hotel, e dando-lhe um banho quente. Linda começou também a usar muita droga. Para mim, desaprovar é uma ironia, mas na época eu desaprovava.

Encontrei Linda algumas vezes desde então. Ela está casada e feliz com um famoso produtor de discos, John Porter. Ela se lembra de minha reprovação. Eu não usava mais do que maconha naquela ocasião, mas Linda usava coisa pesada, e tinha um efeito perigoso sobre ela. Era óbvio de se ver. Ela veio comigo para Nova York quando fizemos a turnê nos EUA no verão de 1966, nossa quinta turnê lá. Eu a hospedei no hotel América, embora ela passasse a maior parte do tempo com sua amiga Roberta Goldstein. Quando eu aparecia, elas escondiam tudo, os antidepressivos, os Tuinals, que eu não usava — imagine! — e jogavam umas garrafas de vinho por ali para justificar, caso elas cambaleassem um pouco.

Ela então encontrou Jimi Hendrix, o viu tocar e adotou a carreira dele como sendo sua missão, tentou conseguir um contrato de gravação para ele com Andrew Oldham. Em seu entusiasmo, durante uma longa noite com Jimi, ela deu a ele minha Fender Stratocaster que estava no meu quarto de hotel. E, conta Linda, ela pegou também uma cópia de um demo que eu tinha de Tim Rose, cantando uma canção chamada "Hey Joe". Levou-a para a casa de Roberta Goldstein, onde Jimi estava, e tocou para ele. Isso é história do rock and roll. Pelo jeito, ele acabou recebendo a canção de mim.

Saímos na turnê, e quando voltamos, Londres era uma cidade hippie. Eu já tinha visto isso na América, mas não esperava encontrar o mesmo ao voltar pra casa. O cenário mudara totalmente em questão de semanas. Linda viajava no ácido e tinha rompido comigo. Não se deveria esperar que alguém daquela idade ficasse por ali por quatro meses com tudo aquilo acontecendo. Eu sabia que estava terminando. Era um pensamento presunçoso meu achar que ela ia se sentar como uma velha senhora aos dezoito, dezenove anos, enquanto eu me divertia pelo mundo fazendo o que eu queria. Descobri que Linda tinha se juntado com um poeta qualquer, o que me deixou doido. Eu corria toda a Londres, perguntando às pessoas, “Alguém viu Linda?”. Chorando de me acabar de St. Johns Wood até Chelsea, gritando, “Puta! Sai do meu caminho”. Fodam-se os sinais de trânsito. Eu só me lembro de alguns quase acidentes, de ser quase atropelado no caminho de Chelsea. E depois que descobri, eu queria ter certeza, eu queria ver. Chequei com meus amigos, “Onde mora esse filho da mãe?”. Eu até lembro o seu nome, Bill Chenail. Um suposto poeta. Ele era um pé no saco conhecido na época, porque tinha surgido na cola de Dylan. Não conseguia tocar nada. Um hip substituto, como é chamado. Eu a persegui algumas vezes, mas me lembro de pensar: “O que vou dizer?”. Eu não tinha claro ainda, como confrontar meu rival. No meio de um Wimpy Bar? Ou algum bistrô? Eu fui até mesmo onde Linda morava com ele em Chelsea, quase até Fulham, e fiquei parado do lado de fora. (Esta é uma história de amor.) E eu podia vê-la lá dentro com ele, “silhuetas nas sombras”. E foi isso. “Like a thief in the night.” (Como um ladrão na noite)

Esta foi a primeira vez que senti a dor profunda. O lance de ser um compositor é que, mesmo que tenha sido sacaneado, você encontra consolo em escrever a respeito, e despejar isso. Tudo tem a ver com tudo; nada está separado. Torna-se uma experiência, um sentimento, ou um aglomerado de experiências. Basicamente, Linda é “Ruby tuesday”.

Mas nossa história ainda não havia terminado. Depois que me deixou, Linda estava em muito má forma, o Tuinal tinha sido substituído por coisa mais pesada. Ela voltou para Nova York e foi fundo com Jimi Hendrix, que deve ter partido seu coração, como ela partiu o meu. Certamente, suas amigas dizem, ela estava muito apaixonada por ele. Mas eu sabia que precisava de ajuda médica — ela estava muito perto da zona de perigo, como ela mesma reconheceu mais tarde, e eu não podia lidar com aquilo porque tinha queimado a ponte. Fui ver seus pais e dei a eles todos os números de telefone e locais onde poderiam encontrá-la. “Ei, sua filha está em dificuldade. Ela não vai admitir, mas vocês têm de fazer alguma coisa. Eu não posso. Eu já sou *persona non grata* de qualquer modo. E isso será o último prego no caixão na minha relação com Linda, mas vocês precisam fazer alguma coisa a respeito porque amanhã eu saio na estrada." O pai de Linda foi para Nova York e a encontrou em uma boate, a trouxe de volta para a Inglaterra, onde seu passaporte foi confiscado e ela foi colocada sob custódia da Justiça. Ela sentiu como se isso fosse uma enorme traição de minha parte, e não nos falamos ou nos vimos novamente até muitos anos mais tarde. Ela teve alguns episódios graves com drogas depois disso, mas sobreviveu e se recuperou, e criou uma família. Ela agora mora em New Orleans.

Em um raro dia livre entre turnês consegui comprar Redlands, a casa que ainda tenho em West Sussex, perto de Chichester Harbour; a casa onde fomos presos, que incendiou duas vezes, a casa que ainda amo. A gente simpatizou no minuto em que nos vimos. Uma casa de teto de colmo, bastante pequena, circundada por um fosso. Cheguei lá de carro por engano. Eu tinha um folheto com algumas casas marcadas e eu dirigia de forma inconsequente o meu Bentley, "Oh, vou comprar uma casa". Virei no lugar errado e cheguei a Redlands. Um sujeito apareceu, um bom sujeito, e disse: "Sim?". E eu disse, "Oh, desculpa, entramos errado". Ele disse: "Sim, vocês estão procurando Fishbourne Way", e ele disse, "Estão procurando por uma casa para comprar?". Ele era um verdadeiro cavalheiro, um ex-comodoro da Marinha Real. E eu disse: "Sim". E ele disse: "Bem, não há tabuleta, mas esta casa está à venda". Eu olhei pra ele e perguntei: "Quanto?". Porque tinha me apaixonado por Redlands no minuto em que a avistei. Ninguém vai deixar passar isso, é muito pitoresca, ideal. Ele disse vinte mil. É por volta de uma hora da tarde e os bancos ainda estão abertos. Eu disse: "Você vai estar aqui essa noite?". Ele disse: "Sim, claro". Eu disse: "Se eu trouxer vinte mil, podemos fechar negócio?". Então fui para Londres, cheguei em cima da hora no banco, peguei a grana — vinte mil em um saco de papel pardo — e à noite já estava de volta em Redlands, de frente para a lareira, assinando a venda. E ele me entregou a escritura. Era pagamento na hora, feito de uma maneira realmente antiquada.

No final de 1966, estávamos exaustos. Tínhamos estado na estrada, sem pausa, por quase quatro anos. Os colapsos estavam se anunciando. Já tínhamos tido uma vacilada com o formidável, mas frágil Andrew Oldham em Chicago, em 1965, quando gravávamos na Chess. Andrew era um amante da velocidade, mas dessa vez ele estava também bêbado e muito angustiado com sua relação com Sheila, sua mulher na época. Ele começou a sacudir um revólver no meu quarto de hotel. Não precisávamos disso. Eu não tinha vindo até Chicago para levar um tiro de um aluno excêntrico de escola pública cujo cano da arma eu estava encarando. Que parecia muito ameaçador na hora, aquele pequeno buraco negro. Mick e eu tiramos a arma dele, o esbofeteamos um pouco, o colocamos na cama, e viramos a página. Eu nem sei o que aconteceu com a arma, uma automática. Foi jogada pela janela, provavelmente. Simplesmente vamos em frente.

Mas Brian era um caso diferente. O que era engraçado sobre Brian eram suas ilusões de grandeza, mesmo antes de ficar famoso. Ele achava por alguma razão estranha que a banda era sua. A primeira demonstração das aspirações de Brian foi a descoberta na nossa primeira turnê de que ele ganhava cinco libras por semana a mais do que o resto de nós, porque tinha persuadido Eric Easton de que ele era nosso "líder". O lance com a banda era de que dividíamos tudo como piratas. Você punha a presa de guerra na mesa e a dividia, *pieces of eight*. "Jesus Cristo, quem você pensa que é? Eu estou escrevendo as canções aqui e você está ganhando cinco libras extras por semana? Cai fora!" Começou com coisas pequenas assim, que exacerbaram nossas arestas com o tempo e ele ficou cada vez mais metido. Nas primeiras negociações, era Brian quem ia às reuniões como nosso líder. Não éramos autorizados a ir — por Brian. Eu me lembro de Mick e eu esperando pelo resultado sentados na esquina, no Lyons Corner House.

Aconteceu tão rápido. Depois de fazermos alguns shows de TV, Brian se transformou em um tipo de esquisitão, devorando celebridades, fama e atenção. Mick, Charlie e eu olhávamos aquilo tudo um pouco céticos. Isso é a porcaria que você tem de fazer para ter discos.

Mas Brian — e ele não era um cara bobo — caiu direto. Ele adorava adulação. O resto de nós não achava que fosse ruim, mas você não entrava nessa até o fim. Eu sentia a energia, eu sabia que tinha alguma coisa grande acontecendo. Mas alguns sujeitos ganham um afago e não ficam mais sem ele e não conseguem abrir mão disso. Me afaga mais, me afaga mais, me afaga mais, e de repente, "Sou uma estrela".

Eu nunca vi ninguém tão afetado pela fama. No minuto em que tínhamos algumas gravações de sucesso, *zoom*, ele era Vênus e Júpiter embrulhados em um só. Um imenso complexo de inferioridade que você não tinha percebido. No minuto em que as garotas começavam a gritar, ele parecia mudar completamente, bem quando não precisávamos, quando precisávamos que tudo ficasse firme e unido. Conheço alguns que foram arrebatados pela fama. Mas nunca vi ninguém que tenha se transformado de forma tão dramática da noite para o dia. "Não, estamos apenas com sorte, companheiro. Isto não é fama." Subia-lhe à cabeça, e nos anos seguintes de trabalho difícil na estrada, no meio dos anos 60, não podíamos contar absolutamente com Brian. Ele estava ficando realmente intoxicado com isso. Achava que era um intelectual, um filósofo místico. Ficava impressionado com as outras estrelas, mas só porque eram estrelas, não porque eram bons. E ele se tornou uma mala sem alça, uma espécie de apêndice corrompido. Quando você está dando duro 350 dias por ano na estrada e tem de arrastar um peso morto, torna-se bastante perverso.

Estávamos em plena atividade no Centro-Oeste, e a asma de Brian o derrubou e ele foi para o hospital. E, ei, quando um cara está doente você faz a parte dele. Mas vimos fotos suas para cima e para baixo em Chicago, em uma festa com tal e tal pessoa, bajulando as estrelas com um laço ridículo no pescoço. Tínhamos feito três, quatro apresentações sem ele. O que é trabalho dobrado pra mim, companheiro. Somos apenas cinco, e o lance da banda é que é uma banda de duas guitarras. E, de repente, só tem uma guitarra. Eu tive de descobrir maneiras inteiramente novas de tocar todas aquelas canções. Tive de tocar a parte de Brian também. Aprendi muito sobre como tocar duas partes ao mesmo tempo, ou como destilar a essência do que era a parte dele e ainda tocar o que eu tinha que tocar, e jogar alguns *licks*, mas era um maldito de um trabalho duro. E nunca recebi um único obrigado por cobrir sua retaguarda. Ele estava cagando. "Eu não estava lá." Era tudo o que eu recebia. "Tudo bem, você vai me dar seu pagamento?" Foi aí que me enchi completamente do Brian.

Uma pessoa pode se tornar muito sarcástica na estrada e bastante perversa. "Cala a boca, seu rato. Era preferível quando você não estava aqui." Ele tinha esse hábito de ficar falando bobagem, de dizer coisas que simplesmente irritavam. "Quando toquei com fulano e beltrano..." Ele era totalmente vidrado em estrelas. "Encontrei Bob Dylan ontem. Ele não gosta de você." Mas ele não tinha ideia do quanto estava sendo odioso. Então levava um "Ah, cala a boca, Brian". Ou imitávamos a maneira como ele encolhia sua cabeça em seu pescoço inexistente. Então o atormentávamos. Ele tinha esse enorme carro Humber Super Snipe, mas ele era um cara bem baixo e precisava sentar sobre uma almofada para enxergar por cima da direção. Mick e eu roubávamos a almofada por divertimento. Coisa malvada de garoto de colégio. Sentado na parte de trás do ônibus, nós o atacávamos verbalmente, fingindo que ele não estava lá. "Onde está Brian? Merda, viu o que ele estava vestindo ontem?" Era a pressão do trabalho, e o outro lado é que você espera que esse tipo de tratamento de choque o tire disso. Não havia tempo livre para dizer "vamos resolver o problema". Mas era uma relação de amor e ódio com Brian. Ele podia ser realmente engraçado. Eu gostava de ficar com ele, tentando descobrir como Jimmy Reed ou Muddy Waters fez aquilo, ou T-Bone Walker fez aquilo outro.

O que provavelmente ficou atravessado na garganta de Brian foi quando Mick e eu começamos a escrever as canções. Ele perdeu seu status e então perdeu interesse. Ter que vir ao estúdio aprender a tocar uma música que Mick e eu tínhamos escrito o deprimia. Era a ferida aberta de Brian. A única solução de Brian era se unir a Mick ou a mim, o que criava um triângulo. Ele queria Andrew Oldham, Mick e eu, e pensava que havia uma conspiração para se livrar dele. O que não era absolutamente verdade, mas alguém precisa escrever as canções. "Você é bem-vindo." "Vou-me sentar aqui e escrever uma canção com você." "O que você pensou?" Mas nenhuma fagulha se acendia quando eu estava com Brian. E então era: "Não gosto mais de guitarra. Quero tocar marimba". Outra hora, companheiro. Temos uma turnê pra fazer. Então passamos a depender de ele *não* estar ali, e se ele aparecesse, era um milagre. Quando ele estava lá, e ressuscitava, era incrivelmente ágil. Ele podia pegar qualquer instrumento que estivesse por ali e tocar alguma coisa. Cítara em "Paint it black". Marimbas em "Under my thumb". Mas nos cinco dias seguintes não veríamos o filho da mãe, e ainda tínhamos um disco para fazer. Tínhamos sessões arranjadas e onde está Brian? Ninguém pode encontrá-lo, e quando o encontram está em um estado deplorável.

Ele mal tocava guitarra nos últimos anos conosco. Nosso negócio eram duas guitarras e o resto se tecia em torno disso. E quando a outra guitarra não está lá metade do tempo ou perdeu interesse nisso, começa a *overdubbing*. Muitas dessas gravações sou eu quatro vezes. Aprendi muito sobre gravação fazendo isso, e também sobre como cobrir situações inesperadas. E apenas pelo processo de *overdubbing*, e de conversar com os engenheiros de som, eu aprendi mais sobre microfones, sobre amplificadores, sobre mudar o som das guitarras. Porque se você tem um guitarrista tocando todas as partes, se não for cuidadoso, é isso que vai soar. O que você quer é que cada uma soe diferente. Em álbuns como *December's children* e *Aftermath*, eu fiz as partes que Brian normalmente teria feito. Algumas vezes eu sobrepunha com oito guitarras e talvez usasse uma tomada aqui, outra ali na mixagem, então, no final, soaria como se fossem duas ou três guitarras e você já não está mais contando. Mas têm oito ali, e elas entram e saem na mixagem.

Então Brian encontrou Anita Pallenberg. Ele a conheceu nos bastidores em setembro de 1965, no show em Munique. Ela nos seguiu até Berlim, onde houve um tumulto incrível, e, ao longo de vários meses, começou a sair com Brian. Ela dava duro trabalhando como modelo e viajando, mas finalmente veio para Londres, e ela e Brian iniciaram sua relação com, logo, logo, seus ataques de alta violência.

Brian evoluiu de seu Humber Snipe para um Rolls-Royce — mas ele não enxergava do banco desse carro também.

O ácido entrou na sua história mais ou menos nessa época. Brian desapareceu no final de 1965, quando estávamos em meio a uma turnê, com as queixas usuais de má saúde, e ressurgiu em Nova York, numa boa com Bob Dylan, saindo com Lou Reed e Velvet Underground, e tomando ácido. O ácido para Brian era algo diferente do que para um usuário médio de drogas. O entorpercente naquela ocasião não era realmente, pelo menos no que dizia respeito ao resto de nós, nada demais. Nós estávamos apenas fumando maconha e tomando uns estimulantes para manter o ritmo. O ácido fazia Brian se sentir como se fosse parte de uma elite. Como o Acid Test. Era aquele grupinho seleto; ele queria ser parte de alguma coisa, e não achava nunca algo do que ser parte. Eu não me lembro de ninguém andando por aí e dizendo, "Tomei ácido". Mas Brian achava isso uma espécie de Medalha de Honra do Congresso. E então ele se saía com "Você não saberia, cara. Tenho experiências psicodélicas". E ele está se enfeitando, aquele horrível cabelo enfeitado. As pequenas idiossincrasias se tornaram tão aborrecidas. Era a coisa típica das pessoas que usam droga pensar que são alguém especial. São os *head club*. Você encontrava pessoas que diziam, "Você é um *head*?", como se isso conferisse algum tipo de status especial. Pessoas que estavam chapadas com algo que você não tinha tomado. O elitismo delas era uma idiotice total. Ken Kesey tinha muito a explicar.

Eu me lembro bem do episódio que Andrew Oldham descreve em suas memórias dando um forte peso simbólico — de quando Brian estava caído no chão do estúdio da RCA em março de 1966, com a guitarra entre as pernas, que estava zumbindo e interferindo no som. Alguém tinha de desligá-la, e no relato de Andrew, isso foi como se Brian estivesse à deriva para sempre. Para mim, era apenas um ruído que perturbava, e o conceito não era algo que nos chocasse em especial, porque Brian tinha estado caindo aqui e ali por dias. Ele realmente gostava de tomar muitas drogas depressoras, Seconal, Tuinal, Desbutal, toda a gama. Você acha que está tocando Segovia e que está fazendo *diddle diddle diddle*, mas na verdade está fazendo *dum dum dum*. Não dá para trabalhar com uma banda partida. Se há algo errado no motor, alguma coisa tem de ser feita para consertá-lo. Em algo como os Stones, principalmente naquele momento, você não pode simplesmente dizer, "Foda-se, você tá despedido". Ao mesmo tempo, as coisas não podiam continuar com aquela fissura rancorosa. E então Anita apresentou Brian ao outro grupo, os Cammells e aquele círculo social particular, sobre o qual haverá mais notícias ruins.

Minha mãe e meu pai no final da década de 1930

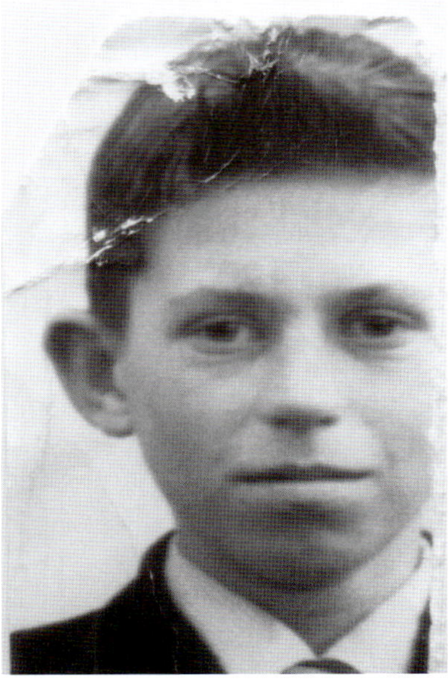

Na escola primária, em 1951, com oito anos

Com quatro anos, no meu primeiro triciclo, em Southend-on-Sea

No litoral sul da Inglaterra, em 1956, com doze anos

Com meus pais em Beesands, em Devon, na década de 1950

Meu primeiro amor, Haleema

À direita: 1964

Terry O'Neill

Sentados, da direita para a esquerda: Doris, meu avô Gus, minha avó Emma, tia Marjorie. De pé, da esquerda para a direita: tias Elsie, Joanna, Patty, Connie e Beatrice

Bob Bonis/NotFadeAwayGallery.com

No estúdio RCA, em Hollywood, com Mick e Andrew Oldham, em 1965

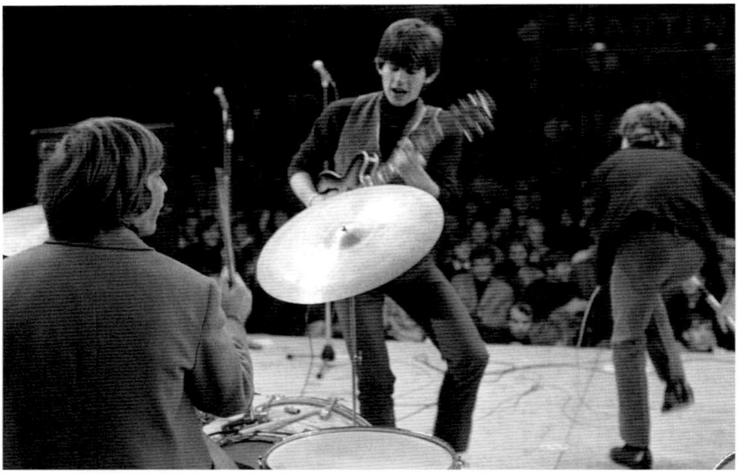

Bob Bonis/NotFadeAwayGallery.com

14 de setembro de 1965, em Munique. Nossa primeira viagem à Alemanha Ocidental. A noite em que Anita conheceu Brian Jones

1963

Philip Townsend

Bob Bonis/*NotFadeAwayGallery.com*

Uma das primeiras turnês nos Estados Unidos, quando as audiências ainda eram mantidas à distância. No Ratcliffe Stadium, em Fresno, na Califórnia, em maio de 1965

Gered Mankowitz

Em 1965, no estúdio RCA, na esquina da Sunset Boulevard e Ivar Avenue, em Hollywood, trabalhando em *Aftermath*

David Cole/Rex USA

Mick e eu em Redlands, 1967

Dennis Hart/Rex USA

Tomando uma boa xícara de chá com Charlie do lado de fora do tribunal depois de ter sido indiciado por "atentado ao pudor" — por urinar na entrada de uma garagem — em julho de 1965

Bob Bonis/NotFadeAwayGallery.com

Uma saudação amistosa no Jack Tar Hotel, em Clearwater, na Flórida, em maio de 1965

Gered Mankowitz

Turnê nos Estados Unidos em 1965. O show foi interrompido pelo delegado por desordem. A foto foi tirada pouco antes de recomeçar o show, embora a desordem tenha continuado

Blue Lena, meu Bentley Continental Flying Spur

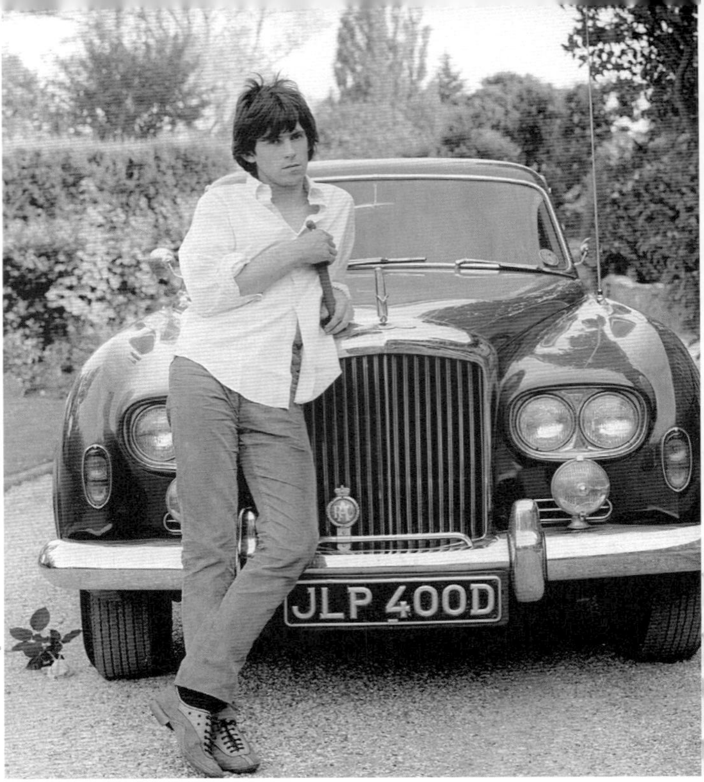

Gered Mankowitz

Promovendo *Between the buttons*, em janeiro de 1967

Popperfoto/Getty Images

John Knoote/Rex USA

Tribunal de Chichester, onde optamos por ir a julgamento depois da prisão em Redlands; 10 de maio de 1967

Relaxando na loja de Achmed em Tânger, no Marrocos. Ao fundo: Marianne e Mick; no meio, da esquerda para a direita: Robert Fraser, Brian Jones, Achmed; na frente, de costas para a câmera: Anita

Michael Cooper/Raj Prem Collection

Com Anita no Festival de Veneza, logo depois de sua atuação em *Barbarella*

Dezo Hoffmann/Rex USA

Na Califórnia em 1968. Da esquerda para a direita: eu, Gram Parsons, Tony Foutz, Anita e Phil Kaufman, o empresário artístico de Gram

Michael Cooper/Raj Prem Collection

Os Stones em 1969 com o novo guitarrista Mick Taylor

A chegada de Marlon, no King's College Hospital, em Londres, em 10 de agosto de 1969

Harris/Rex USA

No Madison Square Garden, em julho de 1972, no final da turnê Exile

Bob Gruen/www.bobgruen.com

Eu e Gram Parsons no Nellcôte, em 1971

Dominique Tarlé

Annie Leibovitz

A banda toda (com exceção de Charlie) ensaiando para as gravações do álbum *Exile on main st.*, em 1972. Da esquerda para a direita: Mick Jagger, Mick Taylor, Bill Wyman, Nicky Hopkins, Bobby Keys e eu

No Álamo, no Texas, em 1975. Ron Wood a caráter *Ken Regan/Camera 5*

Jane Rose

Angela com 5 anos, em 1977

Annie Leibovitz

Nos distraindo dos problemas em Toronto, em 1977. Marlon e eu montamos a pista Scalextrics na cama do hotel

Jane Rose

Nascidos há apenas algumas horas um do outro, ele em Lubbock, no Texas, e eu em Dartford, em Kent. Meu melhor amigo, Bobby Keys

Ron Wood e eu relaxando em 1975

Annie Leibovitz

Ethan Russell

A turnê de 1972. Em algum lugar dos Estados Unidos

Michael Putland

Turnê europeia
em 1973

Michael Cooper / Raj Prem Collection

Capítulo Seis

Onde sofro uma batida policial em Redlands. Escapo para o Marrocos no Bentley. Saio de casa escondido com Anita Pallenberg. Compareço pela primeira vez a um tribunal, passo uma noite na Scrubs e o verão em Roma.

Nenhum grupo faz uma bagunça maior na mesa. O resultado de seu café da manhã com ovos, geleia, mel por toda parte, chega a ser fora do comum. Eles dão um novo significado à expressão falta de asseio. [...] O baterista, Keith [sic] dos Stones, um terno do século XVIII, casaco comprido de veludo preto e as calças mais justas. [...] Tudo é ordinário, malfeito, as costuras estourando. O próprio Keith fez suas calças, lavanda e rosa fosco, com uma tira de couro mal costurada dividindo as duas cores. Brian aparece de calças brancas com um grande quadrado preto aplicado atrás. É muito moderno, apesar do fato de as costuras estarem se soltando.

— *Cecil Beaton no Marrocos, 1967,* de Self portrait with friends: the selected diaries of Cecil Beaton, 1926–1974.

Mil novecentos e sessenta e sete foi um divisor de águas, o ano em que as costuras se romperam. Havia aquela sensação de que os problemas estavam chegando, o que aconteceu mais tarde, com todos os distúrbios, lutas nas ruas, tudo isso. Havia uma tensão no ar. Era como íons negativos e positivos antes de uma tempestade, você fica com aquela falta de ar, a sensação de que algo vai se romper. Na verdade, o que ocorreu foi um estouro.

Tínhamos terminado uma excursão no verão anterior, uma excursão cruel pelos Estados Unidos, e não voltaríamos a excursionar por dois anos. Em todo esse tempo, os quatro primeiros anos da banda, não acho que tivemos mais de dois dias de descanso entre tocar, viajar e gravar. Estávamos sempre na estrada.

Senti que tinha chegado ao fim do capítulo com Brian. Pelo menos, não podia continuar como era enquanto estávamos na excursão. Mick e eu fomos extremamente desagradáveis com Brian, quando ele virou motivo de piadas, e para todos os efeitos abriu mão de sua posição na banda. As coisas já andavam ruins antes disso. Havia tensão antes mesmo que Brian começasse a se tornar um chato. Mas eu estava tentando consertar as coisas no fim de 1966. Formávamos uma banda, apesar de tudo. Eu andava contente e desimpedido, depois de terminar meu caso com Linda Keith. Quando Brian não estava trabalhando, era mais fácil. E eu naturalmente ia muito à casa de Brian — e de Anita — em Courtfield Road, perto de Gloucester Road.

Nós nos divertimos muito, nos tornamos amigos outra vez, nos drogávamos juntos. No começo, foi sensacional. Assim, comecei a me aproximar mais deles. Brian sentia minhas tentativas de tornar a trazê-lo de volta para o centro dos acontecimentos como uma oportunidade de começar uma vingança contra Mick. Brian precisava ter sempre um inimigo imaginário e mais ou menos naquela época tinha tomado a decisão de que era Mick Jagger quem o tinha maltratado grosseiramente e o ofendido. Eu me instalei como hóspede e ganhei uma cadeira na primeira fila para observar o mundo que Anita atraía em sua volta — um bando excepcional de gente. No princípio, eu costumava andar de volta para St. John's Wood às seis da manhã, atravessando o Hyde Park, e pegar uma camisa limpa. Depois, simplesmente parei de ir para casa.

Naqueles dias em Courtfield Road, eu não tive nada com Anita, estritamente falando. Eu estava fascinado por ela, mas me mantinha a uma distância que considerava segura. Achava, com certeza, que Brian tivera muita sorte. Nunca pude entender como ele conseguiu pôr as mãos nela. Minha primeira impressão foi de que era uma mulher muito forte. Eu estava certo sobre isso. Também de que era uma mulher extremamente brilhante, e esse foi um dos motivos pelos quais ela despertou meu interesse. Sem contar que era bastante divertida e muito bonita de se olhar. Muito engraçada. Mais cosmopolita do que qualquer outra pessoa que eu tivesse conhecido. Falava três idiomas. Tinha estado em um lugar, tinha estado em outro. Para mim, isso era muito exótico. Eu amava seu espírito, mesmo que ela instigasse, apertasse o parafuso e manipulasse. Ela não deixava você escapar do anzol um minuto. Se eu dissesse, "Isso é lindo ...," ela respondia, "*Lindo*? Odeio esta palavra. Para de ser tão filho da puta burguês". Nós vamos brigar por causa da palavra "lindo"? Como ia saber? O inglês dela ainda era um pouco precário, de forma que começava a falar alemão uma vez ou outra, quando queria dizer alguma coisa importante. "Desculpe, vou traduzir."

Anita, puta mulherão. Uma das grandes mulheres deste mundo. E tudo começou em Courtfield Gardens. Brian desmoronava de vez em quando, e Anita e eu olhávamos um para o outro. Mas era Brian e a mulher dele, e isso bastava. Fora de alcance. A ideia de roubar a mulher de outro membro da banda não estava em minha agenda. E assim os dias se passavam.

Na verdade, estou olhando para Anita e estou olhando para Brian e estou olhando para ela e pensando, não posso fazer nada para parar com isso. Vou ter que ficar com ela. Vou ter que tê-la ou ela vai ter que me ter. De um jeito ou de outro. Compreender isso tudo não ajudou em nada. Aquela eletricidade óbvia continuou por alguns meses e Brian foi ficando cada vez menos importante. Foi necessária muita paciência de minha parte. Eu ficava por ali três ou quatro dias e uma vez por semana andava até St. John's Wood. É melhor dar um pouco de espaço ali; meus sentimentos estão muito transparentes. Mas havia muitas outras pessoas por perto, era uma festa que não parava nunca. Brian precisava desesperadamente de atenção, o tempo todo. Mas quanto mais atenção ele recebia, mais ele queria.

Eu também sentia o cheiro do que estava acontecendo entre Brian e Anita. Algumas noites eu ouvia o barulho, e Brian aparecia com um olho roxo depois. Brian batia em mulheres. Mas a única mulher do mundo que você não vai querer tentar espancar é Anita Pallenberg. Todas as vezes que eles brigavam, Brian saía com curativos e machucados. Mas isso não tinha nada a ver comigo, não é? Eu estava ali só para ficar perto de Brian.

Anita vinha de um mundo artístico e ela mesma tinha muito talento — era com certeza uma amante das artes e tinha uma atitude amistosa com seus praticantes contemporâneos. Estava envolvida no mundo da pop art. Teve avô e bisavô pintores, uma família que decaiu, aparentemente em uma explosão de sífilis e loucura. Anita sabia desenhar. Cresceu na grande casa do avô em Roma, mas passou os anos da adolescência em Munique, numa decadente escola de arte alemã, de onde foi expulsa por fumar, beber e — pior do que tudo — viajar pedindo carona. Com dezesseis anos, ganhou uma bolsa de estudos para uma escola de artes gráficas em Roma, próxima à Piazza del Popolo. A partir de lá, começou a frequentar, nessa tenra idade, os cafés onde se reunia a *intelligentsia* de Roma. "Fellini e aquela gente toda", era como ela falava. Anita tinha muito estilo. Também possuía uma habilidade espantosa para juntar as coisas, estabelecer ligações com pessoas. Foi assim em Roma, no período da *Dolce vita*. Conhecia todos os cineastas — Fellini, Visconti, Pasolini; em Nova York, ligou-se a Warhol, ao mundo da pop art e aos poetas beat. Muito por conta de seus próprios talentos, Anita era brilhantemente ligada a diversos mundos e a várias pessoas diferentes. Era a catalisadora de muito do que acontecia naquela época.

Se houve uma árvore genealógica, uma árvore da gênese da *hip scene* de Londres, como era conhecida naqueles dias, ela teria no topo Anita e Robert Fraser, dono de galeria e comerciante de obras de arte, ao lado de Christopher Gibbs, negociante de antiguidades e bibliófilo, e mais alguns poucos. Foi assim especialmente por causa dos contatos que estabeleceram. Anita conheceu Robert Fraser bastante tempo antes, em 1961, quando esteve ligada ao mundo inicial da pop art, por meio de seu namorado Mario Schifano, um dos principais pintores pop de Roma. Por intermédio de Fraser, ela conheceu sir Mark

Palmer, o barão cigano original, Julian e Jane Ormbsy-Gore e Tara Browne (a personagem de *A day in the life*, dos Beatles). Assim, já tinha uma base de conhecimento da música — que exerceu papel importante, desde o início, na arte underground — e dos artistas, embora eles não fossem seus acompanhantes habituais. Na lista, estão três antigos alunos da Eton, ou seja, Fraser, Gibbs e Palmer — apesar de dois deles, Fraser e Gibbs, terem sido expulsos ou partido prematuramente da Eton —, todos com talentos especiais e excêntricos e fortes personalidades. Nenhum deles nasceu para seguir o rebanho. Mick e Marianne faziam peregrinações com John Michell — escritor e o Merlim do grupo — a Herefordshire para observar discos voadores e megalitos antigos e coisas assim. Anita levava sua vida em Paris, saindo para dançar diafanamente todas as noites no Regine's, onde a deixavam entrar de graça. Tinha, também, uma vida igualmente glamourosa em Roma. Trabalhava como modelo e fez alguns papéis no cinema. As pessoas com quem ela andava eram ferrenhamente *avant-garde*, em dias nos quais isso mal existia.

Foi então que a cultura das drogas começou a explodir. Primeiro veio o Mandrax com maconha, depois o ácido, no fim de 1966, em seguida a cocaína, no decorrer de 1967, e então a heroína — sempre. Lembro do dia em que David Courts, o primeiro a fazer meu anel da caveira e um amigo íntimo, chegou para jantar em um *pub* perto de Redlands. Ele tinha tomado um pouco de Mandrax com bebidas alcoólicas e queria pousar a cabeça na sopa. Lembro disso somente porque Mick o carregou nas costas até o carro. Ele nunca faria uma coisa assim hoje — e entendo, lembrando esse incidente, quanto tempo passou desde que Mick mudou. Mas essa é outra história.

Havia pessoas fascinantes. Como o capitão Fraser, que serviu no King's African Rifles, o braço forte da autoridade colonial britânica na África Oriental, ficou aquartelado em Uganda e teve Idi Amin como seu sargento. Ele se transformou em Strawberry Bob, flutuando de chinelos e calças *rajasthani* à noite e de ternos riscados ou de bolinhas estilo gângster de dia. A Robert Fraser Gallery foi, em muitos aspectos, um divisor de águas. Organizou shows de Jim Dine, representou

Lichtenstein. Ele apresentou pela primeira vez Warhol a Londres, exibindo *Chelsea girls* em seu apartamento. Ele expôs Larry Rivers, Rauschenberg. Robert viu as mudanças que estavam vindo, estava bem entranhado na pop art. Era agressivamente *avant-garde*. Eu gostava da energia que estavam pondo ali, mais do que de tudo o que faziam — aquela sensação no ar de que tudo era possível. De outro lado, a surpreendente pretensiosidade excessiva do mundo da arte me deixava arrepiado, e eu nem estava usando drogas. Allen Ginsberg uma vez ficou hospedado na casa de Mick em Londres e eu passei uma noite ouvindo o velho tagarela pontificar sobre todas as coisas. Era o período em que Ginsberg se sentava e ficava tocando mal uma sanfona e fazendo sons *ommm*, fingindo ignorar o ambiente socialite ao seu redor.

O capitão Fraser amava de verdade seus Otis Redding, seus Booker T & os MGs. Fui algumas vezes ao seu apartamento na Mount Street — o *salon* da época — de manhã, se tinha passado a noite em claro e acabara de receber um disco novo de Booker T ou de Otis. Lá estava Mohammed, o criado marroquino com roupas árabes. Ele preparava dois cachimbos e ficávamos ouvindo "Green onions" ou "Chinese checkers" ou "Chained and bound". Robert estava tomando heroína. Ele tinha um armário de ternos tipo gângster, todos muito bem cortados, com excelentes tecidos. Suas camisas eram muitas vezes feitas à mão, sob medida, mas as golas e os punhos estavam sempre puídos. Isso fazia parte do conjunto. Ele costumava deixar pedrinhas de reserva, com um sexto de grão — seis pedrinhas formavam um grão de heroína —, soltas nos bolsos dos ternos. Assim, sempre ia ao armário e vasculhava os bolsos até encontrar uma pedrinha de reserva. O apartamento de Robert era cheio de objetos fantásticos. Crânios tibetanos decorados com prata, ossos com pontas de prata, abajures Tiffany *art nouveau* e tecidos bonitos por toda parte. Ele flutuava por ali vestindo camisas de seda de cores vivas que tinha trazido da Índia. Robert gostava de verdade de ficar drogado, "haxixe maravilhoso", "*afghani primo*". Ele era uma estranha mistura de *avant-garde* com uma boa dose do estilo antigo.

Outra coisa de que eu gostava muito em Robert era que ele não era esnobe. Poderia facilmente esconder-se por trás da educação em Eton e do estilo aristocrata. Mas ele olhava em volta — deliberadamente expôs obras de arte de gente de fora da Royal Academy. Havia também, naturalmente, o caráter homossexual, que também o punha em dificuldades. Ele não o pavoneava, mas também, certamente, não o escondia. Tinha um olhar de aço e sempre admirei sua coragem. Atribuo muito de sua personalidade aos African Rifles, de verdade. Ele tinha os olhos abertos para a África. Capitão Robert Fraser, reformado. Se quisesse, poderia usar sua autoridade. Mas tenho a sensação de que Robert justamente detestava cada vez mais a maneira como o *establishment*, como diziam naquela época, ainda tentava agarrar-se a algo que estava obviamente ruindo. Eu admirava sua posição no sentido de que "isso não pode continuar". Acho que é por isso que ele se ligou a nós, aos Beatles e aos artistas *avant-garde*.

Fraser e Christopher Gibbs foram colegas na Eton. Quando Anita conheceu Gibbs, ele tinha acabado de sair da cadeia por roubar um livro da Sotheby's, com dezoito anos ou algo assim — ele sempre foi um colecionador apaixonado e tinha um olho excelente. Nós nos ligamos a Gibbs outra vez por meio de Robert, quando Mick decidiu que queria morar no campo. Robert não tinha inclinação para a vida campestre e disse que seria melhor envolver Gibbs no projeto. Gibbs começou levando Mick e Marianne para uma volta pela Inglaterra, na qual conheceram vários palácios e propriedades. Sempre amei Gibbs do jeito como ele era. Eu costumava ficar no seu apartamento, em Cheyne Walk, na beira do rio. Ele tinha uma grande biblioteca. Eu só sentava, olhava as belas primeiras edições, as ilustrações e os quadros e as coisas que não tinha tempo de ler porque estava em excursão. Ele fazia muito esforço para vender os móveis. Peças muito bonitas. Um promotor sutil de seus próprios bens. "Consegui este cofre maravilhoso, do século XVI." Ele estava sempre tentando vender alguma coisa, ou uma coisa estava sempre disponível. Ao mesmo tempo, Christopher era maluco. É o único cara que conheço que pode acordar e quebrar uma ampola de nitrato de amila debaixo do nariz. Até a *mim* isso surpreendeu. Ele guardava uma ampola ao lado da cama. Só girava aquele frasquinho amarelo e levantava. Eu o vi fazer isso. Fiquei pasmo. Não tenho nada contra as ampolas, mas normalmente mais tarde, à noite.

Robert Fraser e Christopher Gibbs tinham em comum a calma e a coragem. E eram filhinhos de mamãe. Todos eles tinham muito medo das mães. Strawberry Bob estava sempre com medo da mãe. "Oh, minha mãe está chegando." "E daí?" Isso não significava que eram moles ou dependentes de mulheres. Era o respeito pelas mães que suplantava tudo. Obviamente, tinham mães muito fortes, pois eram caras muito fortes. Só agora eu soube que a mãe de Gibbs era a rainha internacional das bandeirantes, comissária-chefe das bandeirantes para o exterior. Não era o tipo de assunto sobre o qual conversávamos na época. Eu não compreendia a influência dessa dupla, mas eles mudaram o panorama e tiveram grande ascendência sobre o estilo de muitas épocas.

Gibbs e Fraser eram só os primeiros nomes disso tudo. Havia os Lampsons e os Lambtons, Sykeses, Michael Rainey. Havia sir Mark Palmer, pajem da rainha e cigano inveterado, que seu coração seja abençoado, com seus dentes de ouro e os cães *whippet* amarrados duas vezes a cabos de aço e os trailers que ele costumava conduzir pelas estradinhas rurais e estacionar nas propriedades dos amigos. Imagino que se você cresceu sendo ensinado a carregar os vestidos da rainha, um trailer cigano pode ter uma espécie de atração depois de algum tempo. Mas, depois, o que fazer? "Arrasto o vestido da rainha no chão."

De repente, estamos sendo cortejados por metade da aristocracia, os descendentes mais jovens, herdeiros de dinheiro antigo, os Ormbsy-Gores, os Tennants, a turma toda. Nunca soube se eles estavam visitando os cortiços ou nós ficando esnobes. Eram gente muito legal. Decidi que não estavam me incomodando. Se alguém estiver interessado, seja bem-vindo. Você quer se pendurar, se pendure. Foi a primeira vez, pelo que eu sei, que a turma procurou ativamente os músicos, em números tão grandes. Eles entenderam que havia alguma coisa soprando no vento, para citar Bob. Eles se sentiam embaraçados, os Knights in Blue, e achavam que ficariam por fora se não se juntassem. Assim, ocorreu aquela estranha mistura de aristocratas e gângsteres, a fascinação que a camada mais alta da sociedade tinha pela camada mais selvagem. Este era especialmente o caso de Robert Fraser.

Robert gostava de se misturar com o submundo. Talvez fosse sua rebelião contra o sufocamento de sua formação, a repressão da homossexualidade. Ele gravitava em torno de gente como David Litvinoff, que estava nos limites da arte e da vilania, amigo dos irmãos Kray, gângsteres do East End. Também havia vilões nessa história. Foi assim que Tony Sanchez entrou nela, pois Sanchez ajudou Robert a sair de uma enrascada quando ele contraiu dívidas de jogo. Foi assim que Robert conheceu Tony. E Tony transformou-se no condutor de Robert, uma espécie de ajudante com os vilões, e seu negociador.

Tony dirigia um cassino para garçons espanhóis apostarem depois do serviço em Londres. Era traficante e gângster, e tinha um Jaguar Mark 10 em dois tons, todo enfeitado no estilo cafetão. Seu pai dirigia um restaurante italiano famoso em Mayfair. Tony, o espanhol, era durão. *Biff bang*. Um daqueles. Antes de ficar mau, era um grande cara. Seu problema, como o de muitos outros, foi o fato de que não se pode traficar e ser viciado ao mesmo tempo. As duas coisas não combinam. Se você quer ser durão, tem que ser esperto e ficar firme nos pés. Era assim que Tony poderia ter sido e até foi por algum tempo. Mas não se pode se dar ao luxo de ficar dependente. Isso deixa você mais lerdo. Se você vai vender a droga, OK, é assim que as coisas são, mas não experimente. Há uma grande diferença entre o traficante e o consumidor. Para ser traficante, você tem que tomar muito cuidado. Do contrário, você escorrega e foi isso que aconteceu com Tony.

Ele aprontou comigo duas vezes. Sem eu saber — só vim a tomar conhecimento depois —, ele me usou como motorista do carro de fuga em um assalto rápido para roubar joias em Burlington Arcade. "Olha, Keith, arrumei este Jaguar. Quer experimentar?" O que eles queriam era um carro limpo com um motorista limpo. E Tony obviamente tinha dito àqueles caras que eu dirigia bem à noite. Foi assim que fiquei esperando em frente ao lugar, sem saber o que estava acontecendo. Tony era um bom amigo, mas costumava me enganar.

Outro grande amigo era Michael Cooper. Eu costumava ficar muito com ele. Grande fotógrafo. Ele podia ficar lá paradão, bastante tempo. Aguentava tomar muita droga. Foi o único fotógrafo que conheci que tinha tremores enquanto trabalhava. Mesmo assim, tudo saía direito. "Como você consegue? Suas mãos estavam tremendo. A fotografia devia ter saído um borrão." "Eu sei a hora certa de clicar." Michael registrou o início da vida dos Stones com muitos detalhes porque nunca parava de tirar fotografias. A fotografia era um modo de vida total para Michael. Ele estava totalmente capturado por imagens, ou, o que é mais provável, as imagens o tinham capturado.

De certa forma, Michael era uma criação de Robert. Robert tinha um lado Svengali e estava fortemente atraído por Michael Cooper em todos os níveis, mas admirava especialmente sua face artística e o promoveu. Michael era um tecelão de teias. Era a cola que nos ligava, todas aquelas partes diferentes de Londres, os aristocratas, os vizinhos e os outros.

Quando se consome o tanto de droga que estávamos consumindo, você acaba falando sobre tudo, menos sobre o trabalho que está fazendo. Isso significava que Michael e eu ficávamos sentados por ali discutindo a qualidade da droga. Dois amigos tentando ver se conseguiam ficar mais altos do que nunca sem se prejudicarem muito. Não se falava sobre "o grande trabalho". Vou fazer isso ou você vai fazer aquilo ou mais alguém vai fazer. Isso era periférico. Eu sabia que ele trabalhava muito. Era um maníaco, como eu, mas você aceita isso como natural.

Uma coisa sobre Michael é que ele de vez em quando entrava numa espiral de depressão profunda e total. Nuvens negras. O poeta das lentes era a criatura mais frágil que se pode imaginar. Michael rolava lentamente para um precipício do qual não havia saída. Mas, por enquanto, éramos basicamente membros de uma gangue. Não que aceitássemos contratos de assassinato, mas formávamos um pequeno círculo de elite. Ostentosos e exagerados, muito honestamente, alargando todas as margens porque era isso que tinha de ser feito.

Não há realmente muito o que se possa dizer sobre o ácido, a não ser, Deus, que viagem! Pisar nessa área era muito incerto, desconhecido. Em 1967 e 1968, houve uma verdadeira reviravolta no sentimento de como as coisas estavam andando, muita confusão e uma boa quantidade de experimentação. A coisa mais surpreendente que consigo lembrar sobre o ácido é a de observar aves voando — aves que ficavam voando em frente ao meu rosto e que não estavam ali de verdade, grupos de aves-do-paraíso. E na verdade era uma árvore soprada pelo vento. Eu estou andando por uma vereda no campo, está tudo muito verde, e quase consigo distinguir cada batida das asas. Ficaram tão mais lentas até o ponto em que eu posso mesmo dizer, "merda, posso fazer isso também". É por isso que entendo quando uma pessoa ou outra pula de uma janela. Porque toda a noção de como se faz se torna clara em um instante. Um bando de aves leva cerca de meia hora para voar na frente do meu campo de visão, uma palpitação incrível, e posso ver cada uma das penas. E elas olhavam para mim enquanto passavam, como se estivessem me convidando a tentar. Merda... Ok, há certas coisas que eu não posso fazer.

Quando se toma ácido, você tem de estar com as pessoas certas. De outro jeito, tenha cuidado. Brian, quando tomava ácido, por exemplo, era um perigo. Ou ficava incrivelmente relaxado e engraçado, ou era um desses gatos que levam você para o mau caminho quando o caminho bom está fechado. E de repente você está lá, descendo a rua da paranoia. No ácido, você perde totalmente o controle. Por que estou entrando nesse ponto escuro? Eu não quero ir para lá. Vamos voltar para a encruzilhada e ver se o caminho bom já está aberto. Quero ver aquelas aves outra vez e ter algumas ideias surpreendentes para tocar e encontrar o Acorde Perdido. O Santo Graal da música, muito elegante na época. Havia um bando de pré-rafaelitas correndo de um lado para o outro em roupas de veludo e echarpes amarradas nos joelhos, como os Ormbsy-Gores, procurando o Santo Graal, a corte perdida do rei Artur, discos voadores e monólitos.

Com Christopher Gibbs, nunca se podia dizer se ele estava ou não sob o efeito do ácido, pois era assim que ele era. Talvez eu nunca tenha visto Christopher sem estar sob o efeito do ácido. Mas devo dizer que era um sujeito audacioso. Estava pronto a saltar para o desconhecido, para o vale da morte. Estava pronto para ir dar uma olhada. Era algo que tinha de ser feito. Nunca vi Gibbs desequilibrado pelo ácido, nunca vi nenhum sinal de uma *bad trip*. Minhas lembranças de Christopher são de que ele estava sempre angelicamente com os pés fora do chão. Como talvez todos nós estivéssemos.

Ninguém sabia nada sobre o assunto. Estávamos tateando no escuro. Eu achava tudo interessante, mas descobri que havia pessoas muito angustiadas, e tudo o que você precisa com este tipo de droga é se ocupar com alguém que esteja tendo uma viagem ruim de verdade. As pessoas podem mudar e ficar paranoicas, perturbadas ou com muito medo. Especialmente Brian. Pode acontecer com qualquer um. Com o ácido, era o desconhecido. Você não sabia se ia voltar ou não. Eu tive duas viagens terríveis. Lembro de Christopher conversando comigo para me tirar de uma. "Ei, está tudo legal. Está tudo certo." Ele era como uma enfermeira, uma enfermeira do turno da noite. Nem consigo lembrar o inferno que eu estava atravessando; só que não era agradável. Paranoia, talvez. Acontece a mesma coisa em muita gente com a maconha, ela faz com que fiquem paranoicas. É basicamente medo, mas você não sabe de quê. Assim, você não tem defesas e quanto mais mergulha na coisa, maior ela fica. Às vezes, você tem de esbofetear a si mesmo.

Mas isso não me impediu de fazer outra viagem. Era a ideia de um limite que tinha de ser superado. Também havia um pouco de estupidez naquilo. Não foi muito bom da última vez? Vamos tentar novamente. O que, está com medo agora? Era o Teste do Ácido, a maldita coisa de Ken Kesey. Ele significava que, se você não esteve ali, não está em lugar nenhum, o que é uma coisa burra de verdade. Muita gente se sentiu obrigada a tomar, mesmo não querendo, se pretendia ficar e se misturar com a turma. Era um assunto de gangue. Mas podia balançar você se não fosse cuidadoso, e isso aconteceu muitas vezes. Mesmo se você só tomou ácido uma vez, provavelmente ele fez alguma coisa em você. É volátil demais.

Um épico daquele período foi uma viagem que fiz com John Lennon, os dois cheios de ácido. Foi um episódio com tantos extremos que mal consigo extrair um fragmento. A viagem incluiu, eu acho, Torquay e Lyme Regis, no que parece ter sido um período de dois ou três dias, com um motorista. Johnny e eu estávamos tão altos que alguns anos depois, em Nova York, ele veio me perguntar o que tinha acontecido. Estava conosco Kari Ann Moller, agora senhora Chris Jagger. Acho que os Hollies fizeram uma música sobre ela, ou foi sobre Marianne? Garota muito doce, tinha uma casa em Portland Square, onde morei cerca de dois anos quando estava na cidade. Suas lembranças, que consultei recentemente para preparar este livro, eram bem diferentes das que eu tinha. Mas vi que as dela não constituíam quase um branco total, como as minhas.

O que está claro para mim agora é que nunca achávamos que estávamos trabalhando demais. Mais tarde, porém, você entende que não dava uma parada, cara. Assim, quando você tira três pouco comuns dias de folga, se sente um pouco selvagem. Eu lembrava de estar num carro com motorista. Mas Kari Ann disse que não tínhamos motorista. Estávamos apertados num carro de duas portas com outra pessoa inidentificável — por isso, talvez existisse um motorista. De acordo com Kari Ann, começamos na boate Dolly's, a precursora do Tramp, e passamos de carro pelo Hyde Park Corner diversas vezes, imaginando para onde iríamos. Fomos até a casa de John, no campo, pelo que ela diz, demos alô a Cynthia e então Kari Ann decidiu que devíamos ir visitar sua mãe, em Torquay. Deveria ter sido uma visita bem bacana para a mãe dela, dois caras com a cabeça cheia de ácido sem dormir há duas noites. Segundo a história dela, chegamos lá por volta do amanhecer. Uma parada em um café de beira de estrada não adiantou nada. John foi reconhecido. E Kari Ann entendeu que não podíamos continuar e visitar sua mãe por causa do nosso estado. Seguem-se então algumas horas esquecidas, porque quando voltamos à casa de John já estava escuro. Há lembranças de palmeiras, assim parece que ficamos sentados algumas horas na esplanada de Lyme Regis, ladeada de palmeiras, enclausurados em pequenos mundos de nós mesmos. Chegamos em casa, e assim todo mundo ficou feliz. Foi uma dessas ocasiões em que John queria tomar mais drogas do que eu. Uma sacola grande de erva, montes de haxixe e ácido. Eu normalmente escolhia o ácido.

Gostava muito de John. Ele era um bobão em muitas coisas. Eu vivia criticando a sua maneira de segurar a guitarra, muito alto. Eles tinham o costume de levantar a guitarra até o alto do peito, o que restringe os movimentos. É como estar algemado. "Ponha sua merda de guitarra debaixo da merda do seu queixo, pelo amor de Deus. Não é um violino." Creio que eles achavam que era uma coisa legal. Gerry & the Pacemakers, todas as bandas de Liverpool tocavam assim. A gente costumava discutir desse jeito. "Experimente uma correia mais comprida, John. Quanto mais comprida for a correia, melhor você vai tocar." Lembro dele acenando com a cabeça e aceitando. Na próxima vez que o visse, as correias da guitarra estavam um pouco mais baixas. "Não admira que você não balance, sabe? Não admira que você só consiga rock, não consiga roll."

John podia ser bem direto. A única coisa desagradável que lembro de ele ter me dito foi sobre meu solo no meio de "It's all over now". Ele achou uma bosta. Talvez ele tivesse levantado com o pé esquerdo naquele dia. Bom, com certeza podia ter ficado melhor. Mas você desarmava o cara. "É, John, não foi um dos meus melhores. Desculpe. Milhões de desculpas, cara. Você pode tocar ela do jeito fodido que quiser". Mas só o fato de ele ter-se dado ao trabalho de ouvir mostrava que estava bem interessado. Ele era muito aberto. Vindo de qualquer outro, me deixaria bem embaraçado. Mas John tinha um olhar tão honesto que você aceitava isso dele. Ele também era uma pessoa intensa. Um cara único. Como eu. Fomos atraídos um pelo outro, de uma maneira única. Definitivamente um choque de dois alfas, para começar.

"Pós-ácido" era o ambiente dominante em Redlands em uma manhã fria de fevereiro de 1967. Pós-ácido: todo mundo está de volta com os pés no chão, para falar assim, e você passou o dia todo com eles, fazendo todo tipo de coisas malucas e rindo até a cabeça estourar. Você saiu para passear na praia e está um frio de gelar e você está sem sapatos e imaginando por que seus dedos dos pés estão tão gelados. A volta é diferente para cada um. Alguns estão acesos, querem começar outra, para outros já chega. E você pode cair na onda do ácido a qualquer momento.

Batem na porta. Olho pela janela e vejo um monte de anões lá fora, mas estão todos com a mesma roupa! São policiais, mas não percebo. Pareciam pessoas muito baixinhas, vestindo roupas azul-escuras com alguns pontos brilhantes e capacetes. "Roupas maravilhosas! Estava esperando vocês? De qualquer maneira, entrem, está um pouco frio aí fora." Eles tentaram ler uma ordem judicial para mim. "Oh, isto é muito legal, mas está frio aí fora, entrem e leiam isso para mim perto da lareira." Eu nunca fora o alvo de uma batida policial antes e ainda estava sob os efeitos do ácido. Oh, faça amigos. Amor. Eu nunca diria para eles ficarem lá fora enquanto telefonava para meu advogado. Continuava a convidá-los a entrar. E eles, grosseiramente, me desrespeitavam.

Enquanto calmamente íamos saindo dos efeitos do ácido, eles se espalharam pelo lugar, fazendo o que tinham vindo fazer. Nenhum de nós estava prestando muita atenção neles. Obviamente, havia alguns fragmentos das drogas normais, mas não parecia haver muita coisa que pudéssemos fazer naquele momento, e assim os deixamos andar de um lado para o outro e examinar os cinzeiros. Incrivelmente, tudo que encontraram foi alguns tocos de cigarros de maconha e o que Mick e Robert Fraser tinham nos bolsos, uma quantidade diminuta de anfetamina comprada legalmente por Mick na Itália e um pouquinho de heroína com Robert. Fora isso, não havia mais nada.

Naturalmente, houve aquele caso com a Marianne. Depois de um dia cansativo sob os efeitos do ácido, ela foi ao andar de cima para tomar banho. Acabara o banho naquele momento. Eu tinha um grande tapete de pele, feito de algum tipo de pele, de coelho, e ela se enrolou nele, acho que também estava enrolada em uma toalha, e estava deitada no sofá depois de um bom banho. Como a barra de chocolate Mars entrou na história, eu não sei. Havia uma na mesa — havia duas, porque sob os efeitos do ácido você sente uma necessidade repentina de açúcar e estávamos mastigando o chocolate. Ela nunca mudou sua versão sobre onde a polícia encontrou a barra de chocolate. E devo dizer que ela conta a história muito bem. Mas como surgiu aquela conotação e como a imprensa conseguiu transformar uma barra de chocolate sobre uma mesa e Marianne enrolada em um tapete de peles em um mito é uma espécie de clássico. De fato, Marianne estava vestida de maneira bem decente. Normalmente, quando você conhecia Marianne, já começava a falar para o espaço entre os seus seios. E ela sabia que estava causando efeito. Garota mazinha, bendita seja. Ela estava mais vestida com aquele tapete do que estivera no resto do dia. Assim, eles trouxeram uma mulher policial que foi com ela para o andar de cima e mandou que tirasse o tapete. O que mais você quer ver? A partir daí — e isso mostra o que vai na cabeça das pessoas — a manchete dos vespertinos foi "Garota nua em festa dos Stones". Informação direta da polícia. Mas a barra de chocolate como pênis artificial? Esse foi um pulo bem grande. O mais estranho sobre esses mitos é que permanecem, mesmo sendo tão obviamente falsos. Talvez a ideia seja de que é tão descabido, indecente e lascivo que não pode ter sido inventado. Imagine o que é permitir que um grupo de policiais, homens e mulheres, veja aquelas provas, deixando-as à mostra enquanto andam pela casa de um lado para o outro. "Desculpe, seu guarda, acho que o senhor deixou passar alguma coisa. Olhe ali."

Também estavam em Redlands naquele dia Christopher Gibbs e Nicky Kramer, um vagabundo e penetra da alta sociedade que se tornara amigo de todos, uma alma inofensiva que foi idiota o suficiente para nos trair, embora fosse necessário que David Litvinoff o mantivesse seguro pelos tornozelos de uma janela para descobrir. E, naturalmente, David Schneiderman, ou Mr. X, como foi chamado posteriormente no tribunal. Schneiderman, também conhecido como o Rei do Ácido, era fonte de ácido de muito boa qualidade na época, como as marcas Strawberry Fields, Sunshine e Purple Haze. De onde você acha que Jimi conseguia o dele? Todos os tipos de misturas, e foi assim que Schneiderman se juntou ao grupo, como fornecedor desse ácido incrível. Naqueles dias inocentes, agora abruptamente encerrados, ninguém se preocupava com o cara legal, o fornecedor do pedaço. Uma festa grande e feliz. Na verdade, o cara legal era agente da polícia. Ele chegava com aquela sacola cheia de coisas gostosas, inclusive uma porção de DMT, que você nunca provara antes, o N-dimetiltriptamina, um dos componentes da *ayahuasca*, um psicodélico bastante poderoso. Ele esteve em todas as festas durante cerca de duas semanas e depois desapareceu misteriosamente, para nunca mais ser visto.

A batida tinha sido uma armação do jornal *News of the World* com a polícia. A chocante extensão dessa manobra enganosa, que foi até o Judiciário, só ficou clara quando o caso chegou ao tribunal, meses mais tarde. Mick tinha ameaçado processar o jornal de escândalos por envolvê-lo com Brian Jones e ter descrito uma cena em que ele tomava drogas numa boate. O jornal então saiu em busca de provas contra Mick, para defender-se no processo. Foi Patrick, meu motorista belga, quem nos vendeu ao *News of the World*, que então avisou a polícia, que usou Schneiderman. Eu pagava muito bem aquele motorista, e serviço é serviço, era para ele ficar calado. Mas o *News of the World* o atraiu. Mas isso não lhe fez muito bem. Pelo que ouvi dizer, ele nunca mais foi o mesmo. Mas precisamos de algum tempo para juntar todos esses detalhes. Pelo que eu lembro, a atmosfera estava razoavelmente calma naquela época. Merda, o que fizemos, está feito. Foi só mais tarde, quando começamos a receber intimações e essas coisas, o governo de Sua Majestade e blá-blá-blá, que pensamos: "Isso é sério".

Decidimos ir embora da Inglaterra e só voltar quando fosse a hora de comparecer ao tribunal. E seria melhor irmos para um lugar onde pudéssemos obter drogas legalmente. Foi uma dessas decisões tomadas de repente, "Vamos entrar no Bentley e ir para o Marrocos". Assim, partimos no começo de março. Tínhamos tempo livre e o melhor carro para a viagem. Era o Blue Lena, como foi batizado, meu Bentley azul-escuro, meu S3 Continental Flying Spur — um automóvel relativamente raro, parte de uma edição limitada de 87. O nome foi uma homenagem a Lena Horne — eu lhe mandei uma fotografia do carro.

Só ser o dono desse carro já era procurar encrenca, romper as regras do *establishment*, estar no volante de um carro de luxo do qual, definitivamente, não era merecedor por nascimento. Blue Lena nos transportou em muitas viagens movidas a ácido. As modificações incluíam um compartimento secreto no painel para esconder substâncias ilegais. Tinha um capô muito grande e para fazer uma curva era preciso virar bem o carro. Blue Lena exigia um pouco de arte e conhecimento do seu contorno em lugares estreitos — a parte de trás era quinze centímetros mais larga que a da frente. Você tinha que conhecer o carro, nenhuma dúvida sobre isso. Três toneladas de maquinário. Um carro feito para ser dirigido depressa à noite.

Brian e Anita tinham estado no Marrocos no ano anterior, 1966, ficando com Christopher Gibbs, que teve de levar Brian a um hospital com o pulso quebrado. Um murro que ele endereçara a Anita atingiu a moldura de metal de uma janela do hotel El Minzah, em Tânger. Ele nunca foi bom em seu relacionamento com Anita. Soube mais tarde como Brian se tornou violento com ela, quando começou sua queda, atirando facas e copos, dando socos e a obrigando a se proteger atrás de sofás. Provavelmente não sabia que Anita praticou esportes na infância — vela, natação, esqui, todos os tipos de esportes ao ar livre. Brian não era páreo para Anita, fisicamente ou em termos de empenho. Ela sempre esteve acima dele. Ele sempre chegava em segundo lugar. Ela achava, pelo menos no começo, que os ataques de Brian eram engraçados — mas estavam ficando aborrecidos e perigosos. Anita me contou mais tarde que na sua viagem para Tânger no ano anterior, em Torremolinos, ocorreram brigas sérias, depois das quais Brian ia parar na cadeia — e Anita também, uma vez, por roubar um carro que saía de um clube. Ela muitas vezes tentou soltar Brian gritando para os carcereiros que não podiam mantê-lo preso, tinham que deixá-lo sair. Durante esse período, eles estavam se tornando parecidos, usando cabelos e roupas idênticos. Eles fundiram suas personalidades, pelo menos estilisticamente.

Fomos de avião para Paris, Brian, Anita e eu, e nos encontramos com Deborah Dixon, velha amiga de Anita, no hotel George V. Deborah era uma obra de arte, uma beleza do Texas que esteve nas capas de todas as revistas no início da década de 60. Brian e Anita se conheceram na excursão dos Stones, mas ficaram juntos pela primeira vez na casa de Deborah em Paris. Meu novo motorista, substituto do dedo-duro Patrick, era Tom Keylock, um cara durão do norte de Londres que logo se tornaria o faz-tudo-chefe dos Stones. Ele trouxe Blue Lena para Paris e fomos embora em busca de sol.

Mandei um cartão-postal para mamãe: "Querida mamãe, desculpe por não ter telefonado antes de partir, mas meus telefones não são seguros para a gente conversar. Tudo vai ficar bem, não se preocupe. Aqui está muito bom e mando uma carta quando chegar onde estou indo. Todo o meu amor. Seu filho fugitivo, Keef".

Brian, Deborah e Anita sentaram no banco traseiro. Eu fiquei na frente, ao lado de Tom Keylock, mudando os discos de 45 rotações no pequeno toca-discos Philips do carro. Era difícil perceber, durante a viagem, como e por que a tensão ia aumentando ali dentro, tal como aconteceu. Ajudou o fato de Brian estar mais obtuso e infantil do que de costume. Tom é um antigo soldado, lutou em Arnhem e tudo isso, mas nem mesmo ele podia ignorar a tensão no carro. A relação de Brian com Anita chegou a um beco sem saída ciumento quando ela se recusou a desistir de qualquer trabalho de atriz que estivesse fazendo para cumprir deveres domésticos de gueixa em caráter integral, alisadora, saco de pancadas — o que ele imaginasse, inclusive participar com ele de orgias, o que Anita sempre se recusou a fazer. Durante a viagem, ele nunca parou de se queixar e de resmungar sobre como se sentia mal, que não conseguia respirar. Ninguém o levou a sério. Brian sofria mesmo de asma, mas também era hipocondríaco. Enquanto isso, eu era o DJ. Tinha que continuar a alimentar o aparelho com os pequenos 45, os sons favoritos — muito Motown naquela época. Anita afirma que minhas escolhas eram cheias de significados e mensagens para ela, canções do momento como "Chantilly lace" e "Hey Joe". Todas as canções eram desse tipo. Pode entender o significado da maneira que quiser.

Na primeira noite de nossa viagem pela França, ficamos todos no mesmo quarto, nós cinco em uma espécie de dormitório na parte de cima de uma casa — a única acomodação que conseguimos encontrar tarde da noite. No dia seguinte, fomos a uma cidadezinha chamada Cordes-sur-Ciel — um lugarzinho muito bonito no topo de uma elevação — que Deborah queria visitar. Quando nos aproximamos, uma ambulância saiu do meio das suas muralhas medievais. Brian começou então a insistir para que seguíssemos a ambulância até o hospital mais próximo, que era em Albi. Chegando lá, Brian foi diagnosticado com pneumonia. Bem, é difícil saber com Brian o que é real e o que não é. Mas isso significou que ele foi transferido para um hospital em Toulouse, onde ficaria internado alguns dias, e o deixamos ali. Descobri muito mais tarde que ele deu instruções a Deborah para que não deixasse Anita e eu sozinhos. Assim, já estava bem claro para ele. Dissemos, "Ok, Brian, você é legal. Vamos atravessar a Espanha de carro e você pega o avião e nos encontra em Tânger".

Assim, Anita, Deborah e eu seguimos de carro para a Espanha. Quando chegamos a Barcelona, fomos a um famoso local de violonistas de flamenco nas Ramblas. Ele ficava numa parte pesada da cidade e, quando saímos, por volta das três da manhã, havia uma quase rebelião. Pessoas estavam atirando coisas com violência no Bentley, especialmente quando nos viram. Talvez fossem contra os ricos, talvez contra nós, talvez porque tivessem hasteado a bandeira do papa naquele dia. Eu tinha um pequeno mastro de bandeira no carro e trocava as bandeiras de vez em quando. A polícia chegou e, de repente, eu estava num juizado de pequenas causas no meio da noite em Barcelona. Era um aposento baixo, com telhas de barro, onde um juiz presidia os assuntos noturnos. Diante dele havia um banco comprido, com uns cem caras enfileirados, e eu no fim da fila. Aí, entraram uns policiais uniformizados e começaram a bater nas cabeças de quem estava na fila com cassetetes. Cada um levou uma pancada. E eles sabiam o que estava vindo. Parecia ser um processo muito normal. Você entra naquele tribunal à noite e leva o de costume. E eu sou o último, na ponta do banco. Tom tinha saído para pegar meu passaporte. Levou horas, mas quando ele finalmente chegou, eu o passei na frente da cara deles, "Her Majesty Demands". E eles pegaram o cara ao meu lado. Depois de cerca de 99 cabeças quebradas, fiquei imaginando se iam prender o banco inteiro. Mas não foi o caso. O juiz queria que eu confirmasse que os culpados eram aqueles escolhidos pelos policiais, os suspeitos de sempre, para processá-los por danificar o carro e começar o distúrbio. Eu me recusei. Tudo acabou em uma multa por estacionar em lugar impróprio: assinei um papel e passei o dinheiro. Mesmo assim, eles nos mantiveram na cadeia pelo resto da noite.

No dia seguinte, consertamos os vidros do carro e partimos com renovadas esperanças, mas sem Deborah, que já tivera sua parte de tensão e visitas à polícia e preferiu voltar para Paris. Sem ninguém para nos vigiar, seguimos de carro para Valência. E, entre Barcelona e Valência, Anita e eu descobrimos que estávamos interessados de verdade um no outro.

Eu nunca dei uma cantada numa garota na minha vida. Simplesmente não sei como fazer. Meu instinto é sempre deixar a iniciativa para a mulher. Parece estranho, mas não sei como começar. "Ei, meu amor, como vai? Venha, vamos dar uma volta" e coisas assim. Fico com a língua presa. Acho que todas as mulheres com quem já estive tiveram elas mesmas de me cantar. Enquanto isso, eu vou reagindo de outra forma — criando uma aura de tensão insuportável. Alguém tem que fazer alguma coisa. Ou você pega a mensagem ou não, mas nunca consegui dar o primeiro passo. Sei como agir entre as mulheres, pois a maioria dos meus primos era do sexo feminino, e me sinto muito confortável na companhia delas. Se estiverem interessadas, elas tomam a iniciativa. É isso o que eu descobri.

Assim, Anita tomou a iniciativa. Eu simplesmente não podia cantar a garota de um amigo meu, mesmo que ele tenha ficado desagradável, para mim e para Anita também. Há um sir Galahad em mim. Anita também era bonita. Ficamos cada vez mais próximos e então, de repente, sem o cara, ela tomou a coragem de quebrar o gelo e mandar tudo à merda. No banco de trás do Bentley, em algum lugar entre Barcelona e Valência, Anita e eu olhamos um para o outro. A tensão ficou tão alta no banco de trás que a próxima coisa que eu me lembro foi de ela me dar uma chupada. A tensão então sumiu. Ufa. E, de repente, estamos juntos. Você não fala muito quando é apanhado pela coisa. Mesmo sem falar, você sente, tem aquela grande sensação de alívio que chega quando uma coisa foi resolvida.

Estávamos em fevereiro. Era o começo da primavera na Espanha. Quando viajávamos pela Inglaterra e pela França, ainda estava bem frio, ainda era inverno. Atravessamos os Pirineus e meia hora depois já era primavera. Quando chegamos a Valência, era verão. Ainda me lembro do perfume das laranjeiras de Valência. Quando você deita com Anita Pallenberg pela primeira vez, lembra das coisas. Paramos em Valência para passar a noite, e nos registramos como Conde e Condessa Zigenpuss. Esta foi a primeira vez que fiz amor com Anita. Em Algeciras, nos chamamos de Conde e Condessa Castiglione.Tomamos a barca com o carro para Tânger, hotel El Minzah. Estavam em Tânger Robert Fraser, Bill Burroughs, Brion Gysin, amigo de Burroughs e outro artista espalhafatoso — e mais um ex-aluno das escolas da elite — e Bill Willis, decorador de palácios dos desterrados. Fomos recebidos por um monte de telegramas de Brian ordenando a Anita para voltar e apanhá-lo. Mas não iríamos a qualquer lugar a não ser a Kasbah em Tânger. Por uma semana mais ou menos, foi sexo o tempo todo. Estávamos excitados como coelhos, mas imaginando o que iríamos fazer. Porque esperávamos que Brian fosse para Tânger. Só o tínhamos deixado para ser tratado. Estávamos ambos tentando ser polidos, eu me lembro, pelo menos um para o outro. "Quando Brian chegar a Tânger, vamos fazer isso e isso." "Vamos telefonar e ver se ele está bem." E por aí. Ao mesmo tempo, era a última coisa a passar pelas nossas cabeças. A verdade era, "Oh, meu Deus, Brian vai aparecer em Tânger e vamos ter que começar a representar uma porra de peça", "É, tomara que ele morra". De repente, é Anita. Ela está com ele ou comigo? Compreendemos que estávamos criando uma situação incontrolável, talvez ameaçando a sobrevivência da banda. Decidimos recuar, fazer uma retirada estratégica. Anita não queria abandonar Brian. Não queria ir embora, choro e lágrimas. Estava preocupada com os efeitos no grupo — era a grande traição e podia derrubar tudo.

VIDA

É que não podem me ver com você [...]
É perigoso demais, amor [...]
Não pode ser, sim, vou ter que esfriar isso com você.[1]
— da canção "Can't be seen"

Visitamos Achmed, um lendário comerciante de haxixe naqueles primeiros dias de drogas. Anita o tinha conhecido na visita que fez a Chrissie Gibbs em sua viagem do ano anterior. Era um marroquino baixo, com um vaso chinês no ombro. Foi na frente, olhando para trás para eles, guiando-os pela medina, subindo o morro para o Minzah. Ele abriu a porta de uma lojinha, inteiramente vazia a não ser por uma caixa com algumas joias marroquinas e um monte de haxixe.

A loja ficava em uma escadaria, a Escalier Waller, que descia do Minzah. Do lado direito, tinha uma série de lojinhas de um andar, cujos fundos davam para os jardins de Minzah. Achmed começou com uma loja e depois montou mais duas na parte de cima. Havia pisos entre as lojas — internamente, era uma espécie de labirinto — e nos mais altos havia algumas camas de bronze com cobertores de veludo de cores vivas jogados sobre elas. Se alguém quisesse, depois de fumar um monte de droga, podia desmaiar um dia ou dois naquelas camas. Era quase um porão e estava cheia de todas aquelas coisas maravilhosas do Oriente, caftãs, tapetes e bonitas lanternas... a caverna do tesouro de Aladim. Era um barraco, mas ele fazia com que se parecesse com um palácio.

Achmed Buraco-na-Cabeça, nós o chamávamos assim porque ele rezava tanto com a testa no chão que tinha um afundamento no meio da testa. Era um bom vendedor. Primeiro, oferecia um chá de hortelã e depois um cachimbo. Era um pouco chegado ao espiritual e quando lhe passava o cachimbo normalmente contava uma emocionante aventura do profeta nas terras selvagens. Era um bom embaixador de

1 I just can't be seen with you [...] / It's too dangerous, baby [...] / I just can't be, yes I got to chill this thing with you.

sua fé e um sujeito agradável. Também um marroquino típico, baixinho enganador. Tinha falhas nos dentes, mas um sorriso amplo, que nunca acabava. Depois que começava a sorrir, não parava mais. E não cessava de olhar para você. Mas ele tinha uma droga muito boa, você ali parecia entrar na terra do leite e do mel. Depois de algumas rodadas, era quase como se você tivesse tomado ácido. Ele entrava e saía, trazendo docinhos e balas. Era muito difícil ir embora. Você achava que ia fumar um rapidinho e depois sair para ir fazer outra coisa. Mas era muito raro você ir fazer outra coisa. Você podia ficar lá o dia todo, a noite toda, podia morar lá. E sempre a rádio do Cairo tocando, com estática, ligeiramente fora da estação.

A especialidade marroquina era o *kef*, uma folha cortada com tabaco, que eles fumavam em cachimbos compridos — chamados *sebsi* — com um pratinho na ponta. Bem forte de manhã com uma xícara de chá de hortelã. Mas o que Achmed tinha em grandes quantidades e o qual imbuiu de um novo glamour era uma espécie de haxixe. Era chamado de haxixe porque vinha em pedaços grossos, mas não era haxixe estritamente falando. O haxixe é feito da resina. Aquilo era um pó solto, como pólen, vindo do broto seco da planta, prensado naquele formato. É por isso que tinha aquela cor verde. Ouvi dizer que uma maneira de colher aquele pó era lambuzar crianças com mel e mandá-las correr pela plantação. Quando saíam do outro lado, o pó era raspado. Achmed tinha três ou quatro qualidades diferentes, divididas pelo tipo de tecido da meia pela qual fazia passar o material. Havia os tipos mais grosseiros e às vezes o *denier* 24, muito parecido com o *dirham*, o dinheiro. O tipo de melhor qualidade era o que passava pela mais fina das meias de seda. O que saía era apenas um pó.

Este foi meu primeiro contato com a África. No curto trajeto da Espanha para Tânger, entrava-se em outro mundo. Podia ter sido há mil anos e era ou "Que maluquice" ou "Caramba! É o máximo". E adorávamos essa viagem. Já éramos fumantes da pesada. Podiam até dizer que estávamos fazendo a ronda como inspetores de haxixe. Estávamos acostumados a consumir muito. "Precisamos reconsiderar nossas ideias sobre as drogas", Cecil Beaton escreveu em seu diário.

"Parece que esses garotos só vivem dela, mesmo assim parecem muito saudáveis e fortes. Vamos ver."

O dilema de Anita, além do sentimento de culpa pela traição e do apego apaixonado e doentio que sentia por Brian, era que Brian ainda estava muito fraco e doente e ela achava que devia cuidar dele. Assim, Anita voltou para apanhar Brian, levou-o de Toulouse para Londres para continuar o tratamento e depois, com Marianne, que estava vindo passar o fim de semana com Mick em Marrakech, o trouxe para Tânger. Brian andara tomando muito ácido e estava bem fraco em decorrência da pneumonia. Assim, para animá-lo, as irmãs enfermeiras, Anita e Marianne, lhe deram um comprimido de ácido no avião. Elas haviam passado a noite anterior em claro, sob os efeitos do ácido, de acordo com Anita. Quando chegaram a Tânger, houve algum incidente na loja de Achmed e o sari de Marianne — a única peça de roupa que ela tinha trazido — se desenrolou. Ela se viu de repente nua no Kasbah. Entraram em pânico, especialmente Brian, que correu de volta para o hotel, dominado pelo medo. Lá eles se acotovelaram pelos corredores do hotel Minzah, em esteiras de palha, brigando com as alucinações. Não foi um bom começo para a recuperação de Brian.

Fomos para Marrakech, a trupe toda, inclusive Mick, que já estava lá esperando Marianne. Beaton nos seguia, saltitante, admirando nossos arranjos para o café da manhã e meu "maravilhoso torso". Beaton estava hipnotizado por Mick. ("Fiquei fascinado com as estreitas linhas côncavas de seu corpo, pernas, braços...").

Quando Brian, Anita e Marianne chegaram a Marrakesh, Brian deve ter pressentido alguma coisa, apesar de Tony Keylock, a única pessoa que sabia sobre Anita e eu, provavelmente não ter lhe contado nada. Nós agíamos como se mal nos conhecêssemos. "É, fizemos uma bela viagem, Brian. Tudo correu muito bem. Fomos ao Kasbah. Valência é adorável." A quase insuportável tensão da situação. Isso foi gravado por Michael Cooper em uma de suas fotografias mais reveladoras (que está no início deste capítulo), uma imagem infantil em retrospecto, a última fotografia de Brian, Anita e eu juntos. Ela retratava uma tensão que ainda irradia — Anita olhando diretamente para a câmera, eu e Brian olhando severamente para direções diferentes, um cigarro de maconha na mão de Brian. Cecil Beaton tirou uma foto de Mick, eu e Brian, ele agarrando seu gravador de fita Uher, bolsas sob os olhos, malevolente e triste. Não é surpreendente que só tenhamos trabalhado pouco ou quase nada Não me lembro de ter feito ou composto nada com Mick no Marrocos, o que era raro na época. Nós estávamos ocupados demais.

Era evidente que Brian e Anita tinham chegado aos seus limites. Eles se agrediam demais. Não havia sentido nisso. Eu realmente nunca soube qual era o centro da coisa. Se eu fosse Brian, seria um pouco mais doce e seguraria a cadela. Mas ela era uma garota durona. Ela com certeza fez de mim um homem. Ela praticamente nunca tivera nada a não ser relacionamentos turbulentos, abusivos, e ela e Brian não paravam de brigar, ela fugindo, gritando, sendo perseguida, chorando. Ela se acostumou com isso por tanto tempo que era quase confortador e normal. Não é fácil sair desses relacionamentos destrutivos, saber como terminar.

E naturalmente Brian começou com a velha merda outra vez, em Marrakech, no hotel Es Saadi, tentando enfrentar Anita na porrada. Sua reação a qualquer coisa que ele pressentisse com relação a Anita e eu era mais violência. E outra vez ele quebrou duas costelas e um dedo ou uma coisa assim. E eu assistia a tudo, ouvia tudo. Brian estava quase assinando o cartão de saída e isso contribuía para que eu e Anita seguíssemos nossos caminhos. Não havia mais sentido nessa não intervenção. Estávamos ali em Marrakech, aquela é a mulher que eu amo e vou desistir dela por causa de uma formalidade? Todos os meus planos de reconstruir minha relação com Brian estavam claramente escorrendo pelo ralo. Nas condições em que ele estava, não havia sentido em construir nada com Brian. Tinha feito o melhor que podia... Agora, era inaceitável. Então, Brian pegou duas putas tatuadas — de quem Anita lembrou, de passagem, como "extremamente cabeludas" —, puxou-as pelo corredor do hotel até o quarto e tentou forçar Anita a assistir à cena, humilhando-a na frente delas. Ele começou a jogar comida em Anita, comida que tirava das muitas bandejas que tinha pedido ao serviço do hotel. Naquela altura, Anita correu para o meu quarto.

Achei que Anita queria sair daquela e se eu apresentasse um plano, ela toparia. Sir Galahad outra vez. E eu a queria de volta, queria ir embora. Eu disse: "Você não veio para Marrakech para ficar preocupada porque bateu tanto no seu homem que ele está deitado na banheira com as costelas quebradas. Não aguento mais esta merda. Não consigo ficar ouvindo você sendo espancada e brigando e toda essa bosta. Isso não tem sentido. Vamos cair fora daqui. É só deixá-lo. Estávamos nos divertindo muito mais sem ele. Foi uma semana muito, muito difícil para mim, sabendo que você estava com ele". Anita estava em lágrimas. Ela não queria ir embora, mas entendeu que eu estava com a razão quando disse que Brian provavelmente iria tentar matá-la.

E, assim, planejei a grande fuga. Quando Cecil Beaton tirou aquela fotografia minha, deitado na beira da piscina do hotel, eu traçava a rota a ser seguida. Estava pensando, "Certo, diga a Tom para deixar o Bentley pronto, sugira algum lugar depois do pôr do sol, vamos embora daqui". A grande fuga secreta de Marrakech para Tânger tinha começado.

Chamamos Brion Gysin e Tom Keylock mandou que ele levasse Brian à praça dos Mortos, em Marrakech, onde se reuniam músicos e acrobatas, para fazer umas gravações com o Uher. Tom disse que isso era para evitar uma invasão de repórteres que estavam caçando Brian. Nesse meio tempo, Anita e eu fomos de carro para Tânger. Saímos à noite, bem tarde, eu e Anita, com Tom na direção. Mick e Marianne já tinham ido embora. Em uma coisa que escreveu, Gysin registrou o momento devastador em que Brian voltou ao hotel e o chamou. "Venha depressa! Foram todos embora e me deixaram aqui. Saíram! Não sei para onde foram. Não deixaram recado. O hotel não quer me contar. Estou aqui sozinho, me ajude. Venha logo!" Gysin narrou que foi até o quarto, colocou Brian na cama e chamou um médico, que lhe deu uma injeção e ficou por ali tempo suficiente para ver que ela estava fazendo efeito. Não queria que ele pulasse pela janela para a piscina, dez andares abaixo.

Anita e eu fomos para meu apartamentozinho em St. John's Wood, que eu raramente usava desde que me mudei para ficar com Linda Keith. Foi uma grande mudança para Anita depois de Courtfield Gardens. Estávamos nos escondendo de Brian, e isso levou algum tempo. Brian e eu ainda tínhamos de trabalhar juntos, e Brian fez tentativas desesperadas para ter Anita de volta. Sem chances. Depois que Anita toma uma decisão, não arreda. Mas ainda havia aquele intenso período no qual nos escondíamos e negociávamos com Brian, que usou o caso como uma desculpa ainda maior para tentar obter cada vez mais. Dizem que eu a roubei. Mas o que eu acho é que a salvei. E também, de certa forma, o salvei. Os dois. Ambos estavam em um caminho muito destrutivo.

Brian foi a Paris e caiu sobre o agente de Anita — ladrando que todo mundo o tinha abandonado, fodido com ele e o largado. Ele nunca me perdoou. Não o culpo. Ele logo arranjou uma garota, Suki Poitier, e de um jeito ou de outro conseguimos fazer juntos uma excursão em março e abril.

Anita e eu fomos a Roma na primavera e no verão, entre a batida policial e os julgamentos. Lá, Anita participou do filme *Barbarella*, com Jane Fonda, dirigido pelo marido de Jane, Roger Vadim. O mundo de Anita em Roma estava centralizado em torno do Living Theatre, a famosa troupe anarquista-pacifista dirigida por Judith Malina e Julian Beck, que já existia havia alguns anos, mas estava se encontrando naquele período de ativismo e manifestações de rua. O Living Theatre era especialmente insano, pesado, seus membros muitas vezes sendo presos por atentado ao pudor — tinham uma peça na qual recitavam listas de tabus sociais para o público, pelo que normalmente passavam depois uma noite na cadeia. O ator principal, um negro bastante distinto chamado Rufus Collins, era amigo de Robert Fraser e ambos faziam parte da conexão de Andy Warhol e Gerard Malanga. E, assim, tudo girava em torno de uma pequena elite *avant-garde*, frequentemente ligada pelo gosto pelas drogas, e do qual o Living Theatre era o centro. As drogas, naquele tempo, não eram abundantes. O Living Theatre era intenso, mas tinha glamour. Havia muita gente bonita ligada a ele, como Donvale Luna, a primeira modelo negra famosa dos Estados Unidos, e Nico e todas aquelas garotas bonitas girando em volta. Donvale Luna estava com um dos caras do teatro. Lembrava um tigre, um leopardo, uma das coisas mais sinuosas que já vi. Não que eu tivesse tentado alguma coisa. Ela obviamente tinha sua própria agenda. E tudo isso tinha como pano de fundo a beleza de Roma, que acrescentava a tudo uma enorme intensidade.

Uma noite, enquanto estava filmando *Barbarella*, Anita foi parar na prisão. Estava com uns rapazes do Living Theatre e foi detida por posse de drogas. A polícia achou que ela fosse um travesti e a atiraram na jaula comum. Logo que abriram a porta da cela, todo mundo começou a gritar "Anita! Anita!". Todos a conheciam — ela e suas ligações. Ela respondeu pedindo em voz baixa que calassem a boca, pois sua história era de que era a Rainha Negra e não podia ser presa — uma espécie de ato teatral que, em sua opinião, agradaria aos ilustrados romanos ou, pelo menos, os divertiria. Ela tivera de engolir um torrão inteiro de haxixe ao ser apanhada, e por isso naquela altura já estava bem alta. Eles a colocaram em uma sala com os travestis. Na manhã seguinte, alguém pagou a fiança e ela saiu. Era uma época em que a polícia não sabia lidar direito com as variedades nos limites dos gêneros. Na verdade, não sabiam direito o que estava se passando.

Os amigos de Anita eram, como sempre, um bando de gente estranha do período — pessoas como o ator Christian Marquand, que dirigiu *Candy*, o filme seguinte no qual Anita trabalharia naquele verão. O filme tinha um grupo grande de atores, entre os quais Marlon Brando, que a sequestrou uma noite, leu poesias para ela e, quando isso falhou, tentou seduzir Anita e a mim juntos. "Mais tarde, colega." Outros eram Paul e Talitha Getty, que tinham o melhor e mais fino ópio. Eu também convivi com outras figuras reprováveis, como o escritor Terry Southern, com quem me dei muito bem, e a pitoresca e difícil de ser acreditada figura do período, "príncipe" Stanislas Klossowski de Rola, conhecido como Stash, filho do pintor Balthus. Stash era um conhecido de Anita de Paris, que fora enviado por Brian Jones para tentar levá-la de volta para ele. Em vez disso, ele se deu muito bem com o meliante — eu. Stash tinha uma das credenciais idiotas da época, palavras vazias de misticismo, a conversa enviesada da alquimia e das artes secretas, tudo basicamente empregado a serviço das conquistas amorosas. Como as damas eram ingênuas. Ele era mulherengo e playboy e gostava de ver a si mesmo como um Casanova. Uma criatura espantosa atirada para o século XX. Tocou com Vince Taylor, um rock and roller americano que foi para a Inglaterra e nunca chegou a ser muito famoso lá, mas que fazia enorme sucesso na França. Stash fazia parte de sua banda, tocando pandeiro com uma luva preta. Ele adorava sua música. Adorava dançar, de uma maneira aristocraticamente estranha. Eu sempre ficava esperando que Stash fosse cair em um minueto. Ele queria ser um dos membros da turma. Mas também tinha aquilo de "Sou o príncipe blá-blá-blá". Um balão furado.

Vivíamos juntos em um palácio magnífico, a Villa Medici. Com seus jardins formais, é um dos mais elegantes prédios do mundo. Quem conseguiu foi Stash. Seu pai, Balthus, tinha um apartamento na *villa*. Ele fazia algum trabalho diplomático para a Academia Francesa, proprietária do prédio. Balthus estava viajando e ficamos com o lugar só para nós. Para almoçar, descíamos as escadarias da Piazza di Spagna e havia boates perto da Villa Medici, no caminho para os jardins da Villa Borghese. Era minha versão do Grand Tour. Também havia aquela contracorrente revolucionária no ar, muitas sugestões políticas, nada muito sério a não ser pelas Brigadas Vermelhas, que surgiriam mais tarde. Antes dos distúrbios de Paris, no ano seguinte, os estudantes começaram uma revolução na Universidade de Roma, à qual compareci. Eles armaram barricadas em volta do prédio e me puxaram furtivamente para dentro. Como revolucionários, eram uma decepção.

Eu, na verdade, não tinha nada para fazer. Às vezes ia ao estúdio ver Fonda e Vadim fazendo o filme. Anita ia trabalhar, e eu, não.

Como uma espécie de gigolô romano ou algo assim. Mande a mulher trabalhar e fique descansando. Era estranho. Estava gostando, mas ao mesmo tempo me dava uma espécie de coceira. Eu não devia estar fazendo alguma coisa? Enquanto isso, Tom Keylock estava lá com meu Bentley. Blue Lena tinha alto-falantes na grade e Anita costumava aterrorizar os romanos fazendo uma voz de policial, lendo os números das placas e mandando os motoristas irem imediatamente para a direita. O carro tinha uma bandeira do Vaticano, com as chaves de São Pedro.

Marianne e Mick passaram alguns dias conosco. Marianne colocou a coisa assim:

> **Marianne Faithfull:** Foi uma viagem da qual nunca vou esquecer. Eu, Mick, Keith, Anita e Stash. Tomando ácido e à noite a lua cheia sobre a Villa Medici. Foi extremamente bonito. E lembro-me do sorriso de Anita. Quero dizer, o sorriso maravilhoso dela naqueles dias, que prometia tudo. Quando ela estava num período bom, ficava cheia de promessas. Ela mostrava aquele sorriso incrível, que também era muito amedrontador, mostrando uma porção de dentes. Devia ser muito poderoso para os homens. Ela era maravilhosa porque estava muito bem-vestida, sempre com a roupa perfeita.

Anita tinha uma enorme influência no estilo daquele tempo. Podia combinar qualquer coisa que ficava bem. Eu estava começando a usar suas roupas a maior parte do tempo. Punha o que estivesse mais perto. Às vezes roupas minhas, às vezes dela. Como tínhamos o mesmo tamanho, não importava. Se eu durmo com alguém, pelo menos tenho o direito de usar suas roupas. Mas isso incomodava de verdade Charlie Watts, com seus armários cheios de impecáveis ternos de Savile Row. Assim, eu comecei a virar um ícone da moda, porque usava as roupas da minha mulher. Outras vezes, eu vestia o que me davam — qualquer coisa que me jogassem quando estava no palco ou o que eu achava fora do palco e se adaptasse ao meu tamanho. Bastava eu dizer para alguém "Gosto dessa camisa", e por algum motivo ele se achava obrigado a dar a camisa para mim. Eu costumava me vestir com roupas que tirava de outras pessoas.

Nunca fui realmente muito interessado em minha aparência, por assim dizer, apesar de estar mentindo um pouco neste caso. Eu costumava passar horas costurando, unindo calças velhas para que ganhassem outra aparência. Pegava quatro calças de marinheiro, cortava-as na altura dos joelhos, apanhava uma tira de couro, tirava uma cor diferente de outras calças e costurava tudo. Lavanda e rosa desbotado, como diz Cecil Beaton. Não percebia que ele prestava atenção naquela merda.

Eu adorava ficar sem fazer nada com Stash e seus degenerados — olhe só quem está falando. Eles cobriam minha retaguarda. Eu não tinha interesse nenhum em entrar naquela área da sociedade, a bosta da alta sociedade europeia. Eu os usava quando podia. Não quero falar mal do homem; sempre gostei de ficar junto dele. Eu só digo que ele é um sujeito rasteiro, e Stash sabe exatamente o que eu quero dizer e que ele merece. Ele conseguiu muito comigo e eu deixei que ele fosse embora com algumas coisas. Sei exatamente como ele é. Um bom chute na bunda e ele se acaba.

Eu costumava ser um crente da lei, da ordem e do Império Britânico. Achava que a Scotland Yard era incorruptível. Maravilhoso, eu era a favor de tudo isso.

Os guardas que enfrentei me ensinaram como as coisas eram de verdade. É surpreendente achar agora que eu fiquei chocado, mas fiquei. As batidas de que fomos vítimas devem ser vistas contra o pano de fundo da enorme corrupção que imperava então e continuou nos anos subsequentes na Polícia Metropolitana, que culminou com a demissão pública e a abertura de processos, pessoalmente pelo seu chefe, contra um bom número de membros da CID (Departamento de Investigações Criminais).

Foi só com as batidas que compreendemos como era frágil a estrutura. Eles agora estão se cagando de medo, porque deram as batidas e não sabem o que fazer conosco. De certa maneira, isso abriu os nossos olhos. O que eles conseguiram em Redlands? Um pouco de *speed* italiano para o qual Mick tinha receita e encontraram um pouco de haxixe com Robert Fraser. Era tudo. E porque encontraram umas pontas de cigarro de maconha no cinzeiro, eu sou processado por permitir que fumem maconha em minha propriedade. Era tortuoso demais. Não conseguiram nada. Aliás, o que eles conseguiram foi um olho roxo bem grande.

No mesmo dia, quase na mesma hora em que Mick e eu fomos formalmente acusados, 10 de maio de 1967, fizeram uma batida parecida no apartamento de Brian Jones em Londres. A operação foi montada e sincronizada com rara perfeição. Mas, devido a alguma falha na direção de palco, a imprensa, incluindo equipes de televisão, chegou ao local alguns minutos *antes* de a polícia bater na porta do apartamento de Brian com o mandato. A polícia teve que abrir caminho aos empurrões entre a multidão que ela mesma tinha convocado para chegar à porta. Mas essa atitude passou quase despercebida dentro da farsa que fora montada.

O julgamento de Redlands foi no fim de junho, em Chichester, uma cidade que, com relação ao Judiciário, ainda estava na década de 30. Presidia o tribunal o juiz Block, que na época provavelmente tinha uns sessenta anos, a mesma idade com que estou agora. Aquele era o meu primeiro show em um tribunal, e a gente não sabe como vai reagir. Mas eu não tive escolha. Ele foi muito ofensivo, obviamente tentando me provocar, para que pudesse fazer o que quisesse. Ele me chamou, por permitir o uso de minha propriedade para que fumassem resina de *cannabis*, de "lixo" e "porco". Ele disse: "Não deviam permitir que pessoas como você andassem em liberdade". Assim, quando o promotor me disse que com toda a certeza eu devia saber o que estava acontecendo, que havia uma garota nua enrolada em um tapete, que era basicamente o motivo pelo qual eu estava ali, não baixei a cabeça e falei: "Oh, sinto muito, excelentíssimo".

A troca de palavras foi a seguinte:

Morris (o promotor): Estava lá, como sabemos, uma jovem mulher sentada em um sofá, vestida apenas com um tapete. O senhor concorda, no curso normal dos acontecimentos, o senhor não esperaria que uma jovem ficasse envergonhada se não tivesse nada mais que um tapete na presença de oito homens, dois dos quais eram estranhos e um terceiro um criado marroquino?

Keith: De forma nenhuma.

Morris: O senhor considera isso, então, uma coisa normal?

Keith: Não somos velhos. Não estamos preocupados com sua moral rasteira.

Fui condenado a passar um ano na prisão de Wormwood Scrubs. Só fiquei lá um dia, mas era isso que o juiz achava de meu discurso — ele me deu a máxima pena que ele poderia dar. Descobri mais tarde que o juiz Block era casado com a herdeira do patê de peixe Shippam's. Se eu soubesse que sua mulher era peixeira, podia ter saído com uma tirada melhor. Mas vamos deixar isso como está.

Naquele dia, 19 de junho de 1967, fui julgado culpado e condenado a doze meses de prisão. Robert Fraser foi condenado a seis meses e Mick a três meses. Mick estava em Brixton. Fraser e eu fomos levados para Scrubs naquela noite.

Uma sentença ridícula. Até que ponto eles me odeiam? Fico pensando em quem estava cochichando no ouvido do juiz. Se ele tivesse um bom conselheiro, nos daria uma multa e nos mandaria embora. A acusação era nula. Olhando em retrospecto, o juiz agiu como um joguete nosso. Conseguiu montar um grande golpe de relações públicas para nós, embora eu deva dizer que não gostei nada de Wormwood Scrubs, nem mesmo por 24 horas. O juiz conseguiu me converter numa espécie de herói popular de um dia para o outro. Tenho brincado com isso desde aquela época.

Mas o lado negro da história foi descobrir que tínhamos sido transformados no ponto focal de um *establishment* nervoso. Há duas formas pelas quais as autoridades agem quando percebem a existência de um desafio. Uma é absorver, a outra é crucificar. Eles tinham que deixar os Beatles em paz, até porque já lhes haviam dado medalhas. Nós fomos crucificados. Era mais grave do que eu pensava. Estava na cadeia porque obviamente tinha mijado em cima das autoridades. Sou um guitarrista de uma banda pop e me transformei em alvo do governo britânico e de sua traiçoeira força policial. Tudo isso mostra como eles estavam com medo. Ganhamos duas guerras mundiais, mas aqueles caras estavam tremendo nas bases. "Todos os seus filhos vão ficar assim se não pararmos com isso já." Havia muita ignorância dos dois lados. Não sabíamos que estávamos fazendo algo capaz de levar o império a desmoronar no chão, e eles estavam vasculhando tudo sem saber direito o que procuravam.

Mas isso não os impediu de continuar a tentar, muitas vezes, nos dezoito meses seguintes. Coincidiu com nosso aprendizado sobre drogas. Eles nunca tinham ouvido falar disso antes. Eu costumava andar pela Oxford Street carregando uma placa de haxixe do tamanho de uma prancha de skate sem nem me dar ao trabalho de embrulhá-la. Isso era em 1965, 1966 — um breve momento de liberdade total. Nem pensávamos que o que fazíamos era ilegal. E eles não sabiam nada sobre drogas. Mas, quando a coisa entrou no cardápio, em mais ou menos 1967, eles viram a oportunidade. Como fonte de renda, fonte de promoções ou outra maneira de efetuar mais prisões. É fácil enquadrar um hippie. E ficou muito fácil plantar uns dois cigarros de maconha em alguém. Passou a ser tão comum que você já esperava uma coisa dessas.

A maior parte do primeiro dia na cadeia foi dedicada às apresentações. Você entra com os outros novatos, toma um banho de chuveiro e cobrem você com um spray contra piolhos. É bom, meu filho. O lugar todo é preparado para intimidar você ao máximo. O muro da Scrubs é assustador, tem uns seis metros de altura, mas alguém me deu um tapinha no ombro e disse: "Blake saiu por ali". Nove meses antes, amigos do espião George Blake passaram uma escada por cima do muro e o levaram escondido para Moscou — uma fuga sensacional. Mas ter amigos russos capazes de tirar você de um lugar desses é outra coisa. Andei por ali num círculo regular, com tanta agitação em volta que demorei para perceber uma batida nas costas. "Keef, você vai ser solto sob fiança, seu merda." Eu disse: "Alguém quer mandar um recado? Passe para mim agora". Tive que entregar umas dez mensagens para parentes. Muito choro. Havia algumas mães malvadas no meio e a maioria nem quis saber do assunto. O chefe dos sodomitas disse para mim, enquanto eu entrava no Bentley: "Você vai voltar". Eu respondi: "Não enquanto você estiver aqui. Não vou".

Nossos advogados tinham entrado com um recurso e fui solto sob fiança. Antes do julgamento do recurso, o *Times*, grande campeão das vítimas das injustiças sociais, veio inesperadamente em nosso auxílio. "Deve permanecer uma suspeita", escreveu William Rees-Mogg, editor do *Times*, "de que o senhor Jagger recebeu uma pena mais severa do que a que seria imposta a um acusado desconhecido". Ou seja, você meteu os pés pelas mãos e deixou a Justiça britânica em uma posição ruim. Rees-Mogg intitulou seu artigo com a expressão inglesa "Quem quebrou a borboleta na roda?",[2]. Na realidade, fomos salvos por Rees-Mogg porque, acredite, na época eu me sentia como uma borboleta prestes a ser torturada na roda. Quando olhamos para trás e pensamos na brutalidade do *establishment* no caso Profumo — uma história tão suja como qualquer narrativa de John le Carré, na qual pessoas inconvenientes foram acusadas falsamente e perseguidas até a morte —, fico surpreso pelo caso não ter derramado ainda mais sangue. Naquele mesmo mês, minha condenação foi revertida e a de Mick mantida, mas a sentença anulada. Robert Fraser, que tinha se declarado culpado da posse de heroína, não teve a mesma sorte. Ele teve que cumprir sua pena. Acho que a experiência no King's African Rifles teve um efeito maior sobre ele do que o presídio de Wormwood Scrubs. Ele passou pelo equivalente do Exército aplicado a uma prisão lotada: drenar charcos e lavar latrinas. Não que ele não tivesse noção de confinamento ou prisões. Tenho certeza de que a África foi mais dura. Ele enfrentou a coisa com muita coragem. Nunca vacilou. Achei

2 *Referindo-se a alguém que faz um esforço público muito grande para conseguir alguma coisa.* (N. T.)

que ele saiu muito confiante também, gravata de laço, piteira. Eu logo o convidei para nos drogarmos juntos.

No mesmo dia em que fomos soltos, a discussão mais estranha a ser transmitida pela TV ocorreu entre Mick — levado de helicóptero para algum gramado inglês — e representantes da classe dirigente. Eram como personagens de *Alice*, peças de um jogo de xadrez: um bispo, um jesuíta, um promotor público e Rees-Mogg. Eles tinham sido mandados na frente como um grupo de batedores, agitando uma bandeira branca, para descobrir se a nova cultura da juventude era uma ameaça à ordem estabelecida. Tentar construir uma ponte sobre o intransponível abismo entre as gerações. Eles estavam sérios e desajeitados, uma coisa ridícula. Todas as suas perguntas podiam ser resumidas a uma só, o que vocês querem? Nós dissimulávamos o riso. Eles estavam tentando fazer as pazes conosco, como Chamberlain. Um pedacinho de papel, "a paz para o nosso tempo, a paz para o nosso tempo". Tudo que estavam tentando fazer era manter suas posições. Aquela bela severidade britânica, essa preocupação. Era surpreendente. Mesmo assim, você sabia que eles tinham peso, que podiam trazer alguma merda grossa, assim havia agressividade latente disfarçada no meio daquela curiosidade divertida. De certa forma, estavam implorando a Mick para dar respostas. Achei que Mick se saiu muito bem. Ele não tentou responder-lhes: ele só disse, vocês estão vivendo no passado.

Passamos uma boa parte do ano lutando sem muito jeito para preparar *Their satanic majesties request*. Nenhum de nós queria fazer aquele álbum, mas estava na hora de outro lançamento dos Stones e o *Sgt. Peppers's* estava saindo. Assim, achamos, basicamente, que estávamos fazendo uma coisa falsa. Tivemos a primeira capa de disco em 3-D de todos os tempos. O ácido presente, também. Nós mesmos fizemos o cenário. Fomos a Nova York e nos pusemos nas mãos daquele sujeito japonês que tinha a única máquina do mundo capaz de fotografar em 3-D. Um pouquinho de tintas e serragens, um pouquinho de espuma. Usamos algumas plantas! OK, vamos ao lugar onde vendem flores. Isso coincidiu com a partida de Andrew Oldham — dispensando o piloto que estava agora numa má direção, recebendo tratamento de choque para uma dor mental insuportável que tinha a ver com problemas com mulheres. Ele também estava dedicando tempo demais ao seu próprio selo, Immediate Records. As coisas podiam ter seguido o seu curso, mas havia alguma coisa entre Mick e ele que não podia ser resolvida, sobre a qual só posso especular. Eles estavam perdendo a sincronia que tinham um com o outro. Mick começava a sentir sua importância e queria testá-la livrando-se de Oldham. E, para ser justo com Mick, Andrew estava ficando com manias de grandeza. E por que não? Até um ano ou dois antes, ele não era ninguém; agora, queria ser Phil Spector. Mas tudo que conseguiu foi aquela banda vagabunda de rock and roll. Ele iria passar um tempo muito grande, depois de uma dupla de hits ter rolado, tentando fazer aqueles discos no estilo de Spector. Ele não se concentrava mais nos Stones. Acima de tudo, não podíamos mais manter uma cobertura de mídia do jeito que Oldham fazia. Não estávamos mais escrevendo as manchetes, nós estávamos fugindo delas, e isso significava que outro dos serviços de Oldham não existia mais. Seu baú de truques estava esgotado.

Anita e eu voltamos ao Marrocos para passar o Natal de 1967 com Robert Fraser, logo depois que ele saiu da cadeia. Chris Gibbs tinha arrumado uma casa que pertencia a um cabeleireiro italiano em Marrakech. A casa tinha um jardim grande, que não era mais cuidado. O jardim estava cheio de pavões e de flores brancas que surgiam do meio das ervas e do capim. Marrakech às vezes é um lugar muito seco e quando chove toda a vegetação vem abrindo caminho. Estava frio e úmido, e por isso acendemos muitos fogos pela casa. E também fumávamos muita maconha. Gibbs tinha um pote grande de *majoun*, a bala marroquina feita de maconha e especiarias que ele trouxera de Tânger. Robert estava muito interessado numa pessoa com quem Brion Gysin nos pusera em contato, e que era também um fabricante de *majoun*, sr. Verygood, que trabalhava na fábrica de "mishmash" — geleia — e fazia geleia de damasco para nós à noite.

Tínhamos visitado Achmed em Tânger no caminho. Sua loja agora estava decorada com colagens dos Stones. Ele cortava catálogos de sementes antigas e nossos rostos espreitavam de uma floresta de ervilhas-de-cheiro e jacintos. Era um período em que se podia enviar maconha pelo correio de diversas maneiras. E o melhor haxixe, se você encontrasse, era o *afghani primo*, encontrado em dois formatos: o de disco voador, com um selo, e o de sandália, ou da sola da sandália. Ele costumava ter veias brancas e o que parecia ser bosta de bode como parte da mistura. Nos dois anos seguintes, Achmed nos mandou grandes quantidades de haxixe coladas nas bases de candelabros de bronze. Em breve, ele estaria com quatro lojas e grandes carros americanos, com garotas norueguesas combinando recostadas no banco de trás. Dois anos depois, ouvi dizer que estava na prisão e tinham lhe tirado tudo. Gibbs ficou em contato com ele e cuidou dele até que Achmed morreu.

Tânger era um lugar de fugitivos e suspeitos, personagens marginais que adotaram outras vidas. Naquela viagem, vimos na praia em Tânger dois *beach boys* bastante estranhos, andando de terno, lado a lado, parecendo os Blues Brothers. Eram os gêmeos Kray. Ronnie gostava de menininhos marroquinos e Reggie tolerava isso. Eles traziam um toque da Escócia com eles, lenços amarrados nas pontas sobre a cabeça e pernas das calças enroladas. E assim passavam os dias, enquanto você lia como eles mataram o homem do machado e sobre as pessoas que pregaram no chão. A violência se misturava à suavidade. Paul Getty e sua bela e condenada mulher, Talitha, tinham acabado de comprar um grande palácio em Sidi Mimoun, onde ficamos hospedados uma noite. Havia um cara chamado Arndt Krupp von Bohlen und Halbach, cujo nome lembro porque era o herdeiro pintado de alegre dos milhões da Krupp, um degenerado, mesmo para meus padrões. Acho que ele estava no carro em um dos piores momentos que passei em um automóvel e uma das vezes em que cheguei mais perto da morte.

Tenho certeza de que Michael Cooper estava no carro, e talvez Robert Fraser. Havia um terceiro, que pode ter sido Krupp. Se foi mesmo o herdeiro do império das munições, seria irônico o que quase aconteceu conosco. Tínhamos ido a Fez em um Peugeot alugado e saímos, já de noite, para voltar a Marrakech, pela estrada que atravessa os montes Atlas. Eu estava na direção. No meio de uma série de curvas fechadas, descendo as montanhas, de outro lado de uma curva à direita, bem na minha frente, sem qualquer sinal ou aviso, apareceram dois motociclistas. Percebi que eram militares pelos uniformes. Eles cobriam toda a extensão da estrada. Eles conseguiram desviar e eu consegui evitá-los, mas lá para baixo havia oitocentros metros de um precipício é-melhor-nem-lembrar. Dei ré e virei de maneira brusca, quando na minha frente apareceu um caminhão enorme, com mais motociclistas dos lados. Não podia passar por cima, assim bati em um dos motociclistas e passei pela direita. Eles ficaram doidos. Enquanto passávamos, vimos aquele míssil enorme. O caminhão transportava um foguete. Fizemos a curva bem justa e por pouco não conseguimos — uma das rodas ficou sobre o abismo. Consegui nos salvar por pouco. Que merda é esta acontecendo no meio da estrada? Segundos depois, *bum*. Ele despencou. Ouvimos uma enorme batida e a explosão. Correu tudo tão rapidamente que acho que eles nem perceberam o que aconteceu. Era um filho da mãe grande e comprido, uma jamanta. Realmente não sei como nós dois coubemos na estrada. Simplesmente fui em frente. Com o pé embaixo. Por pouco. Minha habilidade para dirigir à noite era famosa naquele tempo. Mudamos de carro quando chegamos a Meknes. Fui à agência, disse que aquele carro não estava funcionando bem e pedi para alugar outro. Saímos à toda de lá. Fiquei esperando que a OTAN viesse atrás de mim ou uma coisa assim, pelo menos uma imediata reação militar, helicópteros e holofotes. No dia seguinte, procuramos nos jornais. Nenhuma menção. Rolar um penhasco para o fundo de um precipício, por cima de um foguete do Terceiro Mundo, seria um triste fim, mas talvez o único adequado para o herdeiro da fortuna dos armamentos da Krupp.

Estava com hepatite naquela viagem e praticamente saí de lá me arrastando, mas minha sorte ainda permanecia, nos braços de um dos grandes da medicina, dr. Bensoussan, em Paris. Anita me levou a Catherine Harlé. Ela era agente de modelos, sufista, uma mulher incrível com uma enorme rede de contatos. Era uma espécie de mãe espiritual de Anita e a abrigava quando estava doente ou em dificuldades. Foi a ela que Brian Jones recorreu quando Anita foi embora, para tentar trazê-la de volta. Foi Catherine quem me pôs em contato com o dr. Bensoussan. O nome, provavelmente argelino, já me deu esperanças de encontrar alguma coisa fora da medicina convencional. O dr. Bensoussan costumava ir ao aeroporto de Orly para atender xeiques, reis e príncipes, que faziam uma escala lá quando estavam indo para outro lugar. Ele ia lá e os tratava a qualquer hora do dia ou da noite. O meu caso era uma hepatite bem forte, que estava mesmo me derrubando. Não tinha mais forças para nada. O dr. Bensoussan me deu uma injeção que demorou vinte minutos para entrar. Basicamente, era uma mistura de vitaminas, de tudo o que faz bem para a gente, e, depois, outra coisa bem legal. Eu entrava no consultório dele me arrastando, mal conseguindo pôr minha bunda na cadeira, e meia hora depois estava de volta, andando normalmente. "Esqueça o carro." Uma injeção espantosa, um coquetel e mistura espantosos. Seja lá o que for, tenho que tirar o chapéu. Quero dizer, em seis semanas ele me deixou a toda. Não só me curou da hepatite como me deixou novo e me fez sentir muito bem. Mas eu também tenho um sistema imunológico incrível. Me curei de hepatite sem fazer nada para combater a doença. É um caso raro. Compreendo meu corpo muito bem.

O único problema era que, com todas essas preocupações e interrupções, as questões legais, as viagens para o exterior, as oscilações de nossa relação com Oldham, ficamos temporariamente distraídos do que era alarmante e evidente: os Rolling Stones estavam perdendo o gás.

Robert Altman / altmanphoto.com

Capítulo Sete

No qual, no fim da década de 60, descubro a afinação aberta e a heroína. Conheço Gram Parsons. Viajo pela América do Sul. Sou pai pela primeira vez. Gravo *Wild horses* e *Brown sugar* em Muscle Shoals. Sobrevivo a Altamont e reencontro um saxofonista chamado Bobby Keys.

Tínhamos perdido o gás. Acho que na época nem percebi isso, mas era um período em que poderíamos ter afundado — um fim natural para uma banda responsável por muitos sucessos. Aconteceu um pouco depois de *Satanic majesties*, com o qual fiquei um pouco decepcionado. Mas foi aí que Jimmy Miller, nosso novo diretor, entrou em cena. Uma grande colaboração. Do que sobrara, extraímos *Beggars banquet* e colocamos os Stones em um novo patamar. Era a hora de criar coisas boas. E assim o fizemos.

Lembro nosso primeiro encontro com Jimmy. Mick foi muito importante para que ele se envolvesse. Jimmy tinha nascido no Brooklyn, mas crescera no Oeste — o pai dele era diretor de entretenimento de hotéis-cassinos de Vegas, o Sahara, o Dunes, o Flamingo. Fomos para o Olympic Studios e dissemos "Vamos tocar um pouco e ver o que sai". Nós nos limitamos a tocar — qualquer coisa. Não queríamos fazer pontos naquele dia. Estávamos sentindo o lugar, sentindo Jimmy e

Jimmy estava nos sentindo. Gostaria de voltar lá agora, para ver tudo, como uma mosca na parede. Lembro de estarmos nos sentindo bem, muito bem, quando deixamos a sessão, umas doze horas depois. Fui à sala de controle, aquilo de sempre, e ouvi no *playback* o que acontecera no estúdio. Às vezes, o que você toca no estúdio é completamente diferente do que ouve na sala de controle. Mas Jimmy estava ouvindo no estúdio, sentindo a banda. Assim, nossa aproximação com ele foi muito forte desde aquele primeiro dia. Ele tinha um sentimento natural pela banda, pois já trabalhava com uns caras ingleses. Ele produziu coisas como "I'm a man" e "Gimme some lovin" do conjunto de Spencer Davis, trabalhou com o Traffic, o Blind Faith. Tinha trabalhado muito com conjuntos de negros. Mas o principal é que Jimmy Miller era um baterista danado de bom. Ele entendia do estilo *groove*. Ele é o baterista em "Happy", foi o baterista original em "You can't always get what you want". Ele deixava as coisas fáceis para mim, para marcar o groove, marcar os tempos. Além disso, Mick e Jimmy se comunicavam muito bem. Isso também deu confiança a Mick.

Nosso negócio era tocar blues de Chicago. Era para aí que levávamos tudo o que sabíamos. Era nosso ponto de partida, Chicago. Olhe o rio Mississippi. De onde ele sai? Para onde vai? Siga o rio, subindo sempre, e você vai dar em Chicago. Também acompanhe a forma como esses artistas gravavam. Sem regras. Se você seguisse a maneira normal de gravar, sairia tudo errado. Mas o que é certo e errado? O que importa é o que chega ao ouvido. O blues de Chicago é cru, rouco, cheio de energia. Se quiser gravá-lo *clean*, esqueça. Quase todos os discos de blues de Chicago que a gente ouve saem de uma soma enorme, carregando o som em camadas de várias espessuras. Ouça uma gravação de Little Walter. Ele dá a primeira nota e a banda desaparece até a nota terminar, porque ele sobrecarrega a nota. Quando se faz uma gravação, basicamente procuram-se distorções. É essa a liberdade que a gravação lhe dá, a de ficar brincando com o som. Não é uma questão de força bruta, é sempre uma questão de experimentar e tocar. Ei, este microfone é legal, mas se o colocarmos um pouco mais perto do amplificador, e depois usar um amplificador menor no lugar do maior e afastar o microfone, deixando-o bem na frente do amplificador, e cobrir o microfone com uma toalha, vamos ver no que vai dar? O que você está procurando é onde os sons se misturam e você percebe a batida por trás. O resto tem que se entrelaçar e rolar através de tudo. Se mantiver tudo separado, fica insípido. O que se quer obter é força e poder, sem volume — uma força interior. Achar uma maneira de aproximar tudo o que se está fazendo no estúdio e criar um som. Não são duas guitarras, piano, baixo e bateria, são uma coisa só, não cinco. Você está lá para criar.

Jimmy produziu *Beggars banquet*, *Let it bleed*, *Sticky fingers* — todos os álbuns dos Stones até *Goats head soup,* em 1973, a estrutura de tudo. Mas a melhor coisa que fizemos com Jimmy Miller foi "Jumpin' Jack Flash". Esta música e "Street fighting man" saíram das primeiras sessões com Jimmy no Olympic Studios para o que se tornaria o álbum *Beggars banquet*, no segundo trimestre de 1968 — o maio das lutas de rua em Paris. De repente, entre nós, uma ideia inteiramente nova começou a florescer, este novo segundo vento. E foi ficando cada vez mais divertido.

Mick estava aparecendo com algumas ótimas ideias e grandes músicas, como "Dear doctor" — acho que provavelmente Marianne tinha alguma coisa a ver com esta — e "Sympathy for the Devil", embora não da forma que ele imaginou quando começou. Mas isso está no filme de Godard — vou falar sobre Godard depois —, no qual você ouve e vê como a música se transforma. "Parachute woman", com aquele som esquisito como uma mosca zumbindo no ouvido, ou um mosquito ou qualquer coisa assim, saiu com muita facilidade. Achei que ia ser difícil, pois tinha aquele conceito de som e não tinha certeza se iria funcionar, mas Mick apanhou a ideia, tal como era, e a gravação foi bastante rápida. Quanto a "Salt of the Earth", acho que eu dei o título e a ideia básica, mas Mick fez todos os versos. Foi assim que funcionou. Eu lancei a ideia: "Vamos beber em homenagem ao povo trabalhador, vamos beber em homenagem ao sal da terra". Depois disso, Mick, é com você. Mais ou menos no meio do caminho, ele dizia, onde paramos? Onde vamos para o centro? Onde está a passagem?

Veja quanto tempo ele pensava sobre a ideia antes de virar para mim e dizer que podíamos seguir adiante. Ah, a passagem. Em parte é um assunto técnico, tema de discussão, e normalmente muito rápido e fácil.

Houve uma presença muito forte de country e de blues em *Beggars banquet*: "No expectations", "Dear doctor", até mesmo "Jigsaw puzzle". "Parachute woman", "Prodigal son", "Stray cat blues", "Factory girl", são todos blues ou folk music. Naquela altura, a gente pensava, ei, nos deem uma boa música, nós podemos fazer. Tínhamos apanhado o som e sabíamos que podíamos encontrá-lo de uma maneira ou outra, se entrássemos na canção — iríamos caçar a maldita pela sala toda, até o teto. Sabíamos que tínhamos apanhado a coisa, que íamos procurá-la e encontrá-la.

Não sei o que funcionava tão bem naquele período. Talvez o *timing*. Não exploramos muito as razões pelas quais a coisa vinha ou como nos transformava. "Dear doctor", "Country honk" e "Love in vain" de certa forma nos apanharam, eram coisas que tínhamos de fazer. A mistura das músicas branca e negra americanas tinha muito espaço para ser explorado.

Também sabíamos que os fãs dos Stones estavam ansiosos e naquela época eles eram um bando bem grande. Mesmo sem pensar muito nisso, sabíamos que eles iriam adorar. Tudo que a gente precisava era fazer o que queríamos e eles iam adorar. Era onde a gente estava, pois, se a gente gosta, vinha certa coisa e atingia a gente. Eram músicas danadas de boas. Nunca esquecíamos um bom gancho. Nunca deixávamos um ir embora depois que o encontrávamos.

Acho que posso falar pelos Stones em quase todas as coisas, e não estávamos preocupados com o que os outros queriam. Esse era um dos charmes dos Stones. O tipo de rock and roll que a gente *fez* aparecer em *Beggars banquet* já bastava. A não ser por "Sympathy" ou "Street fighting man", não se pode dizer que havia rock and roll em *Beggars banquet*. "Stray cat" é uma espécie de funk, mas o resto é tudo folk song. Éramos incapazes de escrever por encomenda, de dizer, "Aqui a gente precisa de uma faixa de rock and roll". Mick tentou mais tarde, com um pouco de conversa fiada. Rock and roll puro não era interessante para os Stones. Muito rock and roll no palco, mas não era uma coisa que a gente gravasse muito, a menos que tivéssemos um brilhante na mão, como "Brown sugar" ou "Start me up". E isso de certa maneira fazia as músicas de ritmo mais acelerado se destacarem, contra um fundo adorável de pequenas músicas, mas grandes de verdade, como "No expectations". Quero dizer, o objetivo do trabalho não era dar uma pancada entre os olhos. Não era heavy metal. Era música.

"Flash". Porra, que gravação! Toda a minha parte se organizou e ficou pronta em um gravador cassete. Com "Jumpin' Jack Flash" e "Street fighting man" eu tinha descoberto que podia tirar um som novo do violão acústico. Aquele som, tormentoso, sujo, saía daqueles moteizinhos de terceira nos quais a única coisa que você tinha para gravar era aquela nova invenção, o gravador cassete. E ele não incomodava ninguém. De repente, você tem na mão um superminiestúdio. Tocando o violão, você dá uma sobrecarga no gravador Philips até o ponto da distorção. Assim, quando se toca outra vez, o que se tem é efetivamente uma guitarra elétrica. Você usa o gravador cassete como captador e amplificador ao mesmo tempo. Você força o som do violão através do aparelho e o que sai do outro lado é infernalmente elétrico. É uma guitarra elétrica pulando viva em suas mãos. A mesma coisa que pegar um peixe-elétrico. O som do violão acústico é muito seco e você tem que tocá-lo de maneira diferente. Mas, se você eletrificar esse som diferente, consegue um timbre e um som espantosos. Sempre gostei muito de tocar violão acústico. Aí pensei, se eu puder lhe dar um pouco mais de potência, sem torná-lo elétrico, vou conseguir um som diferente. Ele zune um pouco no alto. É inexplicável, mas foi uma coisa que me fascinou na época.

No estúdio, pluguei o cassete numa caixa acústica pequena de extensão e coloquei um microfone em frente à caixa acústica de extensão, para dar um pouco mais de amplitude e profundidade. Aí, liguei a fita. Esta foi a base da trilha. Não há instrumentos elétricos em "Street fighting man", a não ser o baixo, que eu gravei depois em *playback*. Usamos só violões acústicos. O mesmo com "Jumpin' Jack Flash". Gostaria de ter continuado até hoje, mas não fabricam mais aparelhos daquele tipo. Um pouco depois, colocaram um limitador no aparelho, de modo que não é mais possível dar a sobrecarga. Logo que você estava conseguindo fazer alguma coisa, puseram a tranca na porta. O resto da banda achou que eu estava maluco, mas de algum jeito aceitou, para me agradar. Mas eu ouvia o som que podia tirar do dispositivo. E Jimmy imediatamente comprou a ideia. "Street fighting man", "Jumpin' Jack Flash" e metade de "Gimme shelter" foram feitos assim, num aparelho cassete. Às vezes, há até oito violões nessas faixas. Você mistura e manda. A bateria de Charlie Watts em "Street fighting man" é um kit para aprender bateria da década de 30, uma maletinha na qual se batia, um prato pequeno e um pandeiro com metade do tamanho normal, que era usado para aumentar a ressonância. Foi assim que fizemos aquele trabalho, com refugos, em quartos de hotel, com nossos brinquedinhos.

Foi uma descoberta mágica, como foram aqueles *riffs*, aqueles *riffs* cruciais e maravilhosos que simplesmente chegaram, vindos não sei de onde. Sou abençoado por eles e nunca consegui chegar ao fundo. Quando se consegue um *riff* como "Flash", a gente fica tomado por uma sensação de júbilo, uma alegria perversa. Naturalmente, depois vem a outra parte, convencer os outros de que a coisa é grande, como você sabe que é. Você tem que passar por uma porção de bobagens. Basicamente, "Flash" é "Satisfaction" ao contrário. Quase todos aqueles *riffs* estão claramente relacionados entre si. Mas se alguém me dissesse, "Daqui em diante você só vai poder tocar um dos seus *riffs*", eu responderia, "Está bem, fico com 'Flash'". Amo muito "Satisfaction" e tudo o mais, mas aqueles acordes são amplamente um curso de rigor com relação à composição musical. "Flash" tem um interesse especial. "It's allllll right now." É quase árabe ou muito antigo, arcaico, clássico, a distribuição de acordes que você só ouve em cantos gregorianos e coisas assim. É uma mistura estranha em seu rock and roll atual, tendo simultaneamente esse eco incomum de música muito, muito velha, que você nem conhece. É muito mais velho do que eu, isso é inacreditável! É como se lembrar de uma coisa, e eu nem sei de onde veio.

Mas sei de onde veio a letra. Veio de uma manhã cinzenta em Redlands. Mick e eu tínhamos passado a noite em claro. Estava chovendo e ouvimos o som alto de botas pesadas batendo no terreno, perto da janela, vindo de meu jardineiro, Jack Dyer, um verdadeiro homem do campo de Sussex. O som chamou a atenção de Mick. "O que é isto?", ele perguntou. Eu respondi: "É Jack. É Jack pulando, Jumping Jack". Comecei a trabalhar sobre esta frase no violão, que estava em afinação aberta, cantando, "Jumping Jack". Mick disse "Flash" e, de repente, tínhamos aquela frase com um grande ritmo. Trabalhamos em cima dela e escrevemos a música.

Eu sinto a banda toda decolar comigo sempre que toco "Flash" — é uma espécie de motor turbinado começando a funcionar com carga extra. Você mergulha no *riff* e é ele que toca você. Temos ignição? Muito bem, vamos embora. Darryl Jones vai estar perto de mim, no baixo. "O que vai ser agora, "Flash"? Ok, vamos embora, um, dois, três..." E aí você não precisa olhar mais nenhum dos outros, porque sabe que a corrida começou. Sempre vou fazer você tocar de maneira diferente, dependendo do tempo em que você está.

Levitação é provavelmente a analogia mais próxima do que eu sinto — seja em "Jumpin' Jack", "Satisfaction" ou "All down the line" — quando percebo que apanhei o ritmo certo e a banda está me seguindo. É o mesmo que decolar num Learjet. Perco a sensação de meus pés pisando o chão. Sinto-me elevado ao espaço exterior. Tem gente que me pergunta por que eu não paro. Só vou me aposentar quando bater as botas. Acho que eles não entendem o que isso me dá. Não é só pelo dinheiro ou por você. Faço isso por mim.

Fiz uma grande descoberta no fim de 1968 ou início de 1969, quando comecei a tocar com afinação aberta em cinco cordas. Isso transformou minha vida. É a maneira com que toco todos os *riffs* e as músicas pelas quais os Stones são mais conhecidos — "Honky tonk women", "Brown sugar", "Tumbling dice", "Happy", "All down the line", "Start me up" e "Satisfaction". "Flash", também.

Tinha chegado a uma espécie de barreira. Concluí que não iria a lugar nenhum com a afinação *straight* de concerto. Não estava aprendendo mais nada, não estava conseguindo alguns sons que eu queria.

Experimentei várias afinações por algum tempo. Na maior parte das vezes, recorria a afinações diferentes porque estava com uma música se desenvolvendo, podia ouvi-la dentro da cabeça, mas não conseguia tirá-la na afinação convencional, fizesse o que fizesse. Também queria ir um pouco para trás e usar o que muitos velhos guitarristas de blues tocaram, transpondo o som para instrumentos elétricos, mas mantendo a mesma simplicidade básica e a capacidade de ir diretamente ao ponto — aquele *drive* latejante que você ouve nos músicos de blues acústico. Sons simples, fantasmagóricos, poderosos.

Foi aí que encontrei muito material sobre banjos. Muita música em cinco cordas apareceu quando a Sears Roebuck começou a oferecer guitarras Gibson baratas, bem no início da década de 20. Antes, os banjos eram os instrumentos mais vendidos. A Gibson pôs no mercado essas guitarras muito boas e baratas, e os caras as afinavam na afinação de cinco cordas do banjo, pois quase todos tocavam banjo. Além disso, você não precisava comprar a outra corda, a corda mais grossa. Podia usá-la para enforcar a patroa ou qualquer coisa assim. A maior parte das áreas rurais dos Estados Unidos comprava suas coisas pelo catálogo da Sears. Nas áreas rurais é que ele era importante. Nas cidades, você comprava nas lojas. No Cinturão da Bíblia, parte rural dos Estados Unidos, o Sul, o Texas, o Meio-Oeste, pegava-se o catálogo da Sears Roebuck, e fazia-se a encomenda. Foi assim que Oswald arrumou sua arma.

Normalmente, a afinação do banjo é usada na guitarra para tocar *slide* ou *bottleneck*. Uma afinação aberta significa apenas que a guitarra é pré-afinada para um acorde maior já pronto, mas há tipos e configurações diferentes. Eu estava trabalhando com ré aberto e mi aberto. Soube que Don Everly, um dos melhores músicos de *rhythm*, usou afinação aberta em “Wake up little Susie” e “Bye bye love”. Ele usou um acorde *barre chord*, com o dedo atravessando o braço. Ry Cooder foi o primeiro músico que eu vi de verdade tocar com o sol aberto — devo dizer que tiro o chapéu para Ry Cooder. Ele me mostrou a afinação em sol aberto. Mas ele a usava estritamente para *slide playing* e ainda mantinha a corda do baixo. É assim que a maioria dos músicos de blues usa a afinação aberta, eles a usam para tocar *slides*. Cheguei à conclusão de que isso impunha muitos limites. Achei que a corda mais grave atrapalhava. Depois de algum tempo, resolvi que não precisava dela. Nunca ficava afinada e não era importante para o que eu queria fazer. Assim, tirei-a e passei a usar a quinta corda, a corda lá, para o som mais grave. Não precisava mais me preocupar em ficar batendo na sexta corda e produzir harmonias e outras coisas de que não ia precisar.

Comecei a tocar acordes em afinação aberta — o que era um novo campo. Tirei uma corda e de repente tinha um universo totalmente novo debaixo dos dedos. Tudo o que você achava que sabia pulou pela janela. Ninguém tinha pensado em tocar acordes em menor numa afinação aberta em maior, porque você tem que fugir um pouco da coisa. Tem que repensar tudo, como em um piano virado de cabeça para baixo, com as notas pretas no lugar das brancas e as brancas no lugar das pretas. Além de mudar a afinação da guitarra, precisa mudar a afinação da cabeça e dos dedos. No momento em que você afina a guitarra ou outro instrumento qualquer para um acorde, tem que começar a trabalhar em volta. Você fica fora dos domínios da música normal. Você está subindo o Limpopo com febre amarela.

O bonito, o majestoso da afinação aberta em sol para cinco cordas em uma guitarra elétrica é que você fica com só três notas — as outras duas são repetições com a diferença de uma oitava. A afinação é sol-ré-sol-si-ré. Algumas cordas correm pela música inteira, assim você tem um zumbido constante e, como é um instrumento elétrico, elas reverberam. São só três notas, mas, por causa daquelas oitavas diferentes, preenchem todo o espaço entre o baixo e as notas mais altas. Você fica com aquela ressonância e uma reverberação bonita. Trabalhando com afinações abertas, descobri que há um milhão de lugares onde não preciso pôr os dedos. As notas já estão lá. Pode deixar algumas cordas bem abertas. O que faz a afinação aberta funcionar é encontrar os espaços que estão ali. Se estiver usando o acorde certo, pode ouvir o outro acorde por trás, sem precisar tocá-lo. Ele está ali. Desafia a lógica. Ele está ali, pedindo pra você, “me foda”. Neste caso, funciona o velho clichê: é aquilo que você não faz o que conta. Deixe acontecer de maneira que uma nota faça a harmonia da outra. E assim, mesmo que você tenha movido os dedos para outra posição, aquela nota ainda está vibrando. E você pode até deixá-la lá, presente. É chamada de *drone note*, a nota que se repete. Ou pelo menos é assim que eu a chamo. A cítara funciona de forma semelhante — vibração simpática, ou cordas de ressonância. Pela lógica, não deveria funcionar. Mas quando tocamos o instrumento e a nota fica vibrando, mesmo depois de você passar para outro acorde, você entende que esta é a nota da raiz de tudo que você está tentando fazer. É a *drone*.

Fiquei fascinado ao reaprender a tocar guitarra. A experiência me revigorou. Era como tocar um instrumento diferente, de certa forma e também literalmente. Tinha de conseguir a sucessão dos sons na guitarra de cinco cordas. Nunca quis tocar como outra pessoa, a não ser quando estava começando e queria ser Scotty Moore ou Chuck Berry. Depois dessa fase, sempre quis descobrir o que a guitarra ou o piano podiam me ensinar.

A guitarra de cinco cordas me levou de volta aos elementos tribais da África Ocidental. Existia ali um instrumento bem semelhante, uma espécie de banjo pequeno com cinco cordas, usando o mesmo zumbido, algo para fazer outras vozes e a percussão ficarem acima. Há sempre por baixo essa nota subjacente, que percorre tudo. E, ao ouvir coisas dos meticulosos Mozart e Vivaldi, você percebe que eles também conheciam esse recurso. Sabiam quando deixar uma nota apenas ali, pendurada onde não deveria estar, e deixar que ela fosse soprada pelo vento e se transformasse de um corpo morto em beleza viva. Gus costumava me chamar a atenção: ouça só aquela nota ali pendurada. Tudo o mais que está por baixo é merda, é aquela nota que faz com que fique sublime.

Há alguma coisa primordial na forma como reagimos a impulsos até mesmo sem perceber. Existimos em um ritmo de 72 batidas por minuto. O trem, além de conduzi-los do Delta a Detroit, se tornou muito importante para os músicos do blues por causa do ritmo da locomotiva, o ritmo dos trilhos. Quando se passa de um trilho para o outro, a batida chega a fazer ecoar alguma coisa no corpo humano. Assim, quando se tem uma máquina no meio, como trens, e zumbidos, tudo isso constrói música dentro da gente. O corpo humano sente ritmos mesmo onde não há nenhum. Ouça "Mystery train" com Elvis Presley. Uma das grandes faixas de rock and roll de todos os tempos e não tem nenhum tipo de percussão. Limita-se a sugerir, pois o corpo vai dar o ritmo. O ritmo, realmente, só precisa ser sugerido. Não tem que ser pronunciado. É aí que se enganam com "este rock" ou "aquele rock". Não tem nada a ver com "rock". Tem a ver com a ondulação, o "roll".

A cinco cordas arrumou a bagunça. Abriu caminhos e me apresentou texturas. Você pode quase tocar a melodia pelos acordes, por causa das notas que você joga lá. De repente, em vez de duas guitarras, o som parece vir de uma boa orquestra. Ou você já não consegue dizer quem está tocando o que, e esperamos que, se estiver mesmo bom, ninguém se importe. É simplesmente fantástico. É como se ao mesmo tempo caíssem escamas dos seus olhos e dos seus ouvidos. As comportas foram abertas.

Ian Stewart costumava nos chamar, com afeto, de "minhas pequenas maravilhas de três acordes". Era um título honroso. Está bom, esta música tem só três acordes, não é? O que você pode fazer com estes três acordes? Diga a John Lee Hooker; a maioria das suas músicas tem um acorde só. A mesma coisa com Howlin' Wolf e Bo Diddley. Foi ouvi-los que me fez entender que o silêncio devia ser a grande lona. Preencher todos os espaços e sair a toda velocidade não era com certeza a minha praia e também não era o que eu gostava de ouvir. Com cinco cordas, você pode ser esparso, este é o seu enquadramento, é onde você trabalha. "Start me up", "Can't you hear me knocking", "Honky tonk women", todas têm espaços entre acordes. É o que eu acho que "Heartbreak Hotel" fez comigo. Foi a primeira vez que ouvi uma coisa tão bem-acabada. Não estava pensando desse jeito naquela época, mas foi o que me pegou. Foi a incrível profundidade, em vez de estar tudo preenchido de arabescos. Para um garoto com a idade que eu tinha, era espantoso. Com a guitarra de cinco cordas, era como se estivesse virando uma página, era outra história. Que continuo a explorar.

Meu amigo Waddy Wachtel, guitarrista extraordinário, intérprete das minhas bolinações musicais, ás na manga do X-Pensive Winos, tem algo a falar sobre o assunto. Pegue o microfone, Wads.

Waddy Wachtel: Keith e eu chegamos à guitarra com uma abordagem muito semelhante. É engraçado. Uma noite, sentei para conversar com Don Everly. Naquela época, Don bebia muito e a certa altura eu disse: "Don, queria lhe perguntar uma coisa. Eu conheço todas as músicas que vocês fizeram" — e foi por isso que eu arrumei um emprego na banda, conhecia todas as partes dos vocais, sabia todas as partes de guitarra — "A não ser", eu disse, "há uma coisa que eu nunca entendi no seu primeiro single, "Bye bye love", que é a introdução. Que porra é aquele som? Quem tocou a guitarra na abertura da música?". Don Everly respondeu: "Oh, era só aquela afinação em sol que Bo Diddley me mostrou". Eu prossegui: "Desculpe, sinto muito, mas pode repetir?". Ele pegou uma guitarra, colocou-a numa afinação aberta em sol e continuou. "É, era eu", tocou e eu respondi, "Ah, minha boca fodida, é isso! É você! Era você!".

Lembro quando descobri aquela afinação estranha — como achava na época — que Keith adotou. No começo da década de 1970, fui à Inglaterra com Linda Ronstadt. Entrei na casa de Keith em Londres e lá estava uma Strat com cinco cordas pousada numa estante. Eu perguntei o que tinha acontecido, o que havia de errado com a guitarra. Keith respondeu: "Está tudo aí". Perguntei o que era e ele continuou: "A cinco cordas! A cinco cordas com afinação aberta em sol". E eu: "Afinação aberta em sol? Espere um pouco. Don Everly já me falou sobre uma afinação aberta em sol. Você toca com afinação aberta em sol?". Porque enquanto a gente cresce e vai tocando guitarra, aprende a tocar as músicas dos Stones em compassos, mas você sente que tem alguma coisa errada, que não está tocando direito, que está faltando alguma coisa. Nunca tinha tocado folk music. Não conhecia o blues como eles. Por isso, quando ele me disse aquilo, pensei, será que é por isso que não consigo tocar direito? Vamos ver. E isso fez com que muita coisa ficasse fácil. Como: "Can't you hear me knocking". Você só consegue tocar se estiver na afinação. O som fica absurdo. Mas, se você estiver naquela afinação, é muito simples. Se você baixar a primeira corda, a corda mais aguda, um intervalo, a quinta fica vibrando por cima de tudo, e isso cria aquela dissonância. O som inimitável, pelo menos do jeito que Keith toca.

Com essas duas cordas ele vai para cima e para baixo, pode fazer muitas coisas com elas. Subimos ao palco com os Winos uma noite, estávamos para começar "Before they make me run" e ele vai fazer a introdução e começa a tocar e vai indo... "Argh, não sei o que é isso!" Porque ele tem muitas introduções, todas baseadas no mesmo formato. A corda em si e a corda em sol. Ou a corda em si e a corda em ré. E ele vai embora. "Qual estamos tocando, cara? Eu me perdi num mar de introduções." Ele tem tantas, um redemoinho diabólico de *riffs*, introduções abertas em sol.

Quando comecei a me dar com Gram Parsons, em meados de 1968, descobri um filão de música que ainda estou desenvolvendo, que ampliou os limites de tudo o que eu estava tocando e compondo. Também começou uma amizade instantânea que já parecia ser velha no momento em que nos sentamos e começamos a conversar. Para mim, foi como uma reunião com um irmão perdido há muito tempo. Suponho, pois nunca tive irmãos. Gram era uma pessoa muitíssimo especial e ainda sinto sua falta. No começo do ano, ele tinha entrado para os Byrds, "Mr. Tambourine Man" e aquilo tudo, mas eles tinham acabado de gravar o seu clássico *Sweetheart of the rodeo*, e tinha sido Gram quem os fez dar o giro completo de uma banda de pop para uma banda de country music e alargou tudo o que eles eram. Aquele disco, que perturbou todo mundo na época, acabou sendo a incubadora do country rock — uma influência enorme. Eles estavam em excursão, a caminho da África do Sul, e fui vê-los no Blaises Club. Estava esperando ouvir “Mr. Tambourine Man”. Mas aquilo era muito diferente e fui aos bastidores para conhecer a banda e falar com Gram.

“Tem alguma aí?”, foi provavelmente a primeira pergunta que ele me fez, ou alguma coisa mais discreta. Confirmei que tinha. Acho que fomos à casa de Robert Fraser para nos drogar um pouco. Na época, eu tomava heroína. Ele não estava acostumado com ela. “A gente precisa tomar cuidado com isso”, foi como ele a classificou. Era uma amizade musical, mas havia também esse amor semelhante pela mesma substância. Com toda a certeza, Gram gostava dos efeitos da heroína — o que também acontecia comigo na época. Ele também, como eu, gostava do que havia de melhor qualidade — Gram tinha uma cocaína melhor que a da máfia. Garoto do Sul, muito caloroso, muito firme sob os efeitos da droga. Tinha um passado conturbado, muito *spanish moss*, muito Jardim do Bem e do Mal.

Na casa de Fraser, naquela noite, começamos a conversar sobre a África do Sul. Ele contou que desde que chegara à Inglaterra vinha sentindo uma coisa estranha. Sempre que dizia que ia para a África do Sul, as pessoas o olhavam com um ar de desaprovação. Ele não tinha consciência do *apartheid* ou coisa assim. Nunca tinha saído dos Estados Unidos. Quando lhe expliquei as coisas, sobre o *apartheid*, as sanções e que ninguém ia lá, de eles não serem gentis com os irmãos, ele disse: “Ah, igual ao Mississipi?”. E logo depois: “Porra, que se foda”. Ele desistiu naquela noite mesmo. Sua viagem para a África do Sul estava prevista para o dia seguinte. Então eu disse que se ele quisesse podia ficar ali. Ficamos morando com Gram por alguns meses, com certeza pelo resto do verão de 1968, a maior parte em Redlands. Em um dia ou dois, já me sentia como se o tivesse conhecido a vida toda. Houve uma empatia imediata. O que podíamos ter feito se tivéssemos nos conhecido antes. Acontecia de começar a conversar uma noite e cinco noites depois ainda estarmos lá sentados, conversando e correndo atrás dos velhos tempos, que eram cinco noites atrás. E tocávamos sem parar. Sentávamos no piano ou com guitarras e passávamos todo o *songbook* do country. Mais um pouco de blues e algumas ideias por cima. Gram me ensinou country music — como ela funcionava, a diferença dos estilos Bakersfield e

Nashville. Ele tocava tudo no piano — Merle Haggard, "Sing me back home", George Jones, Hank Williams. Aprendi piano com Gram e comecei a compor nesse instrumento. Algumas das sementes que ele plantou na área da country music ainda estão comigo e é por isso que gravei um dueto com George Jones sem nenhum remorso. Sei que tive um bom professor na área. Gram era meu amigo e colega e gostaria que ele continuasse assim por muito tempo. Não é comum você dividir uma cama com um cara tendo crises de abstinência e seguir em frente. Mas esta é uma história para mais tarde.

Entre os músicos que conheci pessoalmente (embora Otis Redding, a quem não conheço, também possa entrar nessa definição), os dois que mostraram ter uma atitude com relação à música igual à minha foram Gram Parsons e John Lennon. Esta atitude é: qualquer carapuça que o business queira pôr em você é imaterial, é só um ponto de venda, um meio para tornar as coisas mais fáceis. Você vai ser mastigado para este ou aquele bolso porque assim fica mais fácil para eles fazerem seus gráficos e descobrirem quem está vendendo. Mas Gram e John foram músicos puros de verdade. Eles só gostavam de música e de repente se viram no meio do jogo. E quando isso acontece, você se prepara para aceitar ou combater. Tem gente que nem entende como o jogo funciona. E Gram era um cara corajoso. Ele nunca teve um álbum que fosse um hit. Alguns venderam bem, mas nenhum chegou lá em cima. Mesmo assim, sua influência hoje é maior do que em qualquer outra época. Basicamente, não haveria Waylon Jennings, não haveria o movimento *outlaw* inteiro sem Gram Parsons. Ele lhes mostrou uma abordagem nova, a de que a country music não é só aquela coisa limitada da qual os *rednecks* gostam. E ele fez isso sozinho. Não era um cruzado ou uma coisa assim. Amava a música country, mas realmente não gostava do business da música country e não achava que ela deveria ter alcance só em Nashville. A música é maior do que isto. Deve ser sentida por todos.

Gram compôs grandes músicas. "A song for you", "Hickory wind", "Thousand dollar wedding", grandes ideias. Ele podia compor para você uma música que dobrava a esquina e lhe pegava direto pela frente e subia pelas costas, fazendo uma curvinha. "Estava compondo uma música sobre um cara que fazia carros." Quando você ouve, ali estava uma história — "The new soft shoe". Composta sobre o sr. Cord, o inovador criador do bonito automóvel Cord, fabricado com o seu dinheiro e deliberadamente esmagado pelo triunvirato Ford, Chrysler e General Motors. Gram era um contador de histórias, mas também tinha uma coisa única, que nunca vi outra pessoa conseguir: ele podia fazer as putas chorarem. Até mesmo garçonetes escoladas do bar Palomino, que já tinham ouvido tudo na vida. Ele podia trazer lágrimas aos olhos delas e criar aquele sentimento de melancolia. Podia atingir os homens de maneira bem forte também, mas seu efeito nas mulheres era fenomenal. Não era meloso, era o coração. Ele tinha um jeito único de chegar àquelas cordas especiais, as do coração feminino. Eu ficava com os pés molhados por andar entre tantas lágrimas.

Lembro bem de uma viagem que fiz a Stonehenge, com Mick, Marianne e Gram, liderados por Chrissie Gibbs, numa manhã bem cedo, num passeio fotografado por Michael Cooper. As fotos são também uma recordação dos primeiros dias de minha amizade com Gram. Gibbs lembra assim:

> **Christopher Gibbs:** Ainda era madrugada quando saímos de um clube qualquer de South Kensington, saímos umas duas ou três da manhã, no Bentley de Keith. Saímos andando de onde Stephen Tennant morava, de Wilsford, por uma espécie de trilha, na direção de Stonehenge, de forma a chegar lá de uma maneira apropriadamente reverente, e ver o sol nascer por lá. Estávamos todos encharcados de ácido. Tomamos o café da manhã em um *pub* de Salisbury, montes de viciados em ácido tentando desmembrar salmões defumados, tirar a espinha. Imagine a cena se conseguir. Em mim causou a impressão de ser como todas essas coisas que uma pessoa faz sob os efeitos do ácido, que parecem levar muito tempo, mas na verdade duram apenas trinta segundos. Ninguém nunca conseguiu deixar um salmão defumado mais limpo e mais depressa.

É difícil descrever aqueles anos do meio e do fim da década de 1960, pois ninguém sabia direito o que estava acontecendo. Tinha baixado um tipo diferente de neblina, havia muita energia em volta e ninguém sabia direito como lidar com ela. Naturalmente, estando sempre tão drogados e fazendo experiências, todos, inclusive eu, tínhamos ideias vagas e meio cruas. Você sabe, "As coisas estão mudando". "Sim, mas para que e para quando?" As coisas estavam tomando um caráter político em 1968, não havia como evitá-lo. Iam ficando mais desagradáveis também. Cabeças estavam sendo derrubadas. A Guerra do Vietnã teve papel muito importante na reviravolta, pois, durante minha primeira viagem aos Estados Unidos, tinham começado a convocar os garotos. Entre 1964 e 1966 e depois outra vez, em 1967, a atitude da juventude americana passou por mudanças dramáticas. Então, com as mortes em Kent State, em maio de 1970, as coisas ficariam realmente azedas. Todos foram atingidos pelos efeitos colaterais, inclusive nós. Não haveria "Street fighting man" sem a Guerra do Vietnã. Certa realidade vinha penetrando lentamente.

Então, virou uma espécie de "eles contra nós". Nunca imaginei que o Império Britânico fosse escolher uns músicos como vítimas. Onde estava a ameaça? Você, que tem marinhas e exércitos, está soltando seus soldadinhos malignos em cima de um grupinho de trovadores? Para mim, foi a primeira demonstração de como *establishments* e governos são inseguros. E como podem ser sensíveis a coisas que são, na realidade, triviais. Mas, uma vez que se sintam ameaçados, não param de procurar o inimigo interno, sem compreender que, na metade do tempo, os inimigos são eles mesmos. *Foi* uma agressão à sociedade. Tínhamos que agredir o business do entretenimento e, mais tarde, o governo passou a nos levar a sério, depois de "Street fighting man".

Um pouco do clima daquele período pode ser entendido em *The true adventures of The Rolling Stones*, de nosso amigo Stanley Booth — nosso escritor residente nas primeiras excursões. Ele apanhou um folheto em Oakland, no fim da década de 60 ou começo da de 70, que proclamava: "Os bastardos nos pegam ouvindo vocês em nossos radinhos de pilha e sabem que não escaparão ao sangue e ao fogo da revolução anarquista. Tocamos a sua música, queridos Rolling Stones, em bandas de música, enquanto marchamos para derrubar as prisões e libertar os prisioneiros e os pobres. Tattoo Burn, Baby. Queimem as bundas dos carcereiros e dos generais".

Estavam levando "Street fighting man" ao exagero, ou "Gimme shelter". Mas era, sem dúvida, uma geração estranha. O mais esquisito é que tinha crescido com ela, mas de repente me achava na posição de observador, não de participante. Eu vi aqueles caras crescerem e vi muitos deles morrerem. Quando fui pela primeira vez aos Estados Unidos, conheci uma porção de caras bons, caras jovens, e peguei seus telefones. Quando voltei, dois ou três anos depois, telefonei e um deles estava num *body bag*, voltando morto do Vietnã. Muitos deles se arrebentaram, todo mundo sabe. E aí sopraram a merda para cima de mim na minha própria casa. Ei, aquele lourinho, toca guitarra muito bem, muito alegre, nós nos divertimos muito e, na próxima vez, acabou.

Na década de 60 — 1964, 1965 — não permitiam o tráfego de veículos em Sunset Strip. Ela ficava inteirinha cheia de gente e ninguém iria abrir caminho para um carro. Era quase fora dos limites. Você entrava na rua e só seguia a multidão. Uma vez, me encontrei lá com Tommy James, do Shondells — seis discos de ouro e depois acabou. Eu estava tentando chegar ao Whisky a Go Go de carro. Tommy James se aproximou. "Ei, cara." "Quem é você?" "Tommy James, cara." Ainda me emociono com "Crimson and clover". Naquela época, ele estava tentando acertar as coisas com o recrutamento militar. Porque obviamente ele estava prestes a receber a porra da convocação. Era a época da Guerra do Vietnã. Muitos garotos que foram nos ver pela primeira vez nunca voltaram. Mas, mesmo assim, ouviam os Stones no delta do Mekong.

A política nos perseguia, gostássemos ou não. Chegou uma vez na improvável figura de Jean-Luc Godard, o grande inovador do cinema francês. De um jeito ou de outro, Godard ficara fascinado com o que estava ocorrendo em Londres naquele ano e queria fazer uma coisa completamente diferente de tudo o que tinha feito até então. Provavelmente tomou algumas coisas que não devia, já que não era acostumado, só para entrar no clima. Acho que ninguém pode dizer honestamente que conseguiu entender que diabo ele estava querendo. O filme *Sympathy for the Devil* pegou por acaso uma gravação que fizemos da música, quando escolhemos seu nome no estúdio. A música apareceu depois de muitos takes, passando de uma folk song bem tímida, ao estilo de Bob Dylan, para um samba bem animado — de uma coisa bobinha para um sucesso —, por causa de uma mudança no ritmo. Jean-Luc gravou tudo nos bastidores. Pode-se ouvir a voz de Jimmy Miller no filme, queixando-se, "Onde está a animação?", nos primeiros takes. Realmente, não estava nada animado. Houve algumas trocas de instrumentos estranhas. Eu toco baixo, Bill Wyman toca maracas, Charlie Watts cantava no coro *twooo-woooo*, como Anita e talvez Marianne também. Ficou bom. Estou contente por ele ter feito o filme, mas Godard! Não acreditava, ele parecia um bancário francês. Para onde diabos ele achava que estava indo? Não tinha nenhum plano coerente, a não ser sair da França e marcar uns pontos na cena de Londres. O filme foi um monte de bosta total — as mulheres na ponte do Tâmisa, o sangue, a cena medíocre de alguns irmãos, quero dizer, Panteras Negras, apontando armas uns para os outros de maneira desajeitada em um ferro-velho em Battersea. Até então, Jean-Luc Godard tinha feito filmes muito bem-acabados, um trabalho quase hitchcockiano. Entenda, era um daqueles anos em que qualquer coisa podia voar. Mas se podia decolar de verdade, era outra coisa. Quero dizer, por que, entre tanta gente, Jean-Luc Godard estaria interessado numa revoluçãozinha na Inglaterra e iria tentar traduzi-la para outra coisa qualquer? Acho que alguém lhe escorregou um pouco de ácido e foi assim que ele entrou naquele falso ano de *overdrive* ideológico.

Godard conseguiu pôr fogo no Olympic Studios. O estúdio um, onde estávamos tocando, era um salão grande, que já tinha funcionado como cinema. Para deixar a luz difusa, ele colou papel higiênico com fita adesiva sob lâmpadas muito quentes, no teto. No meio do trabalho — acho que existem alguns takes onde é possível ver a cena — o papel higiênico e todo o teto pegaram fogo numa velocidade feroz. Era como estar dentro do Hindenburg. Os pesados suportes das lâmpadas começaram a cair no chão, pois o fogo se propagava pelos cabos. As lâmpadas se apagavam, havia faíscas. Fale sobre simpatia por aquele demônio fodido. Vamos tirar essa merda daqui. Eram os últimos dias de Berlim, desçamos para o bunker. O fim. *Fin.*

Compus "Gimme shelter" num dia tempestuoso, sentado no apartamento de Robert Fraser em Mount Street. Anita estava filmando *Performance*, não muito longe, mas não quis ir ao estúdio. Deus sabia o que estava acontecendo. Como uma parte menor da trama, Spanish Tony estava tentando roubar a Beretta usada nas filmagens. Mas eu não quis ir assistir porque não gostava nada de Donald Cammell, o diretor, um intrigante mentiroso e manipulador que só gostava na vida de foder as outras pessoas. Eu queria me manter distante do relacionamento entre Anita e David. Ele era um dependente decadente da família dos estaleiros Cammell, muito bonito e muito inteligente, mas com a mente cheia de veneno. Ele tinha sido pintor em Nova York, e alguma coisa o deixou cheio de ódio pelas outras pessoas inteligentes e talentosas e ele só pensava em destruí-las. Foi o monte de merda mais destrutivo que já conheci. Era também um Svengali, tremendamente predatório, um manipulador de mulheres de muito sucesso. Deve ter fascinado muitas delas. Às vezes, tirava um sarro de Mick, por seu sotaque de Kent, e às vezes de mim, o caipira de Dartford. Não me importo que façam uma boa piada comigo de vez em quando, eu também faço algumas. Mas ele era quase um viciado em humilhar outras pessoas. Todo mundo tem que ficar no seu lugar. Qualquer coisa que você fizesse na frente de Cammell trazia o risco de expô-lo ao ridículo. Ele tinha um complexo de inferioridade bem desenvolvido ali dentro.

Quando ouvi falar dele pela primeira vez, estava num *ménage à trois* com Deborah Dixon e Anita. Isso foi muito antes de Anita e eu ficarmos juntos, e aquilo era pura diversão. Ele era um promotor e organizador de orgias e encontros a três — como um gigolô, embora ache que Anita não via as coisas assim.

Uma das primeiras coisas que aconteceram entre mim e Anita foi aquela merda de *Performance*. Cammell queria me foder, pois estivera com Anita antes de Deborah Dixon. Claramente, ele se sentia muito satisfeito com a ideia de que estava fodendo as coisas entre nós. Era uma montagem, Mick e Anita fazendo os papéis de um casal. Senti as coisas vindo pelo ar. Sabia que Mouche — Michèle Breton, o terceiro personagem da cena do banho no filme, não estava totalmente por fora da armação — costumava ser paga para "fazer o papel" de casal com seu namorado. Anita me contara que Michèle precisava tomar injeções de Valium antes de cada cena. Assim, ele estava basicamente montando pornografia de terceira categoria. *Performance* tinha uma boa história. Ele conseguiu o único filme com algum interesse da sua vida graças a quem estava no projeto, e Nic Roeg, que o filmou, e James Fox, que ele deixou muito zangado. Fox, um cara que falava com boa pronúncia, passou a falar como um gângster de Bermondsey dentro e fora do set. Ficou assim até ser reabilitado pelos Navegadores, uma seita cristã que ocupou sua atenção nas duas décadas seguintes.

Donald Cammell estava mais interessado em manipular do que em dirigir o filme. Ele tinha ereções com traições íntimas e era isso o que estava aprontando em *Performance*, o máximo que conseguisse tramar. Ele fez apenas quatro filmes, e três deles terminavam da mesma maneira — com o personagem principal sendo o alvo ou atirando em alguém muito próximo. Sempre espreitando. Michael Lindsay-Hogg, diretor de *Ready steady go!* no início da carreira e mais tarde do *Rock and roll circus*, dos Stones, me contou que quando estava filmando *Let it be*, o canto de cisne dos Beatles, no alto de um prédio, olhou para outro telhado, nas proximidades, e lá estava Donald Cammell. Presente na morte, mais uma vez. O último filme feito por Cammell foi um vídeo real no qual filmou seu próprio suicídio com um tiro, repetindo a cena final de *Performance*, preparada de forma elaborada e com a duração de muitos minutos. A pessoa muito próxima, no caso, era sua mulher, que estava em um quarto ao lado.

Encontrei Cammell mais tarde em Los Angeles e lhe disse, Donald, não conheço ninguém que você tenha deixado um pouquinho contente. Não há mais lugar nenhum para onde você possa ir, não há mais ninguém. O melhor que você tem a fazer é usar a maneira como os cavalheiros se retiram. Isso aconteceu pelo menos dois ou três anos antes de ele finalmente dar cabo da vida.

Demorou muito tempo para eu ter certeza sobre Mick e Anita, mas senti alguma coisa no ar. Principalmente de Mick, que não dava nenhum sinal, razão pela qual eu senti. A patroa chega em casa um dia à noite se queixando do estúdio e de Donald e blá-blá-blá. Mas eu conheço a madame e, se ela não chega em casa na hora, vou a algum lugar e encontro outra namorada.

Nunca esperei nada de Anita. Quero dizer, olhe, eu a roubei de Brian. Assim, você agora tem o Mick, o que prefere, isso ou aquilo? Naquela época, era como em Peyton Place, muita troca de mulheres, troca de namoradas e... ah, você teve que ir com ele, OK. O que você espera? Você arruma uma mulher como Anita Pallenberg e acha que os outros caras não vão dar em cima dela? Ouvi boatos, e pensei, se ela vai fazer um filme com Mick, boa sorte para ele, ele só pode ter isso uma vez. Tenho que viver com isso. Anita é de dar trabalho. Provavelmente, quase quebrou a coluna dele!

Não sou o tipo de cara ciumento. Sabia onde Anita estivera antes e que antes disso ela estivera com Mario Schifano, um pintor de sucesso. E com outro cara que negociava com obras de arte em Nova York. Não esperava colocar rédeas nela. Isso provavelmente me deixou mais separado de Mick do que outra coisa qualquer, mas principalmente por parte de Mick, não de mim. E provavelmente para sempre.

Não tive nenhuma reação com Mick por causa de Anita. Decidi esperar para ver como as coisas iam evoluir. Não era a primeira vez que eu entrava numa competição por uma mulher, mesmo para uma noite na estrada. Quem vai pegar aquela? Quem é o Tarzan aqui? Era como dois alfas brigando. E ainda é, para ser honesto. Mas dificilmente é a base para um bom relacionamento, não é? Podia ter feito Anita comer merda por causa disso, mas onde iria chegar? Estávamos juntos. Eu estava na estrada. Mas na época fui muito cínico sobre o caso. Quero dizer, se eu tinha roubado ela de Brian, não podia esperar que Mick deixasse de deitar com ela, sob a direção de Donald Cammell. Duvido que tivesse acontecido sem Cammell. Mas você sabe, enquanto aquilo estava acontecendo, eu estava deitando com Marianne, cara. Enquanto você estava longe, eu estava ali. Aliás, tive de deixar as instalações um tanto abruptamente uma vez, quando o gato voltou. Ei, foi nossa única vez, quente e cheio de suor. Estávamos só ali, como Mick chama em "Let me down slow", a luz do crepúsculo, minha cabeça aninhada entre aqueles dois belos peitos. Ouvimos o carro entrar e veio aquela pressa doida, apanhei os sapatos, pulei por uma janela para o jardim e percebi que tinha esquecido as meias. Bem, ele não é o tipo de cara que fica procurando meias. Marianne e eu ainda fazemos piada com isso. Ela me manda mensagens dizendo: "Ainda não encontrei suas meias".

Anita é uma jogadora. Mas jogadores também fazem apostas erradas. Para Anita, naquela época, a ideia do status quo era *verboten* [proibida]. Tudo precisa mudar. E não estamos casados, somos livres, seja lá o que isso for. Você é livre enquanto me deixar saber o que está acontecendo. De qualquer maneira, ela não se divertiu muito com aquele pinto pequenininho. Sei que ele tem um par de bolas enorme, mas isso não preenche bem o espaço, não é? Isso não me surpreendeu. De certa forma, eu até estava esperando. É por isso que eu estava no apartamento de Robert Fraser, compondo. "Sinto a tempestade ameaçar minha própria vida hoje." Ele tinha alugado seu apartamento para nós enquanto Anita estava fazendo o filme, mas no fim ele nunca se mudou. Assim, quando Anita ia trabalhar, eu ficava com Strawberry Bob e Mohammed. Foram eles, provavelmente, as primeiras pessoas para quem toquei *War, children, it's just a shot away...*

Era um dia terrível, fodido, e caía uma tempestade lá fora. Eu estava sentado ali, em Mount Street, e uma tempestade incrível caía sobre Londres. Entrei no clima, olhando pela janela de Robert e vendo aquelas pessoas todas com os guarda-chuvas sendo arrancados de suas mãos e voando como demônios. A ideia chegou. Às vezes, você tem sorte. Era um dia de merda. Não tinha nada melhor para fazer. É lógico, tudo se torna muito mais metafórico com os outros contextos e o resto, mas naquela hora não estava pensando sobre isso, oh, meu Deus, minha madame está fazendo um filme tomando banho com Mick

Jagger. Meu pensamento estava em tempestades e nas mentes de outras pessoas, não na minha. Apenas aconteceu bater naquele momento. Só mais tarde vim a compreender que teria um significado maior do que eu pensava na hora. "Ameaçando minha própria vida hoje." Tem ameaça, é certo. É uma coisa amedrontadora. E aqueles acordes são inspirados em Jimmy Reed — o mesmo truque da assombração, deslizando pela placa dos trastes acima contra a vibração da nota mi. Estou abrindo meu caminho para lá maior, si maior e vou indo, olá, onde vamos parar? Dó menor, OK. É uma escala muito improvável na guitarra. Mas você acaba por reconhecer as configurações quando as ouve. Muitas delas, como esta, chegam por acidente.

Enquanto isso, Anita e eu tínhamos passado para a heroína. Cheiramos heroína um ano ou dois, junto com cocaína pura. Uma droga estimulante e uma depressora misturadas, que chamávamos de *speedballs*. Uma lei muito estranha daquela época, quando o Serviço Nacional de Saúde estava começando, era a de que, se você fosse viciado, podia se registrar com seu médico. Assim, você ficava registrado no governo como viciado em heroína e passava a receber comprimidinhos de heroína pura, junto com um frasquinho de água destilada para dissolver e injetar. E naturalmente qualquer viciado iria dobrar a quantidade que achava que precisava. Pois ao mesmo tempo, quer você quisesse ou não, recebia também o equivalente ao pedido em cocaína. A teoria era de que a coca iria contra-agir com a heroína e talvez transformar o drogado num membro útil da sociedade, com base na tese de que se ele tomasse só heroína, iria deitar para meditar ou ler e entrar no estupor. E os drogados, logicamente, vendiam a cocaína. Dobravam a quantidade real da heroína da qual precisavam e ficavam com a metade da heroína e toda a cocaína para vender. Uma bela jogada! E foi só quando o programa parou que se começou a ter um problema real com drogas no Reino Unido. Mas os drogados não conseguiam acreditar. Queremos relaxar, sabe? E eles nos dão esses estimulantes puros. Todos os drogados pagavam o aluguel vendendo a coca. Poucos estavam interessados na cocaína e, se estivessem, guardavam só um pouquinho para lhes dar um estímulo. Foi por aí que tive meu primeiro contato com a cocaína, May & Baker pura, direto da garrafa. Eu costumava chamá-los de "cristais puros fofinhos". E o rótulo! Tinha uma caveira e dois ossos cruzados, dizendo "veneno". Era um rótulo lindamente dúbio. Foi assim que entrei nessa — com Spanish Tony, Robert Fraser. Foi aí que começou. Porque eles tinham ligações com todos aqueles drogados. E a razão pela qual estou aqui é provavelmente porque sempre procurei, na medida do possível, a droga de verdade, a droga da mais alta qualidade. Só comecei com a cocaína porque era pura, para fins farmacêuticos — *boom*. Quando fui apresentado à droga, era sempre pura, pura, pura. Não precisava me preocupar com o que ela tinha sido batizada e aguentar a merda que vendem nas ruas. De vez em quando, uma vez ou outra, você tinha que mergulhar até o fundo — quando a droga o pegava pela base do pescoço. Com Gram Parsons, eu fui realmente lá para baixo. Raspas de sapato mexicano. Mas, basicamente, minha apresentação às drogas foi com o *crème de la crème*.

Assim, todo mundo acabava arrumando um viciado de estimação. Steve e Penny formavam um casal de viciados registrados. Provavelmente, cheguei até eles por intermédio de Spanish Tony. Eles moravam em um apartamento maltratado de porão em Kilburn. Depois de uns dois meses indo até lá, eles começaram a dizer: "Gostaria de sair daqui, gostaria de morar no campo". Eu respondi que tinha um chalé que estava vago. Assim, Anita e eu os instalamos no chalé em frente a Redlands, onde eu morava na época. Uma vez por semana, chamava Steve, íamos até Chichester, esperava um minuto, voltávamos para casa e eu ficava com metade da droga. Steve e Penny formavam um casal muito doce, tímido, simples. Não eram gente baixa. Ele era muito ascético, usava barbicha. Era filósofo, estava sempre lendo Dostoiévski ou Nietzsche. Um cara grande, alto, magro, com cabelo cor de gengibre, bigode e óculos. Parecia um porra de um professor universitário, embora não cheirasse como um. Isso deve ter durado cerca de um ano. Eles eram pessoas muito doces e gentis. "Posso preparar uma xícara de chá para o senhor?" Nada do que você imagina sobre "viciados". Era tudo muito civilizado. Às vezes, eu ia ao chalé e — como eles tomavam quantidades muito grandes de droga — perguntava: "Penny, Steve ainda está vivo?". "Acho que sim, meu caro. De qualquer maneira, tome uma xícara de chá que depois vou acordá-lo." Tudo transcorria de forma muito gentil. Para cada viciado que corresponda ao estereótipo, posso citar dez que vivem de maneira perfeitamente organizada, banqueiros e gente assim.

Era uma época de ouro. Pelo menos até 1973, 1974, tudo era perfeitamente legal. Depois, bateram na cabeça e passaram a fornecer metadona, que é pior, ou com certeza nada melhor. Sintético. Um dia, os drogados acordaram e passaram a receber metade da receita em heroína pura e metade em metadona. E depois isso se transformou em algo mais do que um supermercado, o período da farmácia aberta à noite toda em Piccadilly. Eu costumava parar o carro perto da esquina. Sempre havia um monte de gente do lado de fora, esperando que seus drogados de estimação trouxessem a mercadoria para depois dividi-la. O sistema realmente não podia ser mais sustentado diante da voracidade da demanda. Estávamos criando uma nação de drogados!

Não lembro me com clareza da primeira vez em que experimentei heroína. Provavelmente, cheirei em uma fileira de coca, numa *speedball*, mistura de coca com *smack*, a heroína. Se você estivesse perto de gente acostumada a cheirar isso numa fileira, não saberia. Você só descobriria mais tarde. "Foi interessante ontem à noite, o que era aquilo?" É isso o que faz uma merda com você. Porque você não lembra, é tudo. Chega de repente.

Não a chamam de "heroína" por acaso. É uma sedutora. Você pode tomar aquela droga por um mês, mais ou menos, e parar. Ou pode ir para um lugar onde ela não exista e não ficar muito atento, era só uma coisa que estava tomando. E pode se sentir como se tivesse passado um dia gripado e no dia seguinte está de pé, sentindo-se bem. E aí você entra em contato outra vez e repete algumas vezes. Podem se passar meses. E, na vez seguinte, você fica gripado dois dias. Nada ruim, sobre o que eles estão falando? É uma crise de abstinência? Ela nunca dominou meus pensamentos até eu ser pego pelo anzol.

É uma coisa sutil. Agarra você devagar. Depois da terceira ou quarta vez, você capta a mensagem. E aí começa a economizar injetando a droga. Mas nunca fiquei derrubado. Não, nunca atingi a delícia de ficar derrubado. Nunca fiquei procurando aquele clarão. Estava procurando alguma coisa para me fazer ir em frente. Se você toma na veia, consegue um clarão incrível, mas depois de umas duas horas, quer mais. E você deixa pistas, o que eu não podia me dar ao luxo de fazer. Além disso, nunca consegui encontrar a veia. Minhas veias são finas, nem mesmo os médicos conseguem encontrá-las. Assim, costumava injetá-la nos músculos. Podia enfiar a agulha sem sentir nada. E a porrada, a chibatada, se você faz direito, causa um choque maior que a injeção em si. Porque o recipiente reage e no meio tempo a agulha vem e vai. É especialmente interessante na bunda. Mas não é politicamente correto.

Foi um período muito produtivo e criativo, *Beggars banquet*, *Let it bleed* — algumas boas músicas foram compostas, mas nunca achei que as drogas, *per se*, tiveram muito a ver com se eu era produtivo ou não. Posso ter trocado algumas palavras, alguns versos aqui e ali, mas nunca me senti diminuído ou recebendo qualquer empurrão extra no que diz respeito ao meu trabalho. Não procurava na heroína uma ajuda ou uma depreciação para o que estava fazendo. Provavelmente teria composto "Gimme shelter" quer estivesse drogado ou não. Não afeta seu julgamento, mas em alguns casos o ajuda a ser persistente com relação a alguma coisa e ir mais atrás dela do que faria de outro jeito, do que se você erguesse as mãos e dissesse, ah, não dá para resolver isso agora. Sob o efeito da droga, você fica em cima daquilo e continua em cima até resolver. Nunca acreditei naquela bosta sobre tantos saxofonistas tomarem drogas por acharem que foi isso o que tornou Charlie Parker grande como foi. Como qualquer outra coisa neste mundo, ou é bom para você ou é ruim para você. Um montinho de heroína em uma mesa é totalmente benigno. A única diferença está em se você vai tomá-lo ou não. Eu tomei uma porção de outras drogas das quais não gostei e nunca voltei a experimentá-las.

Suponho que a heroína fazia com que me concentrasse mais ou chegasse mais ao objetivo do que aconteceria normalmente. Isto não é uma recomendação. A vida de um viciado não deve ser recomendada a ninguém. Eu estava no cume, e isso era bem baixo. Com certeza, não estou a caminho de me tornar um gênio da música ou qualquer coisa assim. Era um ato de equilíbrio. Tinha um monte de coisas para fazer, esta canção é interessante, e quero tirar cópias de todas essas coisas, e vou fazer isso durante cinco dias, perfeitamente equilibrado na relação entre cocaína e heroína. Mas o negócio é que, depois de seis ou sete dias, eu esquecia qual era o equilíbrio. Ou recorria a um dos lados ou ao outro. Porque sempre tinha que pensar nos fornecimentos. A chave da minha sobrevivência era que eu ditava meu ritmo.

Realmente, nunca cheguei a exagerar. Bem, não devia dizer *nunca*. Houve ocasiões em que eu fiquei num coma fodido. Mas acho que a droga se transformou em um instrumento para mim. Entendi que estava rodando com combustível e os outros, não. Eles tentam entrar no meu ritmo e estou queimando. Posso continuar porque tomei cocaína pura, não aquela bosta de merda, estou usando gasolina de alta octanagem e sinto que estou indo um pouco depressa demais, preciso relaxar, tome um montinho de heroína. Agora, parece ser de certa forma ridículo, mas a verdade é que o *speedball* era o meu combustível. Mas quero deixar bem claro a todos os que lerem isto que era a cocaína da melhor, da melhor qualidade e a mais pura das mais puras heroínas. Não era esta merda vendida nas ruas, raspas de sapato mexicano. Era a bosta de verdade. Eu me sentia muito como Sherlock Holmes com relação à droga, o tempo todo. Para tratar com a morbidez ou com a leviandade de alguém, é preciso agir como num ato de equilíbrio. E podia me manter ligado dias a fio sem entender que de fato estava deixando os outros esgotados.

Vim a conhecer John Lennon por mais tempo e melhor mais para a frente. Andamos juntos uns tempos, ele e Yoko costumavam aparecer. Mas havia uma coisa com John, apesar de todas as suas fanfarrices e bravatas: ele não conseguia me acompanhar. Ele tentava, tomava qualquer coisa que eu tomasse, mas não tinha o mesmo treino que eu. Um pouquinho disso, um pouquinho daquilo, uns dois para baixar a bola, outros dois para levantar, coca e heroína e depois eu ia trabalhar. Estava todo animado. E John acabava inevitavelmente na minha privada, abraçado à porcelana. E Yoko ficava lá no fundo, dizendo: "Ele não devia fazer isso". E eu respondia: "Eu sei, mas eu não o obriguei!". Mas ele sempre voltava, querendo mais, onde quer que a gente estivesse. Lembro uma noite, no hotel Plaza, em que ele entrou no meu quarto — e logo depois desapareceu. Estava conversando com umas garotas e seus amigos começaram a perguntar para onde John tinha ido. Fui ao banheiro e lá estava ele, afagando o piso, olhando a cerâmica. Vinho tinto demais e um pouco de heroína. Bocejo em tecnicolor. "Não me tire daqui, esta cerâmica é muito bonita." O rosto dele estava de um verde doentio. Às vezes eu me perguntava se aquela gente vinha mesmo me visitar ou se era uma espécie de competição sobre a qual eu nada sabia. Não sei se John alguma vez saiu de minha casa sem ser na horizontal. Ou precisando se apoiar em alguém.

Talvez o ritmo de vida frenético tenha alguma coisa a ver com isso. Eu tomava um barbiturato para acordar, um efeito de brincadeira comparado com o da heroína, embora, do seu jeito, tão perigoso quanto. Este era o café da manhã. Um Tuinal, fure-o e meta uma agulha nele para fazer efeito mais depressa. Depois de tomar uma xícara de chá quente, resolver se vai levantar da cama ou não. Depois, talvez, um Mandrax ou um *quaalude*. Sem isso, eu ficava com energia demais para queimar. Podia levantar devagar, pois tinha tempo. Quando o efeito passa, depois de cerca de duas horas, você está se sentindo relaxado, come alguma coisa e está pronto para o trabalho. Tinha vezes em que tomava calmantes para continuar. Se eu estiver acordado, sei que eles não vão me fazer dormir, porque já tinha dormido bem. O que eles faziam era relaxar meu ritmo pelos três ou quatro dias seguintes. Não tinha a intenção de voltar a dormir e sabia que estava com tanta energia que se eu não a reduzisse um pouco, ela iria queimar antes que eu terminasse de fazer aquilo que eu achava que tinha de fazer, num estúdio, por exemplo. Usava drogas como quem troca de marcha. Era muito difícil usá-las por prazer. Pelo menos, é a minha desculpa. Elas aplainavam meu percurso pelo dia.

Não tente fazer isso em casa. Nem mesmo eu consigo mais, não fabricam mais os remédios do mesmo jeito. Decidiram, em meados da década de 70, passar a fabricar sedativos que põem você para dormir sem dar o barato. Eu iria aos confins do mundo para encontrar mais barbituratos. Sem dúvida, poderia encontrar alguns em um lugar qualquer do Oriente Médio, da Europa. Adoro meus sedativos. Estava tão hiperativo que o tempo todo precisava me reprimir um pouco. Se você não quisesse ir dormir e ficar lá aproveitando o zumbido, era só ficar de pé um pouquinho e ouvir música. Tinham caráter. É isso o que tenho a dizer sobre barbituratos. Caráter. Qualquer homem que valha o seu preço com relação aos sedativos sabe do que estou falando. Eles não me derrubavam, mantinham-se num certo nível. Para mim, as drogas que valem a pena no mundo são as puras. Tuinal. Seconal, Nembutal. Desbutal, provavelmente, foi um dos melhores que já existiram, uma cápsula de cor estranha, vermelha e creme. Eram melhores que as versões mais novas, que agiam sobre o sistema nervoso central. Você podia pô-los para fora com o mijo em 24 horas, não ficavam pendurados nas pontas dos seus nervos.

Em dezembro de 1968, Anita, Mick, Marianne e eu embarcamos em um navio em Lisboa para o Rio de Janeiro, cerca de dez dias no mar. Pensamos: "Vamos dar um pulo no Rio e vamos pelo velho estilo". Se algum de nós estivesse seriamente viciado na época, não teríamos usado esse meio de transporte. Ainda estávamos numa fase superficial, a não ser talvez Anita, que ia ao médico de bordo pedir morfina de tempos em tempos. Não havia nada para fazer no navio, por isso ficávamos por ali, filmando com uma câmera Super 8 — o filme ainda existe. Acho que pode até mesmo mostrar a Mulher-Aranha, como a chamávamos. Era um navio-frigorífico, mas também levava passageiros. E era tudo bem década de 30 — você até esperava que Noël Coward aparecesse a qualquer momento. A Mulher-Aranha era uma dessas figuras cheias de pulseiras, permanente, vestidos caros e piteira. Costumávamos descer para vê-la atuando no bar. De vez em quando, lhe pagávamos um drinque. "Fascinating, darling." O bar ficava cheio desses ingleses de classe alta, todos bebendo como doidos, gim pink e champanhe cor-de-rosa, naquela conversa de antes da guerra. Eu vestia um *djellaba* diáfano, sapatos mexicanos e um chapéu tropical do Exército, deliberadamente grotesco. Depois de algum tempo, descobriram quem éramos e ficaram muito perturbados. Começaram a fazer perguntas: "O que vocês *estão* querendo fazer? Tentem nos dar uma explicação do que isso significa". Nunca respondemos, e um dia a Mulher-Aranha deu um passo à frente e pediu: "Oh, nos deem uma pista, nos deem um vislumbre". Mick se virou para mim e disse: "Somos os Gêmeos Vislumbre". Batizados no Equador, os Gêmeos Vislumbre [Glimmer Twins] foi o nome que mais tarde usamos como produtores de nossos discos.

Já conhecíamos Rupert Loewenstein, que logo começaria a dirigir nossos negócios, e nos instalou no melhor hotel do Rio. De repente, Anita começou misteriosamente a folhear a lista telefônica. Perguntei o que ela estava procurando. Ela respondeu que estava procurando um médico.

"Um médico?"

"É."

"Para quê?"

"Não se preocupe com isso."

Quando ela voltou, ainda à tarde, disse: "Estou grávida". E ali estava Marlon.

É, bem... que ótimo! Fiquei muito contente, mas não queríamos interromper a viagem naquela altura. Estávamos indo para Mato Grosso. Ficamos alguns dias numa fazenda, onde Mick e eu compusemos "Country honk", sentados numa varanda como caubóis, pés no parapeito, fazendo de conta que estávamos no Texas. Era a versão country do que se transformou no single "Honky tonk women" quando voltamos à civilização. Decidimos distribuir "Country honk" também, em *Let it bleed*, alguns meses depois, no fim de 1969. Foi composta num violão acústico e me lembro do lugar porque cada vez que dava descarga no banheiro apareciam uns sapos pretos pulando — uma imagem interessante.

Marianne voltou para a Inglaterra para tratar do filho, Nicholas, que tinha adoecido no navio e passado a maior parte da viagem na cabine. Assim, Mick, Anita e eu pegamos o caminho de Lima, no Peru, e daí para Cusco, que fica a 3.400 metros de altitude. Todo mundo estava com um pouco de dificuldade para respirar e, quando chegamos ao lobby do hotel, vimos uma fileira de enormes tubos de oxigênio alinhados em uma parede. Fomos para os quartos e, no meio da noite, Anita descobriu que a descarga não estava funcionando. Ela resolveu fazer xixi na pia e, no meio da mijada, a pia desabou, caiu no chão e a água começou a jorrar de um cano enorme. Uma verdadeira comédia dos irmãos Marx, ações desajeitadas, vamos em frente... enfiar uns trapos lá dentro, chamar o pessoal. A pia estava toda quebrada, em pedaços. O estranho é que, quando finalmente chegaram, no meio da noite, os peruanos foram muito amáveis. Não ficaram falando "O que vocês fizeram, como quebraram a pia?". Limitaram-se a secar a água e a nos dar outro quarto. E eu achando que eles iam chegar com a polícia.

No dia seguinte, Mick e eu saímos para dar uma volta, sentamos em um banco e fizemos o que se faz à luz do dia, começamos a mastigar folhas de coca. Quando voltamos ao hotel, encontramos um cartão, entregue como se viesse do cônsul britânico. "O general assim-assim... se sentiria contente em receber." O general em questão era o governador militar de Machu Picchu. Ele nos convidava para jantar em sua casa e não se pode dizer não a um convite desses. Ele dirigia a área e era quem dava as permissões e passes para viagens. Obviamente, ele se sentia muito enfadado naquela província e por isso nos convidou a visitar sua vila, próxima a Cusco. Ele morava com um DJ alemão, um garoto louro. Nunca vou esquecer a decoração, tudo tinha sido encomendado no México ou diretamente dos Estados Unidos. Era um desses caras que deixam os móveis envolvidos em sacos de plástico, provavelmente porque os insetos iriam comer tudo no instante em que ele desembrulhasse o material. Os móveis eram horríveis, mas a vila em si era bem agradável, como uma antiga missão espanhola, pelo que me lembro. O general era simpático, um grande anfitrião, e a comida era boa. E aí veio a *pièce de résistance*, estrelada pelo namorado dele, o DJ alemão. Eles colocaram uns discos horríveis de twist, de soul falsificado — e isso era em 1969 — e aí ele ordenou que o pobre garoto demonstrasse como se dançava o *swim*, uma dança tão velha que eu mal me lembrava dela. Ele deitou no chão e começou a rolar de um lado para o outro, como se estivesse nadando de peito. Mick e eu olhamos um para o outro. Que foda, como é que a gente vai sair daqui? Era quase impossível não cair na gargalhada, mas o cara estava fazendo o melhor que podia e acho que ele era o melhor dançarino de *swim* da América Latina. É, esforce-se, cara! E ele fazia tudo o que o general o mandava fazer. "Agora, o purê de batata", e ele obedecia na mesma hora. Achamos que tínhamos voltado no tempo uns cem anos.

Viajamos até Urubamba, uma aldeia não muito longe de Machu Picchu, à beira de um rio com o mesmo nome. Você chega lá e é isso, cara. Não há nada lá. Com certeza, não há hotel. O lugar não está nos mapas de turismo. Os únicos homens brancos que foram vistos por lá estavam perdidos. De fato, nós estávamos basicamente perdidos. Conseguimos achar um bar e tivemos uma boa refeição, camarão, arroz e feijão. E agora, alguma chance de dormir um pouco? No princípio, ouviu-se na sala uma porção de nãos, mas eles notaram que tínhamos um violão conosco. Mick e eu cantamos para eles durante cerca de uma hora, tentando apresentar qualquer coisa antiga que a gente lembrasse. Parecia que tínhamos de obter o voto da maioria para sermos convidados a dormir no local. E, como Anita estava grávida, eu queria que ela passasse a noite numa cama. Devemos ter ficado nisso a noite inteira. Toquei alguns trechos de "Malagueña" e mais umas coisas que pareciam ter um tom vagamente espanhol, que Gus tinha me ensinado. Finalmente, o senhorio avisou que podíamos ficar em dois quartos no andar de cima. Foi a única vez que Mick e eu cantamos em troca de hospedagem.

Foi um período bom com relação a composições. As músicas estavam vindo. "Honky tonk women", lançada como single antes do álbum seguinte, *Let it bleed*, em junho de 1969, foi o apogeu de tudo em que éramos bons naquela época. É uma faixa *funky* e também *dirty*. Foi também o primeiro uso importante da afinação aberta, com o *riff* e a guitarra de ritmo soltando a melodia. Apanhou todo aquele blues e black music de Dartford para a frente, e Charles está inacreditável nessa faixa. Ficou excelente, fora de qualquer dúvida. Foi uma daquelas execuções que você sente ser um número um antes de terminar a filha da puta. Naquela época, eu costumava tocar os *riffs*, as posições e o gancho, e Mick preenchia os espaços. O serviço básico era esse. Você não pensa muito ou fica morrendo. Você vai, este vai mais ou menos assim, "I met a fucking bitch in somewhere city". Pegue aí, Mick. Eu já lhe dei o *riff*, garoto. É sua vez agora. Preencha e enquanto isso eu tento e apareço com outro. E ele sabe compor, Mick sabe. Dê-lhe a ideia e ele vai em frente com ela.

Também compomos usando o que chamávamos de movimento das vogais — coisa muito importante para os letristas. O som que funciona. Muitas vezes você nem sabe qual é a palavra, mas sabe que a palavra tem aquela vogal, aquele som. Você às vezes escreve alguma coisa que parece ser muito boa no papel, mas não tem o som correto. Você começa a construir as consoantes em torno das vogais. Aqui é o lugar de pôr *ooh* e aqui o de pôr *daah*. Se colocar errado, o som fica uma bosta. Não é necessário que rime com nada naquela hora, você vai ter que procurar a palavra que rime também, mas já sabe que aquela vogal em particular vai fazer parte. *Doo-wop* não tem esse nome por acaso, é tudo movimento das vogais.

"Gimme shelter" e "You got the silver" foram as primeiras faixas que gravamos, no Olympic Studios, para o que viria a ser *Let it bleed* — o álbum no qual trabalhamos todo o verão de 1969, o verão em que Brian morreu. "You got the silver" não foi o primeiro vocal solo que gravei com os Stones — foi "Connection". Mas era um dos primeiros que compus totalmente sozinho e atribuí a Mick. Cantei-o sozinho simplesmente porque tínhamos que distribuir a carga de trabalho. Sempre cantávamos harmonicamente, como os Everlys, de forma que não era como se eu tivesse começado a cantar de repente. Mas, como todas as minhas músicas, nunca a considerei uma criação minha. Tenho uma antena muito boa para captar músicas que ficam zanzando pela sala, e isso é tudo. De onde surgiu "Midnight rambler"? Não sei. Era como se os velhos tempos estivessem tentando dar uns tapinhas no fundo da cabeça. "Ei, não esqueça da gente, amigão. Escreva um blues danado de bom. Componha um que se forme de uma maneira diferente, só um pouquinho." "Midnight rambler" é um blues de Chicago. A sequência de acordes não é, mas o som é Chicago puro. Sabia como o ritmo deveria progredir. Estava na estreiteza da sequência dos acordes, os rés, os fás e os mis. Não era uma sequência de blues, mas ficou como um blues pesado. É um dos blues mais originais que podem ser ouvidos dos Stones. O título, o assunto, era uma dessas frases tiradas das manchetes sensacionalistas que duram apenas um dia. É como se você estivesse olhando um jornal, "Midnight rambler à solta outra vez". Essa eu vou pegar.

O fato de você poder misturar essas coisas gostosas na letra de uma música, inserindo fatos da atualidade ou manchetes, ou apenas o que parecia ser uma narrativa comum do dia a dia, estava muito distante da pop music, mas também de Cole Porter ou Hoagy Carmichael. "Eu a vi hoje na recepção" estava bem claro. Não tinha dinâmica, o sentido de para onde estava indo. Acho que Mick e eu olhávamos um para o outro e dizíamos, bem, se John e Paul podem... Os Beatles e Bob Dylan mudaram as coisas, de maneira bem grande, nas atitudes das pessoas com relação à voz. Bob não tinha uma voz especialmente grande, mas era bem expressiva, ele sabia como colocá-la e isso é mais importante que as belezas técnicas da voz. É quase como um anticanto. Mas, ao mesmo tempo, o que você ouve é real.

"You can't always get what you want" foi basicamente toda de Mick. Lembro dele entrando no estúdio e dizendo: "Estou com esta música". Perguntei se ele já tinha os versos. Ele respondeu que sim, mas perguntou: "Como será que vai soar?". Como ele a tinha composto na guitarra, era como uma folk song na época. Eu tinha que entrar com um ritmo, uma ideia... Eu a fiz girar pela banda e apenas tocamos a sequência aqui ou ali. E talvez Charlie decida como prosseguir. É tudo experimentação. E então adicionamos o coro no final, de maneira bem deliberada. Vamos acrescentar um coro forte. Em outras palavras, vamos tentar e atingir as pessoas assim. Foi corajoso, um tipo de coisa corajosa. Mick e eu achamos que deveria conduzir a um coro, uma coisa gospel, porque tínhamos trabalhado com cantores negros de gospel nos Estados Unidos. E então, quando conseguimos um dos melhores coros da Inglaterra, eram todos brancos, cantores adoráveis, e faça isso daquele jeito, veja o que pode tirar deles. Faça com que se mexam um pouco, que balancem um pouco, sabe como é? "You caaannt always..." Ficou uma justaposição bonita.

Naquele começo de junho, enquanto estávamos trabalhando muito naquelas faixas no Olympic Studios, eu capotei o Mercedes com Anita, com ela grávida de sete meses de Marlon. Anita quebrou a clavícula. Eu a levei ao St. Richard's, onde eles a costuraram em meia hora enquanto eu ficava por ali sentado — foram pessoas sensacionais de verdade as que cuidaram de nós — só para sair diretamente nos braços do Departamento de Investigações Criminais de Brighton, que nos levou à delegacia de polícia de Chichester e começou a nos interrogar. Pelo amor de Deus, eu estou com uma mulher grávida de sete meses, com uma clavícula quebrada, são três da manhã e eles não dão a mínima. Quanto mais trato com a polícia, especialmente a polícia britânica, mais devo declarar que há alguma coisa errada com seu treinamento. Minha atitude provavelmente não ajudou, mas o que eu ia fazer, bancar o cachorrinho com eles? Suspeitavam de drogas. É claro que havia drogas envolvidas. Deviam ter procurado no carvalho do outro lado da esquina. Começavam perguntando: "Como o carro capotou? Você devia estar fora de si". Na verdade, não estava. Numa esquina, perto de Redlands, uma luz vermelha acendeu no carro e tudo parou de funcionar. Uma falha hidráulica. Os freios não funcionavam, a direção não funcionava, eu entrei num trecho de grama escorregadia e o carro capotou. Era um conversível e três toneladas pousaram sobre o para-brisa e a estrutura que sustentava a capota. O milagre foi o para-brisa aguentar. Só descobri depois que o carro tinha sido construído em 1947 com peças de tanque e aço blindado, ferro-velho alemão que sobrara no campo de batalha — no que eles conseguiam pôr a mão. A merda era de aço para serviço pesado. Basicamente, eu estava dirigindo um tanque com capota de lona. Não é de admirar que eles tenham varrido a França em seis semanas. Não é de admirar que eles quase tenham tomado a Rússia. Os *panzers* salvaram minha vida.

Meu corpo saiu do carro. Vi a coisa acontecer de quatro, cinco metros de altura. Você pode sair do seu corpo, pode acreditar. Eu tinha tentado a vida toda, mas foi minha primeira experiência real. Vi o carro capotar três vezes, em câmera lenta, sem emoção, muito frio. Era apenas um observador. Sem emoções. Você já está morto, esqueça. Mas enquanto isso, antes de as luzes realmente se apagarem... Olhei a parte de baixo do carro e vi que era construída com essas barras diagonais rebitadas passando pelo fundo. Coisas que pareciam ser muito sólidas. Tudo parecia rodar em câmera lenta. A respiração ficou segura por muito tempo. Sei que Anita estava no carro e outro canto do meu cérebro ficou imaginando se Anita também estava observando de cima. Estava concentrado mais nela do que em mim, porque eu nem mesmo estava no carro. Eu escapei, na mente ou em outro lugar qualquer no qual você esteja quando as coisas acontecem em uma fração de segundo. Mas então, depois de capotar três vezes, o carro bateu numa cerca viva e parou. E, de repente, eu me vi de volta atrás do volante.

Foi assim que Marlon teve seu primeiro acidente de automóvel, dois meses antes de nascer. Não admira que ele nunca tenha dirigido, nunca tenha tirado carteira de motorista. O prenome completo de Marlon é Marlon Leon Sundeep. Marlon Brando telefonou enquanto Anita estava no hospital, para cumprimentá-la por seu trabalho em *Performance*. "Marlon é um bom nome, por que não o chamamos de Marlon?" O pobre garoto foi forçado a passar por uma cerimônia religiosa quando chegou em casa, em Cheyne Walk, com arroz, pétalas de flores e toda aquela merda. Bem, Anita é a mãe, não é? Quem sou eu para dizer não? O que você quiser, mãe. Você acabou de dar à luz ao nosso filho. Assim, vieram os *bauls* de Bengala, cortesia de Robert Fraser. E Robert mandou fazer um berço, muito bonito, que balançava. Assim, o nome todo é Marlon Leon Sundeep Richards. Essa é a parte mais importante. O resto é mero pretexto.

É estranho lembrar que Brian ainda tocava em gravações no começo de 1969, o ano em que morreu, diante do fato de que tivemos de terminar com ele no estúdio três anos antes, quando ele estava em coma ao lado do seu amplificador zumbindo. Auto-harpa em "You got the silver", percussão em "Midnight rambler". De onde isso saiu? Uma última luz no naufrágio.

Em maio, incorporamos seu substituto, Mick Taylor, no Olympic Studios — pondo-o para tocar em "Honky tonk women", no qual seu *overdub* ficou para a posteridade. Para nós, não foi nenhuma surpresa constatar que ele era muito bom. Na época, seu ingresso pareceu muito natural. Nós todos já tínhamos ouvido Mick tocar. Nós o conhecíamos porque ele tinha tocado com John Mayall e os Bluesbreakers. Todo mundo estava olhando para mim, pois eu era o outro guitarrista, mas minha posição era: posso tocar com qualquer um. Só podíamos descobrir tocando juntos. E juntos fizemos coisas brilhantes, algumas das melhores coisas que os Stones fizeram. Estava tudo ali no jeito como ele tocava — o toque melódico, uma bonita sustentação e a maneira como lia uma música. Ele tinha um som muito bonito, um negócio muito cheio de soul. Ele chegava aonde eu estava indo antes mesmo do que eu. Às vezes, ficava tomado pela admiração ouvindo Mick Taylor, especialmente por aquele *slide* — veja em "Love in vain". Às vezes, só improvisando, fazendo aquecimento com ele, eu ficava assim. Acho que é daí que sai a emoção. Eu adorava o cara, adorava trabalhar com ele, mas ele era muito tímido e muito distante. Eu me aproximava mais dele quando estávamos trabalhando e tocando, e quando ele deixava o cabelo cair era extremamente engraçado. Mas sempre achei muito difícil descobrir mais do que o Mick Taylor que encontrei pela primeira vez. Você pode ver isso na tela em "Gimme shelter" — seu rosto não tem animação. Ele brigava com alguma coisa dentro dele. Não há muito o que se possa fazer com relação a isso, com caras assim, você não consegue trazê-los para fora. Eles têm que brigar com seus próprios demônios. Você pode trazê-los para fora por uma hora ou duas, uma tarde ou uma noite, mas no dia seguinte estão fechados outra vez. Não são barris de gargalhadas, vamos colocar assim. Bem, você deixa algumas pessoas ocuparem seus espaços. Você compreende que há caras com quem você pode passar um dia inteiro e aprender nesse tempo tudo o que você vai saber sobre ele. Exatamente o contrário de Mick Jagger.

Já tínhamos despedido Brian duas ou três semanas antes de ele morrer. As coisas tinham chegado ao limite e Mick e eu fomos à casa de Winnie-the-Pooh. (Cotchford Farm tinha pertencido ao escritor A. A. Milne e Brian acabara de comprá-la.) Mick e eu não gostamos disso, mas fomos lá juntos de carro e dissemos: "Olha, Brian... Acabou tudo, meu amigo".

Não muito depois disso, estávamos no estúdio, gravando com Mick Taylor, quando recebemos o telefonema. Existe uma gravação conosco tocando um minuto e meio de "I don't know why", uma música de Stevie Wonder, e sendo interrompidos pelo telefonema contando que Brian tinha morrido.

Eu conhecia Frank Thorogood, que fez uma "confissão no leito de morte" de que matou Brian Jones afogando-o na piscina, onde o corpo foi encontrado alguns minutos depois de outras pessoas o terem visto vivo. Mas sempre desconfio de confissões no leito de morte, porque a única pessoa que está ali é a pessoa a quem supostamente aquilo foi dito, um tio, filha ou outra pessoa qualquer. "Em seu leito de morte, ele disse que matou Brian." Se ele matou ou não, eu não sei. Brian tinha asma e estava tomando *quaaludes* e Tuinals, que não são a melhor coisa para mergulhar na piscina. Era muito fácil engasgar com aquele troço. Estava fortemente sedado. Ele tinha uma tolerância bastante alta para drogas, eu admito. Mas considere isso com relação ao relatório do legista, segundo o qual ele sofria de pleurisia, tinha o coração maior que o normal e o fígado doente. Mesmo assim, posso imaginar a cena do Brian sendo bem desagradável com Thorogood e os operários que estavam trabalhando na casa: os caras estavam simplesmente embromando ele. Foi para o fundo e não voltou. Mas se alguém diz que pegou Brian, eu colocaria o caso como homicídio culposo. Tudo bem, ele pode ter sido empurrado para o fundo, mas ninguém estava lá para assassiná-lo. Ele foi desagradável com os pedreiros, o filho da puta lamuriento. Não teria importado se os pedreiros estivessem lá ou não, ele estava naquele ponto da vida em que não restava mais nada.

Três dias mais tarde, em 5 de julho, fizemos nosso primeiro concerto em mais de dois anos, no Hyde Park, um concerto gratuito ao qual compareceram cerca de meio milhão de pessoas, e foi um show espantoso. O que era importante para nós era ser nossa primeira apresentação em muito tempo e com uma mudança de pessoal. Foi a primeira apresentação de Mick Taylor. Faríamos o espetáculo de qualquer maneira. Obviamente, teríamos que dizer alguma coisa, de uma maneira ou de outra, e assim nós o transformamos em uma homenagem à memória de Brian. Queríamos nos despedir dele em grande estilo. Os altos e baixos com o cara são uma coisa, mas quando ele termina seu tempo, solte as pombas, que neste caso foram sacos repletos de borboletas brancas.

Partimos para uma excursão pelos Estados Unidos em novembro de 1969, levando Mick Taylor. B.B. King e Ike e Tina Turner faziam as aberturas, e só isso já deixava os shows quentes. Além de tudo, era a primeira excursão na qual os *riffs* em afinação aberta — o grande novo som — eram mostrados ao público. O efeito mais forte foi em Ike Turner. A afinação aberta o deixou fascinado, da mesma forma que me fascinou. Ele me puxou para seu camarim quase sob a mira de uma arma, acho que em San Diego. "Me mostre esta merda de cinco cordas." Ficamos lá uns 45 minutos e eu lhe ensinei a base da coisa. A continuação foi *Come together*, um álbum muito bonito de Ike e Tina, todo ele em cinco cordas. Ele pegou os fundamentos em 45 minutos, sacou tudo. Mas, para mim, o mais espantoso era estar ensinando Ike Turner. Entre os músicos, há uma coisa estranha, mistura de admiração com respeito e vontade de ser aceito. Quando outros caras chegam para você e pedem para mostrar um trechinho, uns caras a quem você vem ouvindo há anos, chegou a hora de você se sentir fazendo parte do meio. Ok, posso não acreditar, mas estou no primeiro time, estou entre os melhores. A outra grande coisa entre os músicos, pelo menos na maioria deles, é a reciprocidade, a generosidade que mostram um com o outro. Pegou aquele pedacinho? Faça assim. Na maior parte das vezes, não há segredos, todos trocam ideias. Como você chegou a isso? Ele mostra e você percebe que é uma coisa simples.

Bem quentes e azeitados, chegamos no início de dezembro ao Muscle Shoals Sound Studios, em Sheffield, Alabama, no que seria o fim da excursão (ou não bem o fim, pois o circuito de automobilismo de Altamont aparecia a distância, para depois de alguns dias). Lá, gravamos "Wild horses", "Brown sugar" e "You gotta move". Três faixas em três dias, naquele estúdio perfeito de oito canais. Muscle Shoals era um excelente lugar para se trabalhar, não tinha pretensões. Você podia chegar lá e fazer um take sem frescuras, sem ficar pedindo licença com cerimônia para testar o baixo, por exemplo. Você entrava, tocava e pronto. Era o *crème de la crème*, com a exceção de ser apenas um barracão no meio do nada. O pessoal que montou o estúdio — um grande grupo de caras do Sul, os proprietários eram Roger Hawkins, Jimmy Johnson e mais dois sujeitos — era composto de músicos famosos, parte do Muscle Shoals Rhythm Section, que tinham pertencido à banda residente dos estúdios FAME de Rick Hall, antes situados na própria Muscle Shoals. O lugar era meio legendário, pois alguns grandes álbuns de soul tinham saído de lá no decorrer dos anos — Wilson Pickett, Aretha Franklin, o "When a man loves a woman" de Percy Sledge. Para nós, era uma coisa equivalente a ir ao Chess Records, apesar de estar fora do caminho e de nossa primeira vontade ter sido gravar em Memphis. Mas vamos deixar o falecido Jim Dickinson, que tocou piano em "Wild horses", contar o que aconteceu. Ele era um garoto do Sul e um grande contador de histórias:

Jim Dickinson: Esta é a parte da história que ninguém conhece, pois mesmo Stanley Booth, por algum motivo, resolveu não contá-la em seu livro. Mas eles chegaram a Muscle Shoals por intermédio de Stanley. Ele estava viajando com o grupo para a biografia e me telefonou no meio da noite. Minha mulher e eu o encontramos em Auburn, vimos o show e achamos que era isso. Mas ele me telefonou uma semana, uma semana e meia mais tarde e perguntou se havia algum lugar em Memphis onde os Stones podiam gravar. Eles tinham três dias livres no fim da excursão, estavam na estrada tocando juntos, estavam quentes e tinham material novo. Naquela época, pelas normas da Federação Americana de Músicos, uma banda estrangeira podia obter uma licença para fazer uma excursão ou uma licença para gravar, mas não as duas coisas juntas. E eles já tinham sido proibidos de fazer uma gravação em Los Angeles. Pelo que eu ouvi dizer, Leon Russell tentara organizar uma sessão de gravação para eles em LA e fora multado pelo sindicato dos músicos. Assim, eles estavam procurando um lugar que estivesse fora do alcance do radar do sindicato. E tinham pensado em Memphis. Bom, os Beatles tinham tentado gravar em Memphis, no Stax, e o pedido fora rejeitado por questões de seguro, ou por outra razão qualquer. Realmente, não havia lugar nenhum em Memphis no qual eles pudessem gravar anonimamente e com segurança. Disse isso a Stanley e ele ficou maluco. Ele perguntou que raios iria dizer a eles. Eu respondi, "Diga para eles irem a Muscle Shoals. Ninguém vai sequer saber quem são eles", o que, na verdade, aconteceu. A reação de Stanley foi negativa. Ele não conhecia nenhum daqueles caipiras por lá. O que eu estava pensando... Eu respondi: "Telefone para Jerry Wexler, ele vai arrumar as coisas". O que eu não sabia, o que ninguém sabia naquela altura, era que o contrato dos Stones com a Decca tinha terminado. Bem, pode apostar que Wexler sabia, e ele arrumou tudo em um instante. Eu não ouvi mais nada sobre o assunto durante uma semana ou dez dias, e aí Stanley telefonou no meio da noite. Ele me disse para estar em Muscle Shoals na quinta-feira. Os Stones vão gravar. E pediu para eu não contar a ninguém. Assim, eu nem usei meu carro, usei o carro da minha mulher, para que ninguém me reconhecesse. Fui até lá de carro. O velho estúdio ficava em frente ao cemitério, do outro lado da rua. O velho estúdio tinha sido, antes, uma fábrica de caixões. Era um prédio bem pequeno. Fui até a entrada e Jimmy Johnson abriu só uma fresta da porta, olhou para mim e perguntou: "Dickinson, o que você quer?". Eu respondi que tinha vindo para a sessão dos Stones. Ele perguntou, "Diabo, alguém em Memphis sabe?". "Não, ninguém sabe, Jimmy. Está tudo bem, não se preocupe." Não havia ninguém naquela hora, eles ainda não tinham aparecido. Quando chegaram, foi no maior avião que já tinha pousado no aeroporto de Muscle Shoals. Como eu estava com Stanley, pude ficar. Você vai ouvir outras pessoas dizerem que estavam lá. Mas não havia ninguém. Já me perguntaram diversas vezes se Gram Parsons estava lá. Bem, se Gram Parsons estivesse lá, eu com certeza nunca teria tocado o piano; teria sido ele. Assim, literalmente, não havia ninguém de fora lá. Keith e eu começamos logo e, enquanto esperávamos Jagger e os outros, fomos improvisando. Eles até hoje acham que eu sou um pianista de country. Não sei o motivo, pois mal sei tocar música country. Tirei uns dois trechinhos do material de Floyd Cramer. Mas acho que foi por causa de Gram Parsons. Eles tinham ficado amigos de Gram e acho que Keith estava meio que fascinado pela música country. Assim, passamos aquela tarde tocando músicas de Hank Williams e músicas de Jerry Lee Lewis, e eles me deixaram ficar.

Quando Mick estava cantando "Brown sugar", a frase de abertura para o refrão era diferente em cada estrofe. Estava na sala de controle com Stanley e lhe disse: "Stanley, ele está deixando de fora uma grande frase". Naquela hora, ouvi uma voz vindo de trás do painel, onde havia um sofá. Charlie Watts estava lá, sentado. Eu não sabia que ele estava na sala. Se soubesse, não teria dito nada. Charlie disse, "Fale com ele!". Eu respondi que não iria falar nada. Charlie se debruçou no painel, bateu no botão que ligava o comunicador e mandou: "Fale com ele!". Eu disse, "OK... Mick, você está deixando uma linha de fora. Você não estava cantando 'hear him whip the women just around midnight' ('ouça-o chicotear as mulheres por volta da meia-noite') na primeira estrofe". E é um grande verso. Jagger deu uma espécie de meio sorriso e retrucou: "Quem disse isso, foi o Booth?". E Charlie Watts respondeu: "Não, é Dickinson". E Jagger disse: "É a mesma coisa". Não sei o que ele quis dizer. Acho que qualquer coisa como um cara do Sul metido a esperto. Assim, se eu tiver uma nota de rodapé na história do rock and roll, é porque "hear him whip the women" está naquela gravação por minha causa.

Dickinson era um belo pianista. Provavelmente, na época eu o tomei como músico de country, apenas por ele ser do Sul. Descobri mais tarde que era muito mais que isso. Tocar com caras como ele era uma grande mudança, pois você ficava preso a essa coisa de "astro", e havia todos aqueles músicos de quem você ouvira falar e com quem queria tocar, mas nunca teve uma oportunidade. Assim, trabalhar com Dickinson, e sentir o verdadeiro toque do Sul, a maneira como fomos automaticamente aceitos no Sul, foi uma coisa maravilhosa. Eles perguntavam: "Você é de Londres? Como, diabos, você toca assim?".

Jim Dickinson, que era o único músico que estava ali, além dos Rolling Stones e de Ian Stewart, ficou perplexo quando, no terceiro dia, começamos a correr por "Wild horses" e Ian Stewart foi lá para trás. "Wild horses" começava com um acorde em si menor e Stu não tocava acordes menores, "música fodida de chineses". Foi assim que Dickinson acabou tocando naquela gravação.

"Wild horses" quase se compôs sozinha. Exigiu muito trabalho, ficar por ali mexendo com as afinações. Descobri aqueles acordes especialmente trabalhando com uma guitarra de doze cordas, para começar, o que deu à música aquele caráter e aquele som. Há certa coisa lúgubre que pode vir de uma doze cordas. Acho que comecei com um seis cordas aberto em mi e me pareceu muito bom, mas às vezes você tem uma daquelas ideias. O que aconteceria se eu afinasse uma doze cordas em aberto? Isso significava traduzir o que Mississippi Fred McDowell estava fazendo — *slides* em doze cordas — para modo em cinco cordas, o que significava uma guitarra com dez cordas. Agora tenho duas, feitas especialmente para isso. Foi um daqueles momentos mágicos, em que as coisas parecem se combinar. É como "Satisfaction". Parece que você sonha com aquilo e de repente está tudo em suas mãos. Depois de ter aquela visão de cavalos selvagens na cabeça, perguntei, qual o próximo verso que vou usar? Vai ser, "Couldn't drag me away". Esta é uma das grandes coisas da composição. Não é uma experiência intelectual. É preciso usar o cérebro aqui e ali, mas trata-se basicamente de capturar momentos. Jim Dickinson, que Deus o tenha — morreu em 15 de agosto de 2009, enquanto eu preparava este livro —, vai contar mais tarde sobre "o que" era "Wild horses". Eu não tenho certeza. Nunca achei que compor fosse como escrever um diário, embora às vezes, pensando sobre o assunto, você acabe por achar que é qualquer coisa semelhante.

O que faz você querer compor canções? De certo modo, você quer se ampliar até tocar os corações das outras pessoas. Quer se plantar ali, ou pelo menos conseguir uma ressonância, onde as outras pessoas se tornem um instrumento maior do que aquele no qual você está tocando. Tocar outras pessoas torna-se uma quase obsessão. Escrever uma música que seja lembrada e levada ao coração é uma conexão, um toque nas bases. Uma trama que se estende por todos nós. Um golpe no coração. Às vezes, acho que compor música é apertar as fibras do coração o máximo que for possível sem provocar um ataque cardíaco.

Dickinson me fez lembrar a rapidez com que fazíamos as coisas naqueles dias. Como consequência da excursão, já estávamos bem ensaiados. Mesmo assim, ele lembrou que tanto "Brown sugar" como "Wild horses" foram gravados em dois takes — o que jamais aconteceria mais tarde, quando eu passava quarenta ou cinquenta variações de uma música, atrás daquela faísca. O bom de gravar em oito canais era que bastava apertar o botão e ir em frente. Era o formato perfeito para os Stones. Você entra no estúdio e já sabe onde a bateria vai ficar e o som que vai produzir. Logo depois, apareceram dezesseis e mesmo 24 canais e fica todo mundo esbarrando em volta daquelas mesas enormes. Ficou muito mais difícil gravar. A tela ficou enorme e é muito mais difícil achar o foco. O oito canais é minha forma preferida de gravar uma banda de quatro, cinco ou seis músicos.

Segue uma última observação de Jimmy sobre aquela que foi, de algumas maneiras, uma gravação histórica, pois continuamos a tocar aquelas mesmas músicas até hoje:

Jim Dickinson: Começaram a trabalhar em "Brown sugar" na primeira noite, mas não chegaram a gravar um take. Fiquei observando Mick escrever a letra. Levou talvez 45 minutos. Escrevia tão rápido quanto conseguia mover a mão. Nunca tinha visto uma coisa assim. Ele estava com um desses blocos de papel amarelo, que os advogados usam, e escrevia uma estrofe por página. Escrevia a estrofe e virava a página. Quando estava com três páginas prontas, começou a cortar. Foi surpreendente!

Ouvindo a letra, ele diz, "Skydog slaver", traficante de escravos com a cabeça no céu (apesar de sempre escreverem "scarred old slaver", velho traficante de escravos apavorado). O que isso significa? Skydog, ou cabeça no céu, era como chamavam Duane Allman em Muscle Shoals, porque ele estava sempre alto. Jagger ouviu alguém usar o nome e gostou dele, por isso o usou. Escrevia sobre literalmente estar no Sul. Era surpreendente observá-lo enquanto trabalhava. Foi a mesma coisa com "Wild horses". Keith escreveu "Wild horses" como uma canção de ninar. Era sobre Marlon, sobre não querer sair de casa porque acabara de ser pai. Jagger reescreveu tudo. Dá para perceber que era sobre Marianne Faithfull. Jagger era como um garoto da escola secundária e escreveu a música sobre ela. Levou um pouco mais de tempo, mas não muito mais, talvez uma hora.

Depois que ele acabou, Keith disse algumas palavras e então resmungou e suspirou. Alguém perguntou a Mick se tinha entendido. Jagger olhou para o cara e disse, é lógico. Era como se ele estivesse traduzindo, entende?

Os vocais foram inacreditáveis. Os dois ficaram na frente do microfone, juntos, com uma garrafa de um quinto de *bourbon*, passando de um para o outro. Cantaram a letra e as harmonias em um microfone, as três músicas, da maneira mais rápida que conseguiram, na última noite.

E assim saímos de Muscle Shoals para Altamont Speedway, do sublime para o ridículo.

Altamont era estranha, especialmente porque estávamos bem cansados depois da excursão e da gravação. Sim, faremos um concerto gratuito, por que não? Muito obrigado a todos. E então o Grateful Dead ficou envolvido, nós os convidamos porque eram eles que faziam isso o tempo todo. Nós entramos em contato e perguntamos, vocês acham que dá para fazermos um show juntos nas próximas duas ou três semanas? O negócio é que Altamont não teria sido em Altamont sem a absoluta estupidez dos cabeças-duras da Câmara de San Francisco. Íamos fazer a apresentação na versão local do Central Park. Eles montaram o palco e depois tiraram a licença, a permissão e derrubaram tudo. E aí veio, ah, vocês podem ficar com esse local. Nós estávamos no Alabama, em um lugar qualquer, fazendo gravações. Assim, respondemos, deixamos isso para vocês, rapazes. Nós vamos aparecer e tocar.

Acabou que o único lugar que sobrou foi aquele autódromo em Altamont, um lugar perdido no meio do mato. Não havia segurança nenhuma, a não ser pelos Hells Angels, se é que se pode chamar aquilo de segurança. Mas era em 1969 e havia uma anarquia desenfreada. Havia muito poucos policiais. Acho que vi três policiais para meio milhão de pessoas. Não duvido que mais alguns estivessem por ali, mas a presença da polícia era mínima.

No básico, era uma enorme comuna que se espalhou pelo terreno durante dois dias. Era muito medieval, na aparência e no ambiente, caras tocando sinos e cantando "haxixe, peiote". Você pode ver tudo isso em *Gimme shelter*. O ápice da comuna hippie e do que pode acontecer quando as coisas dão errado. E fiquei admirado por as coisas não terem dado mais errado ainda.

Meredith Hunter foi assassinada. Outras três pessoas morreram acidentalmente. Num show daquele tamanho, a contagem de vítimas às vezes chega a quatro ou cinco, pisoteados ou sufocados. Olhe o The Who, tocando num show totalmente legal, e onze pessoas morreram. Mas em Altamont surgiu o lado negro da natureza humana, o que pode acontecer no centro da escuridão, uma descida durante algumas horas ao patamar do homem das cavernas, culpa de Sonny Barger e sua turma, os Angels. E vinho tinto ruim. Thunderbird e Ripple, as piores merdas de vinho que existem, e ácido ruim. Para mim, foi o fim do sonho. Havia uma coisa como o poder das flores, o *flower power*, não que a gente visse muito dele, mas já existia o ímpeto para chegar lá. E não duvido que morar em Haight-Ashbury entre 1966 e 1970, e mesmo um pouco além, tenha sido muito legal. Todo mundo seguia em frente e era um jeito diferente de fazer as coisas. Mas os Estados Unidos eram muito extremados, oscilando em um minuto entre uma visão *quaker* da vida e o amor livre, e ainda são assim. E lá a corrente era contra a guerra, basicamente nos deixem em paz, só queremos ficar altos.

Quando Stanley Booth e Mick voltaram para o hotel, depois de termos percorrido a pé o terreno em Altamont, eu resolvi ficar. Era um ambiente interessante. Não vou voltar para o Sheraton e então vir para cá amanhã. Vou ficar aqui enquanto durar. Era o que eu sentia. Tenho tantas horas para me afinar com o que está acontecendo aqui. Era fascinante. Dava para sentir no ar, qualquer coisa podia acontecer. Sendo a Califórnia o que é, era muito bonito durante o dia. Mas, logo que o sol se pôs, ficou muito frio. E aí um inferno de Dante começou a borbulhar. Havia gente, hippies, tentando desesperadamente ser legais. Havia quase um desespero com relação ao amor e à aproximação, tentando fazer com que funcionasse, tentando fazer com que se sentissem bem.

Foi aí que os Angels, com toda certeza, não ajudaram nada. Eles tinham sua própria agenda, que era basicamente tirar daquilo o máximo possível. Dificilmente poderiam ser chamados de uma força organizada. Alguns daqueles caras estavam com os olhos rolando, mastigando os lábios. E houve a provocação deliberada de estacionar as motocicletas em frente ao palco. Porque parece que você não pode tocar na moto de um Angel. É totalmente proibido. Eles montaram uma barreira com as suas Harleys e desafiaram as pessoas a tocá-las. E, com as pessoas sendo pressionadas para a frente pela multidão, isso se tornou inevitável. Se você assistir *Gimme shelter*, o rosto de um Angel conta toda a história. Ele está espumando pela boca, tem tatuagens, está vestido de couro e usa rabo de cavalo. Está só esperando alguém tocar na sua moto para começar a trabalhar. Eles estão muito bem equipados, têm porretes e todos carregam facas, naturalmente. Faço isso também. Mas mostrá-las e usá-las é outra coisa. É o último recurso.

Quando escureceu e entramos no palco, a atmosfera ficou lúgubre e sombria. Stu, que estava lá, disse: "Está começando a ficar perigoso, Keith". Respondi que íamos ter que enfrentar a situação. A multidão era muito grande e só podíamos enxergar o que ficava próximo do nosso círculo imediato, pois as luzes estavam batendo em nossos olhos, como sempre acontece com as luzes do palco. Estávamos praticamente meio cegos e não era possível ver e discernir tudo o que se passava. Só podíamos cruzar os dedos.

O que poderíamos ter feito? Os Stones estavam tocando, com o que eu podia ameaçá-los? "Paramos de tocar", eu disse. "Acalmem-se ou não tocamos mais." Qual é a vantagem de arrastar sua bunda o caminho inteiro e não ver nada? Mas naquela altura, algumas coisas já estavam em movimento.

Não passou muito tempo antes que a merda fosse jogada no ventilador. No filme, você pode ver Meredith Hunter agitando um revólver e pode ver as facadas. Ele está com um paletó verde-limão e chapéu. Também espumava pela boca, estava tão doido quanto os outros. Porque agitar um berro na frente dos Angels era a mesma coisa que, bem, era o que eles estavam esperando! Foi o estopim. Duvido que a arma estivesse carregada, mas ele queria chamar a atenção. No lugar errado e na hora errada.

Quando aconteceu, ninguém percebeu que ele tinha morrido. O show continuou. Gram também estava lá, estava tocando naquele dia com os Burritos. Nos metemos todos num helicóptero superlotado. Graças a Deus saímos de lá, porque *foi* apavorante, mesmo estando acostumados a fugas que davam medo. Esta foi somente numa escala maior e num lugar que não conhecíamos. Mas não foi pior do que escapar do Empress Ballroom em Blackpool. De fato, se não fosse pelo assassinato, podíamos até ter achado que as coisas estavam tranquilas, embora por pouco. Foi a primeira vez que tocamos "Brown sugar" ao vivo — um batismo infernal, na confusão de uma noite na Califórnia. Só soubemos o que tinha acontecido quando voltamos ao hotel, mais tarde ou mesmo na manhã seguinte.

A presença de Mick Taylor na banda durante aquela excursão de 1969 com certeza uniu os Stones outra vez. Assim, fizemos *Sticky fingers* com ele. E a música mudou — quase inconscientemente. Você passa a compor com Mick Taylor na cabeça, talvez sem perceber, sabendo que ele pode aparecer com uma coisa diferente. Você passa a lhe dar alguma coisa de que vai gostar. Não outra vez aquela mesma coisa — que era o que estava recebendo com os Bluebreakers de John Mayall. Aí você fica buscando coisas. Com a esperança de que deixar os músicos acesos vai fazer com que a audiência também fique acesa. Algumas das composições para *Sticky fingers* tiveram origem na minha certeza de que Taylor ia mostrar alguma coisa bem grande. Quando voltamos à Inglaterra, tínhamos "Sugar", "Wild horses" e "You gotta move". O resto foi gravado em Stargroves, a casa de Mick, ou no nosso novo estúdio de gravação, Mighty Mobile, e algumas no Olympic Studios, em março e abril de 1970. "Can't you hear me knocking" chegou voando. Encontrei a afinação e a frase musical, comecei a balançar, Charlie apanhou a coisa assim mesmo e sentimos que estava bom. Apareceram sorrisos em toda a volta. Para um guitarrista, não é grande coisa tocar jorros de acordes variando, em *staccato*, diretos e espaçados. Marianne teve muito a ver com "Sister morphine". Conheço o estilo de Mick, ele estava morando com Marianne na época e sei, pelo estilo da música, que ela tem algumas linhas de Marianne. "Moonlight mile" é toda de Mick. Pelo que eu lembro, Mick já surgiu com a ideia toda pronta, e a banda só discutiu a maneira como ela seria tocada. E Mick sabe compor! É inacreditável como era produtivo. Às vezes ficava admirado de como ele podia criar tanta coisa. Nos dias bons, ele aparecia com tantas letras que acabava entupindo as ondas sonoras. Não estou me queixando. É muito bonito ser capaz disso. Não é a mesma coisa de escrever poesia ou mesmo pôr uma letra no papel. É fazer as coisas caberem em algo que já foi criado. Pois é isto o que é um letrista — um sujeito que pega uma melodia e determina como vão ser os vocais. Nisso, Mick é brilhante.

Naquela época, começamos a chamar músicos para tocar em algumas faixas, os chamados *supersidemen*. Alguns deles ainda estão por aí. Nicky Hopkins estava lá quase desde o começo, Ry Cooder tinha vindo e quase desapareceu. Em *Sticky fingers*, voltamos a trabalhar com Bobby Keys, o grande saxofonista do Texas, e seu parceiro Jim Price. Encontramos Bobby muito rapidamente, pela primeira vez desde nossa primeira excursão aos Estados Unidos, no Elektra Studios, onde ele estava gravando com Delaney & Bonnie. Jimmy Miller estava lá trabalhando no *Let it bleed* e chamou Bobby para fazer um solo em "Live with me". A música era um rock and roll cru, direto, objetivo, feito sob medida para Bobby. Nascia aí uma longa parceria. Ele e Price colocaram alguns sopros no final de "Honky tonk women", mas ficaram tão baixos na mixagem que só dá para ouvi-los um segundo e meio, bem no fim. Chuck Berry usou um saxofone só para o finalzinho de "Roll over Beethoven". Gostamos da ideia de outro instrumento aparecer apenas no último segundo.

Keys e Price vieram à Inglaterra tocar em algumas sessões com Clapton e George Harrison. Mick os encontrou em uma boate. Assim, já que estavam aqui, os pegamos. Eles formavam uma seção quente e Mick achava que precisávamos de uma seção de sopros. Para mim, estava tudo bem. O bulldog texano olhou para mim. "Já tocamos juntos", disse, com um sotaque texano bem forte. "Sim? Onde?" "San Antonio. Teen Fair." "Oh, você estava lá?" "Pode ter a porra de certeza." Ali mesmo, eu disse, foda-se, e vamos tocar. Um sorriso bem largo e um aperto de mão de quebrar os ossos. Filho da mãe! Bobby Keys! Foi uma sessão em dezembro de 1969 em que Bobby estourou seu instrumento em "Brown sugar" — uma apresentação que merece tanto ficar para a história como qualquer outra que esteja circulando por aí.

Por esta época, fiz duas desintoxicações com Gram Parsons. Nenhuma teve sucesso. Tive crises de abstinência. Tomei aquela semana filha da puta como uma coisa natural. Como parte daquilo no que eu estava metido. Mas crise de abstinência, basta uma vez, e deveria bastar, com toda a honestidade. Ao mesmo tempo, me sentia totalmente invencível. E também ficava um pouco impaciente com pessoas me dizendo o que eu posso pôr no meu corpo.

Sempre achei que por mais drogado que estivesse, no que me dizia respeito, podia manter escondido o que estava fazendo. E achava que podia controlar a heroína. Achava que podia tomar ou largar. Mas ela é muito mais sedutora do que você pensa, porque você pode tomar ou largar por algum tempo, mas cada vez que tenta e larga, se torna um pouco mais difícil. Você não pode, infelizmente, decidir o momento em que vai largá-la. Tomar é fácil, largar é difícil e você nunca quer estar naquela posição em que alguém irrompe repentinamente onde você está, diz venha comigo, e você percebe que vai ter de largá-la, e você não está em condições de ir até a delegacia de polícia e começar lá a crise de abstinência. Você é obrigado a pensar no assunto e diz, olha, há uma maneira fácil de nunca estar nesta posição. Não tome.

Mas provavelmente há um milhão de razões para você tomar. Acho que talvez tenha a ver com trabalhar no palco. Os altos níveis de energia e de adrenalina exigem, se você encontrar, uma espécie de antídoto. E eu vi a heroína como se ela fizesse parte disso. Por que você faz isso consigo mesmo? Particularmente, nunca gostei de ser famoso. Posso encarar as pessoas com mais facilidade se estiver sob os efeitos da droga, mas também poderia fazer isso com a bebida. Essa não é a resposta completa de verdade. Também sentia que fazia aquilo para não ser um "pop star". Havia alguma coisa da qual eu realmente não gostava com relação ao que eu estava fazendo, o blá-blá-blá. Era uma coisa muito difícil de ser controlada, e eu a controlava melhor com a heroína. Mick escolheu a bajulação, que é muito parecida com as drogas — um distanciamento da realidade. Eu escolhi as drogas. E eu também estava com minha patroa, a Anita, que tinha a mesma avidez. Acho que eu simplesmente queria explorar aquela avenida. Quando começamos, era só para explorar os primeiros quarteirões. Mas nós a exploramos até o fim.

Com Bill Burroughs, consegui apomorfina, além de Smitty, uma malévola enfermeira da Cornualha. O tratamento a que Gram Parsons e eu nos submetemos era uma terapia de aversão total à heroína. Smitty adorava aplicar o tratamento. "Está na hora, rapazes." E, Parsons e eu na minha cama, "Oh, não, Smitty chegou". Gram e eu precisávamos fazer o tratamento um pouco antes da excursão "Farewell Tour" de 1971, quando ele e sua futura mulher, Gretchen, viriam para a Inglaterra e cairíamos em nossas rotinas. Bill Burroughs recomendou aquela mulher horrorosa para aplicar a apomorfina. Burroughs falava sem parar sobre essa terapia. Ela era praticamente inútil, mas Burroughs jurava que daria certo. Eu não o conhecia muito bem, a não ser para conversar sobre drogas — como conseguir ou como obter a qualidade que procurava. Smitty era a enfermeira favorita de Burroughs. Ela era uma sádica e o tratamento consistia em ela injetar aquela merda em você e depois ficar ao lado vigiando. Faça o que lhe mandarem, não discuta. "Pare de resmungar, rapaz. Você não estaria aqui se não estivesse fodido." Fizemos o tratamento em Cheyne Walk, com Gram e eu na minha cama de quatro colunas, o único homem com quem já dormi. O problema era que vivíamos caindo da cama, pois tínhamos muitas contrações por causa do tratamento. Havia um balde para a gente vomitar dentro, se conseguisse parar as contrações pelos poucos segundos suficientes para chegar perto dele. "Pegou o balde, Gram?" Nossa única saída, se conseguíssemos ficar de pé, era descer e tocar piano e cantar um pouco, o máximo possível, para matar o tempo. Não recomendo esse tratamento a ninguém. Fiquei imaginando se não era uma brincadeira de Bill Burroughs, me recomendar para o que fora provavelmente o pior tratamento que ele fez.

Não funcionou. Durou longas 72 horas e fiquei me cagando todo, me mijando todo, tendo contrações e espasmos. E depois disso, seu sistema fica lavado. Quando você toma a droga, põe todas as outras drogas — as suas endorfinas — para dormir. Elas pensam, ah, ele não precisa de nós, porque arrumou outra coisa. E elas levam 72 horas para acordar e voltar a trabalhar. Mas normalmente, logo que você termina, você volta. Depois daquilo tudo, depois de uma semana daquela merda, precisava de um agrado. E aí vai você, passar por tantas crises de abstinência para depois voltar. Porque a crise de abstinência é uma coisa muito ruim.

Os poderosos não conseguiam quebrar a borboleta na roda, mas fizeram muitas tentativas na minha casa de Cheyne Walk no fim da década de 60 e começo da de 70. Fiquei muito acostumado a ser jogado de encontro às colunas da minha cama, ao chegar em casa de uma boate às três da manhã. Logo que chegava ao portão, aqueles caras pulavam dos arbustos com cassetetes. Ok, vamos lá outra vez, assuma a posição. "Encoste no muro, Keith." A falsa familiaridade me aborrecia. Eles queriam ver você agachado de medo, mas eu estava lá, cara. "Oh, é o esquadrão voador!" "Mas não estamos voando tão alto como você, Keith", e aquela merda toda. Eles não conseguiam um mandato, mas faziam o seu jogo.

"Apanhamos você desta vez, meu garoto" — eles sorriam de satisfação, achando que tinham me apanhado. "Oh, o que você tem aí, Keith?", e eu sei que não tenho nada comigo. Eles vinham com tudo, pois queriam ver se podiam fazer um grande astro do rock and roll tremer debaixo de suas botas. Mas vão ter que fazer melhor do que isso. Deixe eu ver até onde eles querem chegar. Policiais andando de um lado para o outro, inspecionando pedacinhos de papel, confusos com relação ao que vai acontecer quando os jornais contarem que eu fui empurrado outra vez, e imaginando se o investigador/ delegado/ diretor agiu corretamente em seu fervor de limpar o mundo de guitarristas chegados às drogas.

Era também uma porcaria de verdade acordar todos os dias com aqueles policiais de uniforme junto à sua porta, aqueles *bobbies*, levantar sabendo que é um criminoso. E você começa a pensar como se fosse um. É a diferença entre acordar de manhã e dizer "que belo dia" e espiar entre as cortinas para ver se aqueles carros sem identificação estão estacionados lá fora. Ou levantar agradecido porque durante a noite não aconteceu aquela batida na porta. Que distração restritiva. Não estamos destruindo a virtude da nação, mas eles acham que estamos e no futuro seremos empurrados para uma guerra.

Foi Chrissie Gibbs quem aproximou Mick de Rupert Loewenstein, quando ficou claro que teríamos de tentar nos afastar dos embustes de Allen Klein. Rupert era um *merchant banker*, muito sólido, confiável e, apesar de só ter conversado com ele frente a frente cerca de um ano depois que ele começou a trabalhar para nós, me dei bem com ele daí por diante. Rupert descobriu que eu gostava de ler. E um livro que ele me enviou teve o valor de uma biblioteca, com o passar dos anos.

Rupert não gostava de rock and roll e achava que compor era uma coisa feita com papel e uma pena, como Mozart. Ele nunca ouvira falar de Mick Jagger quando Chrissie conversou com ele pela primeira vez. Abrimos sete processos contra Allen Klein no decorrer de dezessete anos e no fim era uma farsa, com os dois lados acenando e conversando no tribunal — como um dia de rotina no escritório. Mas assim Rupert pelo menos acabou por aprender o jargão do negócio, mesmo sem nunca se envolver emocionalmente com a música.

Levou algum tempo para descobrir como Allen Klein andara se aproveitando e o que não era mais nosso. Tínhamos uma empresa no Reino Unido chamada Nanker Phelge Music, uma empresa da qual todos éramos sócios. Fomos então a Nova York e assinamos o acordo para uma empresa para a qual tudo seria canalizado daí em diante, também chamada Nanker Phelge, e que presumimos ser a mesma empresa com um nome americano, Nanker Phelge USA. Naturalmente, depois de algum tempo, descobrimos que a empresa de Klein nos Estados Unidos não tinha nenhuma relação com a Nanker Phelge UK e que Klein era seu único proprietário. E todo o dinheiro estava indo para a Nanker

Phelge USA. Quando Mick estava tentando comprar sua casa em Cheyne Walk, não conseguiu obter o dinheiro de Allen Klein por dezoito meses, pois Allen estava na época tentando comprar a MGM.

Klein era um advogado *manqué*, amava a letra da lei e amava o fato de justiça e lei nada terem a ver uma com a outra. Para ele, era um jogo. Ele acabou sendo o proprietário dos copyrights e dos master records de toda a nossa obra — tudo o que foi composto ou gravado no período de nosso contrato com a Decca, que terminaria em 1971, mas terminou de fato com *Get yer ya-ya's out!*, em 1970. Assim, Klein seria o proprietário das músicas incompletas e por terminar até o limite de 1971, e aí é que estava o truque. A briga era sobre se as músicas entre esse disco e 1971 lhe pertenciam. No fim, abrimos mão de duas músicas, "Angie" e "Wild horses". Ele ficou com a publicação de nossas músicas e nós com uma participação nos royalties.

Ele ainda tem os direitos de publicação de "Satisfaction", ou seus herdeiros têm, pois ele morreu em 2009. Mas não damos a mínima. Foi muito educativo. Do jeito como fez, ele nos soprou rio acima, reuniu tudo, apesar de "Satisfaction" ter com certeza ajudado naquele momento. Ganhei muito mais dinheiro abrindo mão dos direitos de publicação de "Satisfaction" e minha ideia nunca foi a de ganhar dinheiro. No princípio, era saber se ganharia o suficiente para comprar as cordas da guitarra. Mais tarde, era de se receberíamos o suficiente para montar o tipo de show que pretendíamos. Poderia dizer a mesma coisa de Charlie e de Mick também. Especialmente no começo, não era importante ganhar dinheiro, mas usar a maior parte dele no que queríamos fazer. Assim, o mais importante nisso tudo é que Allen Klein nos formou e nos fodeu ao mesmo tempo.

Marshall Chess, que foi sendo promovido na hierarquia da empresa para tornar-se presidente da Chess após a morte de seu pai, tinha acabado de vender a empresa e estava querendo começar uma nova gravadora. Juntos, fundamos a Rolling Stones Records em 1971 e fizemos um acordo com a Atlantic Records para a distribuição. Foi aí que Ahmet Ertegun entrou na parada. Ahmet! Um elegante turco-norte-americano que, com seu irmão Nesuhi, fez a indústria da música repensar totalmente o que as pessoas iriam ouvir. Os ecos do idealismo dos Stones (mesmo sendo juvenil) ressoaram. Merda, sinto falta do filho da mãe. A última vez que o vi foi nos bastidores do Beacon Theatre, em Nova York. "Onde está a porra da privada?" Eu lhe ensinei o caminho. Ele fechou a porta. Eu fui para o palco. Depois do show, descobri que ele tinha escorregado no piso. Nunca se recuperou. Eu amava aquele homem. Ahmet estimulava o talento. Era de pôr a mão na massa. Não era como a EMI ou a Decca, um grande conglomerado. Aquela empresa tinha nascido e crescido do amor pela música, não como um negócio. Jerry Wexler, também. Era uma equipe, de certa forma uma coisa familiar. Preciso falar no elenco? Aretha... Ray... gente demais para eu mencionar todos. Você se sentia como se fosse admitido na elite.

Mas, em 1970, estávamos com um problema.

Estávamos na situação ridícula de Klein nos emprestar dinheiro que nunca teríamos como pagar porque ele não havia pagado os impostos. A alíquota do imposto para quem ganhava mais no início da década de 1970 era de 83%. E ainda subia para 98% em investimentos e no que chamavam de renda não ganha. Era a mesma coisa que receber um convite para ir embora do país.

Tiro o chapéu para Rupert por ter achado uma maneira de nos livrar daquela dívida enorme. Foi a conselho de Rupert que nos tornamos não residentes — a única maneira pela qual poderíamos ter ficado de novo financeiramente de pé.

Em minha opinião, a última coisa que os poderosos esperam quando o atingem com supersuperimpostos é alguém dizer tudo bem, vamos embora. Vamos ser mais alguns a não lhe pagarem impostos. Eles não levam em conta esse fator. Isso nos fez maiores do que nunca e produziu *Exile on main st.*, talvez a melhor coisa que fizemos. Eles não acreditavam que continuássemos a ser como éramos morando fora da Inglaterra. E, com toda a honestidade, também tínhamos muitas dúvidas. Não sabíamos se seria possível, mas, se não tentássemos, o que mais poderíamos ter feito? Ficar na Inglaterra e eles nos darem um *penny* de cada libra que ganhássemos? Não tinha a menor vontade de ficar trancado. Assim, arrumamos a trouxa e fomos para a França.

Dominique Tarlé

Capítulo Oito

No qual me mudo para a França na primavera de 1971 e alugo Nellcôte, uma casa na Riviera. Mick se casa em Saint-Tropez. Montamos nosso caminhão de gravações para registrar *Exile on main st.* e adotamos um produtivo programa de gravações noturnas. Vou de lancha à Itália para tomar café da manhã no *Mandrax*. Progrido a passos largos na guitarra de cinco cordas. Gram Parsons chega e Mick fica possessivo. Eu me isolo do caos com as drogas; sofremos uma batida. Passo um tempo pela última vez com Gram em LA e sofro bastante com droga de segunda classe. Viajo de avião com Anita para a Suíça a fim de me tratar, passo pelos horrores da crise de abstinência e componho "Angie" durante a convalescença.

Quando conheci Nellcôte, achei que seria capaz de ficar fascinado com o exílio. Era uma casa muito surpreendente, bem na base de Cap Ferrat, de frente para a baía de Villefranche. Fora construída por volta de 1890 por um banqueiro inglês. Tinha um jardim enorme, um pouco crescido demais, por trás de grandes portões de ferro. As proporções eram soberbas. Se você se sentisse um pouco mal de manhã, era só dar uma volta pelo *château* para se sentir luminoso outra vez. Era como uma sala de espelhos, com pé-direito de seis metros e colunas de mármore, escadarias majestosas. Acordava pensando, esta é a minha casa? Alguém vai dar um jeito nisso numa dessas malditas horas. Era a grandeza da qual nos achávamos merecedores depois da sovinice na Grã-Bretanha. E, já que tínhamos assumido o compromisso de morar no exterior, qual o problema de ficar em Nellcôte? Estaríamos na estrada para sempre, e Nellcôte era muito melhor que o Holiday Inn! Acho que todos nós experimentávamos um sentimento de liberação com relação ao que tínhamos passado na Inglaterra.

Não tínhamos a intenção de gravar em Nellcôte. Íamos procurar um estúdio em Nice ou Cannes, embora a logística fosse um pouco complicada. Charlie Watts tinha arrumado uma casa a quilômetros de distância, no Vaucluse, a várias horas de carro. Bill Wyman estava nas montanhas, perto de Grasse. Logo se tornaria amigo de Marc Chagall, vejam só. A dupla mais improvável que posso imaginar, Bill Wyman e Marc Chagall. Eram vizinhos e ele vivia aparecendo para tomar uma xícara do horrível chá de Bill. Mick morou a princípio no hotel Byblos, em Saint-Tropez, onde ficou esperando o dia do casamento, alugou em seguida uma casa que pertencia ao tio do príncipe Rainier e depois outra casa, que era de alguém chamado Madame Tolstoy. Correram comentários sobre se misturar com o lixo cultural da Europa, ou de misturar esse lixo com a escória branca. Mas eles, pelo menos, nos receberam de braços abertos.

Nellcôte tinha uma escadinha que descia para um atracadouro, no qual em breve encostei o *Mandrax 2*, uma lancha de vinte pés muito potente, uma Riva, construída de mogno, o *crème de la crème* das lanchas italianas. *Mandrax* era um anagrama do seu nome original. Eu só precisei eliminar duas letras e mudar outras duas de lugar. Foi irresistível dar-lhe este nome. Eu a comprei de um cara, mudei o nome e saí por aí. Sem licença para navegar ou licença para pilotar. Nem precisei ouvir aquela pergunta formal "O senhor já esteve antes sobre água?". Agora me contaram que é preciso fazer uma prova para pilotar um barco no Mediterrâneo. Precisava da companhia de Bobby Keys, que não demoraria a chegar, de Gram Parsons e de outros para submeter o *Mandrax* a um teste no liso Mediterrâneo, lançar-nos para a Riviera e para a aventura. Mas isso foi depois. Primeiro, havia a questão do casamento de Mick com Bianca, sua noiva nicaraguense, que aconteceu em maio, quatro semanas depois de nossa chegada. Marianne tinha saído da vida dele em 1970, o ano anterior, para o início do que seria uma década perdida.

Mick organizou o que na sua opinião era um casamento calmo e para isso escolheu Saint-Tropez no auge da temporada. Nenhum jornalista ficou em casa no dia. Naquela época, antes dos tempos de preocupação máxima com a segurança, o casal e os convidados abriram caminho aos empurrões pelas ruas, enfrentando fotógrafos e turistas, para ir da igreja ao gabinete do prefeito — um combate corpo a corpo, semelhante a tentar chegar ao balcão do bar em um clube da pesada. Eu caí fora, deixando Bobby Keys, que era muito amigo de Mick naquela época, agir como padrinho assistente ou seja lá o que foi. Roger Vadim foi o padrinho principal.

O papel de Bobby é aqui mencionado porque a madrinha de Bianca foi a belíssima Nathalie Delon, esposa estremecida do astro do cinema francês Alain Delon, e Bobby sentiu uma grande e perigosa atração por ela. Nathalie e Delon estavam no centro de um escândalo que envolvera o primeiro-ministro francês Georges Pompidou e sua mulher, além do submundo do crime de Marselha a Paris. O guarda-costas iugoslavo de Delon, com quem Nathalie tivera um curto romance, tinha sido morto a tiros, e o corpo encontrado em um depósito de lixo na periferia de Paris. Ninguém foi condenado pelo crime. Delon deixou Nathalie e juntou os trapos com a atriz Mireille Darc. Era uma enorme confusão e envolvia um risco considerável. Por trás de Delon e Nathalie estavam poderosas figuras do *milieu* de Marselha, a apenas alguns quilômetros de estrada, além de um bando de valentões iugoslavos. Havia muitos maus sentimentos e um pouco de chantagem política importante pairando no ar — tinham, inclusive desapertado os parafusos das rodas do carro da própria Nathalie. Não era um bom momento, eu achei, para se tornar seu novo preferido.

Sem saber nada disso, Bobby desenvolveu uma fascinação súbita com relação a Nathalie e fez o que pôde na festa para charmar sua atenção. Não tirava os olhos dela. Voltou a Londres antes de retornar para trabalhar com a música em Nellcôte. Quando ele chegou, Nathalie ainda estava por ali, convidada para ficar por Bianca. O que aconteceu então? Bem, os dois ainda estão vivos no momento em que escrevo estas linhas, mas não sei como. Iriam passar algumas semanas antes que o problema se tornasse real.

Quando escapuli do casamento, fui para um reservado no banheiro do Byblos. Estava vertendo águas quando ouvi alguém fungando no compartimento ao lado. Eu disse para ele ser mais discreto ou escancarar de vez. E a voz respondeu: "Quer um pouco?". Foi assim que conheci Brad Klein, que se tornaria um grande amigo meu. O seu forte era o transbordo, reenviar a droga de um lugar para o outro. Era um cara muito bem-educado, de excelente aparência, o que ele usava para abrir caminhos. Começou a traficar cocaína mais tarde e se envolveu mais do que devia, mas quando o conheci estava na maconha. Brad já morreu. Foi a história de sempre. Se está negociando com a merda, tome cuidado para não se sujar. Ele não tomou cuidado e sempre queria ficar mais algum tempo no jogo. Mas no dia em que nos conhecemos, Brad e eu saímos juntos por aí e deixamos o casamento continuar sozinho.

Só vim a conhecer as qualidades de Bianca mais tarde. Mick nunca quer que eu converse com suas mulheres. Elas acabam vindo chorar no meu ombro quando descobrem que ele aprontou outra vez. O que eu posso fazer? Bem, o aeroporto fica longe, querida, deixe eu pensar no caso. Já choraram no meu ombro Jerry Hall, Bianca, Marianne, Chrissie Shrimpton... Já estragaram muitas camisas minhas. Elas vêm perguntar *a mim* o que devem fazer. Como eu vou saber? Eu não vou fodê-lo! Jerry Hall veio até mim uma vez com um bilhete que outra garota escrevera, de trás para a frente — código danado de bom, Mick! — "Serei sua para sempre". Tudo o que você tinha a fazer era segurá-lo em frente a um espelho para ler tudo. "Ah, como aquele cara é filho da puta." E eu assumindo o mais improvável papel de conselheiro, o "tio Keith". É um lado que muita gente não liga a mim.

No princípio, achei que Bianca era só um pouco perua. Ela também se manteve distante por um tempo, o que não a recomendava a ninguém de nossa turma. Mas depois, conforme a fui conhecendo melhor, descobri que era muito inteligente e, o que me impressionaria de verdade mais tarde, uma mulher muito forte. Veio a tornar-se uma porta-voz da Anistia Internacional e uma espécie de embaixadora itinerante para uma organização de direitos humanos que ela própria fundou, o que não é pouca coisa. Muito bonita e tudo o que isso envolve, mas também um caráter muito forte. Não admira que Mick não conseguisse controlá-la. A única coisa ruim era que ela não era uma pessoa a quem se podia contar uma piada. Ainda estou tentando achar uma coisa capaz de fazê-la rir. Se ela tivesse senso de humor, *eu* teria me casado com ela.

A ligação de Mick com Bianca coincidiu com nossa partida da Inglaterra. Assim, já havia um racha definitivo em curso, uma linha de cisma. Bianca trouxe consigo a *high society*, que logo atraiu Mick, mas que ninguém mais da banda estava interessado e na qual, tenho certeza, a própria Bianca não está mais interessada agora. Mesmo então, eu não tinha nada contra ela pessoalmente, era só seu efeito e o do seu *milieu* sobre Mick do que eu não gostava. Isso o distanciou do resto da banda, e ele está sempre procurando ficar separado da banda. Mick podia desaparecer durante duas semanas para tirar férias, podia ficar indo e voltando de Paris. Bianca estava grávida e sua filha, Jade, nasceu naquele outono, quando Bianca estava em Paris. Bianca não gostava da vida em Nellcôte, e não a culpo. Assim, Mick ficava dividido.

Naqueles primeiros dias em Nellcôte, dávamos nossos passeios até a beira-mar, ao Café Albert, em Villefranche, onde Anita bebia seu *pastis*. Chamávamos obviamente a atenção nesses lugares, mas também estávamos bem escudados e despreocupados sobre o que as outras pessoas pensavam. A violência, porém, ocorre quando você menos espera. Spanish Tony, que tinha vindo logo no início, salvou minha vida umas duas vezes — literalmente ou não. Mas, na cidadezinha de Beaulieu, em uma dessas saídas de Nellcôte, ele realmente salvou minha pele. Eu tinha um Jaguar tipo E e fui com ele ao porto de Beaulieu, com Marlon e Tony no carro. Estacionei e duas pessoas que pareciam ser guardas do porto nos indicaram que era um lugar proibido. Um deles se aproximou e disse "Ici", indicando o escritório do porto. Tony e eu fomos para lá, deixando Marlon no carro, pensando que estaríamos de volta em uns dois minutos.

Tony sentiu o perigo antes do que eu. Dois pescadores franceses, caras mais velhos. Um estava de costas para nós. Estava trancando a porta, e Tony olhou para mim. Só pediu para que eu ficasse de olho nas suas costas. Moveu-se como um relâmpago, pôs uma cadeira nas minhas mãos, pulou na mesa com outra cadeira e a atirou contra eles. Lascas de madeira voaram por todo lado. Os caras estavam tontos por causa do vinho, tinham acabado de comer um enorme almoço, alguns restos ainda estavam sobre a mesa. Eu pisei no pescoço de um enquanto Tony cuidava do outro. Então Tony veio pegar o que eu estava segurando, que estava se cagando de medo. Tony o acertou na cabeça e disse para sairmos dali. Abrimos a porta aos pontapés. Tudo aconteceu em poucos segundos. Eles estavam no chão, gemendo, clarete derramado e móveis partidos espalhados por todos os cantos. A última coisa que esperavam era serem atacados — eram marinheiros grandões, nada delicados, que queriam foder um pouco conosco, nos dar uns tapas. O plano era se divertir um pouco com os cabeludos. Marlon estava lá, sentado no Jaguar. "Onde você esteve, papai?" "Não se preocupe." *Vroom vroom*. "Vamos embora." Que beleza os movimentos de Spanish Tony. Era um balé, foi seu melhor momento. Naquele dia, Douglas Fairbanks não estava com nada. Foi o movimento mais rápido que já vi, e já vi muitos. Apliquei muitas páginas do livro de Tony naquele dia — quando você percebe que o problema está vindo, aja. Não espere ele chegar.

Três dias depois, a polícia deu uma batida em nossa casa. Tinham mandados só para mim, pois Tony não era conhecido e a essa altura já tinha voltado para a Inglaterra. Um bando inteiro chegou, acompanhado de juízes de instrução para fazer as investigações. Mas, quando chegaram ao segundo ou terceiro nível, perceberam que os caras não tinham nada de concreto. Quando emergiu o fato de que eles nos intimidaram, de que eu estava com uma criança no carro, de que não havia razão nenhuma para sermos levados ao escritório, para começar, as acusações desapareceram milagrosamente, de uma hora para outra.

Sem dúvida, isso me custou muito dinheiro com o advogado, mas no fim os caras escolheram não levar o caso ao tribunal e confessar que tinham apanhado de dois ingleses doidos em seu próprio escritório.

Não estava totalmente limpo quando cheguei a Nellcôte. Mas é muito diferente não estar limpo e estar dependente. Você está dependente quando não faz nada enquanto não põe as mãos na droga. Toda a sua energia vai para isso. Eu trazia uma pequena dose de manutenção comigo, mas, na minha cabeça, tinha ficado limpo. Num dia qualquer de maio, um pouco depois de nossa chegada, fomos a uma pista de kart em Cannes. Lá, meu carro fez um movimento brusco e rolou por cima de mim, me arrastando uns cinquenta metros, com as costas no asfalto. Minha pele saiu como uma casca de árvore. Estava pelado quase até o osso. E isso aconteceu quando eu batia um recorde. Tudo de que precisava. O médico me avisou: "Vai doer muito, *monsieur*, a ferida tem que ser mantida limpa. Mandarei um enfermeiro todos os dias à sua casa para mudar o curativo e examinar o machucado". Aí, todos os dias de manhã passei a receber a visita de um enfermeiro que fora do serviço médico da linha de frente no Exército francês. Ele estivera em Dien Bien Phu, o último bastião do Exército francês na Indochina, estivera na Argélia. Tinha visto muito sangue, e seu estilo era de acordo. Um cara cheio de experiência de vida, muito duro. Todos os dias ele me dava uma injeção de morfina e eu precisava muito de morfina. Todas as vezes, depois de me dar a injeção, atirava a seringa como um dardo, acertando sempre o mesmo lugar em um quadro, bem no alvo. Chegou uma hora em que o tratamento cessou. Mas aí eu já estava preso pela morfina, por causa do ferimento, justamente quando estava limpo das drogas. Assim, colocando as coisas em seu devido lugar, eu precisava de um pouco da droga.

Fat Jacques, nosso cozinheiro, passou a ter um segundo emprego como traficante de heroína. Ele era a conexão com Marselha. Ele tinha um bando de ajudantes, um grupo de caubóis que achamos mais seguro manter na folha de pagamento do que deixar de fora, bons em efetuar "missões". Jacques se apresentou quando eu simplesmente perguntei se alguém sabia como conseguir droga por ali. Era jovem, mas gordo e suava muito. Um dia, ele foi a Marselha de trem e me trouxe uma deliciosa sacola com um pozinho branco e uma enorme quantidade, acho que quase do tamanho de um saco de cimento, de lactose, que era para batizar a droga. Ele me explicou, em seu inglês ruim para o meu francês ainda pior — ele teve que escrever para eu entender a coisa —, que eu devia misturar 97% de lactose com 3% de heroína. Aquela heroína era pura. Normalmente, quando se compra a droga, ela já vem misturada. Mas a mistura com aquela droga tinha de ser bem precisa. Mesmo naquela proporção, era incrivelmente poderosa. Eu era muito escrupuloso quando pesava o material. Tinha que ser muito cuidadoso, Anita e mais duas pessoas também estavam tomando. Com uma proporção de 96% para quatro, podia estourar tudo. Uma pitadinha da pura e bum! Adeus.

Comprar nessas quantidades tem vantagens óbvias. O preço não era extorsivo. Vinha diretamente de Marselha para Villefranche, que fica perto. A única despesa de transporte era a passagem de trem de Jacques. Comprar mais vezes também aumenta o risco de as coisas darem errado. Você tem que tomar um cuidado muito grande para não comprar demais, pois quanto maior a quantidade, mais outras pessoas ficam interessadas. Basta o suficiente para levar as coisas por uns dois meses. Assim, você não precisa sair e ficar fuçando atrás. A sacola, no entanto, nunca dava sinais de que iria acabar. "Bem, quando a gente terminar a sacola, pode parar..." Mas vamos colocar nesses termos: durou de junho a novembro e ainda havia um pouco.

Tinha que confiar nas ordens que a acompanhavam. E elas devem ter sido corretas, pois todas as vezes que experimentei estava perfeitamente boa e nunca ninguém se queixou. Colei a fórmula na parede, para não esquecer. Noventa e sete para três. (Lógico que pensei em compor uma música com este título, mas achei que não teria sentido fazer propaganda de mim mesmo.) Às três da tarde, eu arrumava tudo. Tinha umas balanças grandes, feitas de bronze, muito bonitas, e uma concha grande para a lactose. Noventa e sete gramas. Deixe de lado e com uma colherinha pegue um pouco de pó da sacola, três gramas. Junte os dois e misture bem. Tem que balançar a mistura.

Lembro de ter feito isso muitas vezes, assim nunca misturei muito de uma vez. Preparava o suficiente para dois dias, ou um pouco mais.

Olhamos estúdios em Cannes e em outros lugares e percebemos que os franceses estavam querendo sugar muito dinheiro pelo serviço. Havia um porão grande em Nellcôte e tínhamos nosso estúdio móvel. O Mighty Mobile, como o chamávamos, era um caminhão com equipamentos para gravação em oito canais, que Stu tinha nos ajudado a reunir. Não pensamos nele como parte dos planos de mudar para a França. Era a única unidade de gravação móvel independente por perto. Não percebemos, quando o montamos, como ele era raro — logo o alugaríamos à BBC e à ITV, pois elas só tinham uma unidade cada uma. Foi outra dessas coisas bonitas, graciosas e imprevistas que aconteceram aos Stones.

Assim, em um dia de junho ele cruzou os portões. Nós o estacionamos diante da porta da frente e ligamos a eletricidade. Nunca mais fiz coisa diferente. Quando você tem o equipamento e os caras certos, não é preciso mais nada em termos de estúdio. Só Mick ainda pensa que precisamos fazer a coisa em um estúdio "de verdade" para preparar uma gravação de verdade. Acho que está comprovado que ele se enganou totalmente com relação a nosso último — no momento em que escrevo — álbum, *A bigger bang*, especialmente por ter feito tudo no seu pequeno château na França. Já estávamos com tudo preparado quando ele disse: "Agora vamos levar tudo para um estúdio de gravação de verdade". Don Was e eu olhamos um para o outro e Charlie olhou para mim... Foda-se essa merda. Já estamos com tudo pronto por aqui. Por que você quer chutar o balde? Para dizer que foi gravado num estúdio assim-assim, com parede de vidro e sala de controle? Não vamos a lugar nenhum, companheiro. E finalmente ele cedeu.

O porão de Nellcôte tinha muito espaço, mas estava dividido numa série de compartimentos. A ventilação era ruim — o que deu origem a "Ventilator blues". O mais estranho era tentar descobrir onde você tinha deixado o saxofonista. Bobby Keys e Jim Price percorreram o local para encontrar um ponto onde a sonoridade os agradasse — quase sempre ficavam de pé, com as costas para a parede, no fim de um corredor estreito, onde Dominique Tarlé tirou fotografias deles com os cabos dos microfones serpenteando e dobrando a esquina. No fim, acabamos pintando de amarelo os cabos do microfone da seção de sopros. Se quisesse falar com eles, tinha que seguir o cabo amarelo até encontrá-los. De outro jeito, não conseguiria saber onde diabos estavam. A casa era enorme. Às vezes, Charlie ia a uma sala e eu precisava andar centenas de metros para encontrá-lo. Mas, considerando que era basicamente um calabouço, foi divertido trabalhar ali.

Todas as características daquele porão foram descobertas pelos outros caras. Na primeira semana, mais ou menos, não sabíamos onde Charlie iria ficar, pois ele testava um cubículo diferente a cada noite. Jimmy Miller o estimulou a testar o fundo do corredor, mas Charlie disse que aí ficaria a quase um quilômetro de distância, era muito longe, precisava ficar mais perto. Assim, foi testando todos os cubículos. A gente não queria usar eco eletrônico a não ser que fosse necessário, queríamos ecos naturais, e lá encontramos uns bem estranhos. Toquei guitarra em um aposento com telhas, movendo o amplificador e o apontando para os cantos para ver o que era captado pelo microfone. Lembro que fiz isso para "Rocks off" e talvez "Rip this joint". Mas, por mais estranho que tenha sido gravar ali, especialmente no início, no momento em que estávamos a toda, depois de uma semana ou duas, foi uma coisa totalmente natural. Ninguém na banda, nem Jimmy Miller nem o engenheiro Andy Johns, fazia comentários sobre a forma incomum de gravar. Não, nós conseguimos. Tudo o que precisamos foi perseverar.

Gravávamos entre o fim da tarde e as cinco ou seis da manhã. De repente, a madrugada raiou e eu tenho aquela lancha. Descemos as escadas, passamos pela adega e chegamos ao píer. Vamos pegar a *Mandrax* e ir tomar o café da manhã na Itália. Subíamos na lancha, Bobby Keys, eu, Mick, quem estivesse disposto. Quase sempre íamos para Menton, uma cidadezinha italiana encravada na França por alguma besteira em um tratado, ou seguíamos em frente na direção da própria Itália. Sem passaportes, passávamos por Monte Carlo quando o sol estava surgindo, música soando nos ouvidos. Pegue um gravador cassete e toque alguma coisa que fizemos, toque aquele segundo mix. Basta encostar no cais e ir tomar um belo café da manhã italiano. Gostávamos da forma como os italianos preparavam os ovos, e do pão. E o fato de você ter atravessado uma fronteira e ninguém ter percebido ou feito nada sobre isso nos dava uma sensação extra de liberdade. Tocávamos a música para os italianos e esperávamos para ver o que achavam. Se alcançássemos os pescadores na hora certa, podíamos pegar um belo peixe diretamente do barco e levá-lo para casa para o almoço.

Também costumávamos ir a Monte Carlo almoçar. Bater um papo com a turma de Onassis ou de Niarchos, que mantinham lá seus enormes iates. Era quase possível ver as armas apontadas de um para o outro. Saiu daí o título de *Exile on main st.* Quando fizemos o título, sentimos que ele funcionava muito bem para os Estados Unidos, pois nesse país cada cidade tem sua Main Street. Mas nossa Main Street era a Riviera. E éramos exilados. Assim, era inteiramente verdadeiro e exprimia tudo o que precisávamos.

Todo o litoral do Mediterrâneo formava uma antiga conexão própria, uma espécie de Main Street sem fronteiras. Estive em Marselha e ela era tudo o que se diz em voz baixa e tenho certeza de que ainda é. É como a capital de um país que abrange a costa da Espanha, o litoral da África do Norte, todo o litoral do Mediterrâneo. É basicamente um país por si só até uns poucos quilômetros de distância para o interior. Todos os que moram na costa — pescadores, marinheiros, contrabandistas — pertencem a uma comunidade independente, inclusive gregos, turcos, egípcios, tunisianos, líbios, marroquinos, argelinos e judeus. É uma ligação antiga, que não pode ser rompida por fronteiras ou países.

A gente estava pouco ligando. Ia a Antibes. Íamos a Saint-Tropez, para pegar todas as putas. O barco chegava lá bem depressa. Tinha um motor grande. E quando o Mediterrâneo está tranquilo, é um pulo rápido. O verão de 1971 foi um desses verões no Mediterrâneo em que todos os dias são perfeitos. Não era preciso entender muito de navegação. Era só seguir o litoral. Nunca tive cartas de navegação.

Anita se recusava a entrar no barco alegando que eu não estava familiarizado com pedras submersas. Ela preferia ficar esperando e procurar os fogos indicando problemas se a gasolina acabasse. Eu simplesmente achei que se podiam meter um porta-aviões naquela maldita baía, eu podia navegar por ela. A única coisa para a qual ficava atento era a aportagem, o cais. Aportar é sempre a coisa mais perigosa em um barco. A única ocasião em que pensava que havia uma arte real em governar o barco era quando aportava. No mais, era só diversão.

O porto de Villefranche é muito profundo e muito visitado pela marinha dos Estados Unidos. Um dia, de repente, apareceu um enorme porta-aviões no meio da baía. A Marinha em uma visita de cortesia. Os navios de guerra passavam o verão mostrando a bandeira pelo Mediterrâneo. Quando estávamos saindo de casa, sentimos aquele bafo de maconha em grande escala saindo das escotilhas. Todos doidões. Bobby Keys estava comigo. Fomos tomar o café da manhã e na volta circulei em torno do porta-aviões, e lá estavam todos aqueles marinheiros felizes por não terem ido para o Vietnã. E eu lá na pequena *Mandrix*. Gritamos: "Ei, caras, estou sentindo o cheiro". E eles nos jogaram uma sacola de erva. Em troca, contamos para eles onde ficavam os melhores puteiros da cidade. O Cocoa Bar e o Brass Ring eram boas indicações.

Quando a frota chegava, aquelas malditas ruas escuras de Villefranche se enchiam de repente de luzes, como se fossem Las Vegas. Era o "Café Dakota", ou o "Nevada Bar" — punham qualquer nome que soasse como americano. Era o "Texan Hang". As ruas de Villefranche ficavam cheias de neon e luzes feéricas. Todas as putas de Nice vinham, e as de Monte Carlo, todas as rameiras de Cannes. A tripulação de um porta-aviões é de 2 mil homens — todos em boa forma, prontos para servir. Era o suficiente para atrair todo o sul da França. Mas quando eles não estavam por lá, Villefranche era uma cidade morta.

É surpreendente que a música que fizemos naquele porão ainda esteja por aí, pois o álbum nem foi muito elogiado quando apareceu. Os *outtakes* de *Exile on main st.* saíram como parte de um relançamento em 2010. A música foi gravada em 1971, cerca de quarenta anos atrás, no momento em que escrevo. Se estivesse ouvindo música composta quarenta anos antes em 1971, estaria ouvindo coisas que mal mereciam ser gravadas. Talvez um Louis Armstrong no início, Jelly Roll Morton. Suponho que uma guerra mundial no intervalo mude as percepções.

"Rocks off", "Happy", "Ventilator blues", "Tumbling dice", "All down the line" — todas são cinco cordas, afinação aberta ao máximo. Eu estava começando a realmente deixar minha marca registrada. Escrevi todo aquele negócio no intervalo de alguns dias. De repente, com a cinco cordas, as canções estavam fluindo de meus dedos. Meu primeiro exercício real na cinco cordas tinha sido "Honky tonk women", dois anos antes. Na época, parecia apenas ser uma coisa interessante. Houve "Brown sugar" também, lançada no mesmo mês em que deixamos a Inglaterra. Quando começamos a trabalhar no *Exile*, eu estava começando a encontrar de verdade todos esses outros movimentos, como fazer acordes menores e acordes suspensos. Descobri que a cinco cordas se torna muito interessante quando se usa um capo. Ele limita drasticamente seu espaço de manobra, especialmente se o capo for colocado no quinto ou no sétimo trasto. Mas ele acrescenta um tipo de ressonância que não pode ser obtido de nenhuma outra forma. É preciso escolher bem a hora de usá-lo ou não, para não ficar exagerado.

Se é uma música de Mick, não começo com a cinco cordas. Começo com uma afinação regular e a aprendo ou a sinto no estilo clássico. E então, quando Charlie acelera um pouquinho o ritmo ou lhe dá um tratamento diferente, eu passo um instante para a cinco cordas para ver como isso altera a estrutura da coisa. Obviamente, fazendo assim o som fica mais simples, pois você se limita a algo já estabelecido. Mas, se você achar o jeito certo, como em "Start me up", cria a música. Já ouvi milhões de bandas tentarem tocar "Start me up" com afinação normal. Não dá certo.

Trouxemos para Nellcôte muita coisa que já vinha sendo incubada há algum tempo. Eu trabalhava em cima do título ou da ideia. "Essa se chama "All down the line", Mick. *I hear it coming, all down the line...*

Vamos lá." Eu produzia duas músicas novas por dia. Uma funcionava, a outra não. Mick se manteve à altura compondo naquele ritmo fenomenal — letras de rock and roll muito inteligentes, com versos e repetições fáceis de serem lembradas. "All down the line" veio diretamente de "Brown sugar", composta por Mick. A maior parte do meu trabalho era criar *riffs* e ideias para estimular Mick. Compor músicas que ele podia usar. Tinham que ficar bem nas gravações, mas com capacidade de serem traduzidas para apresentações no palco. Eu era o açougueiro, cortando a carne. Às vezes, ele não gostava. Ele não gostou de "Rip this joint" — era rápida demais. Acho que a gente pode tê-la acelerado um pouco depois, mas "Rip this joint", em termos de batimentos por minuto, é um recorde mundial. Talvez Little Richards tenha feito alguma coisa mais rápida, mas em nenhum dos casos alguém estava procurando bater o recorde mundial. Alguns títulos de músicas que escrevemos e não entraram no álbum são bizarros: "Head in the toilet blues", "Leather jackets", "Windmill", "I was just a country boy", "Dancing in the light". Esta deve ter sido uma das do Mick. "Bent green needles", "Labour pains", "Pommes de Terre" — bem, nós estávamos na França.

Compusemos "Torn and frayed", que não é tocada com frequência e tem um certo interesse tópico:

Joe pegou uma tosse, parece estar bem ruim
É, e a codeína para curá-la
O doutor receita, a drogaria fornece
Quem vai ajudá-lo a se livrar disso?[1]

A não ser por "Sister morphine" e umas poucas referências veladas à cocaína, nunca compusemos músicas sobre drogas. Elas iriam aparecer nas canções como apareciam na vida, aqui e ali. Há sempre rumores e folclore sobre músicas, para quem elas foram escritas, qual é o seu sentido oculto. Acharam que "Flash" era sobre heroína. Pos-

1 *Joe's got a cough, sounds kinda rough/ Yeah, and the codeine to fix it/ Doctor prescribes, drugstore supplies/ Who's gonna help him to kick it?*

so ver uma conotação, na referência a "Jack" — mas "Jumpin' Jack Flash" não tem nada a ver com heroína. Seja o que for que você compõe, alguém sempre vai interpretar de outra forma, enxergar códigos ocultos nas letras. É assim que aparecem as teorias conspiratórias. Alguém resmunga, oh, meu Deus, em quem eles vão jogar a culpa disso? Na hora em que o cara acaba de dar a volta? A característica da boa conspiração é a de que nunca ninguém vai descobrir a verdade, a falta de evidências a mantém fresca. Ninguém nunca vai descobrir se trocaram todo o meu sangue ou não. A história está bem além do alcance das evidências ou, se nunca aconteceu, de meus desmentidos. Mas continue a ler. Há muitos anos venho evitando tratar honestamente deste tópico candente.

"Tumbling dice" pode estar relacionado com o fato de Nellcôte ter-se transformado num centro de jogatina — havia jogos de cartas e roletas. Monte Carlo ficava bem perto. Bobby Keys e outros caras foram lá uma ou duas vezes. Jogamos dados. Dou a Mick o crédito por "Tumbling dice", mas a música teve que fazer a transição de um formato anterior, que era uma canção chamada "Good time women". Às vezes, você pode ter a melodia pronta, um grande *riff*, e a ideia central está faltando. Mas basta alguém sentado na sala começar a contar, "jogando essas drogas ontem à noite..." para a ideia surgir. "Faça-me rolar." Músicas são coisas estranhas. Notinhas como esta. Se pegar, pegou. Na maioria das músicas que compus, com toda a honestidade, senti haver um buraco enorme, esperando para ser preenchido, esta música poderia ter sido composta centenas de anos atrás. Como ninguém preencheu aquele espaçozinho? Em metade do tempo você fica procurando intervalos que outras pessoas não preencheram. E fica pensando, não acredito como não preencheram este vazio fodido! É óbvio demais. Estava ali, olhando você cara a cara! Eu pego os vazios.

Compreendo agora que *Exile* foi feito em circunstâncias extremamente caóticas e com métodos de gravação inovadores, mas este parecia ser o menor dos problemas. A questão principal era: temos as músicas e temos o som? Tudo o mais era periférico. Você pode me ouvir várias vezes comentando no fim de um take: "Cheguei ao fim, esta é a história até agora". Mas você fica surpreso quando está de frente para a bola, tem que fazer alguma coisa e está todo mundo olhando para você e perguntando OK, o que vem agora? Você mesmo se colocou ali, encostado no muro. Ponham a venda e me deem o último cigarro, vamos em frente. E fica espantado com o monte de coisas que saem de você antes de você morrer. Especialmente quando você está fazendo de bobo o resto da banda, crente de que sabe exatamente o que vai fazer, enquanto está cego como um morcego e não tem a menor ideia. Bem, o jeito é confiar em si mesmo. Alguma coisa vai aparecer. Você imagina uma frase, passa-a para a guitarra e depois outra frase aparece. É onde, ao que se supõe, está seu talento. Não é a mesma coisa que tentar, metodicamente, descobrir como se constrói um Spitfire.

Talvez eu fosse cair na cama, se conseguisse cair na cama, por volta das dez da manhã, e levantar por volta das quatro da tarde, sujeito às variações normais. Ninguém vai chegar antes de o sol se pôr, de qualquer maneira. Assim, ficava com umas duas horas para pensar ou tocar o que tínhamos feito na noite anterior, para poder continuar onde paramos. Ou, se já tivesse feito isso, a questão era decidir o que fazer quando a turma chegasse, pouco depois. Às vezes, você entra em pânico quando percebe que não tem nada para lhes oferecer. Era sempre assim que me sentia quando os caras estavam esperando material como se ele fosse oferecido pelos deuses, quando na realidade vinha de Mick ou de mim. Quando você assiste ao documentário feito sobre o *Exile*, fica com a impressão de que passávamos horas tocando espontaneamente em um dos aposentos, até termos alguma coisa, até estarmos prontos para gravar um take, como se tivéssemos certeza de que tudo surgiria do éter. Essa foi a forma como ficou retratado e pode ser que uma parte possa ter aparecido assim, mas pergunte a Mick como foi. Ele e eu olhávamos um para o outro e perguntávamos, o que vamos oferecer a eles hoje? Qual munição vamos passar hoje, cara? Pois sabíamos que todos iriam em frente enquanto houvesse uma música, enquanto houvesse alguma coisa para tocar. Podemos, uma ou outra vez, ter dado um tempo e feito os *playbacks* de alguma coisa do dia anterior. Mas, basicamente, Mick e eu achávamos que era nosso dever mostrar uma música nova, um novo *riff*, uma nova ideia ou, de preferência, duas.

Produzíamos muito. Achamos que era impossível não apresentar alguma coisa todos os dias ou dia sim, dia não. Era o que fazíamos. Mesmo se fosse o esqueleto da estrutura de uma melodia, era alguma coisa para se trabalhar, e aí, conforme fôssemos tentando preencher os claros ou dar forma ao *riff*, a canção cairia no lugar certo por vontade própria. Depois que você põe em andamento os primeiros acordes, as primeiras ideias do ritmo, pode imaginar o restante depois, como se, por exemplo, é necessária uma passagem no meio. De minha parte, era como viver no fio da navalha. Não havia preparação. Mas isso não é o ponto, isso é rock and roll. A ideia é montar o esqueleto da melodia, chamar a bateria e ver o que acontece. Olhando em retrospecto, o imediatismo da coisa a tornava ainda mais interessante. Não havia tempo para muita reflexão, para preparar o terreno duas vezes. Era "vai assim" e ver o que acontecia. E é aí que você entende que, com uma boa banda, você precisa só de uma fagulha de ideia. Antes que a noite acabe, vai ter alguma coisa bonita nas mãos.

Mas a fonte por pouco não secou. "Casino Boogie" apareceu quando Mick e eu estávamos quase estourados. Mike estava olhando para mim e eu disse, não sei. Então lembrei do velho método de Bill Burroughs. Vamos pegar os títulos de notícias de jornal e páginas de livros, jogar tudo no chão e ver o que aparece. Olha, nós estávamos obviamente sem ânimo para compor uma música da maneira normal, assim usamos o método de outra pessoa. Funcionou em "Casino Boogie". Fico surpreso, honestamente, por não termos usado esse método outra vez. Daquela vez, foi por desespero. Os versos vão surgindo um do outro e de repente fazem sentido, mesmo sendo completamente sem ligação um com o outro, mas têm um sentimento comum, o que é uma boa definição de compor uma letra para rock ou música pop.

Música grotesca, triste de um milhão de dólares
Não preparei uma tática, não tenho mais tempo
O sapato do pé esquerdo arrasta, o do pé direito abafa o som

Afundando na areia
Liberdade sumindo, calor de rachar
Olhe aquele chapéu em preto
O dedo se contrai, não tenho mais tempo.[2]

Lembro de ter ficado um pouco aborrecido porque Charlie resolveu ir morar a três horas de distância. Eu gostaria muito de ter Charlie por perto, telefonar para ele, dizer que tive uma ideia e pedir para que aparecesse. Mas o jeito como Charlie queria morar e o lugar onde queria morar estavam a 170 quilômetros de distância, em Vaucluse, acima de Aix-en-Provence. Ele vinha de segunda a sexta-feira. Assim, estava por ali, mas poderia tê-lo usado um pouco mais. Mick passava bastante tempo em Paris. A única coisa de que eu tinha medo em *Exile* era de que, com o pessoal morando tão longe, perdêssemos a concentração. Quando estavam todos lá, queria que ficassem enquanto durasse o trabalho. Nunca tinha vivido antes em cima do trabalho, mas, já que estava fazendo isso, eu disse: "Fodam-se, é melhor se acostumarem. Porra, eu estou fazendo a minha parte e comprometi minha casa. Se eu posso fazer isso, vocês também podem ficar um pouco mais perto". A resposta de Charlie foi totalmente negativa. Ele tinha um temperamento artístico. Era muito desagradável para ele viver na Côte d'Azur no verão. Muita gente indo e vindo, muito blá-blá-blá. Entendo totalmente. Charlie é o tipo de cara que viria no inverno, com tudo horrível e vazio. Ele tinha encontrado o lugar onde queria morar e com certeza não seria no litoral, não seria em Cannes, Nice, Juan-les-Pins, Cap Ferrat ou Monte Carlo. Charlie detesta lugares assim.

Um exemplo sublime de canção que chega pelo éter é "Happy". Nós a compusemos em uma tarde, em apenas quatro horas estava gravada. Ao meio-dia, ela nem existia. Às quatro da tarde, estava na fita. Não era uma gravação dos Rolling Stones. O nome está lá, mas era Jimmy Miller na bateria, Bobby Keys no sax barítono, e a base foi essa.

2 Grotesque music, million dollar sad/ Got no tactics, got no time on hand/ Left shoe shuffle, right shoe muffle/ Sinking in the sand/ Fade out freedom, steaming heat on/ Watch that hat in black/ Finger twitching, got no time on hand.

Eu gravei em *playback* o baixo e a guitarra. Estávamos lá esperando todo mundo aparecer para as sessões reais, durante a noite, e pensamos, já que estamos aqui, vamos ver se sai alguma coisa. Eu a compus naquele dia. Começamos, estávamos embalados, tudo estava pronto e fomos indo, pensando em mostrar ao pessoal mais tarde. Decidi usar a cinco cordas com *slide* e, de repente, estava lá. Como saiu. Na hora em que o pessoal chegou, estava tudo pronto. Se você tem alguma coisa na mão, deixe voar.

Bom, eu nunca guardei um dólar depois do pôr do sol
Sempre abri um buraco nas calças
Nunca deixei uma mamãe da escola feliz
Nunca soprei a segunda chance, oh, não
Preciso de um amor para ficar feliz.[3]

Foi chegando assim, se soltando da língua, aqui e ali. Quando você está compondo, tem que pôr a cara na frente do microfone e ir. Alguma coisa sai. Escrevi a letra de "Happy", mas não sei de onde ela saiu. "Never got a lift out of Learjet/ When I can fly way back home" [Nunca peguei carona num Learjet/ Quando eu posso voar de volta para casa]. Era só aliteração, a tentativa de criar uma história. Era preciso haver uma linha de sentido, por menor que fosse, apesar de em muitas de minhas músicas ser muito difícil encontrá-la. Mas aqui, você está duro e é de tarde. Você quer sair, mas não tem grana. Estou fodido antes de começar. Preciso de um amor para ser feliz, porque se for um amor verdadeiro eu serei livre! Não preciso pagar por ele. Preciso de um amor para me fazer feliz porque gastei toda a merda do dinheiro e não tenho mais, e já é de noite e estou tentando me divertir, mas não tenho a merda. Assim, preciso de amor para ficar feliz. *Baby. Baby, won't you keep me happy* [Querida. Querida, você não vai me manter feliz].

3 Well, I never kept a dollar past sunset/ Always burned a hole in my pants/ Never made a school mama happy/ Never blew the second chance, oh no/ I need a love to keep me happy.

Eu seria mais feliz se mais músicas surgissem como "Happy". "É assim que vai ser". Boas canções se compõem sozinhas. Você só se deixa levar pelo olfato, ou pelos ouvidos. O talento é não interferir demais. Ignore a inteligência, ignore tudo: vá para onde ela te leva. Você não tem participação nenhuma, e de repente ela está lá. "Oh, eu sei como isso acontece", e você não acredita, pois acha que nada aparece assim. Você fica imaginando de quem a roubou. Não, não é original — bem, o máximo de originalidade que você pode obter. E compreende que canções se escrevem sozinhas, você só as transporta.

Não que não tenham me dado trabalho. Há músicas que nos deixaram de joelhos. Algumas já têm 35 anos e eu ainda não as terminei. Você pode compor a música, mas o processo não termina aí. Qual vai ser o tipo de som, de ritmo, de entonação? Todo mundo entrou nela? "Tumbling dice" levou alguns dias para ficar do jeito certo. Lembro que passei várias tardes trabalhando na introdução. Quando você ouve a música, pode perceber quanto ela tem de cálculo e onde ela corre livremente. Você não pode deixá-la correr livremente o tempo todo. E é mesmo uma questão de quanto tem de cálculo e de quão pouco você vai ter que usá-lo. Não é o contrário. Bem, temos que amansar essa fera de um jeito ou de outro. Mas como amansá-la? Delicadamente ou dando-lhe uma surra? Vou foder você, vou pegar você com duas vezes a velocidade com que a escrevi. Você tem esse tipo de relacionamento com as músicas. Você conversa com as merdas. Você só termina quando consegue terminar, não é? E todo este tipo de bosta. Não, não se espera que você *chegue lá*. Ou, às vezes, você pede desculpas. Sinto muito pelo que fiz. Não, com certeza não devia ter procedido assim. Ah, são coisas engraçadas. São bebês.

Mas uma música deve vir do coração. Nunca penso sobre o que vou escrever. Simplesmente pego a guitarra ou vou ao piano e deixo a coisa chegar. Alguma coisa virá. Está chegando. E, se não chega, toco uma música composta por outra pessoa. Nunca cheguei ao ponto de dizer: "Agora vou escrever uma música". Nunca compus assim. Quando descobri que era capaz de compor, fiquei imaginando se conseguiria fazer outra. Aí descobri que elas rolavam de meus dedos como pérolas. Nunca tive dificuldade para compor. É um prazer total. É um dom magnífico que eu não sabia que tinha. Isso me espanta.

Num dia qualquer de julho, Gram Parsons chegou a Nellcôte com Gretchen, sua jovem futura noiva. Ele já estava trabalhando nas músicas de seu primeiro álbum solo, *GP*. Eu já vinha andando com ele há uns dois anos e estava convencido de que o cara ainda iria aparecer com alguma coisa notável. De fato, ele alterou a face da música country sem ficar por aqui o tempo suficiente para percebê-lo. Ele gravou suas primeiras obras-primas com Emmylou Harris um ano depois, com "Streets of Baltimore", "A song for you", "That's all it took", "We'll sweep out the ashes in the morning". Sempre que nos encontramos, tocamos juntos. Tocávamos juntos sempre, compúnhamos. Trabalhávamos juntos durante as tardes, cantávamos músicas dos Everly Brothers. É difícil descrever a profundidade com que Gram amava sua música. Ele vivia só para isso. E não apenas sua própria música, mas música em geral. Ele era como eu, acordava com George Jones, virava e acordava outra vez com Mozart. Absorvi muita coisa de Gram, a forma Bakersfield de produzir melodias e letras também, diferente da doçura de Nashville — a tradição de Merle Haggard e Buck Owens, as letras operárias do mundo dos imigrantes nas fazendas e poços de petróleo da Califórnia, pelo menos quando se originaram nas décadas de 50 e 60. Esta influência country apareceu nos trabalhos dos Stones. Pode-se ouvi-la em "Dead flowers", "Torn and frayed", "Sweet Virginia" e "Wild horses", que demos a Gram para colocá-lo em um álbum dos Flying Burrito Brothers, *Burrito deluxe*, antes do lançamento de nossa própria gravação.

Gram e eu tínhamos planos, ou pelo menos grandes expectativas. Você trabalha com um cara tão bom e fica pensando que tem anos pela frente. Não precisamos correr, apagar o incêndio. Podemos produzir juntos coisas realmente muito boas. E espera que venha evoluindo. Logo que superarmos a próxima crise de abstinência, vamos vir mesmo com coisa muito boa! Pensávamos que tínhamos todo o tempo do mundo.

Mick tinha ressentimentos com relação a Gram Parsons. Precisei de muito tempo para descobrir que as pessoas em volta tinham muito mais consciência disso do que eu. Elas descrevem como ele tornava a vida desconfortável para Gram, atingindo Gretchen para pressioná-lo, deixando claro que ele não era bem-vindo. Stanley Booth lembra de Mick agindo como "uma tarântula" em torno de Gram. Ele sentia como se fosse uma traição o fato de eu estar tocando e compondo com outra pessoa, apesar de nunca ter colocado o problema nesses termos. Isso nunca ocorreu a mim naquela época. Eu estava só aumentando meu clube. Estou rodando por aí, conhecendo gente. Mas isso não impediu Mick de se aproximar e tocar e cantar com Gram. Era justamente isso o que você queria fazer se estivesse perto de Gram. Era uma música atrás da outra.

Gram e Gretchen foram embora sob um clima ruim, embora deva ser dito que a forma física de Gram não era das melhores. Não lembro muito bem as circunstâncias de sua partida. Eu tinha conseguido me isolar dos dramas daquela casa superlotada.

Olhando para trás, não tenho nenhuma dúvida de que Mick estava muito ciumento com o fato de eu ter outro amigo do sexo masculino. E não tenho nenhuma dúvida de que esta era uma dificuldade maior do que a criada por mulheres ou outra coisa qualquer. Precisei de muito tempo para entender que qualquer amigo meu do sexo masculino iria automaticamente ser recebido por Mick com frieza ou, pelo menos, com suspeita. Qualquer cara que ficasse mais próximo de mim acabaria por me dizer, mais cedo ou mais tarde, que tinha a impressão de que Mick não gostava dele. Mick e eu éramos amigos muito chegados e tínhamos passado por muita coisa juntos. Mas ele tem uma possessividade esquisita. Para mim, isso era apenas uma aura vaga, mas outras pessoas sentiram o problema. Mick não quer que eu tenha nenhum amigo sem ser ele. Talvez essa exclusividade esteja ligada ao seu caráter solitário. Ou talvez ele ache que está tentando me proteger. "O que este chato está querendo de Keith?" Mas, com toda a honestidade, não posso pôr o dedo na ferida. Se ele achasse que alguma pessoa estivesse ficando muito próxima de mim, ele iria antecipar-se, ou pelo menos tentar, como se fossem namoradas, não apenas amigos.

Mas, naquele momento, com Gram, Mick estaria se sentindo excluído? Isso não teria ocorrido a mim na época. Todo mundo estava rodando por ali, conhecendo pessoas diferentes e experimentando coisas. Nem sei se Mick chegaria a concordar comigo. Mas tenho a impressão de que Mick pensava que eu pertencia a ele. Eu não sentia isso, de nenhuma forma. Foram necessários anos para chegar a pensar nessa ideia. Porque amo muito esse homem, ainda sou seu parceiro. Mas ele faz com que seja muito difícil ser seu amigo.

A maioria dos caras que eu conheço são idiotas. Tenho muitos amigos idiotas, mas o ponto não é este. Amizade não tem nada a ver com isso. É se você pode ficar perto, se pode falar sobre um assunto sem qualquer sentimento de distância entre vocês. Amizade é reduzir a distância entre pessoas. É isso o que é a amizade, para mim uma das coisas mais importantes do mundo. Mick não gosta de confiar em ninguém. Eu vou confiar em você até você provar que não merece minha confiança. Talvez esta seja a maior diferença entre nós. Não consigo colocar a questão de outra forma. Acho que tem algo a ver com justamente ser Mick Jagger, e a forma como ele tem de tratar o fato de ser Mick Jagger. Ele não pode parar de ser Mick Jagger o tempo todo. Talvez seja sua mãe dentro dele.

Bobby Keys foi instalado em um apartamento não muito longe de Nellcôte, onde um dia armou uma confusão por atirar a mobília pela janela, num momento de autoexpressão texana. Mas, em pouco tempo, ele foi domesticado pelos costumes franceses da bela Nathalie Delon. Ela ficou morando com Bianca, bem perto, depois do casamento. Parecia ser algo muito recente para Bobby quando lhe pedi para relembrar o que tinha acontecido quando se conheceram.

Bobby Keys: Não sei por que ela ainda estava por ali. Talvez estivesse se desviando dos tiros. Mick tinha uma casa ao norte de Nice, onde ele e Bianca estavam morando, e eu ia até lá, na motocicleta que acabara de comprar, para ver Nathalie. Mick e eu fomos pegar as motocicletas ao mesmo tempo. Ele ficou com a 450 ou 500 ou qualquer porra dessas e aí eu vi a 760, que tinha sete cilindros, quatro canos de escapamento fodidos. "Dê-me aquela de quatro canos, cara, eu preciso de quatro canos porque eu peguei uma estrela de cinema francesa que quero pôr sentada lá atrás!" Íamos derreter a Côte d'Azur, berrando enquanto subíamos e descíamos a Moyenne Corniche, entre Nice e Mônaco, naquela motocicleta, com Nathalie usando um pedacinho de nada, como dois lenços de papel, e eu a um metro do chão e um balde cheio de gasolina! Adoro rock and roll, Deus todo poderoso, podia ser melhor? Decolávamos e íamos para o interior, as pequenas cidadezinhas francesas, uma garrafa de vinho, um sanduíche, enquanto Nathalie me ensinava francês. São coisas assim que ficam pelo resto da vida, rodar por aquelas estradinhas do campo na França. Éramos um casal maravilhoso. Ela era muito divertida, de um estilo calmo, e nós dois costumávamos bater na bunda um do outro com uma seringa, só um toquinho. Era como estar numa Disneylândia para adultos. Ela era muito bonita. Roubou meu coração. Eu ainda a amo. Como poderia ser o contrário?

Deve-se acrescentar que Bobby era casado na época, embora não por muito tempo, com uma de suas muitas mulheres, e ela ficava no apartamento enquanto Bobby ia viver seu romance com Nathalie. Bobby deve ter quebrado algum recorde conjugal por ter passado quatro noites seguidas fora de casa, com todo mundo contando à sua mulher onde ele estava.

Mas o romance chegou a um fim repentino alguns meses depois, quando Nathalie comunicou a Bobby que estava tudo acabado e lhe disse para nunca mais telefonar ou tentar entrar em contato. Bobby ficou com o coração partido. Nunca experimentara uma rejeição daquelas, sem explicações, de alguém com quem se sentia tão próximo. Carregou o mistério com ele durante décadas, até que recentemente um jornalista que acompanhara o caso lhe explicou que ele e Nathalie tinham corrido um sério perigo, andando em público daquele jeito. O filho dela, Anthony, era vigiado por guarda-costas, e Nathalie também tinha proteção policial. Ninguém tinha certeza sobre quem tinha matado o guarda-costas com quem Nathalie dormira, e ela desde então vinha sendo constantemente perturbada pelos seus amigos iugoslavos. Bobby lembrou que ela tinha mencionado alguma coisa sobre o perigo, mas ele não prestou atenção. Se Nathalie tivesse afeição por Bobby, não prolongaria o romance, foi a explicação que ele recebeu. Quando Bobby ouviu a história, a recebeu como uma revelação. Ele estava na minha casa e quando desceu para tomar café, na manhã seguinte, estava se sentindo bem, agora todo agradecido a Nathalie por ter salvo sua vida e feliz por ela não lhe ter contado as reais circunstâncias na época. Do contrário, ele teria assumido a pouco inteligente posição de "quem são esses malditos franceses filhos da puta? Eu sou do Texas. Vou foder com eles e comê-los no jantar", como ele disse, o que não teria dado certo. Bobby continuou vivo, para ficar com o coração partido em muitos mais "Brown sugars", embora seguisse vivendo perigosamente, como veremos mais adiante.

Como será que tanta música foi produzida — compor duas canções por dia, com o hábito da heroína, aparentemente com muita energia? Apesar de todos os seus pontos negativos — nunca a recomendaria a ninguém —, a heroína tem lá suas utilidades. A droga é em muitos casos um grande nivelador. Depois que você começa a tomá-la, é capaz de enfrentar tudo, não importa o que surja na sua frente. Havia o trabalho de tentar trazer toda a operação dos Rolling Stones para aquela casa no sul da França. Tínhamos um álbum para gravar e sabíamos que, se falhássemos, os ingleses teriam vencido. E aquela casa, aquele acampamento beduíno, abrigava entre vinte e trinta pessoas de cada vez, o que nunca me incomodou, ou por ter o dom de não me incomodar ou porque estava, com ajuda, focado na música.

Mas a situação incomodava Anita. Fazia com que subisse pelas paredes. Ela era uma das poucas pessoas que falavam francês, e tratava em alemão com a governanta austríaca. Assim, ela virou o leão de chácara, livrando-se das pessoas que dormiam debaixo das camas ou que ficavam mais tempo do que eram bem-vindas. Havia tensões, sem dúvida, e paranoias — ouvi suas histórias sobre os períodos de pesadelo que passou como porteira —, e havia, com certeza, muitas drogas. Tínhamos muitas pessoas para alimentar. Um dia, um grupo de homens santos com roupões cor-de-laranja veio nos visitar, sentou na mesa conosco e, em dois segundos, mergulhando na comida, limparam tudo que tínhamos, comeram tudo. Em termos de relações com os funcionários, Anita foi reduzida a ir para a cozinha e fazer gestos de cortar a garganta. Ela se sentia muito ameaçada pelos caubóis que nos cercavam.

Fat Jacques morava pertinho, no prédio da cozinha, que era separado do edifício principal. Um dia, ouvimos uma enorme explosão, um barulho alto, seco. Estávamos todos sentados na enorme sala de jantar. De repente, Jacques fez sua entrada, o cabelo chamuscado e o rosto coberto de fuligem, como um desenho de história em quadrinhos. Ele tinha explodido a cozinha. Deixara o gás ligado tempo demais antes de acendê-lo. Avisou, assim, que não haveria jantar. Contou que, literalmente, fora lançado pelo teto.

A heroína aumentava minha tendência a me isolar. Funcionava como um muro, que eu levantei para me separar de todos aqueles problemas diários, porque, em vez de enfrentá-los, eu os mantinha afastados, para me concentrar no que queria fazer. Você podia ir e vir, de um lado para o outro, completamente isolado. Sem a droga, em alguns casos, não conseguiria entrar naquela sala, naquela hora, para resolver um assunto. Com ela, iria lá, resolveria o caso e seria bem delicado. E depois voltaria para pegar a guitarra e terminar o que estava fazendo. Fazia tudo parecer possível. Se da maneira certa ou não, eu não sei, havia muitas coisas acontecendo. Quando você se isola assim, vive em outro mundo, onde as pessoas vão e vêm com o sol e a lua. Elas acordam, vão dormir... Se você rompe o ciclo e fica acordado quatro, cinco dias, sua percepção das pessoas que acabaram de acordar, que acabaram de desabar, fica muito distante. Você vem trabalhando, compondo músicas, transcrevendo de uma fita para outra, e essas pessoas entram, e elas estiveram na cama e tudo o mais! Eles chegaram a comer! E, enquanto isso, você está ali sentado naquela mesa, com uma guitarra, caneta e papel. "Onde diabos você estava?" Chegou a tal ponto que comecei a pensar como poderia ajudar essas pessoas que tinham de dormir todos os dias.

Para mim, não existem coisas como o tempo quando estou gravando. O tempo se transforma. Só compreendo que o tempo passou quando as pessoas em volta de mim começam a cair. De outra maneira, eu continuaria. O meu recorde foi nove dias. Obviamente, chega uma hora em que você começa a falhar. Mas, com relação à percepção do tempo, Einstein tem razão, é tudo relativo.

Não atribuo minha sobrevivência apenas à alta qualidade das drogas que tomava. Era meticuloso com relação à quantidade. Nunca aumentava a quantidade para ficar um pouco mais alto. É assim que a maioria das pessoas se fode com as drogas. A cobiça envolvida nunca me afetou. As pessoas acham que uma vez que chegaram àquele ponto, se puserem um pouco mais vão ficar um pouco mais altas. Isso não existe. Especialmente com a cocaína. Uma fileira de coca da boa deve deixar você ligado durante a noite toda. Mas não, depois de dez minutos vão tomar outra e mais outra. Isso é loucura. Porque você não vai ficar mais alto. Talvez isso seja uma medida de controle, e talvez eu seja um caso raro a esse respeito. Talvez eu tenha uma vantagem.

Eu era um mestre de obras. Especialmente naqueles dias, era um maníaco sobre não deixar as coisas esmorecerem. Se eu tive a ideia e ela está correta, tem que ser concretizada *agora*. Podia perdê-la em cinco minutos. Às vezes, eu achava melhor ficar ligado e parecer emputecido sem que ninguém soubesse por quê. Assim eu tirava mais deles. Isso fazia com que andassem, "Puxa, ele é maluco, ficou um pouco excêntrico ou intratável". Mas, no fim do dia, o que eu estava procurando numa gravação ou numa música aparecia. Era um truque que eu só usava se achasse necessário. Também me dava uns quarenta minutos no banheiro para me drogar enquanto eles consideravam o que eu tinha dito.

Suponho que os horários eram muito estranhos. Ficou conhecido como o fuso de Keith. No caso de Bill Wyman, podia deixá-lo um pouco mal-humorado. Mas ele nunca reclamou. No começo, era para a gente começar às duas da tarde, mas isso nunca aconteceu. Aí, combinamos começar às seis da tarde, o que normalmente significava por volta da uma da manhã. Charlie parecia não se importar. Bill era especialmente sensível a isso. Posso entender a razão. Eu iria para o banheiro e ficaria lá pensando sobre a música, e tomaria uma picada, e 45 minutos depois eu ainda estaria sentado ali, tentando descobrir o que estava fazendo. Eu poderia ter dito, "Ei, vamos fazer uma pausa, vou pensar sobre o problema". Mas isso era uma coisa que eu não fazia. Era grosseiro de minha parte, um ato irrefletido.

Quando eu dizia que ia subir para pôr Marlon na cama, parecia que estava avisando que iria desaparecer por algumas horas. Andy Johns conta que ele, Mick e Jimmy Miller se juntaram no pé da escada e perguntaram: "Quem vai acordá-lo? Já estamos fartos disso". "Eu não vou subir, por que você não vai, Andy?" E ele: "Eu sou só o pequeno Andy, olhem rapazes, eu não posso resolver isso". O que tenho a dizer é que ficou pior depois, mais adiante, na década de 70, numa excursão em que Marlon se tornou a única pessoa autorizada a me acordar.

Mas, de um jeito ou de outro, funcionou. Vamos deixar Andy, o incansável engenheiro do Mighty Mobile, dar seu depoimento:

Andy Johns: Estávamos trabalhando em "Rocks off" e todos os outros tinham ido embora. Keith pediu: "Toque isso outra vez para mim, Andy". Eram quatro ou cinco da manhã e ele adormeceu enquanto a música tocava. Eu pensei, que bom, posso sair também. Andei de volta, até a *villa* que Keith tivera a gentileza de alugar para mim e Jim Price. Tinha acabado de pegar no sono quando *ring, ring, ring, ring*... "Onde caralho você está? Eu tive uma grande ideia." Estava a uma meia hora de carro. "Desculpe, Keith. Vou voltar já." Entrei no carro, voltei, ele tocou a outra parte na Telecaster, aquela na qual acontece um diálogo de duas guitarras em "Rocks off", que ainda me deixa espantado. E ele foi direto, em uma tomada só. Bang, está pronto. E estou contente por ter sido assim.

Então o circo foi embora e lá estava eu em Nellcôte no fim do outono, com Anita, Marlon e uns poucos funcionários, quando as nuvens avançaram e o tempo ficou cinzento, tempestuoso, as cores mudaram; chegou o inverno, que foi bastante ruim, especialmente quando nos lembramos do verão. O tempo também ficou ameaçador. A *brigade des stupéfiants,* como era chamada a polícia antidrogas, estava em cima da gente. Reunindo provas, tomando depoimentos dos suspeitos de sempre sobre a admitida atividade em grande escala em Nellcôte, não só minha e dos caubóis, mas de todos os outros consumidores de *stupéfiants* do grupo. Estavam bisbilhotando e espionando, o que não era difícil. Em outubro, sofremos um arrombamento e minhas guitarras, um bom número delas, foram roubadas. Queríamos fugir, ir embora, mas as autoridades francesas não deixaram. Fomos informados de que estávamos oficialmente sob investigação por diversas acusações graves e teríamos que comparecer a uma audiência perante um juiz de instrução em Nice — na qual todos os mexericos e as acusações de informantes insatisfeitos ou pressionados pela polícia de Nellcôte seriam apresentados. Estávamos com um problema sério. Na França, não existe um *habeas corpus* digno do nome, o Estado tem todos os poderes. Podíamos ficar trancafiados durante meses, enquanto as investigações prosseguiam, se o juiz achasse que as evidências eram muito fortes, e talvez mesmo se ele não achasse. Foi aí, com o tempo voando, que a estrutura criada por nosso manager, príncipe Rupert Loewenstein, entrou em funcionamento. Mais tarde, ele criaria uma rede mundial de advogados, de pistoleiros legais de primeira categoria, para nos proteger. Naquela altura, ele conseguiu obter os serviços de um advogado chamado Jean Michard-Pellissier. Não poderíamos ter escolhido pessoa melhor. Ele fora advogado de De Gaulle e acabara de ser nomeado assessor do gabinete do primeiro-ministro Jacques Chaban-Delmas, de quem era amigo do peito. Além disso, nosso representante era também conselheiro legal do prefeito da região de

Antibes. Se não fosse suficiente, o talentoso sr. Michard-Pellissier também era amigo do *prefect* da região, o encarregado da polícia. Grande tacada, Rupert. A audiência aconteceu em Nice, com Rupert servindo como nosso intérprete. Lembro, depois que tudo acabou, de Rupert descrever como "aterrorizante" o que a polícia estava fazendo conosco. Mas também foi muito engraçado. Chegou a ser hilariante, uma comédia francesa de Peter Sellers, um filme no qual um investigador batia à máquina, de forma lenta e solene, enquanto o juiz entendia tudo de maneira radicalmente errada. Ele estava convencido de que dirigíamos uma enorme rede de prostituição e que a droga era comprada e vendida por gente sinistra que falava com sotaque alemão e por este guitarrista inglês. "Ele quer saber se você conhece um sr. Alphonse Guerini", ou qualquer coisa assim. "Nunca ouvi falar." "*Non, il ne le connaît pas.*" Quem quer que estivesse montando os mexericos fora obrigado a revestir as informações com exageros e invenções ridículas para obter a intervenção da *gendarmerie*. Assim, só foram apresentadas informações falsas. Loewenstein teve que frisar que não, trata-se de um homem tentando comprar coisas, não vendê-las, e os malfeitores queriam descobrir como poderiam cobrar-lhe o dobro ou mesmo o triplo do preço. Enquanto isso, as engrenagens de Michard-Pellissier estavam rodando. Assim, no lugar da perspectiva de ir para a prisão, até mesmo por alguns anos, uma possibilidade real, Anita e eu chegamos a um desses acordos legais estranhos que tive na minha vida. Foi decretado que deveríamos deixar o território francês até eu ser "admitido de volta". Mas teríamos que continuar a alugar Nellcôte, como uma espécie de fiança, a 2.400 dólares por semana.

Quando chegou aos jornais que os Stones estavam sendo investigados por tráfico de heroína, teve início uma longa saga. Os fantasmas estavam à solta. Aha, um problema de heroína no grupo e na indústria da música em geral. Veio com as calúnias de sempre, como a de Anita vender heroína a menores. Muitas histórias de bruxas entraram em circulação sobre as coisas ruins que aconteciam em Nellcôte. A história não terminou na França. Fomos para Los Angeles, mas enquanto estávamos fora, em meados de dezembro, a polícia fez uma batida em Nellcôte e encontrou o que procurava, embora ainda se passasse um ano inteiro antes da apresentação das acusações e de um mandado para minha prisão e a de Anita. Fomos considerados culpados de posse de drogas, multados e proibidos de entrar na França pelo prazo de dois anos. Todas as acusações mentirosas foram retiradas e eu pude finalmente parar de pagar o aluguel de Nellcôte, no qual joguei fora milhares de dólares.

O que levamos da França para LA foi apenas o material bruto de *Exile*, o verdadeiro esqueleto, sem *overdubs*. Em quase todas as músicas, colocamos um coro, pegamos algumas garotas de lá, e precisamos de um pouco mais de percussão em algumas faixas. Já tínhamos planejado adiante, sem notar. Em Los Angeles, basicamente pusemos a carne no esqueleto. Passamos quatro ou cinco meses em LA, no início de 1972, fazendo a mixagem e o *overdubbed* de *Exile on main st.* Lembro de ter sentado no estacionamento da Tower Records ou no dos estúdios Gold Star, ou de ter dirigido para cima e para baixo na Sunset, com o rádio ligado, esperando o momento preciso em que nosso DJ favorito colocaria para rodar uma faixa ainda não lançada, para que pudéssemos julgar a mixagem. Como ela soaria no rádio? Daria um single? Fizemos isso com "Tumbling dice", "All down the line" e muitas outras. Telefonávamos para um DJ na rádio KPLA e lhe mandávamos uma amostra. Com os dedos ainda queimando da última gravação, pegávamos o carro e íamos ouvir. Wolfman Jack ou outro de diversos DJs de LA colocariam a gravação e tínhamos um cara ao lado dele, para trazê-la de volta. *Exile on main st.* teve um começo lento. Era o beijo da morte fazer álbuns duplos, de acordo com a conversa das gravadoras, e elas tinham suas preocupações com relação ao preço, distribuição e coisas assim. O fato é que nos mantivemos firmes, dizendo, é assim que é, foi assim que fizemos, e se precisar de dois álbuns, é assim que vai ser. Foi um passo corajoso, totalmente contra todos os conselhos das empresas. No princípio, a impressão foi de que eles tinham razão. Mas então começamos a crescer e a crescer e sempre recebendo críticas incríveis. Se você não tomar atitudes corajosas, não vai chegar a lugar nenhum. Você tem que ampliar os limites.

Sentíamos que tínhamos sido mandados à França para fazer alguma coisa, que tínhamos feito, e eles poderiam muito bem ter tudo isso.

Quando esse trabalho terminou, Anita e eu estávamos morando em Stone Canyon. Eu voltei a me encontrar com Gram. Foi a última vez em que estive com ele. Stone Canyon era legal, mas tinha o problema de conseguir a droga. Há uma fotografia de Gram em sua motocicleta Harley, comigo no banco transeiro, usando óculos Biggles. Dizíamos assim: "Ei, Gram, para onde estamos indo?". "Passar pelas frestas da cidade." Ele me levava a lugares de LA de cuja existência eu nem suspeitava. Aliás, muitas das pessoas de quem me lembro ter comprado drogas eram garotas. *Female junkies*, ou FJ, como eram conhecidas no ramo. Uma ou duas vezes era um cara, mas a maioria das ligações de Gram era do sexo feminino. Ele achava que elas eram mais bacanas que os rapazes para vender drogas e tinham mais disponibilidade. "Consegui a droga, mas não tenho como tomar." Ele respondia: "Oh, eu conheço uma garota..." Ele tinha umas putas que moravam na Riot House, o Continental Hyatt House, na Sunset — muito popular entre as bandas, pois era barato e tinha lugar no estacionamento para os ônibus. E sempre havia uma garota muito bonita, totalmente viciada, para emprestar sua seringa. Isso foi antes dos dias de preocupação com a AIDS. Ela ainda não tinha aparecido naquela época.

Foi então que Gram conheceu Emmylou Harris, ouviu-a cantar pela primeira vez, embora isso tenha acontecido mais de um ano antes de gravar seus grandes duetos com ela. Olhe, aposto que isso não começou como uma ideia para cantar. Ele era um metido a conquistador filho da puta. A notícia ruim era que a droga de boa qualidade tinha desaparecido de todos os lugares da Costa Ocidental. Ficamos reduzidos a raspas de sapato mexicano, a *mexican shoe scrapings*, ou MSS, como costumávamos chamá-la. Era merda de rua de verdade, marrom, que vinha do México. Pareciam mesmo raspas de sapato e às vezes até eram. Houve ocasiões em que éramos obrigados a fazer um teste. Queimávamos um pouquinho em uma colher para ver se ela se liquefazia e a cheirávamos. Quando ela é queimada, tem um cheiro característico. Você não se importava se o cheiro vinha do batismo, pois heroína velha, heroína da rua, vinha batizada com lactose. Mas aquela coisa era grossa. Às vezes, era até difícil que ela passasse pela agulha. Foram tempos ruins.

Normalmente, nunca deixo as coisas chegarem ao ponto de ficar sem droga limpa. E a merda de rua foi o ponto em que tracei a linha que não queria cruzar. Decidi largar. Isso não é heroína, não é onde ela está. Tudo o que faz é manter o motor funcionando.

Um dia, você acorda e houve uma mudança de planos, você tem que ir a algum lugar inesperado e percebe que a primeira coisa na qual pensa é sobre como vai cuidar da droga. A primeira coisa na qual pensa não é a roupa de baixo, não é a guitarra, é como vai se drogar. Levo comigo e corro o risco? Ou arrumo uns números de telefone no lugar para onde vou, onde tenho certeza de que vou conseguir? Naquela hora, com uma excursão se aproximando, foi a primeira vez que a coisa me pegou. Tinha chegado ao fim do túnel. Não queria ficar preso no meio de lugar nenhum sem heroína. Este era meu maior medo. Era melhor me limpar antes de pegar a estrada. É muito ruim se desintoxicar sozinho, mas a ideia de pôr toda a excursão em risco se eu não conseguisse era demais, até mesmo para mim.

A validade do meu visto para ficar nos Estados Unidos tinha expirado e por isso teria que sair do país de qualquer maneira. Também já era hora de Anita e eu irmos embora de LA. Ela estava grávida de Angela, por isso é hora de se limpar, menina. Não acho que Anita estivesse particularmente viciada, ela não precisava da droga naquela época. E é lógico que nossa robusta Angela prova que não havia um risco sério para a saúde. Anita tomava uma dose de vez em quando. Era eu que ficava drogado quase o tempo todo. Era aterrorizante. Vivíamos na beira do precipício. Mas não acho que Anita e eu tivéssemos alguma dúvida de que poderíamos nos livrar da coisa. Era só uma questão de começar. Não lembro de ter sentido nenhum medo ou nervosismo com relação à desintoxicação. Era só, isto tem que ser feito, e tem que ser feito agora. Não podíamos fazer o tratamento na

Inglaterra ou na França, pois eu não podia entrar em nenhum desses dois países. Assim, a Suíça se transformou em nosso destino.

Eu me droguei bastante antes de subirmos no avião, já que estaria em crise de abstinência no momento em que chegássemos, e não tinha previsões de novos fornecimentos na Suíça. De fato, foi muito ruim. Houve confusão quando chegamos lá. Não lembro do que aconteceu, mas fui levado de ambulância do hotel para a clínica. June Shelley, que tinha tomado conta de todos os nossos assuntos em Nellcôte e estava na supervisão dessa viagem também, escreveu em suas memórias que achava que eu iria morrer na ambulância. Pelo menos, era assim que parecia. Não lembro de nada, eu me limitava a ser carregado de um lugar para outro. Levem-me para tal lugar, vamos passar logo por essa merda. Dopem-me, para que eu possa dormir o máximo possível durante as 72 horas que vai durar esse inferno.

Doutor Denber foi o responsável pela minha desintoxicação em uma clínica de Vevey. Ele era americano. Parecia ser suíço, barba bem raspada e óculos sem aro, parecido com Himmler. Falava com jeito do Meio-Oeste. O fato é que o tratamento do doutor Denber não me adiantou nada. Um velhaco muito astucioso também. Preferia ter feito a desintoxicação com Smitty, a enfermeira de Bill Burroughs, aquela matrona velha e cabeluda. Mas o doutor Denber era o único a falar inglês. Não havia nada que eu pudesse fazer sobre o caso. Se você tem um cara em crise de abstinência, tem um cara onde você quer.

Não sou capaz de imaginar o que as outras pessoas acham o que possa ser uma crise de abstinência. É pavoroso mesmo. Na escala das coisas, é melhor que ter a perna explodida numa trincheira. É melhor que morrer de fome. Mas não queira passar por isso. O corpo todo fica perto de se virar do avesso e se repele a si mesmo durante três dias. Você sabe que depois desses três dias ele vai se acalmar. Mas vão ser os três dias mais longos de sua vida, e fica imaginando por que você está fazendo aquilo consigo mesmo, quando podia viver uma vida de astro do rock fodido de rico. E ali está você, se contorcendo e subindo pelas paredes. Por que você faz isso consigo mesmo? Não sei. Até hoje, não sei. Sua pele se arrasta, seus intestinos batem violentamente. Você não pode impedir que seus membros fiquem saltando e se movendo sem controle, você está cagando e vomitando ao mesmo tempo. A merda vem para seu nariz e seus olhos e a primeira vez em que isso acontece de verdade é quando um homem diz "caí no laço". Mas nem isso impede um homem razoável de voltar.

Enquanto eu estava na clínica, Anita teve nossa filha, Angela. Logo que saí do trauma, peguei uma guitarra e compus "Angie" em uma tarde, sentado na cama, pois finalmente conseguia mexer os dedos e colocá-los outra vez nos lugares certos. Não me sentia mais como se tivesse que sujar os lençóis, subir pelas paredes ou me sentir um maníaco. Só fui seguindo, "Angie, Angie". Não era sobre ninguém em especial, era um nome, como em "ohhhh, Diana". Eu não sabia que Angela iria se chamar Angela quando compus "Angie". Naquele tempo, a gente não sabia qual seria o sexo da coisa antes que ela estourasse. Anita tinha dado a ela o nome de Dandelion. Ela só ganhou o segundo nome, Angela, porque nasceu em um hospital católico, e lá insistiram para que ela recebesse um nome "apropriado". Logo que Angela cresceu um pouquinho, pediu: "Nunca mais me chame de Dandy".

Ethan Russell

Capítulo Nove

Embarcamos para a grande turnê de 1972; doutor Bill abre sua maleta de remédios e Hugh Hefner nos convida para pernoitar. Conheço Freddie Sessler. Mudamos para a Suíça e depois para a Jamaica. Bobby Keys e eu temos um problema e somos salvos pelo Rei do Abacaxi do Havaí. Compro uma casa na Jamaica; Anita é presa e expulsa do país. Gram Parsons morre e colocamos o mais provável no seu lugar. Ronnie Wood entra para a banda.

A grande e feia turnê dos Stones de 1972 começou no dia 3 de junho. Você pode perceber como uma pessoa sensível como Keith podia precisar de medicação, mas nada daquilo me estimulou. Esperava coisa melhor. O idealismo da excursão de 1969 terminara em desastre. O cinismo da de 1972 incluía Truman Capote, Terry Southern (e incluiria William S. Burroughs se o Saturday Review tivesse chegado ao preço de Bill), princesa Lee Radziwill e Robert Frank. Os shows paralelos de destaque da excursão envolviam um médico acompanhante, hordas de traficantes e groupies, grandes cenas de sexo e drogas. Poderia lhe descrever, em íntimos detalhes, as profanações públicas e orgias de que fui testemunha e das quais participei durante aquela excursão, mas depois que você vê suficiente fetuccini em montes de veludo, poças de urina quente em tapetes grossos e gigantescas ondas de órgãos sexuais vomitando, tudo parece caminhar junto. Mais ou menos assim: viu um, viu todos. As variações são triviais.

— *Stanley Booth,* Keith: Standing in the shadows

Nunca tinha estado em nada assim. Já estivera antes em viagens com pessoas extraordinárias, mas elas estavam sempre voltadas para fora... Isso excluía totalmente o mundo exterior. Nunca sair, nunca saber em qual cidade está... Eu não estava acostumado com isso.

— *Robert Frank, fotógrafo e diretor,* Cocksucker blues

A turnê de 1972 ficou conhecida por outros nomes — a turnê do nascer do Sol de Cocaína ou Tequila ou STP, a Stones Touring Party, a Festa Ambulante dos Stones. Virou um mito na lista de excessos descrita por Stanley Booth, citada anteriormente. Eu, pessoalmente, não vi nada disso. Ou Stanley estava exagerando ou era um rapaz muito inocente. Naquela época, não conseguíamos fazer reservas em nenhum hotel de categoria superior à de um Holiday Inn. Por isso, passamos a alugar andares inteiros de hotéis, nos quais mais ninguém era admitido, para que alguns de nós — como eu — tivéssemos privacidade e segurança. Era a única maneira de ter um pouco de certeza de que, quando dávamos uma festa, pudéssemos controlar a situação ou pelo menos ter algum aviso se surgissem problemas.

A *entourage* tinha explodido em termos de números, de *roadies* e técnicos, de aproveitadores e *groupies*. Pela primeira vez, viajamos em um avião próprio, alugado, no qual foi pintado o símbolo da língua dando a volta. Transformamo-nos em uma nação pirata, movendo-nos em grande escala sob nossa própria bandeira, com advogados, palhaços, atendentes. Para os caras que dirigiam a operação, haveria talvez apenas uma castigada máquina de escrever e os telefones do hotel ou da rua, isso para uma excursão cobrindo toda a América do Norte e passando por trinta cidades. Foi um grande feito de organização realizado pelo nosso novo gerente de excursão, Peter Rudge, um general de quatro estrelas no meio dos anarquistas. Quem fazia a abertura para nós, em quase todas as cidades, era Stevie Wonder, que na época mal tinha 22 anos.

Lembro das histórias sobre Stevie que ouvi quando excursionávamos pela Europa com sua grande banda. Eles diziam: "O filho da mãe pode enxergar, entramos num hotel desconhecido, ele apanha as chaves e vai direto para o elevador". Descobri depois que ele tinha memorizado a planta de um hotel Four Seasons. Cinco passos até ali, dois passos para o elevador... Para ele, não era grande coisa. Ele fazia isso só para sacanear os outros.

A banda estava ótima naquela excursão. É melhor ler as impressões de outro redator residente, Robert Greenfield. Tínhamos muitos redatores naquela excursão — parecia uma campanha política em termos de cobertura. Nosso velho amigo Stanley Booth não quis nos acompanhar, desgostoso com o novo bando de socialites e escritores famosos que tinham diluído o outrora puro lema "The ballrooms and smelly bordellos/ And dressing rooms filled with parasites" (Os salões de baile e bordéis fedorentos/ E camarins repletos de parasitas). Mas continuamos a tocar.

> **Robert Greenfield:** Em Norfolk, Charlotte e Knoxville, o conjunto parece flutuar do começo ao fim, os músicos completamente focados um no outro e no tempo, como um time de campeonato nos seus melhores e mais fluentes momentos. Mas só pessoas que ouvem, como Ian Stewart e os Stones e seus músicos de apoio, conseguiam perceber a mágica que estava surgindo. Todos os outros ou estavam preocupados com a logística ou tentando encontrar uma maneira de ir embora.

Vamos chamar o médico acompanhante citado por Stanley de doutor Bill, para lhe dar uma aura burroughsiana. Ele apresentava sua especialidade como sendo medicina de emergência. Mick estava ficando nervoso, com motivos, porque havia pessoas que queriam pegá-lo. Tinha recebido ameaças e havia doidos de olho nele, pessoas dispostas a se aproximar para agredi-lo, e os Angels queriam vê-lo morto. Por isso, queria um médico por perto, para mantê-lo vivo se levasse um tiro enquanto estava no palco. O doutor Bill estava ali, porém, principalmente para pegar bucetas. Como era um médico jovem e bonito, conseguiu várias.

Ele mandou imprimir cartões nos quais se apresentava como "Dr. Bill. Médico dos Rolling Stones". Costumava circular entre a audiência antes de entrarmos no palco e distribuía vinte ou trinta cartões para as garotas mais gostosas, bonitas, mesmo se estivessem acompanhadas por um cara. Escrevia nas costas o nome do nosso hotel e o telefone da suíte para a qual as moças deveriam ligar. Mesmo garotas acompanhadas iam para casa e depois voltavam. Davam o cartão ao guarda e o doutor Bill sabia que entre cada seis ou sete que vinham, haveria uma ou duas que ele poderia pegar, dizendo que iria apresentá-la a nós. Apanhava alguém todas as noites. Ele também tinha uma caixa com todos os tipos de substâncias, Demerol, o que você quisesse. Preparava receitas em todas as cidades. Nós costumávamos mandar garotas ao seu quarto para trazer a maleta de remédios. Chegava a se formar uma fila no quarto, com um saco de lixo para as seringas, enquanto ele aplicava o Demerol.

Em Chicago, somando-se à nossa impopularidade com os encarregados das reservas, havia uma grande falta de quartos de hotel disponíveis. Havia uma convenção de ferramentas, uma convenção do McDonald's, uma convenção de mobílias, os lobbies estavam cheios de crachás com nomes. Assim, Hugh Hefner achou que poderia ser engraçado convidar alguns de nós para ficar hospedados na Playboy Mansion. Acho que se arrependeu. Hugh Hefner era biruta. Conhecemos dos mais baixos aos mais altos cafetões. Hefner era o mais alto, mesmo assim um cafetão. Ele abriu o lugar para os Stones e ficamos lá mais de uma semana. Com todos os mergulhos na sauna e as coelhinhas, aquilo era basicamente um puteiro, coisa de que eu não gosto. As recordações, porém, são muitíssimo nebulosas. Sei que nos divertimos um bocado por ali. Sei que ficamos chapados. Hefner tinha sido baleado um pouco antes de nossa chegada, e o lugar lembrava o palácio do governo de uma ditadura do Caribe, cheio de seguranças pesadamente armados por todos os lados. Mas Bobby e eu evitamos isso e os turistas que tinham vindo nos ver tocar na Playboy Mansion tiveram de procurar suas próprias formas de entretenimento.

O doutor estava lá, e pegávamos coelhinhas para ele. O trato era: "Pegamos algumas coisas na sua maleta sem pagar e você pode ficar com as garotas". Eu achava que, se a peça estava escrita, devia representá-la até o fim. Bobby e eu levamos as coisas um pouco longe demais quando ateamos fogo no banheiro. Bem, não fomos nós, foi a droga. Não foi culpa nossa. Bobby e eu estávamos sentados no banheiro, um banheiro bonito, confortável. Estávamos sentados no assoalho. Tínhamos pegado a maleta do doutor e experimentávamos de tudo um pouco. "O que será que essas fazem?" *Bang.* E a certa altura... uma conversa sobre neblina, fumaça. Bobby disse: "Aqui está cheio de fumaça". Olhei para Bobby e não consegui enxergá-lo. As cortinas estavam pegando fogo, estava tudo quase indo de uma vez. Até o ponto em que não conseguia ver Bobby, ele tinha desaparecido no nevoeiro. "É, eu acho que há um pouco de fumaça demais aqui dentro." Foi uma reação verdadeiramente lenta. De repente, ouvi uma pancada na porta e os sistemas de alarme começaram a soar, *bip, bip bip.* "O que é este barulho, Bob?" "Não sei. Será que é melhor abrir a janela?" Alguém grita através da porta: "Vocês estão bem?". "Oh, yeah, estamos na porra da melhor, cara." Aí ele foi embora e nós ficamos sem saber o que fazer. E se a gente calar a boca, for embora e pagar o conserto? Um pouco depois, houve um alvoroço na porta, garçons e sujeitos de terno preto carregando baldes de água. Conseguiram abrir a porta e nos viram sentados no chão, as pupilas bastante fixas. Eu disse: "Nós mesmos poderíamos ter feito isso, como tiveram a coragem de invadir nossa privacidade?". Hugh levantou acampamento logo depois e se mudou para LA.[1]

Só acredito que algumas das minhas piores noites ocorreram mesmo porque há provas do que eu fiz. Não é à toa que sou famoso como festeiro! E a maior festa de todas, se isso ajuda, é não conseguir me

1 Ele se lembra, em seu *Little black book,* de um memorando datado de 28 de junho de 1972: "Para seu conhecimento, a seguir está a lista de danos que resultou da visita dos Rolling Stones: o tapete branco do banheiro vermelho e azul foi queimado e precisou ser substituído; o assento do toalete também foi queimado e teve de ser substituído; dois tapetes de banho e quatro toalhas também foram queimadas; a cadeira e o sofá da sala vermelha estão manchados, possivelmente a ponto de precisarem ser estofados novamente; a colcha do quarto vermelho está muito manchada. Esperamos que saia com a limpeza".

lembrar delas. Tenho alguns pequenos flashes do que fiz. "Você não se lembra de ter disparado a arma? Puxe o tapete e olhe os buracos, cara." Fico com um pouco de vergonha e embaraçado. "Não consegue lembrar-se daquilo? Quando você tirou o pinto para fora, balançando naquele candelabro, e o enrolou em uma nota de cinco libras?" Negativo, não me lembro de nada.

É muito difícil explicar os motivos desse excesso de festas. Você não dizia: "Certo, vamos dar uma festa hoje à noite". Ela simplesmente acontecia. Era um tipo de escape, acredito, embora não de forma intencional. Fazendo parte de uma banda, você se sente muito engaiolado e, quanto mais famoso fica, mais se sente dentro de uma prisão. Você passa por muita coisa só para não ser você por algumas horas.

Posso improvisar quando estou inconsciente. Aparentemente, este é um dos meus truques mais surpreendentes. Tento e fico em contato com o Keith Richards que conheço. Mas não sei se há outro que aparece vagando de vez em quando. Algumas das melhores histórias que contam sobre mim têm relação com períodos em que não estava ali, pelo menos não conscientemente. Estou obviamente operando, pois ouvi a confirmação de muitas pessoas, mas posso chegar a um ponto, especialmente depois de tomar cocaína alguns dias, no qual eu simplesmente me divido, onde acho que estou desabado e dormindo, mas na verdade estou fazendo coisas bem desagradáveis. Isso se chama estender o envelope. Mas ninguém me mostrou o tamanho do envelope. Há certo ponto no qual tudo some de repente, pois você estava estendendo o limite para muito longe, mas é divertido demais, e você está compondo música, há algumas putas e você entra naquela de rock and roll e carradas de amigos estão chegando para reabastecer você, e há um ponto em que o interruptor é desligado e você continua. É como se um gerador entrasse em funcionamento, mas a memória e a mente se foram totalmente. Meu amigo Freddie Sessler seria uma mina de informações sobre isso, que Deus o tenha.

Candelabros me trazem uma lembrança sobre a qual posso dizer que escapei por pouco. Eu a anotei em um caderninho sob o título "Uma carabina celestial".

Uma dama (sem nome) a quem eu estava entretendo ficou tão agradecida que insistiu em também me entreter. Tirou a roupa até ficar nua, deu um pulo para cima e se agarrou ao enorme candelabro. Então, passou a praticar diversos exercícios muito atléticos, e fez com que maravilhosos feixes de luz corressem pelo quarto. Grande entretenimento. Aí, com a leveza de um acrobata, ela se deixou cair e pousou no sofá a meu lado. Naquele momento o candelabro se soltou do teto e estourou no chão. Ela e eu nos abraçamos sob uma explosão de cristais, rindo histericamente enquanto chovia cristal sobre nós. Aí, ficou ainda mais divertido.

Tivemos aborrecimentos com Truman Capote, autor de *A sangue-frio*, que fazia parte do grupo de amigos da sociedade de Mick que se agregaram à excursão. Nela, estava incluída a princesa Lee Radziwill, a quem chamávamos de princesa Radish (Rabanete), da mesma forma que Truman era apenas Truby. Ele estava a serviço de alguma revista que pagava muito bem e, assim, ostensivamente estava ali a trabalho. Truby disse alguma coisa vulgar e pesada nos bastidores — estava sendo um velho chato, na realidade se queixando do barulho. Foi só um comentário bichento e sarcástico. Às vezes, não ligo para isso, mas em outras me entra pelo nariz. Isso aconteceu depois de um show e eu já estava viajando. O filho da mãe precisava receber uma lição. Quero dizer, aquela atitude esnobe de Nova York. Estava em Dallas. Fiquei um pouco zangado. Lembro de dar alguns chutes na porta do quarto de Truman depois de voltar ao hotel. Eu enchi a porta de ketchup que tinha tirado de um carrinho. "Venha aqui para fora, bicha velha." "O que está fazendo aqui?" "Quer sangue-frio? Já está a caminho, Truby!" "Saia e repita tudo aqui no corredor." Tomada fora de contexto, a cena faz com que eu pareça um cara muito mal-educado, mas eu tinha sido provocado.

Foi muito engraçado quando Truman, por algum motivo desconhecido, se encantou por Bobby. Truman foi ao show de Johnny Carson no fim do período em que ficou com os Stones, e Johnny perguntou o que achara daquela excitação do rock and roll e das coisas bizarras que andara fazendo. Oh, sim, estava na excursão dos

Rolling Stones. Bobby estava vendo a entrevista na TV, naturalmente. Johnny pediu: "Conte algumas de suas experiências. Quem você conheceu?". "Oh, eu conheci um rapaz maravilhoso do Texas." E Bobby gemia: "Não, não faça isso". O telefone de Bobby começou a tocar imediatamente. Era da Liga dos Cavalheiros do Texas. "Ah, você e Truman, hein?"

Lembro do show em Boston, no dia 19 de julho de 1972, por duas razões. Uma foi a escolta que a polícia de Boston nos ofereceu para chegar ao estádio quando seus colegas de Rhode Island quiseram nos trancafiar. Tínhamos desembarcado em Providence, vindos do Canadá, e enquanto revistavam toda a bagagem, fui dormir sob a proteção de um caminhão do corpo de bombeiros, um daqueles bonitos, com curvas antigas e proteção contra lama. De repente, houve uma súbita explosão de calor — um flash bem na minha cara. Dei um pulo e agarrei a máquina fotográfica. Foda. Chutei o fotógrafo. Fui preso, e Mick, Bobby Keys e Marshall Chess exigiram ser presos comigo. Tenho de ser agradecido a Mick por isso. Naquele dia, em Boston, os porto-riquenhos ficaram bravos e estavam armando merda em sua parte da cidade. O prefeito de Boston pediu: "Deixem esses porras saírem agora mesmo, pois já tenho de cuidar de um distúrbio, e não me arrume outro distúrbio por causa dos Rolling Stones no mesmo dia". Assim, nos soltaram e os guardas nos escoltaram depressinha para Boston, com batedores e fanfarra cívica.

O outro grande acontecimento do dia foi a batida na porta de meu quarto de hotel que me levou a encarar Freddie Sessler pela primeira vez. Não sei como ele conseguiu chegar lá, mas naquele tempo todo mundo que quisesse entrava em meu quarto. Isso não acontece mais — não dá para aguentar o movimento —, mas naquela hora eu não estava ocupado e ele parecia ser uma pessoa intrigante. Judeu até a medula, vestindo roupas ridículas. Que sujeito. "Tenho uma coisa da qual você vai gostar", ele disse. E puxou quase 30 gramas, na embalagem ainda com o selo, de pura cocaína Merck. A difícil de ser encontrada. "É um presente, gosto muito das suas músicas." Era daquela que quando você abre, quase flutua para fora do vidro, *chuá*. Eu gostava de cocaína de vez em quando até aquela época, mas não da cocaína que obtinha dos traficantes na Inglaterra, merda da rua, que você nunca sabia se era anfetamina. A partir daquele dia, uma vez por mês, Freddie me presenteava com 30 gramas de cocaína pura. Nunca lhe dei dinheiro, Freddie nunca quis ser classificado como um "fornecedor". Ele não era um traficante para quem você podia telefonar e perguntar se tinha alguma disponível.

Ele estava além disso. Freddie e eu tivemos uma empatia admirável. Ele tinha uma personalidade incrível. Era vinte anos mais velho do que eu. Sua história, mesmo pelos padrões da experiência média dos judeus que passaram pela invasão da Polônia pelos nazistas, era cheia de horrores. Sua sobrevivência foi quase um milagre. Dos 54 membros de sua família na Polônia, só três sobreviveram. Uma história não muito diferente da do jovem Roman Polanski, obrigado a se virar sozinho e a fugir dos nazistas que tinham levado o resto de suas famílias para os campos de concentração. Não soube dos detalhes por algum tempo, mas enquanto isso Freddie tornou-se rapidamente parte da excursão. Assumiu o papel de meu segundo pai pelos catorze ou quinze anos seguintes, provavelmente sem perceber. Reconheci alguma coisa em Freddie quase imediatamente. Ele era um pirata, um aventureiro, um cara de fora do sistema, mas ao mesmo tempo tinha contatos extraordinariamente bons. Era incrivelmente engraçado, de humor afiado como uma navalha, com toda a experiência que tinha. Havia feito fortuna umas cinco vezes antes, perdido tudo e juntado dinheiro outra vez. A primeira foi com lápis. Ele comentou: "Já notou que o lápis fica menor cada vez que o usa?". Fez uma fortuna com material de escritório. Depois, teve outra ideia. Durante uma hora, voou em torno de Nova York, seguindo um padrão, observando os edifícios e suas lâmpadas. Quem estivesse fornecendo aquelas lâmpadas faria uma fortuna fodida. Duas semanas depois, era ele. Ideias muito simples. Outras não eram tão simples, nem tiveram tanto sucesso. Veneno de cobra para tratar esclerose múltipla. Pôs muito dinheiro no fracassado Amphicar, um veículo anfíbio descrito em um comentário como "o automóvel que pode revolucionar o afogamento".

Nunca foi para a frente. Dan Aykroyd teve um, mas quem, a não ser ele, precisa de um carro capaz de atravessar rios quando se tem pontes? Freddie era uma espécie de Leonardo, mas dirigir os negócios? Esqueça. No minuto em que começava a funcionar, ele ficava cansado e estourava tudo.

Naturalmente, Mick não viu Freddie com bons olhos, o que também aconteceu com muitas outras pessoas. Gram provavelmente abriu uma distância maior entre Mick e eu do que Freddie, pois era músico. Mas Mick não gostava de Freddie. Só o suportava porque incomodar Freddie seria me incomodar. Acho que Freddie e Mick passaram uns dois momentos bons juntos, mas isso era raro. Freddie fazia coisas para Mick das quais eu nem tomava conhecimento, o punha em contato com putas (apesar de Mick dizer que nunca foi a um puteiro com Freddie). Ele alisava o caminho de Mick. Mick entrava em contato com Freddie quando queria alguma coisa, e Freddie fazia o que ele pedia.

Havia gente que falava mal de Freddie dizendo que ele era mal-educado, grosseiro, vulgar. Por que não seria? Podem pensar o que quiserem dele, mas Freddie foi um dos melhores homens que eu conheci. Horrível de todo, revoltante. Totalmente fora dos padrões, estúpido às vezes, mas sólido. Não consigo imaginar outra pessoa que fosse sempre tão sólida. Naquela época, eu também era grosseiro e fora dos padrões. Eu provocava Freddie para que fosse mais desagradável do que ele queria, o que era culpa minha. Mas eu sabia que aquele homem tinha alguma coisa por dentro. Ele não ligava, não se importava com nada. Achava que tinha morrido aos quinze anos. "Eu já morri, mesmo ainda estando vivo. Tudo o que vier daqui pra frente é um bônus, mesmo se for merda. Vamos transformar a merda em bônus, se pudermos." Era dessa maneira que eu interpretava a atitude básica de "foda-se" de Freddie. Quinze anos foi a idade em que viu seu avô, a pessoa que mais respeitou na vida, ser torturado e depois morto a tiros por dois oficiais nazistas, em plena luz do dia, na praça principal de sua cidade, enquanto ele continha sua avó, aterrorizada. O avô fora escolhido para sofrer essa punição horrível porque era o líder da colônia judaica na área. Freddie também foi preso e esta foi a última vez em que viu algum de seus parentes que moravam então na Polônia. Todos foram levados para os campos.

Freddie deixou um manuscrito autobiográfico, dedicado a mim, o que me encabula, porque a outra pessoa a quem era dedicado foi Jacob Goldstein, o avô cujo assassínio ele presenciou. Nele, há muitos horrores que viu, mas é também uma fascinante história de sobrevivência, muito Pasternak com relação ao tema, e explica como se formou aquele homem de quem fui tão chegado. Ele começa descrevendo, por exemplo, a família de classe média judaica que levava uma vida confortável na Cracóvia em 1939. Passa para a casa de verão que tinham no campo, com seus estábulos e celeiros, câmaras de defumação e gramados bem tratados, e para a mulher cigana que apareceu atravessando os campos de papoulas e disse "Vou ler sua sorte", e cruzou a palma da mão com prata e tudo o mais. E ela previu um futuro ruim para toda a família, a não ser especificamente três pessoas, duas das quais estavam fora da Polônia. A terceira era Freddie, a quem disse que iria para o leste, para a Sibéria.

Os alemães chegaram em setembro de 1939. Freddie foi mandado para um campo de trabalhos forçados na Polônia, uma prisão organizada às pressas da qual conseguiu fugir. Passou semanas se escondendo em uma floresta congelada, viajando à noite, roubando comida das fazendas e tomando a direção do leste, da parte da Polônia ocupada pelos russos. Atravessou um rio congelado à noite, com as balas zunindo à sua volta, e caiu diretamente nos braços do Exército Vermelho. Eram os dias do pacto Hitler-Stalin, mas qualquer coisa era melhor que os alemães. Freddie foi mandado para um *gulag* na Sibéria, como a cigana tinha previsto.

Freddie tinha dezesseis anos. A narrativa, de castigos e desespero sem fim, é mais ou menos como a trama de *Candide*, com descrições das condições na Sibéria às quais Freddie conseguiu sobreviver. Mais tarde, no decorrer de sua vida, Freddie acordaria no meio da noite, gritando, com pesadelos sobre aquele tempo.

Ele e os outros poucos prisioneiros poloneses que ainda estavam vivos foram libertados quando a Alemanha invadiu a Rússia. Com milhares de presos libertados de outros campos, Freddie partiu para chegar à linha ferroviária, uma distância de cerca de 150 quilômetros. Só trezentos conseguiram. Freddie alistou-se no Exército polonês em Tashkent, contraiu tifo, foi dispensado e se alistou na Marinha polonesa em 1942. Seu trabalho era ficar longas horas observando o radar. O médico do navio o apresentou à cocaína farmacêutica. A partir daí, as coisas passaram a ficar um pouco melhores.

Siegi, irmão de Freddie, o outro sobrevivente entre os sete filhos da família, estava em Paris, na Sorbonne, quando os alemães invadiram a Polônia. Ele se alistou no Exército polonês e conseguiu chegar à Inglaterra. Freddie foi morar com ele em Londres depois da guerra. Siegi se tornou um famoso dono de clubes e restaurantes, um dos proprietários do Les Ambassadeurs, que se transformou rapidamente em um ponto de encontro dos generais de quatro estrelas e dos astros de Hollywood que iam à Inglaterra divertir as tropas americanas. Depois de abrir o Siegi's Club na Charles Street, em Mayfair, em 1950, tornou-se amigo particular de pessoas como Frank Sinatra, Ronald Reagan e Bing Crosby. O local era frequentado assiduamente pela princesa Margaret, Aga Khan e pessoas assim. Dessa forma, Siegi e, por consequência, Freddie, que conhecia Sinatra e Marilyn Monroe, tinham ligações muito boas. Isso serviu a Freddie em pelo menos duas ocasiões, pelo que eu sei. Uma quando ele estava passando por um aeroporto de Nova York e foi preso por causa de alguma coisa que havia em sua mala. Iam expulsá-lo, mas por algum motivo não o fizeram — e o incidente todo foi apagado. E muito mais tarde, em 1999, durante a "No Security Tour", ele foi preso por posse de drogas em Las Vegas, levado para a cela, a bagunça toda. Freddie deu um telefonema — isso foi assistido por Jim Callaghan, meu segurança na época — e três horas depois ele recebia uma mensagem com um pedido de desculpas do gabinete do prefeito e o material e o dinheiro foram devolvidos.

Quando conheci Freddie, ele era o dono do Hair Extension Center (Centro de Extensão Capilar), de Nova York. O local fora inspirado pelas extensões que usava trançadas no cabelo. Suas drogas favoritas eram a cocaína e os Quaaludes, e ele tinha acesso aos produtos de melhor qualidade. Uma organização em Miami, que tratava a obesidade com moderadores de apetite e Quaaludes, que se transformou no Miami Venom Institute, para tratar doenças degenerativas com veneno de cobra, tinha sido fechada pelo FDA. Freddie a transferiu para a Jamaica, onde teve problemas sérios com o governo. Freddie era dono de farmácias. E também era dono de médicos. Ele os espalhara em posições estratégicas por Nova York, e eles assinavam receitas em branco para as suas farmácias. Ele comprou uma empresa de material de escritório e fornecia ao médico, velho e cansado, um bloco de receitas. A cada semana, produtos farmacêuticos no valor de 20 mil dólares iam e vinham dos diversos negócios de Freddie. Nunca vendeu drogas "para fins de recreação", mas gostava de dar aos amigos o mesmo acesso que tinha, gostava de liberá-los, como dizia, da obrigação de conseguir drogas na rua. Ele ficava muito satisfeito por contribuir para o prazer de alguém e para o aumento da glória do rock and roll.

Freddie vestia ternos terríveis. Usava botas de caubói e ternos de passeio com as pernas das calças enfiadas nos canos. "Gostou? Muito legal, não é?" Um paletó fodido de seda e calças largas nos quadris, com uma bunda enorme se projetando para trás. O gosto de Freddie para se vestir era totalmente inacreditável. Ele era polonês. Tinha umas namoradas que o vestiam deliberadamente de maneira ridícula e depois o ficavam elogiando. Camisa estampada havaiana, terno marrom com as calças enfiadas em botas de caubói, e ainda lhe punham um chapéu coco. Mas Freddie não ligava nada para isso, sabia o que estava acontecendo. Estava sempre atrás de garotinhas jovens e de *groupies* nos lobbies dos hotéis. Às vezes, me deixava aborrecido e revoltado. Como quando estava com três garotas que pareciam menores de idade no quarto. "Freddie, mande elas embora. Não vamos chegar lá, baby."

Uma vez, em Chicago, fizeram uma festa muito grande em meu quarto. Havia um monte de garotinhas, as *groupies* de Freddy. Elas estavam lá havia doze horas e eu já estava ficando cheio. Mandei-as embora várias vezes e elas não iam. Queria o quarto vazio e ninguém ligava para mim. "Tirem as bundas daqui." Depois de cinco minutos, fiquei cansado. *Bum*. Disparei um tiro no assoalho. Ronnie e Krissie, sua primeira mulher, também estavam lá. Assim, eu sabia que não havia ninguém no quarto deles, que era diretamente abaixo do meu. Esvaziaram o quarto numa nuvem de poeira, saias e sutiãs. O que me surpreendeu foi que depois do tiro, enquanto eu guardava a arma, esperando a segurança do hotel ou os tiras, porra, nada aconteceu! Em todas as vezes que foram disparados tiros em quartos de hotel e eu estava presente, nunca, em nenhuma ocasião, apareceu a polícia ou a segurança do hotel. Pelo menos, não nos Estados Unidos. Sou obrigado a confessar que andei usando armas demais, mas não era o caso naquela época. Parei quando me desintoxiquei.

Havia muita gente que não gostava de Freddie, a direção o odiava. "Este cara é ruim para Keith." Gente como Peter Rudge, o manager, e Bill Carter, o advogado, viam Freddie como um risco muito grande. Mas Freddie não estava apenas se embriagando de autossatisfação. Ele tinha a bela e meio louca visão de mostrar o que se é de verdade, não importa como ou quando. De certa forma, Freddie era parte daquela coisa da década de 60. Não tinha medo de romper os limites. Quem somos nós para nos curvarmos diante de cada policial maldito, de cada convenção social? (Que ficaram ainda piores, Freddie as odiaria agora.) Estava só arranhando a superfície, tentando ver o que havia debaixo da pele dessas pessoas. Na maior parte das vezes, você vai ver que há poucas convicções substanciais no interior, se conseguir tirá-las para fora. Elas desmoronam.

Freddie e eu sabíamos o que tínhamos a oferecer um ao outro. Freddie me dava proteção. Ele tinha um jeito de filtrar pessoas para fora da gangue envolvida na viagem. Posso entender as pessoas que viam Freddie Sessler como uma ameaça. Primeiro, ele era muito chegado a mim, o que significava que não seria controlado com facilidade. Isso constituía, basicamente, noventa por cento do muro. Sempre ouvi histórias de como Freddie me explorava, comprava e vendia ingressos, coisas assim. E daí, porra? Comparado ao espírito e à amizade? Vá em frente, amigo, compre e venda ingressos todas as vezes que quiser.

Nos quatro anos seguintes, mais ou menos, fiz da Suíça minha base. Não podia morar na França, por questões jurídicas, ou na Grã-Bretanha, por razões fiscais. Em 1972, nos mudamos para Villars, nas montanhas sobre Montreux, a leste do lago Genebra — um lugar bem pequeno e retirado. Podíamos chegar de esqui — eu pratiquei esqui — à porta dos fundos. Quem achou o lugar para mim foi Claude Nobs, um amigo meu que deu início ao Festival de Jazz de Montreux. Fiz outros conhecidos. Sandro Sursock se transformou em um amigo fiel. Era afilhado de Aga Khan, um cara admirável. Havia outro sujeito, chamado Tibor, cujo pai tinha ligações com a embaixada da Checoslováquia. Um maldito eslavo típico, um desordeiro filho da mãe. Ele agora mora em San Diego e cria cachorros. Era amigo de Sandro. Os dois ficavam rondando a saída do colégio de meninas do lugar e faziam as escolhas. Divertiam-se muito. Saíamos todos rodando por ali em automóveis — no meu caso, um Jaguar E-Type.

Naquela época, fiz uma declaração numa entrevista que acho que vale a pena lembrar: "Até meados da década de 1970, Mick e eu éramos inseparáveis. Tomávamos todas as decisões pelo grupo. Juntávamos e púnhamos tudo em movimento, escrevíamos as músicas. Mas, depois que nos separamos, comecei a trilhar meu caminho, que era a descida para o abismo da cidade das drogas, e Mick subiu para o espaço dos jatos. Estávamos tratando de muitos problemas que foram surgindo, sendo quem éramos e o que tinham sido os anos 60".

Mick de vez em quando me visitava na Suíça, para conversar sobre "reestruturação econômica". Passávamos metade do tempo sentados, conversando sobre advogados tributaristas. Os meandros das leis sobre impostos da Holanda comparados com a legislação de impostos britânica e a legislação de impostos francesa. Todos esses ladrões de impostos estavam mordendo nossos calcanhares. Eu tentava não pensar nisso. Mick era um pouco mais prático. "As decisões que tomarmos agora vão afetar blá-blá-blá". Mick fazia o trabalho e eu pegava uma pitada. A desintoxicação nem sempre funcionava nos períodos entre as excursões, quando eu não estava trabalhando.

Anita tinha se desintoxicado quando estava grávida, mas um minuto depois de ter o bebê voltou às drogas, mais, mais e mais. Pelo menos podíamos estar na estrada juntos, com as crianças, quando embarcamos para a Jamaica a fim de gravar *Goats head soup*, em novembro de 1972.

Fui à Jamaica pela primeira vez para um lugar chamado Frenchman's Cove em 1969. Podia ouvir o ritmo em volta. Free reggae, rocksteady e ska. Naquela área, especialmente, você não ficava muito perto da população, havia só brancos por ali e você ficava isolado da cultura local, a não ser que quisesse sair e procurar de verdade. Conheci uns sujeitos muito bacanas. Na época, eu estava ouvindo muito Otis Redding e os caras se aproximaram, dizendo que aquela música era muito legal. Descobri que na Jamaica eram captadas duas estações de rádio dos Estados Unidos, que chegavam lá com um sinal bem claro. Uma era de Nashville e, como é lógico, tocava música country. A outra era de Nova Orleans, e ela também tinha um sinal incrivelmente potente. Quando voltei à Jamaica, no fim de 1972, descobri que o que eles faziam era ouvir as duas estações e misturar tudo. Ouça "Send me the pillow that you dream on", a versão reggae que foi lançada então pelos Bleechers. A seção rítmica é Nova Orleans, o canto e a música são Nashville. Você tem basicamente o rockabilly, a união do branco e do negro de uma forma espantosa. As melodias de um com a batida do outro. Era a mesma mistura do branco e do negro que levou ao rock and roll. E assim, ali eu já estava na metade do caminho!

Naqueles dias, a Jamaica era muito diferente do país de hoje. Em 1972, o lugar estava estourando. Os Wailers estavam assinando contrato com a Island Records. Marley estava aparecendo. Jimmy Cliff estava nos cinemas com *The harder they come*. Em Saint Ann's Bay, o público atirava na tela enquanto os créditos passavam, numa explosão familiar (para mim) de comportamento rebelde. A tela já estava furada — talvez por causa dos *spaghetti western*, que eram a moda naquela época. Havia muita gente com armas de fogo em Kingston. A cidade estava tomada por uma forma exótica de energia, um sentimento muito quente, uma boa parte do qual vinha do tristemente famoso

Dynamic Sounds de Byron Lee. Era construído como uma fortaleza, com uma cerca branca que parecia uma paliçada, como aparece no filme. A faixa "The harder they come" foi gravada por Jimmy Cliff na mesma sala que usamos para gravar parte de *Goats head soup*, com o mesmo engenheiro, Mikey Chung. Um ótimo estúdio de quatro canais. Eles sabiam exatamente qual era o melhor lugar para a bateria e, para prová-lo, *bang bang*, pregaram o tamborete no chão!

Fomos todos atulhados no Terra Nova Hotel, que costumava ser a residência da família de Chris Blackwell em Kingston. Nem Mick nem eu pudemos conseguir vistos para entrar nos Estados Unidos naquele momento, o que explica em parte por que estávamos na Jamaica. Fomos à embaixada dos Estados Unidos em Kingston. O embaixador era um dos caras de Nixon e obviamente obedecia a ordens, além de odiar a gente até a medula. Nós só estávamos tentando conseguir os vistos. No instante em que entramos, percebemos que não íamos conseguir, mas, mesmo assim, fomos obrigados a ouvir a torrente de veneno do cara. "Gente como vocês..." Tomamos um sermão. Mick e eu ficamos olhando um para o outro: já não tínhamos ouvido aquilo antes? Descobrimos mais tarde, a partir das negociações para obter um visto que Bill Carter conduziu em nosso nome, que eles tinham em arquivo um material muito primitivo — alguns recortes de tabloides, um par de manchetes gritantes, uma história sobre nós mijando em uma parede. O embaixador fingiu mexer em seus papéis, falou sobre heroína, misturou tudo.

Goats head soup levou algum tempo para desabrochar, apesar do Dynamic Sounds e do fervor do momento. Acho que Mick e eu ficamos um pouco secos depois de *Exile*. Tínhamos acabado de fazer a excursão pelos Estados Unidos e já vinha outro álbum. Depois de *Exile*, uma belíssima coleção de músicas que pareciam se casar umas com as outras, seria difícil conseguir aquela unidade outra vez. Havia um ano não entrávamos em um estúdio. Mas tivemos algumas ideias boas, "Coming down again", "Angie", "Starfucker", "Heartbreaker". Gostei muito de fazer esse álbum. Nossa maneira de fazer as coisas foi mudando enquanto o preparávamos e eu me tornei mais jamaicano, até o ponto de não ir embora. Houve alguns deslizes. Naquela altura, Jimmy Miller também já estava tomando heroína, e Andy Johns. Via aquilo acontecendo e eu, ai, que foda... Vocês têm de fazer o que eu digo, não o que eu faço. Eu ainda me drogava, naturalmente. Sobre "Coming down again", disse há pouco tempo que não a teria composto sem heroína. Não sabia que era *sobre* a droga. É uma música de lamento — e sobre a busca daquela melancolia em si mesmo. Estou logicamente buscando grandes *grooves*, grandes *riffs*, rock and roll, mas há o outro lado da moeda que quer chegar ao lugar de onde veio "As tears go by". E naquele momento eu tinha trabalhado muito no campo da música country, especialmente com Gram Parsons, e a melancolia dessa música toca algumas fibras do coração. Você quer ver se consegue fazê-las vibrar mais um pouco.

Há quem pense que "Coming down again" é sobre eu roubar Anita, mas naquele momento o caso tinha virado água que já passara debaixo da porra da ponte. Você tem altos e baixos. Eu passava a maior parte do tempo muitíssimo para o alto, mas, quando caía, ia muitíssimo para baixo. Lembro da alegria e da felicidade e de muito trabalho duro. Mas quando a merda entra no ventilador, é sempre de maneira bem firme. Fico exausto. Fico estourado. Durante bastante tempo, ou estava sendo julgado ou tinha uma acusação pendente, ou então havia um problema com vistos. Esse era sempre o pano de fundo. É um prazer muito grande entrar no estúdio e perder-se, esquecer-se de tudo durante algumas horas. Você sabia que quando aquilo acabasse, iria ter de enfrentar alguma merda, de um jeito ou de outro.

Quando a gravação terminou, tomada a decisão de ficar na Jamaica, Anita, Marlon, Angie e eu nos mudamos para o litoral norte, para Mammee Bay, entre Ocho Rios e St. Ann's Bay. A droga acabou. Crise de abstinência no paraíso. Se fosse fazer uma desintoxicação, havia lugares piores (mesmo assim, era uma crise só com um pouco mais de calor). Mesmo assim, tudo acaba passando e não demorou muito para começarmos a nos comportar como seres humanos outra vez. Conhecemos alguns irmãos rasta do litoral. O primeiro foi um cara, Chobbs — Richard Williams na certidão de nascimento. Era um desses sujeitos cheios de coisas que você conhece na praia. Vendia coco, rum e qualquer outra coisa que pudesse passar. Costumava levar as crianças para passear em seu barco. "Hey, man, any chance of some bush?", era o normal. Começou aí. Depois conheci Derelin, Byron e Spokesy, que morreria mais tarde em um acidente de motocicleta. Trabalhavam com os turistas em Mammee Bay e moravam quase todos em Steer Town. Pouco a pouco, eles todos estavam rodando em volta e começamos a conversar sobre música. Warrin (Warrin Williamson), "Iron Lion" Jackie (Vincent Ellis), Neville (Milton Beckerd), um cara com trancinhas no cabelo que ainda mora em minha casa na Jamaica. Havia Tony (Winston "Blackskull" Thomas) e Locksley Whitlock, "Locksie", que era o líder, de certa maneira, o Boss Man. O apelido "Locksie" veio do fato de ter muitos *dreadlocks*, ou trancinhas, no cabelo. Locksey poderia ter sido um jogador de críquete de primeira classe. Era um batedor cheio de truques. Tinha uma fotografia dele guardada. Ele foi convidado para jogar pelo principal time da Jamaica, mas se recusou a cortar as trancinhas. O único que chegou a se tornar músico profissional foi Justin Hinds. O rei do ska. Morte muito lamentada. Ótimo cantor, a reencarnação de Sam Cooke. Um de seus melhores álbuns, *Carry go bring come*, por Justin Hinds e The Dominoes, tinha feito muito sucesso na Jamaica em 1963. Nos poucos anos anteriores à sua morte, em 2005, ele gravou diversos álbuns com sua banda, a Jamaica All Stars. Era ainda, com muita intensidade, um dos irmãos da Steer Town, um lugar ameaçador, logo acima do litoral, no qual nunca me teria aventurado — vamos dizer que eu não seria bem-vindo ali — antes de conhecê-los. Fui lá com todas as gentilezas, sob a responsabilidade de Chobbs, e mais tarde fui autorizado a comparecer ao Covenant, que é como eles costumavam chamar sua reunião sem data marcada.

"Venha ao Covenant, você é bem-vindo, irmão." Quero dizer, Deus do céu, não sei quanto isso é importante para eles, mas se me pedem para ir, eu vou. Falando honestamente, não se pode ver nada, o lugar fica todo cheio de fumaça. Eles costumavam fumar o *chalice*, um coco com um grande jarro em cima, onde é colocado cerca de meio quilo de erva, e um cachimbo de borracha saindo de uma extremidade. Era uma questão de quem, no grupo, conseguiria fumar mais. Os mais corajosos enchiam o coco de rum branco e fumavam a erva através do rum. Põe-se fogo no jarro de barro, que fica cheio de chamas e solta densas nuvens de fumaça. "A fogueira está acesa, que beleza!" Quem sou eu para contrariar os costumes locais? OK, vamos experimentar e ficar por aqui. A erva é forte. Por mais engraçado que pareça, eu não caí. Por isso, acho que os deixei impressionados. Tinha fumado alguns anos antes, mas nunca naquela quantidade. De certa forma, era uma espécie de desafio. Você sabe, espie o branquela desabar no chão. E eu ficava dizendo para mim mesmo, não vá para o chão, não vá para o chão. Aguentei e fiquei com eles. Só fui para o chão mais tarde, quando já tinha saído dali.

Parecia que toda a população de Steer Town era composta de músicos. Sua música consistia de hinos muito bem reelaborados, cantados em coros com acompanhamento de instrumentos de percussão. Eu estava no céu. Eles costumavam cantar em uníssono, não havia harmonias cantadas, e os únicos instrumentos eram os de percussão, que faziam um som muito forte. Só percussão e vozes. Os versos e os cânticos já tinham cem anos ou até mais, velhos hinos e salmos cujas letras eram modificadas para se adaptarem a seus gostos. As melodias, porém, vinham diretamente das igrejas, e o culto em muitas igrejas da Jamaica usava instrumentos de percussão. Passavam a noite toda cantando e tocando. Hipnótico. Transe. A batida não parava. E eles continuavam a aparecer com mais e mais músicas. Algumas delas de primeira. Os instrumentos de percussão eram de Locksley. Havia um surdo produzindo um som tão alto que achei ser capaz de matar alguém, como uma enorme granada de aturdir. De fato, ouvi de muitas testemunhas a história do policial que entrou tolamente em uma casa de Steer Town. Locksley olhou para ele — era um aposento pequeno — e disse "Queima com fogo", querendo dizer que ia bater no tambor e os outros deviam tampar os ouvidos. Então, bateu no surdo e o guarda caiu desmaiado. Tiraram seu uniforme e lhe disseram para nunca mais voltar.

Steer Town era uma cidade rasta na época. Hoje, é um lugar bem maior, um entroncamento. Mas naquela época, para entrar lá, era necessário, de certa forma, ter um passe. Estava na estrada principal para Kingston, um grupo de barracões e uns dois bares. Não era para se meter o nariz por ali. Mesmo se você dissesse conheço esse ou conheço aquele, o outro cara poderia não saber quem você era e lhe dar uns tapas. Era sua fortaleza e não tinham vergonha de mostrar o facão. Os rastas tinham motivos para ter medo. Tanto medo que precisavam se tornar temidos para que nenhum polícia ousasse andar por Steer Town. Não fazia muito tempo desde a época em que os policiais desciam a rua e, se vissem dois rastas, matariam um e deixariam o outro para arrastar o corpo. Aqueles caras estavam na linha de frente do fogo. Sempre os admirei por causa disso.

O rastafarianismo era uma religião, mas uma religião de fumantes. Seu princípio era ignorar o resto do mundo, viver sem sociedade. Naturalmente, não faziam isso, nem poderiam fazê-lo — o rastafarianismo é uma esperança infeliz. Mas, ao mesmo tempo, é uma esperança infeliz maravilhosa. Com as grades, o ferro e as barras se fechando sobre sociedades por todos os cantos, e ficando cada vez mais apertadas, os rastafarianos se afastaram. Os caras simplesmente acharam sua própria maneira de ver a coisa pelo lado espiritual sem, ao mesmo tempo, unir-se a ela. Não aceitavam intimidações. Mesmo se tivessem de morrer. E alguns morreram. Recusavam-se a trabalhar dentro do sistema econômico. Não trabalhariam para a Babilônia, não trabalhariam para o governo. Para eles, era a mesma coisa que ser conduzido à escravidão. Só queriam ficar em seu espaço próprio. Se entrar na teologia, fica perdido. "Somos a tribo perdida de Judá." Ok, o que você disser. Mas os motivos pelos quais esse bando de jamaicanos negros se consideram judeus é uma questão. Há uma tribo extra que precisa ser posta no lugar e isso pode servir. Tenho a sensação de que foi isso. E encontraram uma divindade de reserva na figura irreal e medieval de Haile Selassie, com todos os seus títulos bíblicos, o Leão de Judá, Selassie I. Se houvesse um fragor de trovões e relâmpagos, todos se ergueriam, "Apresentem seus agradecimentos e louvores". Era um sinal de que Deus estava trabalhando. Conheciam a Bíblia de trás para a frente — podiam citar trechos atrás de trechos do Velho Testamento. Adorei seu fervor, pois, sejam quais forem os pontos da sua religião, estavam vivendo à beira do abismo. Tudo o que tinham era seu orgulho. E seu empenho não estava, no final das contas, na religião. Era o último bastião de resistência contra Babilônia. Nem todos eles obedeciam às exigências da lei rastafariana. Eram muito flexíveis. Tinham uma porção de regras que violavam alegremente. Era surpreendente observá-los enquanto discutiam um ponto da doutrina entre si. Não havia parlamento, reunião em praça pública ou tribunal dos mais velhos. A política dos rastas — "o raciocínio fundamental" — era muito semelhante à do plenário da Câmara dos Comuns, com a diferença de que nesse caso havia um monte de fumaça e uma porção de gente estava sob os efeitos da maconha.

O que realmente me deixou ligado foi que não há você e eu, é apenas eu e eu. Assim, rompe-se a diferença entre o que você é e o que eu sou. Nós dois não podemos conversar, mas eu e eu podemos. Somos um. Bonito.

Aquela foi a época em que os rastas estavam quase no ponto em que foram considerados com mais seriedade. Bem na hora em que eu estava tomando conhecimento dessa seita estranha e desconhecida, Bob Marley e os Wailers surgiram e os rastas ficaram de repente na moda no mundo todo. Eles se tornaram globais em menos de um ano. Antes de Marley tornar-se rastafariano, tinha tentado entrar para os Temptations. Como todo mundo no negócio da música, ele já tinha uma longa carreira, em rock steady, ska etc. Mas os outros diziam: "Ei, Marley não tinha as porras dos locks, sabia? Ele só virou rasta quando isso ficou legal". Na primeira vez em que os Wailers foram à Inglaterra, pouco depois disso, eu os encontrei por acaso em Tottenham Court Road. Achei que eram bem fraquinhos em comparação com o que eu ouvira em Steer Town. Mas eles aprenderam seus papéis bem depressa. Family Man entrou para o grupo no baixo e Bob obviamente tinha tudo o que era necessário.

Respondo de maneira instintiva à delicadeza sem segundas intenções. Naquela época, quando ia a Steer Town, podia passar por qualquer porta e todas as minhas necessidades seriam atendidas. Era tratado como membro da família e agia como membro da família. Agia, não! Eu me sentia membro da família, tornara-me membro da família. Varria o quintal, ralava coco, preparava o *chalice* para o sacramento do fumo. Cara, eu era mais rasta do que eles. Tinha caído no bando certo de caras e suas mulheres. Foi outra daquelas grandes mudanças, ser aceito e bem-vindo em uma coisa que eu nem sabia que existia.

Também aprendi algumas habilidades jamaicanas bem úteis com o *ratchet*, a faca de trabalho usada para desbastar e cortar, mas também para brigar ou se defender, "com uma *ratchet* no cinto", como Derrick Crooks dos Slickers canta em "Johnny too bad". Quase sempre ando com uma faca comigo e esta requer uma técnica especial. Eu a usei para marcar posição — ou para fazer com que me ouvissem. A *ratchet* tem uma argola para fechar a lâmina e ela é liberada com uma pequena pressão. É preciso ser rápido nesse jogo. Do jeito que me explicaram, se você vai usar a lâmina, vence quem puder fazer um corte horizontal rápido na testa do outro. O sangue jorra, formando uma cortina, você não machuca muito o cara, mas a briga acabou porque ele não consegue enxergar. A lâmina está de volta ao seu bolso antes que os outros percebam o que aconteceu. As grandes regras da briga de faca são (a) não tente atacar diretamente o adversário e (b) tudo se resume a *nunca, jamais* usar a lâmina. Ela está ali para distrair seu adversário. Enquanto ele fica olhando o aço, dê-lhe um chute nos colhões com toda a força — ele fica à sua mercê. Belo conselho!

Chegou uma hora em que eles trouxeram os instrumentos de percussão para minha casa, o que foi uma grande ruptura com suas convenções sagradas, embora eu não percebesse isso na época. Começamos a gravar, apenas em cassetes, e a tocar a noite toda. Naturalmente, peguei a guitarra e fiquei batendo, tentando achar os acordes que combinavam melhor, e eles romperam de certa forma suas próprias regras, olharam e disseram: "Está legal, cara". Assim, fui entrando devagar. Sugeria, talvez uma harmonia aqui fique bem, e a tocava com a guitarra. Eles podiam mandar eu me foder ou não. Assim, basicamente, deixava a iniciativa para eles. Mas quando ouviram o resultado, saindo de um gravador, adoraram — adoraram ouvir todos tocando outra vez. Puxa, vocês são bons. Vocês são os melhores, seus filhos da mãe!

Isso continuou por alguns anos. Gravávamos naquela sala. Se eu tivesse fita, e nós um aparelho, fazíamos uma gravação, se não, tudo bem. Se as fitas acabassem, não importava. Não estávamos lá para gravar, estávamos lá para tocar. Eu me sentia como um menino de coro. Eu tocava um pouco por trás deles e esperava que eles não ficassem aborrecidos. Um franzir de testa, e eu pararia. Mas, de certa forma, fui aceito. E então eles me disseram que eu não era branco de verdade. Para os jamaicanos, aqueles que eu conheço, eu sou preto, mas virei branco para ser seu espião, uma espécie de "nosso homem no Norte". Recebi isso como um elogio. Sou branco como um lírio, mas com um coração preto exultando em seu segredo. Minha transformação gradual de homem branco em homem preto não foi um caso isolado. Olhe Mezz Mezzrow, um jazzman das décadas de 20 e 30 que se declarou um preto naturalizado. Ele escreveu *Really the blues*, o melhor livro sobre o assunto. Minha missão, de certa forma, era levar esses caras a gravar. Finalmente, quando estávamos juntos, em 1975, marquei para todo mundo ir ao Dynamic Sounds, mas eles não conseguiram controlar a situação em um estúdio. Não era seu ambiente. "Você vem para cá, você vai para lá..." Eles não compreendiam a ideia de alguém ficar dizendo o que tinham de fazer. Foi um malogro que me deixou muito desanimado. Mesmo aquele sendo um bom estúdio. Foi quando compreendi que se quisesse gravar os caras, teria de ser no salão da frente. Teria de ser na minha casa, com todos se sentindo confortáveis e sem estar preocupados com o fato de estarem sendo gravados. Tive de esperar vinte anos para isso acontecer, para fazer a gravação que queríamos, o que aconteceu quando eles se tornaram conhecidos como os Wingless Angels.

Eu me desintoxicava para as excursões, mas, no meio de uma turnê comprida, alguém acabava me dando um pouco de merda e aí eu queria um pouco mais. Então eu dizia: "Bem, tenho de arrumar mais um pouco agora, porque vou ter de esperar por algum tempo livre para me desintoxicar". Na estrada, conheci várias garotas viciadas, algumas das quais salvaram minha vida, me tiraram de dificuldades aqui e ali. Na maioria, não eram putas de rua. Muitas delas eram mulheres muito sofisticadas, muito inteligentes, que estavam naquilo porque queriam. Não era preciso ir às sarjetas ou aos puteiros para encontrar a coisa. Podia estar em uma festa nos bastidores ou sair e visitar aquela gente da sociedade. Consegui muitas drogas porque elas me ofereceram, aquelas debutantes viciadas, que Deus as proteja.

Mesmo assim, eu não podia estar com uma mulher de quem não gostasse de verdade, mesmo se fosse por uma noite ou duas, ou apenas um abrigo no meio da tempestade. Às vezes, elas tomavam conta de mim, às vezes eu tomava conta delas, e grande parte disso não tem nada a ver com desejo sexual. Muitas vezes acabei na cama com uma mulher e não fiz nada, só a abracei e dormi. E amei centenas delas. Sempre fiquei impressionado com o fato de, em troca, elas também me amarem. Lembro de uma garota em Houston, minha amiga viciada, acho que foi na turnê de 1972. Eu tinha saído, estava me sentindo fodido e em crise de abstinência. Trombei com ela em um bar. Ela me deu um pouco de droga. Durante uma semana, eu a amei e ela me amou e me viu atravessar uma fase dura. Tinha quebrado minha própria regra e me amarrado. Aquela garota muito doce me socorreu, ficou perto de mim. Não sei como a encontrei. De onde vêm os anjos? Eles sabem o que é o quê, e podem ver através de você, passar pela bosta do seu olhar e dizer: "É isso o que você precisa fazer". De você, eu aceito. Muito obrigado, minha irmã.

Outra foi em Melbourne, na Austrália. Tinha um bebê. Uma doçura, tímida, despretensiosa, estava em situação ruim, o marido a tinha abandonado com o garoto. Ela conseguia para mim cocaína pura, farmacêutica. Vinha a toda hora ao hotel para fazer a entrega, por isso acabei perguntando: "Por que não vou para a sua casa?". Morando nos subúrbios de Melbourne durante uma semana, com a mãe e a criança, me aconteceu uma coisa estranha. Depois de quatro ou cinco dias, virei um marido australiano perfeito. "Sheila, onde está a merda do meu café da manhã?" "Aqui está o seu café da manhã, querido." Era como se tivesse sido sempre assim. E eu me sentia muito bem, cara. Posso fazer isso, só que um pouco desligado. Eu tomava conta do bebê enquanto ela ia trabalhar. Fui marido por uma semana. Trocava as fraldas do bebê. Há alguém em um subúrbio de Melbourne que nem sabe que eu limpei sua bunda.

Há também o caso da parada que Bobby e eu fizemos com duas garotas que apanhamos em Adelaide. Garotas ótimas, que cuidaram de nós muito bem. As garotas tinham um pouco de LSD, e a minha cabeça não é muito boa para o ácido, mas apanhamos dois dias de folga em Adelaide. As garotas, muito bonitas, estavam em um pequeno bangalô hippie nas colinas, com cortinas, velas, incenso e lampiões cobertos de fuligem. "Ok, podem me levar." Quando se mora em hotéis, você está sempre na excursão e só sair do contexto já era um grande alívio. Quando tivemos de ir embora, pois precisávamos ir de Adelaide para Perth, que fica do outro lado daquele continente fodido, perguntamos às garotas: "Por que vocês não vêm conosco?". Elas aceitaram, e ainda estávamos altos, voando como pipas no céu. Subimos no avião e Bobby e eu sentamos na frente. A meio caminho de Perth, as duas garotas irromperam seminuas do banheiro do avião. Tinham tomado um pouco juntas e estavam vindo, tropeçando em tudo e falando arrevesado. Algumas madames australianas ficaram chocadas. Estávamos gargalhando. "Vamos, tire-as daqui", ouvimos o murmúrio coletivo vindo de trás de nós, do resto da cabine. Pensamos que estávamos em nosso próprio avião e decidimos ignorar os outros passageiros. Mas aí viramos a cabeça e vimos aqueles duzentos rostos chocados atrás de nós, homens de negócios e matronas australianos engolindo em seco, aspirando o ar de toda a cabine. Alguns começaram a rir. Outros foram falar com o comandante e exigiram represálias imediatas. Fomos ameaçados de ser presos no aeroporto de Perth. Ficamos todos detidos durante um tempinho quando desembarcamos. Foi por pouco, mas nossa conversa funcionou e acabamos saindo. Bobby e eu dissemos que não tínhamos nada a ver com aquilo, estávamos sentadinhos em nossas poltronas. As garotas disseram que estavam trocando de roupa uma com a outra. Não sei como, mas elas conseguiram escapar com essa desculpa.

Elas vieram conosco a Perth, fizemos o show e depois embarcamos em nosso próprio avião, um cargueiro Super Constellation, que vazava óleo, não era à prova de som e exigia que você trouxesse seu próprio equipamento, um ou dois cobertores para deitar em cima. Levamos quinze horas para ir de Perth a Sydney. Podia falar mais alto, mas não adiantava. Era como estar em um bombardeiro da Segunda Guerra Mundial, sem a Benzedrina. Obviamente, aproveitamos ao máximo a situação. Ficamos com aquelas garotas uma semana. Isso acontece muitas vezes numa turnê. Relacionamentos muito fortes são formados e então desaparecem, quase que como num relâmpago. "Eu era muito chegado a ela, gostava dela de verdade, quase consigo lembrar seu nome."

Não estava fazendo coleção — não sou como Bill Wyman ou Mick Jagger, que anotavam com quantas tinham estado. Não estou falando de galinhagem. Nunca consegui ir para a cama com uma mulher só para fazer sexo. Isso não me interessa. Quero abraçar você, beijar você, fazer você se sentir bem e proteger você. E receber um bilhete bonito no dia seguinte, ficar em contato. Prefiro me masturbar a pegar uma buceta qualquer. Nunca paguei para fazer sexo na vida. Já me *pagaram*, porém. Às vezes, há um presentinho — Eu amo você também, e *tome um pouco de heroína!* Às vezes, entro em uma só para me divertir. Você pode atraí-la? Vamos ver se pode. Tente sua melhor representação. Normalmente, ficava mais interessado em garotas que não se comportavam como escravas ou ficavam caindo em cima de mim. Eu chegava e ia embora, vamos tentar outra...

Uma vez, na Austrália, meu quarto ficava em frente ao de Bill Wyman. Descobri que ele tinha um trato com o porteiro, pois havia qualquer coisa como umas duas mil garotas em frente ao hotel. "Aquela de cor-de-rosa. Não, não *aquela* de cor-de-rosa, *aquela* de cor-de-rosa." Todo dia, subia um monte de garotas, e nenhuma ficava mais de dez minutos. Acho que nenhuma delas recebeu muito mais que aquele chá sem sabor do qual Bill gosta — água quente com um pouco de leite e um mergulho de um saquinho de chá. Era muito pouco tempo para alguma coisa acontecer e eles se vestirem outra vez. Nenhuma saía de lá mal-arrumada, vamos chamar assim. Mas ela entraria para a caderneta, peguei aquela! Contei nove em cinco horas. Ele não as estava pegando, portanto imagino que as estava entrevistando. "Você é daqui?" Bill é bem assim. O mais estranho é que, por mais diferentes que eles pareçam ser, Bill Wyman e Mick Jagger são muito parecidos. Se eu dissesse isso, deixaria Mick irritado como um filho da mãe. Mas se você vê os dois juntos na estrada e lê seus diários, percebe que são basicamente a mesma coisa. A não ser porque Mick adquiriu um pouco de classe, ficando lá na frente, sendo o cantor principal e blá, blá, blá. Se você os visse fora do palco, e o que eles estavam fazendo, "Quantas você pegou hoje à noite?", eram iguais.

As *groupies* eram diferentes das adolescentes saltitantes ou das filas de garotas esperando para tomar chá com Bill Wyman. Quero ajudar a limpar sua imagem, pois eram jovens damas maravilhosas, que sabiam o que queriam e sabiam o que oferecer. Umas poucas eram oportunistas declaradas, como aquelas que andavam com moldes de gesso, rondando por ali para colher impressões dos pintos dos astros de rock. Não conseguiram o meu. Não quis passar por isso. Ou as rainhas da manteiga, adversárias das dos moldes de gesso. Admiro sua coragem e agressividade. Mas não gosto de profissionais que ficam por ali, agindo de maneira predatória, pegue ele, pegue ele... como um Bill Wyman ao contrário. Nunca me interessei por esse grupo e deliberadamente não fiz sexo com elas. Eu lhes dizia para tirarem a roupa e irem embora: "Ok, pode sair agora". Porque sabia que eu iria ser contabilizado como mais um número no placar.

Mas havia muitas *groupies* que não passavam de garotas que gostavam de tomar conta de rapazes. Muito maternais, de certa maneira. E, se as coisas chegassem àquele ponto, talvez fosse com uma delas para a cama dar uma trepada. Mas isso não era o principal com as *groupies*. Elas eram amigas e, em sua maioria, não eram especialmente bonitas. Estavam fazendo um serviço. Você chega a uma cidade, Cincinnati, Cleveland, e lá estavam uma ou duas garotas que você podia ter certeza de que iriam vir e verificar se estava tudo bem, tomar conta de você e vigiar para ver se você estava comendo direito. Elas batiam na porta, você verificava pelo olho mágico e dizia: "Oh, é a Shirley".

As *groupies* eram uma extensão da família. Uma rede mais ou menos solta. O que eu mais gostava era não haver ciúmes ou sentimentos de posse envolvidos na história. Naquela época, havia uma espécie de circuito. Tocava em Cincinnati, depois ia para um show em Brownsville, voltava para se apresentar em Oklahoma. Era uma espécie de roteiro. Elas transferiam você para uma amiga na parada seguinte. Você chegava ali e podia pedir ajuda. "Meu bem, estou morrendo! Fiz quatro shows, estou quebrado." Eram basicamente enfermeiras. Podia considerá-las membros da Cruz Vermelha. Lavavam suas roupas, davam banho em você e traziam coisas. E você continuava: "Por que está fazendo isso por este guitarrista?". Há um milhão de nós por aí.

Flo, a quem já mencionei, era uma das minhas favoritas. Morava em LA, fazia parte de uma banda de garotas negras. Flo trazia mais umas três ou quatro *groupies* com ela. Se eu ficasse com pouca erva ou outra coisa qualquer, mandava suas ajudantes buscar. Dormimos juntos muitas vezes, mas nunca trepamos, ou só raramente. Ou desabávamos ou ficávamos por ali, ouvindo música. Muito daquilo tinha a ver com música. Eu tinha os melhores sons, elas me traziam os sons locais que tinham acabado de aparecer. Se vocês acabavam na cama juntos, era imaterial.

Bobby Keys e eu nos metemos em confusão outra vez no fim da excursão pelo Extremo Oriente, no início de 1973. De fato, Bobby se meteu em uma confusão tão grande que ele poderia ainda estar cumprindo pena por ali se não fosse uma intervenção caída dos céus. Fomos socorridos pelos abacaxis.

Tínhamos tocado em Honolulu no primeiro show da excursão. Honolulu era o ponto de entrada e de saída nos Estados Unidos naquela turnê, que nos levou à Nova Zelândia e à Austrália. Você tinha de registrar os instrumentos musicais ao sair do Havaí. Na volta, a lista seria verificada para comprovar que não estávamos importando bens.

Que Bobby conte a história, já que ele é o personagem principal:

Bobby Keys: Excursão de Keith, eu e os Rolling Stones pela Austrália e Extremo Oriente, no início de 1973. Isso foi no tempo em que o doutor Bill costumava viajar conosco e havia concessões para que Keith e eu nos automedicássemos para liberar a tensão da estrada. Já estávamos voltando e passamos pela alfândega no Havaí. Trazia todos os meus saxofones comigo e eles foram verificar os números de série para ter certeza de que eram os mesmos que eu levei quando saí. O cara tinha de virar o sax de cabeça para baixo porque os números de série são gravados de cabeça para baixo. Na hora em que o cara virou o saxofone, ouvi aquele barulho de coisas batendo. "Ai, meu Deus, eu sei o que é isso!" *Boinnnggg*, uma seringa apareceu bem em cima da mesa. Fica pregada na mesa, em frente ao sujeito da alfândega. Assim, uma coisa naturalmente leva a outra. Keith está ali comigo, estamos na mesma fila. Eles nos separaram imediatamente. Levaram-me embora, fizeram uma revista completa e encontraram três cápsulas grandes, cheias de heroína e de tudo o que havia. Estavam sugando tudo. O cara do registro completou na hora toda a sua porra de cota de um ano! Não parava de bater na máquina de escrever. "Oh, cara, pegamos um peixe grande e o comparsa dele, rapaz! É isso aí, pegamos o menu inteiro com eles!" Pegaram mesmo. Tinham acabado de tirar nossos retratos e estavam tomando nossas digitais, se divertindo muito — "He, he, dez anos! Dez anos!". Como era o fim da temporada, não estávamos propriamente em um grupo, toda a turma tinha se dividido. Deixaram que eu desse um telefonema.

Enquanto isso, tinham me apanhado e não encontraram nada. Eu estava viajando limpo. Revistaram-me todo, passaram o pente fino. Achei que Bobby tinha sido definitivamente agarrado. Não há jeito de uma seringa aparecer voando e ficar por isso mesmo. Preciso dar um telefonema, pois sei que Bobby vai necessitar de um advogado. Assim, passo um mau pedaço para chamar Frisco, LA, para lhe conseguir um representante. Finalmente, me deixaram pegar o avião seguinte para Frisco. Entro na fila para pegar o avião e o maldito Bobby Keys está ali na porra da minha frente! "Que merda você está fazendo aí, meu bem? Eles acabaram de me passar pelo filho da puta do moedor de carne! Como você conseguiu chegar aqui antes de mim?" Bobby respondeu: "Dei um telefonema". "Deu um telefonema? Para quem?"

"Para o sr. Dole."

Bobby: Esse cara, o sr. Dole, era um grande exportador de abacaxis, o Rei do Abacaxi do Havaí. Se você já abriu uma lata de abacaxi em calda Dole, sabe quem ele é. Ele também era dono de uma franquia de um time profissional de futebol americano da World Football League. Keith e eu tínhamos de algum jeito conhecido a filha dele quando tocamos no Havaí, antes de ir para a Austrália. Ela nos convidou para ir à sua casa para passar uma tarde com ela e algumas amigas, damas maravilhosas, todas superbronzeadas e ricas. Tudo foi legal e amistoso, trocamos números de telefone e tivemos uma tarde maravilhosa. A reunião acabou se prolongando pela noite e fiquei muito amigo da bonita filha do sr. Dole. Tenho certeza de que tomamos muito suco de abacaxi. Isso foi antes das medidas de segurança, ficávamos soltos pelo mundo e aos nossos próprios cuidados naquele tempo, e todos os tipos de merda aconteciam. Ficamos ali Dole-ando na mansão. De manhã, o sr. Dole apareceu e houve aquela espécie de embaraço: "Oh, Papai!". Ele olhou aquela cena de bacanal no salão da sua casa, com Keith Richards e eu. E a filha dele disse: "Quero apresentar você aos meus novos amigos". Keith já estava se esgueirando pela porta como uma sombra, mas o sr. Dole, em vez de chamar os cachorros e mandar que eles nos comessem, respondeu: "Prazer em conhecê-los". Papai se mostrou muito educado. A situação era muito desconfortável, porque eu estava trepando com a Princesa do Abacaxi. O sr. Dole me deu seu cartão e disse: "Bem, obviamente você é amigo de minha filha. Se eu puder fazer alguma coisa por você quando passar pelo Havaí, dê-me um telefonema. Este aqui é meu número particular, vai diretamente à minha mesa". Assim, peguei o cartão do sr. Dole, coloquei-o em minha carteira e não pensei mais no assunto.

Agora, na eminência de muitos anos de trabalhos forçados sob o sol do Texas, tinha direito a um telefonema, mas não estava com nenhum número para entrar em contato com alguém. Ninguém do grupo dos Stones sabia o inferno em que a gente tinha se metido. Aí, achei o cartão do sr. Dole em minha carteira, o único cartão que estava lá e o único número de telefone que eu tinha. Liguei para o número e, para minha surpresa, cheguei ao sr. Dole. Eu disse: "Sr. Dole, lembra daquele cara quase despido e daquele inglês parecendo meio morto que estavam outro dia na sala da sua casa? Quem fala é a metade deles". "Oh, alô, Bobby, como vai?" Eu respondi: "Bom, tivemos um probleminha aqui. Eles encontraram isso e aquilo, e seringas, e... Não sabemos o que fazer". Ele perguntou onde estávamos e o que tinha ocorrido exatamente. Depois, em que voo tínhamos chegado. Eu respondi e ele disse: "Bem, vou ver o que eu posso fazer", e desligou. Não sabia o que estava acontecendo com Keith, mas tinha muito medo. Achava que iríamos mesmo para a penitenciária de Leavenworth. Estava esperando que os caras chegassem com as correntes para nos levar embora. Assim, fiquei ali sentado, separado por aquele vidro espelhado dos palhaços que nos tinham agarrado. De repente, um telefone tocou na mesa do sujeito, o mesmo que tinha falado todas aquelas merdas para a gente, e pude ver, só pela mudança de postura, que alguma coisa estava acontecendo. Ele olhou para mim, olhou para o telefone, desligou o telefone, balançou a cabeça devagarinho e rasgou a folha com a acusação. Devolveram a porcaria, nos colocaram no avião e disseram para nunca mais fazermos aquilo outra vez. E, contentes, voamos na direção do pôr do sol.

A coisa não terminou ali. Entramos no avião e eu estava me sentindo ferrado, cara. É melhor dar alguns telefonemas e arrumar alguma porcaria em Frisco para quando a gente chegar lá. Conhece alguém em Frisco? Para quem telefono? Por um motivo qualquer, puxei a carteira e imediatamente percebi aqueles dois montinhos estranhos debaixo do couro. Não dá para errar. Lá estavam duas cápsulas double-O cheias de heroína, uma quantidade bem grande de heroína pura. As cápsulas tinham vindo das garotas de Adelaide, as nossas Sheilas. A alfândega fez o que podia comigo, me revistou todo, chegou a mexer na minha bunda! Se tivessem encontrado alguma droga, nunca mais me deixariam entrar no país. Como não encontraram? Isso acontece muito com os caras da alfândega. Se você acha que está limpo, está limpo. E eu estava totalmente convencido de que estava sem nada comigo. Assim, fui imediatamente ao banheiro. E tudo ficou cor-de-rosa de repente. Vamos usar uma cápsula agora. Cheirar, porque não tenho seringa. Isso vai me manter de pé até chegar lá e dar alguns telefonemas. Outra vez por pouco.

Bobby e eu parecíamos ter sorte quando andávamos juntos naquela época, especialmente em aeroportos. Uma vez, quando passávamos pela segurança em Nova York, Bobby estava tomando conta da bagagem. Uma das minhas malas tinha de ir no porão, não podia passar pelas revistas. Dentro, havia um revólver, meu calibre 38 especial, com quinhentas cargas de munição. Costumava carregar comigo uma porção de coisas quentes. Nenhuma das minhas armas tinha licença. Não posso ser proprietário de armas de fogo. Sou um malfeitor condenado. No porão, estaria tudo certo, era parte da bagagem geral. E Bobby cometeu um engano terrível, e eu vi a mala com o revólver indo na direção dos raios X. Merda! Não! Eu gritei bem alto, Bob! Todo mundo que estava cuidando da máquina se virou e ficou me olhando. Tiraram os olhos da tela e não viram o que estava passando.

Fui direto para a Jamaica, onde tinha deixado Anita e as crianças. Passamos a primavera de 1973 em Mammee Bay. A coisa já estava ficando difícil em alguns aspectos. Anita estava começando a agir de maneira imprevisível, tinha começado a ficar paranoica. Durante minha ausência para a excursão, começou a reunir um monte de pessoas que consideravam sua hospitalidade como coisa certa — combinação ruim. Mesmo quando eu estava ali, tínhamos uma casa bastante turbulenta. Sem perceber, estávamos deixando a vizinhança chocada. Um homem branco com uma casa grande e todos sabiam que os rastas iam para lá todas as noites, para gravar e tocar. Os vizinhos não se importariam se isso ocorresse nos fins de semana ou coisa assim. Mas não em uma segunda ou terça-feira. Estávamos começando a nos reunir todas as noites. E o fedor que vinha da casa! Os caras estavam queimando meio quilo de erva no *chalice*. A fumaça chegava a 1.500 metros de distância. Isso não agradava aos vizinhos. Soube depois que Anita tinha deixado deliberadamente algumas pessoas zangadas. Ela recebera algumas advertências, e fora excessivamente mal-educada com o guarda ou com quem fizesse queixas. Eles a chamavam de a garota mal-educada. De forma mais engraçada, também a chamavam de Mussolini, porque ela falava italiano. Anita pode ser bruta. Mas eu estava casado com ela (sem estar casado com ela), e ela estava em dificuldades.

Viajei para a Inglaterra e a polícia invadiu minha casa à noite, quase antes de eu desembarcar em Londres — muitos policiais, à paisana. Houve tiros, um dos quais disparado por um policial chamado Brown, quando Anita jogou meio quilo de maconha por cima dele, para o jardim. Depois de muita luta, levaram Anita para a prisão em Saint Ann's e deixaram as crianças em casa. Marlon mal tinha acabado de fazer quatro anos e Angela estava com um ano. Pelo menos Marlon viu a cena toda. Uma bosta lamentável. Eu, em Londres, estava tentando descobrir o que acontecera. Meu impulso imediato foi pegar o primeiro avião de volta para a Jamaica. Mas me convenceram de que era melhor exercer pressão a partir de Londres. Se eu estivesse lá, provavelmente eles teriam me levado também. Os irmãos e as irmãs pegaram as crianças e as levaram para Steer Town, antes que as autoridades pensassem no que iriam fazer com relação aos garotos. Eles ficaram morando lá enquanto Anita estava na cadeia, e os rastas tomaram conta deles perfeitamente bem. Para mim, isso foi muito importante. Senti um alívio enorme ao saber que eles estavam seguros e protegidos, mais seguros do que se fossem carregados para um orfanato. Angie e Marlon ficaram lá brincando com seus amiguinhos — que ainda se lembram deles, mesmo sendo agora pessoas crescidas. Assim, eu podia me concentrar em salvar Anita.

Há mitos e rumores sobre o período em que Anita ficou presa. A maior parte se originou em Spanish Tony e seu redator *ghost writer* de tabloide, no livro que Tony publicou sobre mim, fielmente copiado pelos responsáveis por outros livros. Falaram que Anita foi estuprada na prisão, que eu tive de pagar uma soma muito grande de dinheiro pela sua libertação, que tudo não passou de uma conspiração dos nababos brancos da Jamaica e coisas assim. Nada disso ocorreu. As celas da cadeia de Saint Ann's não eram agradáveis — não havia nada sobre o que dormir, Anita poucas vezes foi autorizada a se lavar e o lugar fervilhava de baratas. E isso não ajudou a acalmar os acessos de paranoia e alucinações de que sofria. Eles ficavam debochando dela: "Garota mal-educada, garota mal-educada". Mas Anita não foi violentada e eu não tive de pagar subornos. A batida foi simplesmente um castigo por ela ter ignorado as advertências. Explicaram isso tudo ao advogado, Hugh Hart, que foi libertá-la. Ele percebeu que a polícia ficou até aliviada por livrar-se dela. Não sabiam o que fazer com ela. Não a tinham acusado de nenhuma infração. Hart conseguiu soltá-la ao prometer que a tiraria da ilha. Ela foi levada de carro até em casa, para recolher as crianças, e então ao aeroporto para pegar um avião para Londres. Muitas vezes, Anita não agia certo na hora certa. Mas Anita é Anita. Não se fica com ela em troca de nada. Eu ainda a amava e era a mãe de meus filhos. Eu tenho de ser chutado para despertar para certas coisas. Mas ficar com Anita estava começando a ser ruim para nós dois.

Em contraste com a expulsão de Anita, minhas raízes jamaicanas foram ficando cada vez mais profundas, apesar de não ter conseguido voltar ao país durante alguns anos. Antes do caso de Anita, eu já percebera que precisava de um pouco mais de proteção, que estávamos muito expostos na praia em Mammee Bay. Já amava a Jamaica o suficiente para procurar uma casa bem bonita por lá. Não queria mais casas alugadas. Saímos com nosso senhorio na época, Ernie Smatt, que me mostrou a casa de Tommy Steele nas colinas acima de Ocho Rios. Ela se chama Point of View e sou dono dela até hoje. Sua localização era perfeita, em um pequeno rochedo com vista para a baía, com um mato relativamente denso cobrindo a encosta. A localização fora escolhida com todo o cuidado por um prisioneiro de guerra italiano chamado Andrea Maffessanti, que tinha sido enviado para a Jamaica com outros italianos capturados durante a Segunda Guerra Mundial. Maffessanti era arquiteto e enquanto ainda era prisioneiro ficava procurando locais perfeitos para a construção de casas. Então, mandou construí-las ou vendeu os projetos, pois há muitas casas que lhe são atribuídas. Ele ficou por ali dois ou três anos, estudando os ventos e o tempo. Por isso, a casa forma ligeiramente um L. Durante o dia, recebe a brisa que sopra do mar, pela parte da frente, voltada para a baía. Às seis da tarde, a brisa muda e sopra da montanha. A forma da casa faz com que a brisa fresca atravesse a cozinha, vinda do interior. Um exemplo brilhante de arquitetura. Eu a comprei por 80 mil. A casa era meio escura, com aparelhos de ar-condicionado, que eu tirei imediatamente. Devido ao projeto de Maffessanti, a casa é ventilada naturalmente. Só espalhamos alguns ventiladores e é assim que ela vem funcionando até agora.

Eu a comprei e fui embora logo em seguida. Foi um período muito ocupado, e eu estava dependente.

Fizemos uma excursão pela Europa em setembro e outubro de 1973, depois do lançamento de *Goats head soup*. A escalação agora incluía, de forma quase permanente até 1977, Billy Preston tocando um teclado, quase sempre órgão. Ele tivera uma carreira meteórica, tocando com Little Richard e com os Beatles, quase como um quinto membro da banda, e compondo e apresentando seus próprios sucessos. Ele era da Califórnia, mas tinha nascido em Houston, um músico de soul e gospel que acabou tocando com quase todo mundo que era bom. Agora, excursionávamos com dois trompetes, dois saxofones e dois teclados — o órgão de Billy junto de Nicky Hopkins no piano — como acompanhantes.

Para nós, Billy produziu um som diferente. Ao ouvir as gravações que fizemos com Billy Preston, como "Melody", vemos que ele se encaixa perfeitamente no grupo. Em todo o decorrer de um show com Billy, porém, era como tocar com alguém que ia pôr seu selo em tudo. Ele estava acostumado a ser um astro por seus próprios méritos. Uma vez, em Glasgow, ele estava tocando tão alto que abafava o resto da banda. Eu o peguei nos bastidores e lhe mostrei a faca. "Você sabe o que é isto, Bill? Caro William. Se você não começar a tocar mais baixo agora mesmo, você vai sentir isso." Não era Billy Preston e os Rolling Stones. Você está tocando teclados com os Rolling Stones. Mas na maior parte do tempo não tínhamos problemas com ele. Charlie, com toda a certeza, gostava da influência jazzística e fizemos muitas coisas boas juntos.

Billy morreu, em consequência de complicações provocadas por vários tipos de excesso, em 2006. Não havia motivos para ele proceder assim. Podia ter subido cada vez mais alto. Tinha todo o talento do mundo. Acho que ele ficou no jogo tempo demais, tinha começado muito novo. E era homossexual em uma época em que ninguém podia ser abertamente homossexual, o que acrescentou dificuldades à sua vida. Billy podia ser, na maior parte do tempo, um poço de alegria. Mas às vezes virava um trapo. Uma vez, tive de contê-lo quando estava espancando o namorado em um elevador. "Billy, pare com isso ou rasgo sua peruca." Ele usava uma peruca afro ridícula. Mas, ao mesmo tempo, parecia ficar perfeitamente bem com aquele look de Billy Eckstine.

Fui dar uma mijada com Bobby Keys depois de um show em Innsbruck. Bobby, quase sempre, usava aquela hora para contar uma ou duas piadas. Mas ele estava muito quieto. E disse: "Tenho uma má notícia... GP morreu". Foi um soco no plexo solar. Olhei para ele. "Gram morreu?" Achava que ele estava legal, que estava dando a volta por cima. "Vou saber da história depois", Bobby disse, "Tudo o que sei é que ele morreu". Ai, rapaz. Nunca se sabe como isso vai lhe afetar, nunca atinge você na hora. Outro adeus a outro bom amigo.

Ouvimos dizer mais tarde que Gram estava limpo quando morreu. Tomou uma dose de tamanho normal. "Oh, é uma só..." Mas as crises de abstinência já tinham abalado a resistência do seu corpo. Aí, bum. É o erro fatal dos viciados. Quando você se desintoxica, o corpo passa por um choque. Ele pensa, é só um montinho, e injeta a mesma quantidade que usava na semana anterior, para a qual tinha estabelecido uma tolerância em proporções assombrosas. É por isso que a volta é tão forte. E o corpo diz: "Bem, foda-se, eu desisto". Se você vai agir assim, teste e tente tomar a mesma quantidade da primeira vez em que usou a droga. Volte ao começo outra vez. Um terço a menos. Uma pitadinha.

Para absorver a notícia da morte de Gram, eu disse: "Não posso ficar essa noite em Innsbruck". Alugaria um carro e iria a Munique cumprir uma missão impossível. Fui procurar uma mulher. Porque eu sabia coisas sobre ela, a tinha visto uma ou duas vezes e ela me fascinava. Sei que isso não faz sentido, mas iria a Munique procurá-la. Ia sair naquela noite mesmo. Vamos esquecer o que aconteceu e fazer outra coisa. Detesto choros e lutos. Não se pode fazer nada. O porra está morto e tudo o que você faz é ficar doido com ele por ter morrido. Vou em busca de uma das mulheres mais bonitas do mundo. Nunca vou encontrá-la, mas é isso o que vou tentar. Um foco. Um alvo. Bobby e eu alugamos um BMW, era por volta da uma da manhã, e fomos embora.

O alvo era Uschi Obermaier. Se havia uma coisa capaz de aliviar meu coração, era ela. Muito bonita. Bastante conhecida na Alemanha como uma modelo que se transformou em ícone do movimento estudantil de protesto que estava traumatizando as relações entre as gerações na Alemanha e ameaçando rasgar o país em pedaços. Era a garota do calendário da esquerda, seu retrato estava por toda parte. Era uma fã, doida por rock and roll, e foi assim que chegou a Mick. Foi o motivo pelo qual eu tinha conversado com ela uma vez, muito rapidamente. Mick a tinha convidado para ir a Stuttgart e ela estava procurando por ele no hotel. Acabou chegando até mim e eu a levei até a porta de Mick. Eu tinha visto seu retrato em cartazes e revistas e ela tinha alguma coisa que me tocou. O namorado de Uschi, um cara chamado Rainer Langhans, fora um dos fundadores da Commune 1, um grupo aberto criado para fazer guerra contra a família nuclear e o Estado autoritário. Ela fora atraída para a Commune 1 quando começou a andar com Rainer, mas seu outro título, do qual tinha muito orgulho, era a Bárbara Bávara. Uschi nunca levou a ideologia a sério, bebendo em público a proibida Pepsi-Cola, fumando cigarros mentolados e virando de cabeça para baixo outros ditames da Commune. Foi fotografada nua pela revista *Stern* preparando cigarros de maconha. Estava com toda a certeza comprometida com o desejo de chocar a burguesia alemã. Mas quando a Commune se dividiu em dois campos — os grupos terroristas como o Baader-Meinhof, de um lado, e os Verdes, do outro — Uschi retirou-se do esquema, ou pelo menos retirou-se de Rainer, e voltou para Munique. Seu caminho estava coalhado de caras que tentaram domá-la. Mas eles tentaram domar algo que não pode ser domado. Ela é a melhor *bad girl* que eu conheço.

Chegando a Munique, nos registramos no Bayerischer Hof, onde todos os hóspedes têm um Rembrandt — autêntico — sobre a cama. Bob perguntou: "Está bem, o que fazemos agora, Keith?". Eu disse: "Bob, vamos para Schwabing e percorrer o circuito das boates. Vamos fazer o que Gram teria feito". Vamos procurar Uschi Obermaier pela cidade". Eu tinha que ter um alvo. Não havia nenhum motivo especial — era a única coisa que eu conhecia em Munique para mirar. Eu nem sabia se ela estava na cidade. Assim, nos embonecamos um pouco e fomos percorrer as boates. As coisas estavam rolando, mas não era o que eu tinha em mente. Na quinta ou sexta boate, estavam tocando umas gravações muito boas e eu fui falar com o DJ. Eu já o conhecia, George, o Grego. E o melhor de tudo, ele conhecia a Obermaier.

Mas, mesmo se a encontrasse, o que iria fazer? Não estou em condições de jogar charme nela, e além de tudo não tenho muito tempo. Assim... Bem, já encontramos alguém que a conhece, isso já foi um milagre, mas não tenho um plano. George disse que sabia seu endereço, mas ela estava lá com um cara com o qual morava. Pedi a George para me levar lá. Paramos o carro em frente ao prédio e eu pedi ao George para subir e lhe dizer que KR a estava procurando. Estava determinado a dar a volta toda, com GP morto. George foi lá, bateu na porta e ela apareceu na janela, perguntando quem era. Por quê? Não sei o porquê, um amigo meu acabou de morrer e eu estou me sentindo fodido. Quero só dizer alô. Você era o alvo e eu a encontrei. Vamos deixar a coisa assim. Ela desceu, me deu um beijo e voltou a subir. Mas olha, conseguimos! Missão cumprida!

Na segunda vez em que tentei entrar em contato com Uschi, coloquei Freddie Sessler atrás dela no telefone. Ele ligou para sua agência e o agente disse que não estava autorizado a dar números de telefone. Freddie passou vaselina na linha e ele podia passar vaselina como ninguém. Freddie conhecia vários idiomas. Uschi e eu não falávamos a língua um do outro. Quando eu consegui o número e liguei, ela respondeu: "Olá, Mick". Eu disse: "Não, é Keith". Na época, ela morava em Hamburgo e mandei um carro apanhá-la e levá-la para Roterdã. Ela basicamente tinha de correr do marido. Eles haviam brigado. Ela entrou no carro e foi para Roterdã. Ela arrancou meu brinco naquela noite na cama. Estávamos em um hotel de estilo japonês em Roterdã. Na manhã seguinte, percebi que minha orelha estava grudada pelo meu próprio sangue no travesseiro. A consequência disso é que fiquei com o lóbulo da orelha direita deformado pelo resto da vida.

Com Uschi Obermaier, especialmente naquela época, era desejo sexual, pura e simplesmente. Mas ela foi crescendo dentro de mim e entrou em meu coração. Desenhávamos figuras ou nos comunicávamos por sinais. Mas, mesmo sem conseguir falar a língua um do outro, encontrei uma amiga. Foi simples assim, de verdade. Eu a amei intensamente. Encontramo-nos de vez em quando durante a década de 70. Aí, ela foi embora com seu novo amor, o namorado Dieter Bockhorn, para o Afeganistão, e saiu da minha mente e do meu coração. Ouvi dizer depois que ela morrera de um aborto em algum lugar da Turquia. O que era quase verdade, mas acontece que ela era muito esperta para isso. Descobri a história verdadeira muitos anos depois, em uma praia do México, no dia mais importante da minha vida.

Foi um período terrível com relação a baixas. Mais para o fim daquele verão, Gus, o meu avô, morreu, e Michael Cooper, meu amigo, se suicidou — ele tinha uma psique frágil e sempre achei que essa era uma possibilidade. Todos os bons morrem em você. E para onde isso me levou? A única resposta era fazer novos amigos. Mas então alguns dos vivos sumiram da lista de ativos. Cortamos Jimmy Miller, que sucumbiu lentamente à droga e acabou desenhando suásticas com o canivete na mesa de mixagem quando trabalhávamos no último álbum que ele fez conosco, *Goats head soup*. Andy Johns durou até o fim de 1973. Estávamos gravando "It's only rock 'n' roll" em Munique quando ele foi demitido pelo mesmo motivo — usar drogas pesadas demais (ele sobreviveu e voltou a trabalhar depois disso). E, então, veio o caso do meu amigo Bobby Keys — não consegui salvá-lo de seu próprio naufrágio rock and roll por volta da mesma época.

Bobby tomou banho em uma banheira de Dom Pérignon. Reza a história que Bobby Keys era o único homem do mundo a saber quantas garrafas eram necessárias para encher uma banheira, pois era em champanhe que estava flutuando. O caso ocorreu pouco antes do antepenúltimo espetáculo da excursão europeia de 1973, na Bélgica. Bobby não deu sinal de vida na reunião da banda naquele dia e finalmente me perguntaram se sabia onde estava meu amigo — tinham ligado para o seu quarto de hotel e não houve resposta. Assim, fui ao seu quarto e disse: "Bobby, estamos saindo, estamos saindo agora mesmo". Ele apanhou um charuto, a banheira cheia de champanhe, uma garota francesa com ele. Disse para eu ir me foder. Então, que seja assim. Grande imagem e *et cetera* e tal, mas você devia se arrepender, Bob. O contador informou a Bobby mais tarde que ele não receberia nada pela excursão, como resultado daquela banheira. Na realidade, estava *devendo* dinheiro. Eu precisei de dez malditos anos ou mais para trazê-lo de volta à banda, pois Mick foi implacável, e com razão.

Mick pode ser impiedoso com coisas desse tipo. Não podia responder por Bobby. A única coisa que podia fazer era ajudá-lo a se desintoxicar, o que eu fiz.

Quanto a mim, fui posto na lista da morte por uma imprensa simpática, a começar pelas publicações sobre música. Um ângulo novo. Não especialmente interessado na música. No começo de 1973, o *New Musical Express* preparou uma lista dos dez astros do rock and roll que estavam mais perto da morte e me colocou em primeiro lugar. Sou também o Príncipe da Escuridão, o homem mais elegantemente desperdiçado do mundo, e coisas assim — apelidos que ficaram grudados em mim foram cunhados naquela época e continuaram para sempre. Naquele período, sentia muitas vezes que havia gente desejando minha morte, mesmo alguns bem-intencionados. No começo, eu era uma novidade. Mas é sempre isso o que pensam sobre rock and roll, mesmo na década de 60. E então passaram a querer que você se fodesse. E depois, como eu não me fodi, passaram a querer me ver morto.

Fui o primeiro daquela lista durante dez anos! Ela costumava me provocar gargalhadas. Foi a única lista em que fiquei no primeiro lugar dez anos seguidos. Sentia uma espécie de orgulho por aquela posição. Não creio que alguém tenha mantido aquela posição tanto tempo como eu. Fiquei desapontado de verdade quando comecei a cair na lista. Finalmente, me despacharam para a nona posição. Ai, meu Deus, já acabou.

Essa necromancia foi estimulada pela história de que eu fora à Suíça para trocar todo o meu sangue — talvez a única coisa que aparentemente todos conhecem sobre mim. Ok para Keith, ele pode ir lá, trocar todo o sangue e continuar. Dizem que fiz um trato com o diabo nas profundezas sob os paralelepípedos de Zurique, o rosto pálido como um pergaminho, uma espécie de ataque de vampiro ao contrário e o tom rosado voltando às bochechas. Mas nunca fiz essa troca! Essa história vem do fato de que, ao embarcar para a Suíça, para fazer a desintoxicação na clínica, tive que dar uma parada em Heathrow para trocar de avião. E lá estava a imprensa me perseguindo. "Ei, Keith." Eu disse: "Eu, chega dessa porra. Vou trocar de sangue." Bum, foi assim. Eu saí e fui para o avião. Depois disse que era como se fizesse parte da Bíblia ou coisa assim. Eu só falei aquilo para os filhos da puta se afastarem. E está por aí desde aquela época.

Não posso desatar os nós da parte que já representei no papel que escreveram para mim. Refiro-me ao anel de caveira, o dente quebrado, as sombras. Será a metade? Acho que de certa forma sua personalidade, sua imagem, a maneira como costumava ser conhecido, é como uma corrente com a bola de ferro. As pessoas acham que eu ainda sou totalmente viciado. Já se passaram trinta anos desde que abandonei as drogas! A imagem é como uma longa sombra. Mesmo quando o sol se põe, ela continua ali. Acho que uma parte disso vem de haver uma pressão para você ser aquela pessoa a qual se tornou, talvez até o ponto em que você não possa suportar. É impossível não acabar por ser uma paródia do que você pensou que era.

Há uma coisa dentro de mim que quer estimular aquela que há dentro das outras pessoas, pois sei que ela existe em todo mundo. Há um demônio dentro de mim e há um demônio em todo mundo. Recebo uma resposta singularmente ridícula — os crânios chegam em caminhões, enviados por pessoas bem-intencionadas. As pessoas adoram essa imagem. Elas me imaginam, me constroem, me fizeram este herói folclórico. Que Deus as tenha. Eu vou fazer o melhor que puder para atender às suas necessidades. Elas querem que eu faça coisas que não conseguem fazer. Têm de fazer seu trabalho, assumir essas vidas, são vendedores de seguros... mas, ao mesmo tempo, dentro delas há um Keith Richards vagueando. Quando se fala de um herói popular, é porque escreveram um roteiro para você, e é melhor que o siga. E fiz meu melhor. Não é exagero dizer que eu basicamente vivi como um fora-da-lei. Eu entrei nessa. Sabia que estava na lista de todo mundo. Tudo que tinha a fazer era me afastar e ficaria tudo bem. Mas essa era uma coisa que eu não podia fazer.

A droga e a polícia nas minhas costas tinham chegado a um ponto bem baixo. As coisas estavam sumindo pelo ralo. Mas nunca achei que *eu* estava indo também. Eu achava que conseguiria controlar tudo. É assim que as coisas estão rolando, é assim que as coisas são jogadas em mim, mas tudo o que eu preciso fazer é passar através delas. Podia haver toda aquela merda vindo em cima de mim, soprada daquela direção, mas sei que há muita gente lá fora indo em frente, então vá em frente, Keith. De certa forma, era uma eleição sem urna. Quem vai ganhar? As autoridades ou o público? E eu estou no meio, ou os Stones estão no meio. Naquela época, acho que às vezes ficava me perguntando se todo mundo não estava se divertindo com a situação. Oh, deram outra vez uma batida na casa de Keith. Ser acordado na porra da madrugada, com seus filhos por ali e você só dormiu umas duas horas, se tanto. Não me importava com a possibilidade de ser preso. O que me incomodava eram as suas maneiras. Entravam como uma equipe da SWAT. Isso me deixava puto de verdade. E não podia fazer nada naquela hora, tinha de engolir. Você sabe que eles estão querendo provocá-lo. "O senhor Richards diz que o senhor o empurrou contra o portão e disse não se mexa e o chutou nos tornozelos". "Oh, não, não, não, não faríamos isso. O senhor Richards está exagerando."

Ser um não residente do Reino Unido significava na época que eu podia passar mais ou menos três meses por ano em casa. No meu caso, em Redlands e na minha casa em Cheyne Walk, em Londres. Em 1973, esse endereço ficou sob vigilância 24 horas por dia. Não era só eu. Também estavam vigiando Mick e deram batidas na sua casa duas vezes. Não pude ir para Redlands na maior parte do verão. Tinha sofrido um incêndio, em junho, quando estávamos lá com as crianças. Um rato roeu os fios elétricos e descascou o isolamento. Foi Marlon, com quatro anos, quem descobriu o incêndio e gritou "Fogo, fogo".

Foi principalmente por causa de Marlon — Angela era muito pequena para perceber — que eu comecei a encarar de forma um pouco mais séria a incessante perseguição da polícia. Ele perguntava, "Papai, por que você está olhando pela janela?", e eu respondia: "Estou procurando o carro sem marcas"; e ele, "Por que, papai?", e eu pensava, que merda. Posso fazer esse jogo sozinho, mas está começando a afetar meus filhos. "Por que você tem medo dos policiais, papai?" "Não tenho medo deles, eu só estou de olho neles." Mas se transformou num gesto automático olhar todos os dias para ver se eles estavam estacionados do outro lado da rua. Basicamente, você estava em guerra. Tudo o que eu tinha a fazer era largar as drogas. Mas achava que primeiro devia ganhar a guerra, e só depois tomar a decisão. Era provavelmente uma atitude muito estúpida, mas era assim que era. Não vou me curvar a esses filhos da puta.

Fizeram uma batida em casa pouco depois que voltamos da Jamaica, em junho de 1973, quando Marshall Chess estava hospedado comigo. Acharam *cannabis*, heroína, Mandrax e uma arma de fogo sem licença. Esta foi talvez a batida mais famosa porque eu enfrentei um monte de acusações. Tinham achado colheres com resíduos, seringas, armas de fogo, maconha — 25 acusações.

Eu tinha um advogado brilhante, Richard Du Cann. Tinha uma aparência formidável, magro, atlético. Ficara famoso ao defender o editor de *O amante de lady Chatterley*, de D. H. Lawrence, na acusação de atentado ao pudor apresentada pelo governo. Logo depois do meu julgamento — e apesar dele, talvez — foi eleito presidente da Ordem dos Advogados. Ele me disse que não podíamos fazer nada diante da quantidade de provas. Eu deveria me declarar culpado e ele tentaria diminuir a pena. "Culpado, meritíssimo, culpado." Você fica um pouco rouco depois do décimo-quinto. O juiz estava ficando aborrecido com a repetição, pois estava esperando o discurso de Du Cann. Mas a polícia tinha apresentado na última hora uma vigésima-sexta acusação, a posse de uma carabina de cano serrado, o que significava automaticamente um ano na prisão. De repente, eu disse: "Inocente, meritíssimo". O da peruca respondeu: "O quê?". O juiz estava pronto para sair para o almoço. Meu caso já estava decidido. Ele perguntou por que eu me declarara inocente da acusação. Eu respondi: "Se ela tivesse o cano serrado, meritíssimo, por que teria uma mira na ponta do cano?". Era uma antiguidade, uma miniatura, uma espingarda de criança mandada fazer para caçar passarinhos por um nobre francês lá pelos 1880. Tinha enfeites magníficos, era muito bonita, e não tivera o cano serrado. O juiz olhou para os policiais e viu que eles estavam brancos, pois perceberam que tinham exagerado. Tentaram uma a mais. Para mim, foi um momento muito bonito. Senti que os tinha atingido no meio das pernas. O juiz virou para eles com um olhar que parecia dizer: "Ele já estava pego, seus idiotas". Então, Du Cann fez um discurso surpreendente, shakespeareano, sobre os artistas e, vamos admitir, este cavalheiro está sendo perseguido. Dificilmente isso seria necessário. Um mero menestrel etc. O juiz aparentemente concordou, pois se virou e anunciou que eu seria multado em 10 libras por acusação, 250 libras no total. Nunca vou esquecer o desprezo que o juiz demonstrou pela polícia. Quis demonstrar isso com essa sentença bem leve, porque tinha ficado óbvio que eles estavam querendo me pegar de qualquer maneira. E assim, fomos almoçar, Du Cann e eu.

Depois do almoço, fui ao Londonderry Hotel comemorar. Infelizmente, o quarto pegou fogo. O corredor ficou tomado pela fumaça e minha família foi conduzida para fora. Fomos proibidos para sempre de nos hospedar em nosso hotel favorito. O incêndio tinha irrompido em meu quarto. Marlon estava dormindo em minha cama. Pulei em meio às chamas, levei o garoto para fora e fiquei lá esperando o socorro chegar. Não agi de forma arriscada ou perigosa — como os tabloides disseram —, a causa estava em um defeito na fiação elétrica do quarto. Mas quem acreditaria nisso?

Ronnie Wood apareceu em cena no fim de 1973. Já tínhamos nos encontrado, mas não éramos propriamente amigos. Eu sabia que ele era bom guitarrista, por suas atuações com o The Faces. Eu estava no Tramps, uma daquelas boates da moda na época, quando uma loura se aproximou e se apresentou como Krissie Wood, mulher de Ronnie Wood. Eu disse: "Prazer em conhecê-la, como está indo, como vai Ronnie?". Ela respondeu que ele estava em Richmond, em casa, gravando. Assim, fui com Krissie para Richmond, para a casa deles, chamada The Wick, e acabei ficando umas semanas por lá. Naquela época, os Stones tinham um tempo livre, Mick estava fazendo a mixagem dos vocais em "It's only rock 'n' roll", e eu andava com vontade de tocar. Lá, encontrei três músicos de primeira, Willie Weeks no baixo, Andy Newmark na bateria e Ian McLagan, parceiro de Ronnie no The Faces, nos teclados. Comecei a tocar com eles. Ronnie estava fazendo seu primeiro álbum solo, *I've got my own album to do* (Tenho meu próprio álbum para fazer) — grande título, Ronnie. Cheguei lá durante a sessão e eles me deram uma guitarra. Assim, aquele primeiro encontro com Ronnie começou com uma dupla de guitarras bem quentes. No dia seguinte, Ronnie disse para terminarmos a gravação. Eu disse que sim, mas tinha de passar em casa, em Cheyne Walk, só para pegar umas roupas. Ronnie tinha comprado The Wick do ator John Mills e instalara um estúdio no andar de baixo, no porão. Foi a primeira vez que vi um estúdio construído deliberadamente na casa de alguém — e meu conselho é para ninguém morar em cima de uma fantasia, pois já conhecia o caso, tinha feito isso para o *Exile*. Mas a casa era muito bonita, o jardim descia até a margem do rio. Fiquei no quarto que era da irmã de John Mills, também atriz e quase igualmente famosa, Hayley. Não o usava muito, mas quando o fazia, lia bastante Edgar Allan Poe. Ficando lá, eu me distanciava da vigilância em Chelsea, embora eles dessem o ar da graça de vez em quando. Anita não se importou. Ela foi comigo.

Havia um extraordinário fluxo de músicos e de talento concentrado naquela época e naquele lugar, reunidos em torno da gravação de Woody. George Harrison apareceu uma noite. Rod Stewart vinha de vez em quando. Mick apareceu e cantou na gravação, e Mick Taylor tocou. Depois de passar dois anos sem visitar muito a cena do rock and roll de Londres, era ótimo ver todo mundo sem precisar me mudar. Eles vinham até você. Sempre havia um improviso. Ronnie e eu pegamos a coisa de frente, dia sim, dia não, e demos boas gargalhadas. Ele disse que estava ficando sem músicas, e por isso eu preparei duas para ele, "Sure the one you need" e "We got to get our shit together".

Foi ali que eu ouvi pela primeira vez "It's only rock 'n' roll", no estúdio de Ronnie. A música é de Mick, e ele a tinha gravado com

David Bowie fazendo uma dublagem. Mick tivera a ideia e eles começaram a tocar em cima. Era danada de boa. "Porra, Mick, por que você a está fazendo com Bowie? Vem cá, vamos tirá-la daquele filho da mãe." Foi o que fizemos, sem muita dificuldade. Até mesmo o título em si era belamente simples, mesmo se ela não fosse uma grande música por si mesma. Vamos lá. "It's only rock 'n' roll but I like it" (É só rock and roll, mas eu gosto disso).

Durante a gravação do álbum de Ronnie, em dezembro de 1974, fomos a Munique gravar *Black and blue*, fazer as bases de músicas como "Fool to cry" e "Cherry oh baby". Foi então que Mick Taylor jogou sua bomba em cima de nós, informando que iria deixar a banda. Disse que tinha outros terrenos a cultivar, coisa em que nenhum de nós acreditou. Estávamos então preparando nossa turnê de 1975 pelos Estados Unidos e isso nos deixava numa situação difícil. Mick nunca conseguiu explicar por que foi embora. Nem ele sabia dizer qual foi o motivo. Eu lhe perguntei muitas vezes por que ele tinha saído e ele sempre me respondeu: "Não sei". Ele sabia o que eu sentia. Sempre quis manter a banda unida. Você pode sair em um caixão ou com dispensa após um longo serviço, mas, do contrário, não pode. Não posso adivinhar o que se passou dentro do cara. Pode ter sido alguma coisa a ver com Rose, sua mulher. Mas a prova de que ele não se encaixava bem foi a sua saída. Eu acho que ele não queria se encaixar. Imaginei que com as credenciais de ter trabalhado com os Stones ele poderia compor, produzir. Mas ele não fez nada disso.

Assim, no começo de 1975, estávamos à procura de guitarristas. Estivemos em Roterdã para fazer mais algumas faixas de *Black and blue* — foi o tempo de "Hey Negrita", "Crazy mama", "Memory Motel" e do embriônico "Start me up", a versão reggae que não funcionou apesar de quarenta ou cinquenta takes. Voltaríamos a trabalhar com ela dois anos depois, e ainda quatro anos mais tarde — o lento nascimento de uma canção cuja perfeita natureza não reggae tínhamos descoberto em um take de passagem sem percebê-lo, até mesmo chegando a esquecê-lo. Mas isso é assunto para mais tarde.

Já estava morando com Ronnie em The Wick havia algum tempo, Anita, eu e as crianças, quando tive de ir a Roterdã gravar. Naquela época, tínhamos descoberto policiais trepados em árvores, com binóculos, no estilo das comédias *Carry on*. E eu não estava tendo alucinações. Apesar de parecer absurdo, era também uma situação grave. Éramos vigiados o tempo todo. Cercados. Eu estava tomando minha dose normal. Assim, disse a Anita que teríamos de deslizar para fora à noite. Mas primeiro tinha de telefonar para Marshall Chess, que já estava em Roterdã. Marshall também estava no gancho. Estávamos juntos. Tínhamos de jogar juntos. Pedi a Marshall para garantir que iria conseguir a merda. Só viajaria quando soubesse que ele estava com a droga, pois qual era o sentido de ir para Roterdã e trabalhar em crise de abstinência? Quando saí, ele tinha dito que já estava com a droga. "Está aqui, está na minha mão." Tudo bem. Mas quando cheguei a Roterdã, Marshall estava com aquela cara com ar de tristeza, muita tristeza. Era areia para gato. Tinham lhe vendido areia de gato em vez de heroína. Naquele tempo, havia heroína marrom, quase sempre mexicana ou sul-americana. Cristais marrons ou beges, que se pareciam mesmo muito com areia de gato. Fiquei lívido. Mas do que adiantaria matar o piloto? Aqueles porras de surinameses lhe tinham vendido areia para gato fazer cocô. E tínhamos pagado o preço mais alto.

Em vez de poder ir diretamente para o estúdio e começar a trabalhar, estava vasculhando tudo em busca da droga. Pelo menos, isso faz de você um homem. Passamos dois dias muito ruins. Quando você está em crise de abstinência e tentando ao mesmo tempo fechar um negócio, não fica em posição muito firme para negociar. O fato de termos chegado a voltar ao bar dos surinameses mostra isso. Fomos às profundezas da área do porto, um lugar que quase parecia ter saído de um livro de Dickens — como uma ilustração antiga, barracões e prédios de tijolo aparente. Olhamos para o cara por trás do balcão, que Marshall achava que era quem tinha feito a venda, e ele soltou, com aquela pose famosa, um "sinto muito". Eles começaram a rir. O que você vai fazer?

Esqueça. É a crise de abstinência, amigo. Mas eu não disse sinto muito aos Stones. Façam o aquecimento, tirem um som, me deem mais 24 horas. Todo mundo sabe o que está acontecendo. Até estar na condição certa, não vou aparecer.

Ronnie não foi rapidamente arrebanhado para ser nosso guitarrista, apesar da proximidade que tínhamos na época. Ele ainda era, por exemplo, membro do The Faces. Tentamos outros músicos antes dele — Wayne Perkins, Harvey Mandel. Os dois são grandes músicos e ambos estão no *Black and blue*. Ronnie apareceu por último, e foi realmente um cara ou coroa. Gostávamos muito de Perkins. Era um músico admirável, mantinha o estilo, não bateria de frente com o que Mick Taylor vinha fazendo, muito melódico, um material muito bem tocado. Mas aí Ronnie contou que estava tendo problemas com o The Faces. Assim, ficou entre Wayne e Ronnie. Ronnie é bem completo. Pode tocar uma porção de coisas e estilos diferentes e eu já vinha tocando com ele havia algumas semanas. Assim as fichas caíram no lugar. Não foi tanto a capacidade musical o que levou à decisão. Ela foi tomada pelo fato de Ronnie ser inglês! Bem, éramos uma banda inglesa, embora não se pense tanto assim agora. E achávamos, na época, que tínhamos de manter a nacionalidade da banda. Porque, quando se pega a estrada e chega a hora de "Você já ouviu esta?", é bom que todos tenham a mesma base cultural. Como éramos os dois naturais de Londres, Ronnie e eu já tínhamos uma proximidade natural, uma espécie de código, e podíamos ficar calmos juntos sob tensão, como membros da mesma equipe. Ronnie ajudou muito a unir a banda. Foi como um sopro de ar fresco. Sabíamos que ele era competente, que sabia tocar, mas um fator que pesou muito na decisão foi seu entusiasmo incrível e sua capacidade de se dar bem com todo mundo. Mick Taylor sempre foi um pouco rabugento. Não se via Mick Taylor deitado no chão, esfregando a barriga, morrendo de rir por nada. Na mesma situação, Ronnie já estaria de pernas para o alto.

Se você conseguir pôr Ronnie sentado, afastar sua cabeça de tudo o mais, fazê-lo concentrar-se nos detalhes, ele se torna um músico extraordinariamente empático. Às vezes, ele o surpreende. Ainda gosto muito de tocar com ele, gosto muitíssimo. Estávamos fazendo "You got the silver" e eu disse: "Bom, eu posso cantar, mas não consigo cantar e tocar ao mesmo tempo. Você vai ter de fazer minha parte". E ele pegou logo a coisa, foi magnífico. Ele toca slide admiravelmente. E ele ama de verdade a sua música. É inocente, totalmente puro, sem arestas. Conhece Beiderbecke, conhece sua história, seu Broonzy, tem os pés solidamente fincados no chão. E ele se adaptou perfeitamente à maneira antiga de tocar, na qual não se pode dizer qual é a guitarra rítmica e qual é a solo, o estilo que desenvolvi com Brian, o velho fundamento do som dos Rolling Stones. A divisão entre guitarristas, ritmo e solo, como tínhamos com Mick Taylor, desapareceu. Para se fazer isso, é necessário estar intuitivamente ligado, e Ronnie e eu éramos assim. "Beast of burden" é um bom exemplo do som que fazemos alegremente juntos. Assim, eu votei a favor da sua entrada. Seria uma participação temporária, o que nos daria tempo para ver se funcionava. Ronnie participou dessa forma da turnê de 1975 pelos Estados Unidos, sem ser oficialmente membro da banda.

Ronnie é o cara mais maleável que conheço. É um verdadeiro camaleão. Ele não sabe direito quem ele é. Não é por falta de sinceridade. Ele só está em busca de um lar. Tem uma espécie de desespero para obter amor fraterno. Precisa pertencer. Precisa de uma banda. Ronnie é um homem de família muito estrito. Tivera momentos ruins — sua mãe, seu pai e seus dois irmãos tinham morrido nos poucos anos anteriores. É duro. Você chega e diz: "Ron, sinto muito". Ele responde: "Bem, o que você esperava? Todo mundo tem sua hora". Mas Ronnie às vezes não põe as coisas para fora. Fica segurando por muito tempo. Sem sua mãe, Ronnie parece estar perdido. Como o mais novo da família, foi mimado pela mãe. Eu sei, sou assim também. Ronnie segura muita coisa. É um cara duro, um porra de um cigano. Sua família foi a última dos ciganos da água a vir para a terra firme, um momento fantástico de evolução, embora às vezes eu ache que Ronnie não perdeu as nadadeiras. Talvez seja por isso que ele esteja sempre caindo da carroça. Ele não gosta de ficar no seco, quer voltar para a umidade.

Uma diferença entre Ronnie e eu é que ele gostava de correr riscos. Não tinha controle nenhum. Reconheço que eu bebo mais do que devia, mas Ronnie levava tudo ao máximo. Posso acordar e tomar um drinque, mas o café da manhã de Ronnie costumava ser tequila com água. Se você lhe desse cocaína pura, ele não aceitaria, pois o que estava tomando era *speed*. Só que ele pagava preço de cocaína por ela. Tentava enfiar isso na cabeça dele: "Você não está tomando coca, está tomando *speed*. Você acaba de comprar *speed* e pagar preço de cocaína". Ao mesmo tempo, porém, ele não era desestimulado de prosseguir com esses hábitos em seu novo emprego.

A memorável iniciação de Ronnie, logo antes da turnê pelos Estados Unidos, ocorreu no fim de março de 1975. Estávamos ensaiando com a banda em Montauk, em Long Island, e resolvemos fazer uma visita a Freddie Sessler, que estava morando ali perto, em Dobbs Ferry, no rio Hudson, logo acima de Manhattan. Freddie nos desafiou a consumir 30 gramas da farmacêutica ali, e naquela hora. Foi a mesma coisa que arrancar três páginas de nossos diários. As anotações de Freddie esclarecem ligeiramente o que aconteceu. O que lembro é muito pouco.

Freddie Sessler: Estava profundamente adormecido, por volta das cinco da manhã, quando ouvi uma enorme batida na porta da frente de minha casa. Consegui abrir a porta, com os olhos fechados. Fui imediatamente saudado e acordado para o senso de humor de Keith. "Que porra você está fazendo, dormindo enquanto nós estamos gastando as bundas de trabalhar e acabamos de vir dirigindo mais de 150 quilômetros para visitar você?" "Está bem", eu respondi, "já levantei. Só me deixem lavar a cara." Peguei um suco de laranja para mim e passei uma garrafa de Jack Daniel's para Keith. Ele imediatamente colocou uma fita cassete no aparelho de som, música reggae, naturalmente a toda altura, e a festa começou. Depois de algum tempo, perguntei a Keith e a Ronnie se teriam coragem de encarar comigo um brinde para acordar. Eu estava segurando um vidrinho de 30 gramas da Merck. Fui ao meu quarto, peguei um quadro com moldura de vidro e decidi fazer uma brincadeira que eu tinha inventado. Um dos meus maiores prazeres sempre foi o ritual de abrir um vidro de cocaína selado. Só olhar, observar, romper o selo me dava uma sensação instantânea, uma euforia. Era um prazer maior do que o próprio consumo da cocaína. Depois de romper o selo, coloquei dois terços do que havia na embalagem no vidro do quadro. Então preparei dois montinhos iguais, com cerca de oito gramas, para Keith e para mim, e um menor, com cerca de quatro gramas para Ronnie.

Quando terminei, disse o seguinte a Keith:

"Keith, quero fazer um teste com você. Ver que tipo de homem você é". Eu sabia muito bem que ele encararia qualquer desafio. Fiz duas fileiras, peguei um canudo e, numa aspirada rápida, inalei minha parte de oito gramas. "Agora, quero ver se você consegue fazer o mesmo." Em toda a minha vida de adulto, nunca, em tempo algum, vi alguém usar uma quantidade desse tamanho. Keith olhou, ficou observando, pegou o canudo e repetiu meu esforço sem dificuldade. Eu passei as quatro gramas para Ronnie e disse: "Você é um principiante. É o que vai ter. Use". E ele usou.

A cocaína farmacêutica não pode ser comparada de nenhuma maneira à cocaína produzida nas Américas Central e do Sul. É pura, não provoca depressão nem letargia. Leva a um tipo completamente diferente de euforia, de criatividade, que chega imediatamente, ao ser absorvida pelo sistema nervoso central. Não há nenhum sintoma de retirada.

Quando passei a fileira a Ronnie, já estava pronto para chegar ao teto, um rush enorme. Ah, que sensação. Nada que eu conheço pode ser comparado com isso. Quando ofereci a fileira a Ronnie, pronunciei as últimas palavras a saírem de minha boca nas seis horas seguintes. Partimos em nossa jornada para Woodstock.

Cocaína pura. Vai pegar ou não? Então pule no carro e saia guiando. Não tenho ideia de onde fomos. Foi parecido com o passeio que dei com John Lennon: simplesmente fomos em frente. Não tenho ideia de como chegamos a algum lugar. Obviamente, eu dirigi, e de maneira muito responsável, nunca me pararam. Pusemos gasolina, fizemos tudo, mas com outra cabeça. Tenho relatos esparsos de que passamos a noite em Bearsville com a Band, provavelmente com Levon Helm. Não sei se passei lá por algum motivo. Vamos visitar alguém? Não sabia se Bob Dylan estava morando lá na época. Acabamos por voltar a Dobbs Ferry. Tenho uma estranha sensação de que Billy Preston estava lá, mas não participou do passeio.

A excursão de 1975 que estávamos a ponto de começar foi embalada por cocaína Merck. Foi quando começamos a montar esconderijos atrás dos alto-falantes do palco, para consumir algumas fileiras entre os números. A regra para Ronnie e eu era uma música, uma cheirada. Mesmo então, três anos depois da excursão STP, era um feito extraordinariamente memorável pelos padrões de hoje. Como foi? Vou dar a palavra a Mary Beth Medley. Ela era a coordenadora da excursão, quem combinava as datas e fazia as negociações com os promotores por todos os Estados Unidos. Tinha 27 anos e trabalhava para Peter Rudge. Não tinha auxiliares.

Mary Beth Medley: Era tudo feito em fichas de 7 × 12 centímetros. Quando digo isso a alguém, ela me olha como se estivesse falando *swahili*. Um guia rodoviário Rand McNally e um mapa dos Estados Unidos. Sem fax, sem celular, sem FedEx, sem computador. Um arquivo Rolodex, mas nada além disso, a não ser uma linha de telefone normal e um telex para o escritório na Europa. Quanto ao estilo de vida rock and roll, dá para imaginar que tínhamos aprendido as lições de cautela depois do incidente em Fordyce. Mas houve outro incidente depois desse, no fim da excursão, em agosto de 1975, o qual, pelo que sei, nunca foi relatado. Envolveu Keith, mas envolveu todo mundo. Estávamos em Jacksonville, na Flórida. Iríamos para Hampton, na

Virgínia, e Bill Carter foi informado de que o avião seria revistado quando chegássemos lá. Ele tinha ligações com a polícia por todo lado. Levamos um susto em Louisville, Kentucky, onde por pouco não entraram no avião. Para evitar problemas, coletamos o contrabando de todo mundo. Revólveres, facas, as drogas de todos, qualquer coisa que pudesse ser considerada ilegal. Pusemos o material em duas malas. Fui em um avião particular de Jacksonville para Hampton, com as duas malas, e segui de automóvel para o hotel. Não fiquei preocupada na viagem de avião. Naquele tempo, quando se viajava em um avião particular, nem era preciso declarar a carga. Acho que viajei anonimamente. A ida de carro é que foi enervante. Andei a oitenta quilômetros por hora. Logo eu. Quando cheguei ao hotel, fui a um quarto, não o meu, e pus tudo na cama. Eles chegaram duas horas depois e recolheram tudo. Annie Leibovitz tem em algum lugar uma fotografia mostrando o tesouro que havia naquelas duas malas.

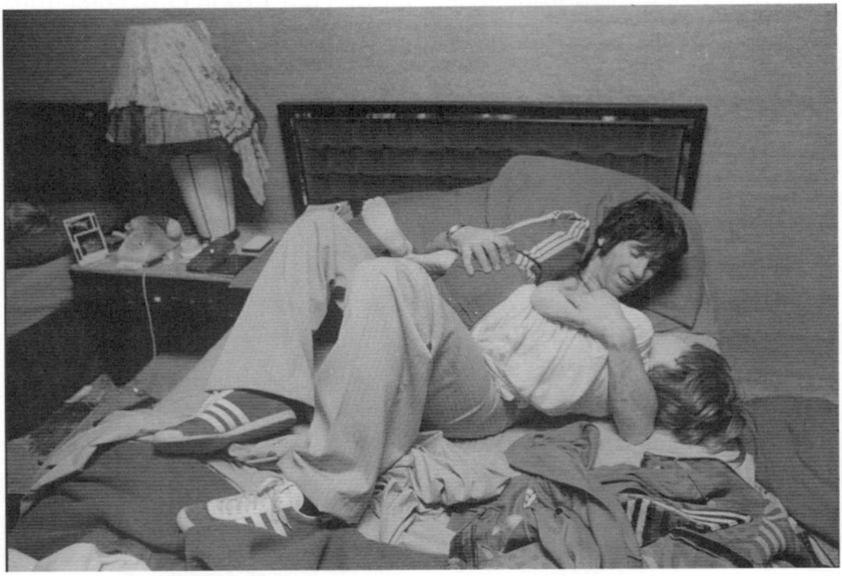

Annie Leibovitz

Capítulo Dez

Marlon se torna meu companheiro de estrada. Nosso filho Tara morre. Vamos morar com John Phillips e sua família em Chelsea. Sou preso em Toronto e enquadrado por tráfico de drogas. Deixo a heroína com a ajuda de uma caixa preta e do uísque Jack Daniel's. Os Stones gravam *Some girls* em Paris. Encontro Lil Wergilis, que me ajuda a largar o vício. Recebo liberdade condicional em 1978 em troca de um show para cegos. O namorado de Anita estoura os miolos num jogo de roleta-russa, e nós finalmente nos separamos.

Eu já tinha esbarrado na morte tantas vezes... A prisão em Fordyce durante a turnê de 1975 foi potencialmente a ocasião em que cheguei mais perto do fim. Eu sabia que já tinha usado todas as minhas sete vidas. Não precisava nem contar. Mas eu teria outros esbarrões ainda mais próximos, prisões, balas perdidas e carros voando para fora da estrada. Algumas vezes consegui escapar por pura sorte. Mas havia uma escuridão no ar — uma tempestade estava por vir. Eu vi Uschi de novo — ela ficou uma semana com a gente durante a turnê em San Francisco, e depois desapareceu outra vez por muitos anos. Os Rolling Stones passaram um tempo na Suíça durante aquele outono, já que a minha casa era lá, trabalhando no álbum *Black and blue* — o álbum cujo anúncio era um cartaz com a foto de uma mulher seminua, amarrada e cheia de hematomas, o que provocou um boicote à Warner Communications. Trabalhamos em músicas como "Cherry oh baby", "Fool to cry" e "Hot stuff". Em março de 1976, em Genebra, Anita deu à luz nosso terceiro filho, um menino chamado Tara.

O bebê não havia completado nem um mês quando eu deixei Anita e saí numa longa turnê pela Europa que duraria de abril até junho. Levei Marlon comigo como companheiro de estrada. Ele tinha sete anos. Anita e eu havíamos nos tornado dois viciados que levavam vidas totalmente independentes, exceto pelo fato de que estávamos criando filhos juntos. Isso na verdade não era um fardo tão pesado para mim, já que eu passava tanto tempo viajando e Marlon geralmente estava comigo. Mas não era um ambiente agradável. É muito difícil conviver com uma mulher que também é viciada, aliás, mais viciada que você. A única coisa que Anita me dizia naquela época era "O veneno já chegou?". A droga era a única coisa que importava na vida. E Anita estava ficando incontrolável. Uma crise de abstinência no meio da noite, e ela atirava uma garrafa de suco ou de vinho na parede da casa que tínhamos acabado de alugar. "Ah, você está precisando de um pico, querida?" Eu compreendia, mas ela também não precisava arrebentar a porra da casa toda. Ela agora já não viajava com a gente nas turnês nem vinha assistir às gravações: Anita estava se isolando cada vez mais.

Quanto mais a merda voava no ventilador, mais eu mantinha o garoto perto de mim. Eu nunca tinha tido um filho antes, então era muito legal vê-lo crescer, poder dizer "preciso da sua ajuda, filho". Então Marlon e eu nos tornamos um time. Em 1976, Angela ainda era muito novinha para viajar.

Nós íamos para os shows num carro maneiríssimo que eu tinha. Marlon era o meu navegador. Naquela época, ainda existiam países: não era simplesmente a Europa sem fronteiras. Eu dei um cargo a ele, uma tarefa a cumprir. "Aqui está o mapa. Me avise quando estivermos chegando à fronteira." Para ir da Suíça à Alemanha, precisávamos atravessar a Áustria. Estamos falando de atravessar a fronteira da Suíça e *boom*, estamos na Áustria, depois *bang*, viajamos 24 quilômetros pela Áustria, e *bang*, já estamos na Alemanha. É um bocado de fronteiras só para chegar a Munique. Então você tinha que ser preciso, principalmente quando estava dirigindo na neve e no gelo. Marlon mantinha tudo sob controle. Ele dizia: "Faltam quinze quilômetros para a fronteira, pai". Isso significava que estava na hora de encostar o carro, tomar um pico e jogar o resto da droga fora ou escondê-la muito bem. Às vezes ele me cutucava e dizia: "Pai, é melhor encostar o carro. Você está caindo, está quase dormindo". Ele agia como alguém bem acima da sua idade. O que vinha a calhar quando estávamos prestes a ser pegos. "Hã, pai?" "O que é?" (Ele me acordando, me chacoalhando.) "Os caras de uniforme azul estão lá embaixo."

Eu não costumava me atrasar para os shows, e nunca faltei a nenhum — mas quando eu chegava atrasado, eu chegava espetacularmente atrasado. E geralmente o show era maravilhoso de todo jeito. Na minha experiência, a plateia não se importa de esperar, contanto que você chegue e dê *aquele* show. Eu vivia numa névoa meio hippie, meio doidona. Nos anos 70, a hora do show era quando eu acordava. Eu podia até chegar três horas atrasado, mas os shows não tinham "toque de recolher". Então, quando as pessoas iam a um show, elas iam para ficar a noite toda. Ninguém disse que o show começaria na hora. Se cheguei atrasado, me desculpem, isso quer dizer apenas que aquela era a hora certa para começar o show. Ninguém ia embora. Mas eu também não abusava. Eu tentava garantir que esses shows atrasados fossem uma exceção.

Normalmente, quando eu me atrasava, era porque estava dormindo profundamente. Eu me lembro do Marlon tendo de me acordar. Aliás, isso se tornou um hábito. Jim Callaghan e a equipe de segurança sabiam que eu mantinha um revólver embaixo do travesseiro, e eles não queriam me acordar. Meia hora antes de termos de entrar no palco, eles mandavam o Marlon, enfiavam ele no quarto. "Pai..." Marlon pegou o jeito bem rápido. Ele sabia exatamente o que dizer. "Pai, agora está na hora *mesmo*." Coisas desse tipo. "Isso quer dizer que posso dormir mais duas horas, não é?" "Pai, eu já segurei o pessoal o máximo que pude." Ele era um excelente guarda-costas.

Eu era meio imprevisível naquela época, ou pelo menos eles pensavam que eu fosse. Nunca atirei em ninguém, mas havia sempre aquele medo de que eu pudesse acordar com um mau humor danado e agarrar o revólver, achando que estava sendo roubado. Não que eu nunca tenha pensado nisso; ter uma arma pode ser bem útil. Nunca tive a intenção de matar ninguém, mas tinha um filho comigo na estrada e estava sempre fodido.

Geralmente, quando eu entrava no palco, havia acabado de acordar. Sair da cama é uma coisa, acordar é outra. Isso para mim leva três ou quatro horas. Depois eu tenho que me arrumar. O tempo mais curto entre sair da cama e entrar no palco era provavelmente num daqueles dias em que eu precisava estar no palco uma hora atrás. "O que é que estou vestindo?" "O pijama, papai." "Está bem, rápido, onde está a porra da minha calça?" De todo jeito, na maioria das vezes eu já caía na cama com a roupa que ia usar no show. Meia hora depois, "Senhoras e senhores, com vocês os Rolling Stones!". É um jeito interessante de acordar.

Vamos deixar o Marlon contar.

Marlon: Durante todo o verão de 1976 eu viajei com eles na turnê pela Europa, e acabei participando do concerto em Knebworth em agosto, quando eles tocaram com o Zeppelin. Eles me pediam para acordar o Keith, porque ele realmente tinha um gênio muito ruim e não gostava nem um pouco de ser acordado. Então o Mick ou outra pessoa chegava e dizia: "Nós temos de partir em algumas horas, por que você não vai e acorda seu pai?". Eu era o único que conseguia fazer isso sem que minha cabeça fosse arrancada. Eu dizia: "Pai, acorda, está na hora de pegar a estrada, temos de nos mandar daqui, entrar no avião", e ele acordava. Ele era uma pessoa muito doce. A gente ia aos shows e voltava. Na verdade, não me lembro de ter presenciado muitos bacanais. Nós dividíamos um quarto de hotel com duas camas. Eu o acordava e pedia ao serviço de quarto que trouxesse o café da manhã. Sorvete ou bolo. E as garçonetes geralmente ficavam com peninha de mim — ah, coitado desse garotinho —, e eu mandava elas se foderem. Aquilo me irritava demais. E aprendi bem rápido a lidar com o pessoal que ficava tentando grudar no Keith, tentando chegar nele através de mim. Me acostumei a me livrar deles dizendo: "Olha só, eu não quero mais ver você por aqui, vá embora". Para se livrar das pessoas, o Keith dizia: "Tenho que colocar o Marlon para dormir". E para algumas garotas ou outras pessoas que ficavam querendo babar no pé dele que nem cachorrinho, eu dizia: "Vá se foder, meu pai está dormindo, deixe a gente em paz". Eles não tinham coragem de discutir com uma criança, então acabavam obedecendo.

Lembro que o Mick foi muito legal comigo naquela turnê. Estávamos na Alemanha, em Hamburgo, o Keith estava dormindo e Mick me convidou para ir até o quarto dele. Eu nunca tinha comido um hambúrguer, e ele pediu um para mim. "Você nunca comeu um hambúrguer, Marlon? Você tem que comer um hambúrguer em Hamburgo." Então nós nos sentamos e jantamos juntos. Ele era muito simpático e charmoso naquela época. Keith também gostava muito dele. Mick gostava de cuidar das pessoas; ele tomava conta do Keith. Isso era algo que chamava a atenção. E naquele tempo o Keith estava num estado deplorável...

Keith sempre lia histórias para mim. Adorávamos o Tintim e o Asterix, mas ele não sabia ler em francês, e aqueles livros eram todos em francês, então ele inventava tudo. Só alguns anos mais tarde, ao ler um livro do Tintim, foi que percebi que ele não sabia sobre que porra eram as histórias; ele tinha fingido que estava lendo o tempo todo. Considerando toda aquela heroína, e o fato de que ele estava sempre caindo no sono, esse era um feito e tanto. Também me lembro de ter apenas um par de sapatos e uma calça, e de tê-los usado durante toda a turnê até puírem.

Havia os guarda-costas, Bob Bender e Bob Kowalski, os dois Bobs. Ambos tinham mais de 1,80 metro de altura e eram enormes, verdadeiros paredões, montanhas humanas. Um deles era louro e o outro tinha cabelo escuro, pareciam dois cães de guarda. Eu costumava jogar xadrez com eles no corredor, porque era isso que eles faziam, ficavam sentados no corredor jogando xadrez para passar o tempo. Era muito divertido. Na época nada daquilo me pareceu traumático, eu achava o maior barato ir a shows todas as noites em cidades diferentes. Às vezes eu ficava acordado até as cinco da manhã e dormia até as três da tarde. Eu me adaptava à rotina do Keith.

Nunca tive a menor curiosidade quanto às drogas. Eu achava aquelas pessoas totalmente ridículas, simplesmente achava uma idiotice incrível o que elas estavam fazendo. A Anita me disse que eu fumei um montão de baseados na Jamaica quando tinha uns quatro anos, mas não acredito nem um pouco nessa história; parece uma das maluquices da Anita. Eu achava aquilo tudo repulsivo, mas tive que aprender a guardar as drogas e a jamais experimentá-las ou deixá-las espalhadas pelo quarto. Se visse alguma, eu guardava tudo imediatamente. E às vezes eu pegava uma revista ou um livro com linhas de cocaína em cima e o pó voava por toda parte. Keith não ficava muito zangado.

No final daquela turnê, nós sofremos um acidente de carro quando estávamos voltando de Knebworth. Foi aí que o Keith foi preso. Ele pegou no sono e bateu numa árvore. Havia sete pessoas no carro e ninguém ficou gravemente ferido porque, por sorte, estávamos no Bentley. Para aquele carro, aliás, o acidente foi bastante marcante. Até uns cinco ou seis anos atrás, o banco de trás ainda tinha uma mancha de sangue no formato da minha mão. E o painel ainda estava amassado no lugar onde eu bati com o nariz. Fiquei impressionado por ter conseguido amassar o painel com o nariz e desapontado quando o amassado foi consertado.

Eu sou um bom motorista. Quer dizer, ninguém é perfeito, certo? Em algum momento me descuidei e dormi ao volante. Eu simplesmente desmaiei. Nós saímos da estrada. Tudo que me lembro foi que de repente ouvi Freddie Sessler no banco de trás gritando: "Puta que o pariu!". Mas consegui tirar o carro da estrada e entrar num descampado, o que, afinal, pareceu uma decisão acertada. Pelo menos não batemos em ninguém, não matamos ninguém nem chegamos a nos machucar demais. Aí os tiras acharam LSD na minha jaqueta. Como foi que consegui escapar dessa? Nós tínhamos acabado de sair de um show. As jaquetas que estávamos usando eram jaquetas da banda, todas iguais, mas de cores diferentes. Eu podia ter pegado a jaqueta do Mick Jagger ou do Charlie por engano. Poderia ter sido a jaqueta de qualquer um. Essa foi a minha defesa.

Fiz um discurso do tipo "Essa é a vida que eu levo, é assim que nós vivemos e merdas acontecem. Vocês não vivem como eu. Eu faço o que preciso fazer. Se fiz alguma merda, me perdoem. Estou apenas tentando levar uma vida pacífica. Deixem-me ir para o próximo show". Em outras palavras, "Ei, isso é só rock and roll". Mas tente dizer isso a um bando de bombeiros hidráulicos de Aylesbury. Talvez eu tenha caído nas graças dos jurados — pelo menos foi isso que um repórter falou. É difícil acreditar, porque a minha atitude era "Eu preciso de um júri em que pelo menos a metade dos componentes sejam guitarristas de rock and roll para que alguém consiga entender de que porra estou falando. Um júri popular formado de meus semelhantes seria composto por Jimmy Page, um conglomerado de músicos, caras que vivem na estrada e sabem o que é isso. Meus semelhantes não se tratam de uma médica e um par de bombeiros hidráulicos. Não que eu não respeite a lei inglesa, eu a respeito sim, e muito. Mas me façam esse favorzinho". E foi basicamente isso que eles fizeram. Aparentemente, daquela vez ninguém estava interessado em me ensinar uma lição, então me deixaram ir apenas com uma multa e um tapinha na mão.

Eu estava em Paris com Marlon numa turnê quando soube que nosso filho Tara, então com pouco mais de dois meses, tinha sido encontrado morto no berço. Recebi o telefonema quando estava prestes a começar um show. Foi um daqueles "Sinto muito em lhe informar" que acertam você como um tiro. Então a pessoa disse: "Com certeza você vai cancelar o show". E pensei por um momento e disse a mim mesmo: "É claro que não vamos cancelar o show". Isso seria a pior coisa que eu poderia fazer, já que não tinha nenhum outro lugar para ir. O que é que eu ia fazer, voltar correndo para a Suíça e descobrir o que não tinha acontecido? A coisa já estava consumada. Ponto final. Ou deveria sentar ali e ficar me lamentando e enlouquecer e começar a fazer sei lá o quê? Por quê? Liguei para Anita, é claro, e ela estava aos prantos, os detalhes todos muito confusos. Anita tinha de ficar lá, cuidar da cremação e ser interrogada por todos aqueles médicos legistas suíços antes que pudesse vir para Paris, e a única coisa que eu podia fazer então era proteger Marlon daquilo tudo, tentar não descontar tudo nele. A única coisa que me mantinha em pé era Marlon e a rotina diária de cuidar de um menino de sete anos na estrada. "Não tenho tempo de chorar por causa disso, tenho esse garoto para cuidar." Graças a Deus ele estava lá. Ele era pequeno demais para entender o que estava acontecendo. A única coisa boa de tudo isso foi que pelo menos Marlon e eu estávamos longe do luto imediato. Tive de entrar no palco naquela noite. Depois disso, segui adiante na turnê com Marlon, tentando deixar aquilo tudo de lado. De todo modo, isso me aproximou mais ainda de Marlon. "Acabo de perder meu segundo filho, não vou perder meu primeiro de jeito nenhum."

O que aconteceu? Sei muito pouco sobre as circunstâncias. Tudo que eu sabia sobre Tara era que ele era um lindo bebezinho num berço. "Oi, pimpolho, vejo você quando voltar da viagem, está bem?" Ele parecia ser perfeitamente saudável. Parecia um Marlon em miniatura. Nunca cheguei realmente a conhecer o filho da puta. Talvez tenha trocado a fralda dele umas duas vezes. Foi falência respiratória, síndrome de morte súbita infantil. Anita o encontrou morto de manhã. Na época eu não estava a fim de fazer perguntas. Só Anita sabe o que aconteceu. Quanto a mim, eu nunca deveria tê-lo deixado. Não acho que foi culpa dela; foi simplesmente uma fatalidade. Mas deixar um recém-nascido é algo de que não posso me perdoar. É como se eu tivesse desertado do meu posto.

Anita e eu nunca mais falamos sobre o que aconteceu. Deixei para lá porque não queria ficar abrindo velhas feridas. Se Anita quisesse ter sentado e conversado sobre isso, eu teria concordado, mas não conseguia puxar o assunto. Era doloroso demais. Nenhum de nós, e estou certo de que esse é o caso de Anita também, jamais superou isso. Você não supera uma coisa dessas. Na época, isso com certeza desgastou ainda mais o nosso relacionamento, e Anita acabou afundando cada vez mais no medo e na paranoia.

Sem dúvida perder um filho é a pior coisa que pode acontecer na vida, e foi por isso que escrevi uma carta para o Eric Clapton quando o filho dele morreu, já que eu podia me identificar com o que ele estava passando. Quando isso acontece, você fica totalmente anestesiado por um bom tempo. Somente aos poucos é que as possibilidades de como seu amor por aquele sujeitinho poderia ter crescido começam a vir à tona. Você não consegue lidar com tudo isso de uma vez só. E não se pode perder um filho sem que isso passe a atormentá-lo. As coisas deveriam acontecer em sua ordem natural. Eu enterrei minha mãe e meu pai, e essa é a ordem natural. Mas enterrar um bebê é algo diferente. Uma coisa dessas não deixa você ficar em paz nunca mais. Agora existe um espaço permanentemente gelado dentro de mim. Pensando de forma egoísta, já que isso tinha que acontecer, sou grato por ter acontecido quando aconteceu. Quando ele ainda era pequeno demais para termos um relacionamento. Hoje em dia isso me atinge aproximadamente uma vez por semana. "Eu perdi um menino. Ele poderia ter sido um guerreiro." Escrevi num caderno de notas quando estava trabalhando neste livro: "De vez em quando Tara me invade. Meu filho. Ele teria trinta e poucos anos agora". Tara vive dentro de mim. Mas não sei nem mesmo onde o guri está enterrado, se é que ele chegou a ser enterrado.

No mês em que Tara morreu, olhei para Anita e vi que havia apenas um lugar para onde Angela poderia ir enquanto nós nos recuperávamos daquilo tudo: a casa da minha mãe. E quando pensamos em pegá-la de volta, ela já estava muito bem instalada em Dartford com Doris. Então eu pensei: "É melhor deixá-la com a mamãe. Ela tem uma vida estável, não vai mais ter que conviver com essa loucura toda, assim ela pode crescer como uma criança normal". E foi exatamente isso que aconteceu, de forma brilhante. Doris tinha pouco mais de cinquenta anos e ainda estava em condições de criar uma filha. E quando a oportunidade surgiu, ela a agarrou. Ela e Bill criaram Angela juntos. Eu sabia que ainda seria preso muitas vezes, então de que adiantava criar uma filha, sabendo que os tiras estariam sempre em nosso encalço? Pelo menos eu sabia que havia um lugar seguro para Angela em meu mundo aloprado. Angela viveu com Doris nos vinte anos seguintes. E eu fiquei com Marlon na estrada até o final daquela turnê em agosto.

Levei todas as minhas coisas para Wick quando Ronnie Wood emigrou para os Estados Unidos por motivos de evasão fiscal em 1976. Não podíamos voltar para Cheyne Walk por causa da polícia que patrulhava a área 24 horas por dia, e porque eu era muito conhecido por lá. Quando passávamos algum tempo ali, mantínhamos as janelas e as cortinas fechadas, era uma existência hermética, ficávamos totalmente sitiados, isolados em nós mesmos.

Estávamos apenas tentando sobreviver e ficar um passo adiante dos tiras o tempo todo. Estávamos sempre viajando. Bastava um telefonema antes de partirmos e a pergunta: "Dá para encontrar agulhas por aí?". Apenas merdas mundanas na rotina de dois viciados. Era uma prisão que eu mesmo havia criado. Moramos no Ritz Hotel, em Londres, por algum tempo, até que fomos forçados a fugir por conta da cortesia de Anita em arrebentar o quarto todo. Marlon começou a frequentar realmente a escola pela primeira vez na Hill House, uma escola onde as crianças vestiam uniformes laranja e aparentemente passavam um bom tempo andando em fila indiana pelas ruas de Londres. Os meninos da escola Hill House eram uma instituição londrina, assim como os velhinhos de Chelsea. Nem é preciso dizer que aquilo foi um choque e tanto para ele, ou como ele diria hoje, foi um "pesadelo dos diabos".

Naquela época, John Phillips, da antiga banda The Mamas & the Papas, estava morando em Londres. Ele e sua esposa, a atriz Geneviève Waïte, e seu filho pequeno, Tamerlane, tinham uma casa em Glebe Place, em Chelsea. E nós nos refugiamos lá por algum tempo. Nos mudamos para lá. Já havia planos para trabalharmos juntos, a Rolling Stones Records ia produzir um álbum solo de John, com Ronnie, Mick, Mick Taylor e eu no instrumental. Ahmet Ertegun, da Atlantic Records, era quem estava patrocinando o projeto. E era uma boa ideia — no papel. O John era um cara superlegal, muito engraçado e superinteressante de se trabalhar (embora fosse completamente louco). Ele havia composto quase todas as músicas do Mamas e outras que definiram uma época, algumas com sua ex-esposa Michelle Phillips — "California dreaming", "Monday, monday", "San Francisco (Be sure to wear flowers in your hair)".

O Phillips era incrível. Eu nunca tinha visto ninguém ficar viciado em heroína tão rápido, e isso em parte foi culpa minha. Na noite em que Ronnie estava saindo de Wick, John tinha ligado e dito: "Estou com um vidro de coca. Alguém tem alguma utilidade para esse negócio? Eu não uso esse tipo de coisa". Eu disse que passaria lá assim que saísse da casa do Ronnie. Saí de Wick e fui direto para a casa de John. Ficamos tocando e ele me mostrou o vidro de coca. Depois de duas ou três horas, eu disse: "John, posso usar o banheiro? Tenho de tomar um pico". Então fui até o banheiro e tomei o pico. Eu não ia tomar um baque bem ali na frente da família. E quando saí, John perguntou: "O que você estava fazendo?". E eu disse: "John, isso se chama veneno". E fiz aquilo que nunca, ou que raramente faço. Na verdade acho que aquela foi a única vez. Você não introduz outra pessoa na droga; você mantém o vício só para você. Ele tinha acabado de me dar aquela cocaína, e eu pensei: "Você quer saber o que eu estava fazendo? Então vamos lá". E então apliquei a droga nele bem no músculo.

Sempre me senti responsável pelo John, porque fui eu que o introduzi no veneno. Dentro de uma semana ele estava gerenciando uma farmácia inteira e havia se tornado traficante. Eu nunca tinha visto um cara virar um *junkie* tão rápido. Normalmente levava meses, até mesmo anos, para alguém ficar viciado de verdade. Mas com John, dez dias depois, ele estava mandando no pedaço. Sua vida mudou totalmente. Ele se mudou de volta para Nova York, e eu também, um ano depois, quando a gente passou a viver uma loucura ainda maior, mas vamos falar disso mais tarde. As músicas que gravamos juntos com Mick e os outros foram lançadas depois da morte de John, em 2001, num álbum intitulado *Pay pack & follow*.

Anita, Marlon e eu nos mudávamos constantemente. Moramos no Blakes Hotel, mas não ficamos lá muito tempo. Depois disso, fomos viver numa casa alugada na Old Church Street em Chelsea, de onde Donald Sutherland havia se mudado pouco tempo antes. Foi ali que Anita realmente perdeu o controle. Ela havia começado a delirar, tornando-se extremamente paranoica. Foi um de seus períodos mais sombrios, uma consequência da droga. Onde quer que estivéssemos, ela cismava que alguém tinha escondido drogas ali antes de fugir, e com isso ela revirava tudo à procura do "estoque secreto". O banheiro do Ritz, sofás, papel de parede, apainelamentos. Lembro-me de tê-la levado para passear de carro uma vez e dito que se concentrasse nos números das placas dos outros veículos, algo corriqueiro para tentar acalmá-la, conectá-la à realidade. A pedido dela, fizemos um pacto de que eu jamais a internaria num hospício.

Gosto de mulheres exuberantes, e com Anita você sabia que estava lidando com uma Valquíria — alguém que decide quem deve morrer numa batalha. Mas ela saiu pela tangente, tornou-se perigosa. Anita ficava furiosa quando tínhamos heroína e quando não tínhamos, mas quando a droga acabava ela pirava. Marlon e eu às vezes tínhamos medo dela, do que ela poderia fazer a si mesma e a nós. Eu costumava levá-lo para a cozinha no andar de baixo, e nós dois nos escondíamos e eu dizia: "Vamos esperar a mamãe se acalmar". Ela atirava coisas para todo lado, e algo poderia cair em cima do garoto. Às vezes, quando eu voltava para casa, as paredes estavam cobertas de sangue ou vinho. Nunca sabíamos o que estava prestes a acontecer. Ficávamos ali, torcendo para ela continuar dormindo e não acordar numa de suas crises, berrando do alto da escada como Bette Davis, atirando objetos de vidro em nós. Ela era uma megera indomada. Não era nada divertido conviver com Anita na década de 70. Ela se tornou insuportável. Era cruel comigo, cruel com Marlon, cruel consigo mesma. E ela sabe muito bem disso, e eu estou escrevendo isso aqui neste livro. Eu basicamente estava tentando encontrar um jeito de deixá-la sem prejudicar as crianças. Eu a amava profundamente. Não me envolvo assim com uma mulher a não ser que a ame profundamente. Sempre achei que a culpa seria minha se não conseguisse fazer a coisa dar certo. Mas com Anita era impossível fazer a coisa funcionar. Ela era autodestrutiva, nada podia detê-la nesse intento. Anita era como Hitler, ela queria que tudo desmoronasse junto com ela.

Tentei me livrar da droga um montão de vezes. Mas não Anita. O comportamento dela era exatamente o contrário. Qualquer sugestão de deixar o vício, e ela se rebelava e passava a se drogar ainda mais. As tarefas domésticas, a essa altura, não eram algo que ela fazia de bom grado. Então eu disse a mim mesmo: "Que porra é essa que estou fazendo? Tudo bem, ela é a mãe dos meus filhos. Tenho de engolir isso. Eu a amo, faria qualquer coisa por ela. Ela tem um problema? Vou assumir tudo. Vou ajudar".

"Inescrupulosa" não seria uma má palavra para descrevê-la. Não me importo de jogar isso na cara dela agora, e ela sabe disso. É ela quem precisa lidar com isso. Eu simplesmente fiz o que tinha de fazer. Um dia Anita vai ter de se perguntar como é que pôde estragar tudo. Por mim eu ainda estaria com ela! Não sou nem um pouquinho volúvel, principalmente em relação às crianças. Hoje em dia Anita e eu podemos nos sentar no Natal com nossos netos e trocar um sorriso perplexo: "Oi, sua vaca velha e idiota, como estão as coisas?". Anita agora está bem. Ela se tornou um espírito benigno. É uma avó maravilhosa. Conseguiu sobreviver. Mas, querida, as coisas poderiam ter sido bem melhores.

Eu me isolava muito de Anita, e ela não se interessava em participar dos ensaios no estúdio no sótão da casa. Ela passava a maior parte do tempo no quarto memorial de Donald Sutherland, onde ele tinha pendurado correntes imensas na parede com intuito meramente decorativo, mas que davam ao lugar uma atmosfera sadomasoquista. Algumas pessoas sempre vinham nos visitar — como o Stash e Robert Fraser. Eu me encontrava frequentemente com o pessoal do Monty Python naquela época, especialmente com Eric Idle, que costumava ficar direto com a gente lá em casa.

Foi nessa época na Old Church Street que consegui ficar acordado por mais tempo com ajuda da coca — uma jornada épica de nove dias sem dormir. Eu ainda estava cheio de gás no nono dia. Talvez eu tenha tirado um par de cochilos, mas não foram mais de vinte minutos. Eu estava ocupado criando meus sons, transferindo notas daqui para ali, anotando tudo, compondo músicas, e havia me tornado um maníaco, basicamente um ermitão. Mas, durante aqueles nove dias, um monte de gente veio visitar a caverna. Todo mundo que eu conhecia em Londres na época aparecia dia após dia, mas para mim era como se tudo aquilo fosse apenas um longo dia. Eles faziam o que tinham de fazer, fosse lá o que fosse: dormiam, escovavam os dentes e outras merdas do tipo, mas eu ficava lá em cima direto compondo, reorganizando meus sons e fazendo cópias duplas de tudo. Naquele tempo era tudo gravado em cassete. Daí eu começava a decorar as etiquetas de um jeito todo artístico. A fita de reggae, por exemplo, tinha um lindo Leão de Judá.

Era o nono dia, e para mim eu estava em excelente forma. Lembro que estava prestes a duplicar um cassete. Tinha anotado tudo, o número da faixa, e *boom*, apertei o botão de play. Eu tinha me virado e apagado por três segundos ali mesmo, de pé, quando caí para a frente e dei de cara com o amplificador JBL. O que me acordou, mas, o que é pior, eu não conseguia enxergar mais nada. Era só uma cortina de sangue. Havia três degraus, mas ainda me lembro como se fosse hoje, de algum jeito consegui errar todos os três, e caí rolando e desacordado no chão. Acordei com a cara toda ferida, talvez um dia depois. Oito dias inteiros, e no nono dia, ele caiu.

A banda ficou me esperando em Toronto em 1977. Eu havia adiado minha ida por vários dias. Eles me mandavam telegramas: "Onde você está?". Nós tínhamos um show agendado no El Mocambo, onde gravaríamos algumas faixas ao vivo para o nosso álbum *Love you live*. Precisávamos ensaiar bastante. Aparentemente, eu não estava conseguindo me afastar dos rituais da Old Church Street. E precisava levar Anita também, o que era igualmente difícil. Mas nós finalmente conseguimos voar para lá em 24 de fevereiro. Os shows — duas noites na boate — estavam agendados para dez dias depois da nossa chegada. Tomei um pico no avião, e de algum modo a colher foi parar no bolso de Anita. Os policiais não acharam nada comigo, mas encontraram a colher com Anita e a prenderam. Então resolveram investir pesado. Eles se prepararam meticulosamente para me pegar no Harbour Castle Hotel, sabendo que encontrariam algo — é só seguir os *junkies*. Haviam interceptado um pacote de heroína que eu tinha enviado pelo correio na minha frente. Mais tarde, Alan Dunn, o funcionário mais antigo dos Rolling Stones, nosso diretor supremo de logística e transporte, descobriu que nos últimos dias os funcionários regulares do hotel estavam trabalhando com várias outras pessoas, profissionais que tinham sido contratados temporariamente como engenheiros de telefonia e televisão. Os tiras estavam armando o cerco, usando todos os recursos possíveis e imagináveis para pegar um único guitarrista. É claro que o gerente do hotel devia saber, mas ninguém nos avisou nada. Para economizar grana, Peter Rudge, o diretor da turnê, havia tirado os seguranças do saguão do hotel. A polícia subiu direto até o nosso quarto. Marlon normalmente não teria deixado nenhum policial entrar, mas eles estavam vestidos de garçons. Eles não conseguiram me acordar. Por lei, o sujeito tem que estar consciente para ser preso. Eles levaram 45 minutos — eu tinha ficado acordado cinco dias, tinha acabado de tomar uma dose cavernosa na veia e estava completamente apagado. Havia sido o último dia de ensaio, e eu já estava dormindo havia duas horas. A lembrança que tenho é de acordar com eles me dando uns tapas, dois Mounties (polícia montada do Canadá) me arrastando e estapeando pelo quarto. Tentando me deixar "consciente". *Bang bang bang bang bang.* "Quem é você? Qual é o seu nome? Você sabe onde está e por que estamos aqui?" "Meu nome é Keith Richards, e eu estou no Harbour Hotel. Mas não tenho a mínima ideia do que vocês estão fazendo aqui." Antes disso, eles já haviam encontrado meu estoque, que tinha aproximadamente 28 gramas. Era muita coisa. Não mais do que um homem como eu precisava, quer dizer, não dava para alimentar a cidade toda. Mas eles obviamente conheciam a merda deles, e eu conhecia a minha merda, e estava claro que não se tratava de heroína canadense. Era da inglesa. Eu tinha trazido o estoque na mala.

Então me prenderam, me levaram para a delegacia, e eu realmente não achei isso nem um pouco divertido. Eles me enquadraram e tudo mais. E por causa da quantidade de heroína que encontraram, decidiram me acusar de tráfico, o que no Canadá automaticamente resulta numa longa sentença de cadeia. Então eu disse: "Tudo bem. Me devolvam um grama". "Ah, nós não podemos fazer isso." E eu respondi: "Que é que vocês pretendem fazer agora? Vocês sabem que eu preciso do veneno, que simplesmente vou ter que consegui-lo. Então o que vão fazer? Me seguir e me prender de novo? É esse o seu jogo? Como é que vocês querem jogar? Me deem um pouco até que tudo isso seja resolvido". "Ah, não." E foi então que Bill Wyman resolveu meu problema. Bill tinha sido o primeiro a aparecer, perguntando "O que é que eu posso fazer por você?". E respondi que "sinceramente, estou sem porra nenhuma e preciso do meu veneno". É claro que essa não é a área do Bill, mas ele disse: "Vou ver o que posso fazer". E ele encontrou alguém. Nós estávamos trabalhando na boate El Mocambo, então tínhamos algumas conexões locais. Bill cumpriu sua palavra e conseguiu a parada, me tirou do sufoco. E correu um risco e tanto, considerando o modo como todos estavam de olho em mim. Esse foi o lance mais comovente que me lembro de ter vivido com o Bill.

Os Mounties nunca tentaram me prender de novo. Alguém depois citou exatamente o que eu disse: "O que está em julgamento aqui é a mesma coisa de sempre. A velha questão do *eles contra nós*. Eu particularmente acho tudo isso muito enfadonho. Já passei meu aperto na porra do banco dos réus. Por que não vão pegar no pé dos Sex Pistols?". Dessa vez, porém, alguém estava seriamente a fim de me enquadrar, e a situação ficou ainda mais complicada pelo fato de Margaret Trudeau, a esposa do primeiro-ministro Pierre Trudeau, ter-se instalado no hotel com os Stones, o que provocou um escândalo digno da primeira página dos tabloides. Pegue a jovem esposa do primeiro-ministro com os Stones, adicione algumas drogas à mistura e você terá três meses de manchetes nos jornais. Talvez essa história toda tenha acabado me favorecendo no final, mas naquele momento parecia a pior combinação de circunstâncias possível. Margaret Trudeau tinha 22 anos e Phillip Trudeau, 51 quando eles se casaram. Era tipo Sinatra e Mia Farrow — o poderoso e a jovem hippie. E agora a esposa de Trudeau — e isso tudo calhou de acontecer exatamente no aniversário de seis anos de casamento deles — tinha sido vista andando de robe pelos corredores do andar onde estávamos hospedados. Na época os rumores eram de que ela havia deixado o marido. Na verdade, ela havia se mudado para o quarto ao lado do de Ronnie, e eles estavam se dando às mil maravilhas, ou, como Ronnie coloca tão bem em suas memórias, "Nós compartilhamos algo muito especial durante aquele breve período". Ela foi para Nova York para escapar da publicidade, mas Mick também foi, então presumiu-se que os dois também formavam um casal. A coisa estava ficando cada vez pior. Ela era uma *groupie*, é só isso que ela era, pura e simplesmente. Não há nada de errado nisso. Mas você não deveria ser a esposa do primeiro-ministro se quiser ser uma *groupie.*

Fui solto sob uma fiança de muitos dólares, mas tomaram meu passaporte e minha liberdade ficou restrita ao hotel. Fiquei aprisionado. E ainda tinha de esperar para ver se iam me prender. Eles estavam atirando em peixes num barril. Durante outra audiência, acrescentaram uma acusação por posse de cocaína e revogaram a fiança, mas conseguimos nos safar por causa de um detalhe técnico. Eu adoraria tê-los desafiado a me colocar na prisão. Era tudo papo furado. Eles não tinham colhões. Não estavam nem um pouco confiantes. O restante da banda deixou o Canadá por precaução, e achei que fizeram bem. Eu mesmo fui o primeiro a dizer: "Seus babacas, é melhor vocês se mandarem daqui; eles vão acabar envolvendo vocês. Deixem que eu aguento o tranco. Esse tranco é meu".

Era bem possível que eu tivesse de cumprir sentença na prisão. De acordo com os meus advogados, era provável que me dessem uns dois anos. Foi Stu quem sugeriu que eu usasse aquele período de espera para gravar algumas músicas — algo que ficasse como lembrança daquela fase em que estive encrencado com os "hômi". Ele alugou um estúdio, um belo piano e um microfone. O resultado vem circulando por aí por algum tempo — *KR's Toronto bootleg*. Nós simplesmente tocamos todas aquelas músicas country, nada diferente do que eu teria feito em qualquer outra noite, mas havia certa pungência na música, já que naquele momento as coisas estavam parecendo um tanto sombrias para mim. Toquei aquelas músicas do George Jones, do Hoagy Carmichael e do Fats Domino que eu já tinha tocado com Gram. "Sing me back home", de Merle Haggard, também é bastante pungente: o diretor do presídio está levando o prisioneiro pelo corredor para ser executado.

> *Cante e me leve para casa com uma música que eu costumava ouvir*
> *Cante e me leve para casa antes que eu morra.*[1]

Mais uma vez Bill Carter veio me salvar. O problema de Carter era que, em 1975, ele havia assegurado às autoridades consulares que nós não estávamos envolvidos com drogas. Agora eu tinha sido preso em Toronto por *tráfico* de drogas. Carter voou direto para Washington. Não para visitar os amigos dele no Departamento de Estado ou de Imigração, que haviam dito a ele que jamais me deixariam entrar nos Estados Unidos novamente. Foi direto para a Casa Branca. Antes disso, quando paguei minha fiança, ele garantiu ao tribunal canadense que eu tinha um problema médico e que precisava ser curado do meu vício em heroína. Ele alegou a mesma coisa aos seus contatos na Casa Branca, quando Jimmy Carter era o presidente, usando todas as manobras políticas que podia, conversando com o advogado que formulava a política de combate às drogas de Carter, e que afortunadamente na época havia sido encarregado de encontrar soluções mais efetivas do que a punição. Ele disse a eles que seu cliente tinha caído do cavalo, que tinha um problema médico, e com isso Bill apelou para a misericórdia deles, pedindo que me dessem um visto especial para

1 Sing me back home with a song I used to hear... / Sing me back home before I die.

entrar nos Estados Unidos. Por que os Estados Unidos e não Bornéu? Bem, havia apenas uma mulher que podia me curar e o nome dela era Meg Patterson. Ela trabalhava com um método de cura que utilizava uma caixa preta com vibrações elétricas. Ela estava em Hong Kong e precisava que algum médico nos Estados Unidos a patrocinasse. A ousadia de Bill Carter chegou a esse ponto. E funcionou. Miraculosamente, seus contatos na Casa Branca deram ordens para que a Imigração me concedesse um visto, e então Bill conseguiu que o tribunal canadense permitisse minha ida para os Estados Unidos. Eles nos deixaram alugar uma casa na Filadélfia, onde Meg Patterson me trataria todos os dias durante três semanas. Dali, depois da cura prescrita por ela, nós nos mudaríamos para Cherry Hill, em Nova Jersey. Eu tinha que permanecer dentro de um raio de quarenta quilômetros da Filadélfia, e isso incluía Cherry Hill. Um acordo feito entre médicos, advogados e o Departamento de Imigração. Isso, porém, não foi tão bom para Marlon.

> **Marlon:** Eles deixaram Keith entrar nos Estados Unidos para se livrar do vício, e foi quando fomos para Nova Jersey. Fui viver com a família de um médico, uma família muito religiosa. Isso foi o mais traumático, sair desse hotel com todos os Stones e ir viver em Nova Jersey com uma família americana cristã conservadora, numa casinha de cerca branca; então comecei a frequentar uma escola americana em que você era obrigado a rezar todos os dias. Foi realmente um choque. De vez em quando, eu ia visitar Keith e Anita, que moravam um pouco adiante na mesma rua. Mal podia esperar para me mandar dali. Acho que eu era um moleque. A família achava que eu era um garoto selvagem. Eu tinha cabelo comprido, não usava sapato, mal usava roupas, falava mais palavrões que qualquer outro menino de sete anos, e acho que eles simplesmente morreram de pena de mim. Acho que eu era um tanto quanto patético. A verdade é que eu não gostava nem um pouquinho daquela família: eles estavam tentando me transformar num bom garotinho americano. Logo

eu, que nunca tinha estado na América. Ainda pensava que a América era cheia de índios, que tinha búfalos espalhados por toda parte, e de repente estava em Nova Jersey. Então pensei: "Ó Deus, vou ser escalpelado se sair de casa".

Embora eu estivesse me livrando do vício sob os cuidados de Meg Patterson, não há uma convicção genuína quando a cura é imposta pelas autoridades. O método de Meg Patterson era supostamente uma forma indolor de se livrar da droga. Eletrodos presos à orelha liberavam endorfinas, o que, teoricamente, suprimia a dor. Meg também acreditava na administração de bebidas alcoólicas, no meu caso Jack Daniel's, que é um uísque muito forte — como um substituto, uma distração, por assim dizer. Então eu enchia a cara sob a orientação maternal de Meg. Eu estava bastante interessado no método de Patterson. Ele certamente ajudava, mas ainda assim não era muito divertido. Quando o tratamento acabou, umas duas semanas depois, a Imigração anunciou que teria que continuar me monitorando por mais um mês. Eu estava careta, certo? E estava começando a ficar ansioso e agitado, aprisionado naquele belo subúrbio. Me senti como se estivesse na cadeia e simplesmente fiquei de saco cheio daquilo. Meg Patterson fez um relatório declarando ao Departamento de Estado americano que eu havia seguido o tratamento médico, e, para resumir a história, fui reintegrado à sociedade: para o Departamento de Imigração, estávamos quites. Nenhum crime aparecia na minha ficha. Naquele tempo as coisas eram diferentes. Acreditava-se mais na reabilitação do que se acredita hoje. Meu visto, que originalmente era apenas um visto médico, passou por cima de tudo. Ele foi estendido de três para seis meses, de uma para múltiplas entradas. Fui liberado para passear e trabalhar, já que havia sido declarado livre das drogas e em pleno processo de cura. A partir do momento que você fica careta, o nível do seu status vai subindo aos poucos, até você alcançar um status totalmente limpo, pelo menos foi assim que eu entendi a coisa. Sempre fui grato ao governo americano por ter me deixado vir até a América para receber o tratamento que me ajudou a me livrar do veneno.

Pegamos Marlon e nos mudamos de Nova Jersey para uma casa alugada em South Salem, no estado de Nova York, que se chamava Frog Hollow: uma casa de madeira em estilo clássico colonial — uma casa assombrada, segundo uma Anita cada vez mais paranoica, que dizia ver os fantasmas dos índios moicanos que patrulhavam o topo da ladeira. Morávamos na mesma rua que George C. Scott, que vivia descendo a rua doidão a 140 quilômetros por hora, e chegou a bater inúmeras vezes em nossa cerca branca de madeira. Em todo caso, fomos parar lá — perto de Mount Kisco, no condado de Westchester.

Foi naquele tempo que Jane Rose, que hoje é minha empresária artística, começou extraoficialmente a cuidar de mim. Naquela época Jane trabalhava mais para Mick, mas ele havia pedido que ela ficasse em Toronto para me ajudar depois que todos partiram. E ela continua comigo, minha arma secreta trinta anos mais tarde. Vale a pena ressaltar que durante minha prisão em Toronto, aliás, durante todas as minhas prisões, Mick cuidou de mim com muito carinho, sem reclamar jamais. Ele cuidou das coisas, fez o que precisava ser feito e angariou as forças que me salvaram. Mick cuidou de mim como um irmão.

Jane descreve a si mesma naquela época como o recheio do sanduíche — entre mim e Mick. Ela foi testemunha do primeiro sinal de conflito entre nós quando eu saí da névoa mental da droga e comecei a querer cuidar dos negócios, pelo menos das questões musicais. Mick vinha até Cherry Hill e escutava minha seleção de faixas para *Love you live*, nas quais vínhamos trabalhando esporadicamente durante todo aquele tempo. Depois ele ia até Jane e reclamava das músicas. Nossa colaboração estava se transformando em discussões e discórdias. Trata-se de um álbum duplo, então um dos discos acabou sendo do Mick e o outro meu. Eu tinha começado a falar das coisas, dos negócios, de coisas que tínhamos que resolver, e acho que Mick não estava acostumado com isso, ele ficou meio chocado. Eu meio que tinha ressuscitado dos mortos depois de o testamento já ter sido lido. Mas isso não passou de um leve conflito, apenas um sinal do que estava por vir nos anos seguintes.

Passaram-se dezenove meses entre a prisão em março de 1977 em Toronto e o julgamento em outubro de 1978. Mas ao menos agora eu estava vivendo perto de Nova York. Os vistos que eu obtinha não eram incondicionais, é claro. Eu tinha que viajar para Toronto com frequência para comparecer a diversas audiências. Tinha que provar que estava livre das drogas e que continuava firme em minha jornada de reabilitação. E fui obrigado a passar por uma avaliação e tratamento psiquiátrico em Nova York. Eu tinha uma médica em Nova York que dizia: "Ah, graças a Deus você está aqui, eu tive que lidar com os cérebros de outras pessoas o dia todo". Ela abria a gaveta, tirava uma garrafa de vodca e dizia: "Vamos ficar sentados aqui uma meia hora e tomar um drink. Você parece muito bem". E eu respondia: "Estou me sentindo ótimo". Mas ela me ajudou. Estava fazendo o seu trabalho. Ela tinha que se certificar de que meu tratamento estava funcionando.

John Phillips me ligou um dia quando eu estava em South Salem e disse: "Eu peguei um. Vem aqui que eu te mostro, juro por Deus, eu peguei um!". Ele estava com psicose de parasitas. Então pensei: "Vou pegar o carro e ir até lá, dar uma força ao meu amigo, sabe, afinal ele *pegou um*". Havia algumas semanas que todo mundo o chamava de doido, porque ele estava convencido de estar infestado por parasitas. Fui até lá e ele me mostrou um lenço de papel com um buraquinho ensanguentado no meio. "Viu? Eu pequei um." "John, você está falando sério? Acho que você vai ter que repensar tudo isso, meu chapa." E eu tinha dirigido uma hora e meia até a casa dele. Ele tinha se coçado todo até esfolar, estava coberto de feridas. Mas daquela vez ele estava convencido de que tinha conseguido pegar um dos bichos. Olhou para o lenço de papel e disse: "Ah, merda, ele fugiu!". John tinha se apossado de uma farmácia. Quem não fazia isso na época? Freddie Sessler chegou a virar dono de farmácia. E John estava num estado lastimável. Ele tinha uma cama hospitalar no quarto, uma daquelas camas com extremidades dobráveis; mas só uma das metades funcionava. O espelho do banheiro dele estava todo quebrado, os pedaços presos com fita isolante. A imagem era estilhaçada, independentemente do ângulo que você olhasse. Havia agulhas presas à parede, onde ele as tinha atirado como dardos. Eu tocava com ele e com outros músicos, jamais antes da meia-noite, às vezes só começávamos lá pelas duas da manhã. Consegui sobreviver a isso sem o veneno. O projeto solo de John foi interrompido por Ahmet Ertegun, porque John não estava em condições de continuar.

As sessões de ensaio de *Some girls* eram sempre seguidas por um período de alta energia, desde quando começamos a ensaiar para o álbum nos estúdios Pathé Marconi, em Paris. Era como um rejuvenescimento, o que era surpreendente num momento tão sombrio, em que eu podia ir para a cadeia a qualquer momento e causar a dissolução dos Stones. Mas talvez isso fosse parte da magia. "Vamos gravar alguma coisa antes que o pior aconteça." O álbum tinha um ar de *Beggars banquet* — um longo período de silêncio, e depois a gente voltava com um *bang*, com um novo som. Não se pode discutir sobre um disco que vende 7 milhões de cópias e tem duas faixas entre as dez mais: "Miss you" e "Beast of burden".

Nós não tínhamos nada preparado antes de chegar. Íamos compondo as músicas no estúdio a cada dia. Então era como nos velhos tempos da RCA em Los Angeles em meados dos anos 60 — as músicas jorravam de nós. Outra grande diferença com relação aos álbuns mais recentes é que não tínhamos nenhum músico de fora da banda — nenhum metal, nenhum Billy Preston. As participações adicionais só foram gravadas depois. O acréscimo de outros instrumentistas nos fez tomar um outro rumo nos anos 70, chegando em alguns momentos a nos afastar de nossos melhores instintos. Éramos só nós no estúdio, e como esse era o nosso primeiro álbum com Ronnie Wood, o destaque eram nossas guitarras gemendo em faixas como "Beast of burden". Estávamos mais focados e tínhamos de trabalhar duro.

O som da banda nesse álbum teve muito a ver com Chris Kimsey, um engenheiro e produtor com quem estávamos trabalhando pela primeira vez. Nós o conhecíamos desde a época em que ele fazia estágio no Olympic Studios, então ele conhecia nossa música de trás para a frente. Depois dessa experiência, ele acabou sendo o engenheiro e coprodutor de mais oito álbuns. Precisávamos fazer algo diferente — não simplesmente mais um daqueles álbuns deprimentes que vínhamos gravando ultimamente. Chris queria que redescobríssemos um som espontâneo, que nos afastássemos daquele estilo de gravação metódico, quase clínico a que tínhamos nos acomodado. A gravação foi nos estúdios Pathé Marconi porque eles pertenciam à EMI, com a qual tínhamos acabado de assinar um contrato. Os estúdios ficavam na periferia da cidade em Boulogne-Billancourt, perto da fábrica da Renault; não havia nenhum bar ou restaurante por perto. Viajávamos até lá de carro, e me lembro de que costumávamos escutar "Running on empty" de Jackson Browne todos os dias no caminho. Inicialmente tínhamos alugado um estúdio de ensaios enorme que parecia um estúdio de cinema, mas que tinha uma sala de controle minúscula onde mal cabiam duas pessoas, com um mixer primitivo dos anos 60 e um gravador básico de dezesseis canais. O formato era estranho porque o mixer ficava virado para a janela e para uma parede onde estavam os alto-falantes, mas a parede era meio inclinada, então um dos alto-falantes ficava sempre mais longe que o outro na hora da reprodução. O estúdio ao lado tinha uma mesa de som bem maior e equipamentos mais sofisticados, mas por alguma razão nós nos sentíamos à vontade tocando naquela sala enorme, sentados num semicírculo, os instrumentos separados por telas. Raramente íamos até a sala de controle nos primeiros dias — simplesmente não havia espaço.

Kimsey logo percebeu que aquele estúdio tinha uma qualidade de som incrível. Pelo fato de ser uma sala de ensaio, o aluguel tinha sido bem barato, o que foi uma sorte porque nós levamos um tempão gravando esse disco e nunca chegamos a nos mudar para o estúdio mais adequado ao lado. Aquela mesa de som primitiva na verdade era o mesmo tipo de mixer projetado pela EMI para os estúdios Abbey Road — um mixer muito simples e despretensioso, sem maiores recursos além dos botões de agudo e grave, mas que produzia um som fenomenal, pelo qual Kimsey se apaixonou. Essas mesas de som aparentemente são relíquias muito cobiçadas por entusiastas da música. O som que esse mixer produzia era ao mesmo tempo nítido e distorcido, tinha uma qualidade vibrante de música ao vivo que combinava perfeitamente com o que estávamos tentando fazer.

Era um lugar excelente para se tocar. Então, apesar da insistência de Mick de que deveríamos nos mudar para um estúdio mais adequado, acabamos ficando lá mesmo, porque, numa sessão de gravação, principalmente quando se trata desse tipo de música, os músicos têm que se sentir à vontade com relação a tudo. Não tem esse negócio de nadar contra a correnteza; nós não somos salmões. O que queremos é plainar: se você tem problemas com a sala, começa a perder a confiança naquilo que vai ser capturado pelos microfones e a tentar alterar tudo à sua volta. Você percebe que a sala é boa quando a banda está sorrindo. Um dos segredos de *Some girls* era a caixinha verde que eu estava usando, o MXR — um pedal de eco *delay* e *reverb*. Usei esse pedal na maioria das músicas, e isso deu um novo pique à banda, gerando um som diferente. De certo modo, nosso ingrediente secreto foi apenas um pouco de tecnologia. Foi como em "Satisfaction", uma simples caixinha. Em *Some girls* eu simplesmente encontrei uma maneira de fazer aquilo funcionar, pelo menos nas músicas rápidas. E Charlie me acompanhou superbem nisso, assim como Bill Wyman. Havia uma atmosfera de renovação durante as gravações. Grande parte disso teve a ver com uma atitude do tipo "Temos que ser mais punks que os punks, já que eles não sabem tocar e nós sabemos. Eles só sabem ser punks". É, esse pessoal de certa forma foi uma pedra no nosso sapato. Os Johnny Rottens, "essas porras de garotos". Gosto de todas as bandas novas que aparecem. É por isso mesmo que estou aqui, para encorajar a garotada a tocar e a formar bandas. Mas quando eles não estão tocando nada, estão apenas cuspindo nas pessoas. Espere aí, nós podemos fazer melhor que isso. Também havia aquele sentimento de urgência por causa da perspectiva obscura do meu julgamento, e também por causa de toda aquela confusão — a minha prisão, o estardalhaço todo que isso gerou, o fato de eu ter ficado careta: eu precisava provar que havia algo por trás de tudo isso, algum propósito para todo aquele sofrimento. E o resultado final acabou sendo muito bom.

Como fazia muito tempo que não tocávamos juntos, precisávamos retomar nosso velho jeito de compor e trabalhar em equipe — fazendo tudo ali na hora, começando a compor as músicas do zero, ou quase isso. Mergulhamos de cabeça no projeto, revivendo os velhos tempos, e os resultados foram incríveis. Basicamente criamos "Before they make me run" e "Beast of burden" em conjunto. Eu compus o refrão de "When the whip comes down", embora a letra seja toda de Mick. Eu pensei: "Porra, finalmente o Mick escreveu uma letra de rock and roll. Sozinho!" "Some girls" também é de autoria de Mick. Assim como "Lies". Ele basicamente chegava dizendo "Tive uma ideia para uma música", e então eu dizia: "Que tal se fizéssemos desse ou daquele jeito?".

A princípio não vimos nada de muito especial em "Miss you" enquanto estávamos trabalhando nela. Foi tipo "Ah, Mick foi a uma discoteca e saiu de lá cantarolando isso". A música foi o resultado de todas as noites que Mick passou no Studio 54, aquela batida de quatro tempos no bumbo. Então, ele disse: "Coloquem uma melodia nessa batida". Nós decidimos contribuir com a ideia dele de criar alguma coisa que tivesse um ar de discoteca, deixar o cara feliz. E conforme fomos desenvolvendo a ideia, a música foi adquirindo uma batida superinteressante. Daí nós percebemos que talvez tivéssemos criado um clássico da música disco. E foi um sucesso total. O restante do álbum não tem nada a ver com "Miss you".

Então tivemos problemas com a capa: Lucille Ball, logo quem, não queria que usássemos a imagem dela, e tivemos de travar um monte de batalhas judiciais. Na capa original, você podia trocar os rostos de lugar usando cartões removíveis. Nós tínhamos incluído todas as mulheres famosas do mundo, todas aquelas que nos agradavam. Lucille Ball, você não gostou da nossa capa? Tudo bem! As feministas também não. Nós adoramos provocá-las. Onde elas estariam sem nós? E tem também a frase ofensiva "Black girls just wanna get fucked all night" [Tudo que as garotas negras querem é foder a noite toda] na faixa "Some girls". Bem, nós conhecemos um bocado de garotas negras durante todos esses anos viajando, e realmente a grande maioria delas quer é isso mesmo. Poderiam ter sido garotas orientais ou brancas.

Eu me esforcei pra caralho para me livrar das drogas em 1977 com minha caixinha preta e Meg Patterson e tudo mais, mas por um breve período escorreguei novamente no vício. Enquanto estávamos trabalhando em *Some girls*, de vez em quando eu ia ao banheiro tomar um pico. Mas eu tinha um método: enquanto estava lá, ficava pensando em tudo que precisávamos fazer. Ficava meditando, por exemplo, sobre alguma faixa bem legal, mas que ainda não estava pronta, sobre como podíamos melhorá-la e o que havia de errado nela, sobre por que já tínhamos gravado 25 takes, mas sempre acabávamos esbarrando no mesmo obstáculo. Quando eu saía do banheiro, dizia: "Gente, olha só, acho que precisamos tocar um pouco mais rápido, e também acho que deveríamos cortar o teclado". E às vezes eu estava certo, às vezes estava errado, afinal, eu tinha ficado 45 minutos meditando sobre o assunto sozinho, o que para mim era melhor do que passar 45 minutos com todo mundo tentando dar palpite ao mesmo tempo. Particularmente considero isso um assassinato musical. Uma vez ou outra eu apagava no meio de uma música. Eu continuava em pé, mas viajava para longe por alguns momentos, voltando apenas alguns compassos mais tarde. Isso realmente nos fazia perder tempo, porque se estivéssemos no meio de um take, tínhamos que jogar tudo fora e recomeçar do início.

Em termos de permanência — de uma obra que fica —, não acho que exista nenhuma faixa como "Before they make me run". Aquela música, na qual estou fazendo o vocal, veio do coração, mas foi cansativa como nenhuma outra. Eu fiquei direto sem sair do estúdio por cinco dias.

Já trabalhei em todos os bares e shows no centro da cidade
Nada como uma multidão para fazer você se sentir totalmente só
E a coisa já começou a fazer efeito
Bebidas, pílulas e pós, você pode escolher seu remédio
Bem, aqui vai o adeus para mais um bom amigo.

Depois de tudo dito e feito,
Tenho que me mexer enquanto ainda é divertido
Deixe-me andar antes que eles me façam correr.[2]

Essa música surgiu daquilo que eu tinha passado e ainda estava passando com os canadenses. Eu estava dizendo a eles o que queria que fizessem: "Deixem-me sair andando dessa porra desse caso". Quando você recebe uma sentença branda, as pessoas dizem: "Ah, eles o deixaram sair andando".

"Por que você fica insistindo nessa música? Ninguém gostou." "Esperem só até eu acabar." Cinco dias sem pregar o olho. Eu tinha um engenheiro de som chamado Dave Jordan e um outro; quando um dos dois se enfiava embaixo da mesa de som para tirar um cochilo, eu continuava trabalhando com o outro, e assim fiquei gravando cinco dias direto. Nós todos estávamos cheios de olheiras quando terminamos de gravar a música. Não sei por que foi tão difícil, mas havia alguma coisa que não se encaixava. Mas então você encontra uns caras que se propõem a ir com você até o final. Eu ficava lá com a guitarra pendurada no pescoço enquanto todo mundo estava desmaiando no chão. "Ah, Keith, outro take, não, pelo amor de Deus!" O pessoal trazia comida, *pain au chocolat*. Os dias se confundiam com as noites. Mas você não pode desistir. Você está quase chegando lá, já pode sentir o gostinho da música, mas ainda não conseguiu cravar os dentes nela. É como bacon frito com cebola: você ainda não comeu, mas já está sentindo o cheirinho.

No quarto dia, Dave parecia ter levado um soco em cada olho. Então ele teve que ir para casa. "Tudo bem, Dave. Deixe com a gente", e ele pegou um táxi. Ele desapareceu, e quando finalmente terminamos, eu apaguei sob a mesa, embaixo do equipamento de gravação. De repente acordei, não sei quantas horas depois, nunca contei, e lá

2 *Worked the bars and sideshows along the twilight zone/ Only a crowd can make you feel so alone/ And it really hit home/ Booze and pills and powders, you can choose your medicine/ Well here's another goodbye to another good friend.// After all is said and done/ Gotta move while it's still fun/ Let me walk before they make me run.*

estava a banda da polícia parisiense. Uma porra de uma banda marcial! Foi isso que me acordou. Eles estavam ouvindo uma faixa que tinham acabado de gravar e não sabiam que eu estava ali, então eu me vejo no meio de todas aquelas calças com listras vermelhas ao som de "La marseillaise", e me pergunto: "Quando devo sair daqui? Estou morrendo de vontade de mijar, meu veneno está todo comigo, agulhas e a porra toda, e estou cercado de policiais que não fazem a menor ideia de que eu estou aqui". Esperei um pouco e pensei: "Eu vou ser bem britânico", e então rolei para fora da mesa e disse: "Ai, meu Deus, me desculpem", e antes de eles perceberem eu já tinha me mandado, deixando uns 76 tiras se perguntando que porra tinha acontecido. E pensei: "Eles são exatamente como nós. Estão tão empenhados em gravar um bom disco que nem pensaram em me prender!".

Quando você se envolve assim com uma gravação, às vezes pode perder a essência da música, mas você sabe que ela está ali. É algo um tanto obsessivo, é como o Santo Graal. Uma vez que você entra na coisa, tem de ir até o final. Não dá para voltar atrás. Você simplesmente tem de conseguir. E, às vezes, consegue. Aquela provavelmente foi a sessão de gravação mais longa que já tive. Houve outras que chegaram perto — "Can't be seen" foi uma delas —, mas "Before they make me run" foi uma verdadeira maratona.

Existe um epílogo para essas sessões de *Some girls*, mas eu deveria deixar Chris Kimsey contar.

Chris Kimsey: "Miss you" e "Start me up" foram gravadas no mesmo dia. Quando digo no mesmo dia, na verdade "Miss you" levou uns dez dias até chegarmos à master final, e então, quando ficou pronta, eles foram e gravaram "Start me up". "Start me up" era um reggae que tinha sido gravado em Roterdã três anos antes. Mas quando eles começaram a tocá-la dessa vez, já não era mais um reggae, era esse "Start me up" maravilhoso que conhecemos hoje. A música era do Keith, e ele simplesmente a transformou. Talvez depois daquela experiência com o estilo disco em

"Miss you" ele tenha decidido trabalhar a música de outro jeito. Mas foi a única vez que gravei duas masters na mesma sessão. Não levou muito tempo para que todos nós entrássemos no clima. Quando conseguimos um take de "Start me up" em que todos disseram "Ah, essa foi boa", Keith veio até a sala de controle e disse: "É, está razoável, mas parece algo que eu ouvi no rádio, ainda está parecendo muito um reggae. Pode apagar". Ele ainda estava brincando com a música, e não tinha gostado do take. Eu me lembro de que num determinado momento ele disse que preferia apagar todas as fitas matrizes depois que o álbum ficasse pronto e tivesse sido lançado. Assim ninguém poderia pegá-las depois e mexer nelas novamente. Mas é claro que eu não apaguei nada. E aquele take de "Start me up" acabou se tornando a melhor música de *Tattoo you* três anos mais tarde.

Naquela época tudo havia passado a girar em torno do veneno novamente. Nada podia ser feito ou organizado sem que o próximo pico estivesse garantido. A situação foi ficando cada vez mais calamitosa. Planos mirabolantes precisavam ser elaborados, alguns mais cômicos que outros. Havia um sujeito, James W., para quem eu ligava quando estava indo de Londres para Nova York. Eu ficava hospedado no Plaza Hotel. James, um jovem chinês muito simpático, me encontrava numa das suítes do hotel, de preferência a maior de todas, eu lhe entregava o dinheiro e ele me dava a droga. Tudo sempre com muita cordialidade. "Dê lembranças ao seu pai", eu dizia. Nos anos 70, era muito difícil encontrar agulhas hipodérmicas na América. Então, quando eu viajava, colocava um chapéu na cabeça e usava uma agulha para fixar uma pena à faixa do chapéu, transformando-a num simples prendedor. Depois colocava outro chapéu numa bolsa com mais três penas presas da mesma forma. Então, assim que James chegava, eu tinha o veneno. Mas faltava a seringa. Meu truque era o seguinte: primeiro pedia um café, já que precisava de uma colher para preparar o pico. Depois, descia e ia até a FAO Schwarz, uma loja de brinquedos que fica na Fifth Avenue, bem em frente ao hotel. E se você fosse até o

Terno comprado com dificuldade em um domingo para o meu julgamento em Toronto, em outubro de 1978

Jane Rose

Motoristas da limusine na turnê New Barbarians, em 1979

Henry Diltz/Morrison Hotel Gallery

Henry Diltz/Morrison Hotel Gallery

Esperando para entrar no palco com Ron Wood e os New Barbarians em Los Angeles, em maio de 1979, com Joseph "Zigaboo" Modeliste na bateria (ao lado de Ronnie) e Stanley Clarke no baixo (ao meu lado)

Michael Halsband/Landov

Ian Stewart, "Stu", nosso fundador. "O herdeiro legítimo de Pittenweem". Durante a turnê de 1981

Denis O'Regan

A cama em que eu me deito: eu e Charlie em 1982

Patti e eu em 1982 *Jane Rose*

Eu e Patti na praia em Barbados, 1982

Jane Rose

Da esquerda para a direita: Woody, eu, Robbie Shakespeare, Sly Dunbar e Joseph "Zigaboo" Modeliste em 1979

Jane Rose

Visitando Mick em Mustique, 1980 *Jane Rose*

Tocando com Muddy Waters no Checkerboard Lounge em Chicago, em 22 de novembro de 1981 *Michael Halsband/Landov*

Na casa de Doris em Dartford, no Natal de 1982, com Doris, Bill Richards, Patti e Angela

Wingless Angels na Jamaica. Da esquerda para a direita: eu, Locksley Whitlock, Winston Thomas, Justin Hinds, Jackie Ellis, Warrin Williamson e Maureen Fremantle

Jane Rose

Jane Rose

Tocando no nosso casamento em Cabo San Lucas, em 18 de dezembro de 1983

Jane Rose

Minha filha Theodora em 1985

Visita de John Lee Hooker durante a turnê dos X-Pensive Winos em San Francisco, em 1993

Paul Natkin/Photo Reserve, Inc.

O melhor Chuck Berry ao vivo de todos os tempos: concerto no Fox Theatre em Saint Louis, em 16 de outubro de 1986, para o filme *Hail! Hail! Rock 'n' Roll*

Paul Natkin / Photo Reserve, Inc.

Os X-Pensive Winos triunfantes no Aragon Ballroom em Chicago, em 1988

Os Glimmer Twins em algum lugar entre a Espanha e Portugal, em 1990

Claude Gassian

Meu pai Bert em 1997 *Max Vadukul*

Annie Leibovitz

Patti e eu com nossas filhas Alexandra (esquerda) e Theodora (direita) em Connecticut, em 1992

Patti Hansen

Alexandra na casa de Ronnie Wood na Irlanda, em 1993

Atravessando a ponte do Brooklyn a caminho da coletiva de imprensa da turnê Bridges to Babylon em agosto de 1997 *Kevin Mazur*

Pierre de Beauport, técnico de guitarra e chefe da equipe dos bastidores durante a turnê Forty Licks no Ford Center na cidade de Oklahoma, em 28 de janeiro de 2003

Jane Rose

Blondie Chaplin (esquerda) e Lisa Fischer (direita) na turnê Forty Licks em 2003 *Jane Re*

Charlie, Mick e eu gravando *Bridges to Babylon* em julho de 1997 no estúdio Ocean Way em Hollywood *Kevin Mazur*

Encontrando-me com minha empresária artística Jane Rose e sua cadela Delilah em 1999 *Patti Hansen*

Jane Rose

Paul McCartney em umas de suas visitas diárias à casa de praia em Parrot Cay em janeiro de 2005

Jane Rose

Tom Waits visitando a turnê dos Stones em 2003

Com Johnny Depp na sessão fotográfica de Matthew Rolston para a revista *Rolling Stone* do filme *Piratas do Caribe*, 2006

Jane Rose

Jane Rose

Jane Rose

Em cima: prisioneiros fiéis em Parrot Cay, em 2008. Da esquerda para a direita: Steve Crotty, eu e James Fox

À esquerda: o cachorro Rasputin (Raz), resgatado das ruas de Moscou, agora em Parrot Bay

Em baixo: A família Richards. Da esquerda para a direita no sofá: Patti, Angela, Lucy (esposa de Marlon), Orson (o filho deles), eu, Marlon, Ida (filha de Lucy e Marlon) e Ella (a filha mais velha deles). Sentadas no chão, na frente: Alexandra e Theodora

Minha biblioteca em Connecticut

terceiro andar, podia comprar um daqueles kits que as crianças usam para brincar de médico e enfermeira, uma maleta branca de plástico com uma cruz vermelha no meio. Ali havia uma seringa onde eu podia encaixar a agulha que tinha trazido. Eu chegava para um dos vendedores e dizia: "Gostaria de comprar três ursos de pelúcia, um carrinho de controle remoto e, ah, me dê dois desses kits de médico e enfermeira também! Minha sobrinha adora brincar com isso. Eu quero encorajá-la". A FAO Schwarz era a minha conexão. Daí era só correr de volta para o quarto, montar a seringa e tomar o pico.

Eu tinha pedido o café antes de sair, então a colher de sobremesa já estava lá. Você enche a colher e acende um isqueiro embaixo, e fica observando: a heroína tem que queimar até ficar com aparência de um melado cristalino. Não pode ficar preta, pois isso significa que tem aditivo demais. James nunca me decepcionou a esse respeito; ele só vendia da boa. Não costumo comprar muito, só o suficiente para me sustentar. Eu fico todo tenso por causa da abstinência, preciso do veneno. Mas nunca se deve comprar uma quantidade muito grande. Sempre peço aproximadamente sete gramas. Porque a qualidade também pode variar de uma semana para a outra. Você não quer acabar comprando um saco enorme de uma heroína podre, inútil. Você tem que ficar de olho no mercado. James W. era o cara. "Olhe, esta é a melhor que temos no momento. Não aconselho você a comprar muito agora, porque na semana que vem vamos receber uma de alta qualidade." James era totalmente confiável. E tinha um excelente senso de humor. Era um cara honesto, transparente nos negócios, você podia apostar seu dinheiro nele. E a gente sempre morria de rir quando ele perguntava: "Você já foi até a loja de brinquedos?".

Quando você é um *junkie*, o veneno é o seu pão de cada dia. Você já não faz altas viagens. Há *junkies* que estão sempre aumentando a dosagem, é por isso que acontecem as overdoses. Para mim, a coisa se tornou apenas manutenção. Eu tomava pico para definir a atmosfera do dia. Às vezes passávamos períodos agonizantes em que havia uma seca, e minha mulher ficava me perturbando, dizendo "Eu quero o veneno!". "Eu também, querida, mas temos que esperar. Esperar o cara." Quando havia uma seca de heroína a coisa ficava feia. A pressão realmente era enorme. Você via as pessoas esparramadas pela sala num estado deprimente, vomitando. Você literalmente andava sobre corpos. E às vezes não havia uma seca de verdade. Eles faziam isso só para aumentar o preço. E não importava quanto dinheiro você tinha. Eu não ia chegar para os caras e dizer: "Você sabe com quem está falando?". Eu sou apenas mais um junkie.

Quando a heroína está em falta mesmo, você tem de ir aos lugares mais sórdidos, sabendo que vai encontrar um poço de piranhas lá. Isso aconteceu comigo algumas vezes no East Side, em Nova York, e em Los Angeles. Nós conhecíamos o truque — a heroína ficava no andar de cima, e quando você descia as escadas alguém roubava o veneno de você lá embaixo. Muitas vezes eu escutava isso acontecendo a outras pessoas enquanto estava esperando a minha vez. O negócio era sair de fininho, e se você visse alguém do lado de fora — porque você nunca sabia se ia ser roubado ou não —, normalmente dava um chute nos colhões do sujeito. Mas, às vezes, você virava para o seu parceiro e dizia: "Ah, sabe do que mais? Foda-se, tudo bem, vamos nessa. Você me cobre. Você fica aqui embaixo e, quando eu descer com o veneno, você atira, e então eles atiram, e você atira de novo. Atire nas lâmpadas, dê uns tiros ao redor e a gente corre no meio das faíscas". Então, com um pouco de sorte, conseguimos nos mandar. A estatística está a seu favor quando se é um alvo móvel. Se você olhar para as probabilidades, suas chances de sair ganhando são mil por um. Você tem de estar bem perto e ter uma visão excelente para acertar uma lâmpada. E está escuro. Flash, bang, bum, e a gente se mandava. Eu adorava. Era um verdadeiro filme de caubói. Mas eu só fiz isso duas vezes.

Era uma rotina muito trabalhosa. Eu acordava de manhã, e a primeira coisa era ir ao banheiro tomar um pico. Você não escova os dentes. E então, "Ah, merda, tenho que ir até a cozinha pegar uma colher. Se eu tivesse trazido a colher aqui para cima ontem à noite não precisaria descer até a cozinha agora!". Largar o vício havia se tornado progressivamente mais difícil. E o desejo de voltar para os braços da heroína no minuto em que você se livrava dela era cada vez mais forte. "Ah, só mais unzinho, agora que eu estou careta." Aquele "só mais unzinho" é fatal, aquele pico que você toma para celebrar é que mata. Além disso, quando você larga a droga, seus amigos continuam sendo *junkies*. Quando alguém fica careta, escapa daquele círculo. E independentemente de eles gostarem de você, de amarem ou odiarem você, a primeira coisa que querem fazer é puxar você para dentro de novo. "Esse veneno aqui é de primeira", eles dizem. A pressão no meio dos *junkies* é enorme: se a pessoa consegue sair do vício e fica livre de verdade, é como se de algum modo ela tivesse fracassado. Fracassado em quê?, eu me pergunto. Por quantas síndromes de abstinência você consegue passar? É ridículo, mas você nunca percebe isso quando está usando. Diversas vezes, quando eu estava passando por uma crise de abstinência, me convencia de que havia um cofre atrás da parede cheio de veneno, com toda a parafernália necessária, colher e tudo. E aí eu finalmente apagava, e quando acordava via as marcas ensanguentadas das minhas unhas na parede onde eu tinha tentado atravessá-la. Será que o veneno realmente vale tudo isso? E a minha resposta na época era "vale, sim".

Posso ser tão egocêntrico quanto o Mick, cheio de caprichos e tudo mais, mas você não pode agir assim quando é um *junkie*. Há certas realidades que entram em jogo e que mantêm você com os pés na sarjeta, num patamar mais baixo do que você deveria estar. Não na calçada — na sarjeta mesmo. E essa foi a época em que Mick e eu nos afastamos totalmente. Ele não tinha mais tempo para mim e meu estado supostamente patético. Lembro-me de que uma vez estava numa discoteca em Paris, onde eu tinha marcado de me encontrar com o fornecedor, e estava passando muito mal. As pessoas dançavam ao redor daquelas bolas de espelho, e eu fiquei enfiado embaixo de um banco, me escondendo e vomitando porque o cara ainda não tinha chegado. E ao mesmo tempo me perguntava: "Será que o cara vai conseguir me encontrar aqui embaixo? Quando ele chegar, talvez dê uma olhada em volta, não me veja e se mande". Eu estava mentalmente perturbado. Graças a Deus o cara me encontrou. Mas quando você se encontra numa posição dessas, ao mesmo tempo em que é o *numero uno*, percebe até onde afundou. Só o fato de se ver numa situação assim provoca um sentimento de autorrepugnância do qual você não se livra facilmente. "Seu filho da puta, você faria qualquer coisa para conseguir o veneno." "Mas sou um cara independente", eu dizia a mim mesmo. "Ninguém manda em mim." E no entanto você percebe que colocou a si mesmo nas mãos de um traficante, e isso é asqueroso. "Eu vou ter que ficar aqui esperando esse filho da puta, ficar implorando que ele venha?" É aí que entra a autorrepugnância. Não importa sob que ângulo você encare a coisa, os *junkies* vivem esperando pelo cara. Seu mundo se reduz à droga. Apenas ela, sozinha, se torna o seu mundo inteiro.

A maioria dos *junkies* se torna idiota. Foi isso que eventualmente me fez querer mudar de vida. Nós só temos um assunto em mente, que é a droga. Será que não consigo ser um pouquinho mais esperto do que isso? O que é que estou fazendo aqui, andando com essa escória humana? Esses caras são muito chatos. E o que é pior, muitos deles são pessoas inteligentíssimas, e todos nós meio que sabemos que fomos ludibriados, mas... por que não? Todo mundo é ludibriado por alguma coisa, e pelo menos *sabemos* que estamos enganando a nós mesmos. Ninguém se torna um herói só porque usa drogas. Herói é quem consegue se livrar delas. Eu adorava o veneno. Mas tinha que dar um basta naquilo. Outra coisa é que essa vida estreita muito os seus horizontes, e eventualmente todos os seus amigos são *junkies*. Eu precisava alargar meus horizontes. Você só descobre tudo isso quando larga a droga, é claro. É isso que a heroína faz. Ela é a piranha mais sedutora do mundo.

Meu processo no Canadá durou uma eternidade. Eu viajava entre Nova York e Toronto praticamente toda semana. Mas isso não me impediu de usar. Havia um pequeno aeroporto em Toronto de onde eu voava de volta para Nova York num avião particular. Numa dessas viagens, antes que o avião decolasse, fui até o banheiro do aeroporto tomar um pico. E enquanto estou lá dentro do cubículo esquentando a colher, vejo um assustador par de esporas por baixo da porta. Tem uma porra de um Mountie no banheiro. Ele quer mijar. E ele vai sentir o cheiro do veneno; a porra do negócio já está começando a fazer fumaça... *Tlim, tlim*, estou fodido. Vão me prender de novo. *Tlim tlim tlim* e as esporas desapareceram. Quantas chances será que ainda tenho? Acho que fui longe demais. Uma nuvem negra pairava permanentemente sobre a minha cabeça, uma expectativa de que a qualquer momento a merda ia voar no ventilador. Estou sendo acusado de três crimes: tráfico, posse e importação de drogas. Vou ficar preso por um longo tempo. É melhor ir me preparando.

Essa foi uma das razões que me levaram a largar a droga de vez. Eu não queria passar pela síndrome de abstinência na cadeia. Queria que minhas unhas tivessem tempo de crescer. Elas são a sua única arma quando você está na cadeia. Além disso, eu havia me apegado tanto ao veneno que estava ficando impossível me mover pelo mundo e trabalhar. Dentro de um mês estaríamos embarcando na turnê do álbum *Some girls*, em junho de 1978. Eu sabia que tinha que ficar careta para a turnê. Jane Rose vinha me perguntando "Quando é que você vai largar a droga?", e eu dizia "Amanhã". Eu tinha largado no ano anterior, mas fiz merda e voltei a tomar pico de novo. Mas essa seria a última vez. Eu não queria mais ouvir falar em comprar drogas. Estava de saco cheio. Depois de dez anos nisso, você tem de parar; tem de pegar sua medalha e se aposentar. E Jane me apoiou demais, ela era uma amiga do caralho. A velha Jugs — esse era o apelido dela — segurou a onda até o fim. Deve ter sido horrendo para ela. Foi muito pior para mim. Mas, para ela, ter que ficar ali e ver você subindo pelas paredes, se cagando todo, enlouquecendo. Como foi que ela conseguiu aguentar isso? Naqueles dias os Stones estavam ensaiando para a turnê no estúdio Bearsville em Woodstock, no estado de Nova York. Eu fiquei em casa com Anita. É melhor a Jane contar como foi que eu larguei a heroína.

Jane Rose: Eu basicamente tinha me tornado um pombo-correio — trazia dinheiro ou drogas para Keith de Nova York para o condado de Westchester. Ele não queria largar a droga, e o vício dele estava terrível naquele momento. Mas ele não queria admitir isso. Eu não aguentava mais ficar indo a Westchester. Mas dessa vez eu fui, e Antonio e Anna Marie — amigos de Anita que viviam no apartamento de Keith na Rue Saint-Honoré em Paris — estavam lá. (Antonio mais tarde viraria Antonia.) Eles estavam na casa, e Keith esperava o dinheiro ou as drogas. Anita também estava lá. Eu entrei e eles perguntaram: "Onde está o dinheiro?"; e eu respondi: "Não estou com ele aqui. O dinheiro está em Nova York". Eles piraram, e Anita entrou no carro; ela estava furiosa. E eu disse: "Keith, hoje é amanhã". Porque ele estava sempre dizendo "Amanhã eu largo", e já estávamos em maio, bem perto da turnê. Mais tarde, naquele dia, Keith e Anita tiveram uma briga feia. Keith subiu para o quarto; ele estava furioso. Anna Marie e Antonio olharam para aquela garota judia de Nova York e pensaram: "Essa mulher vai morrer. Como é que ela pôde aparecer aqui sem o dinheiro?". Então houve silêncio e eu subi até o quarto; Keith estava na cama e eu disse "Oi". Ele chutou os sapatos para longe e respondeu: "Tudo bem. Vou encarar essa. Vou usar a minha caixa preta; vou largar a heroína". E eu disse: "Quer ir para Woodstock? É lá que a banda está ensaiando. Saia daqui. Vamos. Eu vou com você". E depois de três horas ele disse "Está bem". Então começamos a nos preparar para ir antes que Anita voltasse, porque eu sabia que tinha de ser assim. Mas ela chegou antes de sairmos. Houve uma grande discussão e ela desceu correndo pelas escadas. No final, Keith sentou no carro e nós fomos para Woodstock. Anita tinha conseguido suas drogas e seu dinheiro. Então Keith foi para Woodstock e largou as drogas de vez, com a ajuda de sua maquininha. Mick e Jerry [Hall] vieram passar dois dias comigo. E eu fiquei com ele o tempo todo, fiquei com ele no quarto. Não sei quantos dias fiquei ali, nem se cheguei a conversar com alguém. Eu tinha a convicção plena de que ele ia melhorar. Eu simplesmente acreditava nele.

Se você quiser extrair informações de alguma pessoa, minha sugestão é injetar heroína nela por um ou dois meses, e garanto que ela falará tudinho. Jane me ajudou a passar pelas primeiras 72 horas. Ela me viu subindo pelas paredes, razão pela qual eu hoje odeio papel de parede. Você mal consegue controlar seus espasmos musculares. E você sente uma vergonha tremenda. Mas você sabe que tem que passar por isso. Eu não saí correndo para tomar um pico porque simplesmente me tranquei num quarto. Jane ficou comigo. E ela me ajudou a largar o veneno. Foi a última vez que fiz isso. Nunca mais quero passar por uma coisa dessas.

Anita, por outro lado, não ajudou em nada. Ela se recusava a largar o veneno. Se nós íamos ficar juntos, tínhamos que largar a droga juntos. Mas ela não largou. Tínhamos perdido totalmente o controle das coisas. E, àquela altura, eu não podia viver numa casa com alguém que ainda estivesse tomando pico. É uma questão de reação química do corpo, mas também do seu relacionamento com outras pessoas. E essa é que é a parte mais difícil. Eu provavelmente teria ficado com Anita para sempre, mas quando chegou aquele momento crucial em que dali em diante a droga não faria mais parte da minha vida, ela não quis parar. Ela nunca havia parado realmente. Durante o tempo em que fiquei careta por alguns meses em 1977, ela tomava pico escondida. Eu sabia que ela ainda estava usando, você conhece logo pelos olhos. Agora eu não podia nem ir vê-la. Pensei, "Bem, Anita não tem jeito". E foi assim que nos separamos.

Eu havia largado a heroína e nós estávamos ensaiando para a turnê de 1978 em Woodstock, no estado de Nova York, no Bearsville Studios. Um dia, Lil surgiu das nuvens num helicóptero. Ela tinha vindo com sua amiga Jo Wood, futura esposa de Ronnie, para o aniversário de Woody. Isso aconteceu dez dias antes de começarmos a turnê e foi quase um milagre encontrar uma nova amiga naquele momento. Seu nome verdadeiro era Lil Wergilis, embora ela fosse conhecida como Lil "Wenglass" ou Lil Green — seu nome de casada. Era sueca, embora parecesse totalmente londrina, depois de ter morado em Londres por uma década. O sotaque londrino dela era perfeito. Era uma loura sueca exuberante, na flor da idade. Na primeira vez em que a vi, parecia a Marilyn Monroe. Deslumbrante. Meia-calça de Lurex rosa e cabelo platinado. Mas ela também era muito inteligente, uma mulher de personalidade forte. Era uma garota adorável, uma amante maravilhosa. Eu tinha acabado de sair de uma crise de abstinência e Lil apareceu e me fez rir. Ela literalmente me arrancou do abismo com gargalhadas. Não era tão fácil deixar aquela merda como eu fingia que era, depois de dez anos de vício e cinco ou seis tentativas de largar o veneno. E ficar careta também não era nada fácil, mas Lil, Deus a abençoe, tirou a minha mente totalmente daquilo. Nós simplesmente caímos nos braços um do outro por um ano, mais ou menos, curtimos muito ficar juntos. Lil era como uma rajada de ar fresco. Bem-humorada, divertidíssima, ela era incrível e estava sempre bem-disposta. Incrivelmente engraçada, muito espirituosa, e um furacão na cama. Ela era energética; fazia coisas, como preparar o café da manhã e me acordar na hora certa. E eu precisava um pouco disso. O Mick não era muito fã dela, ela não era o tipo de garota que frequenta o Studio 54. Ele não conseguia entender o que eu estava fazendo com ela. Era um período turbulento em nossos casamentos ou não casamentos. Bianca tinha acabado de processá-lo num divórcio litigioso. Ele agora tinha Jerry, com quem, aliás, eu me dava superbem.

Levei Lil comigo na turnê, e ela foi minha cúmplice em mais um de meus esbarrões com a morte — a lista estava ficando longa demais para ser ignorada. Dessa vez, foi um incêndio na casa que havíamos alugado em Laurel Canyon, em Los Angeles. Lil e eu tínhamos ido para a cama, e Lil, segundo ela contaria mais tarde, ouviu um *bang* distante, levantou-se, abriu a cortina e viu que estava estranhamente claro lá fora. Havia algo de errado. Então ela abriu a porta do banheiro e o fogo explodiu para dentro do quarto. Nós só tivemos alguns segundos para pular pela janela. Eu vestia apenas uma camiseta curta e Lil estava nua. E nós ficamos ali na rua totalmente expostos — os vizinhos tinham começado a se juntar, todos apavorados, tentando apagar o fogo. De repente um carro parou e nós entramos. Inacreditavelmente, era uma prima de Anita. Estávamos em estado de choque. Fomos até a casa dela, pegamos umas roupas emprestadas e dormimos num hotel. No dia seguinte alguém foi até a casa para ver o que tinha acontecido e viu um cartaz grande pendurado no vidro enegrecido, no qual se lia "Muito obrigado, Keith".

Meu julgamento finalmente estava para acontecer em Toronto em outubro de 1978. Sabíamos que isso podia nos afundar, mas em face da situação, alguns de nós estávamos tentando ser otimistas. "Eu não acho que vai ser *tão* ruim assim", disse Mick. "Se o pior acontecer e Keith pegar prisão perpétua em regime aberto junto com a sra. Trudeau, nós ainda poderemos sair em turnês. Talvez possamos fazer uma turnê pelas prisões canadenses. Ah ah ah."

Quanto mais o processo se arrastava, mais ficava claro que o governo canadense queria se livrar da história. Os Mounties e seus aliados estavam pensando: "Que maravilha! Fizemos um trabalho e tanto! Vamos entregá-lo ao governo canadense com o anzol na boca". Os Trudeau, por outro lado, pensavam: "Não senhores, esta é a última coisa de que precisamos". Toda vez que eu aparecia no tribunal, havia de quinhentas a seiscentas pessoas do lado de fora gritando "Libertem Keith! Libertem Keith!". E nós sabíamos que o inimigo — se é que podemos chamar assim o governo canadense da época, os promotores — não estava muito seguro. Por outro lado, eu não me importava. Sabia que, quanto mais pesado eles pegassem, mais fácil seria eu ser absolvido. Os Mounties, ou pelo menos a promotoria, não queriam afrouxar a rédea de jeito nenhum. Mas, como observou Bill Carter na época, em quase todos os casos contra nós a lei estava com o rabo preso. Eles sabiam que eu não estava traficando drogas, mas queriam forçar a barra para que o júri me desse uma sentença longa e histórica. O erro deles foi esse. "Olhem para Keith Richards. Ele não está vendendo drogas. Ele tem todo o dinheiro de que precisa. A alegação de tráfico, cujo único intuito é conseguir uma sentença dura, é absurda. Ele é um viciado incorrigível. Ele tem um problema médico." Meus advogados escreveram um relatório mostrando que, de acordo com todos os precedentes legais e históricos de casos locais, se eu não fosse

Keith Richards, provavelmente teria recebido liberdade condicional. Então, no último minuto, eles mudaram a acusação de tráfico para posse, acrescentando posse de cocaína. Mas essa mudança enfraqueceu a promotoria e expôs o governo canadense. O problema não era o fato de que eu era viciado em heroína. Grande novidade! O problema era a mulher do primeiro-ministro andando pelos corredores do nosso hotel tentando dar para alguém. Então poderia ser dito que uma coisa acabou ofuscando a outra. Certamente senti que, qualquer que fosse a sentença, o buraco era muito mais embaixo do que eu podia enxergar. Quem sabia o que realmente estava por trás de tudo aquilo? Isso se chama política. É um dos jogos mais sórdidos na face da terra.

Nós sabíamos que o caso estava ganho. A questão agora era quanto tempo iam levar para me soltar. Eles tinham metido os pés pelas mãos, mas não queriam admitir isso, então como é que iam sair dessa? Nós estávamos esperando para ver o governo canadense amarelar.

Foi o povo canadense que livrou a minha cara. Mas o golpe de mestre foi coordenar o deslize de Margaret Trudeau. Se eles tivessem me julgado logo depois da prisão no hotel, provavelmente teriam conseguido me pegar por importação. Mas até a coisa chegar ao tribunal, o juiz já havia mudado, e agora eles queriam mesmo era abafar o caso. "Não queremos mais nada com isso. Esse negócio está nos envergonhando e custando dinheiro demais; não vale a pena." No dia da sentença, eu cheguei ao tribunal — uma sala com uma atmosfera de Inglaterra nos anos 50, com um retrato da rainha estranhamente pendurado na parede. O ator canadense Dan Aykroyd, que eu havia conhecido quando fizemos o *Saturday night live,* estava a postos para testemunhar sobre o meu caráter. O produtor e criador do show, um canadense chamado Lorne Michaels, testemunhou sobre meu papel como dedicado *chef* do grande caldeirão cultural. O depoimento dele foi muito elegante. Eu não me sentia nem um pouco intimidado pelo tribunal. Àquela altura eu já sabia que eles tinham um senhor problema nas mãos. Também sabia, a partir de outras experiências como essa, que a maioria dos governos está totalmente fora de sintonia com o povo, e que isso era algo que eu podia explorar. Às vezes você consegue farejar a derrota do inimigo mesmo com toda a artilharia apontada contra você, e aquela era uma dessas ocasiões.

O veredito foi de culpado, mas o juiz decidiu que não podia me encarcerar só porque eu era viciado e rico. "Ele precisa ficar livre", disse o juiz, "para dar continuidade ao tratamento, mas com uma condição: ele terá que promover um concerto para cegos". Muito inteligente, pensei. O juiz mais sábio desde Salomão. E isso teve tudo a ver com uma garota cega que viajava por toda parte seguindo os Stones. Rita, meu anjo cego. Apesar da cegueira, ela pegava carona para ir aos shows. Era uma garota totalmente destemida. Eu tinha ouvido falar de Rita nos bastidores, e pensar nela tateando no escuro era demais para mim. Um dia, enfim, a coloquei em contato com motoristas de caminhão, para garantir que teria um transporte seguro e seria bem tratada. E quando fui preso, de algum modo ela conseguiu chegar até a casa do juiz e contar essa história a ele. E foi assim que ele teve a ideia do concerto para cegos. O amor e devoção de pessoas como Rita é algo que até hoje me impressiona. Então, aha! Deu-se um jeito de resolver a situação.

Desde a nossa participação no *Saturday night live*, Lil e eu passamos a nos encontrar com Dan Aykroyd, Bill Murray e John Belushi no clube deles, o Blues Bar, em Nova York, em meados de 1979. Belushi era um cara que excedia todos os limites. E *como* excedia! É como eu disse a ele uma vez, meu pai dizia que existe uma diferença entre coçar o rabo e esfolá-lo todo. John era hilário, era uma loucura sair com ele. Belushi era uma experiência extrema até para os meus padrões. Um cara único.

Quando eu era criança, costumava ir à casa do Mick, e quando ficava com sede, abria a geladeira, mas não havia nada lá dentro a não ser metade de um tomate. Uma geladeira enorme. Trinta anos mais tarde, você entra no apartamento do Mick, abre a geladeira, uma geladeira ainda maior, e o que encontra lá dentro? Metade de um tomate e uma garrafa de cerveja. Uma noite, numa época em que costumávamos sair muito com John Belushi em Nova York, Ronnie, Mick e eu passamos a noite toda ensaiando e depois fomos para o apartamento do Mick. De repente alguém bate à porta, e lá está Belushi vestido de porteiro de hotel, segurando um carrinho com doze caixas de *gefilte fish*.[3] Ele nos ignora completamente, empurra o carrinho até a geladeira de Mick, coloca as caixas de peixe lá dentro e diz "Agora está cheia".

No embalo do sucesso de *Some girls* e do meu julgamento, rumamos para o Compass Point Studios, em Nassau, nas Bahamas. Pequenas ondas de discórdia começavam a se formar entre mim e Mick, ondas que em breve se transformariam num verdadeiro tsunami, mas não ainda. Nós começamos a tocar e compor músicas para o álbum *Emotional rescue*. Enquanto estávamos lá, o papa João Paulo II fez uma visita inesperada a Nassau numa parada para reabastecer o avião. As Bahamas eram uma nação extremamente católica, pelo menos enquanto o papa estava lá, e foi anunciado que ele estaria dando uma bênção pública num estádio de futebol. Eu decidi que o produtor da turnê Alan Dunn, que era católico e portanto qualificado para receber uma bênção do papa, deveria levar as fitas que estávamos gravando até o estádio para que elas fossem abençoadas também. Por que não? Nunca se sabe. O Alan comprou um ingresso para o evento numa escola e levou as fitas com ele naquele calorão — grandes rolos de fita de duas polegadas que pesavam uma tonelada, e que ficaram ainda mais pesados quando, segundo ele, as alças do cesto de palha em que ele carregava as fitas arrebentaram. Alan agarrou os rolos de encontro ao peito enquanto o pontífice impetrava sua bênção sobre as fitas e sobre ele. O que certamente funcionou para Alan, que foi miraculosamente resgatado no mar poucos dias depois, quando o bote em que ele estava com a namorada se afastou do recife de coral e foi parar em alto-mar. O motor de popa do barco havia pifado e eles não tinham remos. Era uma situação de morte certa, mas, segundo a mãe de Alan, Deus enviou um barco do nada para resgatar o filho, uma graça concedida a ele por intermédio do papa.

3 Bolinho feito de carne de carpa moída e temperada, cozido no caldo do peixe, típico de culinária judaica da Europa Oriental. (N. T.)

Uma das melhores sessões de estúdio de que já participei aconteceu quando Lil e eu fomos à Jamaica, onde toquei com Sly Dunbar e Robbie Shakespeare, que estavam gravando um álbum com o Black Uhuru. Sly e Robbie formam uma das melhores seções rítmicas do mundo. Gravamos sete faixas juntos em uma noite, e uma delas, "Shine eye gal", acabou se tornando um grande sucesso e virou um clássico. Naquela mesma noite gravamos também uma faixa instrumental chamada "Dirty Harry" para um álbum de Sly, chamado *Sly, wicked and slick*. Tenho as outras fitas matrizes até hoje. Todas gravadas em quatro canais no estúdio Channel One, em Kingston. Nós tocamos tudo de improviso. As músicas eram todas feitas de refrões simples, mas a banda era sensacional: Sly e Robbie; Sticky e Scully, os percussionistas de Sly que acrescentaram todos aqueles detalhezinhos sonoros; Ansell Collins no órgão e piano; eu na guitarra; e outro guitarrista que se não me engano era Michael Chung. Foi uma noite brilhante. Na época, pensamos: "Vamos dividir as faixas, eu fico com três e vocês ficam com as outras". Mas aí "Shine eye gal" acabou se tornando um grande sucesso, e eles participaram com a gente de todas as turnês que fizemos nos dois anos seguintes.

Eu queria fazer uma turnê em 1979, mas Mick não quis. Fiquei frustrado. Mas isso significava que eu podia trabalhar em outros projetos. Ronnie estava se preparando para viajar com uma banda incrível que ele tinha formado, os New Barbarians — com Joseph "Zigaboo" Modeliste na bateria, um dos melhores bateristas de todos os tempos. E foi por isso que concordei imediatamente em participar. Os bateristas de Nova Orleans, dos quais Ziggy é um dos gigantes, são especialistas em captar o espírito de uma música; eles sentem a música e sabem o rumo que ela deve tomar mesmo antes do compositor. Eu conhecia Ziggy desde o tempo em que os Meters trabalharam com os Stones em diversas turnês. George Porter tocava baixo. Os Meters me influenciaram muito, e por causa deles passei a apreciar o funk. Eles têm uma característica rítmica única de Nova Orleans no que se refere ao uso do tempo e do espaço. Nova Orleans é uma cidade diferente de todas as outras nos Estados Unidos, e isso se torna evidente na música. Também já trabalhei com George Recile, outro nativo daquela cidade e que hoje é o baterista de Bob Dylan. Bobby Keys também tocava nos New Barbarians. Ian McLagan era o tecladista. No baixo, o grande músico de jazz Stanley Clarke. Foi uma turnê muito legal e nos divertimos muito. Eu não precisava me preocupar com tudo aquilo com que normalmente tinha de me preocupar quando viajava com os Stones. Não havia nenhum peso de responsabilidade sobre os meus ombros. Para mim foi o maior barato, uma verdadeira festa. Eu era praticamente apenas um instrumentista contratado para a turnê. Nem consigo lembrar muito do que aconteceu, só que foi superdivertido. Para mim, o mais importante era que, porra, eu tinha escapado da prisão e estava fazendo o que mais gostava na vida. E ainda tinha Lil ao meu lado, uma garota que me fazia feliz em todos os momentos. Então a mãe de Lil ficou doente e ela teve de voltar para a Suécia. E eu tive uma recaída temporária na ausência dela. Comprei um pouco de heroína marrom persa de uma mulher chamada Cathy Smith em Los Angeles. Na época, eu descrevia a mim mesmo como alguém que estava "revivendo a segunda infância do rock and roll". Cathy Smith também causou a ruína de Belushi. O veneno foi simplesmente forte demais para ele. Ele era basicamente um cara forte, mas acabou passando dos limites. E não estava em boa forma física. Ele estava usando *freebase*, um precursor do *crack*, que Ronnie também tinha começado a usar na época. A taxa de mortalidade entre o elenco do *Saturday night live* era muito alta. John morreu no Chateau Marmont. Ele tinha passado noites demais em claro, o que costumava fazer regularmente. Além disso, estava gordo demais.

Talvez tenha sido a abstinência, os velhos impulsos e sentimentos sendo desenterrados lentamente. Não sei ao certo. Mas quando voltei a Paris para terminar de gravar *Emotional rescue* no Pathé Marconi, novamente com Lil, eu estava com o dedo no gatilho, metaforicamente falando. Minhas reações certamente estavam mais impulsivas, e minha ira também. Às vezes o sangue me sobe à cabeça e eu fico irado. É como se uma cortina vermelha caísse sobre os meus olhos e eu fosse capaz de fazer qualquer coisa. É uma experiência horrível. Odeio as pessoas que me colocam nessa posição, que me provocam a ponto de aflorar a violência. Nessas horas você praticamente tem mais medo de si mesmo do que da pessoa que está do outro lado. Porque você sabe que ultrapassou uma linha da qual talvez não haja mais volta, e que seria capaz de fazer qualquer coisa, até mesmo de matar alguém, e depois acordar no dia seguinte e perguntar: "O que aconteceu?". "Você rasgou a garganta do cara." Todas as vezes em que senti esse grau de ira vir à tona, fiquei com medo de mim mesmo. Talvez isso se relacione com o fato de eu ter apanhado muito na escola quando era criança, já que era o menor garoto da sala. Tenho certeza de que é algo que vem lá de trás.

Uma vez eu estava numa boate em Paris com meu guarda-costas e amigo Gary Schultz quando um babaquinha francês deu uma de insolente. Ele estava simplesmente fora de controle. E eu estava com Lil, coitada. Ele tentou dar uma cantada nela e eu disse: "O que foi que você falou?". "O quê?", foi a resposta dele. Eu estava bebendo vinho numa taça de haste longa. Quebrei o pé da taça e derrubei o cara, fazendo-o ficar de joelhos enquanto eu apontava a haste quebrada para a garganta dele. E fiquei torcendo para que o bojo da taça não quebrasse, já que no momento eu estava com a vantagem. O sujeito estava cercado por um monte de amigos, o que significa que eu não estava lidando só com ele, mas com todos aqueles outros caras, resolvi ser hiperdramático e disse: "Tirem o seu amigo daqui". E eles fizeram isso, o que foi uma sorte, senão nós teríamos apanhado muito naquela noite.

O punhal deve ser usado somente para ganhar tempo, o revólver quando você quer deixar claro que está falando sério. Mas você tem que ser convincente. Por exemplo — em um dos incidentes de que me lembro dessa época —, digamos que você seja um estrangeiro tentando pegar um táxi em Paris. Você vê vinte táxis enfileirados na rua, todos disponíveis. Então você se aproxima do primeiro da fila, e o motorista manda você pegar o carro de trás, cujo motorista manda você pegar o da frente novamente. Você pensa: "Ah, então vocês não estão a fim de trabalhar, querem apenas foder com as pessoas", e aí você começa a protestar, faz um pequeno escarcéu. Essa é a ideia deles de diversão, sacanear os estrangeiros, e já os vi fazer isso até com velhinhas. Eu já tinha passado por essa situação várias vezes, então um dia eu saquei o punhal para um deles e disse: "Você vai me levar". Só mais tarde foi que descobri que eles tratam ainda pior os franceses das províncias.

Foi em Paris que percebi que havia finalmente dito adeus à heroína. Eu tinha ido a um jantar na cidade mais ou menos um ano depois com a Mulher Maravilha Lynda Carter, Mick e algumas outras pessoas, e não sei por que Mick fez isso, mas às vezes ele faz coisas estranhas assim. Ele disse: "Venha comigo até o Bois de Boulogne. Vou encontrar um cara lá". Mick pensou que estivesse comprando cocaína. Então fizemos a transação num parque e fomos para casa. Mas o saco estava cheio de heroína, não coca. Típico de Mick Jagger. Ele não sabia. "Mick, isso não é coca, cara." E eu olhei para aquele lindo saco cheio de veneno. Estava chovendo do lado de fora do apartamento da rue Saint-Honoré. Olhei para aquilo, e tenho que admitir que tirei um grama e guardei num saquinho menor, mas depois eu simplesmente joguei o resto na rua. E foi aí que percebi que eu não era mais um *junkie*. Embora eu estivesse basicamente sem tomar pico durante os dois ou três anos anteriores, o fato de ter podido fazer aquilo significava que já não estava mais sob o domínio da droga.

Anita saiu definitivamente pela tangente quando seu jovem namorado estourou os miolos na casa dela, na cama. Eu estava a quase 5 mil quilômetros de distância em Paris gravando um disco, mas Marlon estava lá, e ele ouviu Anita gritar e descer correndo as escadas, toda coberta de sangue. Aparentemente o rapaz tinha atirado no próprio rosto brincando de roleta-russa. Eu cheguei a conhecê-lo. O namorado de Anita era um moleque doidinho de apenas dezessete anos. Eu tinha dito a ela: "Querida, estou indo embora, está tudo terminado entre nós, mas esse garoto não é homem para você". E ele provou que eu estava certo. Acho que ela só tinha ficado com aquele fedelho, que por sinal era um perfeito idiota, para me provocar. Na época, eu nem estava mais morando com ela. De vez em quando voltava lá para pegar alguma coisa minha ou para ver Marlon. Uma vez eu o vi brincando com Marlon, e mandei-o ficar longe do meu filho. Acho que ele não gostou nem um pouco disso. Então eu disse a Anita: "Largue esse imbecil", mas eu não estava falando sério.

Marlon: *O franco-atirador* havia sido lançado pouco tempo antes. E o filme tem uma cena de roleta-russa, e era isso que ele estava fazendo, jogando roleta-russa. Muito doido. Ele tinha uns dezessete anos. Ele vivia me dizendo — era um cara nojento — que ia atirar no Keith, e isso me deixava irritado, então eu senti um certo alívio quando ele deu um tiro na cabeça.

Eu me lembro claramente da data, 20 de julho de 1979, porque era o décimo aniversário da chegada do homem à Lua. Lembro que o sujeito estava com Anita havia pouco tempo, mas ela estava agindo de uma forma muito autodestrutiva. Na época Keith estava com Lil, então Anita pensou "Vou mostrar a ele", tentando recuperar o que era dela, digamos assim. Ela fazia questão de desfilar com ele; aliás, Keith chegou a conhecê-lo. Eu estava assistindo às comemorações do aniversário da missão Apollo 11 e escutei um teco. E então vi Anita descendo as escadas, coberta de sangue e gritando.

E eu pensei "Meu Deus, Jesus!". Eu tinha que dar uma olhadinha, então subi as escadas e vi a massa encefálica dele espalhada por toda parte. Os tiras chegaram rápido pra cacete. Larry Sessler, um dos filhos de Freddie Sessler, estava lá para cuidar de tudo, e na manhã seguinte eu estava embarcando para Paris para ficar com Keith. E a pobre Anita teve que ficar lá e lidar com toda aquela situação. Na época, havia um monte de histórias na mídia dizendo que Anita era uma bruxa, que eles estavam celebrando missas negras. As pessoas inventaram todo tipo de abobrinhas.

Foi literalmente uma situação de puro azar. Não acho que o sujeito quisesse realmente se matar, ele era apenas um idiota de dezessete anos que estava doidão, revoltado, e brincando com uma pistola. Anita disse que não achou que o barulho fosse um tiro, mas quando ela se virou, ouviu esse som de gorgolejo. Viu o sangue saindo da boca do namorado, e seu primeiro instinto foi pegar o revólver e colocá-lo na mesa; por isso as impressões digitais dela foram encontradas na arma. Havia apenas uma bala no tambor e outra na boca. A arma não estava completamente carregada. Mas nós tivemos que nos mudar daquela casa imediatamente. Como Anita aparecia nos jornais todos os dias, acabou tendo que se esconder num hotel em Nova York.

Quando os tiras descobriram, eles queriam me questionar primeiro, mas eu estava em Paris. Ei, eu tinha uma pontaria do caralho para acertar o cara com uma Smith & Wesson de Paris. E Anita? Eu ia fazer tudo para ela não ser presa depois que eles perderam o interesse em mim. Foi um milagre, mas aquele caso simplesmente desapareceu. Acho que isso teve alguma coisa a ver com o fato de eles estarem com o rabo preso, já que a pistola tinha sido comprada em uma feira de armas no estacionamento de uma delegacia. De repente o caso deixou de ser importante e foi dado como suicídio. Os pais do garoto tentaram processar Anita por corrupção de menor, mas isso não deu em nada. Então ela se mudou para Nova York, para o Alray Hotel, e adotou um estilo de vida diferente. Essa foi a cortina final em minha história com Anita, exceto pelas viagens para ver as crianças. Estava acabado. Obrigado pelas lembranças, gatinha.

Jane Rose

Capítulo Onze

No qual Patti Hansen e eu nos apaixonamos. Sobrevivo a um primeiro encontro desastroso com os pais dela. O ressentimento entre mim e Mick começa a fermentar. Tenho uma briga com Ronnie Wood e desenterro meu pai depois de vinte anos. A história de Marlon nas mansões dos Gatsby em Long Island. O casamento no México.

Mick frequentava o Studio 54 em Nova York. Para falar a verdade, eu não gostava muito do lugar, que não passava de uma discoteca com decoração espalhafatosa ou, como me parecia na época, um salão cheio de veados de short balançando garrafas de champanhe na sua cara. Multidões se espremiam em volta do quarteirão tentando entrar, um cordão de veludo vermelho determinando se você estava dentro ou fora. Eu sabia que estavam vendendo drogas nos fundos da discoteca, razão pela qual todos eles foram presos. Como se já não estivessem lucrando o suficiente. Mas eles eram apenas um bando de caras se divertindo. Pode parecer estranho, mas foi lá que vi Patti Hansen pela primeira vez. John Phillips e eu tínhamos entrado lá correndo porque Britt Ekland estava atrás de mim. Ela era tarada por mim. "Ei, Britt, eu gosto muito de você, você é uma garota legal e tudo — doce, tímida e despretensiosa —, mas já estou com a agenda cheia, entende?" Mas ela não largava do meu pé; ela me perseguia pela porra da cidade inteira. Então nós pensamos que o melhor lugar para eu me esconder seria o Studio 54. Isso foi no dia 17 de março de 1979, Saint Patrick's Day, o dia do aniversário de Patti.

Nós estávamos nos escondendo, dizendo "Britt não vai conseguir nos encontrar aqui de jeito nenhum". E Shaun, uma das amigas de Patti, se aproximou e disse: "Hoje é o aniversário da minha amiga". E eu perguntei "Qual delas?", e ela apontou para essa gata loura dançando, os cabelos selvagens balançando no ar. Então pedi ao garçom que levasse uma garrafa de Dom Pérignon até sua mesa imediatamente com os meus cumprimentos. Depois passei algum tempo sem vê-la novamente, mas a imagem dela dançando não saiu da minha cabeça.

Meu aniversário foi em dezembro, meus 36 anos, e de acordo com a mania do momento, fizemos a festa no rinque de patinação do Roxy, em Nova York. Jane Rose tinha ficado de olho em Patti todos aqueles meses; ela havia notado o clima entre nós naquela primeira noite, então Jane pediu que Jerry Hall a convidasse. E eu vi Patti novamente, e ela percebeu o jeito como fiquei olhando para ela. Então ela se foi. Alguns dias depois liguei para ela e nós saímos. Em janeiro de 1980, alguns dias depois, escrevi o seguinte no meu diário:

> *Parece incrível, mas eu encontrei uma mulher. É um milagre! Transas eu consigo num estalar de dedos, mas eu encontrei uma mulher! Inacreditavelmente, ela é (fisicamente) o espécime mais lindo do* PLANETA*! Mas não é só isso! É claro que a beleza ajuda, mas é a cabeça dela, sua alegria de viver, e (miraculosamente) ela acha que esse junkie acabado é o cara que ela ama.*
> *Eu estou na lua, fazendo xixi nas calças. Ela adora soul, reggae, ela gosta de todos os estilos musicais. Eu gravo fitas de presente para ela, o que é quase tão bom quanto estar com ela. Mando as fitas como se fossem cartas de amor. Estou chegando aos quarenta e estou gamado.*

Não podia acreditar que ela quisesse ficar comigo. Porque eu estava saindo todos os dias com um bando de amigos e a única coisa que fazíamos era ir a umas biroscas caribenhas e lojas de disco no Bronx e no Brooklyn. Nada que pudesse interessar a uma supermodelo. Meu amigo Brad Klein fazia parte desse grupo; acho que Larry Sessler, o filho de Freddie, também. E Gary Schultz, meu guarda-costas. O pessoal o chamava de Concorde, um apelido que vinha de Monty Python ("Ó destemido Concorde! Você não terá morrido em vão!" "Ainda não estou morto, senhor" etc.). Jimmy Callaghan, meu guarda-costas de muitos anos; Max Romeo, um músico de reggae; e outros amigos. "Que bom ver você! Gostaria de sair com um bando de babacas?" Mas ela sempre vinha. E eu sabia que estava rolando alguma coisa entre nós, mas como e quando e quem ia tomar a iniciativa, isso já era outra história. Foi assim que nos encontramos muitas vezes. Eu nunca parti com tudo para cima dela. Não tomei a iniciativa. Nunca fui muito bom nisso. Nunca encontrava as palavras certas, todas as frases que me vinham à cabeça soavam como clichês. Nunca tive essa habilidade com as mulheres. Mas eu podia me expressar silenciosamente. Tipo Charlie Chaplin. Uma coçadinha aqui, um olhar ali, eu usava a linguagem corporal. Você está sacando as minhas insinuações? Agora é com você. "E aí, gatinha..." nunca foi meu estilo. Eu prefiro ficar na minha, esperando a tensão aumentar a tal ponto que algo simplesmente tem que acontecer. E se elas aguentarem essa tensão, tudo bem. É o que em biologia chamam de processo de transcrição ao contrário, transcriptase reversa. Finalmente, depois de um número assombroso de dias, ela se deitou na cama e disse: "Vamos nessa".

Naquela época eu estava morando com Lil. De repente eu desapareci por dez dias e aluguei um quarto no Carlyle, e Lil ficou se perguntando onde diabos eu tinha me enfiado. Ela entendeu a mensagem bem rápido. Lil e eu estávamos juntos havia dezoito meses, e tínhamos nos aninhado confortavelmente num lindo apartamento. Ela é uma garota maravilhosa, e eu simplesmente a deixei... Eu tinha de fazer algo para limpar minha barra com Lil.

Eu gostaria de escutar a versão de Patti desses eventos de tanto tempo atrás.

Patti Hansen: Eu não sabia nada sobre Keith. Não acompanhava o trabalho dele. É claro que qualquer um que ouvisse o rádio sabia quem eram os Rolling Stones, mas não era o tipo de música que eu escutava. Eu estava no Studio 54 em março de 1979, no dia do meu aniversário, e tinha acabado de romper um namoro de muitos anos. Eu estava dançando com minha amiga Shaun Casey, que tinha visto Keith entrar e se sentar numa mesinha no canto do salão. O bar já estava fechado, e ela chegou perto do Keith e disse: "Hoje é o aniversário da minha melhor amiga, então será que você podia conseguir uma garrafa de champanhe para ela? É que o pessoal do bar não quer nos vender mais nada". E ela disse: "Ah, aliás, eu também sou amiga do Bill Wyman", e então ela me apresentou a Keith. Eu mal me lembro disso, porque falei com ele muito rapidamente e voltei logo para a pista de dança. Deviam ser umas três horas da manhã. Ele nunca tinha ido ao Studio 54, e acho que nunca mais voltou lá; aquele era o meu lugar. Mas ele ficou interessado em mim.

Então, em dezembro do mesmo ano, eu estava trabalhando com Jerry Hall no estúdio Avedon's, e ela disse: "Keith Richards vai dar uma festa de arromba e gostaria que você viesse". Jerry e eu não éramos amigas; nós só trabalhávamos juntas. Eu não a conhecia muito bem e nunca havia conversado com Mick. Naquela noite eu estava tomando vodca com um amigo meu e disse: "Vamos a uma festa no Roxy de um cara que eu conheci". A maioria dos meus amigos eram gays, então eles ficavam ansiosos quando sabiam que eu ia encontrar um cara que estava interessado em mim. Além disso, eu sabia que o convite era uma armação, então me senti meio brega, meio oferecida. Mas estávamos no final dos anos 70, eu tinha 23 anos, e não tinha nada a perder. Fomos à festa. E fiquei ali sentada com uma sensação maravilhosa e estranha, aquele friozinho na barriga ao ver Keith cercado de gente, mas com os olhos vidrados em mim. O sol estava nascendo e meu amigo Billy e eu resolvemos ir andando para casa. Acho que em algum momento da noite eu devo ter dado o número do meu telefone a Keith. Alguns dias depois ele me ligou às duas horas da manhã perguntando: "O que aconteceu com você? Quer me encontrar no Tramps?". Havia uma banda tocando lá. Um dos meus amigos gays disse "Não vá, Patti! Não vá!". Mas eu respondi: "Vou, sim. Por que não? Isso é maravilhoso!".

E eu saí com ele cinco dias seguidos depois daquela noite no Tramps. Nós estávamos de carro, e íamos a essas lojas de disco no Harlem. Eu lembro que no quinto dia, quando finalmente me dei conta de que a coisa estava começando a esquentar, acho que fomos à casa do Mick, que estava dando uma festa. Naquela época eu estava trabalhando muito como modelo, já tinha saído diversas vezes na capa da *Vogue*, mas não gostava muito de me socializar, e a casa do Mick estava lotada de celebridades; então eu disse a Keith: "Acho que vou indo; para mim a festa já deu o que tinha que dar". Depois disso acho que ele seguiu com a vida dele e eu com a minha.

Fui passar o Ano-Novo com minha família em Staten Island. E me lembro de ter entrado no meu carro e dirigido a toda velocidade de volta para o meu apartamento na cidade depois da meia-noite, onde havia manchas de sangue nas escadas que levavam até o apartamento. Keith estava me esperando, encostado à porta. Acho que ele tinha cortado o pé, ou algo assim. Eu morava na Fifth Avenue com Eleventh Street, e ele estava trabalhando na Eighth Street. Nós tínhamos marcado de nos encontrar ali, e foi maravilhoso.

Keith arrumou uma suíte para nós no hotel Carlyle. E eu lembro que ele decorou tudo direitinho, colocou uma iluminação toda especial no quarto, pendurou cortinas e cobriu as luminárias com lindos lenços de seda. Havia duas camas de solteiro na suíte. O sexo não era assim tão importante. Nossa relação sexual foi se desenvolvendo aos poucos. Eu tenho caixas e mais caixas de cartas de amor que ele me escreveu desde o primeiro dia em que nos conhecemos. Ele fazia desenhos com o próprio sangue.

E até hoje eu adoro receber os bilhetes dele. Ele é um cara muito charmoso e inteligente.

Aqueles primeiros momentos foram maravilhosos. Então aos poucos as pessoas começaram a me alertar sobre algumas coisas. Keith estava sempre indo e vindo; ele me deixava no meio da noite para ir a Long Island. "Você tem uma família? Você tem uma família em Long Island, você tem um filho?" Eu fiquei arrasada. Eu não sabia que ele estava com Anita, e eu definitivamente não sabia que na época ele estava namorando uma garota chamada Lil Wergilis. Se um cara me convida para ir a uma festa, presumo que seja solteiro. Eu não sabia que ele tinha toda essa bagagem. Eu me lembro de ter pensado: "Esse cara precisa de um lugar para ficar". As pessoas começaram a apontar o que eu estava fazendo ou dizendo de errado. "Patti, não prepare esses ovos para Keith, não diga isso a ele, não faça aquilo para ele." Era muito estranho. Minha família começou a receber cartas dizendo coisas horríveis sobre Keith, e eles ficaram preocupados, mas meus pais sempre confiaram nas minhas decisões. Dei a ele as chaves do meu apartamento e viajei para Paris por algumas semanas. E me perguntei "Será que isso está acontecendo mesmo?". Eu queria ficar com ele; gostava dele para valer. E fiquei superempolgada quando ele ligou para Paris, perguntando "Quando é que você vem para casa?". Em março de 1980 eu fui para a Califórnia para atuar num filme de Peter Bogdanovich. Foi uma loucura tentar manter um relacionamento com Keith ao mesmo tempo em que trabalhava como atriz pela primeira vez. Até Bogdanovich enviou uma carta aos meus pais alertando-os sobre Keith, algo, acho, que ele hoje se arrepende de ter feito.

E se eu não sabia muito sobre Keith, minha família luterana em Staten Island sabia ainda menos do que eu. Meus irmãos cresceram do outro lado dos anos 60, o lado de Doris Day. Minhas irmãs mais velhas usavam penteados bufantes e coques banana. Elas não viveram aquela era hippie. Acho que meus irmãos chegaram a provar maconha, mas não creio que ninguém tenha se envolvido com nenhum tipo de droga na família, embora eles bebessem. Nossa família inteira tem o hábito de beber muito. Quando Keith finalmente foi até a casa dos meus pais no Dia de Ação de Graças no outono de 1980, foi um desastre.

Na primeira vez que fui a Staten Island conhecer a família de Patti, eu estava há muitas noites sem dormir. Eu tinha uma garrafa de vodca ou Jack Daniel's na mão, e achei que podia entrar na casa segurando aquilo sem problemas. Não estou mentindo, eu era supostamente o futuro genro deles. Mas acabei agindo de forma totalmente inconveniente. Eu tinha decidido trazer o príncipe Klossowski, vulgo Stash, comigo. Ele certamente não era a pessoa mais indicada para me dar uma força, mas eu precisava de algo que me conferisse um certo charme, e por algum motivo achei que levar um príncipe à casa deles seria o truque perfeito. Um príncipe de verdade. O fato de ele ser um cara totalmente vulgar não vinha ao caso. Eu precisava de um companheiro. Sabia que Patti e eu íamos ficar juntos de qualquer jeito, mas queríamos receber a bênção da família dela, o que teria tornado as coisas bem mais fáceis para Patti.

Então eu peguei a guitarra e toquei "Malagueña". Não há nada como tocar "Malagueña"; essa música impressiona qualquer um. Você toca e as pessoas pensam que você é um gênio, um guitarrista do caralho. Toquei muito bem e imaginei que, com isso, pelo menos as mulheres ficariam do meu lado. Eles tinham preparado um lindo jantar, e nós comemos, e a princípio foi tudo muito agradável. Mas Al, o pai de Patti, achou que eu era um cara meio estranho. Ele era um motorista de ônibus de Staten Island, e eu, um grande ídolo do pop. Brinquei dizendo que aquilo tudo era só fachada. Stash se lembra melhor dessa parte, porque eu já estava completamente bêbado. Ele lembra que um dos irmãos de Patti disse: "Então, qual é o seu golpe?". Eu lembro que me senti ameaçado. Stash se recorda de uma das irmãs de Patti dizendo algo do tipo "Acho que você já bebeu demais para tocar isso", e então *bang*, eu saí do sério. E disse algo do tipo "Chega dessa palhaçada!". Então eu arrebentei minha guitarra na mesa. O que requer um bocado de força. As coisas podiam ter descambado para um lado nada bom. Eu poderia ter sido banido para sempre, mas o mais incrível de tudo foi que a família de Patti não se sentiu ofendida. Um pouco chocados, talvez, mas àquela altura todos já tinham bebido bastante. No dia seguinte eu pedi mil desculpas. No caso do pai de Patti, o grande Al, um cara sensacional, acho que pelo menos ele viu que eu estava me esforçando, e ele gostou disso. Ele havia feito parte de um batalhão de construção da Marinha americana nas Ilhas Aleutas durante a Segunda Guerra Mundial. Ele supostamente estava lá para construir uma pista de decolagem, mas acabou tendo que lutar contra os japoneses porque não havia mais ninguém para guerrear. Mais tarde eu joguei uma partida de sinuca com Al em seu bar favorito e deixei que ele pensasse que tinha bebido mais do que eu. "Eu ganhei essa, filho!" "Com certeza, senhor." Mas Beatrice, a mãe de Patti, é que foi a chave da minha aceitação. Ela sempre torceu por mim, e mais tarde eu tive ótimas experiências com ela.

Essas são as impressões de Patti sobre o dia em que ela me apresentou à família.

Patti Hansen: Eu me lembro de que estava no andar de cima chorando quando a merda voou no ventilador. Alguma outra coisa deve ter acontecido antes disso, porque eu recordo que não estava na mesa com eles quando o incidente aconteceu. Eu devo ter percebido que Keith estava passando dos limites e decidido me esconder em algum buraco. Era um jantar festivo. Alguém disse algo e uma guitarra voou pela mesa na direção dos meus pais. Eu não sei o que aconteceu com ele, de repente ele virou essa estrela do rock, essa pessoa que nós não conhecíamos. E minha mãe disse: "Há algo errado com ele, Patti, há algo muito errado com ele". Eu sabia que meus pais estavam apavorados e preocupadíssimos comigo. Meu pai era um motorista de ônibus. Ele já é um sujeito quieto, e além disso estava se recuperando de um enfarte. Ainda por cima, aquela era a primeira vez que ele via Keith, com sua jaqueta de couro e suas perninhas finas. Eu sou a filha caçula deles, a mais nova entre sete irmãos. Quem sabe por que Keith estava agindo assim? Mas acho que foram os calmantes e o álcool, e eu me lembro de ficar chorando nos degraus da escada, e de Keith chorando em meus braços, e de todo mundo olhando para nós. Havia outras pessoas da família lá, minhas irmãs e alguns vizinhos também. Nossa casa vive cheia. Depois disso me lembro de minha mãe me abraçando e dizendo que Keith ia cuidar de mim: "Está tudo bem, querida, ele é um bom rapaz". Então Keith ficou com uma raiva terrível de si mesmo. Ele se desculpou tanto... ele mandou um lindo bilhete para minha mãe dizendo o quanto ele lamentava a maneira como tinha se comportado. Não sei como ela foi capaz de confiar nele depois de tudo aquilo. Eu não consegui ficar mais lá e acabei indo embora de carro com ele. Eles devem ter ficado apavorados ao me ver entrar no carro com aquele louco violento. Meus outros irmãos estavam na Califórnia naquela noite, mas Keith os enfrentou mais tarde. Ele enchia o peito e dizia: "Patti, você tem que escolher entre mim e eles". E eu dizia: "Eu escolho você". Ele sempre fazia isso comigo, acho que ele tinha uma necessidade de se autoafirmar.

Entre os três irmãos de Patti, o maior desafio foi Big Al Jr., que na época me detestava *mesmo*. Ele queria brigar. Ele queria me bater. Então um dia estávamos na casa dele em Los Angeles e eu disse: "Vamos deixar de palhaçada, Al, vamos lá para fora resolver isso como homens, vamos lá agora mesmo. Você é duas vezes maior do que eu e provavelmente vai me matar, mas você nunca mais será o mesmo, sabe por quê? Porque eu sou mais inteligente que você. Antes que você me mate eu vou separar você da sua irmã. Sua irmã jamais deixará de odiar você". Com isso ele desistiu. Eu sabia que aquele era o ponto fraco dele. Toda aquela história de machão não significava nada. Ele só estava querendo me testar.

Com Greg demorou um pouco mais. Ele é um cara legal; tem oito filhos, trabalha duro para ganhar a vida, mas continua tendo um filho atrás do outro. A família de Patti é religiosa; eles frequentam a igreja, fazem parte de círculos de oração. Nós pensamos de forma diferente em termos de religião. Eu, por exemplo, nunca achei que o céu fosse um lugar particularmente interessante. Meu ponto de vista é que Deus, em sua infinita sabedoria, não se deu ao trabalho de criar dois lugares — o céu e o inferno. Os dois são o mesmo lugar, mas o céu é quando você consegue tudo o que sempre desejou e encontra a mamãe e o papai e todos os seus melhores amigos, e todos se abraçam e tocam suas harpas juntos. O inferno é o mesmo lugar — nada de fogo e enxofre —, só que eles passam por você, mas não conseguem vê-lo. Não existe nenhum traço de reconhecimento. Você fica acenando "Ei, sou eu, o seu pai", mas é invisível. Você está numa nuvem com sua harpa, mas não pode tocar com ninguém porque eles não veem você. *Isso* é o inferno.

Rodney, o terceiro irmão, era capelão da Marinha quando eu conheci Patti, então eu costumava discutir com ele sobre teologia. "Quem realmente escreveu esse livro, Rodney? Ele é a palavra de Deus, ou é a versão editada? Será que ele não foi adulterado?" Mas é claro que ele não tem respostas para isso, e até hoje nós adoramos discutir sobre essas coisas. Isso é muito importante para ele. Ele gosta de ser desafiado. Na semana seguinte ele vem com outra do tipo "Bem, o Senhor diz que...". "Diz mesmo, Greg?" Eu tive de lutar para entrar na família de Patti, mas uma vez que você passa a fazer parte dela, qualquer um deles daria a vida por você.

Foi bom que meu coração tivesse algo com que se distrair naquela época, porque uma corrente amarga estava começando a fluir entre mim e Mick. A coisa começou de repente, e foi chocante para mim. Mas no fundo aquilo já vinha fermentando desde a época em que eu larguei a heroína. Eu tinha escrito uma música chamada "All about you", que nós gravamos no álbum *Emotional rescue* em 1980, e na qual eu fazia o vocal, coisa que acontecia muito raramente. A maioria das pessoas acha que a letra da música é sobre a minha separação de Anita. Ela parece expressar a raiva de um homem por uma mulher, é uma canção de amor amargurada, de alguém que está jogando a toalha.

Se o show tem que continuar
Que continue sem você
Estou de saco cheio
De lidar com idiotas como você.[1]

Na verdade, nenhuma das minhas músicas é sobre um evento específico, mas, nesse caso, se tivesse de ser sobre alguma coisa, provavelmente seria mais sobre o Mick. Eu certamente estava lançando algumas farpas naquela direção. Nessa época, me senti profundamente magoado. Eu percebi que havia um lado da minha vida como *junkie* que agradava a Mick: o lado que me impedia de interferir nos negócios do dia a dia. Agora eu estava ali, livre da heroína. Eu havia chegado com uma atitude do tipo "Muito obrigado, Mick. Agora eu posso aliviar você dessa carga. Obrigado por ter carregado esse fardo sozinho todos esses anos enquanto eu estava viajando. Agora eu quero fazer alguma coisa para compensar tudo isso". Eu nunca tinha deixado a peteca cair; eu havia dado a ele músicas maravilhosas para cantar. A única pessoa que a heroína tinha fodido era eu. "Consegui escapar por um triz, Mick." E ele também tinha escapado de algumas coisas por um triz. Acho que eu esperava que ele se mostrasse grato, aliviado, tipo "Graças a Deus, cara".

Mas em vez disso ele veio com uma atitude do tipo "Sou eu quem manda nesta merda". Ele se ressentiu do meu envolvimento. Eu perguntava: "O que está acontecendo aqui? Onde queremos chegar com isso?". E ele simplesmente *me ignorava*. Então percebi que Mick tinha estado com todas as cordas da marionete na mão durante todo aquele tempo e não estava disposto a largar nenhuma delas. Será que eu

1 *If the show must go on/ Let it go on without you/ So sick and tired/ Of hanging around with jerks like you.*

entendi direito? Eu não sabia que poder e controle eram tão importantes para Mick. Sempre achei que nós tentávamos fazer o que fosse melhor para todos nós. Um retardado idealista, certo? Mick tinha se apaixonado pelo poder enquanto eu estava sendo... artístico. Mas nós podíamos contar apenas uns com os outros. De que adiantava ficarmos brigando? Nós já éramos tão poucos... Mick, eu, Charlie e Bill.

A frase que Mick costumava usar naquela época e que continua ressoando nos meus ouvidos até hoje é: "Cale a boca, Keith". Ele vivia dizendo isso, em reuniões, em qualquer lugar. Mesmo antes que eu tivesse a chance de expressar minhas ideias, lá vinha ele com "Ah, cale a boca, Keith. Pare de falar asneiras". Ele nem se dava conta de que isso era uma grosseria do caralho. Nós nos conhecemos há tanto tempo que ele acha que tem o direito de fazer qualquer coisa. Mas se você parar para pensar, isso machuca.

Quando eu estava gravando "All about you", levei Earl McGrath — o diretor nominal da Rolling Stones Records — até o terraço do Electric Lady Studios para ver a maravilhosa vista de Nova York. Então eu falei: "Se você não fizer alguma coisa a respeito disso, está vendo aquele pavimento lá embaixo? É lá que você vai parar". Eu praticamente cheguei a levantar o cara no ar. E eu disse: "Você tem obrigação de garantir que esteja tudo tranquilo entre mim e Mick. O que está havendo? As coisas estão totalmente fora de controle". Earl é um cara superlegal, e eu percebi que na verdade ele não tinha condições de lidar com aqueles conflitos que estavam rolando entre mim e Mick. Mas eu queria que ele soubesse como eu estava me sentindo em relação a tudo aquilo. Eu não podia trazer o Mick até o terraço e jogá-lo lá embaixo, mas eu tinha que fazer alguma coisa.

Eu também estava perdendo Ronnie, mas a coisa com ele era temporária, e o problema era outro. Para ser mais exato, era Ronnie quem estava se perdendo. Ele estava usando *freebase*. Em 1980, ele e Jo moravam em Mandeville Canyon, e eles tinham uma pequena gangue, um grupinho com quem se drogavam. O crack é pior que a heroína. Eu nunca experimentei. Nunca mesmo. Eu não gostava do cheiro, nem do que aquilo fazia com as pessoas. Uma vez, na casa de Ronnie, ele estava se drogando com Josephine e um grupo de pessoas que estavam lá. E quando você está usando crack, nada mais interessa nesse mundo. Havia um montão de gente bajulando Ronnie, uns caras imbecis que usavam chapéu de palha com uma peninha do lado. Eu fui até o banheiro e ele estava lá, cercado de puxa-sacos e traficantes mal-encarados, e eles estavam todos apinhados ali falando freneticamente ao telefone, tentando conseguir mais de seja qual for a merda que estavam usando. Havia alguém fumando crack na banheira. Eu entrei e sentei no vaso sanitário para cagar. "Ei, Ron!" Nada. Parecia que eu nem estava ali. E eu pensei, "Bem, esse cara está perdido. Agora sei o que devo fazer. De agora em diante vou ter de tratá-lo de outro jeito". Então virei para ele e perguntei: "O que você está fazendo, cara?". "Ah, você não entenderia." "É mesmo?" Eu já tinha escutado essa frase de maconheiros anos antes, então pensei: "Bom, entendendo ou não, vou ter de tomar uma providência".

Em 1981, ninguém queria que Ronnie participasse da turnê pelos Estados Unidos — ele estava totalmente descontrolado —, mas eu disse: "Podem deixar que eu cuido dele". Isso significava que eu estava dando minha garantia pessoal de que Ronnie não causaria problemas durante a turnê. Eu faria qualquer coisa para garantir a turnê. Achava que conseguiria manter Ronnie sob controle. Então, em outubro de 1981, no meio da turnê (a J. Geils Band estava viajando conosco), estávamos hospedados no Fairmont Hotel em San Francisco, que parece o Palácio de Buckingham, com alas leste e oeste. Eu estava numa ala e Ronnie na outra. Então ouvi dizer que estava rolando uma grande festa de crack no quarto de Ronnie. Ele estava sendo extremamente irresponsável. Ele tinha me prometido que não ia usar aquela merda durante a turnê. E aí a cortina vermelha caiu sobre os meus olhos novamente. Eu desci até o térreo e marchei até o saguão central do hotel. Patti tentou me segurar, dizendo: "Não faça nenhuma loucura, por favor". Àquela altura ela tinha conseguido rasgar minha camisa. E eu respondi: "Porra, ele está colocando a mim e à banda em risco". Eu sabia que se acontecesse alguma merda, aquilo poderia me custar alguns milhões de dólares e estragar tudo. Quando eu cheguei lá, ele abriu a porta, e eu simplesmente dei um soco na cara dele. "Seu filho da puta", e *bum*. Então ele caiu no sofá, e com o impulso do soco eu acabei caindo em cima dele; com isso, o sofá virou para trás e nós quase caímos da janela. Nós ficamos apavorados. Enquanto o sofá virava, nós dois ficamos olhando para a janela, pensando: "Nós podíamos cair por aquela janela!". Não me lembro muito bem o que aconteceu depois disso. Mas acho que fui bem claro.

Ronnie já passou diversas vezes por clínicas de recuperação. Numa das turnês há algum tempo, eu coloquei uma placa na porta do camarim dele que dizia "Clínicas de recuperação são para aqueles que desistem". Você pode interpretar a frase como quiser. Ela pode significar "continue frequentando essas espeluncas que não ajudam em nada, você estará apenas gastando seu dinheiro, e quando sair de lá continuará fazendo as mesmas merdas de sempre". Existem clínicas de recuperação para jogadores compulsivos, e Ronnie já se internou numa dessas. Ronnie usava suas estadas nas clínicas de recuperação principalmente como uma estratégia para fugir da pressão. Recentemente ele encontrou essa clínica sensacional — ele me conta essas histórias inacreditáveis. "Eu conheço essa clínica maravilhosa na Irlanda." "É mesmo? O que é que eles fazem lá?" "Ah, é uma maravilha. Eles não fazem nada. Assim que eu cheguei, perguntei 'Bem, qual é o regulamento?' 'Sr. Wood, não temos nenhum regulamento. A única regra é que não permitimos telefonemas nem visitantes.' 'Isso é perfeito! Você quer dizer que eu não preciso fazer nada?'" Pois é. Aliás, eles o deixavam passar três horas no pub todas as noites. E ele estava lá com pessoas que foram internadas como jogadores compulsivos, pessoas que, assim como Ronnie, na verdade estavam ali apenas para se esconder, para se livrar da rotina cotidiana.

Numa das vezes em que ele voltou de uma clínica dessas, eu pensei: "Ele está bem. Eu já o vi completamente doidão e já o vi sóbrio. Sinceramente, não há muita diferença. Mas acho que ele agora está um pouco mais focado". Basicamente eu acho que é isso. E essa é que era a coisa, quando você para pra analisar. Todo o dinheiro e energia que ele gastava para se livrar da droga, e não fazia nenhuma porra de diferença. O olhar dele ficava só um pouquinho mais focado. Em outras palavras, o negócio não era a droga, era outra coisa. "Cara, você não entenderia", ele dizia.

Já passei por muita coisa com Ronnie, e dá para ver isso. Numa rara ocasião, um ano depois da nossa briga, depois de ele ter largado o crack, eu disse a ele que precisava que se comportasse de um modo absolutamente perfeito, que não pisasse na bola nem um pouquinho. E ele se portou totalmente à altura. Eu havia pedido a ele que me acompanhasse numa viagem a Redlands, onde eu estaria revendo meu pai pela primeira vez depois de vinte anos.

Eu tinha medo de me encontrar com Bert. Para mim ele ainda era o sujeito que eu havia deixado vinte anos antes, quando era adolescente. Eu tinha escutado de alguns parentes que o haviam visto no decorrer dos anos que ele estava bem, que era dono de um pub local. Eu tinha medo de encontrá-lo por causa das coisas que eu tinha feito durante todo aquele tempo. Foi por isso que levei vinte anos para tomar coragem e ir vê-lo. Para o meu pai, eu era um depravado: as armas, as drogas, as prisões. Isso era vergonhoso, degradante para ele. Eu tinha humilhado Bert. Era isso que eu achava — que eu realmente o havia desapontado. As manchetes constantes nos diabos dos jornais — "Richards preso de novo" — tornavam ainda mais difícil a perspectiva de me aproximar dele. Eu achava que o melhor para ele seria ficar longe de mim.

Não existem muitos caras que me assustam hoje em dia. Mas quando eu era pequeno, desapontar o meu pai era algo devastador para mim. Eu tinha medo da reprovação dele. Escrevi antes sobre como o pensamento — a mera ideia de que eu poderia desapontá-lo — ainda era capaz de me levar às lágrimas depois de adulto, porque, quando eu era criança, a desaprovação dele me isolava totalmente, me fazia desaparecer. E aquilo tinha ficado congelado no tempo. Gary Schultz, que me contou o quanto lamentava não ter feito as pazes com o pai antes que este falecesse, foi quem me convenceu a ir vê-lo, embora eu já soubesse que deveria fazer isso.

Não foi difícil encontrá-lo por intermédio dos parentes. Ele havia morado num quarto atrás de um pub em Bexley todos aqueles anos, e aparentemente nunca precisou de nenhuma ajuda, ou pelo menos nunca me pediu nada. Eu escrevi uma carta para ele.

Eu me lembro de que estava sentado na cama no quarto do hotel onde estava hospedado em Washington DC em dezembro de 1981, perto do meu aniversário, quando mal pude acreditar que lia a resposta dele. Nós não podíamos nos encontrar até a turnê dos Stones na Europa em 1982, alguns meses mais tarde. E Redlands foi o lugar designado para o nosso encontro. Enquanto isso, eu escrevi uma carta.

Mal posso esperar para ver sua cara feia depois de todos esses anos!! Aposto que você ainda vai me fazer me borrar de medo. Com todo meu amor, seu filho Keith.

P.S. Eu também tenho um par de netos para lhe mostrar.

Até breve,

K

Eu havia trazido Ronnie comigo como uma espécie de escudo humorístico, um palhaço, um companheiro, porque achei que não conseguiria lidar com aquilo sozinho. Mandei um carro até Bexley para apanhar o meu pai. Gary Schultz também estava comigo em Redlands, e ele recorda que eu estava muito nervoso, contando os minutos — "Faltam duas horas para ele chegar; falta meia hora". Então ele chegou. E aquele velhinho saiu do carro. Nós olhamos um para o outro e ele disse "Oi, filho". Ele estava completamente diferente. Foi um choque revê-lo. As pernas dele eram arqueadas e ele mancava um pouco por causa de um ferimento de guerra. Foi como ver um velho malandro; ele parecia um pirata aposentado. O que vinte anos podem fazer! Ele tinha cabelos cor de prata cacheados, e uma combinação impressionante de costeletas e bigode. Ele sempre teve bigode.

Esse não era o meu pai. É claro que eu não esperava encontrar o mesmo homem que havia deixado, um sujeito forte e bem-apanhado de meia-idade. Mas essa era uma pessoa completamente diferente.

"Oi, filho." "Pai." São palavras que quebram o gelo, posso garantir. A certa altura Bert se afastou por um momento, e, segundo Gary Schultz, eu falei: "Aposto que você nunca tinha pensado que eu era o filho do Popeye". Então, quando ele chegou, eu disse: "Entre, papai". E depois que ele entrou, eu não queria mais me livrar dele. Ele ainda fuma cachimbo, usa St. Bruno Flake, o mesmo tabaco escuro de que me lembro quando eu era criança.

O mais estranho foi que meu pai se tornou um verdadeiro beberrão. Ele não era assim quando eu era criança. Talvez tomasse uma cerveja à noite, ou bebesse socialmente nos fins de semana. Agora ele era um dos maiores bebedores de rum que eu já conheci. Cheguei a comentar "Minha nossa, Bert!". Ainda existem banquetas comemorativas com o nome dele gravado em diversos pubs, principalmente em Bexley. A bebida preferida dele era o rum Navy encorpado.

Tudo que ele disse sobre aquelas manchetes a meu respeito foi: "Você tem sido um tanto perseguido, não?". Agora podíamos conversar como homens adultos. De repente eu tinha um novo amigo. Eu tinha um pai novamente. Eu já havia desistido disso; não imaginava que uma figura paterna ainda faria parte da minha vida. O entrosamento foi completo. Nós nos tornamos cúmplices, amigos, e descobrimos que gostávamos um do outro de verdade. Começamos a andar juntos, e decidimos que estava na hora de ele começar a viajar. Eu queria que ele visse o mundo de cima. Acho que talvez eu estivesse querendo me mostrar. Ele devorou a porra do globo inteiro! Não ficou embasbacado com o mundo; apenas o absorveu. Nós começamos a curtir tudo que não tivemos tempo de curtir antes. Bert Richard, um sujeito que nunca tinha sequer pegado um avião, que até então nunca tinha ido a lugar nenhum exceto Normandy, agora estava se tornando um turista mundial. O primeiro voo dele foi para Copenhague. Foi a única vez em que vi Bert com medo. Quando os motores do avião começaram a acelerar, ele apertou o cachimbo com tanta força que as juntas dos dedos dele ficaram brancas. Mas aos poucos ele foi criando coragem, e uma vez que estávamos no ar, relaxou. A primeira decolagem é apavorante para qualquer um.

Ele começou a bater papo com a comissária de bordo e foi ficando à vontade.

Logo depois disso, ele estava viajando com a banda numa turnê, e nós estávamos indo para Bristol, eu e meu amigo escritor James Fox no compartimento de passageiros, e meu guarda-costas Svi Horowitz, e Bert na frente. E Svi perguntou a ele: "Sr. Richards, o senhor gostaria de tomar um drink?". "Obrigado, Svi, acho que vou tomar uma cerveja *light ale*." Abaixei a partição e disse: "O que? Vai beber no *Shabat*, pai?", e aí caí na gargalhada por causa da ironia de tudo aquilo. Quando estávamos na Martinica, Brooke Shields ficou aos pés dele o tempo todo, eu praticamente não consegui participar da conversa. Ele ficou rodeado de ninfetas. "Onde está o meu pai?" Onde você acha? Ele estava no bar cercado de jovens beldades. O sujeito tinha energia. Eu me lembro de que uma vez ele passou a noite toda jogando dominó com cinco ou seis de nós, e enquanto estavam todos caindo pelas tabelas, ele continuava virando copos e mais copos de rum puro. Nunca ficava bêbado, sempre se mantinha firme. Ele era parecido comigo, e esse é que é o problema: você pode beber mais porque a bebida não o afeta tanto assim. É simplesmente algo que você faz, como acordar ou respirar.

Enquanto isso, Anita, que fugia temporariamente da mídia depois que o namorado dera um tiro na cabeça em sua casa, tinha se escondido com Marlon no Alray Hotel, na 68th Street, em Nova York. Larry Sessler, o filho de Freddie, estava lá cuidando dos dois. A vida de Marlon não girava em torno da escola — pelo menos não de uma escola convencional —, mas sim dos novos amigos de Anita, o mundo pós-punk cujo centro era o Mudd Club, uma espécie de antiStudio 54 que ficava na White Street, em Nova York. Anita frequentava o mundo de Brian Eno, dos Dead Boys e da boate Max Kansas City. É claro que nada tinha mudado na vida de Anita, e ela provavelmente se lembra dessa época como sua pior fase. Viver em Nova York naqueles dias era muito perigoso, não só por causa da AIDS. Foi uma sorte Anita ter sobrevivido. Tomar pico nos hotéis do Lower East Side não era brincadeira. O mesmo se pode dizer do quarto andar do Chelsea Hotel, especializado em pó de anjo e heroína.

Numa tentativa de promover certa estabilidade, aluguei a casa de Mick Taylor para eles, no vilarejo de Sands Point, em Long Island — a primeira de uma série de mansões mal-assombradas em que eles morariam durante aquele período. Eu ia visitar Marlon sempre que podia. Numa dessas visitas — era o aniversário de Anita em 1980 —, conheci Roy "Skipper" Martin, uma das muitas pessoas do Mudd Club que frequentavam a casa. Roy atuava em um show de comédia radical todas as noites no clube. Ele tinha preparado uma refeição completa: cordeiro assado, *Yorkshire pudding*, *crumble* de maçã e *custard*. Então eu perguntei se aquilo era *custard* de verdade, e ele disse que sim. "Não é, não, ele saiu de uma lata", eu disse. E ele gritou: "Fui eu que fiz a porra do *custard*! Eu usei leite e um pacotinho de pudim de baunilha". Então nós tivemos uma discussão e eu atirei um copo do outro lado da mesa, na direção dele.

Geralmente, em se tratando dos meus melhores amigos, aqueles amigos de verdade, a conexão inicial é instantânea; eu consigo identificá-los logo de cara — uma sensação de que podemos confiar um no outro. É como se fizéssemos um contrato solene. Roy se tornou um desses amigos a partir daquela noite. Para mim, uma vez que a conexão é feita, um dos maiores pecados que existem é abandonar um amigo desses. Porque isso quer dizer que você não entende o significado pleno de amizade, de camaradagem, que para mim é o que há de mais importante na vida. Falarei mais de Roy adiante, porque, além de ser um bom amigo, ele continua cuidando de tudo para mim na minha casa em Connecticut. É como se, desde aquele nosso primeiro encontro, ele tivesse se tornado o mordomo da família, na falta de um termo melhor.

Eu não teria chegado a lugar nenhum se não fosse pelos meus amigos: Bill Bolton, meu guarda-costas na estrada, troncudo como uma latrina de tijolos; Tony Russel, meu segurança de tantos anos; Pierre de Beauport, técnico de guitarras e conselheiro musical. O único problema com amigos assim é que nós vivemos pulando na frente um do outro, livrando a cara um do outro. Por mim, não. Eu levo a porrada sem problemas. Amigos de verdade. Esses são a coisa mais difícil de encontrar, mas você nunca deve procurar por eles — eles encontram você; simplesmente vão se chegando. Eu não vou a lugar nenhum a menos que possa contar com uma rede de suporte confiável. Jim Callaghan no passado e Joe Seabrook — ambos bateram as botas alguns anos antes de eu escrever este livro — eram exatamente isso. Bill Bolton é casado com a irmã de Joe, então, está tudo em família. Amigos com quem eu passei bons e maus pedaços são muito importantes para mim.

Não sei o porquê, mas todos os meus amigos já estiveram presos em algum momento. Eu só percebi isso quando vi o resumo de seus currículos. O que isso significa? Absolutamente nada, porque cada caso é um caso. Bobby Keys é o único que já foi preso várias vezes, como ele mesmo diz, por crimes que ele nem sabia que tinha cometido. Nós somos muito unidos, eu e meus vis companheiros. Tudo que queremos é que nos deixem em paz para fazermos o que quisermos. Nós amamos "As aventuras de Keith Richards". O final da história será penoso, não resta dúvida. Exatamente como nas aventuras de Just William.[2] Aos quinze anos de idade, Roy, por exemplo, fugiu de navio de Stepney, um bairro pobre no East End de Londres, o que explica muita coisa. Ele contrabandeava ouro nos anos 60. Um espírito livre. Comprava o ouro na Suíça e voava para o Extremo Oriente — Hong Kong, Bangcoc —, com quarenta quilos da muamba escondidos em jaquetas especiais e na cueca. Barras pesadas de ouro 999, feitas por Johnson Matthey. Um dia, Roy tentou sair do táxi depois de ter voado por 25 horas, mas não conseguiu levantar por causa do peso. Ele ficou de joelhos na porta do táxi e o porteiro do hotel teve que correr para ajudá-lo. Roy ficou preso por outras razões no famoso presídio Arthur Road, em Bombaim; o incidente foi descrito no livro *Shantaram*. Ele não chegou a ser enquadrado ou julgado, e acabou sendo solto graças a um detalhe técnico no código penal indiano. Ele queria ser ator, e

2 Uma série de livros de aventuras para garotos, de autoria de Richmal Crompton.

chegou a atuar em algumas peças de teatro alternativo, o que provavelmente o motivou a montar um número de comédia no Mudd Club. Roy é um dos caras mais engraçados que eu conheço. Algumas vezes ele saiu pela tangente com sua energia maníaca — a energia dele é *definitivamente* maníaca. "Ninguém mais tem coragem de fazer isso? Pois eu tenho." Uma vez, eu estava no meu quarto no Mayflower Hotel com um monte de gente depois de um show e de repente escuto uma batida na janela — isso no décimo sexto andar —, e lá estava Roy agarrado ao peitoril, batendo na janela, gritando "Socorro, socorro!". Havia carros de polícia na rua e pessoas gritando lá de baixo: "Ele vai pular! Ele vai pular!". "Isso não tem graça nenhuma, Roy. Traga esse seu rabo aqui para dentro". Ele estava apoiado numa saliência de tijolos hiperestreita, que mal dava para os dedões do pé. Existem sujeitos que não deveriam estar vivos.

Depois da turnê em 1981, consegui convencer Roy a cuidar de Marlon e Anita em tempo integral. Uma das tarefas dele era fazer com que Marlon frequentasse a escola. Bert foi morar com eles depois da turnê europeia de 1982. Que *ménage à trois*! Bert, Marlon e Roy morando na mansão dos Gatsby, enquanto Anita entrava e saía de casa quando bem entendia. Roy sempre achou que Anita fosse louca. E eu tenho que concordar com ele: ela era totalmente desvairada; ela simplesmente fazia qualquer porra que lhe viesse à cabeça. Os três pareciam uma tripulação de marujos encalhados numa série de mansões gigantescas e desertas. Uma mistura de Harold Pinter e Scott Fitzgerald. Roy era um marinheiro por natureza. Bert e Marlon não, mas eles estavam vagando num país estrangeiro, por assim dizer, embora Marlon estivesse tão acostumado a viver em países diferentes que não lhe importava onde estava no momento. Roy viveu com meu pai de 1982 até ele morrer. Eu coloquei os dois para morarem juntos enquanto estava na estrada. Eu os visitava uma vez ou outra, dava um alô de vez em quando. Então seria melhor que Marlon descrevesse as aventuras góticas que viveu durante aqueles anos perdidos no litoral de Long Island.

Marlon: O pior de tudo foi crescer em Nova York, porque no final dos anos 70 a cidade era apavorante. Eu nem cheguei a frequentar a escola em 1980. Nós vivíamos no Alray Hotel, no meio de Manhattan, o que não era tão ruim. Era como no filme *Eloise no Plaza*: nós íamos ao cinema, e Anita me levava para ver Andy Warhol e William Burroughs. Acho que ele morava no vestiário masculino do Chelsea Hotel, um lugar todo azulejado, cheio de camisinhas usadas penduradas num varal. Ele era um homem muito esquisito.

Depois disso, nós moramos na casa de onde Mick Taylor havia acabado de se mudar, no vilarejo de Sands Point, em Long Island, por aproximadamente seis meses. A primeira versão cinematográfica de *O grande Gatsby* foi filmada lá, na qual Sands Point é East Egg, com vastos gramados, um litoral imenso e uma piscina de água salgada, tudo muito decadente. Nós costumávamos ouvir uma banda de jazz dos anos 20 tocando no coreto, com o som de copos tilintando e pessoas rindo e comendo num jantar festivo, mas os ruídos se dissipavam conforme você ia se aproximando. Essa casa com certeza tinha alguma ligação com a máfia. Eu encontrei fotos dos anos 50 no sótão, com Sinatra, Dean Martin e todo o Rat Pack. Foi ali que Roy apareceu pela primeira vez, antes que viesse morar com a gente. Ele era esse inglês louco que Anita trouxe do Mudd Club, onde atuava num show de comédia em que bebia uma garrafa inteira de conhaque no palco enquanto contava piadas, tagarelava, recitava um poema de Shel Silverstein intitulado "The perfect high" — sobre um garoto chamado Gimmesome Roy —, e lentamente tirava a roupa. Tudo isso por duzentos dólares e uma garrafa de conhaque. Anita o trouxe até a mansão e inicialmente nós o colocamos no sótão, mas um dia ele destruiu tudo num arroubo etílico. Ele era assustador. Nós acabamos tendo que expulsá-lo da casa. Ele bebia uma garrafa de conhaque de manhã e ficava cantando, então nós resolvemos colocá-lo na casa do cachorro, que basicamente era um barracão. Ele tinha uma grande afinidade com o labrador na época e passava horas cantando com o cachorro. A primavera naquele ano foi amena, então não foi tão ruim assim.

Anita também abrigou outros artistas alternativos. O escritor e poeta *beatnik* Mason Hoffenberg se hospedou conosco algumas vezes. Ele parecia um gnomozinho judeu de barbicha, e costumava ficar sentado no jardim, nu, cuspindo nas pessoas que passavam de carro. Ele estava atravessando uma fase naturista, o que assustava um pouco os moradores de Long Island. Nós o apelidamos de gnomo do jardim. Ele passou um bom tempo conosco naquele verão.

No final de 1981, logo depois de ter acompanhado Keith numa turnê, Roy veio morar com a gente; ele se tornou uma espécie de guarda-costas oficial da família quando nos mudamos para Old Westbury, outra mansão imensa onde moramos de 1981 até 1985. A casa era um lugar descomunal e semiabandonado onde morávamos apenas nós quatro, sem móveis nem calefação, mas com um lindo salão de festas onde eu costumava andar de patins, com murais dos anos 20 pintados nas paredes, àquela altura totalmente descascados. Aliás, quando nos mudamos dali, o prédio inteiro, com suas duas escadarias principais e suas duas alas, parecia a casa da sra. Havisham, de *Great expectations*.

O único móvel que tínhamos era um grande piano Bösendorfer branco onde Roy costumava tocar e ensaiar um número em que imitava Liberace. Eu tinha minha bateria do outro lado do salão, então nós ficávamos tocando juntos. Nós tínhamos uma boa aparelhagem de som e todos os discos de Keith, então colocávamos um disco na vitrola e ficávamos acompanhando; depois Roy preparava um jantar enlatado. "De que lata você quer comer hoje? Spam ou...?" Eu me tornei vegetariano depois disso. "Não, eu não quero mais Spam, Roy, muito obrigado."

Anita levava uma vida extremamente autodestrutiva naquela época. Estava vivendo um momento muito obscuro. Ela ia a Nova York e, quando voltava, enchia a cara para se acalmar após ter injetado fosse lá o que fosse e depois tinha acessos violentos de furor alcoólico. Apesar disso, tenho de admitir que ela trazia pessoas interessantes para casa — Basquiat, Robert Fraser e alguns amigos punks, como os caras do Dead Boys e do New York Dolls. Era tudo muito louco. Acho que Anita nunca recebeu o devido crédito por sua contribuição para o movimento punk. Muitos daqueles artistas, pelo menos os de Nova York, passavam os fins de semana lá em casa. Ela voltava do Mudd Club ou do CBGBS com o carro cheio de malucos de cabelo rosa. Eles até que eram pessoas legais, que na verdade não passavam de jovens judeus antissociais.

De vez em quando Roy levava uma pilha de recibos até o escritório em Nova York e voltava com grandes envelopes cheios de notas de cem dólares, nossa cota monetária do mês. Era hilário. Quando eu recebia a minha mesada, o que é que eu fazia com essa nota de cem dólares novinha? Eu saía para comprar gibis e ficava desfilando na rua com o dinheiro na mão.

Os moradores de Long Island se acostumaram com a gente. Roy só andava a 140 quilômetros por hora, berrando. E ele dirigia aqueles Lincoln Continentals enormes, umas banheiras que costumávamos alugar. A cada dois meses, Roy se enchia do carro e trocava por outro. De vez em quando ele tirava dois dias de folga e dizia: "Vou sair por dois dias, não me perturbem". Ele se embebedava e voltava cheio de hematomas e todo cortado. Numa dessas saídas espetaculares, Roy teve uma discussão com alguém num bar de Long Island. Ele saiu do bar, e dez minutos depois entrou com o carro pelas janelas do bar, depois de ter batido em três outros veículos e várias motocicletas na rua. Saiu do carro e entrou no bar que tinha acabado de destruir para usar o telefone. No dia seguinte, quando descobrimos que ele havia sido preso, pagamos a fiança e o tiramos da cadeia. Mas Bert era muito paciente com tudo aquilo. "Ah, o Roy está tendo problemas de novo?" Para sorte de Roy, a força policial do vilarejo era privada; então, toda vez que ele batia com o carro, os policiais lhe davam uma carona até em casa. À noite, Bert costumava frequentar um bar dos Hells Angels próximo à estação de trem em Westbury. Ele ficava ali sentado com os Hells Angels, aqueles caras de boné e jaqueta de couro, por horas a fio. Roy ia com ele e divertia todo mundo, cantando *iodeleis* e berrando.

Bert, por outro lado, vivia uma vida muito metódica. Ele acordava, ia nadar, depois voltava e preparava seu próprio café da manhã. As refeições dele eram muito regradas, ele nunca comia a comida de Roy. Ele sempre bebia um copo do vinho licoroso Harveys Bristol Cream às sete da noite. Porque a *Roda da fortuna* começava às 19h30. Ele sempre assistia à *Roda da fortuna*. Ele gostava da Vanna White e costumava torcer para ela, xingando as pessoas que eram grossas com ela. Ele jantava às oito horas e assistia à televisão até a meia-noite, bebendo cerveja Bass e rum Navy encorpado.

Graças a Deus as casas eram grandes, então às vezes eu simplesmente desaparecia para não precisar ver ninguém. Cada pessoa podia ficar com uma ala inteira da casa, e várias semanas se passavam sem que eu soubesse que diabos os outros estavam fazendo. As pessoas me perguntam: "Você se lembra quando Jean-Michel Basquiat se hospedou com vocês por uma semana?". E eu respondia: "Não! Talvez eu estivesse na ala leste". De vez em quando, nós mudávamos de quarto para que as coisas ficassem mais interessantes. Eu podia ficar duas semanas sem ver o Roy porque não sabia em que quarto ele estava dormindo.

O senhorio não fazia nenhuma obra de manutenção, então a casa foi ficando cada vez pior. Quando o meu quarto ficava muito decrépito, eu me mudava para outro — por sorte tínhamos uns quinze quartos —, até que certo dia eu me mudei para o sótão. Era o único lugar disponível! Um sótão enorme, do tamanho de uma catedral, onde eu tinha minha cama, uma TV e uma escrivaninha. A porta ficava sempre trancada; eu nunca deixava ninguém entrar lá. Então um dia chegamos à conclusão de que não podíamos mais ficar naquela casa; ela estava caindo. Ou nós a tínhamos destruído. Foi quando nos mudamos para a nossa última mansão no vilarejo de Mill Neck, no litoral de Oyster Bay.

Por volta de 1983, Anita voltou para a Inglaterra por causa de problemas com a imigração americana e ficou por lá, vindo me visitar apenas ocasionalmente. Ela praticamente não chegou a morar nessa casa gigantesca com doze ou treze quartos, um lugar muito frio no inverno. Nós tínhamos uma lareira em uma das salas. Os quartos de Roy e de Bert tinham calefação, e nós às vezes nos encontrávamos na cozinha. Para andar no corredor, você precisava colocar um sobretudo. Havia um elevador que subia para os quartos. Um dia o elevador quebrou e ninguém saiu do quarto por duas semanas. Nós descobrimos que a porta da frente tinha ficado aberta e que o piso do andar térreo estava todo congelado, com pingentes de gelo pendurados nos candelabros. Parecia Nárnia. Ou Gormenghast. Eu encontrei nossos sapos africanos de estimação congelados no tanque, muitos anos antes de Damien Hirst.

Por volta dessa época eu perguntei a Keith se poderia ter aulas de guitarra. "Nenhum filho meu vai ser guitarrista", ele disse. "Eu quero que você seja um advogado ou contador quando crescer." Era uma piada, é claro, mas ele foi bastante seco, e eu fiquei traumatizado.

A coisa mais incrível é que eu estava na escola, uma escola elegante em Locust Valley. Roy me levava e buscava de carro. Intermitentemente, digamos assim. Minha frequência não era lá grandes coisas. O fato de eu precisar ser tão autossuficiente na verdade não me incomodava. Eu até preferia que não houvesse ninguém por perto, já que achava exaustivo conviver com Anita e Keith. Eu queria apenas frequentar a escola da melhor maneira possível, fazer o que tinha de fazer e levar uma vida razoavelmente normal, e eu achava que era muito mais fácil fazer isso sozinho. Ou no máximo com Roy. Provavelmente fui expulso da escola em Locust Valley por faltar demais e não fazer os deveres de casa, então desisti de estudar. Alguns parentes aconselharam Keith, dizendo que eu era um delinquente e que ele devia me mandar para uma escola militar. Um deles tentou convencer Keith a me mandar para West Point. Na verdade eu não teria me importado. Mas Keith me perguntou: "Bem, o que você quer fazer? Você quer desistir de vez de estudar?". E eu respondi: "Não, eu quero continuar meus estudos; eu quero ir para a Inglaterra, porque não vou conseguir fazer isso nos Esatdos Unidos". Fui para a Inglaterra em 1988, e me mudei para um apartamento na Tite Street, em Chelsea, em frente à casa de Anita. E antes que eu me esqueça, naquele ano passei com A em quatro matérias.

Para Marlon e eu, a grande virada aconteceu quando ele decidiu voltar para a Inglaterra. Ele me disse: "Aqui, a única coisa que vou conseguir é crescer no meio daquelas mesmas loucuras de Long Island". E foi aí que eu tive de tirar o chapéu para Marlon. Ele poderia ter escolhido viver como um delinquente em Long Island, mas graças a Deus ele é mais inteligente que isso: decidiu se mandar de lá e conseguiu superar tudo. Talvez Bert tenha sido um dos primeiros sustentáculos na vida dele. Talvez ele tenha sido uma força equilibradora. A prova está aí. É claro que as coisas poderiam ter sido feitas de um jeito bem melhor, mas estávamos sempre correndo. E Marlon teve uma criação singular. Nada normal. É provavelmente por isso que ele cria os próprios filhos num ambiente mais estável. Ele fica de olho neles o tempo todo. Porque ele nunca teve isso. Hoje Marlon entende o momento que estávamos vivendo. As circunstâncias foram muito duras para ele. Era difícil ser um dos Rolling Stones e cuidar dos filhos ao mesmo tempo.

Quanto a Anita, ela também sobreviveu. Hoje é uma boa avó para os três filhos de Marlon. Vive envolvida no mundo da moda, no qual é respeitada como uma espécie de ícone; as pessoas a veem como uma fonte de inspiração. E ultimamente ela tem desenvolvido seu dedo verde. Eu sei um pouco sobre jardinagem, mas acho que ela sabe muito mais que eu. Ela cuidou das minhas árvores em Redlands. Cortou uma hera que estava sufocando diversas árvores. Eu dei um machete a ela. As árvores agora estão florindo novamente; a hera não existe mais. Ela sabe o que fazer. Ela cultiva um loteamento em algum lugar de Londres, aonde vai de bicicleta.

Em dezembro de 1983, Patti e eu já estávamos juntos havia quatro anos. Eu a amava, e no fundo queria oficializar o nosso relacionamento. Eu ia fazer quarenta anos. O que poderia ser mais apropriado? Nós estávamos filmando videoclipes na Cidade do México para o álbum *Undercover of the night*, com Julien Temple, que filmava muitos dos nossos vídeos na época. Gravamos três ou quatro clipes no México enquanto estávamos lá. No final eu decidi: "Bom, foda-se, tenho de tirar umas férias". E fui para Cabo San Lucas, que na época era uma cidade pequena com apenas dois hotéis na praia, um dos quais era o Twin Dolphin.

Eu e meus amigos espalhados pelo globo realizamos "conferências" — reuniões de grupo em que ficamos sentados ao redor de uma grande mesa. Somos como os bispos, prontos para serem convocados para uma conferência episcopal a qualquer momento. Nos Estados Unidos temos a Conferência do Leste e a do Oeste, que são bastante tranquilas, mas a Conferência do Sudoeste, quase sempre realizada no Novo México, era uma loucura. Os membros dessa conferência eram: Red Dog; o falecido Gary Ashley; e Dicky Johnson, vulgo Stroker. O grupo se chama Conferência do Sudoeste porque você jamais veria esses sujeitos a leste do Mississípi. São pessoas inteiramente confiáveis, todos eles totalmente malucos. Não toleram nenhuma influência da sanidade, que Deus os abençoe. Eu havia saído com aqueles caras diversas vezes. Uma semana depois que cheguei a Cabo San Lucas, encontrei Gregorio Azar, que tinha uma casa lá. O pai dele é o dono da Azar, a maior companhia de nozes do sudoeste americano. Ele tinha ouvido dizer que eu estava hospedado no Twin Dolphin, um dos únicos hotéis da região. Eu não o conhecia na época, mas ele alegou ser amigo de todos os integrantes da Conferência do Sudoeste, mencionando nome por nome. "Você é amigo de Gary Ashley e Red Dog? Legal! Vamos conversar." Então começamos a andar juntos, e por fim ele foi admitido como membro da conferência.

Pedi a mão de Patti em casamento no telhado da casa de Gregorio, em Cabo San Lucas. "Vamos nos casar no dia do meu aniversário." E ela perguntou: "Está falando sério?". Patti montou nas minhas costas. Eu não senti nada, mas escutei o barulho de algo estalando e, quando olhei para baixo, vi dois belos riozinhos de sangue jorrando de um dos dedos do meu pé. Cinco segundos depois de eu responder "Sim, estou falando sério", ela quebrou o dedo do meu pé. Da próxima será o meu coração, certo? Meia hora depois, o dedo começou a latejar e eu tive que usar uma muleta por duas semanas. Alguns dias antes do nosso casamento, me vi correndo pelo deserto mexicano com uma muleta, vestindo apenas um casaco preto. Patti e eu tínhamos tido um atrito pré-nupcial. Não sei qual foi o motivo da briga, mas aqui estava eu, mancando entre os cactos, correndo atrás dela no deserto. "Volte aqui, sua vadia!" Como Long John Silver.

Um dia antes do casamento, Gregorio me diz: "Você ouviu falar dessa garota alemã que tem um grande ônibus Mercedes e uma *tepee*?[3] Eu gelei. "Uma garota alemã? Um grande ônibus Mercedes? Uma *tepee*? Você está brincando!" O ônibus dela estava estacionado numa praia em Cabo San Lucas. Eu tinha lido em várias revistas que Uschi Obermaier vinha fazendo a rota hippie nos últimos anos, viajando pelo Afeganistão, pela Turquia e pela Índia num ônibus enorme forrado de pele de animais e com uma sauna dentro. Ela estava viajando com seu marido Dieter Bockhorn. Tive certeza de que ela estava em Cabo San Lucas quando abri a porta do meu quarto no Twin Dolphin, que fica de frente para o mar, e vi um vasinho de flores do lado de fora. Era a coincidência mais estranha do mundo — que nós nos conhecêssemos na noite do meu casamento numa região remota do México, o mais longe possível do Afeganistão ou da Alemanha ou de qualquer outro lugar por onde Uschi tivesse passado. O que ela estaria fazendo ali? Uschi e Dieter vieram nos visitar, e eu disse a ela

3 Tenda cônica dos índios norte-americanos. (N. T.)

que ia me casar e que estava perdidamente apaixonado por Patti. Falamos sobre os acontecimentos dos últimos anos, os rumores de que ela havia morrido — e dos fatos reais, ou seja, das viagens que ela fizera em seu ônibus pelo mundo, pela Índia, Turquia e Deus sabe onde. Algumas noites depois, no Ano-Novo, Dieter morreu num acidente de motocicleta. A cabeça dele foi cortada com capacete e tudo, indo parar num dos lados da estrada, enquanto o corpo caiu da ponte. Fui visitar Uschi. Havia um grande cachorro preto latindo na porta. "Quem é?" E eu respondi: "É o inglês". Ela abriu a porta. "Eu soube do que aconteceu. Posso fazer alguma coisa para ajudar?" Ela disse: "Obrigada, mas meus amigos já estão cuidando de tudo". Deixei Uschi nessas circunstâncias bizarras e trágicas; nossos encontros inesperados foram marcados por choque e dor, o primeiro da minha parte e o segundo da dela.

Doris e Bert vieram ao nosso casamento. Eles estavam se vendo pela primeira vez em vinte anos, e Angela os trancou num quarto, forçando-os a conversar um com o outro. Marlon também veio; Mick foi o padrinho. Patti e eu estávamos juntos havia quatro anos: quatro anos de testes na estrada, e eu tinha gasto esperma suficiente para fertilizar o mundo inteiro, mas nada de bebê. Não que eu tivesse essa expectativa com Patti. "Eu não posso ter filhos", ela disse. "É, acho que não! Mas não é por essa razão que eu vou casar com você." Então eu coloco aquele anelzinho de cortina no dedo dela, e seis meses depois, adivinhe: "Estou grávida". Então a masmorra que estávamos planejando, não, esse agora será o quarto do bebê. Está bem. Pinte o quarto de rosa, tire as correntes e os espelhos das paredes. Eu achava que àquela altura já tinha cumprido meu papel de pai com Marlon e Angela. Eles estão crescendo direitinho, nós conseguimos. Chega de fraldas. Mas, não! Lá vem mais uma. O nome dela é Theodora. E um ano depois, outra, Alexandra. *Little T&A*. E elas ainda nem faziam meus olhos brilharem quando eu escrevi aquela música.

Jane Rose

Capítulo Doze

Negociações secretas e traiçoeiras de carreiras solo. Começa a Terceira Guerra Mundial entre os Glimmer Twins. Eu me alio a Steve Jordan e faço um filme difícil com Chuck Berry, depois me libero e formo os X-Pensive Winos. Reencontro com Mick em Barbados; Voodoo, o gato resgatado (o oposto) e seu terraço; o renascimento dos Stones e o começo das megaturnês com *Steel wheels. Bridges to Babylon* e quatro músicas com uma narrativa paralela.

No começo dos anos 80, Mick começou a ficar insuportável. Foi quando ele se tornou Brenda, ou Sua Majestade, ou simplesmente Madame. Estávamos em Paris, novamente nos estúdios Pathé Marconi, em novembro e dezembro de 1982, trabalhando nas músicas do álbum *Undercover*. Fui até a WHSmith, uma livraria inglesa na Rue de Rivoli. Esqueci o título do livro, mas ali estava ele, um romance espalhafatoso escrito por Brenda Jagger. Ah, te peguei! De agora em diante, sabendo ou não, gostando ou não, você vai ser a Brenda. E ele com certeza não gostou nem um pouco. Mick levou séculos para descobrir. Nós ficávamos falando da "Brenda, aquela jararaca", e ele bem ali na sala, sem fazer a mínima ideia de que estávamos falando dele. Mas isso gera algo terrível, e é bem parecido com o modo como Mick e eu tratávamos Brian. Uma vez que você libera esse ácido, ele começa a corroer tudo.

Aquela situação era o ápice de uma série de coisas que vinham acontecendo há vários anos. O maior problema era que Mick tinha adquirido um desejo absoluto de controlar tudo. Na cabeça dele, havia Mick Jagger e *os outros*. Essa era a atitude que nós víamos nele. Por mais que ele tentasse, não conseguia parar de se esforçar para parecer o *numero uno*, pelo menos aos próprios olhos. Havia o mundo de Mick, que era um mundo de socialites, e o nosso mundo. Isso não funciona nada bem quando se está tentando manter uma banda unida, ou seus componentes felizes. Ó, céus! Depois de todos esses anos, o sucesso tinha lhe subido à cabeça! Ele ficou tão cheio de si que não via mais nada. Os integrantes da banda tinham praticamente se tornado empregados, inclusive eu. Essa sempre foi a atitude dele com todo mundo, mas nunca com a banda. Quando a coisa chegou até nós, foi preciso dar um basta.

Um ego inflado é sempre algo difícil de se lidar numa banda, principalmente uma banda que está junta há muito tempo, que é bastante unida e que realmente tem como respaldo uma conduta íntegra, ainda que um tanto bizarra, pelo menos entre os integrantes. A banda é uma equipe. De certo modo, é algo bem democrático. As coisas têm que ser decididas por todo mundo — não tem esse negócio de alguém querer falar mais alto. Qualquer um que tente se elevar acima dos outros está se colocando numa posição perigosa. Charlie e eu revirávamos os olhos, como quem diz: "Você consegue acreditar numa coisa dessas?". E por algum tempo fomos aguentando, enquanto Mick tentava dominar tudo. Quando você para para pensar, nós já estávamos juntos havia uns vinte e cinco anos quando a merda voou no ventilador. A opinião geral é de que mais cedo ou mais tarde isso tinha de acontecer. É algo que acontece mais dia, menos dia com todas as bandas, e havia chegado a hora do teste. Será que nós conseguiríamos segurar essa?

Deve ter sido difícil para todos que trabalharam com a gente no álbum *Undercover*. Era uma atmosfera hostil, de desarmonia. Nós mal nos comunicávamos, e quando falávamos alguma coisa, era para implicar, para alfinetar um ao outro. O Mick atacava o Ronnie e eu o defendia. Para terminar de gravar o álbum no Pathé Marconi em Paris, nós organizamos nossos horários de modo que Mick trabalhava de meio-dia às cinco da tarde, e eu de meia-noite às cinco da manhã. Mas aquilo era apenas um conflito preliminar, um período relativamente calmo num tempo de guerra. De algum jeito, o trabalho em si não foi tão prejudicado; o álbum acabou sendo muito bom.

Bem, Mick tem ideias megalômanas. Todo vocalista tem. É uma doença conhecida chamada LVS, *Lead Vocalist Syndrome* (Síndrome do Vocalista). Nós tínhamos visto alguns sintomas antes, mas a coisa agora havia deflagrado. De repente o telão do estádio em Tempe, no Arizona, onde os Stones estavam gravando *Let's spend the night together*, um concerto ao vivo filmado por Hal Ashby, anuncia: "Mick Jagger e os Rolling Stones". Desde quando? Mick controlava todos os detalhes, e aquilo não tinha sido um descuido da produção. Mais tarde aquelas tomadas foram editadas.

Combine um caso de LVS congênito com um bombardeio incessante de elogios em todos os momentos do dia por anos e anos, e não será difícil imaginar o resultado. Mesmo que você não seja facilmente influenciado por elogios, ou que seja antielogios, chega uma hora que a coisa sobe à cabeça e acaba afetando você de um jeito ou de outro. E ainda que não acredite totalmente naquilo que as pessoas estão dizendo a seu respeito, você acaba pensando: "Bem, se todo mundo acredita, por que eu não vou acreditar também?". Você se esquece que isso é uma coisa que simplesmente faz parte do trabalho. É incrível que mesmo pessoas sensatas como Mick Jagger possam se deixar levar por isso. Que possam realmente acreditar que são especiais. Desde os meus dezenove anos tenho que lidar com pessoas me dizendo "Você é fantástico", quando na verdade eu sei que não sou. Esse tipo de coisa é queda certa. Consigo ver por que outras pessoas acabam sendo sugadas tão facilmente, mas eu particularmente me tornei um puritano a esse respeito. Jamais entrarei por esse caminho. Prefiro me desfigurar. O que, aliás, eu já fiz, deixando alguns dentes caírem. Eu me recuso a jogar esse jogo. Meu negócio não é *show business*. Eu simplesmente quero tocar minha música, porque sei que é algo que vale a pena escutar.

Mick tinha se tornado inseguro, ele estava começando a duvidar do próprio talento — ironicamente, isso parecia ser a raiz daquele autoengrandecimento. Nos anos 60, Mick era incrivelmente carismático e engraçado. Era espontâneo. Era impressionante como conseguia tirar vantagem daqueles espaços pequenos como cantor e dançarino; era fascinante vê-lo e trabalhar com ele — o jeito como girava e se movia. Não era nada planejado. Ele não precisava fazer muita coisa: sua performance era naturalmente empolgante. Ele ainda é bom, embora para mim aquela espontaneidade tenha se dissipado um pouco nos grandes palcos. O que o público quer ver hoje em dia é um espetáculo todo produzido. Mas isso não é necessariamente o que o Mick faz de melhor.

No entanto, em algum momento ele se tornou artificial. Esqueceu-se de como ele era bom naqueles espaços pequenos. Perdeu o seu ritmo natural. Eu sei que ele discorda de mim nisso. E o que alguma outra pessoa estava fazendo era muito mais interessante do que o que ele mesmo estava fazendo. Ele começou a agir como se quisesse ser outra pessoa. Mick é um sujeito muito competitivo, e se tornou competitivo em relação a outras bandas. Ele via o que David Bowie estava fazendo e queria fazer a mesma coisa. Bowie era uma senhora atração na época. Alguém estava competindo com Mick em termos de roupas e acessórios bizarros. Mas a verdade é que Mick era dez vezes melhor que Bowie quando vestia apenas jeans e camiseta e cantava "I'm a man". Por que querer ser qualquer outra coisa quando você é Mick Jagger? Será que ser o maior artista do *show business* não é o suficiente? Ele se esqueceu de que foi ele quem criou um novo estilo, quem esteve na vanguarda musical durante tantos anos. É extremamente intrigante. Eu não consigo entender. É quase como se Mick estivesse aspirando a ser Mick Jagger, correndo atrás do próprio fantasma. E ainda por cima chamando consultores para ajudá-lo. Ninguém nunca o tinha ensinado a dançar, até que ele começou a tomar aulas de dança. Charlie, Ronnie e eu sempre rimos quando vemos Mick lá em cima fazendo um movimento que sabemos que ele aprendeu de algum instrutor de dança, em vez de simplesmente ser ele mesmo. Nós conseguimos detectar o minuto exato em que ele se torna artificial. Porra, Charlie e eu estamos assistindo àquele rabo há mais de quarenta anos; nós sabemos exatamente quando é o rabo dele mesmo e quando é a máquina de fazer dinheiro que está balançando e fazendo o que alguém mandou. Mick também tomou aulas de canto, mas isso tem lá sua utilidade no sentido de preservar a voz.

Quando voltamos a trabalhar juntos depois de alguns meses separados, percebi que o gosto musical de Mick também tinha mudado drasticamente. Ele queria me mostrar o último sucesso que tinha ouvido numa discoteca. Mas isso já foi feito antes, meu chapa. Na época em que estávamos trabalhando no álbum *Undercover*, em 1983, ele queria superar todo mundo que fazia música disco. Para mim aquilo soava como uma reformulação de alguma coisa que ele tinha ouvido numa danceteria. Cinco anos antes, em *Some girls*, nós já tínhamos feito "Miss you", uma das melhores músicas disco de todos os tempos. Mas Mick queria seguir a moda musical. Eu tinha diversas discussões com ele porque ele estava tentando prever o que o público queria. "É isso que eles estão querendo ouvir este ano." "É? E no ano que vem?" Você passa a ser apenas mais uma banda. Além disso, nós nunca trabalhamos dessa forma. Vamos simplesmente continuar fazendo as coisas do jeito que sempre fizemos, ou seja: nós gostamos dessa música? Ela passa no nosso crivo? Afinal, Mick e eu escrevemos nossa primeira música numa cozinha. Nosso mundo não precisa ser muito maior do que isso. Se tivéssemos ficado pensando sobre como o público ia reagir, não teríamos gravado disco nenhum. Eu entendia o problema de Mick, porque vocalistas sempre acabam caindo na cilada da competição; o que é que o Rod está fazendo? E o Elton? E o David Bowie, o que será que ele está fazendo?

Isso involuntariamente gerou nele uma atitude de esponja com relação à música. Ele escutava algo numa danceteria e na semana seguinte pensava que era o autor daquilo. E eu dizia: "Não, isso na verdade é um plágio descarado". Eu tinha de ficar policiando Mick quanto a isso. Algumas vezes mostrava a ele alguma música que tinha bolado, uma ideia que eu tinha tido... Ele dizia "legal", e a gente ficava brincando com aquilo por um tempinho e depois largava pra lá. Uma semana mais tarde ele voltava dizendo: "Olhe só, eu escrevi isso". E eu sei que ele não faz isso de propósito, porque ele não seria tão burro. Os créditos autorais em "Anybody seen my baby?" incluem K. D. Lang e um coautor. Minha filha Angela e uma amiga estavam em Redlands quando eu estava escutando a master e elas começaram a cantar uma música totalmente diferente por cima. Elas pensaram que estavam ouvindo "Constant craving" de K. D. Lang. Foram Angela e a amiga dela que nos pegaram. E o disco estava para ser lançado em uma semana. Ah, merda, ele plagiou mais uma. Eu acho que ele nunca fez isso deliberadamente; ele simplesmente é uma esponja. Tive que ligar para Rupert e um bando de advogados da pesada e mandá-los verificar aquilo imediatamente, senão nós seríamos processados. E não deu outra, em vinte e quatro horas, recebi um telefonema: "É isso mesmo". Então tivemos que incluir K. D. Lang nos créditos autorais.

Em outros tempos eu adorava estar com Mick, mas deve fazer uns vinte anos que eu não vou ao camarim dele. Às vezes, sinto falta do meu amigo. Para onde diabos ele foi? Posso garantir com absoluta certeza que se a merda voar no ventilador ele estará lá para me ajudar, assim como eu a ele, porque isso é algo que está acima de qualquer disputa. Acho que, com o passar dos anos, Mick foi se isolando cada vez mais. De certo modo eu posso entender isso. Eu me esforço ao máximo para não me isolar, mas mesmo assim, às vezes é preciso se proteger do que está acontecendo. Nos últimos anos, sempre que assisto a uma entrevista do Mick, por trás de suas respostas posso detectá-lo dizendo: "O que vocês querem de mim?". É o charme defensivo dele entrando em ação. É óbvio que eles sempre estão em busca de respostas para algumas perguntas. Mas o que você tem tanto medo de revelar? Ou seria apenas uma aversão ao ato de entregar algo gratuitamente? Imagine como deve ter sido difícil para ele naquela época, no seu apogeu, quando o mundo inteiro queria algo dele. Mas a maneira que ele encontrou para lidar com isso foi que aos poucos começou a tratar todo mundo desse jeito defensivo. Não somente estranhos, mas seus melhores amigos. Até que a coisa chegou a um ponto em que eu dizia algo a ele, e sabia pelo jeito de ele me olhar que ele estava pensando: "O que Keith está tentando ganhar com isso?". E eu não estava tentando ganhar nada! Você acaba construindo uma fortaleza mental. Você ergueu as muralhas, mas será que agora consegue sair?

Não sei dizer exatamente onde e quando tudo isso aconteceu. Antigamente ele era um cara muito mais afetuoso. Mas há muitos anos que ele não é assim. Ele basicamente colocou a si mesmo na geladeira. No início, a atitude dele era "O que as outras pessoas querem de mim?", mas com o tempo ele foi fechando o círculo, até que acabei ficando do lado de fora também.

Para mim isso é muito doloroso, porque ele ainda é meu amigo. Meu Deus, ele me causou um bocado de sofrimento na vida. Mas é um dos meus companheiros, e eu considero um fracasso pessoal o fato de não ter conseguido abrir seus olhos para a alegria que é desfrutar de uma verdadeira amizade, nem ter trazido seus pés de volta para o chão.

Nós já passamos por tantos períodos diferentes juntos... Eu amo o cara de verdade. Mas há muito tempo que nós perdemos aquela intimidade. Acho que o que sentimos agora é um respeito mútuo, um respeito enraizado numa amizade profunda. Você conhece Mick Jagger? Sim, qual deles? Ele é um mosaico interessante de pessoas. E é ele quem decide qual delas você vai conhecer. A cada dia ele resolve se vai ficar distante, agir de modo petulante ou bancar o "amiguinho", o que nunca pega muito bem.

Acho que nos últimos anos ele vem percebendo que tem se isolado. Ele às vezes até conversa com o pessoal da equipe! Alguns anos atrás, ele não sabia o nome de nenhum deles, nem fazia questão de saber. Quando entrávamos num avião durante alguma turnê, o pessoal da equipe dizia "Oi, Mick, tudo bem?", e ele simplesmente passava direto. Ele fazia isso com Ronnie, Charlie e comigo também. Ele criou fama por isso. Entretanto essas eram as pessoas que, se quisessem, faziam o seu som e o seu visual ficarem maravilhosos ou uma bosta.

Nesse sentido ele dificultava bastante as coisas, mas quando Mick não estava causando problemas, nós achávamos que estava doente.

Justamente quando ele estava se tornando insuportável, recebemos uma bomba durante uma de nossas reuniões. Em 1983, nosso relacionamento já estava ficando preocupante. Tínhamos assinado um contrato de gravação de mais de 20 milhões de dólares com a CBS e seu presidente Walter Yetnikoff. O que eu só fiquei sabendo muito depois foi que, por trás daquela negociação, Mick tinha fechado seu próprio contrato milionário com a CBS para a gravação de três álbuns solo, isso sem dizer nada ao restante da banda.

Não importa quem você seja, ninguém tem o direito de pegar carona numa negociação dos Rolling Stones. Mick achou que podia fazer isso. Ele demonstrou uma total falta de consideração com a banda. E eu preferia ter ficado sabendo de tudo antes. Fiquei furioso. Nós não montamos uma banda para depois esfaquearmos uns aos outros pelas costas.

Eventualmente ficou claro que isso já vinha sendo planejado há muito tempo. Mick era a grande estrela, e Yetnikoff e os outros apoiavam totalmente a ideia de ele lançar uma carreira solo — isso fez com que Mick se sentisse lisonjeado, e o encorajou a assumir o controle de tudo. Aliás, mais tarde Yetnikoff admitiu que o pessoal da CBS achava que Mick podia se tornar um sucesso tão grande como Michael Jackson, por isso estavam promovendo a carreira solo dele, e Mick estava adorando isso. Assim, o verdadeiro propósito do contrato com os Rolling Stones foi que o Mick aproveitasse a onda para promover sua carreira solo.

Achei isso realmente uma burrice. Ele não percebia que, ao embarcar num trabalho totalmente diferente, estaria quebrando certa imagem na cabeça do público, uma imagem muito frágil. Mick tinha uma posição única como vocalista dos Stones, e deveria ter entendido melhor o que isso significava. Acho que qualquer vocalista pode ficar convencido de vez em quando e começar a pensar: "Eu posso fazer isso com qualquer banda". Mas ele obviamente provou que isso não é verdade. Eu posso entender quando alguém tem um arroubo de independência. Eu mesmo gosto de tocar com outras pessoas e fazer outros tipos de trabalho, mas, no seu caso, ele queria apenas ser Mick Jagger sem os Rolling Stones.

E a coisa foi feita de um jeito tão deselegante... Eu poderia ter entendido uma atitude dessas se os Stones estivessem em decadência; teria sido como um rato tentando escapar de um navio prestes a afundar. Mas o fato é que os Stones estavam indo muito bem, e a única coisa que precisávamos fazer era segurar as pontas, em vez de perder quatro, cinco anos no deserto e depois ter que começar tudo do zero de novo. Todo mundo se sentiu traído. O que houve com a nossa amizade? Será que ele não podia ter me contado logo de cara que estava pensando em fazer algo diferente?

O que realmente me deixou emputecido na época foi que Mick tinha uma necessidade compulsiva de ficar amiguinho de CEOs, nesse caso específico, de Yetnikoff. Ele ficava ligando o tempo todo para eles, tentando impressioná-los com seu conhecimento, mostrando que tinha tudo sob controle, quando na verdade ninguém consegue manter tudo sob controle sozinho. Ao mesmo tempo, ele perturbava todo mundo, tentando interferir constantemente em áreas em que outras pessoas estavam recebendo fortunas para fazer algo que sabiam fazer mil vezes melhor do que ele.

Nosso único trunfo estava em permanecermos unidos, ao mesmo tempo em que nos mantínhamos distantes dos executivos. Foi assim que conseguimos negociar o contrato com a Decca. Nós simplesmente ficamos lá parados de óculos escuros, e com isso eles se sentiram intimidados a ponto de nos oferecerem um dos melhores contratos de gravação de todos os tempos. Minha teoria com relação ao pessoal das gravadoras é que nunca devemos conversar pessoalmente com eles exceto em situações sociais. Você nunca deve se aproximar demais deles; nunca deve se envolver nas questões do dia a dia — você paga alguém para fazer isso. Quando você começa a perguntar sobre o orçamento da publicidade, começa a se envolver nos detalhes, quando se mostra pessoalmente disponível para o cara com quem está trabalhando, acaba diminuindo a si mesmo, reduzindo o próprio poder. Você diminui a banda. "É Jagger no telefone de novo." "Ah, peça para ele me ligar mais tarde." É isso que acontece. Eu gosto muito de Walter, acho ele um cara sensacional. Mas a verdade é que Mick puxou o tapete da banda quando se tornou "amiguinho" dele.

Uma vez, no final de 1984, Charlie deu um de seus raros socos de baterista — um soco que tive a oportunidade de ver apenas um par de vezes; um soco letal, carregado de força e agilidade, que ele só dá quando provocado ao extremo. Ele deu esse soco no Mick. Nós estávamos em Amsterdã para uma reunião. Mick e eu não estávamos nos dando muito bem na época, mas mesmo assim eu disse: "Vamos sair". E emprestei a ele a jaqueta que eu tinha usado no meu casamento. Voltamos para o hotel às cinco da manhã e Mick decidiu ligar para o Charlie. Eu disse: "É melhor você não ligar para ele a essa hora". Mas ele ligou assim mesmo e disse: "Onde está o meu baterista?". Ninguém respondeu. Mick colocou o fone no gancho. Mick e eu ficamos sentados ali meio emputecidos, então eu pensei: "Dê a ele uns dois copos de birita que ele apaga rapidinho". Uns vinte minutos depois, escutamos alguém bater na porta, e lá estava Charlie Watts hiper-bem-vestido, num terno da rua Savile Row, de gravata, todo barbeado, a porra da beca completa. A colônia dele cheirava longe! Quando abri a porta, ele nem me olhou, passou direto, foi até onde Mick estava sentado e disse: "Nunca mais me chame de seu baterista". Então Charlie o levantou pela lapela da minha jaqueta e deu um gancho de direita nele. Mick caiu para trás sobre uma travessa prateada de salmão defumado e começou a escorregar em direção à janela aberta, e o canal lá embaixo. E eu pensei "Essa foi boa", mas aí percebi que ele estava com a minha jaqueta de casamento. Então agarrei a jaqueta e segurei Mick instantes antes de ele cair no canal de Amsterdã. Depois disso eu levei 24 horas para acalmar o Charlie. Achei que ele já estava bem quando o acompanhei até o quarto no andar de cima, mas doze horas depois ele disse: "Foda-se, vou descer e dar outro soco nele". É preciso muita provocação para deixar Charlie nesse estado. "Por que você não deixou ele cair?" "Por causa da minha jaqueta, Charlie, só por isso."

O clima estava péssimo quando nos encontramos em Paris, em 1985, para gravar *Dirty work*. As gravações tinham sido adiadas porque Mick andava trabalhando no seu álbum solo, e estava ocupado promovendo a própria carreira. Ele tinha contribuído com pouquíssimas músicas para o nosso álbum, pois havia usado quase todas no seu. Além disso, ele frequentemente estava ausente do estúdio.

Então comecei a compor sozinho para *Dirty work*, músicas de diferentes estilos. A atmosfera horrível no estúdio afetou a todos nós. Bill Wyman quase não aparecia mais. Charlie foi passar um tempo em casa. Hoje posso ver como as faixas daquele disco eram cheias de violência e ameaça: "Had it with you", "One hit (to the body)", "Fight". Fizemos um videoclipe de "One hit (to the body)" que conta mais ou menos essa história — nós quase saímos literalmente na porrada, indo muito além de nossas obrigações cênicas. "Fight" dá uma ideia do amor fraternal entre os Glimmer Twins na época.

Vou deixar você todo arrebentado
Porque é isso que você está provocando
Há um buraco no lugar do seu nariz
Vou chutá-lo para fora da minha porta.

Tenho que entrar numa briga
Não posso evitar
Tenho que entrar numa briga.[1]

E havia também "Had it with you":

Eu amo você, seu filho da puta sujo
A irmã e o irmão
Gemendo à luz da lua
Um fundo musical para o seu jantar

1 *Gonna pulp you to a mess of bruises/ 'Cos that's what you're looking for/ There's a hole where your nose used to be/ Gonna kick you out of my door.// Gotta get into a fight/ Can't get out of it/ Gotta get into a fight.*

Porque eu estou por aqui com você
Por aqui com você.

É uma coisa tão triste
Ver um lindo amor morrer
Tenho que dizer adeus
Porque estou por aqui com você
Por aqui com você.[2]

Era esse o meu estado de ânimo na época. Eu escrevi "Had it with you" na sala de estar de Ronnie em Chiswick, à beira do rio Tâmisa. Esperávamos para voltar a Paris, mas o tempo estava tão instável que ficamos presos até que as barcas de Dover voltassem a funcionar. Peter Cook e Bert estavam conosco. Não havia calefação, e a única forma que encontrei de me manter aquecido foi ligando os amplificadores. Não me lembro de ter escrito nenhuma música antes — com exceção talvez de "All about you" — sobre a qual eu chegasse à conclusão de que estava cantando sobre Mick.

O disco de Mick se chamava *She's the boss*, o que já dizia tudo. Nunca cheguei a escutar o álbum do começo ao fim. Ninguém escutou. Era como *Mein Campf.* Todo mundo tinha uma cópia, mas ninguém escutava. Os títulos subsequentes, cuidadosamente selecionados, foram "Primitive cool" e "Goddess in the doorway" — confesso que não pude resistir à tentação de rebatizar o último de *Dogshit in the doorway* (Merda de cachorro à porta). Para bom entendedor, meia palavra basta. Mick costuma dizer que eu sou um cara mal-educado e de boca suja. Ele chegou a escrever uma música sobre isso. Mas o contrato de gravação dele foi uma falta de educação muito pior que qualquer insulto verbal.

Só pela escolha das músicas, dava para ver que ele realmente tinha

2 *I love you, dirty fucker/ Sister and a brother/ Moaning in the moonlight/ Singing for your supper/ 'Cos I had it I had it I had it with you/ I had it I had it I had it with you. (...)// It is such a sad thing/ To watch a good love die/ I've had it up to here, babe/ I've got to say goodbye/ 'Cos I had it I had it I had it with you/ And I had it I had it I had it with you.*

saído dos trilhos. Foi muito triste. Ele não estava preparado para ser ignorado e ficou transtornado. Mas não consigo imaginar o que o teria levado a pensar que aquilo funcionaria. Foi naquele momento que percebi que ele estava fora da realidade.

Independentemente do que Mick estivesse fazendo ou de quais fossem suas intenções, eu não ia ficar sentado cutucando a ferida, deixando aquilo me envenenar por dentro. De todo jeito, em dezembro de 1985, minha atenção foi repentinamente voltada para a notícia devastadora de que Ian Stewart tinha morrido.

Ele morreu de enfarte aos 47 anos. Eu estava esperando por ele naquela tarde no Blakes Hotel, que ficava numa rua transversal à Fulham Road. Ele havia combinado de me encontrar quando saísse do médico. Por volta das três da manhã, recebi um telefonema de Charlie. "Você ainda está esperando o Stu?" Eu disse que sim. "Bom, ele não vai poder ir." Foi assim que recebi a notícia. O velório foi no campo de golfe dele em Leatherhead, no Condado de Surrey. Ele teria apreciado a piada de que esse foi o único jeito de ele nos fazer ir até lá. Fizemos um show em homenagem a Stu no 100 Club — a primeira vez em que tocávamos juntos num palco nos últimos quatro anos. A morte de Stu foi o pior golpe da minha vida, depois da morte do meu filho. Inicialmente você fica meio anestesiado, você segue adiante como se ele ainda estivesse lá. E de certo modo ele realmente continuou presente de um jeito ou de outro por um longo tempo. Isso acontece até hoje. O que mantém a pessoa perto de você são as lembranças que fazem você rir, como o jeito saliente da mandíbula dele quando falava.

Eu continuo sentindo sua presença por perto, por exemplo, quando me lembro de como ele ficava puto quando falávamos de Jerry Lee Lewis. No início, o fato de eu gostar do jeito de Lewis — "the Killer" — tocar me diminuía aos olhos de Stu. Ele tipicamente se referia a Lewis como aquele "veadinho que só sabe martelar o piano". No entanto, dez anos depois, Stu chegou um dia para mim e disse: "Tenho de admitir que Jerry Lee Lewis realmente possui certas qualidades". Do nada! Isso no meio de uma gravação. E esse é o tipo de coisa que me faz senti-lo sempre por perto.

Ele nunca falava sobre a vida e a morte, a não ser quando alguém batia as botas. "Pobre sujeito. Esse estava pedindo para morrer." Na primeira vez em que fomos à Escócia, Stu parou o carro e perguntou a um passante: "Você não poderia nos dizer como podemos chegar ao Odeon?", carregando no sotaque escocês. Stu — um orgulhoso escocês nascido em Kent. Stu fazia a sua própria moda. Ele costumava vestir uma camisa polo com um cardigã por cima. Quando nossos shows passaram a ser em megaestádios, com um público de milhares de pessoas e transmissão via satélite, ele entrava no palco de Hush Puppies[3] segurando uma xícara de café e um sanduíche de queijo que colocava sobre o piano enquanto tocava.

Fiquei com muita raiva dele por ter me deixado, o que é a minha reação natural quando um amigo ou alguém que eu amo muito bate as botas indevidamente. Ele deixou vários legados. Chuck Leavell — um tecladista do Dry Branch, na Geórgia, que tinha sido um dos componentes dos Allman Brothers — foi um dos músicos que Stu apadrinhou e indicou. Ele começou a tocar com os Stones na turnê de 1982, quando se tornou um dos colaboradores permanentes da banda. Chuck já estava trabalhando com a gente havia um bom tempo quando Stu morreu. "Se eu morrer, que Deus me livre e guarde, quero que Leavell me substitua." Talvez ele já soubesse que estava doente quando disse isso. Ele também disse: "Não esqueçam que Johnnie Johnson continua vivo e que está tocando em Saint Louis". Tudo isso no mesmo ano. Talvez o médico tenha lhe dito que tinha pouco tempo de vida.

Dirty work foi lançado no início de 1986, e eu realmente queria que saíssemos numa turnê do álbum, assim como os demais componentes da banda, que estavam a fim de trabalhar. Mas Mick nos mandou uma carta dizendo que não participaria da turnê. Ele queria investir em sua carreira solo. Pouco depois de recebermos a carta, li num dos tabloides ingleses Mick dizendo que os Rolling Stones eram

3 Marca de sapatos confortáveis feitos de couro macio e solado de borracha. (N. T.)

uma pedra de moinho amarrada ao pescoço dele. Ele realmente disse isso. Engulam essa, seus babacas. Eu não tinha dúvida de que uma parte dele pensava assim, mas chegar a articular isso para a mídia era outra história. Foi assim que a Terceira Guerra Mundial foi declarada.

Impossibilitado de sair em turnê, lembrei-me do que Stu havia falado sobre Johnnie Johnson. Johnson tinha sido o pianista original e o coautor de muitos dos sucessos de Chuck Berry, isso se Chuck tivesse sido honesto a respeito. Mas Johnson quase não tocava mais em Saint Louis. Desde que Chuck dera um pé na bunda dele havia mais de uma década, ele se tornara um motorista de ônibus, transportando velhinhos para lá e para cá, praticamente esquecido. Não era apenas por sua parceria com Berry que ele se destacava: Johnson também era um dos maiores pianistas de blues de todos os tempos.

Quando estávamos gravando *Dirty work* em Paris, o baterista Steve Jordan passou algum tempo conosco no estúdio e participou do álbum, substituindo Charlie, que passava por um momento instável, tendo sido arrebatado pelo uso de diversos *stupéfiants*,[4] como diriam os franceses. Steve tinha uns trinta anos na época, e era um músico e cantor hipertalentoso. Ele tinha conseguido uma licença de seu trabalho como baterista na banda do *David Letterman show* e vinha até Paris para as gravações. Antes disso, ele havia tocado com a banda do *Saturday night live* e participado de turnês com a banda Blues Brothers, de Belushi e Aykroyd. Charlie havia indicado Steve como baterista em 1978 quando ele ainda tocava para o *Saturday night live* e nós nos lembramos dele.

Aretha Franklin me ligou, porque estava fazendo um filme chamado *Jumpin' Jack Flash* com Whoopi Goldberg, e queria que eu produzisse a música-título do filme. Então me lembrei de que Charlie havia dito: "Se você algum dia fizer qualquer trabalho fora dos Stones, Steve Jordan é o cara". E eu pensei: "Bem, se vou fazer *Jumpin' Jack Flash* com Aretha, tenho de montar uma banda. Tenho de começar do zero". Eu já conhecia Steve, e foi assim que começamos a trabalhar

4 Narcóticos em francês.

juntos, na trilha sonora de Aretha, que aliás foi um trabalho incrível. Botei na minha cabeça que, dali em diante, toda vez que eu fosse fazer um trabalho diferente, chamaria Steve.

Eu indiquei Chuck Berry para o Rock and Roll Hall of Fame em 1986, e por acaso a banda que tocou com Chuck naquela noite foi a banda do *David Letterman show*, com Steve Jordan na bateria. Logo depois disso, Taylor Hackford me chamou para ser o diretor musical de um filme que ele estava produzindo para o sexagésimo aniversário de Chuck Berry, e de repente as palavras de Stu ecoaram em minha mente: "Johnnie Johnson está vivo". O primeiro problema que me veio à cabeça no minuto em que eu tive a ideia foi que Chuck Berry estava tocando com bandas contratadas temporariamente havia tanto tempo que tinha se esquecido o que era tocar com músicos de primeira. Principalmente com Johnnie, com quem ele já não tocava desde que os dois tinham se separado, no início dos anos 70. O que Chuck não se dava conta era de que, no momento em que ele se virou para Johnson e disse, com seu jeito inimitável de ser, "Johnnie, vá se foder", ele perdeu um músico e meio.

Ele achava que continuaria na parada de sucessos para sempre. Será que ele também estava sofrendo de LVS, embora fosse guitarrista? Mas a verdade é que ele nunca mais lançou um álbum de sucesso depois que se separou daquela banda, exceto pelo seu disco de maior sucesso de todos os tempos "My ding-a-ling". Que vacilo, Chuck! Com Johnnie Johnson ele tinha a dupla perfeita. Por Deus, aquele era um casamento feito no céu! "Ah não", pensou Chuck, "o único que conta sou eu. Posso achar outro pianista, aliás, posso encontrar um que saia mais barato." Ele basicamente estava preocupado apenas em diminuir os custos.

Quando fui com Taylor Hackford até a casa de Chuck em Wentzville, nos arredores de Saint Louis, esperei até o segundo dia para tocar no assunto. Eles estavam falando da iluminação do filme, quando eu simplesmente cheguei para Chuck e disse: "Não sei se essa é uma boa pergunta, já que eu não sei como está o relacionamento de vocês, mas o Johnny Johnson ainda mora por aqui?". E ele disse: "Acho que ele mora na cidade". Então eu perguntei o que realmente queria saber: "Há alguma possibilidade de vocês dois tocarem juntos?". "Claro!", ele respondeu. "Porra, é claro!" Foi um momento tenso. De repente eu havia conectado Johnnie Johnson e Chuck Berry novamente. As possibilidades eram ilimitadas. Chuck concordou, o que foi uma decisão acertada, porque ela acabou resultando num ótimo filme e numa banda maravilhosa.

Foi nessa época que ocorreu uma daquelas ironias fantásticas da vida — e a piada foi por minha conta. Eu queria que Charlie tocasse bateria no filme. Steve Jordan queria tocar, mas eu achava que ele não conhecia as músicas tão bem como Charlie — no que, aliás, eu estava errado, mas na época eu não conhecia Steve assim tão bem. Então eu disse a Steve: "Obrigado, meu chapa, mas o Charlie já disse que vai tocar". Em outra visita à casa de Chuck, ele estava ansioso para me mostrar algo. Ele colocou o vídeo da banda tocando de improviso com ele no final da noite da sua inclusão no Hall of Fame, e lá estava Steve, arrebentando na bateria, embora a cabeça dele tivesse ficado cortada no vídeo. Mas o som estava bombando, e Chuck disse: "Gostei desse baterista. Quem é ele? Eu quero esse cara no filme". Eu tive que ligar para Steve e dizer: "Hã... Acho que há uma vaga para você no filme". Ele adorou a notícia. Mas houve uma virada na história. É melhor Steve contar.

Steve Jordan: Chuck pegou um avião para nos encontrar na Jamaica, onde se hospedaria na casa de Ocho Rios. Nós fomos buscá-lo no aeroporto. Fazia um calor de mais de 35 graus naquele dia. Todos os passageiros estavam desembarcando do avião de short ou biquíni, porque todo mundo sabia que estava fazendo um calor sufocante na Jamaica. Chuck sai do avião de blazer, calça boca de sino de poliéster e uma maleta na mão. Foi hilário. Depois disso, nós estávamos sentados na sala de Ocho, onde armamos uma bateria, já que supostamente íamos tocar juntos. Tínhamos arrumado um par de guitarras e amplificadores Champ pequenos para que pudéssemos começar a ensaiar. Chuck perguntou: "Onde está o baterista?". Na época eu usava *dreadlocks*, parecia o Sly Dunbar. Keith disse: "Este é o baterista. O nome dele é Steve". E Chuck perguntou: "Esse aqui é o meu baterista?". Ele olhou para os meus *dreadlocks* e disse: "Esse não é o meu baterista!". Ele reagiu assim porque minha cabeça não aparecia no vídeo que tinha visto, e ele não sabia que eu usava *dreadlocks* na época. Ele achou que eu era um baterista de reggae, e não queria tocar comigo. Mas assim que começamos a tocar ele relaxou.

Um dia perguntei a Johnnie Johnson: "Como foi que vocês escreveram "Sweet little sixteen" e "Little queenie"?" E ele respondeu: "Bem, Chuck escrevia algumas palavras, nós começávamos a brincar com um blues e então eu bolava uma sequência". E eu disse: "Johnny, isso se chama compor. Você tinha que ter recebido pelo menos 50%. Você podia até ter concordado em receber só 40%, mas você compôs aquelas músicas com ele". E ele respondeu: "Eu nunca tinha visto isso dessa forma; eu simplesmente fiz o que sabia fazer". Steve e eu fizemos uma pesquisa e descobrimos que todas as músicas de Chuck tinham sido escritas no tom de mi bemol ou dó sustenido — tons de piano, e não de guitarra! Esses tons não são muito fáceis de tocar na guitarra. Obviamente as músicas foram compostas no piano, e Chuck começou a tocar junto, usando sua mão imensa para fazer pestanas. A impressão que eu tive foi de que ele seguiu a mão esquerda de Johnnie Johnson.

As mãos de Chuck são bem grandes; ele tem a elasticidade necessária para tocar todos aqueles acordes com pestanas. Mãos muito finas e longas. Levei alguns anos tentando descobrir como eu poderia fazer aquele som com mãos menores. Fui assistir ao documentário *Jazz on a summer's day*, em que Chuck toca *Sweet little sixteen*. Prestei atenção nas mãos dele, na maneira como se moviam, e onde ele colocava os dedos, e descobri que se eu transpusesse as músicas para tons mais propícios para guitarra, usando acordes mais básicos, poderia adicionar meu próprio swing à música. Do mesmo jeito que Chuck fez. E o que mais me impressionava no jeito de Chuck Berry tocar era que ele tinha um swing espontâneo. Nada de ficar suando, ralando, fazendo careta; o cara tocava sem fazer o menor esforço, como um leão.

O mínimo que se pode dizer é que era fantástico ver Chuck e Johnnie tocando juntos de novo. O mais interessante foi o jeito como eles reagiram um ao outro. Eles não tocavam juntos havia tanto tempo... A mera presença de Johnnie foi como um lembrete para Chuck de como a coisa realmente devia ser feita, e Chuck teve que subir até o patamar de Johnnie. Ele tinha tocado com caras preguiçosos por anos, basicamente com as bandas mais baratas da cidade. Ele simplesmente batia cartão. Para um músico, tocar abaixo do seu padrão é algo que destrói a alma, e ele tinha feito isso durante tantos anos que havia chegado ao ponto de se tornar totalmente cínico em relação à música. Johnnie começava a improvisar, e Chuck dizia: "Lembra dessa?"; então ele enveredava por um caminho totalmente inesperado. Era estranho e ao mesmo tempo engraçado ver Chuck correndo atrás de Johnny e também da banda, já que agora ele estava tocando com Steve Jordan; e a verdade é que, porra, ele não tocava com um baterista assim desde 1958. A banda que eu reuni acabou redescobrindo o velho Chuck Berry. Eu quis dar isso de presente a ele, uma banda tão boa quanto a sua banda original. E acho que, de certa forma, conseguimos fazer isso, embora Chuck seja um filho da puta esquivo. Mas eu estou acostumado a trabalhar com filhos da puta esquivos.

Uma coisa realmente brilhante que resultou daquele filme foi que eu acabei proporcionando a Johnnie Johnson uma vida nova. Ele teve a oportunidade de tocar para o público novamente num bom piano. E pelo resto da vida continuou tocando pelo mundo inteiro, sendo aclamado como um grande pianista. Ele participou de diversos shows; alcançou o reconhecimento. E o mais importante de tudo foi que recuperou sua autoestima, e passou a ser respeitado como aquilo que realmente era, um pianista brilhante. Ele nunca achou que as pessoas soubessem que era ele quem estava tocando em todos aqueles discos incríveis. Ele não havia desfrutado dos seus direitos autorais nem de seu crédito como compositor. Talvez isso não tenha sido culpa do Chuck;

talvez a culpa fosse da Chess Records. E essa não tinha sido a primeira vez que isso acontecia. Johnnie nunca reivindicou seus direitos, e eles nunca lhe foram dados. Johnnie Johnson viveu mais quinze anos sendo ouvido e aclamado, fazendo o que ele sempre adorou fazer, em vez de morrer no anonimato.

Eu não costumo criticar as pessoas (fora do meu círculo de amizades), mas tenho de dizer que fiquei muito decepcionado com Chuck Berry. Ele era o meu maior herói. Eu pensava: "Porra, se o cara toca, compõe e canta desse jeito, enfim, se ele consegue fazer um som desses, deve ser um sujeito sensacional. Ele deve ser um cara muito legal". Quando juntamos o nosso equipamento com o dele para produzir o filme, fiquei sabendo depois que ele cobrou a companhia de produção pelo uso dos seus amplificadores. Desde o primeiro compasso do nosso primeiro show no Fox Theatre, em Saint Louis, Chuck jogou pela janela todos os planos que tínhamos articulado cuidadosamente, tocando arranjos totalmente diferentes em tons totalmente diferentes. Não importa. Foi o melhor show ao vivo de Chuck Berry em toda a história. Como eu disse quando o indiquei para o Hall of Fame, copiei todos os solos improvisados que ele já fez na vida. Por isso eu tinha a obrigação moral de engolir o sapo mesmo quando Chuck estava nos provocando ao máximo, de jogar *rope-a-dope*[5] para que o projeto fosse adiante. E ele com certeza me provocou um bocado — dá para ver no filme. Acho muito difícil bancar o palhaço, deixar que alguém me intimide, e era exatamente assim que Chuck estava agindo tanto comigo como com todo mundo.

Entretanto, no fundo, o que eu penso sobre ele é o que escrevi uma vez num fax que lhe enviei depois de ter acabado de ouvi-lo no rádio pela milionésima vez:

5 Método usado no boxe para cansar o oponente, em que um dos lutadores finge estar preso nas cordas enquanto seu oponente gasta energia com socos que estão sendo bloqueados. Em outras situações competitivas, a expressão é usada para descrever estratégias nas quais uma das partes se coloca propositadamente numa posição de aparente perdedor, tentando assim se tornar vitorioso no final. (N. T.)

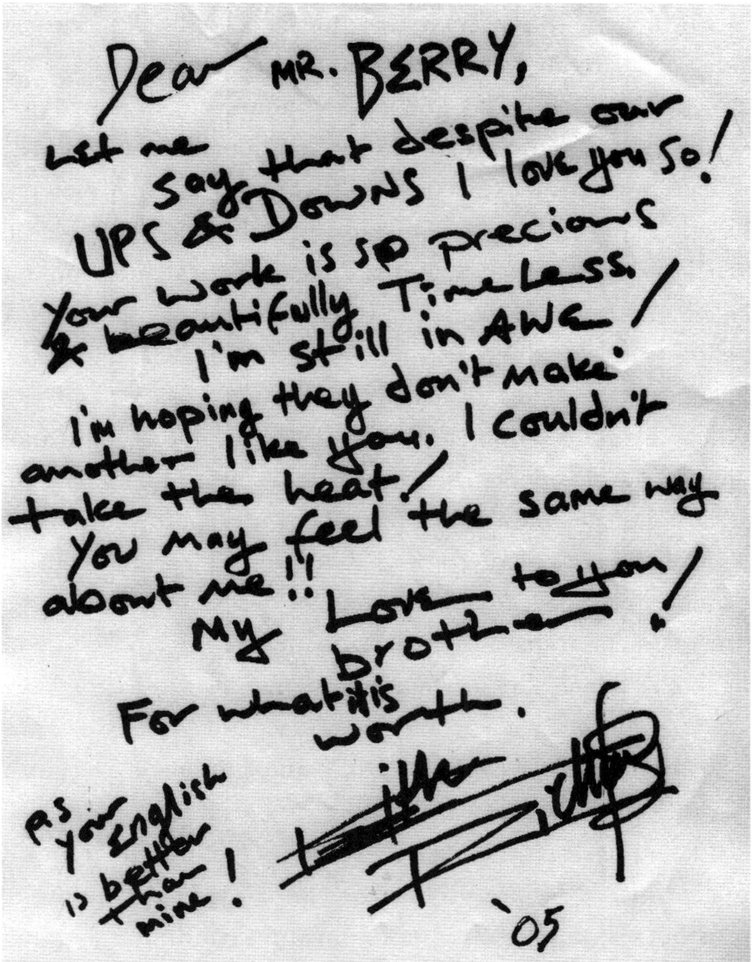

Dear MR. BERRY,
Let me say that despite our
UPS & DOWNS I love you so!
Your work is so precious
& beautifully TimeLess.
I'm still in AWE!
I'm hoping they don't make
another like you. I couldn't
take the heat!
You may feel the same way
about me!!
My Love to you
brother!
For what it is worth.

P.S. your English is better than mine!

'05

Caro sr. Berry,

Gostaria de dizer que, apesar dos nossos altos e baixos, eu o amo muito! Seu trabalho é muito precioso para mim, além de ser de uma beleza atemporal. Eu ainda fico totalmente estupefato quando o ouço tocar! Espero que não façam outro como você, eu não aguentaria a pressão! Talvez você sinta o mesmo em relação a mim! Eu tenho um grande carinho por você, meu irmão, se é que isso tem algum valor para você.

P.S.: Seu inglês é melhor do que o meu!

Keith Richards

2005

A grande traição de Mick — que eu acho difícil perdoar, uma atitude que pareceu quase deliberadamente planejada para acabar com os Rolling Stones — foi quando ele anunciou em março de 1987 que estaria saindo numa turnê do seu segundo álbum, *Primitive cool.* Eu achava que os Stones fariam uma turnê em 1986, mas meu projeto tinha sido frustrado pelos adiamentos constantes de Mick. Mas agora tudo ficava claro. Como Charlie disse, ele estava acabando com vinte e cinco anos de Rolling Stones. Era isso que parecia. Entre 1982 e 1989, nós não fizemos nenhuma turnê, e entre 1985 e 1989, não gravamos nada em estúdio juntos.

Mick disse: "Na minha idade e depois de todos esses anos, os Rolling Stones não podem ser a única coisa em minha vida... eu certamente conquistei o direito de me expressar de outras formas". E foi isso que ele fez. E o modo como ele se expressou foi saindo numa turnê com outra banda, cantando as músicas dos Rolling Stones.

Eu realmente achava que Mick não teria coragem de sair numa turnê sem os Stones. Era um tapa forte demais na nossa cara. Era uma sentença de morte adiada apenas por apelações. E tudo isso para quê? Mas eu estava errado, e isso me deixou muito indignado e ferido. Mick tinha saído em sua turnê.

Então eu parti para cima dele verbalmente, usando a imprensa. Minha primeira declaração foi: "Se ele não quer sair numa turnê com os Stones, mas resolver sair com uma bandinha de garagem, eu rasgo a porra da garganta dele". Ao que Mick respondeu com arrogância: "Eu amo Keith e o admiro muito... mas não acho que possamos mais trabalhar juntos". Não consigo nem me lembrar de todas as farpas que atirei nele — eu o chamava de Disco Boy, chamava a banda dele de Jagger's Little Jerk Off Band (A Bandinha Masturbatória de Jagger), perguntava por que ele não se juntava ao Aerosmith — era com esse tipo de coisa que eu alimentava os tabloides da época, que por sinal ficavam muito gratos. Eu realmente perdi a cabeça. Um dia um repórter me perguntou: "Quando vocês vão parar de jogar veneno um no outro?". "Pergunte à jararaca", foi minha resposta.

Então eu pensei, "Deixe o cara se ferrar". Foi assim que consegui digerir aquilo. "Deixe-o dar com a cara no chão." Ele havia demonstrado uma total falta de amizade, de camaradagem, de tudo que era necessário para manter uma banda unida. Foi uma burrice. Acho que isso fez Charlie se sentir ainda pior do que eu.

Vi um videoclipe do show do Mick, e ele tinha dois guitarristas que eram meus sósias entrando no palco um atrás do outro, fazendo movimentos dramáticos com a guitarra. Enquanto ele estava viajando com a turnê, perguntaram a minha opinião, e eu disse que achava triste o fato de que uma grande porcentagem do show dele consistia de músicas dos Rolling Stones. Eu disse: "Se você decidiu sair numa turnê sozinho, então use as músicas dos dois discos que gravou. Não finja que é um artista solo e depois coloque umas garotas no palco dando saltos no ar, fazendo a coreografia de 'Tumbling dice'". Os Rolling Stones levaram muito tempo forjando um caráter íntegro, coisa que raramente se encontra na indústria musical. E o modo como Mick lidou com sua carreira solo, colocando tudo aquilo em risco, foi algo que me emputeceu.

Mick calculou muito mal as coisas. Ele achou que qualquer banda que reunisse bons músicos seria tão compatível com ele como os Rolling Stones. Mas ele não soava mais como Mick Jagger. Ele tinha ótimos instrumentistas, mas é como a Copa do Mundo. O time da Inglaterra não é mais o Chelsea ou o Arsenal. Trata-se de um jogo diferente, e você tem de trabalhar com um time diferente. Você pode até contratar os melhores músicos do pedaço, mas tem de formar um relacionamento com eles, o que não é o forte do Mick. Ele podia ficar andando com a cabeça empinada, colocar uma estrela na porta do camarim e tratar os músicos como um bando de empregados. Mas não é assim que se faz boa música.

Depois disso, decidi: "Foda-se, eu quero uma banda". Eu estava determinado a trabalhar mesmo sem Mick. Compus um monte de coisas e comecei a cantar de um jeito novo em músicas como "Sleep tonight". Era um som mais profundo, um som que eu nunca tinha obtido antes, que funcionava bem dentro daquele estilo de balada que eu tinha começado a escrever. Então decidi chamar caras com quem eu sempre tinha tido vontade de trabalhar, e eu sabia exatamente por quem começar. Acho que eu poderia dizer que a parceria com Steve Jordan começou a ser forjada muito antes, em Paris, quando estávamos gravando *Dirty work*. Steve me encorajava. Escutou algo em minha voz que ele achava que eu podia usar para gravar discos. Se eu estivesse trabalhando numa melodia, pedia a ele que a cantasse. E eu realmente trabalho melhor em parceria — preciso de um feedback para ter certeza de que aquilo que estou fazendo é bom mesmo. Nós começamos a nos encontrar em Nova York e compusemos muitas músicas juntos. Então, nós começamos a tocar com o amigo e parceiro dele Charley Drayton — um cara cujo instrumento principal era o baixo, mas que também era um baterista talentosíssimo — na casa de Woody. Depois disso, Steve e eu passamos um tempo juntos na Jamaica, e ele se tornou meu amigo. Foi assim que Steve e eu descobrimos "Ei, nós podemos compor juntos também!". Ele é o único além de Mick. Minhas parcerias serão sempre Jagger/Richards ou Jordan/Richards.

Steve vai contar como nós acabamos trabalhando juntos.

Steve Jordan: Keith e eu nos tornamos muito próximos na época em que começamos a compor juntos, antes de formarmos uma banda, quando éramos só nós dois. Começamos a ensaiar num estúdio chamado Studio 900, que ficava logo depois da esquina da rua em que eu morava e também era perto da casa de Richards em Nova York. E nós acampávamos lá. Na primeira vez em que fomos lá, ficamos tocando doze horas sem parar. Keith não saiu do estúdio nem para mijar. Foi inacreditável. Era o nosso amor à música que nos prendia. Mas aquilo foi uma liberação para ele. Havia tantas ideias que ele queria colocar para fora... E ele com certeza estava machucado, pelo menos ele estava rasgando o coração quando escrevia. Muitas das músicas falavam de forma bem específica sobre seu antigo parceiro. "You don't move me" é um dos clássicos dessa época, e acabou fazendo parte do primeiro álbum solo dele, *Talk is cheap*.

Tudo o que eu tinha era o título — "You don't move me anymore" —, mas eu não fazia a menor ideia de como desenrolar a coisa: poderia ser um cara falando com uma garota ou uma garota falando com um cara. Mas quando comecei a escrever o primeiro verso, percebi logo onde minha cabeça estava indo. De repente, eu encontrei um foco, que era Mick. Ao mesmo tempo, eu tentei ser cordial. Mas era a *minha* versão de cordialidade.

O que faz você ser tão ganancioso
Faz você parecer tão surrado.[6]

Steve e eu chegamos à conclusão de que deveríamos gravar um álbum e começamos a formar o núcleo dos X-Pensive Winos (Os Bebuns de Classe) — um nome que surgiu depois, quando um dia reparei que uma garrafa de Château Lafite tinha sido incluída no lanchinho no estúdio. Bem, não se podia medir despesas quando se tratava desse incrível grupo de irmãos. Steve me perguntou com quem eu queria tocar, e o primeiro nome que me veio à cabeça foi Waddy Wachtel na guitarra. E Steve disse: "Você tirou as palavras da minha boca, irmão". Eu conhecia Waddy desde os anos 70, e sempre tive vontade de tocar com ele, um dos instrumentistas mais simpáticos que conheço, além de ter um bom gosto incrível. E ele é um cara supermusical. Compreensivo, cheio de empatia, o tipo de sujeito para quem você jamais precisa explicar nada. Além disso, o ouvido dele é de uma acuidade fora do comum, e a sua percepção auditiva continua afiadíssima mesmo depois de tantos anos tocando no palco. Ele estava tocando com Linda Ronstadt e Stevie Nicks na época — bandas de garotas —, mas eu sabia que o negócio dele era rock. Então simplesmente liguei para ele e disse: "Estou formando uma banda, e você está

6 *What makes you so greedy/ Makes you so seedy.*

incluído". Steve concordou que Charley Drayton deveria ser o baixista, e acho que o consenso geral foi de que Ivan Neville, da família de Aaron Neville, de Nova Orleans, deveria ser o pianista. Nós não fizemos nenhuma audição para selecionar os músicos.

Os Winos foram formados de um jeito muito astucioso. Quase todos os componentes da banda sabem tocar qualquer instrumento. Nós podemos trocar de instrumentos; praticamente todos nós sabemos cantar. Steve sabe cantar. Ivan é um cantor fantástico. Esse núcleo inicial da banda decolou como um foguete desde o primeiro compasso que tocamos juntos. Eu sempre tive uma sorte incrível com relação aos caras com que toquei. E é impossível você escutar os Winos e não curtir o som. É um barato garantido. A banda era demais, mal dava para acreditar. Ela me ressuscitou. Me senti como se tivesse acabado de sair da cadeia. Nosso engenheiro de som era Don Smith, escolhido por Steve. Ele tinha começado a carreira no estúdio Stax em Memphis e trabalhado com Don Nix, o compositor de "Going down". Ele também trabalhara com Johnnie Taylor, um dos meus heróis mais antigos. Ele costumava frequentar os *juke joints*[7] de Memphis com Furry Lewis, um músico que ele adorava.

Waddy descreve a nossa jornada, e dá um testemunho elogioso do meu progresso como cantor, desde aqueles dias longínquos da promessa frustrada do menino soprano de Dartford.

> **Waddy Wachtel:** Nós fomos até o Canadá e gravamos *Talk is cheap* todo lá. Acho que a segunda faixa que gravamos foi "Take it so hard", que é uma música maravilhosa. E eu pensei: "Estou participando mesmo disso? Que maravilha!". E nós tocamos algumas vezes. Acho que você poderia chamar isso de ensaio. E um dos takes ficou simplesmente demais. Ficou ridiculamente bom. Era apenas a segunda música da noite, e nós tínhamos conseguido gravar esse take letal; porra, era a nossa melhor música. E eu fui para casa pensando: "Será que nós já conquistamos o Everest?

7 Estabelecimentos informais com música, dança, jogos de azar e bebidas, operados principalmente por negros no sul dos Estados Unidos, encontrados em sua maioria à beira de estradas. (N. T.)

Agora vai ser moleza subir as outras montanhas, já que conseguimos vencer a maior de todas". E Keith não queria acreditar. Acho que ele devia estar pensando: "Não quero que esses caras fiquem achando que são tão bons assim". E ele nos fez gravar outro take. Não sei por quê. O take anterior estava gritando "Ei, gente, eu sou *o* take". Acho que Keith fez isso só para manter o pessoal focado. Mas nunca conseguimos soar tão bem como naquele primeiro take. Quando você acerta, você acerta. Quando estávamos organizando a sequência do álbum, insisti que "Big enough" devia ser a primeira música. Porque a primeira vez que você escuta Keith cantar aquela música, aquela primeira frase é impressionante, a voz dele está linda demais. Ele canta sem o menor esforço. Eu disse: "Quando as pessoas ouvirem isso, porra, elas não vão acreditar que é Keith Richards cantando". Daí nós mandamos "Take it so hard".

Na verdade, em *Talk is cheap* não é só a nossa banda tocando. Nós procuramos músicos por toda parte. Fomos até Memphis, recrutamos Willie Mitchell e colocamos os Memphis Horns em "Make no mistake". Willie Mitchell! Ele era o engenheiro de som, o arranjador, produtor e compositor de tudo que Al Green cantava, em parceria com Al Green, Al Jackson ou ambos. Então nós fomos até o estúdio onde ele tinha gravado os álbuns de Al Green e pedimos que fizesse o arranjo para o naipe de metais. Nós tentamos recrutar todos os músicos de quem a gente gostava, e conseguimos a maioria deles: nós tínhamos Maceo Parker, Mick Taylor, William "Bootsy" Collins, Joey Spampinato, Chuck Leavell, Johnnie Johnson, Bernie Worrell, Stanley "Buckwheat" Dural, Bobby Keys e Sarah Dash. Babi Floyd também cantou com a gente numa turnê. Ele era um ótimo cantor, tinha uma voz maravilhosa, um dos melhores. Babi Floyd cantava "Pain in my heart" na turnê. Ele imitava o Otis Redding, ficava de joelhos e tudo. Na última noite da turnê dos Winos, nós acorrentamos o tornozelo dele ao pedestal do microfone porque achávamos que estava exagerando. Como é que você o acorrenta sem que ele perceba? Tomando o maior cuidado.

Eu nunca tinha composto com ninguém por muito tempo, exceto com Mick, e eu realmente não estava mais escrevendo muito com ele. Nós estávamos compondo separadamente, cada um com seu trabalho. E eu não percebi o quanto aquilo me fazia falta até que comecei a trabalhar com Steve. Como era importante para mim trabalhar em parceria! Quando a banda estava reunida no estúdio, muitas vezes eu compunha ali mesmo, grunhindo, berrando, o que fosse preciso, um processo que Waddy inicialmente estranhou.

> **Waddy Wachtel:** Era muito engraçado. O conceito que Keith tinha de composição era "Peguem os microfones". "Hã? Ah, tudo bem." Então ele dizia: "Ok, vamos cantar". "Cantar o quê?" E ele respondia: "Cantar, ora!". "Do que você está falando? Cantar o quê? Nós não temos nada para cantar." E ele dizia: "Está bem, vamos inventar alguma coisa". E era assim que ele compunha. Essa era a rotina. Steve e eu estávamos lá com ele, e de vez em quando ele falava: "Que porra foi essa? Essa sequência ficou boa". Ele tentava conseguir frases melódicas. Atire tudo nas paredes para ver se alguma coisa cola. E essa era a nossa rotina. Era incrível. E nós chegamos a criar algumas melodias desse jeito.

Eu comecei a compor e a cantar de um jeito diferente. Um dos motivos disso foi que eu não estava mais compondo para Mick — músicas com que ele teria de trabalhar no palco. Mas acho que a razão principal foi que eu estava aprendendo a cantar. Primeiramente, comecei a fazer músicas em tons mais graves — o que se encaixava melhor com a minha voz do que músicas muito agudas como "Happy". As melodias também eram diferentes das que eu compunha com os Stones. E eu estava aprendendo a cantar no microfone, em vez de ficar me aproximando e me afastando dele enquanto eu tocava *air guitar*, o que costumava fazer quando cantava no palco. Don Smith ajustou os microfones e os compressores de modo que eu ouvia tudo muito alto nos fones de ouvido, isso significava que eu não podia mais cantar muito alto nem gritar, que era o jeito como eu costumava cantar antes.

Comecei a compor músicas mais suaves, baladas, canções de amor. Músicas do coração.

Saímos numa turnê. De repente eu era o vocalista principal. *Ok, nós vamos realmente fazer isso.* Eu passei a ter muito mais empatia pelas doideiras que Mick fazia. Quando você tem de cantar todas as porras das músicas, precisa desenvolver o pulmão. Você está fazendo um show de cerca de uma hora todos os dias, não só cantando, mas se mexendo muito e tocando guitarra, o que trouxe a minha voz à tona. Algumas pessoas odeiam o jeito como eu canto, outras adoram. É uma voz que tem personalidade. Não sou nenhum Pavarotti, mas também não gosto nem um pouco da voz do Pavarotti. Ser o vocalista principal de uma banda é um negócio exaustivo. Cantar uma música atrás da outra é o suficiente para derrubar a maioria das pessoas. Você despende uma quantidade incrível de oxigênio. Então nós fazíamos um show e, assim que saíamos do palco, eu ia para a cama. Às vezes virávamos a noite e ficávamos acordados até o próximo show, é claro, mas muitas vezes eu simplesmente dizia "Nem pensar!". Nós vivemos uma das melhores épocas de nossas vidas com os Winos. A plateia aplaudia de pé em quase todos os shows. Costumávamos tocar em teatros pequenos com lotação esgotada. Não tínhamos lucro, mas também não tínhamos prejuízo. O calibre da musicalidade daqueles shows era impressionante. O pessoal tocava demais em todos os shows, a música fluía de um jeito muito louco. Nós voávamos. Era realmente mágico.

No final das contas, nem Mick nem eu conseguimos vender muitas cópias dos nossos álbuns solo porque eles querem a porra dos Rolling Stones, entende? Pelo menos eu consegui fazer dois ótimos discos de rock and roll e ganhei credibilidade. Mas Mick saiu por aí tentando ser uma estrela pop sozinho. Ele foi até lá, arvorou a sua bandeira, mas depois teve que baixá-la novamente. Não estou me regozijando com a desgraça alheia, mas isso não me surpreendeu. No fim, ele teria de voltar para os Stones para reencontrar a sua identidade — ele teria de se redimir.

Então, aqui vem a pedra de moinho, meu irmão, para salvá-lo do afogamento. Eu não ia ser o primeiro a levantar essa possibilidade. Para mim, estava tudo acabado. Eu não estava interessado em tocar com os Stones sob essas condições. Eu tinha gravado um bom disco e estava me divertindo. Por mim, eu teria gravado outro álbum dos Winos logo em seguida. Houve um telefonema, algumas negociações diplomáticas. A reunião que se seguiu não foi fácil de organizar. Sangue havia sido derramado. Era preciso encontrar um território neutro. Mick não queria vir até a Jamaica, onde eu estava — isso foi em janeiro de 1989. Eu não queria ir até Mustique. A escolha foi Barbados. O estúdio Blue Wave, de Eddie Grant, ficava lá.

A primeira coisa que fizemos foi dizer "Basta". Não podemos mais usar o *Daily Mirror* como nosso porta-voz. Eles estão adorando isso; eles estão nos comendo vivos. Houve uma pequena discussão, mas logo depois começamos a rir dos nomes de que tínhamos chamado um ao outro na imprensa. Provavelmente aquele foi o momento da cura. Eu chamei você de *quê*? Foi assim que nós nos reconciliamos.

Talvez Mick e eu não sejamos amigos — nosso relacionamento está muito desgastado para isso —, mas somos os irmãos mais chegados, e esse é um vínculo que não pode ser cortado. Como você pode descrever uma relação tão antiga? Melhores amigos são melhores amigos. Mas irmãos brigam. Eu realmente me senti traído. Mick sabe como eu me sinto, embora talvez ele não tivesse percebido como meus sentimentos eram profundos. Mas eu estou escrevendo do passado; isso aconteceu há muito tempo. Eu posso dizer essas coisas porque elas vêm do coração. Ao mesmo tempo, se eu escutar qualquer outra pessoa falando mal do Mick, rasgo a garganta do infeliz.

Independentemente do que tenha acontecido, o relacionamento entre mim e Mick ainda funciona. Senão, como seria possível que, depois de quase cinquenta anos, estivéssemos contemplando — no momento em que este livro está sendo escrito — a possibilidade de sairmos juntos numa turnê novamente? (Mesmo que nossos camarins tenham que ficar a um quilômetro de distância um do outro por motivos práticos — ele não suporta ouvir os meus sons, e eu não aguento ouvi-lo fazendo exercícios vocais por uma hora.) Nós amamos o que fazemos. Cada vez que nos encontrarmos, independentemente de quaisquer antagonismos que possam ter surgido desde o último encontro, nós deixamos tudo de lado e começamos a falar do futuro. Nós sempre criamos alguma coisa quando estamos juntos. Existe uma centelha magnética entre nós. Ela sempre existiu. É nisso que procuramos nos concentrar e é isso que atrai as pessoas.

Foi isso que aconteceu naquele encontro em Barbados. Aquele foi o começo de uma trégua em nosso relacionamento. Eu decidi que toda aquela bagagem eram águas passadas. Posso ser rancoroso, mas não consigo deixar um ressentimento perdurar tanto tempo. Desde que ainda haja alguma química, o resto se torna periférico. Nós somos uma banda, nós nos conhecemos, então é melhor repensarmos nosso relacionamento um com o outro, porque no fundo os Stones são maiores do que qualquer um de nós individualmente. Você e eu podemos fazer boa música juntos? É isso que importa. O segredo, como sempre, era ficarmos sozinhos. Há uma diferença marcante entre mim e Mick quando estamos sozinhos e quando alguém mais — qualquer pessoa — está presente. Pode ser a empregada, o cozinheiro, qualquer um. O clima fica totalmente diferente. Quando nós estamos sozinhos, conversamos sobre o que está acontecendo: "Ah, minha mulher me expulsou de casa". Surge uma frase e nós começamos a trabalhar em cima dela. A coisa rapidamente toma forma: piano, guitarra, aquilo vira música. E a magia retorna. Eu consigo extrair coisas dele, e ele consegue extraí-las de mim. Ele consegue fazer coisas que você não imaginava, que não planejou, mas que simplesmente acontecem.

Em pouco tempo tudo foi esquecido. Menos de duas semanas depois daquele primeiro encontro, nós estávamos gravando nosso primeiro álbum em cinco anos, *Steel wheels*, no AIR Studios em Montserrat. Chris Kimsey estava de volta como coprodutor. E a turnê de *Steel wheels*, a maior produção de nossa história, começaria em agosto de 1989. Depois de quase ter dissolvido os Stones para sempre, Mick e eu agora tínhamos mais vinte anos de estrada pela frente.

Eu sabia que isso significava começar tudo do zero de novo. Ou essa coisa perdia todas as rodas e quebrava de uma vez, ou nós sobrevivíamos. Os demais integrantes da banda tinham engolido o sapo. Senão, nós não teríamos conseguido recomeçar. Foi como uma amnésia coletiva do passado imediato, embora os hematomas ainda pudessem ser vistos.

Nós nos preparamos meticulosamente. Ensaiamos direto por dois meses. Era uma produção gigantesca. O cenário tinha sido projetado por Mark Fisher no maior palco jamais construído. Nós viajávamos com dois palcos — enquanto estávamos usando um, o outro estava indo para a próxima cidade da turnê — e com caminhões que transportavam uma cidade móvel com tudo que você possa imaginar, desde salas de ensaio até a mesa de sinuca onde Ronnie e eu nos aquecíamos antes dos shows. Não éramos mais uma nação pirata na estrada. Tanto em termos de personalidade como de estilo, nós estávamos sofrendo uma metamorfose — de Bill Graham para Michael Cohl, que já tinha nos promovido no Canadá. Foi então que me dei conta da magnitude do espetáculo em que eu estava envolvido — algo enorme, gigantesco, um negócio inteiramente diferente.

Os Stones só começaram a ganhar dinheiro com turnês nos anos 80 — as turnês de 81 e 82 marcaram o começo dos shows em grandes estádios e da quebra de recordes de vendas de ingressos para concertos de rock. Bill Graham era o promotor. Ele era o rei dos concertos de rock na época, um grande patrocinador da contracultura, de artistas desconhecidos e de causas nobres, assim como de bandas como Grateful Dead e Jefferson Airplane. Mas aquela última turnê foi um tanto problemática, havia um bocado de coisas fora do eixo. A matemática da coisa não estava batendo. Para colocar isso de forma mais simples, nós precisávamos retomar o controle dos nossos shows novamente. Rupert Loewenstein tinha reformulado as finanças, de modo que nós basicamente não estávamos mais sendo roubados em 80% dos lucros, o que foi muito bom. Até então, nós só recebíamos três dólares a cada ingresso vendido por cinquenta dólares. Ele arrumou patrocínio e recuperou nossos contratos publicitários. Ele se livrou dos aproveitadores e dos esquemas fraudulentos, ou pelo menos de quase todos eles. Ele nos tornou viáveis. Eu amava muito Bill, ele era um cara maravilhoso, mas sua cabeça estava começando a virar. Ele começou a ficar muito cheio de si, o que sempre acontece com os caras que estão fazendo isso há muito tempo. Os parceiros de Bill estavam nos roubando pelas costas dele, coisa de que se gabavam publicamente — um deles chegou a contar como tinha comprado uma casa com o dinheiro que tinha roubado durante a turnê.

Essas maquinações internas não têm nada a ver comigo. Meu negócio é subir no palco e tocar. É por isso que eu pago outras pessoas para cuidarem disso para mim. A questão é que eu só posso fazer a minha música se tiver o espaço de que preciso. É por isso que você trabalha com pessoas como Bill Graham ou Michael Cohl, ou seja lá quem for. Eles tiram esse fardo dos seus ombros, mas você tem de sair levando uma bela fatia dos lucros. Eu só preciso de alguém como Rupert ou Jane — pessoas que se certifiquem de que no fim do dia os shequéis certos acabem nos potes certos. Nós tivemos uma reunião importante em uma das ilhas do Caribe, e foi então que nos juntamos a Michael Cohl, e a partir daí ele promoveu todas as nossas turnês até *Bigger bang,* em 2006.

Mick tem um grande talento para encontrar boas pessoas, mas elas às vezes acabam sendo descartadas ou deixadas de lado. Mick as encontra, Keith as mantém, esse é o mote da nossa trupe, e os fatos estão aí para provar isso. Havia duas pessoas em especial que Mick contratou quando estava investindo em seu trabalho solo, e sem saber, ele acabou me colocando em contato com os melhores dos melhores — caras de quem eu nunca mais me separaria. Pierre de Beauport, o assistente de Mick que veio com ele até Barbados quando eu e ele nos reencontramos, foi um deles. Ele tinha acabado a faculdade e arrumado um emprego no verão, aprendendo a produzir discos em Nova York, e Mick o convidou para participar da sua turnê solo. Pierre não só sabe consertar qualquer coisa, desde raquetes de tênis até redes de pesca, também é um gênio quando se trata de guitarras e amplificadores. Quando eu fui a Barbados, levei apenas um velho amplificador Fender tweed, que mal funcionava e tinha um som péssimo. Pierre

— é claro, um novato trabalhando para Mick —, tinha sido instruído a jamais cruzar as linhas de batalha da guerra fria, como se estivéssemos falando das Coreias do Norte e do Sul, ou de Berlim Oriental e Ocidental. Um dia, Pierre resolveu ignorar aquilo tudo e pegou o Tweedie, desmontou, remontou tudo e o fez funcionar perfeitamente. Eu dei um abraço nele. Não demorou muito tempo para que eu descobrisse que ele era o cara. Porque, além disso — e ele escondeu esse fato por um bom tempo —, ele toca guitarra pra caralho. Ele toca essa porra melhor do que eu. O que nos uniu foi nossa paixão absoluta e amor obsessivo pela guitarra. Depois disso, ele passou a trabalhar nos bastidores para mim, cuidando das minhas guitarras. Ele é um verdadeiro curador, um mestre quando se trata de guitarras. Mas nós também somos um time musical, a tal ponto que, hoje em dia, quando eu acho que fiz uma boa música, eu a mostro para Pierre antes de qualquer outra pessoa.

Todas essas guitarras que Pierre comanda têm apelidos e personalidades. Ele conhece os sons e propriedades específicos de cada uma delas. A maioria dos caras que as fabricaram — em 1954, 55 e 56 — já morreram. Digamos que eles tivessem quarenta ou cinquenta anos de idade na época: eles agora teriam bem mais de cem. Mas você ainda pode ler o nome dos inspetores — aqueles que colocavam seu selo de aprovação — dentro das guitarras. Então, os apelidos das guitarras passaram a ser os nomes dos inspetores. Em "Satisfaction", eu toco muito a Malcolm, uma Telecaster, enquanto em "Jumpin' Jack Flash" eu toco Dwight, outra Telecaster. Micawber é uma guitarra muito versátil; ela tem muitos agudos. Malcolm tem mais graves. E Dwight, as sonoridades medianas.

Eu tenho de tirar o chapéu para Pierre e o restante da equipe que trabalha com o *backline*. Às vezes, alguma coisa dá errado no palco. Eles precisam estar a postos para lidar com eventualidades como uma corda de guitarra quebrada: eles têm de estar prontos para colocar outra guitarra de som semelhante em volta do meu pescoço em dez segundos, ao mesmo tempo em que levam a guitarra original para trocar as cordas. Nos velhos tempos, se a sua guitarra quebrasse, foda-se, você saía do palco e deixava o resto da banda lá tocando até que você mesmo conseguisse dar um jeito nela. Mas com todo esse negócio de filmagens e vídeos, cada detalhe é rigorosamente observado. Ronnie vive arrebentando cordas. Mick é o pior de todos. Quando ele toca, a palheta dele acaba com a guitarra.

O segundo cara novo foi Bernard Fowler, que desde então vem cantando com a banda, junto com Lisa Fischer e Blondie Chaplin, que chegaram alguns anos depois. Bernard também estava com Mick no trabalho solo dele. A primeira coisa que eu disse quando ele estava fazendo os vocais de apoio no estúdio foi: "Sabe, eu não queria gostar de você". "Por que não?" "Porque você é um dos caras *dele*." Bernard caiu na gargalhada, e o gelo foi quebrado. De certo modo, eu senti que o roubei de Mick. Mas de qualquer forma eu queria parar com aquela guerrinha, e nós cantamos bem juntos. Jogamos fora toda aquela merda.

Eu contrabandeei Bobby Keys de volta para os Stones em 1989 para a turnê "Steel Wheels", mas não foi fácil. Ele estava fora da banda havia uns dez anos, exceto por alguns shows isolados. Demorei esse tempo todo para trazê-lo de volta. E quando consegui, a princípio eu não contei a ninguém. Nós estávamos ensaiando para a nova turnê no Nassau Coliseum. Nós já nos preparávamos para começar os ensaios gerais, e eu não estava muito satisfeito com o naipe de metais. Liguei para Bobby e disse: "Pegue um avião e se esconda quando chegar aqui". Quando nós íamos tocar "Brown sugar", Bobby estava no palco, mas Mick não sabia que ele estava lá. Eu tinha dito a Bobby: "Quando nós tocarmos "Brown sugar", entre na hora do solo". Então chegou a hora do solo, e Mick se virou para mim e disse: "Que porra é essa?". Eu simplesmente falei: "Entendeu agora o que eu queria dizer?". E quando a música acabou, Mick me olhou e disse: "Bem, é indiscutível". Quero dizer, baby, isso é rock and roll. Mas eu levei anos para trazer Bobby de volta para a banda na maciota. Eu disse: "Alguns dos meus amigos podem fazer algumas merdas colossais, mas eu também sou capaz de fazer isso, assim como Mick ou qualquer outra pessoa". Se você é incapaz de fazer uma merda, cadê a sua auréola? Minha vida é cheia de auréolas quebradas. Mick não disse uma palavra a Bobby durante toda a turnê. Mas ele ficou.

O próximo membro a ser adicionado à gangue do Richards foi Steve Crotty — uma daquelas pessoas que simplesmente me acharam, e nós ficamos amigos instantaneamente. Steve nasceu em Preston, em Lancashire. O pai dele era um açougueiro, um cara bruto, e foi só por isso que Steve saiu de casa aos quinze anos em busca de uma vida de aventuras bastante radicais. Eu o conheci em Antígua, onde ele era o gerente de um restaurante famoso, um point de músicos e donos de iate chamado Pizzas in Paradise. Todos os músicos que gravavam no AIR Studios em Montserrat passavam por Antígua na volta, então Steve conhecia muita gente do ramo. Nós costumávamos ir a Nelson's Dockyard, uma das maiores atrações turísticas do local, que não ficava longe do restaurante dele.

Havia uma grande afinidade entre nós, o que fez com que Steve e eu nos identificássemos imediatamente um com o outro. Ele também já tinha sido preso, é claro. Meus amigos passaram pelas prisões mais distintas. No caso de Steve, ele tinha saído havia pouco de uma prisão em Botany Bay, nos arredores de Sydney, na Austrália, o lugar onde o capitão Cook desembarcou. Ele foi sentenciado a oito anos de trabalhos forçados, dos quais cumpriu três anos e meio, passando 23 horas por dia trancado. Uma das razões por que Steve conseguiu sobreviver a essas brutalidades intacto foi que — e todos sabiam disso — manteve o bico fechado e pagou o pato por dois amigos que fugiram. Esse é o tipo de cara que ele é. É impressionante que um homem de natureza tão meiga — embora ele também saiba ser durão — tenha apanhado tanto na vida. Um dia um grupo de marinheiros espanhóis chegaram ao bar dele às três da manhã, totalmente doidões de crack, e ele disse que estava fechando. Eles quase o mataram. Ele ficou em coma por alguns dias, sofreu aneurismas, perdeu nove dentes, ficou sem enxergar por duas semanas. Por que eles bateram tanto nele? A última coisa que Steve disse a eles foi: "Voltem mais tarde e eu pago uma bebida para vocês". Ele se virou para o bar e escutou "Eu fodo sua mãe". Steve disse: "Bem, alguém fez isso. O que você quer que eu diga, chame você de papai?". Ele sofreu por isso.

Quando ele se recuperou, eu pedi que fosse cuidar da minha casa na Jamaica, onde ele vive até hoje como xerife da Conferência do Caribe. Enquanto este livro estava sendo escrito, um cara chegou para assaltar minha casa, armado com uma pistola. Steve derrubou o sujeito com uma guitarra elétrica. O cotovelo do cara bateu no chão e a pistola disparou. A bala entrou a 2,5 centímetros do pinto de Steve e saiu do outro lado, sem atingir nenhuma das artérias maiores. É isso que eu chamo de um bom tiro. O cara que invadiu a casa foi morto pela polícia.

Uma vez o uso de uma faca se fez necessário quando estávamos ensaiando em Montserrat. Estávamos gravando uma música chamada "Mixed emotions". Um dos nossos engenheiros estava lá e testemunhou tudo, então é melhor ele contar. Eu não estou incluindo isso aqui só para me gabar da minha pontaria atirando uma faca (embora tenha sido uma sorte eu ter acertado o alvo naquela ocasião), mas para mostrar o tipo de coisa que provoca a névoa vermelha — nesse caso, alguém que entrou no estúdio e que, mesmo sem saber tocar nenhum instrumento, insistiu que sabia que porra eu estava fazendo e tentou me dizer como eu poderia melhorar a faixa. Blá-blá-blá. Como esta testemunha ocular relembra:

> Uma figura importante na indústria da música veio até Montserrat a convite de Mick para discutir um contrato que tinha algo a ver com uma turnê. O cara obviamente era hiperseguro de suas próprias habilidades como produtor, porque nós estávamos no estúdio escutando um take de "Mixed emotions", que seria o primeiro single do álbum. Keith estava lá de pé segurando sua guitarra, Mick estava lá, e nós estávamos escutando o take. Quando a música terminou, o cara disse: "Keith, essa música é realmente muito boa, cara, mas vou lhe dizer uma coisa, acho que se você fizesse o arranjo de um jeito um pouquinho diferente ela ficaria

muito melhor". Então Keith foi até a sua maleta, pegou uma faca e a atirou, e ela foi parar exatamente entre as pernas do sujeito, *boinggg*. Foi bem no estilo de Guilherme Tell; foi demais. Keith disse: "Escute, filhinho, eu já estava compondo músicas antes que você fosse um espermatozoide no pau do seu pai. Não se atreva a me dizer como eu devo compor". Ele saiu do estúdio. E Mick teve que apaziguar a situação, mas foi fantástico. Eu nunca vou me esquecer.

Nós estávamos prontos para sair na grande turnê "Steel Wheels" quando recebi uma visita de Rupert Loewenstein — não de Mick, que deveria ter vindo pessoalmente —, dizendo que Mick não participaria da turnê se Jane Rose continuasse na equipe. Jane Rose era, e até o momento da feitura deste livro continua sendo, minha empresária artística — a última vez que Jane foi mencionada nestas páginas foi quando permaneceu heroicamente ao meu lado durante o período em que me livrei da heroína, logo depois de ter sido preso em Toronto em 1977, assim como fez durante todos os meses e anos de processos criminais que se seguiram no Canadá. Ela tem sido uma presença invisível em grande parte da narrativa destas páginas desde então. Estávamos no verão de 1989, dez anos depois daqueles eventos, e Jane certamente tinha se tornado um espinho na carne de Mick — embora ele mesmo tenha colocado o espinho lá. Jane havia trabalhado para Mick e eu pelo que parecia um número incontável de anos, desde aquele período em Toronto até 1983, embora durante algum tempo o trabalho que ela fazia para mim tivesse tido um caráter extraoficial — ela havia sido incumbida por Mick de grudar em mim e me ajudar. Em 1983, Mick decidiu que queria se livrar dela e demitiu-a dos Rolling Stones. Ele não me disse nada. Quando descobri, não aceitei aquilo de jeito nenhum. Eu, não, colega. Eu não vou descartar Jane Rose. Eu acreditava nela; ela tinha ficado comigo em Toronto, tinha passado por tudo aquilo ao meu lado, além de ter trabalhado como minha empresária artística. Eu a readmiti naquele mesmo dia.

Imediatamente depois disso, Jane se tornou uma força motriz na minha carreira. Quando Mick se recusou a sair na turnê em 1986, Jane começou a articular outros projetos para mim: primeiro um especial na emissora ABC com Jerry Lee Lewis, depois *Jumpin' Jack Flash* com Aretha Franklin, depois um contrato com a Virgin — que tinha recém-chegado chegado aos Estados Unidos — para gravar o disco dos Winos. Éramos Jane e eu, e ela era uma pessoa altamente motivada. Então Mick tinha cismado que ela não podia participar da turnê. Era o mesmo problema de sempre — alguém havia chegado perto demais de mim, dificultando o controle dele, e esse alguém agora estava frustrando os planos de Mick de controlar a coisa toda. Jane é uma pessoa muito tenaz. Ela é o meu buldogue. Ela não larga o osso. E ela geralmente sai ganhando. Nesse caso, ela só estava lutando para que eu fosse consultado em assuntos importantes, o que Mick estava sempre tentando evitar. Ela confrontou diretamente o desejo de Mick de comandar. Isso piorou a situação dela; além do mais, sua tarefa era duplamente difícil pelo fato de ser uma mulher.

Mas Jane fez algumas coisas muito importantes por mim, desde o contrato dos Winos até a minha participação em *Piratas do Caribe*, o que ela conseguiu por pura determinação. Depois que ela negociou o meu contrato com a Virgin, Rupert perguntou a ela, se em sua opinião, os Stones podiam mudar para a Virgin, e em 1991 nós assinamos um contrato gigantesco com eles. Jane às vezes pode ser chata, Deus a abençoe. E ela já desferiu alguns golpes, já causou alguns hematomas — as pessoas frequentemente batem de frente com ela esperando que ela ceda passagem, mas em vez disso encontram um pedregulho no caminho. Eu tenho um tigre disfarçado, um tigre que é leal a mim. Quando Mick deu seu ultimato banindo-a no meio da década de 1980, ele tinha ficado enfurecido — acostumado como estava a controlar tudo — porque eu havia trazido disfarçadamente Bobby Keys de volta à banda, desafiando sua decisão de bani-lo. Talvez essa tenha sido a forma que ele encontrou de se vingar. Mas minha reação ao ultimato dele foi bastante previsível: "Se você se recusar a viajar com Jane, não haverá mais turnê". Nós fizemos a turnê com Jane e tudo, e em alguns aspectos, acho que Mick nunca engoliu isso. Mas a posição que ele decidiu tomar foi errada.

Existem lados cômicos em tudo isso — um deles é a inabilidade patológica de Mick em me consultar antes de executar suas Grandes Ideias. Mick sempre achou que precisava de mais e mais acessórios e efeitos no palco. Ele vinha exagerando com essa parafernália. O pau inflável foi sensacional. Mas só porque algumas ideias funcionaram, toda vez que começávamos uma turnê, eu tinha de me livrar de várias dessas encenações. Eu acho que a banda desempenha melhor sem acessórios. Ou com um mínimo de adereços. Eu tive de cortar vários projetos relacionados ao uso de adereços nessas turnês. Mick queria usar pernas de pau. Por sorte, no dia do ensaio geral estava chovendo e as pernas de pau acabaram caindo. Eu tive que contratar trinta e cinco dançarinas para aparecerem por uns trinta segundos em "Honky tonk women". Antes mesmo de vê-las dançando, mandei todas de volta para casa. "Desculpem, meninas, vão dançar em outro lugar." Foram 100 mil dólares jogados pelo ralo. Mick se acostumou ao *fait accompli* dos anos 70, achando que eu nunca repararia nas decisões dele. Mas eu quase sempre reparei, mesmo naquela época, principalmente quando se tratava de decisões musicais. Meus faxes desgastantes eram mais ou menos assim:

> *Mick, como é que as faixas dos Stones podem estar sendo mixadas e prestes a serem lançadas sem a minha permissão? Eu acho isso no mínimo estranho. As mixagens estão péssimas, por sinal. Como você já deve saber... esse tipo de coisa, quando eu fico sabendo, já é um fait accompli. Como você pode ter sido tão negligente? Quem escolheu as faixas? Quem escolheu a mixagem? Por que você acha que essa é uma decisão só sua? Será que você ainda não percebeu que não pode se fazer de bobo comigo?*

A ideia das megaturnês — Steel Wheels, Voodoo Lounge, Bridges to Babylon, Forty Licks, A Bigger Bang, esses shows fantásticos que nos mantiveram na estrada por meses a fio entre 1989 e 2006 — não foi concebida por Mick nem por qualquer um de nós. Foi basicamente a demanda do público que levou as turnês a tomarem essas proporções. As pessoas perguntam: "Por que vocês continuam fazendo isso? De quanto dinheiro precisam?". Bem, todo mundo gosta de ganhar dinheiro, mas nós só queríamos fazer shows. E essa era uma forma de trabalhar que nós desconhecíamos. Nós nos sentimos atraídos por isso como uma mariposa é atraída pelo fogo, porque era algo que estava disponível e que o público desejava ver. Então, o que a gente poderia dizer? O público deve estar certo. Vocês não pediram? Então tomem. Eu particularmente prefiro tocar em teatros, mas onde é que vamos colocar toda essa gente? Nós não tínhamos ideia da proporção que as coisas iam tomar. Como é que os shows cresceram tanto se não estamos fazendo nada diferente do que fazíamos em 1963 no Crawdaddy Club? Normalmente nosso repertório num show inclui dois terços de músicas conhecidas dos Stones, os clássicos. A única coisa que mudou é que a audiência cresceu e os shows ficaram mais longos. Quando estávamos começando, os shows de qualquer banda famosa costumavam durar vinte minutos. Os Everly Brothers talvez tocassem uma meia hora. Mas quando se trata de uma turnê, estamos falando de pura aritmética: quantos traseiros estarão sentados nas cadeiras, quanto custará a produção do show — é uma equação.

Você poderia dizer que Michael Cohl foi quem nos fez alcançar essa magnitude, mas ele fez isso porque calculou a demanda — depois de oito anos sem uma turnê — e resolveu arriscar. Nós não sabíamos ao certo se a demanda ainda era muito grande, embora o fato de que as previsões de Cohl estavam certas tenha ficado claro no primeiro dia em que os ingressos foram colocados à venda na Filadélfia, quando a lotação praticamente esgotou três vezes.

As turnês eram a única forma de a banda sobreviver. Os royalties dos discos mal pagavam as despesas gerais; você não podia mais fazer uma turnê só para promover um álbum como se fazia antigamente. As megaturnês passaram a ser o sustentáculo dessa organização. Não dava mais para fazer turnês menores e garantir muito mais do que um mero retorno dos investimentos. Os Stones eram uma raridade no mercado musical porque os shows que enchiam os estádios ainda eram baseados apenas na música — e em nada mais. Você não vai ao show para assistir a coreografias de dança ou ver um vídeo. Você vai para escutar e ver os Stones.

Alguns aspectos dessas turnês teriam sido inimagináveis nos anos 70. As pessoas começavam a murmurar indignadas, dizendo que tínhamos nos tornado uma corporação e um veículo de marketing por causa de todos os nossos contratos de patrocínio. Mas isso também fazia parte do sustento da organização, da equação de que falei antes. Como se financia uma turnê? "Contanto que a coisa seja justa para com a audiência e para com vocês" — era assim que eles pensavam. Havia várias sessões de "*meet-and-greet*" — onde as pessoas chegam e apertam as nossas mãos e tiram fotos conosco — que faziam parte do contrato. Na verdade, era até divertido. Era apenas um bando de gente embriagada numa fila dizendo "Ei, tudo bem, baby?". "Ah, eu amo vocês." "Ei, irmão." Essas pessoas trabalham para as companhias que nos patrocinam. Parece até campanha eleitoral, mas isso também faz parte do trabalho. "Ah, agora o trabalho vai começar realmente. Vamos terminar logo esse jogo de sinuca porque está na hora do *meet-and-greet*." Por um lado, isso trazia uma certa segurança. O *meet-and-greet* significa que faltam duas horas para entrarmos no palco. Então você sabe exatamente onde está. É sempre bom estabelecer uma certa rotina, principalmente quando se está numa cidade diferente a cada dia.

Nosso maior problema com os estádios e palcos imensos, com essa coisa do espaço ao ar livre, era o som. Como você transforma um estádio num clube noturno? Um teatro perfeito para um show de rock seria uma garagem imensa feita de tijolos, com um bar no fundo. Não existe um local adequado para shows de rock; não existe nenhum lugar no mundo que tenha sido idealmente projetado para se tocar esse tipo de música. Você trabalha com o que tem e se adapta a locais que foram projetados para outros fins. O que nós adoramos são ambientes controlados, alguns teatros como o Astoria, salões de baile como o Roseland, em Nova York, lugares como o Paradiso, em Amsterdã.

Há um lugar legal em Chicago chamado Checkerboard. É um espaço ótimo com o tamanho ideal. Mas quando se está tocando ao ar livre naqueles palcos enormes, nunca se sabe o que pode acontecer.

Existe outro cara que participa da banda em shows ao ar livre — Deus. Ou ele resolve ser benigno, ou pode mandar um vento na direção errada e o som é varrido para fora do estádio; então alguém está recebendo o melhor som dos Stones no mundo, mas esse alguém está a três quilômetros de distância e não quer ouvir isso. Por sorte eu tenho minha vara mágica. Antes de os shows começarem, nós vamos até o palco para passar o som e eu uso uma das minhas varas para fazer uns sinais cabalísticos no céu e no chão do palco. Tudo bem, o tempo vai ficar bom. É um fetiche, mas se eu chegar a um show ao ar livre sem minha vara, o pessoal acha que estou doente. O tempo normalmente fica bom na hora do show.

Alguns de nossos melhores shows aconteceram nas piores condições climáticas imagináveis. No primeiro show que demos na Índia, em Bangalore, um temporal desabou no meio da primeira música e não parou de chover forte o show inteiro. Não dava nem para ver a escala da guitarra porque havia água jorrando e espirrando para todos os lados. O Temporal em Bangalore, é assim que chamamos o show até hoje, que por sinal ficou famoso. Mas foi um show sensacional. Pode vir gelo, neve, chuva, não importa, a audiência sempre fica lá. Se você ficar lá com eles, sob as piores condições meteorológicas do mundo, eles também ficam e curtem o show e se esquecem do clima. O pior é quando há uma frente fria. É muito difícil tocar quando os dedos estão congelando. Nós fazemos muito poucos shows nessas condições — tentamos evitar isso ao máximo —, e Pierre manda uns caras ficarem nos bastidores com pequenas bolsas térmicas que usamos por alguns minutos entre as músicas para que nossos dedos não congelem.

Eu tenho uma cicatriz que adquiri uma noite quando queimei meu dedo até o osso enquanto tocava a primeira música do show. A culpa foi minha. Eu lembrei a todo mundo que esperasse atrás do palco porque o show abriria com uma grande queima de fogos de artifício, mas depois eu mesmo esqueci do aviso. Entrei no palco quando os fogos estavam pipocando e um fragmento de pólvora pulou no meu dedo. Ele começou a fumegar e a queimar. E eu sabia que não podia tocar nele porque isso espalharia a queimadura. Eu tive que deixar meu dedo queimar até o osso enquanto tocava "Start me up". Fiquei vendo o branco do meu osso durante as duas horas seguintes.

Lembro de um show na Itália em que eu sabia que estava prestes a desmaiar. O show era em Milão, nos anos 70, e eu mal conseguia ficar em pé; eu não conseguia respirar. O ar estava totalmente estagnado, fazia calor e comecei a sentir que ia desfalecer. Mick também mal conseguia se manter em pé. Charlie sempre tem um pouco de sombra, mas eu estava totalmente exposto à poluição de Milão, ao calor e a substâncias químicas debaixo de um sol implacável. Nós tivemos um par de shows assim. Houve ocasiões em que eu acordei com uma febre de 39,5, mas fui tocar assim mesmo. Eu penso: "Dá para aguentar. Provavelmente vou suar isso no palco". E na maioria das vezes isso acontece mesmo. Eu já entrei no palco com febres altíssimas e saí totalmente bom no final do show, simplesmente por causa da natureza do trabalho. Algumas vezes eu provavelmente deveria ter cancelado o show e ficado na cama. Mas se eu achar que dá para subir cambaleando no palco, eu subo. E com um pouco de suor o problema geralmente é resolvido. Outras vezes passei bastante mal no palco. Se eu contasse o número de vezes em que me virei e vomitei atrás dos amplificadores, ninguém acreditaria. Mick vomita atrás do palco. Ronnie também. Às vezes isso acontece por causa das condições: falta de ar, calor demais. Vomitar não é nenhum bicho de sete cabeças. É algo que ajuda você a se sentir melhor. "Onde está o Mick?" "Ele foi vomitar nos bastidores." "Bem, eu sou o próximo."

Quando se toca nesses grandes estádios, você espera que a música encha o lugar assim que você der os primeiros acordes, em vez de soar como o sussurro de um morcego. Algo que você tocou ontem numa salinha de ensaio pode ter parecido fantástico, mas quando você toca a mesma coisa num palco enorme, o som lembra três ratinhos presos numa ratoeira. Na turnê "Bigger Bang", nós tínhamos Dave Natale, o melhor técnico de som ao vivo com quem eu já trabalhei. Mas mesmo com alguém desse calibre, num grande estádio você nunca pode testar realmente o som até que o lugar esteja cheio de gente, então você nunca sabe como vai ser na primeira noite. E quando Mick se afasta da banda e desce alguma rampa, não se pode confiar que ele está escutando o mesmo que nós. Talvez a velocidade esteja defasada por apenas uma fração de segundo, mas se isso acontecer, a batida já era. E agora ele está cantando a música em estilo japonês, a menos que a banda dê uma leve freada no tempo da música. E isso é uma verdadeira arte. É preciso que a banda esteja hipersincronizada para que você consiga mudar totalmente a batida de modo que Mick acabe cantando no tempo certo. A banda que estava tocando no contratempo passa a tocar no tempo e depois muda novamente mais duas vezes para conseguir fazer isso, mas o público nem desconfia. Eu fico esperando Charlie olhar para Mick e reajustar o ritmo de acordo com a linguagem corporal dele e não com o som, porque com eco você nunca pode confiar no som. Charlie dá uma gaguejadinha, espera para ver onde Mick vai marcar o tempo, e *bang*; eu entro na batida.

A gente sente vontade de descer essas rampas correndo, mas isso não ajuda a música em nada, porque você não consegue tocar muito bem quando está correndo. Aí você chega lá embaixo e tem de subir correndo de novo. Então você se pergunta: "Por que eu estou fazendo isso?". O que nós temos aprendido é que, independentemente da imensidão do estádio, se mantivermos a banda toda num lugar só, dá para fingir que estamos tocando num lugar pequeno. Com o telão, o público consegue ver quatro ou cinco caras juntos, e essa imagem é muito mais impactante do que se estivéssemos espalhados, correndo por toda parte. Depois de tantos shows, percebemos que o público olha mesmo é para o telão. Eu pareço um palito; eu só tenho 1,78 metro de altura, e não importa de que ângulo você olhe para mim, eu nunca vou conseguir ficar maior.

Quando você começa a viajar nessas turnês, se torna uma máquina; a sua rotina fica totalmente voltada para os shows. Você começa a se preparar para o show desde a hora em que levanta da cama, e a sua mente fica focada nisso o dia inteiro, mesmo que você já esteja careca de saber o que tem de fazer. Depois você pode até tirar umas duas horas para se divertir um pouco, se não estiver exausto. Quando a turnê começa, eu levo uns dois ou três shows para me situar, para encontrar o meu ritmo. Passado esse tempo, posso fazer shows direto.

Mick e eu nos preparamos de maneiras diferentes. Mick tem de fazer muito mais que eu fisicamente, exceto pelo fato de eu ter de segurar dois a três quilos de guitarra. A concentração de energia é diferente. Ele malha muito para ficar em forma. A única coisa que eu faço para preservar energia é continuar respirando. O que me desgasta são as viagens, a comida de hotel, coisas desse tipo. Às vezes essa rotina é exaustiva. Mas quando entro no palco, tudo isso desaparece miraculosamente. Tocar no palco nunca é desgastante. Eu posso tocar a mesma música mil vezes, ano após ano. Quando tocamos "Jumpin' Jack Flash", não é uma repetição; é sempre uma variação. Sempre. Eu não tocaria uma música novamente se achasse que ela estava morta. Nós jamais poderíamos tocar mecanicamente.

A verdadeira liberação acontece quando entramos no palco. Uma vez que estamos tocando lá em cima, tudo se torna divertido e gratificante. Mas é claro que nós precisamos de resistência física. E o único jeito de eu manter o gás durante essas longas turnês é me alimentando da energia que recebemos do público. Esse é o meu combustível. A única coisa que eu tenho para queimar é essa energia, principalmente quando estou com a guitarra nas mãos. Eu fico incrivelmente empolgado quando a plateia se levanta dos assentos. "É isso aí, pessoal, se soltem mesmo! Se vocês me derem a sua energia eu a devolverei em dobro!" É como um imenso dínamo ou gerador. É algo indescritível. Eu dependo disso; eu uso a energia deles para impulsionar a mim mesmo. Se o lugar estivesse vazio, eu não conseguiria fazer nada disso. Mick corre uns 16 quilômetros, e eu corro uns 8 quilômetros com a guitarra pendurada no pescoço, em todos os shows. Nós não conseguiríamos fazer isso se não fosse pela energia do público, não daria nem para sonhar. E eles nos fazem querer dar o melhor de nós mesmos. Nós vamos muito além daquilo que se espera de nós. Isso acontece em todos os shows. Uma hora nós estamos meio desligados nos bastidores, perguntando "Qual vai ser mesmo a primeira música?" e "Ei, vamos fumar mais um baseado?", e na outra estamos lá em cima, no palco. Não que isso seja uma surpresa, porque essa na verdade é a razão de todo aquele esforço. Mas quando estamos lá em cima, todo o meu ser fica eletrizado. "Senhoras e senhores, com vocês os Rolling Stones!" Escuto isso há mais de quarenta anos, mas no minuto em que eu entro no palco e toco aquele primeiro acorde, seja lá qual for a música, é como se eu estivesse dirigindo um fusquinha e de repente estou numa Ferrari. Basta eu dar o primeiro acorde, e sei imediatamente como Charlie vai bater e como Darryl vai tocar em cima daquilo. É como se eu estivesse montado num foguete.

Quatro anos se passaram entre *Steel wheels* e *Voodoo lounge*, que foi em 1994. Isso me deu a oportunidade de fazer outros trabalhos, gravar álbuns solo, fazer algumas participações especiais, gravar tributos a outros artistas e participar de homenagens as mais diversas. No fim das contas toquei com quase todos os sobreviventes entre meus heróis de infância, como James Burton, os Everlys, os Crickets, Merle Haggard, John Lee Hooker e George Jones, com quem eu gravei "Say it's not you". O prêmio de que mais me orgulhei foi quando Mick e eu fomos indicados para o Songwriters Hall of Fame (Salão da Fama dos Compositores) em 1993, porque a indicação foi assinada por Sammy Cahn no seu leito de morte. Levei anos para apreciar o valor artístico dos compositores do Tin Pan Alley — eu antes os ignorava ou eles passavam despercebidos. Mas quando me tornei um compositor, passei a valorizar o talento deles, a forma como construíam suas músicas. Eu tinha a mesma estima por Hoagy Carmichael, e nunca vou esquecer que ele me ligou seis meses antes de morrer.

Uma noite, Patti e eu tínhamos acabado de chegar a Barbados para passar duas semanas de férias quando a empregada chega e diz: "Sr. Keith, o sr. Michael está no telefone". A primeira coisa que eu pensei foi que era Mick. Mas ela disse que achava que o nome na verdade era Carmichael. E eu perguntei: "Carmichael? Eu não conheço nenhum Carmichael". Senti uma espécie de arrepio da cabeça aos pés. Eu disse a ela: "Pergunte qual é o primeiro nome dele". Ela voltou dizendo que o nome dele era Hoagy. Eu olhei para Patti. É como ser intimado pelos deuses. Foi uma sensação muito estranha. Hoagy Carmichael quer falar comigo? Isso deve ser um trote. Atendi ao telefone e lá estava ele, Hoagy Carmichael. Ele tinha escutado a minha versão de "The nearness of you", que eu dera ao nosso advogado Peter Parcher. Peter gostou da voz e do piano e mandou a gravação para Hoagy. Minha versão era num estilo de cabaré, virei realmente a música do avesso, propositadamente. Eu não sei tocar piano muito bem, então improvisei da melhor forma que pude. E lá estava Carmichael no telefone, dizendo: "Cara, eu ouvi a sua versão de "The nearness of you", e foi assim que eu escutei a música quando a escrevi". Eu sempre vira Carmichael como um sujeito conservador, e eu duvidava muito que ele fosse me aprovar ou aprovar o fato de que eu estava cantando a música dele. Mal pude acreditar quando ele ligou dizendo que tinha gostado da minha versão. E escutar isso dele... Uau! Era como se eu tivesse morrido e ido para o céu. Foi um momento mágico. Ele disse: "Você está em Barbados? Você tem que ir até um bar qualquer e pedir um *corn'n'oil*". É uma mistura feita de um rum muito escuro e um melado bem grosso. Eu não bebi outra coisa nas duas semanas seguintes — *corn'n'oil*.

No final da turnê "Steel Wheels" nós participamos da liberação de Praga, ou pelo menos foi assim que nos sentimos. Um gancho de direita bem no olho de Stalin. Fizemos um show lá logo depois da revolução que derrubou o regime comunista. A manchete nos jornais era "Tanks Roll Out, Stones Roll In".[8] Um grande golpe político havia sido dado por Václav Havel, que alguns meses antes tinha liderado outro golpe na Checoslováquia sem derramar uma gota de sangue, uma jogada brilhante. Os tanques estavam deixando a cidade, e os Stones estavam chegando. Nós ficamos felizes em participar daquele

8 Trocadilho com a palavra *roll* (rolar), que significa "Saem os tanques e chegam os Stones". (N. T.)

momento. Havel provavelmente é o único chefe de Estado que poderia ter feito um discurso sobre o papel do rock and roll nos eventos políticos que levaram à revolução no Bloco Soviético. Ele é o único político que eu me orgulho de ter conhecido. Um cara sensacional. Quando se tornou presidente, ele tinha um enorme telescópio no palácio que usava para olhar para a cela da prisão onde tinha passado seis anos. "Todos os dias eu olho por aquele telescópio em busca de uma perspectiva mais ampla das coisas." Nós fizemos a iluminação do palácio para ele. Eles não tinham como arcar com essa despesa, então nós pedimos a Patrick Woodroffe, nosso guru das luzes, para reformular a iluminação do imenso castelo. Patrick deixou o palácio todo iluminado, tipo Taj Mahal. Nós demos a Václav um controle remoto branco com o logotipo da língua. Ele andava pelo palácio acendendo tudo, e de repente as estátuas ganhavam vida. Ele ficou que nem uma criança, apertando os botões e exclamando "Uau!". Não é sempre que você tem a oportunidade de se relacionar com um presidente assim, de quem você pode dizer "Puxa, eu gosto desse cara!".

Numa banda, os componentes estão perpetuamente aprendendo a tocar juntos. Você sempre sente que a banda está ficando cada vez mais unida. É como uma família muito chegada. Se alguém vai embora, a família fica enlutada. Quando Bill Wyman saiu da banda, em 1991, fiquei extremamente irritado. Fiz questão de que ele ouvisse poucas e boas. O que ele fez não foi nada legal. Ele disse que não queria mais voar. Ele passou a ir de carro para todos os shows porque de repente ficou com medo de andar de avião. Isso não é uma desculpa razoável. Por favor! Eu não pude acreditar. Eu já tinha voado várias vezes com ele nos aviõezinhos mais detonados do mundo e ele nunca tinha demonstrado medo nenhum. Mas acho que isso é algo que a pessoa pode desenvolver com a idade. Ou talvez ele tenha feito uma análise computadorizada. Ele adorava computadores. Ele foi um dos primeiros a ter um. Acho que eles satisfaziam sua mente analítica. Ele provavelmente viu alguma estatística no computador dizendo que suas chances de morrer aumentam se você voa com certa frequência. Honestamente, eu não sei por que ele tem tanto medo de morrer. Não é algo que se possa evitar. É só uma questão de onde e como!

Mas, então, o que ele fez? Depois de ter se livrado por sorte e talento das pressões da sociedade — coisa que se tem uma chance em 10 milhões de conseguir —, ele se submete novamente a elas se tornando um comerciante, investindo toda a sua energia em abrir um pub. Por que você largaria a melhor porra de banda do mundo para abrir um restaurante de *fish and chips* chamado Sticky Fingers? E ele ainda usou um dos nossos títulos. Parece que o negócio dele está indo bem. O mesmo não pode ser dito da inexplicável incursão de Ronnie no ramo de bufês, o que é sempre um pesadelo no que diz respeito a impedir as pessoas de meterem a mão no caixa. O sonho de Josephine era ter um spa. Eles abriram um e foi um desastre. O negócio veio abaixo de forma espetacular num dramático processo de falência.

Nós só anunciamos ao mundo que Bill tinha deixado a banda em 1993, quando encontramos um substituto, o que demorou um bocado, mas graças a Deus acabamos achando um cara que se encaixou perfeitamente com a banda. Para falar a verdade, não tivemos que olhar muito longe. Darryl Jones estava estreitamente relacionado aos Winos — ele é muito amigo de Charley Drayton e Steve Jordan. Então, ele já andava por perto. Na minha opinião, Darryl é um gigante, um cara especial, pau pra toda obra. E é claro que o fato de ele ter tocado por cinco anos com Miles Davis certamente foi bom para Charlie Watts, que aprendeu a tocar imitando os grandes bateristas de jazz. E Darryl se moldou rapidamente à banda. Eu realmente gosto de tocar com Darryl; ele está sempre me provocando. Nós nos divertimos demais no palco. Ah, você quer tocar assim? Está bem, então por que não vamos mais longe? Nós sabemos que Charlie dá conta do recado. Vamos brincar um pouco. Vamos mandar ver! E Darryl nunca me decepcionou.

Apesar de a banda ter se dispersado, os X-Pensive Winos exerceram uma influência marcante na cultura popular com seus incríveis solos improvisados, além da participação da música "Make no mistake" na trilha sonora de *Os sopranos*, junto com "Thru and thru" dos

Stones. Nós estávamos prontos para entrar novamente em ação, e decidimos nos reunir em Nova York para reestruturar a banda — uma gangue ligeiramente mais desgastada do que os jovens músicos que tinham obedecido ao chamado às armas cinco anos antes. O vinho tinha sido substituído havia muito tempo pelo Jack Daniel's como a bebida favorita da banda. Quando fomos gravar o primeiro disco no Canadá, estávamos num lugar ermo, no meio do mato, e bebemos todas as garrafas de Jack Daniel's disponíveis num raio de oitenta quilômetros! Isso no final da primeira semana. Nós tínhamos limpado o estoque de todas as lojas da área e tivemos que mandar alguém ir até Montreal para comprar mais. Quando estávamos trabalhando no segundo álbum, o Jack Daniel's fluiu novamente junto com outras paradas, então a coisa ficou meio desarticulada e o trabalho começou a se arrastar a tal ponto que eu, Keith Richards, tive que banir o Jack Daniel's do estúdio. Foi nesse momento que troquei oficialmente o Jack pela vodca, e a proibição funcionou. Dois ou talvez três dos componentes da banda pararam totalmente de beber depois disso, sem nunca tomar mais nenhuma gota sequer.

Antes de eu estabelecer limites ao nosso consumo de álcool, tivemos que escutar uma explosão de raiva repentina de Doris porque, olhando através da janela de vidro do estúdio, ela achou que nós estávamos jogando tempo fora. Foi Don Smith quem a convidou a entrar. Don morreu enquanto eu estava escrevendo este livro e deixou muitas saudades. Ele relembrou a visita de Doris assim:

> **Don Smith:** Keith e os rapazes estavam supostamente gravando os vocais de apoio no estúdio, mas em vez disso eles ficaram tagarelando por uns vinte minutos. Doris entra no estúdio, me pergunta o que aquilo significava e pede para falar com eles. Então eu mostro o botão que ela tem de apertar para que eles escutem sua voz lá de dentro, ela aperta o botão e começa a berrar: "Parem agora mesmo de sacanagem e voltem ao trabalho... Este estúdio custa dinheiro e vocês ficam aí conversando sobre nada. Como ninguém entende uma palavra do que vocês estão dizen-

do voltem à porra do trabalho. Eu voei da porra da Inglaterra até aqui, e não tenho tempo para ficar ouvindo vocês jogando conversa fora". A bronca dela na verdade foi muito mais longa e severa. Eles realmente ficaram com medo dela por um instante, mas logo depois todo mundo caiu na gargalhada, e todos eles voltaram rapidamente ao trabalho.

Graças a Doris voltamos à labuta. Mas nós fomos colocados sob regime rigoroso, o que eu prefiro que Waddy descreva:

Waddy Wachtel: No início, chegávamos ao estúdio às sete da noite e ficávamos pelo menos doze horas trabalhando. Com o tempo, dissemos: "Ah, vamos começar às oito, vamos começar às nove, vamos começar às onze". Então, de repente, e eu juro por Deus que isso é verdade, nós começamos a chegar a uma, às três horas da madrugada. Nós estávamos no carro um dia de manhã e Keith estava sentado de óculos escuros com uma bebida na mão, era um dia de sol, e ele disse: "Ei, espere um minuto! Que horas são?". E nós respondemos: "São oito da manhã". Então ele disse: "Podem dar meia-volta! Eu não vou começar a trabalhar às oito da manhã!". Ele tinha trocado totalmente a noite pelo dia.

Ficamos lá durante muitas semanas tentando terminar esse disco. Nós estávamos em Nova York no verão, e eu não vi o sol nem uma vez. Nós saíamos do estúdio de manhã, e o dia estava cinza. Eu voltava para o meu quarto, dormia o dia inteiro, levantava à noite e voltava para o estúdio. Para dar uma ideia de quanto tempo levamos para terminar o álbum, naquela época eu fumava um cigarro atrás do outro e eu tinha esse mini-isqueiro Bic. Jane Rose havia dito que nós tínhamos um mês e meio para acabar o álbum. Eu disse a Keith enquanto acendia um cigarro: "Sabe, esses isqueiros duram mais ou menos um mês e meio. Então, quando esse isqueiro rosa estiver vazio, nós devemos ter acabado o disco". "Tudo bem, cara, vamos ficar de olho no isqueiro." Então, um mês e meio se passou. Eu compro outro isqueiro rosa e não digo nada. Agora já são quase dois meses. Toda vez que Keith fuma um cigarro, eu faço questão de acender para ele com meu isqueiro rosa. E ele fica só olhando, achando que nós ainda temos tempo. Então, três isqueiros depois, minha esposa, Annie, vem me visitar em Nova York. E eu digo a ela: "Querida, eu tenho uma missão para você. Quero que você saia e compre todos os isqueiros rosa da Bic que encontrar porque nós estamos prestes a começar a mixagem". Finalmente, nós estávamos terminando de mixar a última música, "Demon", que por sinal estava ficando bem legal. E nos últimos três ou quatro dias, eu fui trabalhar com o bolso cheio de isqueiros, pelo menos uma dúzia deles. Finalmente terminamos "Demon" e Keith entra na sala, e ele está todo feliz e diz "Ahhhhhh, vou fumar um cigarro". E eu digo: "Deixe-me acender para você". Coloco a mão no bolso e tiro todos esses isqueiros. E ele diz: "Seu filho da puta! Eu sabia que tinha alguma coisa errada!".

O simples ato de chegar ao estúdio às vezes era um suplício. Houve um pequeno desentendimento num bar em Nova York quando eu estava tomando um drinque com Don no caminho para o estúdio — e daquela vez foi a mera estupidez da coisa que me deixou puto. Don foi uma das testemunhas.

Don Smith: Eu costumava encontrar Keith no apartamento dele para irmos andando juntos até o estúdio, mas nós sempre parávamos para um drinque num bar que havia no caminho. Então, um dia, assim que nós entramos, o DJ do bar começou a tocar músicas dos Stones. E depois da segunda música, Keith chegou educadamente para ele e disse: "Você poderia fazer a gentileza de parar com isso? Nós estamos apenas a caminho do trabalho". Mas o cara continuou a colocar mais e mais músicas dos Stones. Então Keith foi até onde ele estava, agarrou o cara e de repente o sujeito estava no chão com o joelho de Keith no peito. E eu disse: "Ei, Keith, acho que está na hora de cairmos fora".

Os Winos fizeram outra turnê do barulho que incluiu a Argentina, onde fomos recebidos por um pandemônio jamais visto desde o começo dos anos 60. Os Stones nunca tinha ido lá, então, quando chegamos, fomos surpreendidos por uma Beatlemania em último grau, congelada no tempo e liberada com a nossa chegada. Nosso primeiro show foi num estádio com 40 mil pessoas, e o barulho, a energia, foram inacreditáveis. Eu convenci os Stones de que esse era definitivamente um mercado onde muitas pessoas gostavam da gente para valer. Eu levei Bert e nós moramos durante algum tempo em Buenos Aires, nesse hotel maravilhoso, um dos meus hotéis favoritos no mundo, o Mansion, numa suíte espetacular com cômodos de proporções perfeitas. Bert acordava todos os dias de manhã e começava a rir. Ele estava ouvindo "Olé, olé, olé, Richards, Richards...". Essa era a primeira vez em que o sobrenome dele estava sendo entoado ao som de tambores para acordá-lo para o café da manhã. Ele disse: "E eu achei que eles estavam gritando para mim".

Mick e eu tínhamos aprendido a conviver com nossas diferenças, mas ainda foi preciso muita diplomacia para nos mantermos juntos em 1994. Barbados foi novamente o lugar escolhido para sediar a reunião onde nós decidiríamos se conseguiríamos nos entender o suficiente para gravarmos mais um álbum. O encontro foi bom, como sempre costumava ser quando estávamos sozinhos. Eu trouxe apenas Pierre, que agora trabalhava para mim. Nós morávamos num complexo localizado numa plantação de capim-limão, e foi lá que eu conheci um companheiro que deu nome ao álbum e à turnê que se seguiria — *Voodoo lounge*.

Uma noite um temporal desabou, um daqueles aguaceiros tropicais, e eu tinha dado uma saída rápida para comprar cigarros. De repente escutei um barulho e pensei que fosse um daqueles sapos enormes que vivem em Barbados e soam como gatos. Quando olhei, vi um gatinho encharcado saindo de um cano de esgoto que ficava no caminho. Ele mordeu minha mão. Eu sabia que devia haver uma porção de gatos lá dentro, então eu disse: "Ah, você saiu desse cano, onde a sua mãe mora?". Eu o empurrei para dentro do cano, mas assim que eu me virei, ele apareceu de novo. Então eu tentei empurrá-lo para dentro novamente. Em outras palavras, ele não era bem-vindo. Eu disse: "Ah, por favor, volte lá para dentro, vá brincar com os outros gatinhos", mas ele saiu mais uma vez. Ele ficou olhando para mim, aquele gatinho raquítico. Então eu disse: "Ah, merda, está bem, venha". Eu o coloquei no bolso e o levei comigo para casa. Àquela altura eu também estava encharcado como uma ratazana. Eu apareço à porta de casa, meu robe de estampa de leopardo todo ensopado, parecendo um *obeah man*[9] embaixo de uma mangueira de bombeiro, segurando um gatinho. "Pierre, eu tive um pequeno desvio de rota." Parecia claro que se nós não cuidássemos do gatinho, ele estaria morto pela manhã. Então Pierre e eu tentamos fazer o básico, colocamos leite num pires, enfiamos a cabeça dele lá dentro, e ele bebeu tudo. "Ah, parece que esse bichinho é forte, nós só precisamos mantê-lo vivo. Precisamos apenas ajudá-lo a crescer." Nós o chamamos de Voodoo porque estávamos em Barbados e a sobrevivência dele desafiava as estatísticas — ele devia ser um amuleto da sorte. E esse gatinho me seguia o tempo todo. Então o gato se tornou Voodoo e o terraço da casa virou Voodoo's Lounge. Eu escrevi esse nome em vários cartazes e os coloquei em volta do perímetro do pátio. O gatinho estava sempre no meu ombro ou perto de mim. Eu tive que protegê-lo dos gatos de rua por várias semanas. Os gatos de rua queriam acabar com ele, eles não queriam outro gato macho na área. Eu jogava pedra nos gatos quando os via rodeando a casa, querendo linchar Voodoo. "Entregue-nos aquele veadinho!", eles pareciam dizer. Voodoo acabou indo morar em minha casa em Connecticut. Nós não íamos nos separar depois de tudo aquilo. Ele desapareceu em 2007. Ele era um gato selvagem.

9 Obeah é uma forma de religião ou culto de ancestrais africanos que tem raízes em comum como o candomblé do Brasil, com a santeria de Cuba e com o vudu do Haiti. No *patois* local, *obeah man* significa "pai de santo". (N. T.)

Nós todos nos refugiamos na casa de Ronnie na Irlanda, em County Kildare, e começamos a trabalhar em *Voodoo lounge*. Tudo estava indo bem, até que um dia ouvimos dizer que Jerry Lee Lewis estava morando relativamente perto dali, fugindo da Receita Federal americana ou algo assim. A casa dele ficava apenas a uma ou duas horas de distância, então nós lhe perguntamos: "Você não gostaria de vir até aqui e tocar com a gente?". Mas, aparentemente, segundo o ponto de vista de Jerry na época, ou segundo o modo como o recado foi passado para ele, ele estaria gravando um álbum de Jerry Lee Lewis com os Stones como banda de apoio. Mas nós só queríamos que ele viesse fazer um som com a gente, algo informal. "Nós podemos fazer algo bem relax, nós temos um estúdio montado, vamos tocar um rock and roll juntos." Então nós tocamos um monte de músicas, coisas muito interessantes, por sinal, e nós temos tudo isso gravado numa fita em algum lugar. Depois nós escutamos a gravação novamente, e Jerry disse: "Ei, o baterista estava meio atrasado nessa parte. Ele vai destruir essa banda. Ei, a guitarra está um pouco...". E eu olhei para ele e disse: "Jerry, nós estamos apenas escutando uma gravação informal, você sabe o que eu quero dizer, não estávamos gravando um álbum. Nós só estávamos tocando para nos divertir". A névoa vermelha voltou a cobrir meus olhos, e eu disse: "Se você quiser destruir minha banda, seu nome é Lewis, não é? Você é do País de Gales. Meu nome é Richards; nós dois somos do País de Gales. Então eu vou olhar bem dentro desses seus olhinhos azul-bebê e você vai olhar bem dentro desses dois filhos da puta negros, e se você quiser ir lá fora brigar, vamos nessa. Mas porra, não tente separar minha banda". Então saí da sala; eu simplesmente saí batido de lá e escrevi "Sparks will fly" inspirado naquela situação, enquanto observava a fogueira do lado de fora da casa. Nosso velho chefe de equipe Chuch Magee disse que Jerry se virou e disse: "Bem, isso normalmente funciona". Mas o som que fizemos com ele naquela noite foi incrível. E, para mim, foi uma tremenda honra tocar daquele jeito com ele. Nós perguntávamos "Jerry, o que você tem para nós?"; e ele respondia: "Bem, que tal tocarmos 'House of blue lights?'". Foi brilhante. Foi assim que Jerry e eu nos encontramos do jeito que caras como nós precisam se encontrar, e desde aquele dia ele tem sido como um irmão para mim.

O novo recheio do sanduíche, ou seja, a pessoa que agora ficava entre mim e Mick, era Don Was, que se tornou nosso produtor. Ele era inteligente demais para ser devorado. Don tinha uma habilidade diplomática altamente refinada, além de uma incrível intuição musical. Ele não se deixava influenciar facilmente, ainda mais por modismos. E quando estávamos fazendo alguma coisa que ele achava que não ia dar certo, dizia "Acho que isso não vai dar certo", o que poucas pessoas tinham coragem de fazer. Os outros simplesmente seguiam adiante e nos deixavam quebrar a cara. Ou no máximo diziam polidamente: "Vamos deixar isso aqui de lado por enquanto. Vamos fazer outra coisa agora. Mais tarde podemos retomar essa ideia". Com todos esses talentos, Don sobreviveu de forma brilhante aos nossos próximos quatro álbuns, incluindo *Voodoo lounge*. Ele é considerado no meio musical um dos produtores mais talentosos que existem; ele já trabalhou com uma longa lista de grandes músicos, mas acho que o mais importante de tudo é o fato de ele também ser músico, o que facilita bastante as coisas. Além disso, ele já estava pessoalmente calejado em relação à guerrinha psicológica que costuma acontecer nas bandas, algo em que Mick e eu somos dois dos mais antigos profissionais. Don tinha uma banda chamada Was (Not Was) que ele havia começado com um cara que tinha crescido com ele; os dois nunca tinham brigado, até o momento em que começaram a fazer sucesso, e então eles ficaram seis anos sem se falar, até que a banda afundou numa tempestade de azedume. Soa familiar? No caso de Don, a banda e a amizade também sobreviveram. A visão que ele tem do código genético de toda banda é que mais cedo ou mais tarde os dois componentes principais acabam se virando um contra o outro, porque um deles sempre fica puto quando percebe que, se quiser que a banda cresça, terá que trabalhar com o outro cara, e portanto precisará que ele seja bem-sucedido, e para isso terá no mínimo que escutar o que ele tem a dizer. Isso faz você odiar o outro sujeito. Bem, no meu caso isso não aconteceu, porque o que eu realmente queria era que nós dois dependêssemos um do outro e levássemos o trabalho adiante.

Vamos deixar Don descrever a que ponto as coisas chegaram quando estávamos mixando em Los Angeles.

Don Was: Quando estávamos gravando *Voodoo lounge*, Keith e Mick trocavam comentários amigáveis sobre um jogo de futebol por aproximadamente trinta segundos e depois iam para cantos opostos da sala. Então eles tocavam, mas o grau de interação deles um com o outro fazia parte do relacionamento do grupo. Durante todo o período de produção daquele álbum, eu presumi que eles estivessem ligando um para o outro às cinco da manhã para conversar sobre o que aconteceria no dia seguinte e coisas desse tipo. Mas na verdade a única ocasião em que qualquer um deles ligou para o outro foi quando, e isso Mick me contou, Keith apertou o número errado no speed dial do hotel Sunset Marquis, e Mick estava numa casa alugada nas montanhas, e ele ligou para Mick pedindo mais gelo. Ele pensou que estava ligando para o serviço de quarto.

Entretanto, Don ficou baqueado logo no início, quando uma briga repentina e aparentemente definitiva irrompeu sem mais nem menos no estúdio Windmill Lane em Dublin entre mim e Mick, apesar de nosso relacionamento aparentemente pacífico. A briga foi uma consequência inevitável da ausência de comunicação entre nós, de um acúmulo de raiva que foi entrando em putrefação. Era o ápice de muitas coisas, mas, principalmente, a meu ver, daquela necessidade doentia que ele tinha de controlar tudo, algo que eu achava tão desgastante e difícil de digerir. Ronnie e eu tínhamos retornado ao estúdio e Mick estava tocando um refrão numa guitarra Telecaster novinha em folha. Era uma das músicas dele chamada "I go wild", e ele estava sentado dedilhando a guitarra. Segundo dizem, eu falei: "Há apenas dois guitarristas nesta banda, e você não é um deles". Eu provavelmente quis fazer uma piada, mas ele não achou graça nenhuma — ele entendeu aquilo da forma errada, e a coisa tomou um rumo ainda pior. Eu soltei os cachorros nele e, novamente segundo testemunhas oculares, nós começamos a nos acusar mutuamente sobre tudo, desde Anita até contratos e traição. Foi uma loucura, nós começamos a atirar insultos um no outro. "E quando você fez isso?" "E quando você fez aquilo?" E todo mundo se mandou, os assistentes, Ronnie, Darryl, Charlie e os outros, eles todos saíram correndo para a sala de controle. Eu não sei se dava para nos escutar pelo microfone ou não, mas muita gente escutou a discussão. Don Was, autoelegendo-se mediador, deu uma de diplomata e tentou apaziguar os ânimos. Nós tínhamos ido parar em cantos opostos do prédio, e ele ficava indo e vindo, dizendo: "Mas vocês dois na verdade estão querendo dizer a mesma coisa", frases do tipo. Um velho truque da diplomacia. Don me disse que realmente achava que, se nós disséssemos mais uma palavra um ao outro, todos acabariam entrando num avião e o show seria cancelado para sempre. O que ele não entendeu é que nós já estávamos tendo essa briga havia trinta anos. No fim, depois de mais ou menos uma hora e meia, nós nos abraçamos e reiniciamos a gravação.

Mick foi quem originalmente contratou Don Was. Mick sempre quis trabalhar com ele porque Don é um produtor de *groove* e de *dance hall*. E quando nós terminamos de gravar *Voodoo lounge*, Mick disse que não queria mais trabalhar com Don porque ele tinha contratado Don para ser um produtor de *groove* e Don queria fazer *Exile on main st.* E Mick queria fazer Prince, *The black album* ou algo parecido. Mais uma vez, Mick queria fazer o que tinha escutado na discoteca na noite anterior.

O maior medo de Mick na época, segundo o que ele mesmo vivia dizendo à imprensa, era de que, com *Exile on main st.*, ele acabaria sendo estereotipado. Mas Don estava mais interessado em proteger o legado daquilo que era bom nos Stones; ele não queria fazer nada que estivesse abaixo do padrão da música que fazíamos nos anos 60 e no início dos anos 70. Por que Mick tinha medo de *Exile*? Porque era bom demais! Por isso. Quando eu o escutava dizendo "Ah, nós não queremos voltar no tempo e recriar *Exile on main st.*", eu pensava "Quem dera que você conseguisse, cara!".

Então, em 1997, com o álbum e a turnê *Bridges to Babylon*, Mick queria que fizéssemos algo mais moderno, que trabalhássemos com a música do momento. Apesar da frustração de Mick, Don ainda era o nosso produtor, graças ao fato de ele ser tão bom e saber trabalhar tão bem conosco. Mas dessa vez Mick tinha tido uma ideia que à primeira vista não parecia má: ele tinha contratado diversos produtores para trabalhar com Don em faixas diferentes. Mas quando cheguei a Los Angeles para as gravações, descobri que ele simplesmente chamou quem ele quis sem consultar ninguém. Ele montou uma equipe com todas aquelas pessoas que tinham ganhado Grammys e que estavam na moda. O problema é que nada daquilo funcionou. Eu até tentei me adaptar a um daqueles novos produtores. Se eles me pediam para refazer o take, ainda que o take anterior estivesse perfeito, eu fazia numa boa, e depois fazia outro, e mais outro, até que cheguei à conclusão de que eles estavam por fora. Eles simplesmente não sabiam o que queriam. Então Mick se deu conta do próprio erro e disse: "Me tire daqui". E não foi muito animador descobrir que um daqueles produtores tinha colocado um *drum machine* para repetir um trecho da bateria de Charlie indefinidamente. Bom, aquilo não soava nem um pouco como os Stones. Algumas pessoas afirmam ter visto Ronnie Wood se deitar no sofá e gemer: "Tudo o que resta é o fantasma do pé esquerdo de Charlie".

Mick contratou três ou quatro produtores seguidos. Não havia nenhuma consistência em relação ao que ele queria fazer. Então, com todos aqueles produtores e músicos, incluindo um total de oito baixistas, a coisa ficou completamente fora de controle. Nós praticamente acabamos fazendo discos separados pela primeira vez — um disco meu e o outro de Mick. Metade do tempo o mundo inteiro estava tocando no disco, menos os Stones. A certa altura — quando as coisas ficaram realmente tensas entre mim e Mick —, nossa parceria ficou resumida a Don Was se sentando e passando as letras com Mick. Don agia como meu advogado, alguém que me representava; ele lia os garranchos de letras improvisadas que tinham sido anotadas por alguma garota canadense enquanto eu tagarelava no microfone, e usava essas anotações como fonte de inspiração quando eles estavam procurando uma rima ou algo assim. Bem diferente do que costumávamos fazer na cozinha de Andrew Oldham — era uma parceria sem que nós dois estivéssemos sequer no mesmo cômodo. Mick tinha contratado todas as pessoas com quem ele queria trabalhar, mas eu queria Rob Fraboni. Ninguém sabia quem estava fazendo o que, e Rob tem esse hábito irritante de se virar para os músicos e dizer: "Bom, pessoal, é claro que todos vocês sabem que se o microfone M35 captar isso, o trabalho será todo inutilizado", quando na verdade ninguém sabe disso.

Mesmo com tudo isso, eu gosto de *Bridges to Babylon*; o álbum tem algumas músicas bem interessantes. Eu gosto de "Thief in the night", "You don't have to mean it" e "Flip the switch". Rob Fraboni me apresentou a Blondie, cujo nome verdadeiro é Terence Chaplin, quando estávamos mixando o álbum *Wingless angels* em Connecticut, e Blondie tinha vindo fazer algum trabalho adicional no estúdio. Ele é de Durban. É filho de Harry Chaplin, um dos melhores banjistas da África do Sul. Harry costumava tocar no Blue Train, que fazia a rota de Joanesburgo até a Cidade do Cabo. Blondie tinha uma banda chamada The Flames com Ricky Fataar, um baterista que hoje em dia toca com Bonnie Raitt, e com o irmão de Ricky. Eles eram considerados a maior banda da África do Sul, apesar de Blondie ser classificado como negro, assim como o restante da banda, embora ele passasse por branco em outros aspectos. Assim era o *apartheid*. Quando eles vieram para os Estados Unidos, começaram a trabalhar com os Beach Boys e se mudaram para Los Angeles. Blondie se tornou o suplente de Brian Wilson e fez os vocais de apoio no grande sucesso "Sail on, sailor", enquanto Ricky se tornou o baterista. Fraboni produziu o álbum *Holland* para os Beach Boys, e com isso mais uma árvore genealógica musical espalhava seus galhos. Blondie começou a frequentar o estúdio durante os ensaios de *Bridges to Babylon* a pedido meu, e nós nos tornamos amigos desde então. As músicas que eu estava compondo naquele momento se baseavam em grande parte no trabalho que eu fazia com Blondie e Bernard — os vocais de apoio deles eram parte do processo de criação. Hoje em dia ele trabalha comigo direto. Ele tem um dos corações mais generosos que conheço.

Muitas vezes existe uma narrativa paralela entre as músicas e sua composição, é a história por trás da história. Aqui estão algumas dessas músicas que têm uma narrativa paralela.

"Flip the switch" é uma música que eu fiz para *Bridges to Babylon* quase como uma piada, mas que assim que eu escrevi, assumiu uma clarividência assustadora.

Já estou com meu dinheiro, minha passagem, toda essa merda
Já tenho até um kit de barbear
O que mais seria preciso para me enterrar?
Mal posso esperar, mal posso esperar para ver.

Já tenho a escova de dentes, o antisséptico bucal, toda essa merda
Estou olhando para esse buraco nojento
Já comi o peru e a farofa também
Eu até guardei um pouco para você.

Pode me pegar — baby, estou pronto para partir
Sim, pode me levar — baby, estou pronto para sair daqui
Pode me conectar — baby, se você estiver pronto, baby
Eu não tenho nenhum outro lugar para ir — baby, estou pronto para partir.

Me esfrie, me congele
Até os ossos
Ah, pode acionar o botão.[10]

10 *I got my money, my ticket, all that shit/ I even got myself a little shaving kit/ What would it take to bury me?/ I can't wait, I can't wait to see.// I've got a toothbrush, mouthwash, all that shit/ I'm looking down in the filthy pit/ I had the turkey and the stuffing too/ I even saved a little bit for you.// Pick me up — baby, I'm ready to go/ Yeah, take me up — baby, I'm ready to blow/ Switch me up — baby, if you're ready to go, baby/ I've got nowhere to go — baby, I'm ready to go.// Chill me freeze me/ To my bones/ Ah, flip the switch.*

Logo depois de eu ter escrito essa música — três dias depois —, a 140 quilômetros de distância em San Diego, ocorreu o suicídio em massa de 39 membros de uma seita de cultuadores de extraterrestres chamada Heaven's Gate. Eles tinham decidido que a terra estava prestes a ser destruída e que precisavam se conectar ao OVNI que estaria seguindo o cometa fatal. O cartão de embarque era uma mistura de barbitúricos com purê de maçã e vodca que eles tomavam em turnos. Depois eles se deitavam uniformizados e esperavam pelo transporte. Aqueles caras fizeram isso de verdade, e eu não fazia a mínima ideia de que aquilo tinha acontecido até que acordei no dia seguinte e soube que aquelas pessoas tinham se suicidado, todas organizadamente enfileiradas no chão, esperando serem transportadas para esse novo planeta. Foi no mínimo uma situação bizarra que eu não gostaria que se repetisse. O líder da seita parecia um personagem do filme *E. T.*, o nome dele era Marshall Applewhite.

Eu escrevi animadamente:

Uma injeção letal é um luxo
Quero aplicar uma
No júri todo
Estou morrendo de vontade de levar
Mais um apertão.[11]

Existe um bordel chamado Shades, perto de Ocho Rios, onde fica minha casa na Jamaica, que é gerenciado por um leão de chácara que eu conhecia da Tottenham Court Road. Parece uma típica casa de reputação duvidosa, com sacadas e arcos e um salão de danças com gaiolas e postes, além de um abundante suprimento de beldades locais. Silhuetas, espelhos e sexo oral rolam soltos no salão. Uma noite eu fui até lá e aluguei um quarto. Eu precisava sair da minha casa. Eu estava me desentendendo com os Wingless

11 *Lethal injection is a luxury/ I wanna give it/ To the whole jury/ I'm just dying/ For one more squeeze.*

Angels, que estavam tocando mal, e faltou luz. Então eu os deixei lá resolvendo as coisas e fui até o Shades com Larry Sessler e Roy. Eu queria trabalhar numa música. Então pedi ao proprietário do bordel que me trouxesse duas das suas melhores garotas. Eu não queria fazer nada com elas, só queria um lugar onde pudesse ficar à vontade. "Eu mandarei o melhor que tenho para você", ele disse. Então me instalei num dos quartos, que tinha uma cama de mogno falso coberta por uma colcha vermelha, uma luminária de plástico na parede, um armário, uma mesa, uma cadeira, um sofá vermelho, verde e dourado e uma iluminação vermelha rente ao chão. Eu tinha trazido a minha guitarra, uma garrafa de vodca e um pouco de suco, então pedi às meninas que imaginassem que nós ficaríamos ali juntos para sempre, e perguntei como elas decorariam o lugar. Com pele de leopardo? Em estilo Jurassic Park? Eu também perguntei o que elas diziam aos canadenses que costumavam frequentar o bordel. Elas disseram: "Eles ejaculam em dois segundos. Você diz qualquer coisa, diz que os ama. Você não precisa falar de verdade". Então as garotas pegaram no sono, respirando tranquilamente em suas tanguinhas. Não era uma noite de trabalho típica para elas, então ficaram cansadas. Quando não conseguia mais escrever, eu as acordava e nós conversávamos mais um pouco, e eu fazia mais perguntas. "O que vocês estão achando da letra até agora? Está bem, podem voltar a dormir." Então eu escrevi "You don't have to mean it" naquela noite no Shades.

Você não precisa falar de verdade
Mas fale de qualquer jeito
Eu só preciso escutar aquelas palavras, faça isso por mim.

Você não precisa dizer muito
Babe, de todo jeito eu não ia tocar em você
Eu só quero escutar você dizendo aquilo para mim.

Doces mentiras
Baby, baby

Escorrendo dos seus lábios.
Doces suspiros
Diga-me
Vamos, brinque
Brinque comigo, baby.[12]

O amor já vendeu mais músicas do que a quantidade de refeições que você comeu na vida. Era nisso que se resumia o Tin Pan Alley. Embora seja preciso que as pessoas saibam o que é o amor. É um tema tão comum... Será que você consegue falar dele sob um ponto de vista novo, expressá-lo de forma diferente? Se você pensar muito quando está escrevendo uma letra que fala de amor, ela se torna forçada. É algo que tem que vir do coração. Então as pessoas me perguntam: “Essa música é sobre fulana? É sobre mim?”. Sim, tem um pouquinho sobre você na segunda metade do último verso. Mas na maioria das vezes as letras falam de amores imaginários, de uma compilação de todas as mulheres que você já conheceu.

Você me oferece
Todo o seu amor e empatia
Que afeição mais doce, baby
Isso está me matando.

Porque baby, baby
Será que você não consegue enxergar?
Como é que eu poderia parar
Agora que já comecei, baby?[13]

12 *You don't have to mean it/ You just got to say it anyway/ I just need to hear those words for me.// You don't have to say too much/ Babe, I wouldn't even touch you anyway/ I just want to hear you say to me.// Sweet lies/ Baby baby/ Dripping from your lips// Sweet sighs/ Say to me/ Come on and play/ Play with me, baby.*

13 *You offer me/ All your love and sympathy/ Sweet affection, baby/ It's killing me.// 'Cause baby baby/ Can't you see/ How could I stop/ Once I start, baby.*

"How can I stop". Nós estávamos no estúdio Ocean Way em Los Angeles. Don Was era o produtor e estava tocando teclado. Ele tinha dado várias ideias para o arranjo da música. E à medida que a música foi se desenvolvendo, ela foi ficando mais e mais complexa, e então — como diabos é que a gente vai conseguir terminar isso? E Don tinha convidado Wayne Shorter para vir até o estúdio — na época ele provavelmente era o maior compositor e saxofonista de jazz do planeta; ele havia tocado desde muito jovem nas bandas de Art Blakey e de Miles Davis. Don tem uma conexão incrível com músicos de todos os estilos, formas, tamanhos e cores. Ele já produziu a maioria deles — quase todos os melhores. Além disso, ele já morava em Los Angeles havia muitos anos. Wayne Shorter, um jazzman, disse que os amigos iam debochar dele por vir ao estúdio e tocar o que eles chamam de *duty music*,[14] mas em vez disso ele alçou voo com esse solo maravilhoso. "Eu pensei que simplesmente viria até aqui e tocaria *duty music*", ele disse, "mas meu saxofone está gemendo como um condenado". Tudo isso porque eu tinha dito a ele: "Fique à vontade no final da música, faça o que você achar melhor, mande ver mesmo". E ele foi incrível. E Charlie Watts, que é o melhor baterista de jazz da porra do século, estava tocando com ele. Foi uma sessão de gravação brilhante. "How can I stop" realmente é uma música do coração. Talvez todos nós estejamos ficando velhos. Acho que é uma música diferente daquelas mais antigas porque expõe os sentimentos, deixando-os à flor da pele.

Eu sempre achei que as músicas deveriam ser assim; você não deveria esconder nada quando está cantando. E quando a minha voz melhorou e ficou mais forte, eu pude comunicar um sentimento mais genuíno, e então passei a escrever canções mais suaves, canções de amor, por assim dizer. Eu não poderia ter composto dessa forma quinze anos atrás. Compor uma canção assim, em frente a um microfone, de certa forma é como compor com um amigo. Você indica o caminho, "Meu irmão, eu vou te seguir e a gente vê no que

14 Quando o músico toca apenas o meramente necessário, sem maiores preocupações com a qualidade. (N. T.)

dá". É como se você estivesse embarcando numa jornada cega. Talvez eu tenha um refrão, uma ideia, uma sequência de acordes, mas não sei que palavras colocar em cima daquilo. Eu não sou de ficar agonizando vários dias tentando escrever um poema, esse tipo de merda. E o que acho fascinante sobre isso é que, quando você está lá em cima em frente ao microfone e diz "Muito bem, vamos nessa", de repente surge algo com que você jamais tinha sonhado. Então, tem de pensar em alguma continuação para aquilo que você acabou de dizer num milésimo de segundo. É como se você estivesse competindo consigo mesmo. E de repente você tem alguma coisa, uma espécie de estrutura sobre a qual pode trabalhar. É claro que você vai fazer merda várias vezes se trabalhar dessa forma. Você simplesmente tem de soltar a coisa no microfone e ver até onde consegue ir antes de perder o gás.

"Thief in the night" teve uma jornada dramática até o estúdio de masterização, chegando quase a extrapolar o prazo previsto para o lançamento do álbum. Tirei o título da Bíblia, que eu lia com frequência; você pode encontrar algumas frases muito boas lá. É uma música sobre várias mulheres, que começa quando eu era adolescente. Eu sabia onde ela morava e também onde o namorado dela morava, eu ficava em pé do lado de fora da casa um tanto isolada em Dartford. A história começa assim. Ela fala de Ronnie Spector, de Patti e também de Anita.

Eu sei onde é o seu lugar
E não é com ele. (...)

Como um ladrão na noite
Eu vou roubar o que é meu.[15]

15 *I know where your place is/ And it's not with him (...)// Like a thief in the night/ I'm gonna steal what's mine.*

Mick fez o vocal, mas ele não conseguia sentir a música, ele não pegou o espírito da coisa, e com isso a faixa ficou péssima. Rob não estava conseguindo mixar a música com o vocal de Mick, então nós tentamos consertar a voz uma noite com Blondie e Bernard, que mal conseguiam ficar em pé de tão cansados e tiveram de se revezar dormindo. Quando regressamos ao estúdio, descobrimos que a fita tinha sido sabotada. Estava ocorrendo todo tipo de trapaça. No fim Rob e eu resolvemos roubar as fitas matrizes de duas polegadas das mixagens ainda incompletas de "Thief in the night" do estúdio Ocean Way em Los Angeles, onde nós tínhamos gravado a música, e mandá-las de avião para a costa leste, para onde eu estava indo, já que morava em Connecticut. Pierre encontrou um estúdio no litoral norte de Long Island onde nós passamos dois dias e duas noites remixando a música do meu jeito, com o meu vocal. Em algum momento durante uma daquelas noites Bill Burroughs morreu, então, em homenagem ao trabalho dele, eu enviei mensagens furiosas feitas de recortes de revistas a Don Was, o produtor intermediário, num estilo bem burroughsiano: "Sua ratazana, essa música vai ser mixada do meu jeito, e não do jeito de mais ninguém", com letras gritantes e torsos decapitados. Prepare suas armas; a guerra vai começar. Eu simplesmente estava puto com Don. Eu amo o cara e nós superamos aquilo imediatamente, mas eu mandei alguns recados horríveis para ele. Quando se está acabando de fazer um álbum, qualquer pessoa que tente interferir naquilo que você quer fazer passa a ser o Anticristo. Isso aconteceu bem próximo ao prazo para o lançamento do álbum, então a forma mais rápida de mandar as fitas de volta para Los Angeles era indo de lancha de Port Jefferson em Long Island até Westport, o porto mais próximo da minha casa no litoral de Connecticut. Nós fizemos isso à meia-noite, sob uma lua maravilhosa, rugindo pelo Estuário de Long Island, evitando com sucesso as armadilhas de lagosta com muitos gritos e algumas guinadas do barco. No dia seguinte, Rob levou as fitas para Nova York e elas voltaram de avião até Los Angeles, para o estúdio de masterização, onde foram inseridas no álbum.

Pela primeira vez numa música dos Stones, Pierre de Beauport recebeu um crédito de autoria nessa faixa, junto com Mick e eu.

O grande problema agora era que aparentemente eu cantaria três músicas no álbum, o que nunca tinha acontecido antes, o que, para Mick, era inaceitável.

Don Was: Eu acredito piamente no direito de Keith de gravar um terceiro vocal para o álbum, mas Mick não engoliu isso. Tenho certeza de que Keith não faz ideia de como foi difícil incluir "Thief in the night" naquele álbum. Porque foi um verdadeiro embate entre ele e Mick; nenhum dos dois queria ceder, e nós estávamos quase extrapolando a data do lançamento, e a turnê teria de começar sem o álbum. E, na noite anterior à data prevista para o lançamento, eu tive um sonho. Liguei para Mick e disse: "Eu entendo o seu ponto de vista sobre o fato de Keith estar cantando três músicas no álbum, mas se duas das músicas ficarem juntas no final do disco como um *pot-pourri*, se não houver muito espaço entre elas, então elas poderão ser vistas como uma grande música do Keith no final do disco. E quanto às pessoas com as quais você está preocupado — aquelas pessoas que não gostam das músicas do Keith —, elas poderiam parar de escutar o disco depois do seu último vocal; e para aquelas que amam o trabalho dele, as músicas seriam um bônus. Então você poderia ver isso não como uma terceira música, mas como um *pot-pourri*, e nós podemos deixar um espaço antes de começar e quase nenhum espaço entre as duas músicas". E ele concordou. Eu tenho certeza de que Keith não tem ideia, nem Jane, ninguém na verdade sabe o que aconteceu. Isso deu a Mick uma saída, uma forma de resolver um embate. As duas músicas viraram uma só. Entretanto, a música que nós usamos para fazer par com "Thief in the night" foi "How can I stop", que é uma das melhores músicas na história dos Rolling Stones.

A música ficou incrível... Keith está definitivamente em sua melhor forma, e a participação de Wayne Shorter? Foi uma parceria totalmente inesperada. Wayne Shorter mandando ver no sax, a música vira um Coltrane no final, vira "A love supreme". Havia algo de especial naquela música. Devia haver umas dez pessoas tocando juntas, foi uma sessão de gravação mágica. E nós não fizemos nenhum *overdub*, a música saiu daquele jeito. Além disso, naquela noite, quando terminamos de gravar a música, nós já tínhamos terminado tudo, aquela seria a última faixa do álbum. Os instrumentos seriam desmontados no dia seguinte, e Charlie tinha um carro esperando por ele no beco. Ele fez esse grande floreio no final, era o último take da música, foi como um grande Hurra!, e pelo modo como todos estavam se sentindo no final daquele disco, achei que jamais gravariam outro álbum. Eu vi "How can I stop" como uma coda. Eu achei que aquela seria a última música que eles gravariam na vida, e que maneira tremenda de terminar! Como posso parar depois de ter começado? Bem, você simplesmente para.

Peter Pakvis / Getty Images

Capítulo Treze

Gravamos o álbum dos Wingless Angels na Jamaica. Montamos um estúdio na minha casa em Connecticut, e eu quebro algumas costelas na minha biblioteca. Uma receita de *bangers and mash.*[1] Safári e ressaca na África. Jagger é ordenado cavaleiro; nós começamos a trabalhar e compor juntos novamente. Paul McCartney vem me visitar na praia. Eu caio de um galho e bato com a cabeça. Operação no cérebro na Nova Zelândia. *Piratas do Caribe,* as cinzas do meu pai, e a última avaliação de Doris.

Vinte e poucos anos depois que comecei a tocar com alguns rastafáris locais, voltei à Jamaica com Patti para celebrar o Dia de Ação de Graças, em 1995. Eu havia convidado Rob Fraboni e a esposa para ficar conosco — Rob conhecia esse pessoal desde 1973, quando eu toquei com eles pela primeira vez. As férias de Fraboni foram interrompidas logo no primeiro dia, porque naquele momento todos os sobreviventes do grupo estavam presentes e disponíveis, o que era raro; alguns haviam morrido, o pessoal havia passado por altos e baixos e por prisões, e essa era uma oportunidade única. De algum

1 Prato muito popular no Reino Unido. É composto basicamente de linguiças servidas com purê de batata. (N. T.)

modo Fraboni tinha equipamentos de gravação disponíveis graças a uma cortesia do ministro da cultura da Jamaica; então ele se ofereceu prontamente para gravar o grupo. Foi um presente dos deuses.

Um presente porque Rob Fraboni é um gênio quando você quer gravar alguma coisa fora da estrutura tradicional. O conhecimento e a habilidade que ele tem de gravar nos lugares mais incomuns são de tirar o fôlego. Ele trabalhou como produtor em *The last waltz*; ele remasterizou todo o trabalho de Bob Marley. Ele é um dos melhores engenheiros de som do mundo. Mora pertinho de mim em Connecticut, e nós gravamos muitas vezes juntos no estúdio que eu tenho em minha casa, sobre o qual escreverei mais tarde. Como todos os gênios, ele pode ser um pé no saco, mas isso faz parte do distintivo.

Batizei o grupo de Wingless Angels naquele ano a partir de um desenho que eu tinha feito — e que está na capa do álbum — de uma figura que parece um rastafári voando, e que eu tinha deixado solto em algum lugar da casa. Alguém me perguntou o que era aquilo, e a primeira coisa que me veio à cabeça foi que era um anjo sem asas. O grupo recebeu uma nova adição na pessoa de Maureen Fremantle, dona de uma voz poderosa e presença rara de um vocal feminino na tradição rasta. Foi assim que nós nos conhecemos, segundo ela mesma conta.

Maureen Fremantle: Uma noite Keith estava com Locksie num bar chamado Mango Tree em Steer Town, e eu estava passando por lá, então Locksie disse: "Irmã Maureen, entre e tome uma bebida conosco". Então entrei e conheci esse sujeito. Keith me abraçou e disse: "Essa irmã parece uma irmã de verdade". Então nós tomamos uma bebida juntos; eu estava bebendo rum com leite. Então eu comecei a... não sei, foi o poder de Jah. Eu simplesmente comecei a cantar. Sim, eu simplesmente comecei a cantar. E Keith disse: "Essa moça precisa vir me ver". E foi assim que tudo começou. Eu simplesmente comecei a cantar. E eu fiquei extasiada. Eu comecei a cantar, então senti uma explosão de amor, paz, alegria, felicidade, tudo isso irrompeu dentro de mim. Foi demais.

Fraboni colocou um microfone no jardim. No começo da gravação você ouve os grilos, sapos e o oceano atrás da varanda. Não havia janelas na casa, somente persianas de madeira. Você pode escutar pessoas jogando dominó ao fundo. A música tem uma atmosfera muito poderosa, e atmosfera é tudo. Nós levamos as fitas de volta para os Estados Unidos e começamos a pensar em como podíamos manter intacto o núcleo essencial da música. Foi quando eu conheci Blondie Chaplin, que veio participar das sessões de gravação e trouxe George Recile, que mais tarde se tornaria o baterista de Bob Dylan. George é de Nova Orleans; ele é o resultado de uma mistura de raças — italiano, negro, *creole* etc. O que mais chama a atenção nele são os olhos azuis. Porque, com aqueles olhos azuis, ele podia fazer qualquer coisa, inclusive passar por branco.

Eu queria dar aos Angels uma atmosfera mais global, e músicos de todos os lugares começaram a aparecer em Connecticut para as sessões de *overdub*. O incrível violinista Frankie Gavin, fundador do De Dannan, um grupo de música folk irlandesa, chegou com aquele seu incrível senso de humor irlandês, e uma certa atmosfera começou a surgir. Obviamente não se tratava de um álbum de grande apelo comercial, mas ele tinha de ser produzido, e até hoje eu me orgulho muito dele. Tanto que estamos produzindo outro no momento em que este livro está sendo escrito.

Logo depois de *Exile*, começaram a surgir tantas tecnologias novas que mesmo os engenheiros de som mais inteligentes não conseguiam entender o que estava acontecendo. Como explicar o fato de que antigamente eu conseguia um ótimo som de bateria na Denmark Street usando apenas um microfone, mas agora, com quinze microfones, o som da bateria parecia alguém cagando num teto de zinco? Todo mundo se deixou levar pela tecnologia, mas agora as pessoas estão começando a voltar atrás. Em música clássica, por exemplo, eles estão regravando tudo que foi gravado digitalmente nos anos 80 e 90, porque essas gravações simplesmente não chegam aos pés das anteriores. Eu sempre senti que estava lutando contra a tecnologia, que ela não me ajudava nem um pouco. E é por isso que eu levava tanto tempo para fazer as coisas. Fraboni já passou por tudo isso, por aquele conceito de que se você não tiver quinze microfones apontados para a bateria, você não sabe o que está fazendo. Com isso, o som do baixista fica abafado e os músicos são obrigados a ficar isolados, cada um em seu cubículo. Então você está tocando nessa sala enorme, mas quase não está usando o espaço. Essa ideia de separação é uma antítese total do rock and roll, que significa simplesmente captar o som de um bando de caras tocando juntos numa sala. O barato é o som que eles fazem juntos, não separados. Essa merda mítica de estéreo e alta tecnologia e som Dolby, tudo isso vai totalmente contra a essência do que a música deveria ser.

Ninguém tinha colhões para desmascarar esse mito. Então eu me perguntei o que me motivava a fazer as coisas. E cheguei à conclusão de que eram esses caras que faziam discos em uma sala com três microfones. Eles não estavam gravando cada ruído da bateria ou do baixo. Eles estavam gravando o som da sala. Você não consegue obter essas coisas indefiníveis se desmantelar o som todo. O entusiasmo, o espírito, a alma, chame como quiser, que microfone você vai usar para captar isso? Os discos poderiam ter sido bem melhores nos anos 80 se nós tivéssemos percebido isso antes e não tivéssemos deixado a tecnologia nos arrastar pelo nariz.

Rob Fraboni montou um estúdio em Connecticut chamado "Room Called L" — porque a sala tinha o formato de um L — no porão da minha casa. Tirei um ano de férias entre 2000 e 2001 e trabalhei com Fraboni na montagem do estúdio. Nós colocamos um microfone virado para a parede em vez de apontá-lo para um instrumento ou um amplificador. Queríamos gravar o que estava reverberando do teto e das paredes em vez de dissecar cada instrumento. Na verdade, você não precisa de um estúdio. Você precisa de uma sala. O segredo é onde você coloca os microfones. Nós temos um excelente gravador de oito canais feito pela Stephens, uma das máquinas de gravação mais sutis e incríveis do mundo, que parece um dos monólitos de *2001 uma odisseia no espaço*, de Kubrick.

A única faixa gravada em "L" lançada até agora foi "You win again", que fez parte de *Timeless*, um álbum tributo a Hank Williams que ganhou um Grammy. Lou Pallo, que foi o segundo guitarrista do Les Paul durante muitos anos, talvez séculos, está tocando nessa faixa. Lou era conhecido como "O homem de um milhão de acordes". Um guitarrista incrível. Ele vive em Nova Jersey. "Qual é o seu endereço, Lou?" "Moneymaker Road", ele responde. "A rua não faz jus ao nome." George Recile tocou bateria. Nossa banda tinha um cunho caseiro, então qualquer um que aparecesse podia tocar. Hubert Sumlin, o guitarrista do Howlin' Wolf, costumava aparecer; mais tarde Fraboni fez um disco muito bom com ele, chamado *About them shoes*. Ótimo título. No dia 11 de setembro de 2001, nós fomos interrompidos no meio da gravação de uma música chamada "Love affair", com minha antiga paixão Ronnie Spector.

Se você ficar trabalhando só com os Stones acaba entrando numa bolha. Isso pode acontecer mesmo com os Winos. Eu acho importantíssimo trabalhar fora dessas áreas. Foi altamente estimulante trabalhar com Norah Jones, Jack White, Toots Hibbert — ele e eu fizemos duas ou três versões de "Pressure drop" juntos. Se você não tocar com outras pessoas, acaba ficando preso na própria gaiola. E depois, se você se acomodar e ficar ali sentado no poleiro, você pode até ser levado pelo vento.

Eu fiz algumas parcerias com Tom Waits em meados dos anos 80. O engraçado é que só fui descobrir muito depois que ele nunca tinha composto nada com ninguém a não ser com a esposa, Kathleen. Ele é um cara sensacional, único, e um dos compositores mais criativos que eu conheço. Acho que no fundo eu sempre pensei que seria muito interessante trabalhar com ele. Vamos escutar um breve elogio de Tom Waits. É uma bela narrativa.

Tom Waits: Nós estávamos gravando *Rain dogs*. Eu morava em Nova York na época, e alguém me perguntou se havia algum músico em especial com quem eu gostaria de tocar no disco. E eu respondi: "Que tal Keith Richards?". Eu só estava brincando. Era como dizer Count Basie ou Duke Ellington, entende?

Eu tinha um contrato com a Island Records na época, e Chris Blackwell conhecia Keith da Jamaica. Então alguém pegou o telefone e eu disse "Não, não!". Mas já era tarde demais. E dito e feito, nós recebemos uma mensagem dele: "A espera acabou. Vamos nessa." Então ele veio até o RCA, um estúdio enorme de teto alto, com Alan Rogan, o atendente de guitarras dele, e umas 150 guitarras.

Todo mundo gosta de música. O que você quer realmente é que a música goste de você. E é assim que eu via que a coisa acontecia com Keith. É preciso ter uma certa dose de respeito nesse processo. Você não está compondo a música: ela é quem está compondo você. Você passa a ser a flauta, o trompete, as cordas da música. Isso fica bem óbvio quando se está com Keith. Ele é como uma frigideira de ferro. Ele consegue esquentar a coisa a uma temperatura altíssima sem que ela quebre; ela apenas muda de cor.

Você tem ideias preconcebidas sobre as pessoas que conhece apenas dos discos, mas, idealmente falando e com um pouco de sorte, a experiência real é melhor. Esse certamente foi o caso com Keith. Nós meio que ficamos rodeando um ao outro como duas hienas, olhando para o chão, rindo, e depois simplesmente colocamos nossas sungas e fomos nadar na piscina. Ele tem instintos impecáveis, como um predador. Ele tocou em três músicas no álbum: "Union square", "Blind love", em que cantamos juntos, e "Big black Mariah", em que ele fez uma base maravilhosa na guitarra. Em minha opinião, isso realmente elevou o disco. Não importava se o disco ia vender bem ou não. Para mim, ele já estava vendido.

Então, alguns anos mais tarde, nós nos juntamos novamente na Califórnia. Nós nos encontrávamos num lugarzinho chamado Brown Sound, um daqueles locais de ensaio antigos e xexelentos, sem janelas e de paredes acarpetadas, que cheirava a diesel. Nós começamos a compor. Você tem de se sentir bem à vontade com alguém para compartilhar qualquer tipo de ideia maluca que lhe venha à cabeça, tem de se sentir naquela área de conforto. Eu me lembro de que, no caminho para o estúdio, gravei do rádio um pastor batista pregando num daqueles programas do tipo café dominical. E o título era "The carpenter's tools" (As ferramentas do carpinteiro)! O sermão era sobre as ferramentas desse carpinteiro, sobre como ele ia até a bolsa e pegava todas essas ferramentas... Nós ficamos muito tempo rindo sobre isso depois. Então Keith me mostrou uma gravação que ele tinha de "Jesus loves me", cantada por Aaron Neville, algo que tinha sido gravado *a cappella* durante um ensaio. Quer dizer, ele gosta de diamantes brutos, ele gosta de música zulu, música dos pigmeus, músicas arcanas, obscuras e impossíveis de categorizar. Nós fizemos um monte de músicas juntos, uma delas chamada "Motel girls" e outra "Good dogwood". E foi então que escrevemos "That feel", que eu incluí em *Bone machine*.

Um dos trabalhos de Keith de que eu mais gosto é o *Wingless Angels*. Aquilo me desarmou totalmente. Porque a primeira coisa que você ouve são os grilos, então você se dá conta de que está ao ar livre. E a contribuição dele em capturar os sons naquele disco se parece muito com ele. Talvez aquilo se pareça mais com ele do que a parte dele com que pude ter contato quando trabalhamos juntos. Em muitos aspectos, ele é como um empregado comum. Ele é como um marinheiro. Um marujo. Eu encontrei algumas coisas que costumam dizer sobre a música que parecem se aplicar a Keith. Sabe, antigamente diziam que o som da guitarra era capaz de curar gota e epilepsia, dor ciática e enxaquecas. Eu acho que hoje em dia falta um certo encantamento. E Keith ainda parece se encantar com essas coisas. Ele às vezes para, levanta a guitarra e fica olhando para ela por um momento. Ele se sente meio mistificado por ela. Como por todas as outras maravilhas do mundo, como as mulheres, a religião e o céu... Você fica maravilhado por aquilo, e você nunca deixa de se maravilhar.

Em 1980, Bobby Keys, Patti, Jane e eu fomos visitar os sobreviventes dos Crickets em Nashville. Deve ter sido uma ocasião especial, porque nós alugamos um Learjet para chegar até lá. Fomos visitar Jerry Allison, vulgo Jivin' Ivan, o baterista dos Crickets, aquele que realmente se casou com Peggy Sue (embora o casamento não tenha durado muito), no seu sítio chamado White Trash Ranch, nas imediações de Nashville, em Dickson, no Tennessee. Joe B. Mauldin, o baixista de Buddy, estava conosco. Don Everly também estava lá, e tocar com ele, sentar numa sala com aqueles caras — eles eram os músicos que eu costumava escutar na porra do rádio vinte anos atrás. O trabalho deles sempre havia me fascinado, e era uma honra simplesmente estar na mesma casa que eles.

Nós fizemos outra expedição maravilhosa para gravar um dueto com George Jones — "Say it's not you", uma música que Gram Parsons tinha me mostrado e que faria parte do álbum *The Bradley Barn sessions*. George era um cara sensacional de se trabalhar, principalmente por causa daquele penteado. Um cantor incrível. Há uma citação de Frank Sinatra que diz: "O segundo melhor cantor deste país é George Jones". Quem é o primeiro, Frank? Nós ficamos esperando um tempão por George, umas duas horas, eu acho. Àquela altura eu já estava no bar preparando uns drinks, sem saber por que ele estava tão atrasado. Eu mesmo já tinha me atrasado muitas vezes, então para mim aquilo não era nada demais. E quando ele apareceu, seu penteado bufante estava perfeito. É algo fascinante. Você não consegue tirar os olhos do cabelo dele. Aquele penteado continuaria perfeito mesmo num vento de 80 quilômetros por hora. Mais tarde eu descobri que ele tinha dado várias voltas com o carro, porque a perspectiva de trabalhar comigo o deixava meio nervoso. Ele tinha lido algumas coisas a meu respeito e estava um pouco receoso de me encontrar.

Na área de música country, eu sou amigo de Willie Nelson e Merle Haggard. Já fiz uns três ou quatro programas de TV com Merle e Willie. Willie é fantástico. Ele tem um cara que fica enrolando um baseado atrás do outro para ele num *frisbee* virado de cabeça para baixo. Willie é um maconheiro de primeira. Ele parece sempre que acabou de acordar. Eu pelo menos *espero* dez minutos antes de sair de casa de manhã. E que compositor! Ele é um dos melhores. Além do mais, ele é do Texas. Willie e eu simplesmente nos entendemos. Eu sei que ele se preocupa muito com a agricultura na América e com o pequeno fazendeiro. A maioria dos trabalhos que fiz com ele fala a esse respeito. Os grandes conglomerados estão tomando o controle da agricultura, e é contra isso que ele está lutando, e está lutando com toda garra. Willie tem um coração sincero. Ele não se deixa levar por nada e jamais se desvia da sua causa, inabalável até o fim. Com o tempo fui descobrindo que tinha crescido escutando as músicas dele, isso porque ele já era compositor antes de começar a cantar — músicas como "Crazy" e "Funny how time slips away". De certo modo, eu sempre fiquei um tanto embasbacado ao ser convidado a tocar com pessoas assim, pessoas com quem eu me ajoelharia para tocar. "Ei, você quer tocar comigo?" Está de brincadeira?

Outro exemplo de um trabalho incrível foram as sessões de gravação na casa de Levon Helm em 1996, em Woodstock, no estado de Nova York, de músicas que fariam parte do álbum *All the king's men*, com Scotty Moore, o guitarrista de Elvis, e D. J. Fontana, o baterista dele nos discos mais antigos que ele gravou pela Sun. Era coisa muito séria. Tocar com os Rolling Stones é uma coisa, mas se garantir com caras que inspiraram você é outra. Esses caras não são muito misericordiosos com outros músicos. Eles esperam o melhor e é isso que eles vão querer ver — você realmente não pode dar bobeira. As bandas que tocam com caras como George Jones e Jerry Lee Lewis, esses caras são alguns dos melhores músicos que existem. Você tem que estar afiado. Eu adoro isso. Eu não costumo tocar música country. Mas esse tem sido o outro lado da moeda para mim: existe o blues e existe o country. E não tem como escapar dessa verdade: esses são os principais ingredientes do rock and roll.

Outra grande cantora e uma garota que mora no meu coração — além de ser minha "esposa" no rock and roll — é Etta James. Ela faz discos desde o início dos anos 50, quando era uma cantora de *doo-wop*.[2] Desde então, ela tem expandido o seu repertório, abarcando vá-

2 Estilo musical vocal baseado no rhythm and blues que surgiu inicialmente na comunidade negra norte-americana na década de 1940 e se tornou popular nos Estados Unidos durante as década de 50 e 60. (N. T.)

rios estilos. Etta tem uma dessas vozes que, quando você escutava no rádio, ou quando via um dos discos dela na loja, você simplesmente tinha de comprar. Era impossível resistir. E no dia 14 de junho de 1978, nós tocamos juntos. Ela participou de um número com os Stones no Capitol Theatre, em Passaic, no estado de Nova Jersey. Bem, Etta tinha sido uma *junkie*, então nós sentimos uma certa reciprocidade quase imediatamente. Na época, ela não estava usando, eu acho. Mas isso não importa. Um *junkie* conhece o outro só de olhar. Etta era incrivelmente forte; ela tinha uma voz que podia levar você para o inferno ou para o céu. E nós passamos algum tempo juntos no camarim, e como todos os *junkies*, falamos da heroína. De por que nós fazíamos aquilo, aqueles questionamentos da alma de sempre. Isso culminou num casamento nos bastidores, um termo usado no *show business* que significa que vocês estão casados embora não estejam realmente casados. Nós trocamos votos e tudo mais no topo da escada. Ela me deu um anel, eu dei um anel a ela, e foi então que eu decidi que o nome dela seria Etta Richards. Ela entende o que eu quero dizer.

Quando Theodora e Alexandra nasceram, Patti e eu estávamos morando num apartamento na Fourth Street em Nova York, e não nos pareceu que aquele fosse um bom lugar para criar filhos. Então nós fomos para Connecticut e começamos a construir uma casa num terreno que eu havia comprado lá. A geologia do lugar é parecida com o Central Park em Nova York — grandes blocos rochosos e pedregulhos de ardósia cinza e granito emergindo da terra, tudo isso cercado por uma floresta exuberante. Tivemos de dinamitar toneladas de rocha para construir a fundação, daí o nome da casa — Camelot Costalot.[3] Nós só nos mudamos para lá em 1991. A casa fica ao lado de uma reserva natural que era um antigo cemitério indígena, um local de caça dos iroqueses, e a floresta tem uma serenidade primitiva que com certeza agradava aos espíritos ancestrais. Eu tenho uma chave

3 Trocadilho com o nome Camelot, que quer dizer "Camelot que saiu caro". (N. T.)

que abre um portão que liga o meu jardim à floresta, onde costumamos sair para caminhar.

Há um lago muito profundo nessa floresta com uma cachoeira. Eu estive lá com George Recile quando estávamos trabalhando juntos por volta de 2001. E é proibido pescar ali, então nós ficamos como Tom Sawyer e Huckleberry Finn, tentando pegar aqueles peixes incríveis chamados apaiaris, que são grandes e deliciosos. George é um exímio pescador, e ele disse: "Esses peixes não se encontram em lugar nenhum ao norte da Georgia". E eu disse: "Vamos tentar mais um pouco!". E de repente eu senti um puxão incrível na linha. Então uma tartaruga gigantesca, grande como um boi, verde e lodosa, emergiu toda desajeitada com meu peixe na boca! Foi como confrontar um dinossauro. Eu queria ter filmado o olhar de pavor no meu rosto e no de George. E essa bicha estava pronta para atacar — o pescoço dela podia se projetar mais de um metro para fora. Ela era imensa; devia ter uns 300 anos de idade. George e eu viramos trogloditas. Meu Deus! Essa filha da puta está falando sério. Eu larguei a vara de pescar, peguei uma pedra e joguei no casco dela, que rachou. "Puta que pariu, é você ou eu, amiga." Elas são atrozes. Elas podem arrancar o seu pé com uma mordida. Então ela mergulhou novamente. Essas criaturas que vivem em águas profundas, imensas e frias, são realmente apavorantes, de gelar os ossos. Ela provavelmente tinha ficado muito tempo lá embaixo; a última vez em que ela veio à superfície deve ter dado de cara com um iroquês.

Exceto por pescar ilegalmente, o que nunca mais fiz depois disso, eu levo uma vida de cavalheiro. Escuto Mozart e leio muitos, muitos livros. Sou um leitor voraz. Eu leio qualquer coisa. Se eu não gostar do livro, simplesmente o coloco de lado. Em termos de ficção, gosto de George MacDonald Fraser (a série Flashman) e de Patrick O'Brian. Eu me apaixonei pelos livros de O'Brian imediatamente, assim que li *Mestre dos mares*. Não foi tanto o fato de a história se passar no período de Nelson e Napoleão que me chamou a atenção no livro, mas sim as relações humanas. Só calhou de ter aquele pano de fundo. E é claro que um monte de personagens isolados no meio da porra do oceano dá mais perspectiva à história. As caracterizações de O'Brian são excepcionais, e eu ainda as guardo comigo como algo precioso. É sobre amizade, camaradagem. Jack Aubrey e Stephen Maturin me lembram um pouco Mick e eu. História, principalmente a da Marinha britânica daquela época, é o meu assunto favorito. O Exército naquele tempo não era muito forte. O negócio era a Marinha e os caras que eram enlaçados por ela contra a vontade, o recrutamento forçado. E para fazer essa máquina funcionar, você tinha que moldar esse bando de caras sem vontade até formar uma equipe eficiente, o que me lembra os Rolling Stones. Eu sempre estou trabalhando em algum projeto histórico. A era de Nelson e a Segunda Guerra Mundial estão praticamente no topo da minha lista de prioridades, mas eu também gosto de estudar a Roma antiga e um pouco da época colonial britânica, o Grande Jogo e tudo mais. Eu tenho uma ótima biblioteca repleta dessas obras, com prateleiras de madeira escura que vão até o teto. É aí que eu me escondo e onde um dia eu sofri um verdadeiro desastre.

Ninguém acredita que eu estava procurando um livro de anatomia de Leonardo da Vinci. É um livro grande, e os livros grandes ficam na última prateleira. Eu peguei uma escada e subi até lá. As prateleiras ficam presas por pequenos pinos e seguram volumes muito, muito pesados. Quando eu toquei a prateleira, um dos pinos saiu e todas as porras dos livros caíram em cima de mim. *Boom*. Bati com a cabeça na mesa e apaguei. Quando acordei, não sei quanto tempo depois, talvez uma meia hora, a minha cabeça estava doendo. Doendo muito. Eu estava cercado de tomos imensos. Eu teria rido da ironia, exceto pelo fato de que eu não podia rir porque a dor era muito intensa. Isso é o que eu chamo de "querer saber mais sobre anatomia"... Subi a escada me arrastando, respirando com dificuldade. Pensei "Vou subir até o quarto e amanhã de manhã eu vejo o que aconteceu". De manhã eu estava pior. Patti perguntou: "O que aconteceu?". "Ah, eu caí. Mas estou bem." Eu continuava respirando com dificuldade. Levei três dias para dizer a Patti: "Querida, acho que vou ter de ir ao médico e ver o que é isso". Eu não estava nada bem. Eu tinha perfurado um dos pulmões. Nossa turnê europeia, que estava marcada para começar em

Berlim, em maio de 1998, foi adiada por um mês — uma das únicas vezes em que eu atrasei uma turnê.

Um ano depois, eu fiz a mesma coisa do outro lado. Nós tínhamos acabado de chegar a Saint Thomas, nas Ilhas Virgens, e eu tinha passado um pouco de óleo de bronzear. Então subi alegremente num vaso de barro para olhar para o outro lado da cerca, e o óleo me deu uma rasteira. Eu escorreguei — *crack, bang*. Minha mulher tinha alguns comprimidos de Percodan, então eu me enchi de analgésicos. Mas eu só fui saber que tinha fraturado três costelas e perfurado o outro pulmão um mês depois, quando fui a uma consulta médica de rotina antes de uma turnê. Nós sempre passamos por um check-up, fazemos testes de esforço e toda essa merda. E aí eles tiram uma radiografia de você. "Ah, por sinal, você fraturou três costelas e perfurou o pulmão direito. Mas já está curado, então não tem problema."

Quando estou em casa eu mesmo cozinho, geralmente *bangers and mash* (receita a seguir), variando um pouco o purê de batata, mas não muito. Ou algum outro lanche básico da culinária inglesa. Tenho o hábito de me alimentar sozinho nas horas mais estranhas, uma consequência de anos de refeições na estrada em horários desencontrados com o restante do grupo. Eu só como quando estou com fome, o que é raro em nossa cultura. Você não deve comer antes de subir no palco, e quando você acaba o show, tem de esperar uma ou duas horas até que a adrenalina baixe, e a essa altura já são três da manhã.

Nós deveríamos comer apenas quando estamos com fome. Mas fomos treinados desde a primeira infância a fazer três refeições por dia, é toda essa ideia remanescente das grandes fábricas e da revolução industrial de como as pessoas devem comer. Antes não era assim. Você comia um pouquinho em pequenos intervalos, de hora em hora. Mas eles decidiram nos regular: "Muito bem, pessoal, está na hora de comer!". É disso que trata a escola. Esqueça a geografia, a história e a matemática, o que eles estão ensinado é como trabalhar numa fábrica. Quando a buzina toca, você come. Quando se trabalha em escritório, e mesmo que você esteja sendo treinado para ser um primeiro-ministro, é assim que a coisa funciona. Mas faz muito mal se encher de toda aquela merda de uma vez só. É melhor comer um pouquinho aqui, um pouquinho ali, fazer uma boquinha a cada duas horas. O corpo lida melhor com isso do que se você enfiar um caminhão de merda pela goela em meia hora.

Eu preparei *bangers* a vida toda, mas só recentemente descobri por meio de uma mulher na televisão que você tem de colocar as linguiças para fritar numa frigideira fria. Nada de preaquecer a frigideira. O preaquecimento agita as linguiças por dentro, e é por isso que elas são chamadas de *bangers*.[4] Você deve fritá-las bem lentamente, começando com a frigideira fria. Então se prepare para esperar tomando um drink. E esse método funciona. As linguiças não murcham; elas ficam inchadinhas. É apenas uma questão de paciência. Cozinhar é uma questão de paciência. Quando eu estava preparando *Goats head soup*,[5] fiz tudo bem devagar.

Minha receita de *bangers and mash*:

1. Primeiro de tudo, encontre um açougueiro que venda linguiça *fresca*.
2. Frite uma mistura de bacon, cebola em rodelas e temperos.
3. Coloque as batatas para cozinhar com algumas gotas de vinagre, cebolas picadas e sal a gosto. Adicione um pouco de ervilhas à batata (coloque cenouras também se desejar). Agora sim.
4. Agora, você pode escolher entre grelhar, assar ou fritar suas linguiças. Coloque-as para cozinhar no método escolhido em temperatura baixa junto com o bacon e a cebola (ou numa frigideira fria, como a moça da TV falou, adicionando a cebola e o bacon aos poucos) e deixe as danadinhas cozinharem lentamente, virando-as de vez em quando.

4 O termo *bangers* é atribuído ao fato de que as linguiças, principalmente o tipo que era fabricado durante a Segunda Guerra Mundial, quando a comida era racionada, podem explodir quando expostas a temperaturas muito altas se não forem cozidas com cuidado. (N. T.)

5 Trocadilho usando o nome de um álbum dos Rolling Stones lançado em 1973 e um prato típico da culinária jamaicana, sopa de cabeça de bode. (N. T.)

5. Esprema suas batatas, ou amasse-as, ou seja lá o que for.
6. Agora as linguiças estão com teor de gordura zero (ou tão baixo quanto possível!).
7. Faça um molho aproveitando os resíduos da frigideira se desejar.
8. Molho HP, da Heinz (gosto não se discute).

Meu avô fazia os melhores ovos com batatas fritas que alguém já comeu na vida. Eu ainda estou tentando chegar lá, e *shepherd's pie* (torta de batata com carne moída), que é um aprendizado contínuo. Ninguém faz a verdadeira *shepherd's pie*; todas elas são diferentes. Meu modo de prepará-la evoluiu ao longo dos anos. Você tem de ter uma carne moída de primeira e jogar algumas ervilhas e cenouras, mas o truque que aprendi de Big Joe Seabrook, que era meu guarda-costas — ele já partiu, Deus o tenha — é que, antes de espalhar o purê de batatas por cima, você deve adicionar mais cebola picada, porque as cebolas que você usou na carne já sumiram. E ele estava totalmente certo — isso simplesmente dá ao prato aquele algo mais que ninguém sabe explicar... Só uma dica, gente.

Tony King, que já trabalhou com os Stones e com Mick, e intermitentemente como agente publicitário desde que nós começamos nos anos 60, relembra a última ocasião em que alguém comeu a minha *shepherd's pie* sem pedir.

Tony King: Em Toronto, durante a turnê "Steel Wheels", uma *shepherd's pie* foi entregue na sala de estar e o pessoal da segurança começou a devorá-la. Quando Keith chegou e percebeu que nós tínhamos cortado a torta antes de ele chegar, exigiu saber os nomes de todas as pessoas que tinham comido. Então Jo Wood ficou correndo de um lado para o outro, perguntando: "Você comeu a *shepherd's pie*?", e todos disseram que não sabiam de nada, exceto os caras da segurança, é claro, que tinham comido quase tudo e não podiam negar. Eu também disse que não sabia de nada, embora eu tivesse comido um pedaço. Keith disse: "Eu não subo no palco enquanto não entregarem outra torta". Então eles tiveram de mandar fazer e entregar outra *shepherd's pie*. Eu tive que dizer a Mick: "O show está atrasado porque Keith se recusa a subir no palco enquanto não entregarem outra *shepherd's pie*". Mick disse: "Você não pode estar falando sério". E respondi: "Acho que neste exato momento eu estou". Houve uma cena nos bastidores em que alguém disse no walkie-talkie: "A *shepherd pie* está no pedaço!". A torta foi levada até o camarim de Keith com uma garrafa de molho HP, naturalmente. E ele simplesmente pegou uma faca e enfiou na torta, e nem quis saber de comer; foi direto para o palco. Ele só queria cortar a crosta. Desde aquele dia, nós sempre pedimos que uma torta inteira seja entregue no camarim dele para que Keith não precise se preocupar com isso.

Minha regra na estrada agora é famosa: ninguém toca a *shepherd's pie* até que eu chegue. Não quebre a minha crosta, baby. Isso está escrito no contrato. Se você entrar no camarim de Keith Richards e ele tiver uma *shepherd's pie* borbulhando no forninho, se a torta ainda estiver intacta, a única pessoa que pode quebrar a crosta sou eu. Bastardos gulosos, eles simplesmente chegam e saem pegando colheradas da torta.

Honestamente, faço esse tipo de cena só para me divertir, porque eu raramente como qualquer coisa antes de entrar no palco. É a pior coisa que você pode fazer, pelo menos para mim. Comida não digerida no estômago, e você tem de subir lá e tocar "Start me up" e mais duas horas de show. Eu só quero ter a torta ali caso eu perceba que não comi nada o dia todo e precise de um pouco de combustível. É só por causa do meu metabolismo em particular: eu preciso ter combustível suficiente.

Quando minha filha Angela se casou com Dominic, seu noivo de Dartford, em 1998, nós fizemos a festa em Redlands, uma celebração maravilhosa. Dominic tinha vindo a Toronto para me pedir a mão de Angela em casamento, e eu o fiz esperar duas semanas. Coitado. Eu sabia o que ele queria, mas ele não sabia que eu sabia o que ele ia me pedir, e ele nunca encontrava uma oportunidade — eu sempre criava uma digressão, ou ele simplesmente não conseguia criar coragem para falar. E eu estava para começar a turnê. E todos os dias de manhã, mesmo quando Dominic tinha ficado acordado a noite toda, Angela dizia: "Você perguntou?". E ele respondia que não. Finalmente um dia, quando o sol estava nascendo e o tempo quase se esgotando, eu disse: "Por Deus, é claro que você pode casar com ela!", e dei a ele uma pulseira com uma caveirinha como lembrança da ocasião.

Em Redlands, nós colocamos toldos e cercados em todo o jardim, e eles ficaram tão lindos que eu os mantive mais uma semana. Os convidados representavam a mistura mais variada de pessoas que você poderia imaginar: todos os amigos de Angie de Dartford, o pessoal da turnê, a equipe toda, a família de Doris — pessoas que nós não víamos há anos. A festa começou com uma *steel band*,[6] seguida por Bobby Keys — que Angie conhecia desde pequena —, que tocou "Angie" quando ela entrou, Lisa e Blondie cantando, e depois Chuck Leavell tocando piano. Bernard Fowler leu "The confirmation"[7] — um tanto chocado por não ter sido chamado para cantar, mas Angie tinha dito que adorava a voz dele falando. Blondie cantou "The nearness of you". Todos nós nos levantamos — Ronnie, Bernard, Lisa, Blondie e eu — e tocamos e cantamos juntos.

Depois houve o Incidente das Cebolinhas — as cebolinhas que supostamente seriam usadas para colocar em cima do purê de batatas que eu estava fazendo para o meu *bangers and mash*. Exceto que alguém as roubou bem debaixo do meu nariz. Havia muitas testemunhas oculares, incluindo Kate Moss, que fará um relato da caça ao ladrão.

Kate Moss: A comida preparada da maneira que ele gosta é uma das poucas coisas que realmente confortam Keith. O resto ele

6 Grupo de músicos tocando tambores de aço, instrumentos musicais de percussão originários de Trinidad e Tobago, muito utilizados no Calipso, um dos ritmos musicais caribenhos. (N. T.)

7 Poema romântico de Edwin Muir.

encontra em lojas. E porque o horário dele é muito irregular, normalmente ele mesmo é quem prepara a comida. Era isso que ele estava fazendo na noite do casamento de Angela. Eram umas três horas da manhã. Todos estavam se divertindo na festa, a noite estava linda, as pessoas estavam bebendo, dançando, era um casamento e tanto, e a festa ainda estava bombando. Patti e eu estávamos na cozinha, e Keith estava fazendo seu *bangers and mash*. E ele tinha reservado umas cebolinhas. As linguiças estavam fritando, as batatas cozinhando, eu estava perto do fogão conversando com Patti, e ele se virou e disse: "Onde foram parar as minhas cebolinhas?". E nós dissemos: "O quê?". E ele continuou: "Elas estavam aqui agora mesmo, onde é que elas foram parar?". "Ó Deus", nós pensamos, "ele pirou". Mas ele estava realmente indignado, então nós começamos a olhar nas lixeiras. Ele dizia, "Elas *definitivamente* estavam aqui", então nós procuramos por toda parte, embaixo das mesas... "Eu tenho *certeza* de que elas estavam aqui." E ele estava ficando realmente muito nervoso. E nós dissemos: "Talvez você não tenha colocado as cebolinhas aqui, talvez você tenha colocado em outro lugar". "Não, porra, eu coloquei elas aqui!", e todos pensaram que ele estava enlouquecendo. Então um amigo de Marlon entrou na cozinha e perguntou: "Keith, qual é o problema?". E Keith disse: "Eu estou procurando a porra das minhas cebolinhas", e ele estava ficando fora de si, revirando as latas de lixo e, quando eu olhei, foi como uma daquelas cenas de acidente em câmera lenta. Eu pensei "Nããããããão! Não faça isso!". Esse cara colocou as cebolinhas atrás da orelha. Por que alguém faria uma coisa dessas? Para chamar a atenção, obviamente, mas o tipo errado de atenção. E Keith olhou e viu as cebolinhas também. Explosão. Em Redlands ele tem esses sabres pendurados sobre a lareira. Ele pegou os dois e saiu correndo pela noite, perseguindo o garoto. "Ai meu Deus, ele vai matar o garoto!" Patti ficou muito preocupada. Nós todos saímos correndo atrás dele gritando "Keith!, Keith!", e ele voltou, mas estava furioso. O garoto passou a maior parte da noite escondido entre os arbustos. Ele voltou para a festa mais tarde com um capuz de ninja para que Keith não o reconhecesse.

Considerando a minha profissão, é estranho que eu tenha tido cachorros desde 1964. Havia Syphilis, um grande lebrel que eu tive antes de Marlon nascer. E Ratbag, o cachorro que eu contrabandeei da América. Ele viajou no meu bolso. Ele manteve a boca fechada. Eu o dei de presente à minha mãe, e ele viveu com ela por muitos, muitos anos. Eu costumo ficar fora de casa por muitos meses; no entanto, o tempo que você passa com os cachorros forma um vínculo eterno. Hoje tenho várias matilhas, todas desconhecidas umas das outras por causa do tamanho dos oceanos, embora eu tenha a impressão de que eles podem cheirar os outros nas minhas roupas. Em tempos difíceis, eu sei que posso contar com meus cachorros. Quando estou sozinho com eles, eu falo sem parar. Eles são ótimos ouvintes. Eu provavelmente morreria por um deles.

Eu tenho vários cachorros em nossa casa em Connecticut — um velho labrador amarelo chamado Pumpkin, que nada comigo no oceano quando vamos às ilhas Turcas e Caicos, e duas jovens buldogues francesas. Alexandra escolheu uma delas quando era filhote e a chamou de Etta, em homenagem a Etta James. Patti se apaixonou pela cadelinha, então nós compramos a irmã dela, que havia ficado sozinha na gaiola do petshop, e a chamamos de Sugar. *Sugar on the floor*, um dos grandes sucessos de Etta. Depois, há um cachorro famoso — famoso nos bastidores dos Stones — chamado Raz, uma abreviação de Rasputin, um pequeno vira-lata de um carisma e charme fora do comum, e olha que eu conheci um bocado de cachorros na vida. A história dele é um tanto obscura — afinal, ele é russo. Pelo que parece, ele costumava revirar as latas de lixo do Dynamo Stadium, em Moscou junto com trezentos ou quatrocentos outros vira-latas, quando nós tocamos lá durante a turnê de 1998. A Rússia estava passando por uma crise econômica muito severa, então havia cachorros abandonados por toda a cidade. Era uma vida de cão! Por algum motivo, quando nossa equipe estava montando o palco, ele chamou a atenção do pessoal da montagem. Eles o levaram para dentro e em muito pouco tempo ele se tornou uma espécie de mascote dos bastidores. Dali ele conseguiu se embrenhar pela cozinha, e depois pelos departamentos de figurino e maquiagem. Por causa da luta diária pela comida, a aparência dele não era das melhores (eu sei o que é isso), no entanto ele amoleceu corações.

Quando os Stones chegaram para passar o som, Chrissy Kingston, que trabalha no departamento de figurino, me chamou num canto e começou a falar sem parar daquele incrível vira-lata. A equipe o tinha visto levar chutes e pauladas do pessoal do estádio, mas ele sempre voltava. Eles ficaram admirados com a coragem e persistência do bicho e decidiram ficar com ele. "Você realmente precisa ver esse cachorro", disse Chrissy. Aquele era o meu primeiro show na Rússia, e cachorros não estavam no meu programa. Mas eu conhecia Chrissy. Havia algo na intensidade com que ela falava, a urgência, os olhos se enchendo de lágrimas, aquilo me fez parar e prestar atenção. Nós somos todos profissionais, então senti que tinha de levá-la a sério. Chrissy não ia fazer aquela cena à toa. Theo e Alex estavam lá e começaram com o infalível "Ah, pai, você tem que ver o cachorro, por favor!", o que derrete o coração de qualquer um, até mesmo deste cachorro aqui. Eu senti que aquilo era uma cilada, mas não tive como me defender. "Está bem, traga o cachorro aqui." Em poucos segundos Chrissy voltou com o terrier preto mais maltrapilho que eu já tinha visto. Ele estava coberto por uma nuvem de pulgas. Ele se sentou na minha frente e ficou me encarando. Eu o encarei de volta. Ele nem piscou. Eu disse: "Deixe-o aqui. Vou ver o que eu posso fazer". Alguns minutos depois, uma delegação de funcionários da equipe de montagem veio até o "Camp X-ray" (meu camarim), caras enormes, todos barbados e cobertos de tatuagens, os olhos marejados, me agradecendo. "Ele é um vira-lata incrível, Keith." "Obrigado, cara, esse cachorro conquistou todos nós." Eu não tinha ideia do que fazer com ele. Mas ao menos agora o show podia continuar. O vira-lata pareceu pressentir a vitória e lambeu meus dedos. Eu estava vendido. Patti olhou para mim com amor e desespero. Eu dei de ombros. Nós tivemos um trabalhão para vaciná-lo, conseguir autorização para viajar com ele, o visto e tudo mais, e finalmente ele voou para os Estados Unidos, um cachorro de sorte. Ele vive como czar de Connecticut, onde coexiste com Pumpkin, o gato Toaster e os buldogues.

Eu já tive um mainá, o que não foi uma experiência nada agradável. Quando eu colocava música, o pássaro começava a gritar. Era como viver com uma tia velha e rabugenta. O filho da puta nunca estava satisfeito com nada. Foi o único animal de que já me desfiz. Talvez ele tenha ficado doidão; havia sempre um monte de gente fumando maconha por perto. Para mim era como se eu estivesse vivendo com Mick numa gaiola dentro da sala, sempre franzindo o bico. Eu tive más experiências com pássaros em gaiolas. Uma vez joguei o periquito do Ronnie fora acidentalmente. Eu pensei que ele fosse um alarme de brinquedo que estivesse quebrado. Ele estava numa gaiola nos fundos da casa, e a porra do passarinho ficava ali, sentado no poleiro, sem nenhuma reação, exceto emitir aquele pio repetitivo. Então eu decidi me livrar dele. Quando percebi meu erro, era tarde demais. "Graças a Deus", foi a reação de Ronnie. Ele odiava o passarinho. Acho que na verdade Ronnie não é muito chegado a animais, embora ele viva cercado deles. Ele gosta de cavalos. Ele tem quatro ou cinco potros em seus estábulos na Irlanda, mas se você disser "Vamos dar uma volta, Ron", ele nem chega perto dos bichos! Ele gosta deles a distância, principalmente quando o cavalo em que ele apostou está cruzando a linha de chegada em primeiro lugar.

Então por que ele vive cercado de todo esse cocô e de éguas de três patas? Ele diz que é coisa de cigano. Uma vez na Argentina, Bobby Keys e eu montamos dois cavalos, e então enlaçamos Ronnie e o convencemos a montar um terceiro. Eram lindos quartos de milha. Se você não tem o costume de montar, a bunda dói mesmo, não resta dúvida. E nós fomos andar nos pampas e Ronnie ficou se mijando de medo. "Mas você é dono de cavalos, Ronnie! Eu pensava que você os amava!" E Bobby e eu ficamos rindo e gozando da cara dele. "Lá vem o Gerônimo. Vamos galopar mais rápido."

Theo e Alex cresceram em Connecticut, levando uma vida das mais normais possíveis, frequentando a escola secundária local. Vários parentes de Patti vivem relativamente perto dali. Ela tem uma sobrinha chamada Melena que é casada com Joe Sorena. Nós fizemos vinho na garagem deles, todos descalços dentro de uma banheira amassando uvas, dizendo "Vai ser uma ótima safra". É divertido. Eu fiz isso na França uma ou duas vezes. Esmagar uvas entre os dedos do pé é uma experiência única. Ocasionalmente, nós viajávamos com a família de Patti. Eu tenho um motohome estacionado perto da minha quadra de tênis para provar, velho de guerra mas todo equipado. Os Hansen promovem muitas reuniões de família. Eles também adoram acampar, e escolhem lugares ridículos como Oklahoma. Eu só fui com eles duas ou três vezes. É só você sair de Nova York e ir para... Oklahoma! Graças a Deus eu estava numa daquelas viagens ou eles teriam se afogado e ficado sem fogueira. Houve uma inundação repentina e nós quase fomos levados pela água — em outras palavras, aquelas coisas que geralmente acontecem em acampamentos. Ninguém me reconheceria: eu vivia encharcado de chuva. E meu treinamento de escoteiro veio a calhar. Corte aquela madeira! Reforce as estacas da barraca! Eu sou ótimo em fazer fogueiras. Não provoco incêndios, mas sou um piromaníaco.

Página do meu diário, escrita em 2006:

Eu sou casado com uma mulher linda. Elegante, graciosa, e com os pés no chão. Inteligente, prática, amorosa, atenciosa, e um furacão na cama. Acho que foi pura sorte me casar com ela. Tenho de dizer que a praticidade e a lógica dela me deixam desconcertado, porque ela traz equilíbrio ao meu modo discursivo de viver. O que às vezes vai de encontro às minhas características nômades. Usar a lógica é algo que vai contra o meu feitio, mas eu dou muito valor a isso.

Houve um fim de semana inesquecível em que fizemos um safári com as crianças na África do Sul, quando um crocodilo quase arrancou minha mão — por um triz eu não tive de antecipar minha aposentadoria. Nós só ficamos lá por dois ou três dias, no meio da turnê "Voodoo Lounge", e levamos Bernard Fowler e Lisa Fischer conosco. A gente estava num parque de safári em que todos os funcionários eram ex-guardas de prisão brancos. E obviamente todos os prisioneiros deviam ter sido negros. Dava para ver na cara dos garçons do bar quando Bernard ou Lisa pediam uma dose dupla de Glenfiddich. Eles não eram nem um pouco receptivos. Mandela tinha sido solto cinco anos antes. Lisa e Bernard tinham ido até lá buscar as suas raízes, mas voltaram muito putos. Tudo que encontraram foi aquele velho clima em que negros não eram bem-vindos. Nada parecia ter mudado, e as atitudes do *apartheid* ainda prevaleciam.

Uma manhã, depois de ter passado a noite em claro, eu tinha dormido apenas uma hora e realmente não estava pronto para isso, quando eles me acordaram e me arrastaram até a traseira de um jipe para fazer um safári. Meu humor não estava dos melhores, sacolejando na traseira do carro, e eu não estava extasiado, pensando "Ó meu Deus, eu estou na África!"; para mim aquilo não passava de um bando de moitas e arbustos espinhosos. De repente o carro fez uma curva e parou. Por que estamos parando agora? Naquele exato momento, eu vi o capeta em pessoa — um javali-africano. Ele ficou ali bufando bem na minha frente, o rosto coberto por uma placa de lama. Era tudo de que eu precisava — aquelas presas —, e ele simplesmente ficou ali olhando para mim com aqueles olhinhos vermelhos... era a criatura mais feia que eu já tinha visto na vida, principalmente àquela hora do dia. Essa foi a minha primeira experiência com a vida selvagem africana. O capeta, aquele que você não quer conhecer. Com licença, eu poderia ver Deus, por favor? Talvez se eu voltasse amanhã... Imagine uma mulher gorda de roupão de banho e rolinhos na cabeça, vindo para cima de você com o rolo de pastel na mão, bufando pelas ventas, o veneno pingando das presas... É algo maravilhoso de se ver, mas não quando você só dormiu uma hora e está com uma ressaca terrível.

Na volta, um sujeito muito legal, um negro chamado Richard, estava conosco na traseira do Land Rover, nos indicando determinados pontos de interesse na estrada, quando paramos junto a um monte imenso de alguma coisa. E Richard diz: "Ei, olhem só para isso". Ele arranca o topo do monte, e uma pomba branca sai voando lá de dentro. Era cocô de elefante. Esses pássaros brancos seguem os elefantes e comem as sementes que eles não digeriram. As penas deles são revestidas por uma camada de óleo, de modo que eles não ficam todos lambuzados de cocô. E eles conseguem respirar por horas e horas lá dentro. Na verdade, eles vão comendo, comendo, e, no final, rompem o topo do monte e saem dali. Mas o pássaro estava totalmente imaculado, uma verdadeira pomba da paz, quando saiu voando. Depois disso nós fizemos uma curva e vimos um elefante enorme bem no meio da estrada. E ele estava ocupado derrubando duas árvores de uns nove metros de altura, abraçando as duas juntas com as presas, e nós paramos, e ele meio que olha para nós como quem diz "Não estão vendo que eu estou ocupado?", e continua arrancando as árvores.

Então uma das minhas filhas diz: "Olhe, papai, ele tem cinco patas", e eu digo, "Seis, incluindo a tromba". O pau dele estava no chão, e devia ter uns três metros de comprimento. Eu me senti humilhado. Quer dizer, esse cara tinha bala na agulha. Aliás, um pouco mais adiante, Richard diz: "Olhem os rastros no chão", e lá estão essas imensas pegadas de elefante com uma linha no meio, onde o pau dele tinha se arrastado pelo chão. Nós também vimos alguns guepardos. E como é que nós sabíamos que eles estavam por perto? Havia um antílope pendurado numa porra de uma árvore. Um guepardo o tinha arrastado e guardado ali. Depois nós vimos os búfalos asiáticos, uns três mil deles num brejo. São criaturas impressionantes. Um deles decide cagar, e antes que a bosta caia no chão, outro búfalo vem por trás dele e come tudo. Eles bebem o próprio xixi. Então, para completar, isso sem falar nas moscas, de repente vemos uma fêmea dar à luz bem na nossa frente, e todos esses búfalos ficam brigando em volta dela para comer a placenta! O que mais poderíamos aguentar? Então seguimos viagem, e de repente o retardado do motorista para junto a uma poça, pega um pedaço de pau, diz "Ei, olhem só para isso!", e cutuca a poça. E eu estou sentado na traseira do carro com a mão pendurada para fora, quando sinto um bafo morno, escuto um estalo e vejo um crocodilo que deve ter errado minha mão por uma porra de um centímetro. Eu quase matei o cara. Bafo de crocodilo. Jamais queira sentir isso.

Nós chegamos a ver alguns hipopótamos, do que eu gostei muito. Mas na verdade eu fiquei o tempo todo pensando: "Quantas criaturas de Deus terei de encontrar antes que eu possa dormir?". Não posso realmente dizer que foi fabuloso. Mas a lembrança até que é prazerosa. Mas o que me emputeceu mesmo foi a maneira como os brancos trataram Bernard e Lisa. Para mim aquilo estragou a viagem.

Talvez eu devesse ter reconhecido os sinais de que Mick estava se deixando prender por cadeias de civilidade quando na virada do milênio ele inaugurou o Mick Jagger Centre, em Dartford Grammar, sua antiga escola primária. Eu tinha escutado rumores, aliás infundados, de que haviam aberto uma ala chamada Keith Richards sem a minha permissão na escola secundária Dartford Tech. Eu estava me preparando para pegar um helicóptero e pintar a palavra EXPULSO bem grande no telhado. Não muito depois da inauguração do Mick Jagger Centre, ele me ligou dizendo "Eu preciso lhe dizer uma coisa: Tony Blair está insistindo para que eu aceite ser ordenado cavaleiro". "Você pode recusar se quiser, cara", foi minha resposta. E não falei mais no assunto. Eu não conseguia entender por que Mick faria uma coisa dessas; isso destruiria sua credibilidade. Liguei para Charlie e disse: "Que porra é essa de Mick ser ordenado cavaleiro?". Ele respondeu: "Você não sabia que ele sempre quis ser um?". Eu disse que não. Isso nunca me havia passado pela cabeça. Será que eu não tinha conseguido entender meu amigo? O Mick com quem eu cresci era um cara que teria dito "Enfie todas as suas honras no rabo. Muito obrigado, mas não, obrigado". Aceitar isso seria se rebaixar. Isso se chama receber um título de honra, e nós já tínhamos sido mais que honrados pelo público. Como é que alguém pode aceitar um título de honra de um sistema que tentou colocar você na cadeia sem motivo nenhum? Quer dizer, se você consegue perdoá-los por isso... A consciência de classe de Mick vinha se tornando cada vez mais evidente, mas eu nunca esperava que ele fosse cair nessa. Talvez tenha sido outro ataque de LVS.

Em lugar de ter sido ordenado pela rainha — houve qualquer confusão de datas —, ele acabou sendo honrado pelo príncipe Charles, o herdeiro do trono, o que na minha opinião o tornou um *cur* em vez de um *sir*.[8] Pelo menos — ao contrário de outros cavaleiros recém-ordenados — ele não insiste em ser chamado de sir Mick. Mas nós vivemos fazendo piadinhas sobre isso pelas costas dele. Quanto a mim, eu jamais serei Lord Richards, mas sim King Richard IV, o IV sendo pronunciado *eye-vee*.[9]

Apesar de tudo isso, talvez pelo efeito relaxante da condecoração, o ano seguinte, 2004, foi o melhor ano que passei com Mick em Deus sabe quanto tempo. Ele estava muito mais solto, não sei bem por quê. Talvez ele tenha apenas amadurecido e chegado à conclusão de que nossa amizade era tudo o que tínhamos realmente. Acho que isso teve muito a ver com o que aconteceu com Charlie. Eu tinha ido até a casa de Mick na França para começarmos a compor para o nosso próximo álbum — o primeiro em oito anos —, que mais tarde viria a se chamar *A bigger bang*. Mick e eu estávamos tentando compor algumas músicas novas no violão havia uns dois dias, quando Mick disse: "Cara, o Charlie está com câncer". Houve um silêncio tenso, como se disséssemos "E agora?". Foi um tremendo choque para mim. Mick na verdade estava me perguntando se deveríamos dar um tempo no trabalho e esperar para ver o que acontecia com Charlie. Depois de pensar um pouco, eu disse: "Não, vamos começar". Estávamos apenas compondo as músicas, então ainda não precisávamos de Charlie. E Charlie teria ficado muito puto se soubesse

8 Trocadilho feito com as palavras cur (vira-lata) e sir (cavaleiro).

9 Trocadilho. Em vez de pronunciar IV como o algarismo romano ordinal, lê-se como as letras iv, que em inglês são a abreviatura de intravenoso.

que paramos tudo só porque ele estava momentaneamente incapacitado. Isso não teria sido bom para ele e, porra, nós já tínhamos algumas ideias. Então podíamos compor algumas músicas e mandar as fitas para Charlie para que ele soubesse em que pé estávamos. E foi isso que fizemos.

O *château* de Mick era incrível, ficava a uns 5 quilômetros do rio Loire, era cercado por lindas vinhas e tinha uma adega subterrânea destinada a manter o vinho a sete graus o ano todo. Parecia o *château* do capitão Haddock,[10] em estilo bem Hergé. Nós ficamos bem próximos durante algum tempo, e criamos algumas composições bem legais. O humor dele não estava tão instável. Quando realmente existe esse clima de trabalho em equipe, em lugar de simplesmente dizer "Está bem, vamos fazer logo essa porcaria", as coisas são diferentes. Quer dizer, porra, quando se trabalha com alguém há mais de quarenta anos, não vai ser sempre um mar de rosas, vai? É inevitável passar por períodos difíceis, é como um casamento.

Minha casa de veraneio passou a ser em Parrot Cay, nas ilhas Turcas e Caicos, ao norte da República Dominicana. O lugar nem se compara à Jamaica, mas a Jamaica tinha perdido a popularidade com a minha família por causa de alguns incidentes desagradáveis. Parrot Cay, ao contrário, é um lugar tranquilíssimo, principalmente no que se refere a papagaios. Nunca houve um papagaio sequer em Parrot Cay; o nome obviamente foi mudado de Pirate Cay pelos investidores ansiosos do passado. É um lugar onde meus filhos e netos podem andar à vontade e onde eu passo longos períodos. Eu escuto rádios americanas especializadas em determinados estilos musicais. Fico ouvindo rock dos anos 50 um dia inteiro, e quando canso, passo para a estação de *bluegrass*,[11] que é boa para caralho, ou então de hip-hop, rock retrô

10 Personagem da história em quadrinhos conhecida como *As aventuras de Tintim*, criada pelo cartunista belga Hergé. (N. T.)

11 Forma de música popular e tradicional característica do sul dos Estados Unidos, com raízes na música tradicional das ilhas britânicas, na música rural dos negros e no jazz e blues. (N. T.)

ou música alternativa. A única coisa que eu não escuto é rock de arena, que me lembra demais meu próprio trabalho.

Escrevi isso em meu diário:

Depois de mais ou menos um mês aqui, um estranho ciclo se tornou aparente. Esquadrões de libélulas deram um show digno de Farnborough[12] *por uma semana e depois — desapareceram. Entretanto, após alguns dias, bandos de borboletinhas laranja começaram a polinizar as flores. Parece haver algum tipo de método. Aqui eu vivo cercado de diversas espécies: dois cachorros, um gato, Roy (Martin) e Kyoko, sua mulher japonesa (ou ao contrário, Kyoko e Roy, seu diamante do Extremo Oriente). Ika, a bela (porém intocável) mordomo(a). Uma pessoa maravilhosa! Ela é de Bali. O sr. Timothy, um jardineiro negro local muito meigo de cuja mulher eu compro trabalhos de cestaria e produtos tecidos com folhas de palmeira. Ah, tem também as incontáveis lagartixas (de todos os tamanhos) e provavelmente uma ou duas ratazanas. Toaster, o gato, trabalha para mim. Ele mata mariposas. Há também os bartenders — um é javanês e o outro balinês (eles são demais). Marinheiros locais dão mais cor ao lugar. Mas mañana terei de voltar para a geladeira. Tenho de fazer as malas novamente. Deseje-me boa sorte.*

Isso foi escrito no início de janeiro de 2006, depois do intervalo de Natal da turnê "Bigger Bang". Eu estava arrumando as malas para voltar para a estrada, nós íamos tocar primeiro no Super Bowl em fevereiro e duas semanas depois estaríamos dando um dos maiores concertos de rock and roll de todos os tempos no Rio, para mais de 1 milhão de pessoas. Um começo de ano bastante movimentado. Exatamente um ano antes disso, quando eu estava andando no litoral, escalando umas pedras ao longo da praia, Paul McCartney apareceu

12 Farnborough International Airshow é uma bienal direcionada à indústria de engenharia aeroespacial realizada no Farnborough Airfield, em Hampshire, Inglaterra. (N. T.)

poucos dias depois de tocar no Super Bowl daquele ano. Certamente aquele era um lugar muito estranho para nos encontrarmos depois de tantos anos, mas era também o melhor, porque ambos tivemos tempo de conversar, talvez pela primeira vez desde aquela época, logo no comecinho das nossas carreiras, quando eles lançavam músicas mais rápido do que nós conseguíamos compor. Ele simplesmente apareceu, dizendo que tinha descoberto onde eu morava ao conversar com meu vizinho Bruce Willis. Ele disse: "Ah, eu simplesmente resolvi aparecer. Espero que você não se importe. Desculpe por não ter ligado antes". E já que eu nunca atendo o telefone mesmo, esse era o único jeito de ele me ver. Eu senti que Paul realmente estava precisando espairecer. Aquela praia é bem longa, e é claro que a gente só entende essas coisas quando olha para trás, mas algo estava errado. A separação de Paul e Heather Mills, que estava com ele naquela viagem, foi anunciada logo depois.

Paul começou a aparecer todos os dias enquanto seu filho estava dormindo. Eu nunca tinha tido a oportunidade de conhecê-lo muito bem antes. John e eu tínhamos sido bem próximos, assim como George e Ringo, mas Paul e eu nunca tínhamos passado muito tempo juntos. Nós ficamos muito felizes com essa oportunidade de estarmos juntos. Nós nos entrosamos instantaneamente, conversando sobre o passado, sobre o processo de composição. Conversamos sobre coisas estranhamente simples, como a diferença entre os Beatles e os Stones, sobre como os Beatles eram uma banda mais vocal, já que todos podiam se revezar como vocalistas principais, enquanto os Stones eram mais uma banda de instrumentistas, já que tínhamos apenas um vocalista principal. Ele me contou como, pelo fato de ele ser canhoto, ele e John podiam tocar guitarra como espelhos, virados um para o outro e observando as mãos um do outro. Então nós dois começamos a tocar desse jeito. Nós chegamos até a começar a compor uma música juntos, um número de autoria de McCartney/Richards, cuja letra ficou pendurada na parede durante várias semanas. Eu o desafiei a tocar "Please please me" no Super Bowl, mas ele disse que a lista de músicas tinha que ser entregue com semanas de antecedência. Eu me lembro da paródia hilária que ele fez de Roy Orbison cantando essa música. Então nós começamos a cantá-la. Nós conversamos sobre canis infláveis que lembravam o pelo dos cães que guardavam — branco com manchas pretas para dálmatas, e assim por diante. Então entramos numa conversa sobre um projeto especial que pensamos em desenvolver: cocôs de celebridades desidratados pelo sol e purificados com água da chuva — as celebridades os doariam, então eles seriam laqueados e algum artista famoso os decoraria. Elton concordaria; ele é um cara sensacional. George Michael provavelmente também diria que sim. E Madonna? Nós rimos um bocado disso. Nós realmente nos divertimos muito juntos.

Agora, um ano depois disso e duas semanas após a apresentação no Super Bowl, nós fomos para a praia de Copacabana tocar no concerto gratuito pago pelo governo brasileiro. Eles construíram uma ponte sobre a avenida Atlântica que ligava o nosso hotel diretamente ao palco na praia, só para que pudéssemos chegar até lá mais facilmente. Quando eu vi o vídeo daquele show, percebi que eu estava muito concentrado, concentrado pra caralho. Eu estava emburrado mesmo! Isso porque o som é que tinha que ficar bom. O resto não interessava. Eu dei uma de babá, tentando me certificar de que tudo estivesse saindo como deveria, o que era compreensível, já que estávamos tocando para 1 milhão de pessoas e metade delas estava em outra baía, e eu fiquei me perguntando se o som estava sendo projetado até lá, ou se ele acabava ficando todo embolado no meio do caminho. Nós podíamos ver apenas um quarto da audiência. Eles puseram vários telões numa extensão de mais de 3 quilômetros. Aquela noite teria sido a saída triunfal — exceto por alguns shows no Japão logo em seguida — para uma longa carreira em espeluncas. Porque logo depois disso eu caí do galho.

Nós voamos até Fiji e estávamos numa ilha privativa. Tínhamos ido fazer um piquenique na praia. Ronnie e eu fomos nadar enquanto Josephine e Patti ficaram organizando o almoço. Havia uma rede, acho que era de Ronnie — ele subiu nela bem rápido —, e nós estávamos apenas nos secando depois de nadar. E havia uma grande árvore.

Nada que lembrasse uma palmeira. Tratava-se de uma árvore toda retorcida, basicamente um grande galho horizontal.

Era óbvio que outras pessoas já tinham sentado lá antes, porque a casca da árvore estava gasta. E a altura devia ser de uns dois metros, eu acho. Eu simplesmente estava sentado no galho deixando o corpo secar enquanto esperava pelo almoço. Então as mulheres disseram: "O almoço está pronto". Havia outro galho na minha frente, então eu pensei: "Eu vou segurar naquele galho e deixar o corpo descer gentilmente até o chão". Mas eu esqueci que minhas mãos ainda estavam molhadas e sujas de areia, e ao tentar segurar o galho, não consegui agarrá-lo. Então eu caí bruscamente com os pés no chão, e minha cabeça foi lançada para trás, batendo no galho da árvore. Uma pancada forte. Mas foi só isso. Aquilo não me incomodou na hora. "Está tudo bem, querido?" "Sim, tudo bem." "Tome cuidado da próxima vez."

Dois dias depois, eu ainda estava me sentindo bem e nós saímos de barco. A água parecia um espelho até que nos afastamos um pouco da praia, e algumas daquelas ondas imensas do oceano Pacífico começaram a se formar. Josephine estava na frente do barco e disse "Olhem só para isso". Quando eu fui até a proa, outra onda forte veio e eu caí sentado no assento, e de repente algo estranho aconteceu. Eu comecei a sentir uma dor de cabeça lancinante. "Temos de voltar agora", eu disse. Mesmo assim, não achei que fosse nada grave. Mas a dor de cabeça foi ficando cada vez pior. Eu não sou de sentir dor de cabeça, e quando sinto tomo uma aspirina e ela passa rapidinho. Não sou uma dessas pessoas que sofrem desse problema. Eu sempre senti pena de pessoas como Charlie que vivem tendo enxaqueca. Eu não consigo imaginar como eles se sentem, mas acho que isso chegava bem perto.

Mais tarde, descobri que tinha sido uma sorte levar aquele segundo tranco. Porque o primeiro incidente tinha quebrado o meu crânio, e meses poderiam ter se passado até que a fratura fosse descoberta, isso se eu não morresse antes. Eu poderia ter continuado sangrando debaixo do crânio. Mas o segundo incidente tornara aquilo óbvio. Naquela noite eu tomei duas aspirinas para aliviar a dor de cabeça, o que é uma péssima ideia porque a aspirina afina o sangue — que coisas mais interessantes você aprende quando está se matando... Então eu aparentemente tive duas convulsões enquanto dormia. Eu não me lembro delas. Pensei que tinha tido um acesso de tosse e acordei com Patti me perguntando: "Você está bem, querido?". "Sim, acho que está tudo bem." Então eu tive outra convulsão, e foi aí que vi Patti correndo pelo quarto, dizendo "Ai, meu Deus!", ligando para um monte de gente. Àquela altura ela estava em pânico, mas um pânico controlado; ela ainda conseguia funcionar. Por sorte, a mesma coisa tinha acontecido com o dono da ilha alguns meses antes, então ele reconheceu os sintomas e em pouco tempo eu estava no avião para Fiji, a ilha principal. Em Fiji, os médicos me examinaram e disseram: "Ele tem de ir para a Nova Zelândia". O voo de Fiji para Auckland foi o pior voo da minha vida. Eles basicamente me amarraram numa camisa de força, me prenderam a uma maca e me colocaram nesse avião. Eu não podia me mexer e o voo levava quatro horas. Esqueça a cabeça. Eu não podia mexer nem um músculo sequer. Então eu disse: "Merda, vocês não podem me dar nada para aliviar essa dor?". "Bem, nós poderíamos ter dado a medicação antes de o avião decolar." "E por que não me deram?" Eu xinguei como um filho da puta. "Me deem um analgésico, pelo amor de Deus!" "Não podemos fazer isso enquanto estivermos voando." Quatro horas dessa palhaçada. Finalmente cheguei ao hospital na Nova Zelândia, onde Andrew Law, um neurocirurgião, estava me esperando. Por sorte ele era meu fã! Só mais tarde foi que Andrew me contou que, quando era criança, ele tinha um pôster meu no pé da cama. Depois disso, eu fiquei nas mãos dele e não me lembro de mais nada do que aconteceu naquela noite. Eles me deram morfina. E quando acordei, estava me sentindo muito bem.

Fiquei uns dez dias naquele hospital, que era muito bom e tinha ótimas enfermeiras. Eu tinha uma enfermeira adorável da Zâmbia, ela era ótima. Durante mais ou menos uma semana, o dr. Law me submeteu a vários exames todos os dias. Então eu perguntei: "Bem, e agora?". E ele respondeu: "Seu quadro está estável. Agora você pode voar para Nova York ou Londres, ou para onde quer que esteja o seu médico". Por algum motivo ele havia presumido que eu ia querer procurar os médicos mais renomados do mundo. "Eu não quero voar, Andrew!" Àquela altura eu já o conhecia bastante bem. "Eu não vou voar." "Sim, mas você vai ter de operar." Eu disse: "Está bem. Então você é quem vai me operar. E vai fazer isso agora." Ele perguntou: "Tem certeza?". E eu disse: "Absoluta". Eu quis sugar as palavras de volta para dentro da boca. Será que eu tinha dito isso mesmo? Eu estava convidando alguém a abrir a minha cabeça. Mas eu sabia que essa era a decisão certa a tomar. Sabia que ele era um dos melhores; nós tínhamos feito uma pesquisa detalhada a respeito dele. Eu não queria procurar alguém que eu não conhecesse.

O dr. Law voltou dentro de algumas horas com o seu anestesista — Nigel, um escocês. Eu resolvi bancar o espertinho e disse: "Nigel, é muito difícil me derrubar. Ninguém conseguiu me derrubar até hoje". Ele respondeu: "Ah, é? Então veja isso". E em dez segundos eu estava apagado, bye-bye. Duas horas depois eu acordei me sentindo ótimo. Então eu disse: "Bom, quando é que você vai começar?". E Law respondeu: "Já terminei, cara". Ele tinha aberto o meu crânio, extraído todos os coágulos sanguíneos e depois recolocado o osso como se fosse um chapéu, com seis pinos de titânio conectando o chapéu ao restante do crânio. Eu me senti bem, exceto pelo fato de que eu estava preso a todos aqueles tubos quando saí da sala de operação. Havia um saindo do meu pau, outro saindo daqui, outro saindo dali. Eu perguntei: "Que porra é essa? Para que serve esse tubo?". Law respondeu: "Isso aí é a infusão de morfina". "Está bem, deixe esse aí." Eu é que não ia reclamar. Aliás, eu nunca mais tive uma dor de cabeça depois daquele dia. Andrew Law fez um trabalho maravilhoso.

Fiquei lá mais uma semana, mais ou menos. E eles me deram um pouco mais de morfina. Eles foram muito, muito legais comigo. No fim das contas, o que eles querem mesmo é que você se sinta confortável; foi isso que eu descobri. Eu raramente pedia mais morfina, mas quando eu pedia, eles diziam: "Está bem". O cara que estava ao meu lado no quarto tinha sofrido uma lesão semelhante. Ele tinha se machucado num acidente de moto sem capacete, e ficava gemendo e se lamentando. As enfermeiras ficavam com ele durante horas, tentando acalmá-lo. As vozes delas eram muito serenas. Como estava praticamente curado, virava para ele e dizia: "Eu sei como é, cara".

Depois eu passei um mês numa pequena pensão vitoriana em Auckland, e toda a minha família veio ficar comigo, meus amores. E eu recebi mensagens de Jerry Lee Lewis e de Willie Nelson. Jerry Lee me mandou um disco de 45 rotações autografado de *Great balls of fire*, primeira edição. Eu o coloquei na parede da minha casa. Bill Clinton me mandou um bilhete: "Estimo sua pronta recuperação, querido amigo". Tony Blair me escreveu uma carta cuja primeira linha dizia: "Querido Keith, você sempre foi um dos meus heróis...". A Inglaterra está nas mãos de alguém que me considera um herói? É assustador. Eu recebi até mesmo uma mensagem do prefeito de Toronto. Deu para ter uma ideia de como serão meus obituários, uma boa noção do que está por vir. Jay Leno disse: "Por que não podemos fazer aviões como fazemos Keith?". E Robin Williams disse: "Você pode machucá-lo, mas não pode quebrá-lo". Algumas frases muito boas resultaram daquela pancada na cabeça, sem falar de todas as outras pancadas que levei na vida.

O que mais me impressionou foi a imaginação da imprensa. Porque o incidente aconteceu em Fiji, eu provavelmente tinha caído de uma palmeira, e devia estar a uns doze metros do chão, tentando pegar um coco. Então esquis aquáticos entraram na história, e eu realmente detesto essas coisas; elas são sensacionalistas e perturbam a tranquilidade dos recifes de coral.

O dr. Law vai contar suas impressões do incidente.

Dr. Andrew Law: Eu recebi uma ligação numa quinta-feira, 30 de abril, às três da manhã. Eles me ligaram de Fiji, onde eu trabalho num hospital particular, dizendo que havia alguém com uma hemorragia intracraniana, e que era uma pessoa bastante famosa, perguntando se eu achava que poderia dar conta disso. Então eles disseram que era Keith Richards dos Rolling Stones. Eu me lembro de ter o pôster dele na parede quando estava na faculdade; eu sempre fui fã dos Rolling Stones e de Keith Richards.

Eles me falaram apenas que Keith estava consciente, que a tomografia computadorizada mostrara um hematoma cerebral agudo, o histórico envolvendo a queda da árvore e o incidente no barco. Então eu sabia que ele precisaria ser tratado por um neurocirurgião, mas àquela altura eu ainda não sabia se ele precisaria ser operado. Eu sabia que um dos lados do seu cérebro estava exercendo pressão sobre o outro lado através da linha média.

Na primeira noite recebi vários telefonemas de neurocirurgiões do mundo inteiro, de Nova York e de Los Angeles, médicos que queriam se envolver no caso dele. "Ah, eu só queria dar uma olhada. Eu falei com fulano e beltrano, e nós achamos que você tem de fazer isso e aquilo e aquilo outro." Então, na manhã seguinte eu disse: "Keith, eu não consigo trabalhar desse jeito. Eu estou sendo acordado de madrugada por pessoas que ficam tentando me dizer como é que eu devo fazer um trabalho que eu faço todos os dias." E ele disse: "Você só precisa falar comigo; o resto você manda se foder". Essas foram literalmente as palavras dele. Aquilo tirou todo o peso dos meus ombros. Então ficou fácil trabalhar, porque nós podíamos tomar as decisões juntos, e foi exatamente isso que fizemos. Todos os dias nós conversávamos sobre o estado dele. Eu disse claramente a ele quais seriam os sinais que indicariam uma cirurgia.

Em algumas pessoas com hematoma subdural agudo, o coágulo se dissolve em dez dias e você pode removê-lo através de pequenos orifícios, sem precisar abrir uma grande janela. E era isso que estávamos tentando fazer, porque ele estava bem. Tentávamos tratá-lo da forma menos invasiva possível, e se ele tivesse que ser operado, queríamos que a cirurgia fosse bem simples. Mas a tomografia computadorizada mostrou um coágulo razoavelmente grande e um pequeno desvio na linha média do cérebro.

Eu decidi esperar. Então, no sábado à noite, quando Keith já estava no hospital havia uma semana, nós jantamos juntos e ele não me pareceu bem. Na manhã seguinte ele me ligou dizendo que estava com dor de cabeça. Eu disse que faríamos outra tomografia computadorizada na segunda-feira. E na segunda de manhã ele estava bem pior, com muita dor de cabeça, a fala começando a ficar embolada. Ele estava visivelmente mais fraco. Então a segunda tomografia computadorizada mostrou que o coágulo estava maior, e que o desvio da linha média havia aumentado significativamente. Com isso a decisão ficou bem clara: ele simplesmente não poderia sobreviver se não removêssemos o coágulo. Ele estava muito mal quando entramos na sala de operações. Acho que isso foi às seis ou sete da noite do dia 8 de maio. O coágulo era realmente enorme, com uma espessura de pelo menos 1,5 centímetros. Era como uma geleia bem grossa. E nós o removemos. Uma das artérias estava sangrando. Eu desobstruí a artéria, limpei bem e depois costurei tudo novamente. Então ele acordou e disse: "Deus, agora estou melhor". Ele sentiu um alívio imediato da pressão assim que acordou na mesa de operação.

Em Milão, no primeiro show que os Stones fizeram depois da cirurgia, tanto Keith quanto eu estávamos nervosos. A linguagem era o que mais me preocupava, tanto a recepção quanto a expressão. Algumas pessoas dizem que o lóbulo temporal direito afeta principalmente a habilidade musical, mas ele também é o hemisfério dominante do cérebro, a parte mais eloquente. O que seria o lado esquerdo no caso de uma pessoa destra. Nós todos estávamos preocupados. Talvez ele não lembrasse como tocar, ele podia ter uma convulsão no palco. Todos estavam muito tensos naquela noite. Keith não deixou isso transparecer, mas ele saiu do palco eufórico, porque havia provado que podia continuar trabalhando.

Eles dizem que você tem de ficar sem trabalhar pelo menos seis meses depois da operação. Mas em seis semanas eu já estava de volta ao palco. Era o que eu precisava fazer. Eu estava pronto. Ou você se torna um hipocondríaco e fica escutando tudo que as pessoas dizem, ou resolve tomar suas próprias decisões. Se eu tivesse achado que não dava para mim, teria sido o primeiro a admitir isso. Eles me perguntavam: "Como é que você pode saber que está pronto? Você não é médico!". E eu respondia: "Eu sei que estou bem".

Quando Charlie Watts apareceu miraculosamente no pedaço dois meses depois de terminar o tratamento de câncer, parecendo mais inteiro do que nunca, e se sentou atrás da bateria dizendo "Não, gente, o ritmo é esse aqui", todos na sala deram um grande suspiro de alívio. O pessoal também ficou prendendo o fôlego até o dia em que toquei naquele primeiro show em Milão. Eu sei disso porque eles todos são meus amigos. Eles estavam pensando: "Talvez ele esteja bem, mas será que ainda consegue botar para quebrar?". O público ficou balançando essas palmeirinhas no ar, eu fiquei emocionado. Meus fãs são pessoas maravilhosas. Isso virou alvo constante de piadinhas. Eu caio de uma árvore. Eles me trazem uma.

O médico receitou um remédio chamado Dilantin, que engrossa o sangue, e foi por isso que eu nunca mais cheirei pó, porque a cocaína afina o sangue, assim como a aspirina. Andrew me disse na Nova Zelândia: "Não cheire mais pó em hipótese alguma"; e eu disse: "Está bem". Aliás, eu já cheirei tanto pó na vida que não senti a menor falta. Acho que o pó desistiu de mim.

Em julho eu estava de volta à turnê. Em setembro, estreei como ator fazendo uma ponta no filme *Piratas do Caribe 3*, no papel de Captain Teague — o pai de Jack Sparrow, o personagem de Johnny Depp. Esse projeto na verdade teve início antes do filme original, quando Depp me perguntou se eu poderia lhe dar umas dicas sobre como criar seu personagem. A única coisa que eu ensinei a ele foi como dobrar uma esquina quando você está bêbado, ou seja, jamais evitando a parede. O restante foi produto da criatividade dele. Eu nunca senti que precisava fingir quando estava com Johnny. Nós confiávamos um no outro, nós nos entendíamos só de olhar no olho um do outro. Na primeira cena que eles me deram, esses dois caras estavam participando de uma conferência em volta de uma mesa imensa, com um monte de velas, e um deles diz algo, então eu apareço por uma porta e atiro no filho da puta. É assim que eu entro no filme. "O código é a lei." Eles me fizeram sentir muito bem-vindo. Eu me diverti muito.

Fiquei conhecido como o Richards dos dois takes. E naquele mesmo ano, mais tarde, Martin Scorsese filmou um documentário baseado em duas noites dos Stones no Beacon Theatre em Nova York, que depois viraram o filme *Shine a light*. E nós estávamos arrebentando.

Eu posso descansar nos meus triunfos. Eu já causei merda suficiente na vida, mas terei de conviver com isso e ver como as outras pessoas lidam com isso. Mas então vem a palavra: "aposentadoria". Eu só vou conseguir me aposentar quando morrer. As pessoas nos criticam porque estamos velhos, mas o fato é que, como eu sempre disse, se nós fôssemos negros e nossos nomes fossem Count Basie ou Duke Ellington, todos estariam nos dando a maior força. Ao que parece, roqueiros brancos não deveriam fazer isso com a nossa idade. Mas eu não estou aqui apenas para gravar discos e ganhar dinheiro. Eu estou aqui para dizer algo e tocar em outras pessoas, às vezes através de um grito de desespero: "Você conhece esse sentimento?".

Em 2007, a saúde de Doris começou a piorar rapidamente por causa de uma doença prolongada. Bert tinha morrido em 2002, mas a memória dele foi abalada antes de Doris morrer por causa de uma grande história criada na imprensa por um jornalista que alegou que eu revelara ter cheirado um pouco das cinzas do meu pai junto com uma linha de cocaína. Houve manchetes, editoriais, colunas sobre canibalismo, foi um ressurgimento daquela velha indignação puritana contra os Stones. Dizem que John Humphrys perguntou ao vivo no rádio em horário nobre: "Você acha que desta vez Keith Richards foi longe demais?". Mas o que ele quis dizer com *desta* vez? Também houve artigos dizendo que aquilo era algo perfeitamente normal, que a ingestão de nossos ancestrais era algo que remontava à Antiguidade. Havia duas escolas de pensamento. Como sou macaco velho, declarei que a coisa tinha sido tirada fora do contexto. Nem neguei, nem confirmei. "A verdade é que" — lia-se num memorando que escrevi para Jane Rose quando a história ameaçou fugir do controle — "depois de guardar as cinzas do meu pai numa caixa preta por seis anos, e porque eu realmente não tinha coragem de espalhá-las ao vento, eu finalmente resolvi plantar um carvalho-vermelho ao redor do qual eu espalharia as cinzas. Quando destampei a caixa, um pouco das cinzas dele voaram e foram parar na mesa. Eu não podia simplesmente espanar o meu pai, então eu passei o dedo nas cinzas e cheirei o resíduo. O pó retorna ao pó, o pai retorna ao filho. Ele agora está ajudando um carvalho a crescer, e tenho certeza de que teria ficado muito orgulhoso disso."

Enquanto Doris morria no hospital, a câmara municipal de Dartford estava nomeando as ruas de um novo loteamento próximo à nossa antiga casa na Spielman Road — Sympathy Street, Dandelion Row, Ruby Tuesday Drive. Tudo isso no curso de uma vida: ruas nomeadas em nossa homenagem alguns anos depois de eles terem nos empurrado contra a parede. Talvez os vereadores tenham mudado de ideia novamente depois do incidente com as cinzas do meu pai. Eu não fui até lá conferir. No hospital, minha mãe estava muito atrevidinha com os médicos e tudo mais, mas a verdade é que ela estava perdendo as forças. Angela me disse: "Nós sabemos que ela está indo embora, papai. Todos nós sabemos disso. É uma questão de dias. Pegue o violão e toque para ela". Então, na nossa última noite juntos, eu peguei o violão, sentei aos pés da cama dela e perguntei: "Como é que a senhora está, mãe?". Ela respondeu: "Com a morfina até que não está tão mal". Ela me perguntou onde eu estava hospedado. Eu disse que estava no hotel Claridge. Ela disse: "Nós melhoramos um pouco de vida, não é?". Ela estava entrando e saindo desse estado de torpor causado pela morfina, e eu toquei alguns trechos de "Malagueña" para ela, e outras coisas que ela conhecia, coisas que eu tocava desde criança. Ela acabou dormindo. Na manhã seguinte, minha assistente Sherry, que tinha cuidado dela com devoção e amor, foi visitá-la como fazia todas as manhãs e perguntou: "Você ouviu Keith tocando para você ontem à noite?". E Doris respondeu: "Sim, o violão estava um pouco desafinado". Minha mãe era assim. Mas eu tenho de tirar o chapéu para ela. Ela tinha um ouvido incrível e uma percepção musical tremenda, o que ela herdou dos pais, Emma e Gus, que foram os primeiros a me ensinar "Malagueña". Doris foi a primeira pessoa a me encorajar. Eu me lembro de um dia quando ela chegou do trabalho e eu estava sentado no alto da escada tocando "Malagueña". Ela foi até a cozinha, mexeu em algumas panelas e começou a cantarolar comigo. Então apareceu no pé da escada e disse: "É você? Eu pensei que fosse o rádio". Dois compassos de "Malagueña" e eu ganhei a velha.

Agradecimentos

Meus agradecimentos às seguintes pessoas por sua ajuda para *Vida*, então e agora:

Jerry Ivan Allison
Shirley Arnold
Gregorio Azar
Neville Beckford
Heather Beckwith
Georgia Bergman
Chris Blackwell
Stanley Booth
Tony Calder
Jim Callaghan
Lloyd Cameron
Gretchen Parsons Carpenter
Bill Carter
Seymour Cassel
Blondie Chaplin
Barbara Charone
Bill Chenail
Marshall Chess
Alan Clayton
David Courts
Steve Crotty
Fran Curtis
David Dalton
Sherry Daly
Pierre de Beauport
Stash Klossowski de Rola
Johnny Depp
Jim Dickinson
Deborah Dixon
Bernard Doherty
Charley Drayton
Sly Dunbar
Alan Dunn
Loni Efron
Jackie Ellis
Jane Emanuel
Ahmet Ertegun
Marianne Faithfull
Lisa Fischer
Patricia Ford
Bernard Fowler
Rob Fraboni
Christopher Gibbs
Kelley Glasgow
Robert Greenfield
Patti Hansen
Hugh Hart
Richard Heller
Barney Hoskyns
Sandra Hull
Eric Idle
Dominic Jennings
Brian Jobson
Andy Johns
Darryl Jones
Steve Jordan

Eve Simone Kakassy
James Karnbach
Vanessa Kehren
Linda Keith
Nick Kent
Bobby Keys
Chris Kimsey
Tony King
Hannah Lack
Andrew Law
Chuck Leavell
Fran Lebowitz
Richard Leher
Annie Leibovitz
Kay Levinson
Michael Lindsay-Hogg
Elsie Lindsey
Prince Rupert Loewenstein
Michael Lydon
Roy Martin
Paul McCartney
Earl McGrath
Mary Beth Medley
Lorne Michaels
Barry Mindel
Haleema Mohamed
Kari Ann Moller
Kate Moss
Marjorie Mould
Laila Nabulsi
David Navarrete
Willie Nelson
Ivan Neville
Philip Norman
Uschi Obermaier
Andrew Oldham
Anita Pallenberg
Peter Parcher
Beatrice Clarke Payton
James Phelge
Michael Pietsch
Alexandra Richards
Angela Richards
Bill Richards
Doris Richards
Marlon Richards
Theodora Richards
Lisa Robinson
Alan Rogan
Jane Rose
Peter Rudge
Tony Russell
Daniel Salemi
Kevin Schroeder
Gary Schultz
Martin Scorsese
Simon Sessler
Robbie Shakespeare
June Shelley
Ernest Smatt
Don Smith
Joyce Smyth
Ronnie Spector
Maurice Spira
Trevor Stephens
Dick Taylor
Winston Thomas
Nick Tosches
Betsy Uhrig
Ed Victor
Waddy Wachtel
Tom Waits
Joe Walsh
Don Was
Nigel Waymouth
Dennis Wells
Lil Wergilis
Locksley Whitlock
Vicki Wickham
Warrin Williamson
Peter Wolf
Stephen Yarde
Bill Zysblat

Índice

A abreviação KR em subtítulos se refere a Keith Richards.

ÍNDICE

O autor agradece a permissão para citar as letras das seguintes músicas: "(I Can't Get No) Satisfaction". Composição de Mick Jagger & Keith Richards. © 1965 Renewed, ABKCO Music, Inc. www.abkco.com. Usada com permissão. Todos os direitos reservados. "Get off of My Cloud". Composição de Mick Jagger & Keith Richards. © 1965 Renewed, ABKCO Music, Inc. www.abkco.com. Usada com permissão. Todos os direitos reservados. "Gimme Shelter". Composição de Mick Jagger & Keith Richards. ©1970 Renewed, ABKCO Music, Inc. www.abkco.com. Usada com permissão. Todos os direitos reservados. "Yesterday's Papers". Composição de Mick Jagger & Keith Richards. © 1967 Renewed, ABKCO Music, Inc. www.abkco.com. Usada com permissão. Todos os direitos reservados. "Salt of the Earth". Composição de Mick Jagger & Keith Richards. © 1969 Renewed, ABKCO Music, Inc. www.abkco.com. Usada com permissão. Todos os direitos reservados. "As Tears Go By". Composição de Mick Jagger, Keith Richards & Andrew Oldham. © 1964 ABKCO Music, Inc. Renewed U.S. © 1992 e todos os direitos de publicação nos EUA e no Canadá – ABKCO Music Inc. / Tro-Essex Music Inc. Usada com permissão. International copyright © secured. "Can't Be Seen". Composição de Mick Jagger e Keith Richards. Publicada por Promopub B.V. "Torn and Frayed". Composição de Mick Jagger e Keith Richards. Publicada por Colgems-EMI Music Inc. "Casino Boogie". Composição de Mick Jagger e Keith Richards. Publicada por Colgems-EMI Music Inc. "Happy". Composição de Mick Jagger e Keith Richards. Publicada por Colgems-EMI Music Inc. "Before They Make Me Run". Composição de Mick Jagger e Keith Richards. Publicada por Colgems-EMI Music Inc. "All About You". Composição de Mick Jagger e Keith Richards. Publicada por Colgems-EMI Music Inc. "Fight". Composição de Mick Jagger, Keith Richards e Ron Wood. Publicada por Promopub B.V. e Halfhis Music. "Had It with You". Composição de Mick Jagger, Keith Richards e Ron Wood. Publicada por Promopub B.V. e Halfhis Music. "Flip the Switch". Composição de Mick Jagger e Keith Richards. Publicada por Promopub B.V. "You Don't Have to Mean It". Composição de Mick Jagger e Keith Richards. Publicada por Promopub B.V. "How Can I Stop". Composição de Mick Jagger e Keith Richards. Publicada por Promopub B.V. "Thief in the Night". Composição de Mick Jagger, Keith Richards e Pierre de Beauport. Publicada por Promopub B.V. e Pubpromo Music.

Sobre os autores

Keith Richards nasceu em Londres em 1943. Guitarrista, vocalista, compositor e cofundador dos Rolling Stones, ele também lançou álbuns solo com sua banda, os X-Pensive Winos. Atualmente vive em Connecticut com sua esposa Patti Hansen.

James Fox nasceu em Washington, D.C., em 1945 e conhece Keith Richards desde o começo da década de 70, quando era jornalista do *Sunday Times* em Londres. Seus livros incluem o best-seller internacional *White mischief*. Atualmente vive em Londres com a esposa e os filhos.

Este livro, composto nas fontes Grajon,
Nicolas e Centaur, foi impresso em papel
Pólen Soft 70g, na Imprensa da Fé.
São Paulo, Brasil, verão de 2010.